多元视野与传统的合理化

——章太炎思想的阐释

王玉华——著

上海人民出版社

“章学研究论丛”学术顾问

（以姓氏笔画为序）

序　言

晚清时期，中西文化碰撞之激烈、涉及范围之广阔、威胁传统文化之严峻，以及影响之深远，实为亘古所未有。因此，忧国忧时之士莫不哀黄裔之不竟，惧禹甸之沦胥，甚而惶惶不可终日者大有人在。然而，备受压抑的文化精英，终在沉默中爆发，在暗淡的时空中振臂高呼："重构中国社会文化秩序"，以唤醒国魂，复兴中华。于是乎大半个世纪以来，"文化秩序重构"之言不绝于耳。或倡言全盘西化，或坚守传统文化而闭拒西学，或力主中西文化调和，或宣扬国粹等种种论说，形成五彩纷呈，各行其道之势，令人扑朔迷离，而几近无所适从。

国学大师章太炎在中国社会文化秩序重构的纷争中另辟蹊径，旗帜鲜明地以文化秩序重构为己任，连续发表鸿篇巨制，阐释文化重构的内容和学理，且每出一文一书，皆深入理奥而无闲，论述深刻而精到，其体势之高峻与其内容之博大相表里，形成系统的思想体系和"孤行独见"的学术品格及其鲜明的思想特质，故有"章学"之称。然而，由于章太炎的思想学理深奥幽微，语言文字艰涩难懂，令读者难得其学说之精义，因此，有心研究章学而望而却步者不乏其人，青年研究者更是凤毛麟角。可喜的是，青年学者王玉华博士恒知“章学”之艰深，却以研究章学为职志，从攻读硕士、博士学位到大学任教的漫长岁月里，一直究心于“章学”。他倾注整整十六年之精力和才智，系统研究和阐释章太炎的思想及其文化秩序的重构理论，写出了这部神趣深博、新意迭出的学术著作——《多元视野与传统的合理化——章太炎思想的阐释》。他以新的视角和极其丰富而翔实的资料为依据，深入地剖析了章太炎思想的特质及其理论底蕴。他务实创新，以十年磨一剑的精神，将章太炎思想的千端万绪逐一疏理，明辨其宏微，而极其究竟。故能发前人之所未发，且无浮光掠影之玄谈，更不会填塞似是而非的新名词令人不知所云。

这部著作不拘于就事论事地评骘章太炎的思想，而是以阐释章太炎思想为核心，系统地寻绎中国传统文化演化的历史轨迹及其对于近代中国社会文化的深远影响。当然，它也包含着对于章太炎的思想文化观及其人格的塑造与个性特质的阐释。在研究方法上，作者从考查中国传统文化的特质着手，深入地解析章太炎的思想与学术的渊源；并从近代中西文化的激烈碰撞现象中，阐释章太炎思想产生的社会文化背景。他精心搜集和审慎研究有关传统文化的古今文献和章太炎文献及其相关的研究著作而不遗余力，其搜罗之广、审视之精，阅读与征引之谨慎与精到，似有乾嘉考据学之遗风！因此，作者能以新视角和充分的论据与理念为依据，把章太炎思想研究这一老课题论出新水平，把章太炎精心创制的中国社会文化秩序重构的理论剖析得淋漓尽致，而且论点鲜明，文彩熠熠，读后令人回味无穷。

作者从阐释中国传统文化演化的历程及其发展趋向的史实中寻求借鉴，进而判断中西文化碰撞的结局和章太炎的思想文化观的历史定位。作者论说中国传统文化曾经成功地消化了佛学这一域外的异体文化，并在世界上长期地保持着文化的领先地位；近代中国遇到西学的剧烈冲击，是一次挑战性很强的域外文化的冲击，虽然中国消化吸收西学的任务更为艰巨，但却出现了“中国近代新诸子百家的崛起，形成了中国的思想和文化界群星璀璨的局面”，而且“足可与中国文化的轴心时代先秦时期相媲美”。这是作者有根据的评论和坚强信念与豪气的合理渲染，也是作者对于中西文化碰撞的理性定位。作者对章太炎的思想和文化秩序重构的阐释和结论是：章太炎在弘扬中国传统文化和重构文化秩序的同时，并不否认西方文化所具有的积极意义，且明显地崇尚“多元主义”和“相对主义”的价值，并将“无征不信”“实事求是”的学术品格与文化秩序重构结合起来，使其思想具有浓厚的“历史主义”意识；并且，作者认为章太炎的思维充满了浓厚的“批判的理性”色彩，在其思想的深层透显着浓厚的“人文主义”气息。因此，作者给章太炎的思想及其文化秩序重构理论的定位是：“多元主义、历史主义与人文主义这三者，基本上奠定了章氏对于社会文化秩序进行重构的理论坚核，其思想在社会文化层面的展开，也无不被这三大思想内核所裹挟”；并以这三大理论为基础，形成“章学”体系，“不仅具有前瞻性的眼光，暗合于现代世界的思想潮流”，而且，对于当今我们正在进行的文化重建工作也有着重要的参考价值和借鉴意义。

尤为难能可贵的是，作者在精心寻绎长达数千年的中国传统文化的历史进程中，发现了长期被人们忽略的另一文化现象——“狂人”“狂气”及其历史作用。这种“狂”，蕴藏着推动传统文化发展变化的动力资源。他发现，每当中国传统文化转型的关键时期，中国思想文化界必然活跃非常，而且必有“狂人”辈出而形成扭转乾坤的“狂气”，淋漓尽致地展示出“狂人”的人生境界和超越凡俗的文化重构的活力。作者认为，“狂人、狂气与中国文化结下了不解之缘”，成为推动传统文化演化的一种动力。所谓“狂”者，是思想、文化界的贤哲们自觉地承担起对于中国文化的“命运担当”的“大丈夫”精神，是“良知的傲慢”，而不是粗鲁无知且惯于蔑视一切的无赖。因此，作者在寻绎传统文化的过程中，非常审慎地阐释中国传统文化的精髓——人类所共有的自尊和自立精神，并得出明确的结论：“无论是先儒还是后儒，几千年来在中国历史上一脉衍续的儒者之‘狂’，似乎都在书写着一部共同的人类精神的历史，他们在张扬人类的自尊和自立精神的同时，均有着强烈的‘承天命’自觉与‘道义担当’之怀。”这一新的发现和精到的论述，把章太炎思想研究推向了新境界。事实上，章太炎本人就是中国近代历史上的第一大“狂人”！这是世人所公认、也是他自己欣然接受的事实。甚至，时人送给他的“章疯子”诨号，他居然爱如至宝，这是何等的倜傥啊！当然，章太炎的“狂气”，是他秉承自孔子以来的传统儒者所坚守的信条，以弘扬光大传统文化为己任，或用先儒的话说“为往圣继绝学”是也。作者的这一发现和论证，为研究章太炎思想辟一新境，这也是前人未曾论列、却极有价值的命题。

令人赞叹的是，作者不惜篇幅，在这部大著里，把国学大师章太炎和淹贯中西被誉为“西学第一人”的严复作了分析和比较，审慎地评骘这两位哲人、大师的学理和主张，得出严复持“一元论”、章太炎则张扬“多元主义”的结论。当然，其结论未必无争议，但是，这位年轻的学者能把这两位大哲的深奥学理和艰涩冷僻的字句疏解自如，阐释精到，实属难得！他的古学根基是从他少年时期逐步奠定的，作者在“后记”里作了感人的倾诉，值得一睹为快！事实上，倘若没有数年乃至数十年坐冷板凳的硬功夫是不可能臻至此境的。这种治学精神，和几个月出一本书、一年出数本书、数年之间则“著作”等身的“天才”们相比，臧否自有公论，无需赘言。然而，我愿为玉华的治学精神张扬，愿为扶正学风和维护学术尊严鼓与呼！是为序。

陈振江

2004 年 7 月 23 日于南开大学

目　录

导论 “狂者”·“有学问的革命家”·“国学大师”——历史与时代大潮中的章太炎

自康有为以降的近代中国，思想之潮汹涌澎湃。有着数千年辉煌灿烂历史的中国文化，在它的传统时代曾经成功地消化了佛学这一异体文化，并且在世界上长期地保持着文化的领先地位。历史发展到近代以后，中国传统文化遭受到了西学这一异体文化的有力冲击，再一次面临着消化西学这一更加具有挑战性的异体文化的艰巨任务。在这样一个中西思想与文化剧烈冲突的历史年代里，中国也迎来了思想与文化史上的又一个高峰时期。处在这样一个“数千年来未有之变局”的特殊历史时期，中国的学术与思想界又出现了诸子竞起，论议攻难，纷呈迭出的局面。中国近代新诸子百家的崛起，为有着数千年历史的辉煌灿烂的中国文明，增添了一道新的壮丽景观。近代中国的思想与文化界，真可谓是群星璀璨，足可与中国文化的轴心时代先秦时期相媲美。

通过仔细寻绎长达数千年的中国文化演化的历史进程，笔者发现，每当中国思想界非常活跃、面临着思想与文化转折的关键历史时期，中国的思想界也往往充满了十足的“狂气”。“狂”，似乎与中国文化结下了不解之缘；“狂”，似乎也为中国文化的演化提供了强劲动力。“狂气”，乃是由“狂者”之气凝结而成，思想界“狂气”的形成，当然离不开“狂者”的出现，于是乎“狂者”辈出，也成为中国思想史上的一道靓丽的风景线。春秋时期，孔子周游列国，楚狂接舆歌“凤歌”而嘲之，唐代大诗人李白据之写下“我本楚狂人，凤歌笑孔丘”这一传诵千古的诗句。①李白在《上李邕》一诗中写道：

大鹏一日同风起，抟摇直上九万里。
假令风歇时下来，犹能簸却沧溟水。
时人见我恒殊调，见余大言皆冷笑。
宣父犹能畏后生，丈夫未可轻年少。②

在像李白那样的传统的儒生文士们身上所显现的“狂气”，乃是志在于自由意志的发抒，张扬人类的自尊与自立精神，有着反传统、反权威的浓厚色彩。其在言行上，往往表现的是“大言”“殊调”；其在思想上，则往往表现的是非尧舜、薄周孔。孔子困于匡，曾经说道：“文王既没，文不在兹乎？天之将丧斯文也，后死者不得与于斯文也；天之未丧斯文也，匡人其如予何?”他将己之一身视之为中国文化的“命运担当”，在孔老夫子身上，我们似乎也可以嗅出一股浓厚的“狂”的气息。在人生的道德修养上，孔子也说：“不得中行而与之，必也狂狷

① 李白：《庐山谣寄卢侍御虚舟》，《李白诗选》，第 210 页。
② 李白：《李白诗选》，第 85 页。

乎?”对于“狂”,孔子也将其视之为美德,给予了高度的肯定。打孔老夫子时候起,中国文化里似乎便具有了“狂”这样一种精神性的遗传基因。历代的儒生文士,似乎都或多或少地秉承着这一“狂”的精神性遗传。二千多年来,在文人学士阶层中形成的这一“狂”的传统,也一直没有中断过。“万物皆备于我”,“天将降大任于斯人也”,“舍我其谁?”——这是孟夫子的“狂”;“仰首依南斗,翻身倚北辰,举头天外望,无我这般人。”——这是宋儒象山夫子的“狂”;“我一生无少年运,无青年运,无中年运,只有一点老年运。……教一辈子书,不能买一安身地。只写了一些书,却是有成,古今无两。”①——这是当代大儒牟宗三先生之“狂”;1942 年,梁漱溟从沦陷的香港只身突围,一路惊险,别人都在为他的生命安危担心,但梁本人却非常自信,他说道:“我相信我的安危自有天命,今天的我将可能完成一非常重大的使命,而且没有第二人代得。从天命上说,有一个今天的我,真好不容易。我若死,天地将为之变色,历史将为之改辙,那是不可想象的,乃不会有的事。”②——这是当代另一位大儒梁漱溟先生之“狂”。无论是先儒还是后儒,几千年来在中国历史上一脉衍续的儒者之“狂”,似乎都是在书写着一部共同的人类精神的历史,他们在张扬人类的自尊与自立精神的同时,均有着强烈的“承天命”自觉与道义担当。王阳明曾经这样说道:

吾自南京以前,尚有乡愿意思。在今只信良知真是真非处,

① 颜炳罡:《牟宗三学术思想评传》,第 296 页。

② 许纪霖:《另一种启蒙》,第 60 页。

> 更无掩藏回护，才做得狂者，使天下尽说我行不掩言，吾亦只依良知行。①

王阳明是以非常得意的口吻，谈论他所达到的“狂者”的人生境界的。从孔夫子到梁漱溟，千千万万儒者们所崇尚的“狂”的精神，当然不是像普通人所说那样的鲁莽灭裂的狂妄自大、猖狂妄行，也不是“掩藏回护”的狂易失心，而是在有着强烈的“承天命”自觉与道义担当的同时，像王阳明那样“行不掩言”，“依良知行”，充分地张扬人类的自尊与自立精神。富贵不能淫，贫贱不能移，威武不能屈，这样的“狂”，孟夫子谓之为“大丈夫”，余英时先生称之为“良知的傲慢”。②

近代中国亦可谓是一个“狂者”辈出的时代，除了上面提到的梁漱溟、牟宗三二位先生之外，像康有为、辜鸿铭、刘师培、宋恕、黄侃、陈独秀、熊十力等，这些足可以在中国思想文化史上光耀千秋的哲人，无不带有浓厚的“狂气”。然而，在近代中国的这些“狂者”之中，最耀眼夺目且最富有个性特征的，恐怕要数章太炎了。如果说孔老夫子所欣赏的“狂”，是一个褒美之词的话，那么，在世俗之人眼中将“狂者”视之为“疯子”“神经病”，则是一个不那么好听的词汇了。章太炎在少小的时候，罹有痫疾，说起话来疯头疯脑，又受其舅舅朱子春先生的影响，不修边幅，行为古怪，③即初显“狂者”之姿。当章太炎以一个纯儒的形象现身于近代中国的社会改造运动时，“章疯子”

---

① 王守仁：《王阳明全集》(下)，第1287页。

② 余英时：《钱穆与中国文化》，第86页。

③ 参见沈延国《记章太炎先生》，转引自熊月之《章太炎》，第3页。

这一诨名也曾经长时间地伴随着他。①章太炎手中所执的一支凌厉无比的笔，往往令其论敌不得不三缄其口，所以其论敌也往往报之以“章疯子”一语而作自我解嘲的。章太炎的弟子鲁迅先生曾经有过这样一段记载：

民国元年，章太炎先生在北京，好发议论，而且毫无顾忌地褒贬。常常被贬的一群人，于是给他起了一个绰号，曰“章疯子”。其人既是疯子，议论当然是疯话，没有价值的了。但每有言论，也仍在他们的报章上登出来，不过题目特别，道：《章疯子

① 按：章太炎之被世人称之为“章疯子”，见诸文献记载，现在可以知道的，乃是起之于戊戌时期。时章太炎应维新巨子梁启超之邀，往上海担任维新派喉舌《时务报》的撰述，在时务报馆供职期间，章太炎因与康有为弟子梁启超、麦孟华等因“尊孔设教”问题发生激烈冲突，而被梁、麦诸子摈出，乃西走武昌，受张之洞之邀任《楚学报》主笔。据刘禺生回忆云：“楚学报第一期出版，属太炎撰文，太炎乃为排满论凡六万言，文成，钞呈总办；梁（指梁鼎芬——笔者）闻之，大怒，口呼反叛反叛、杀头杀头者，凡百数十次。急乘轿上总督衙门，请捕拿章炳麟，锁下犯狱，按律治罪。予与朱克柔、邵仲威、程家柽等闻之，急访王仁俊曰：先生为《楚学报》坐办，总主笔为张之洞所延聘，今因排满论酿成大狱，朝廷必先罪延聘者，是张首受其累，予反对维新派者以口实。先生宜急上院，谓章太炎原是个疯子，逐之可也。仁俊上院，节菴（指梁鼎芬——笔者）正要求拿办；仁俊曰：章疯子，即日逐之出境可也。之洞语节菴，快去照办。”（见刘成禺《世载堂杂忆》第126—127页），此殆为章太炎之被世人称之为“章疯子”之始。另，章太炎的晚年弟子曹聚仁先生在回忆其师时也说道：“太炎先生有一个外号，叫做章疯子，清光绪末年，梁启超，麦孟华，奉康为教主，在上海宣传《公羊》义法，说是‘不出十年，必有符命’，太炎先生嗤之以鼻，曰：‘康有为什么东西！配做少正卯、吕惠卿吗？狂言呓语，不过李卓吾那一类货色！’康氏党徒，恨之刺骨。两湖总督张之洞慕先生之名，由钱恂介入幕府。时梁鼎芬为两湖书院山长，一日，询章先生曰：‘听说康祖诒（有为）欲做皇帝，真的吗？’太炎先生说：‘我只听说他想做教主，没听说想做皇帝。其实人有帝王思想，也是常事；只是想做教主，未免想入非非！’梁鼎芬为之大骇！民国二年，袁世凯诛戮党人，絷先生于北京龙泉寺，后移絷于钱粮胡同；先生每与人书，必署‘待死人章某’。前年，黎元洪死，先生挽之以联，下署‘中华民国遗民章炳麟挽’；联云：‘继大明太祖而兴，玉步未更，倭寇岂能干正统；与五色国旗同尽，鼎湖一去，谯周从此是元勋。’章疯子这外号，就这样更流传更证实了。”（曹聚仁：《章太炎先生》，见《曹聚仁杂文集》，第7页。）

> 大发其疯》。有一回，他可是骂到他们的反对党头上去了，那怎么办呢？第二天报上登出来的时候，那题目是《章疯子居然不疯》。①

被人骂称为“疯子”，在普通人来说，当然是件极不情愿的事，可是，对于章太炎，却并不以为忤。1906年，因“苏报案”事件被囚禁于上海西牢三年的章太炎，出狱之后来到日本东京，担任革命派的机关报《民报》的主编，在他向留学生发表的演说中，即大谈“疯子”与“神经病”的妙处。章太炎说道：

> 大概为人在世，被他人说个疯颠，断然不肯承认。除那笑傲山水诗豪画伯的一流人，又作别论，其余总是一样。独有兄弟却承认我是疯颠，我是有神经病，而且听见说我疯颠，说我有神经病的话，倒反格外高兴。为甚么缘故呢？大凡非常可怪的议论，不是神经病人，断不能想，就能想也不敢说。说了以后，遇着艰难困苦的时候，不是神经病人，断不能百折不回，孤行己意。……为这缘故，兄弟承认自己有神经病；也愿诸位同志，人人个个，都有一二分的神经病。近来有人传说某某是有神经病，某某也是有神经病，兄弟看来，不怕有神经病，只怕富贵利禄当面现前的时候，那神经病立刻好了，这才是要不得呢！……若有人说，假如人人有神经病，办事必定瞀乱，怎得有个条理？但兄弟所说的神经病，并不是粗豪卤莽，乱打乱跳，要把那细针密缕的思想，装载在神经病里。譬如思想是个货物，神经病是个汽船，没有思想，空空洞洞的神经病，必无实济；没有神经病，这思

---

① 鲁迅：《华盖集・补白》，《鲁迅全集》（第三卷）。

> 想可能自动的么?①

章太炎在此“演说辞”中所说的“疯颠”“神经病”,乃是“狂”的另一种话语表述。章太炎不仅不以别人称其为“疯子”“神经病”为忤,“倒反格外高兴”,原因即在于他也像王阳明那样,是以“狂者”为其人生追求的。章太炎不但自己如此,他还激励他的革命同志多少要带点“神经病”气质(“狂气”),认为这样才可以干得起革命来。章太炎所具有的这样一种“神经病”气质(“狂气”),使他在从事革命工作时发为刚毅凌厉之气,就像王阳明所说的那样“行不掩言”,“依良知行”,从而成就其一代大革命家的人格形象。其弟子鲁迅先生曾经指出:

> 考其生平,以大勋章作扇坠,临总统府之门,大诟袁世凯的包藏祸心者,并世无第二人;七被追捕,三入牢狱,而革命之志终不屈挠者,并世亦无第二人:这才是先哲的精神,后生的楷范。②

鲁迅先生所说的这种“先哲的精神”,正是中国历史上在儒生文士群体之中代代相传的“狂气”,也即孟子所谓的“大丈夫”精神。章太炎不仅在行为上“狂气”十足,同传统的“狂者”一样,生死关头的对于中国文化的“命运担当”,在章太炎的身上表现得也是非常具有典型意义的。1903年,章太炎因为“苏报案”事件,被租界当局囚禁在工部局监狱,在狱中章太炎曾经写有一篇“自记”,其中即说道:

> 上天以国粹付余,自炳麟之初生,迄于今兹,三十有六岁。

① 章太炎:《东京留学生欢迎会演说辞》,《章太炎政论选集》(上),第270—271页。

② 鲁迅:《关于太炎先生二三事》,《且介亭杂文末编》,《鲁迅全集》(第六卷),第547页。

> 凤鸟不至，河不出图，惟余亦不任宅其位，繄素王素臣之迹是践。岂直抱残守阙而已，又将官其财物，恢明而光大之。怀未得遂，累于仇国。惟金火相革欤？则犹有继述者；至于支那闳硕壮美之学，而遂斩其统绪，国故民纪，绝于余手，是则余之罪也。①

他自觉地承担起对于中国文化的"命运担当"，在"革命"("金火相革")与"文化"("国粹")二者之间，他也是将对于"文化"的阐扬视之为高出于"革命"之上的。1914 年，当章太炎因反对袁世凯之破坏共和，再一次遭到囚禁时，他在写给汤夫人的家书中说道："不死于清廷购捕之日，而死于民国告成之后，又何言哉！吾死之后，中夏文化亦亡矣。"②他将己之一身视之为中国文化命脉之所系，终其一生，迄无变化。章太炎秉承自孔子以来传统儒者所具有的强烈的对于中国文化"命运担当"的"良知的傲慢"，在近代中国传统文化处于绝续之秋的当口，在彰显其"狂气"一面的同时，也显得悲情凝重。所以，对于中国文化，章太炎便不仅要"恢明"(阐扬)之，而且还要"光大"之。由此，在其具有传统儒者的"良知的傲慢"的同时，章太炎也有着西方学术传统中的"知性的傲慢"。③章太炎主张"要把那细针密缕的思想，装载在神经病里"。这造就了章太炎"有学问的革命家"的人格形象。关于章太炎的学问，梁启超称之为"条理缜密"④。在晚清之际亦被目之为"狂者"的宋恕则云："枚叔，儒者也，恕，佛者也，稍不同志。虽然，枚叔之于儒，至矣！训诂、义理，非枚叔谁克集成？横绝古今，尤

① 章太炎：《癸卯狱中自记》，《太炎文录初编·文录》卷一。

② 汤国梨编：《章太炎先生家书》，第 47 页；又见汤志钧编《章太炎年谱长编》(上)，第 474 页。

③ 余英时：《钱穆与中国文化》，第 86 页。

④ 梁启超：《清代学术概论》，第 86 页。

令恕有婢见夫人之畏也。”①对于章太炎的学问，“狂者”宋恕“心诚折之”②，“有婢见夫人之畏”。大凡接触过章太炎学问的人，又有哪一个不为之“心折”呢？论学问之精博、识断之精审，章太炎真可谓“古今无两”了。章太炎在学术上不仅成为中国传统学术的集大成者，而且还开启了现代中国学术的闸门，成为中国学术从传统向现代转换的关键性人物，这自然地造就了章太炎一代学术大宗师的人格形象。

章太炎自认自己是“疯子”“神经病”，同时代人也是这么看他，章太炎身上具有的这一“狂者”的品质，也铸就了他特立独行的行为与学术品格。宋恕在品评章太炎时，一则说他“其志行之高，文章之雅，风尘物色，难得其伦”③；一则又说他“悱恻芬芳，正则流亚，才高丛忌，谤满区中”④；一则又说他“孤怀高论，与世不谐”⑤。当章太炎以一个“革命家”的形象现身，从不考究与人交接的处世艺术，而一以“狂者”的奉行“直道”以行事，尽管他志向远大，“悱恻芬芳，正则流亚”，却可能会由于与其他革命同志之间关系的不谐，而给革命大业带来负面的影响。章太炎在其充满传奇色彩的革命生涯中，志行高洁，无人能匹，但却由于太富有个性而与其革命同志时有龃龉，章（太炎）孙（中山）交恶即其明显例证。章孙交恶曾经给同盟会的分裂带来灾难性的后果，使同盟会处于名存实亡的境地。在民国初年的政海波澜中，章太炎由于往往被事情的表象所遮蔽，又喜欢直言无忌，不免被人所利用。在民初进行共和政治建设的复杂的政治形势中，

①② 宋恕：《赠别章太炎》，《宋恕集》（下），第844页脚注③。
③ 宋恕：《又上俞师书》，《宋恕集》（上），第592页。
④ 宋恕：《上俞曲园师书》，《宋恕集》（上），第588页。
⑤ 宋恕：《又上俞师书》，《宋恕集》（上），第596页。

章太炎与以孙中山为主导的民主共和力量相疏离，直言无忌地批评民党，这在民党方面来说显然是极为不利的。孙中山曾经称章太炎是“吾党之狂生”，于心实亦至为沉痛。凡此种种，我们过去过多地从章太炎的“阶级属性”视角对之进行阐释，将章太炎之反孙视之为其思想倒退的象征。其实，从章太炎的角度来说，他之反对孙中山以及民初反对民党的很多言论，大多是就事论事，或者与其一贯的思想宗旨相关，并非是其出之于个人恩怨的意气用事，而实是其狂直之性的自然流露，且其所批评者也多中肯綮，只是由于章太炎不分场合，不讲策略，所以往往陷民党于难堪境地，客观上则帮了民党的反对派的大忙。由此看来，章太炎不谐于世的“狂者”个性，对于他走向革命道路，成为一代革命伟人来说，很可能会是一个角色的错位。但是，对于学问家与思想家的章太炎来说，他的这一“狂者”个性，则具有非同寻常的意义了。章太炎在学术与思想上的“孤行独见”，虽也是“与世不谐”，被学者称之为中国现代思想史上的“异数”①，但却不得不承认“章太炎的思想在许多方面达到了至今还无人能超过的深度”。②而这一“异数”特性，也才是章太炎学术与思想的真正价值之所在。章太炎自己是以对于中国文化的“命运担当”为终生职志的，他一生不仅致力于“恢明光大”中国文化，而且还利用一切机会授徒讲学，培育文化的传人。在这方面，章太炎也可谓是声名卓著，直可力追宣圣。章太炎虽然是一代学术的大宗师，但章门却是大师辈出，这与“大国手门下只能出二国手”的情形，也形成了鲜明的对照。章太炎

① 张汝伦：《现代中国思想研究》，第42页。
② 同上书，第10页。

晚年手定《章氏丛书》，刊落一些“所向披靡，令人神旺”的“斗争的文章”，“一九二三年刻《章氏丛书续编》于北平，所收不多，而更纯谨，且不取旧作，当然也无斗争之作”，其弟子鲁迅先生曾经为之扼腕叹息。[①]鲁迅认为“战斗的文章，乃是先生一生中最大、最久的业绩”[②]。作为“战士”的鲁迅，也是以“战士”（“革命家”）的形象让其师活在其心中的。鲁迅称其师章太炎是一位“有学问的革命家”[③]，说“我以为先生的业绩，留在革命史上的，实在比在学术史上还要大”[④]。在“学问”与“革命”二者之间，鲁迅是更看重其师“革命”一面的功绩的。然而，章太炎从其早年到晚年，却是以对于中国文化的“命运担当”为职志，晚年则“身衣学术的华衮，粹然成为儒宗”[⑤]。章太炎的这一自我角色定位，与其在历史上发生的影响，似乎是迥不相侔的。长久以来，学术界在界定章太炎时，也主要是一脉衍续了鲁迅的经典式定论。然而，自二十世纪九十年代之后，随着“国学热”在中国大陆的兴起，章太炎“国学大师”的形象愈益地得到了彰显，章太炎学术与思想的价值也愈来愈受到人们的关注。特别是当代中国在对于“现代性”问题的探讨愈益深入的时代背景之下，章太炎学术与思想的“异数”性质，也得到了学术界更多学者的关注与敬服。如今，我们也可以说，中国乃至国际的学术与思想界在进行章太炎研究时，对于章太炎的面相观已经发生了深刻的变化。在当今中国的时代大潮中，学术与思想界对于章太炎的角色界定，在彰显章太炎“国学大师”形象的同时，其“革命家”的形象则渐渐地淡出了。

---

①②⑤　鲁迅：《关于太炎先生二三事》，《且介亭杂文末编》，《鲁迅全集》（第六卷），第547页。

③　同上书，第546页。

④　同上书，第545页。

笔者身膺当今中国时代大潮冲击之余澜，耳染目睹着当今中国学术与思想界正在发生的深刻变化，不可避免地也往往会随着时代的步伐而律动，所以，在笔者的心目之中，章太炎作为一代“国学大师”的形象也是深刻而明晰的，而章太炎作为一代“革命家”的形象，则不得不要暂时地退隐了。由此，笔者在研究章太炎时，更加关注的自然也是章太炎在学术与思想领域的成就，而本著则也志在对章太炎的思想作一番悉心梳理，并且，尤其特别注重于章太炎思想内在理路的寻绎，至于有关章太炎的“行谊”，以及其“行谊”同其“思想”之间关系的论述，则毋宁可以说是疏略的（为了方便读者了解章太炎的行谊，笔者特制成“太炎先生行谊简谱”，作为“附录”，缀于书后）。笔者的这种对于章太炎面相观的产生，一方面与当今中国时代大潮之冲击不无关系，当然，另一方面，也是笔者长期以来沉潜思索，在与章太炎进行的多年对话之中，渐渐形成的肤浅看法。这种对于章太炎研究的处理方式，对于笔者来说，尽管也不免有着拘于一曲之慨，然亦无可如何。至于要对章太炎进行全面研究，对于笔者来说则尚需时日，我当黾勉求之，庶为完璧。遥想十六年前我在收到南开大学的录取通知书时，于兴奋之余，曾经命笔写下小诗一首，其词云：“世人谈说重商贾，我独披书一快哉！卅年男儿苦不立，何患无期遨九陔?”到而今，卅年之志未达，不惑之期已至，可为浩叹！世事纷呶，情随境迁，虽布被秋风，东漂西泊，然向学之心，固未尝一日或息也。坡翁诗云：“人生到处知何似，应似飞鸿踏雪泥。泥上偶然留指爪，鸿飞哪复计东西。”江南三月，草长莺飞，南国的雨，霏霏微微，亦正可入画。当此时节，栖身长安，完成此篇，又别有一番滋味上心头。以天纵之愚，不敢自鸣，此篇之作，诚所谓“雪泥鸿爪”而已。

第一章 “危机”与“震荡”时代的思想巨人

一、西潮冲击下的危机

章太炎所处的清末民初之世,乃是中国历史上最为混乱的时期之一。小雅尽废,四夷交侵,社会混乱,文化失序,乃是当时中国历史的真实写照。随着滔滔东渐的西方文化对于中国传统文化的冲击愈演愈烈,随着西方对于中国武力征服的愈演愈烈,造成了近代中国从民族生存到社会文化层面的全面而深刻的危机。

1. 危机表现之一:华夷之辨

在中国传统的典籍《尚书》(《禹贡》《周诰》)、《周礼》(《王制》)以及《国语》(《周语》)等著作中,有所谓的“九服之制”(或者“五服之制”),反映了上古时期中国人民的世界图式。根据《国语》的韦昭注可知,这一世界图式是以“王城”(周天子的都城)为中心,向“中国”→“九州”→“荒裔”渐推,凡离“王城”愈近的,文化的程度便愈高,反之,凡离“王城”愈远的，文化的程度便愈低，周天子的都城“王城”，则是“世界”的中心。[①]《春秋》贱夷狄之旨，“内其国而外诸夏，内诸夏而外四裔”，说的也是这个道理。由“九服之制”（或“五服之制”）所构筑的世界图式，乃是国人华夷思想的最古老体现。这一浸透着浓厚“我族中心主义”倾向的文化思维模式，在中国长达数千年的历史演进过程中，渐渐地演化成“天朝模型”的世界观。这一“天朝模型”的世界观，被莱特（Arthur F.Wright）称之为“中国文明之自我影像”，它有以下几个特点：

① 中国广土众民并且是位居平地中央的国家，上覆穹苍。

② 中国不独在地理上处于中央地位，而且在文化上也是如此，中国的文字、道德、礼仪、制度，无一不优于四夷。

③ 中国是政治的中心，万方来朝，四夷宾服。

④ 中国物产丰饶，经济自足，无待外求。

⑤ 中国的道德原则对于一切人民都有效，古圣先贤的言行堪为后世法。[②]

从“九服之制”（或者“五服之制”）到“天朝模型”世界观的形成，使得中国的文化分子，用自己的心灵构筑了一道坚固的“文明的托勒密体系”。华、夷不仅成为种族的语言图腾，而且，还成为民、兽，文明、野蛮的符号表征。传统的儒生文士们之重华夷界限，断断于华夷之辨，是只允许“以夏变夷”，不允许“用夷变夏”。战国时期的公子成在反对赵武灵王之“胡服骑射”时，曾经这样说道：

---

① 《国语·周语》韦昭注。

② 殷海光：《中国文化的展望》（北京版），第7页。

> 臣闻之，中国者，聪明睿智之所居也，万物财用之所聚也，贤圣之所教也，仁义之所施也，诗书礼乐之所用也，异敏技术之所试也，远方之所观赴也，蛮夷之所义行也。今王释此，而袭远方之服，变古之教，易古之道，逆人之心，畔学者，离中国，臣愿大王图之。①

公子成的这一反对向“胡”（“夷”）学习的典型话语范式，以后在中国历史演进的长河中不断地一再得到复述，业已积淀至中国文化的深层结构，对于中国历史的发展产生了深远影响。它导致了国人往往忽视异邦的存在，在同异邦打交道时，往往给予不平等的待遇，对异邦之来中国通商，则视之为向中国朝贡。这一心理助长了国人虚骄自满、傲慢自大的习性，使自己沉浸在“天朝上国”的迷梦之中。然而，鸦片战争的炮声终于惊醒了国人，中国传统而古老的“华夷之辨”，遭到了西方文化的有力挑战，中国传统的“文明的托勒密体系”，由之也从根本上发生了动摇。“华夷之辨”这一古老观念在近代中国的动摇，主要表现在以下几个方面：

首先，是地理中心观念的动摇。郑观应曾经说道：

> 若我中国，自谓居地球之中，余概目为夷狄，向来划疆自守，不事远图。……夫地球圆体，既无东西，何有中边？同居覆载之中，奚必强分夷夏？②

皮嘉祐（近代今文经学大师皮锡瑞之子）则作有《醒世歌》，其中有云：

> 若把地球来参详，中国并不在中央。地球本是浑圆物，谁居

① 《战国策·赵二·武灵王平昼间居》。
② 郑观应：《易言·论公法》，《郑观应集》（上），第67页。

中央谁四旁？①

郑观应与皮嘉祐在地理上打破了“中”“边”之分，仅承认中国为天下的“万国之一”，这样，在他们的思想逻辑里，“中国”在地理上的优先地位便被否定了。当时的一部分有识之士还认为，中国正处在一个“数千年来未有之变局”之中，天下大势已由“华夷隔绝之天下”，一变而为“中外联属之天下”。②由于“华夷界限”变成了“中外之分”，中、外在地理上自然地也被放到了对等的地位来考虑。这样，在中国传统的“文明的托勒密体系”之中，数千年来被国人牢牢坚守的“夷夏之大防”便被突破了。

其次，是文化中心观念的动摇。在中国传统的华夷思想体系之中，生活在中国周边的所谓的“四裔”，被看成是没有受到中国文化之光照耀的蛮荒之地，那里的人民榛榛狉狉，过着野兽一样的生活，根本没有文明之可言。他们也只有在受到中国文化之光的照耀之后，才会变得文明起来，否则，只会永远地在黑暗的深渊里沉沦。这一牢固的“华夏文化中心论”，鸦片战争以后，在骎骎东来的西方文化的有力冲击之下，也很快地走向了动摇。一部分率先觉醒的文化分子，开

---

① 原载《湘报》第二十七期，转引自王尔敏《中国近代思想史论》，第375页。按：此歌又见于叶德辉的《与南学会皮鹿门孝廉书》，收入苏舆编的《翼教丛编》以及《戊戌变法》(中国近代史资料丛刊)第二辑。又按：国人之知地球为“圆体”，其最早者盖始之于“浑天说”，并不始之于近代。东汉时期的大科学家张衡曾作有《浑天仪》一文，云：“浑天如鸡子，天体圆如弹丸。地如鸡中黄，孤居于内，天大而地小。天表里有水，天之包地，犹壳之裹黄。”(《全后汉文》卷五十五“张衡”，见严可均辑《全上古三代秦汉三国六朝文》第二册，第534页。)此是中国古老“浑天说”的最为著名的话语表述。清乾隆时期的纪昀在其所著谈狐说鬼的《如是我闻》里也曾经说过这样一段话：“地球圆九万里，径三万里，国土不可以数计，其人当百倍中土。”(见纪昀《阅微草堂笔记》，第119页)此亦可为一证。然而，在地理上打破中、边之分，打破地理上的中国中心观，则始之于近代。

② 薛福成：《筹洋刍议·变法》，见《中国近代史资料丛刊·戊戌变法》(一)，第159页。

始睁开眼睛看世界，发现他们所看到的西方是一个文明程度很高的世界，与传统中国所碰到的“四裔”已经不可同日而语了。如王韬在谈论英国政治时，即曾这样说道：

> 英不独长于治兵，亦长于治民，其政治之美，骎骎乎可与中国上古比隆焉。①

对于英国政治的赞美之情，溢于言表。冯桂芬在其所作的《制洋器议》一文中则说道：

> 以今论之，约有数端：人无弃材不如夷，地无遗利不如夷，君民不隔不如夷，名实必符不如夷。②

他通过对于西方诸国文明的考察，发现西方在许多地方甚至超过了中国。也正是在这样一个西风东渐的大的历史背景下，中国的一部分士大夫终于在反思之中走向了开明，所以，在鸦片战争之后不久，他们当中的杰出代表魏源即提出了“师夷”的口号。而公然地提出向“夷”学习的口号，则也意味着中国传统的“华夏文化中心”观念的动摇，这也使得传统中国的“文明的托勒密体系”更进一步地加快了其坍塌的速度。冯桂芬不仅盛赞魏源的“师夷”说③，而且还勇敢地宣称：“法苟不善，虽古先吾斥之；法苟善，虽蛮貊吾师之。”④张德彝则通过其身历西洋的亲身体验，写下了“天下万国，各有所长，取长补短，彼此有益”的名句。⑤在伴随着武力征服而至的强势西方文明的强力刺激之下，蕴藏在中国士大夫心底的传统学术中的“求是”与“求

---

① 王韬：《纪英国政治》，《弢园文录外编》卷四，第109页。

②③ 冯桂芬：《制洋器议》，《校邠庐抗议》，第198页。

④ 冯桂芬：《收贫民议》，《校邠庐抗议》，第154页。

⑤ 张德彝：《随使法国记·三述奇》，第117页。

实”精神，也开始渐渐地得到了昭苏，这成了以后趋新士大夫们颠覆传统中国的“文明的托勒密体系”的最有力利器。由此，也自然地会使他们对于中国传统的傲慢的“华夏文化中心论”进行进一步的反思，反思的结果，则是使更多的由传统文化熏陶出来的士大夫，摒弃了传统的傲慢的“华夏文化中心论”，对所谓的“夷”开始采取一种较为理性的态度。由此，第三，时人对于文化评判标准的看法，也发生了变化。

在中国传统的“文明的托勒密体系”之中，占据主导地位的华夷思想，主要是按照“血缘”及“位缘”的亲疏远近来作为评判文化高低的标准的，孔子虽有过“素夷狄行乎夷狄”及“诸侯用夷礼则夷之，夷狄之进于中国者则中国之”的这种用“文化”本身水平的高下为标准来区分夷、夏的说法，但它并未能在中国的文化传统里占据主导地位。鸦片战争之后，一部分有识之士，开始放弃在传统中国的“文明的托勒密体系”之中占据主导地位的以“血缘”及“位缘”的亲疏远近来评判文化的做法，开始复归于孔子的以文化本身水平的高下为标准区分夷、夏的做法。如王韬曾经说道：

> 自世有内华外夷之说，人遂谓中国为“华”，而中国以外统谓之“夷”。此大谬不然者也。《禹贡》划九州，而九州之中，诸夷错处。周制设九服，而夷居其半。《春秋》之法，诸侯用夷礼则夷之，夷狄之进于中国者则中国之；夷狄虽大曰“子”，故吴、楚之地皆声明文物之所，而《春秋》统谓之“夷”。然则华夷之辨，其不在地之内外，而系于礼之有无也明矣。苟有礼也，夷可进为华。苟无礼也，华则变为夷。岂可沾沾自大，厚己以薄人哉？①

① 王韬：《华夷辨》，《弢园文新编》，第148页。

郭嵩焘对此则作了更加清楚的阐释，其云：

> 所谓戎狄者，但据礼乐政教所及言之……非谓尽地球纵横九万里皆为夷狄，独中土一隅不问其政教风俗何若，可以凌驾而出其上也。①

在王韬和郭嵩焘那儿，“礼乐政教”成了评判文化高低的唯一标准。而梁启超则云：

> 春秋之治天下也，天下为公，选贤与能，讲信修睦，禁攻寝兵，勤政爱民，劝商惠工。土地辟，四野治，学校昌，人伦明，道路修，游民少，废疾养，盗贼息，由乎此者，谓之中国，反乎此者，谓之彝狄。②

他甚至认为“中国亦新彝狄”③。在以上王韬、郭嵩焘、梁启超诸人重新界定的所谓的“华”与“夷”的概念之中，实际上只剩下了“文化”这一因子，而“位缘”与“血缘”的因素，则被剥离了。

在1858年6月26日签订的《中英天津条约》里，第五十一款曾经作了这样的规定：“嗣后各式公文，无论京外，内叙大英国官民，自不得提书夷字。”④从此，华、夷对等的地位正式以条约形式被确定了下来。鸦片战争以后，中国传统的“华”“夷”思想，从地理中心到文化中心的堤防均渐次地崩塌了。这一传统而古老的华夏中心观念的动摇，对于近代中国产生了两个方面的直接影响：一方面它有利于国人从它自己编织的“天朝上国”的迷梦中清醒过来，但在另一方面，其流

---

① 郭嵩焘：《养知书屋遗集》卷十一《复姚颜嘉》，见《中国近代史资料丛刊·洋务运动》(一)，第312页。

②③ 梁启超：《春秋中国夷狄辨序》，《饮冰室合集·文集》(二)，第49页。

④ 王铁崖：《中外旧约章汇编》(一)，第102页。

风所被，则助长了国人的崇洋心理。关于后者，我们可以从当时国人之争以使用洋货为尚的风气，窥见一斑。据载，时人对于洋货的钟爱，已经达到了这样的程度："钟表玩具，家皆有之；呢绒洋布之属，遍及穷荒僻壤；江浙风俗，至于舍国家钱币，而专行使用洋钱。"①又有记载云："从前家中陈设，不过榆树器具及磁瓶铜盆，已觉十分体面，今日海上红木房间，觉得寻常之极，一定要铁皮榻、电灯、风扇，才觉得适意。"②钟表玩具、呢绒洋布、洋钱、铁皮榻、电灯、风扇，这些西洋物质文明开始像潮水般地涌入中国，国人趋之若鹜。《申报》在讽刺上海富家子弟之趋赶时尚时，曾经这样说道：

> 一衣服也，绸缎绫罗非不华美，而偏欲以重价购洋绸；一饮馔也，山珍海错非不鲜肥，而必欲以番菜为适口；围棋、象棋亦足消闲，而独以打弹（指西式台球、保龄球——引者注）为娱乐；水烟、旱烟素所呼吸，而独以昔加（即雪茄——引者注）为新奇；甚且衣袜、眼镜、手巾、胰脂，大凡来自外洋者，无不以为珍贵。③

在这样一个国人潮水般地争以使用洋货为尚的时代大潮中，传统的"贱夷狄"之旨，不仅在士大夫阶层，就是在广大的下层民众阶层中，也已经被冲击得七零八落了。崇洋之风的滋长，说明了国人的心理由原来的自大走向了自卑，这也意味着中国传统文化在西方文化的冲击面前，遭受到了前所未有的挫折，在西方文化的剧烈冲击之下，国人的心态变得扭曲了、失衡了。

---

① 郭嵩焘：《伦敦致李伯相》，《养知书屋遗集》卷十一，见《中国近代史资料丛刊·洋务运动》(一)，第 305 页。

② 转引自胡维革《冲击与蜕变——西方文化与中国政治》，第 130 页。

③ 《中国宜造洋货议》，《申报》1892 年 1 月 18 日。转引自李长莉《晚清上海社会的变迁——生活与伦理的近代化》，第 134 页。

2. 危机表现之二:义利之辨

“义利之辨”与“华夷之辨”一样,古老而源远流长。在中国的传统文化中,儒家文化占据着主导的地位,传统的儒者恒将仁智、义利、德力并举,表现出浓厚的重仁轻智、崇德贱力、尚义薄利的倾向。并且,在传统的儒者那儿,仁、义、德诸价值,又主要是通过“内省”的途径而获得实现的。荀子曰:“志意修则骄富贵,道义重则轻王公,内省而外物轻矣。”[①]孟子则有所谓的“天爵”“人爵”之分,其云:

> 有天爵者,有人爵者。仁义忠信,乐善不倦,此天爵也;公卿大夫,此人爵也。古之人修其天爵,而人爵从之。今之人修其天爵,以要人爵,既得人爵,而弃其天爵,则惑之甚者也,终亦必亡而已矣。[②]

荀子重“道义”轻“外物”,孟子重“天爵”轻“人爵”,在人生价值的取向上,带有着浓厚的道德理想主义的成分。孟、荀二大儒是如此,其先师孔子则更是如此。孔子云:“饭疏食饮水,曲肱而枕之,乐亦在其中矣。不义而富且贵,于我如浮云。”[③]并且赞赏其弟子颜回“一箪食,一瓢饮,在陋巷,人不堪其忧,回也不改其乐”的人生态度。[④]这种后世儒者奉之为人生圭臬的“孔颜乐处”,对于中国传统文化发生了巨大的影响,使中国传统文化充满了浓厚的“内省”的精神,也使得中国传统文化在人生价值的追求上,渐渐地趋向于道德理想主义的内在超越之途,将对于仁、义、德诸价值的觉解与践履放在首要地位来考

---

① 《荀子·修身》。
② 《孟子·告子上》。
③ 《论语·述而》。
④ 《论语·雍也》。

虑，而轻视智、利、力的价值。所以，孔子云："君子喻于义，小人喻于利。"①董仲舒云："正其谊不谋其利，明其道不计其功。"②先秦时期的儒者，虽然恒将仁智、德力、义利并举，并且恒重视前者，轻视后者，但他们并不反智、反利、反力。反智、反利、反力，乃是道家思想的清晰表征，由于道家思想并没有在中国传统文化中占据主流的地位，所以，在中国传统文化以儒为主、以道为辅的架构之下，智、利、力在"第二义"的前提下，其价值仍然会得到称赏。譬如，孔子对于尧的"成功"，便曾给予过高度的赞美。他说："大哉！尧之为君也，巍巍乎唯天为大，唯尧则之。荡荡乎，民无能名焉；巍巍乎，其有成功也；焕乎其有文章！"③在孔子看来，"尧"之所以能够成为圣人，不仅在于他内在德行的圆满，还在于他外在事功的完美，"内圣而外王"，巍巍乎！荡荡乎！是尧之所以为大也。先秦时期的儒者并不反对"公利"，他们反对的是"私利"，故《左传》襄公二十四年载叔孙豹之言有"立德""立功""立言"为人生"三不朽"的说法。在"公利"的前提之下，先秦时期的儒者将"义"和"利"有机地统一了起来。《周易·系辞下传》有云："精义入神，以致用也；利用安身，以崇德也。"然而，在先秦时期的儒者们看来，"利"也只是作为"崇德"的一种工具时，才值得赞美，如果不是这样，则非其所欲言了。所以，孔子要人们"见利思义"④，"因民之所利而利之"⑤，荀子则要人们"兼利天下"⑥。

---

① 《论语·里仁》。
② 《汉书·董仲舒传》。
③ 《论语·泰伯》。
④ 《论语·宪问》。
⑤ 《论语·尧曰》。
⑥ 《荀子·王制》。

在宋儒以前的占主流地位的儒学传统里，虽然有着浓厚的重义轻利倾向，但尚未将“义”和“利”完全地对立起来，在“义”与“利”两者之间，虽然存在着轻重之分，但它们尚是一个有机的统一的整体，并存于时人对于人生意义的追求之中。所以，孔子在施教过程中，也是“德行”与“事功”并重。在孔子的门人“四科十哲”之中，除了有像颜渊、闵子骞一类的以“德行”见称的著名弟子之外，也还有像子路、子贡一类的以“事功”见称的著名弟子。完全将“义”和“利”割裂开来，并且将其进行对立起来的，始之于宋儒。这一传统的义利观，发展到宋儒那里，才出现了一个重大的转折。在日益严重的民族危机的刺激之下，宋朝新儒学愈来愈走向了对于内在心灵的自守，完全以追求内在的超越为其人生价值的归趋。在这一新哲学倾向的诱导之下，“义利之辨”这一传统的话语范式，被转换成为“理欲之辨”，“义”与“利”被完全地对立了起来。朱子云：

> 仁义根于人心之固有，天理之公也；利心生于物我之相形，人欲之私也。循天理，则不求利而自无不利；殉人欲，则求利未得而害已随之。所谓毫厘之差，谬以千里。……故孟子言仁义而不言利，所以拔本塞源而救其弊，此圣贤之心也。①

又云：

> 人之一心，天理存则人欲亡，人欲胜则天理灭，未有天理人欲夹杂者，学者须要于此体认省察之。②

由此“拔本塞源”之论，所以朱子主张“君子只理会义”③，于是，“义”

① 朱熹：《孟子集注》卷一“梁惠王章句上”，《四书章句集注》，第 202 页。
② 张伯行：《续近思录》第五卷《克治》，第 173 页。
③ 《朱子语类》卷第二十七《论语九・里仁篇下》“君子喻于义章”，第 702 页。

与“利”在“理”与“欲”的对立之下，走向了绝对的不可调和。待到朱子的哲学被尊为官方哲学之后，这一观念便也渐渐地积淀至中国文化的深层结构里，以至于后人要打破它显得非常地困难。与朱子同时的以陈亮、叶适为代表的永嘉事功学派，在当时虽然也主张“义利双行”，①企图将义利观重新界定在由原始儒所界定的框架里，但由于这一学派在朱子学的庞大体系面前，显得非常地穷拙，并且，又由于它更加偏重于“事功”的一面，与原始儒的价值取向也不完全合辙，所以，它未能砥柱中流，挽勒住中国传统文化的发展方向。

明朝末期，随着商品经济的进一步发展，“利”的价值再一次地受到了世人的重视。顾炎武在其《郡县论五》一文中说道：

> 天下之人，各怀其家，各私其子，其常情也。为天子为百姓之心，必不如其自为，此在三代以上已然矣。②

他认为自“三代以上”，天子“为百姓之心”，就“必不如其自为”了，是以，“人之有私”乃“人情所不能免”，并致力于打破“有公而无私”的神话。③黄宗羲在批评传统的专制君主时亦云：

> 后之为人君者不然，以为天下利害皆出于我，我以天下之利尽归于己，以天下之害尽归于人，亦无不可，使天下之人不敢自私，不敢自利，以我之大私为天下之公。④

他激烈地抨击传统政制下的专制君主一人私有天下，“使天下之人不敢自私，不敢自利”，并将传统政制下的专制君主当作“天下之大害”来看

---

①　陈亮：《祭李从仲母夫人文》，《龙川文集》卷二十三。

②③　转引自余英时《现代儒学论》，第 21 页。

④　黄宗羲：《明夷待访录·原君》。

待。[1]顾炎武、黄宗羲等晚明诸老，在商品经济基础有了相当程度发展的前提之下，能够突破“公利”的堤防，而对“私利”持完全肯定的态度，在学术上则打起“通经致用”的旗号，这昭示了中国传统文化在其演化的历史过程中，出现了某种内在转化的趋向。乾嘉之际，随着商品经济的继续发展，时人的社会与生活观念，也受到了相当程度的影响，以戴震、袁枚等为代表的一派人物，肯定了“人欲”的正当性。戴震发出“后儒以理杀人”的愤怒呐喊，他在对于宋儒进行激烈批判的同时，主张应该建立一个“遂情达欲”的合理的社会文化秩序。戴震曾经指出：

> 人生而后有欲，有情，有知，三者，血气心知之自然也。……天下之事，使欲之得遂，情之得达，斯已矣。惟人之知，小之能尽美丑之极致，大之能尽是非之极致，然后遂己之欲者，广之能遂人之欲，达己之情者，广之能达人之情。道德之盛，使人之欲无不遂，人之情无不达，斯已矣。[2]

袁枚则提出了“性情说”，认为：

> 且天下之所以丛丛然望治于圣人，圣人之所以殷殷然治天下者，何哉？无他，情欲而已矣。老者思安，少者思怀，人之情也；而“老吾老以及人之老，幼吾幼以及人之幼”者，圣人也。“好货”“好色”人之欲也，而使之有“积仓”，有“裹粮”“无怨”“无旷”者，圣人也。使众人无情欲，则人类久绝而天下不必治；使圣人无情欲，则漠不相关，而亦不肯治天下。后之人虽不能如圣人之感通，然不至忍人之所不能忍，则絜矩之道，取譬之方，固隐隐在也。[3]

---

① 黄宗羲：《明夷待访录·原君》。
② 戴震：《孟子字义疏证》，第40—41页。
③ 袁枚：《清说》，《小仓山房文集》卷二十二。

在中国的“前近代”时期出现的这一对于“利”“欲”肯定的思想潮流，经过鸦片战争炮火的洗礼，使得中国的文化生命开始焕发出新的生机，在新的时代大潮的冲击之下，不仅原始儒“兼利天下”的义利观重新得到了还原，而且，由于西方文化诸价值的冲击，中国文化分子的心灵，已经发生了根本性的转折，由原始儒之注重内在超越层面，走向了注重社会功利层面，由此也带来了中国传统文化的深刻危机。①

① 按：笔者在探讨“中国传统价值在近代的转换”这一问题时，曾经认为：“中国传统的价值体系本身具有内在转换的‘潜在力’，一旦被外在机缘的冲击‘唤醒’，则可转化为文化价值转换的内在张力，并为文化价值的转换提供动力。……潜藏于中国传统价值体系中的非主流思想，在主流思想濒临危机、僵死的历史背景下，再一次‘被唤醒而得以复活’，这既是中国传统价值在近代转换的基础，也是中国近代知识分子在重作价值选择时，力图重建与传统价值联系的必不可少的一个环节。因此，将中国传统价值在近代的转换，仅仅看成是趋新、欧化的结果，是远远不够的。在重视西方文化对于中国传统价值在近代转换所起的作用的同时，我们仍然不可忽视中国传统价值自身在其中的参与作用。可以说，中国传统价值在近代转换的坐标，实是奠定在西方文化价值与传统文化价值双向之维上。由此，我们认为在进行传统价值的转换时，那种蔑视传统，乃至欲彻底毁弃传统的过激做法，实是一个不可取的理性误趋。”（请参阅拙文《中国传统价值在近代的转换》，载《福建师范大学学报》1999 年第 4 期。）长期以来，学术界在探讨中国文化在近代的转型时，由于深受费正清教授“冲击—反应”模式的影响，过于倾重于西方冲击一面带来的变化，而对于中国文化传统本身内部发生的变化则疏于考究，甚至于将中国文化的“前近代”时期看成是漆黑一团，对之采取完全否定的态度。业师陈振江教授在与美国哈佛大学教授杜维明先生对谈时，对此问题作了深刻探讨，他指出：“应当看到 18 世纪的中国还处在封建社会的末期，学人很不容易得到或创造近代文化的信息与资源，更创造不出足以牵动传统文化向近代资本主义文化转型的‘蒸汽机’式的文化动力源，但是它把传统文化推上了中世纪文化的巅峰，并为中国近代文化的酝酿、产生和发展提供某些条件，成为传统文化向近代转型不可或缺的契机。它不仅为后人积累了深厚的文化资源，而且还出现了启蒙思想的先声，迸发出人性解放、个性解放之类的近代思想文化的一些亮点。……我们应该充分承认乾嘉学派的突出贡献，更不可小看由它带来的那些具有近代文化性质的微弱春色。总之，从传统文化转型的内部资源结累及其转型征兆来看，把乾嘉学派作为传统文化向近代转型的开端，或作为转型的准备阶段，应当是可以的。”（陈振江：《论中国传统文化的转型——杜维明、陈振江教授对谈录》，原载《南开学报》2002 年第 3 期，又见先生所著之《发微集》第 20—21 页。）先生的看法，与笔者正不谋而合。在中国文化的“前近代”时期出现的这一文化转型征兆，尚是一个亟待吾人重新发掘的深厚矿藏，也应是我们在重建新的文化秩序时，建立“传统”与“近代”（“现代”）联系的有益资源。

可以说，西方文化的有力冲击，使得近代中国的文化分子，得以从宋朝新儒学所开辟的逼窄的文化道路中解放出来，但它导致的结果却是栋折榱崩、玉石俱焚，潘多拉的盒子一旦打开，虽上帝也无可如何。智、利、力开始受到时人的高度赞扬，历史舞台上展现的是一幅竞智、逐利、较力的壮丽画卷，传统的义利观像车轮一样地倒转了过来。

鸦片战争之后，中国的一部分率先觉醒的文化分子，看到了一个强大的西方世界正在威胁着中华民族的生存。李鸿章曾经指出：

> 今则东南沿海，疆寄万里，各国通商传教，往来自如，麇集京师及各省腹地，阳托和好之名，阴怀吞噬之计，一国生事，诸国构煽，实为数千年来未有之变局。轮船电报之速，瞬息千里，军器械事之精，工力百倍，炮弹所到，无坚不摧，水陆关隘，不足限制，又为数千年来未有之强敌。①

面对着这样一个“数千年来未有之强敌”，李鸿章认为中国在同它打交道时，继续奉行传统的价值观念已经无济于事了。他认为：“洋人论势不论理，彼以兵势相压，我第以笔舌胜之，此必不得之数也。”②王韬则认为：“方今环球诸国，各治甲兵，惟力是视，其性也非干羽所能格，其来也非牛饩所能退。”③在西方咄咄逼人的强大的武力逼迫面前，李鸿章、王韬等一部分率先觉醒的中朝士大夫，看到了世界历史已经进入了一个竞智较力的弱肉强食时代，所以他们认为，在同西方打交道的时候，只有实力相抗，才能够确保中华民族的生存。因此，王韬主张：

---

①② 李鸿章：《筹议海防折》，《李鸿章全集》第二册，第825页。

③ 《中国近代史资料丛刊·洋务运动》(一)，第229页。

处今之世，两言足以蔽之：一曰利，一曰强。诚能富国强兵，则泰西之交自无不固，而无虑其有意外之虞也，无惧其有非分之请也。一旦有事，不战以口舌，则斗以甲兵，不折冲于樽俎，则驰骋于干戈，玉帛烽燧，待于二境，惟命是从。①

在王韬那儿，“利”与“强”成了其价值追求的首选目标，并且，“利”成了一切的基础。在这样一个大的历史背景之下，中国传统文化架构之下轻视智、利、力的倾向，自然地便会遭到当时有识之士的激烈批评。李鸿章认为：“天下熙熙攘攘，皆为利耳，我无利于人，谁肯助我？董子‘正其谊不谋其利’语，立论太高。”②在他领导的洋务运动中，“利”的价值也被提高到了一个前所未有的非常高的地位。并且，时人对于“利”的赞美，也像晚明诸老顾炎武、黄宗羲等人一样，终于突破了“公天下之利”的堤防，走向了对于“私利”的完全肯定。何启、胡礼垣在其合著的《新政真诠》中说道：

中国之目商务中人，必曰奸，不知求利乃人之本心。今有执途人而告之曰“我不求利”，则人必谓之奸；有执途人而告之曰“我欲求利”，则人必谓之忠。彼则言不由衷，此则言以明志也，故求利者国家不禁。③

并且，他们还认为：“人之能利于己，必能利于人，不能利于己，必致累于世。”④梁启超不但对“利己”持肯定态度，甚至认为“利己”是人类之所以能够自立、国家之所以能够进步繁荣的有力保障。

---

① 王韬：《洋务上》，《弢园文录外编》卷二，第 33 页。

② 高伯雨：《中兴名臣曾左胡李》，第 84 页。

③④ 何启、胡礼垣：《新政真诠·新政论议》，见《中国近代史资料丛刊·戊戌变法》(一)，第 203 页。

其云：

为我也、利己也、私也，中国古以为恶德者也，是果恶德乎？曰：恶，是何言！天下之道德法律，未有不自利己而立者也。对于禽兽而倡自贵知类之义，则利己而已，而人类之所能主宰全世界者赖是焉；对于他族而倡爱国保种主义，则利己而已，则国之所以能进步繁荣者赖是焉。故人而无利己之思想者，则必放弃其权利，弛掷其责任，而终至于无以自主。彼芸芸万类，平等竞存于天演界中，其能利己者必优而胜，其不能利己者必劣而败，此实有生之公例矣。①

“利己”在梁氏那儿被奉为“美德”，成为“有生之公例”，成为一切道德法律之所以能够建立的基础。在这一强劲的西来之风的吹拂之下，甚至连当时自认为最为保守的人孔昭焱也认为：“至私之世界，即至公之世界也。”并且，他还说：“孟子曰‘上下交征利而国危’，余甚不愿与天下言利也，余又不得不与天下言利也。”②盖时会所趋，如高山滚石，其势莫扼，这也反映出一个由中国传统文化熏陶出来的文化分子，在中国传统文化的价值遭受挫折、面临着需要进行价值的重新调整时的矛盾凄苦心理。

伴随着对于“利”的肯定，“智”的价值也受到了时人的赞美，仁、智的顺序也发生了逆转。康有为曾经说道：

爱恶仁义，非惟人心有之，虽禽兽之心亦有焉，然而人与禽

① 梁启超：《十种德性相反相成义》，见《辛亥革命前十年间时论选集》第一卷，第13页。

② 孔昭焱：《论中国变法之害》，见《中国近代史资料丛刊·戊戌变法》(三)，第164页。

兽何异？曰：异于其智而已。其智愈推而愈广，则其爱恶愈大而愈有节，于是政教礼义文章生焉，皆智之推焉。故人生性情，惟有智而已。①

在此，康有为将“智”凌驾于“仁”之上，将其当作我们人类区别于他物界、人类之所以成为人类的根本属性来看待。在当时像康有为那样对于“智”的高度赞美，也并非是一个孤立的现象，同样的思想我们在王韬那里也可以看到。王韬曾经说道：

世以仁义礼智信为五德，吾以为德惟一而已，智是也。有智则仁非伪，义非激，礼非诈，信非愚。盖刚毅木讷近仁，仁之偏也，煦妪姑息近仁，亦仁之偏也。慷慨奋发近义，复仇蹈死近义，皆未得义之中也。礼拘于繁文缛节，击旋揖让，则浅矣。信囿于硁硁自守，至死不变，则小矣。洞澈无垠，物来毕照，虚灵不昧，运用如神，其识足以测宇宙之广，其见足以烛古今之变，故四者赖智相辅而行。苟无以济之，犹洪炉之无薪火，巨舟之无舟楫也，安能行之哉！②

王韬以“智”统摄“仁”“义”“礼”“信”四德，在他那儿，“智”的价值升为了“第一义”，这与自先秦孔子时代以来的中国传统的义利观相较，在价值序列上完全是颠倒的。这一思想，在正统的儒者们看来无异于离经叛道的异端邪说。荀子主张“劝学”，尚被后儒讥为“大醇而小疵”，如果像王韬那样唯“智”是尚，则一定会出现鸣鼓而攻的局面。然时会所趋，奈人力何！

① 康有为：《爱恶篇》，《康子内外篇》。
② 王韬：《智说》，《弢园文录外编》卷七，第186页。

“力”作为“德”的对应范畴，在中国传统文化的价值体系里，也一直遭到贬抑，这造成了中国传统社会重文轻武的格局。然而，晚清之世，随着一批又一批书生的投笔从戎，军国民教育思潮勃然兴起，已经彻底地改变了传统中国文化体系中的“贱力”观念。晚清之世，有识之士发出了“新民”的呼声，在“新民德”之外，“开民智”与“鼓民力”①，也被提高到了同等重要的位置来考虑。

智、利、力，在中国传统文化的价值体系之中，曾经一直地处在受贬抑的从属地位，然而，鸦片战争之后，在西方文化的有力冲击之下，这些数千年来在中国文化传统中一直地遭受贬抑的价值理念，却受到了有识之士的高度肯定，并且一齐昂首阔步地登上了时代舞台的前台，与此同时，它也颠覆了以“仁”“义”“德”为主要价值取向的中国传统的道德理想主义王国。

3. 危机表现之三：本末之辨

“本”指农业，“末”指工商业。与“重义轻利”相对应，在中国传统文化的价值体系里，也存在着严重的“重本轻末”倾向。“重本轻末”价值观念的产生，其始作俑者是先秦时期的法家。先秦时期的儒家并不反对工商，如荀子曾云：“农以力尽田，贾以察尽财，百工以巧尽器械。”②他将本末并举，本末兼重。孔子有“富而后教”的思想，其弟子子贡是春秋时期富可敌国、能与诸侯分庭抗礼的著名大商人。法家的指导思想主要是“富国强兵”，认为“国之所以兴者，农战也”③。所以，以

① 严复：《原强》，《严复集》(一)，第27页。并请参阅梁启超《新民说》，见《辛亥革命前十年间时论选集》第一卷。

② 《荀子·荣辱》。

③ 《商君书·农战》。

“农战”为尚。商鞅云：“能事本而禁末者富”；[①]李克认为：“雕文刻镂，害农事者也……故上不禁技巧，则国贫民侈”；[②]韩非则将“修治苦窳之器，聚弗靡之财，蓄积待时，而侔农夫之利”的“商工之民”视之为“邦之蠹”，主张“明王治国之政，使其商工游食之民少而名卑”。[③]至汉时，中国文化形成了阳儒阴法的格局，汉朝新儒学吸取了法家思想，“重本轻末”观念遂也渐入于中国文化的深层结构，且化为国策，影响中国长达两千多年之久。如汉朝的“抑末”政策规定：“令贾人不得衣丝乘车，重租税以困辱之……市井之子孙亦不得仕宦为吏。”[④]魏晋时期，则规定得更加苛刻，将“抑末”发展成为“贱末”，政府不但颁布压制工商的政令，而且，还以法律形式严格地规定了“商贾百工”的“服乘”，给予从事工商业者以侮辱性的待遇。[⑤]唐时仍然规定“工商杂类，不得预于士伍”[⑥]。汉朝新儒学之所以要吸收法家的“重本

① 《商君书·壹言》。

② 《说苑疏证》卷二十《反质》八，第604—605页。

③ 《韩非子·五蠹》。

④ 《史记·平准书》。

⑤ 按：据《史记》卷一百九《李将军列传》索隐引三国时魏人如淳之言云：“（良家子）非医、巫、商贾、百工也。”将“商贾百工”划入“良家子”（即百姓）之外，显示了魏时“商贾百工”的卑微身份。晋代魏后，“商贾百工”的卑微身份开始用法律形式被确定了下来。如晋时颁布的律令对于“百工”的“服乘”皆有严格的规定。如《太平御览》保存的一些晋时的令文有云：“士卒、百工，履色无过绿青。”（《御览》卷六百九十七）“百工不得服大绛、紫襈、假髻、真珠璫珥、文犀、瑇瑁、越叠以饰路张乘犊车。”（卷七百七十五）“士卒、百工不得服真瑱璫。”（卷七百十八）“士卒、百工不得服真珠璫珥。”（卷八百二）“士卒、百工不得服犀、玳瑁。”（卷八百七）等等。关于此，请参阅唐长孺先生的《魏、晋至唐官府作场及官府工程的工匠》一文，收入《魏晋南北朝史论丛》（外一种）一书。又，《太平御览》卷八二八记载有云：“侩驵者，当著巾，白帖额，题所侩驵及姓名，一足着白履，一足着黑履。”以示与“良家子”区别。

⑥ 《旧唐书·食货上》。

轻末”思想，这与上面我们所论的传统儒者之注重“义利之辨”是息息相关的。因为传统儒者追求的人生目标是趋向于获致内在的超越，造就理想化的圣贤人格，偏重于仁、义、德等道德方面的价值。如明儒钱启新曾云：“圣门教人求仁，无甚高远，只是要人不坏却心术。”①而“重本抑末”的目的则正在于此。正如《吕氏春秋·务大》所云

古先圣王之所以导其民者，先务于农。民农，非徒为地利也，贵其志也。民农则朴，朴则易用，易用则边境安，主位尊。民农则重，重则少私义，少私义则公法立，力专一。

反之，从事于工商，在传统儒者们看来，则有事于“机心”，不利于国人社会道德的增进与社会秩序的稳定。由此，历代中国的统治者，对于所谓的“奇技淫巧”，也都悬为厉禁。《礼记·王制》云：“凡执技以事上者，不二事，不移官，出乡不与士齿。”主张“作淫声异服奇技奇器以疑众者杀”。在传统的儒者们看来，工商是以趋巧骛利为目的，这不但容易败坏人们的德行，也不利于社会秩序的稳定，所以，它被视之为一切恶德的渊薮。

然而，尽管“重本轻末”观念在二千余年的漫长历史时期，占据了中国历史舞台的中心，但它也不断地遭到思想家们的批评，如汉朝的御使大夫桑弘羊在同贤良文学争论时，即说道：“古之立国家者，开本末之途，通有无之用，市朝以一。其求致士民，聚万货，农商工师，各得所欲，交易而退。……故工不出则农用乖，商不出则宝货绝。农用乏则谷不殖，宝货绝则财用匮。”②又云：“富国非一道……善为国者，

① 《明儒学案》卷五十九。
② 《盐铁论·本议第一》。

天下之下我高，天下之轻我重，以末易其本，以虚荡其实。”①认为：“富国何必用本农？”②主张“农商交易，以利本末”③至宋时，随着商品经济的发展，要求兼重本末的呼声则愈益地高涨。永嘉事功学派的代表人物叶适认为：“夫四民交致其用，而后治化兴，抑末厚本，非正论也。”④陈亮则认为：“古者，官民一家也，农商一事也，上下相恤，有无相通，民病则求诸官，国病则资诸民，商藉农而立，农赖商而行，求以相补，而非以相病。”⑤至明时，由于商品经济的进一步发展，“重末”思想便也日腾于士人之口。黄宗羲云：“世儒不察，以工商为末，妄议抑之，夫工固圣王之所欲来，商又使其愿出于途者，盖皆本也。”⑥王夫之认为：“农末相资，故财用足。”⑦这一要求给予“工商”与“农”同等待遇的主张，虽然代有其人，但它一直也未能在中国传统文化的价值体系中获得主流地位，“重本轻末”观念二千年来一直牢据国人的心理中枢。直到鸦片战争之后，在西方文化的有力冲击之下，这一观念才发生了根本的动摇。国人的价值观念由原来的“重本轻末”，开始变为“重工商”，与“义利之辨”一样，在新的历史条件下，传统的“重本轻末”观念也来了个一百八十度的大转弯，其价值序列也被完全倒置了。

鸦片战争之后，中国的一部分率先觉醒的文化分子，看到了一个富庶而强大的西方世界，他们认为西方强大的原因就在于“重工商”，

①② 《盐铁论·力耕第二》。
③ 《盐铁论·通有第三》。
④ 叶适：《习学记言序目》卷十九《史记一》。
⑤ 陈亮：《四弊》，《龙川文集》卷十一。
⑥ 黄宗羲：《明夷待访录·财计三》。
⑦ 王夫之：《四书训义》卷三。

以“工商”立国。因此，中国要想走上富强的道路，有效地制止住西方的侵略，他们认为中国只有向西方学习，也走以“工商立国”的道路。薛福成曾经说道：

> 夫商为中国四民之殿，而西人则恃商为创国造家、开物成务之命脉，迭著神奇之效者。何也？盖有商，则士可行其所学，而学益精；农可通其所植，而植益盛；工可售其所作，而作益勤。是握四民之纲者，商也！此其理为从前四海之内所未知，六经之内所未讲。而外洋创此规模，实有可操之券，不能执中国“崇本抑末”之旧说以难之。……盖在太古，民物未繁，原可闭关独治，老死不相往来。若居今日地球万国相通之世，虽圣人复生，岂能不讲求商务为汲汲哉？①

薛福成认为，“重本轻末”观念乃是“闭关独治”时代的产物，然而，时代变了，在“万国相通”的当今之世，则只有“恃商为创国造家、开物成务之命脉”。郑观应亦云：

> 中国以农立国，外洋以商立国，农之利，本也；商之利，末也，此尽人而能言之也。古之时，小民各安生业，老死不相往来，故粟、布交易而止矣。今也不然，各国并兼，各图利己，藉商以强国，藉兵以卫商。其订盟立约，聘问往来，皆为通商而设。英之君臣又以商务开拓疆土，辟美洲，占印度，据缅甸，通中国，皆商人为之先导。彼不患我之练兵讲武，特患我之夺其利权，凡致力于商务者，在所必争。可知欲制西人以自强，莫如振兴商务。安

① 薛福成：《出使英法义比四国日记》（节选），《郭嵩焘等使西记六种》，第273页。

得谓商务为末务哉?①

他不但对传统的以商为末务的观念进行了激烈的批评,而且还看到了西方各国以商为先导进行对外侵略的危害性。由此,郑观应不仅主张效法西方列强"振兴商务",而且还提出了同西方列强进行"商战"的主张。其云:

自中外通商以来,彼族动肆横逆,我民日受欺凌,凡有血气,孰不欲结发厉戈,求与彼决一战哉?于是购铁舰,建炮台,造枪械,制水雷,设海军,操陆军,讲求战事不遗余力。以为而今而后,庶几水慄而山奢乎,而彼族乃咥咥然窃笑其旁也。何则?彼之谋我,噬膏血匪噬皮毛,攻资财不攻兵阵,方且以聘盟为阴谋,借和约为兵刃,迨至精华销竭,已成枯腊,则举之如发蒙耳。故兵之并吞,祸人易觉;商之掊克,敝国无形。我之商务一日不兴,则彼之贪谋亦一日不辍,纵令猛将如云,舟师林立,而彼族谈笑而来,鼓舞而去,称心厌欲,孰得而谁何之哉?吾故得以一言断之曰:"习兵战不如习商战。"②

湖南年轻的改革思想家樊锥,则将世界文明进步的标志,确立为工业权力的扩展,他认为:"地球数十国,争利趋异,竞奇斗新,日异月感,出鬼入神,有加靡已,世界之文明愈进,工业之权力愈放,骎至万国一工国也。"③甚至连保守的湖南乡绅王先谦也说道:"非常之变,盖非常礼所能制驭,虽古圣处今日,其法不能不变也。果工政争胜外人,则彼之货自沮,而吾之财不流,行之一省,则保一省,行之天下,则保

① 郑观应:《商务三》,《盛世危言》,第309页。
② 郑观应:《商战上》,《盛世危言》,第292页。
③ 樊锥:《劝湘工》,《樊锥集》,第18页。

天下，富藏于民，然后上之取不穷，而事毕举。”[①]所以，王先谦也主张：“今国之急务在海军，民之要图在商务。”[②]屡历西洋的薛福成，则不仅看到了工商是西洋各国富强的基础，而且还看到了万国通商已经成了全球历史发展的不可逆转的趋势。其云：

> 昔商君之论富强也，以耕战为务，而西人之谋富强，以工商为先。耕战植其基，工商扩其用也。然论西人致富强之术，非工不足以开富强之源，则工又为其基，而商为其用。迩者英人经营国事，上下一心，殚精竭虑，诸国从而效之，迭起争雄，泰西强盛之势，遂为亘古所未有。夫商务未兴之时，各国闭关而治，享其地利而有余，及天下既以此为务，设或此衰彼旺，则此国之利，源源而往，彼国之利，不能源源而来，无久而不贫乏之理。所以地球各国，居今日而竞事通商，亦势有不得已也。[③]

王韬则将阻止中外通商的人斥之为“妄人”。其云：“时至今日，泰西通商中土之局，将与地球相终始矣，至此时而犹作深闭固拒之计，是妄人也而已，误天下苍生者，必若辈也。”[④]凡此种种，皆有力地说明了，鸦片战争之后在西方文化的有力冲击之下，中国传统文化价值体系之中“重本轻末”观念的堤防已经溃决。由此，在中国传统文化价值体系之中鄙视所谓“奇技淫巧”的观念，这一时期也遭到了趋新士大夫们的激烈批评，“奇技淫巧”不但得到了他们的肯定，而且，还被

① 王先谦：《工商论》，《葵园四种》，第11页。

② 王先谦：《复毕永年》，《葵园四种》，第861页。

③ 薛福成：《筹洋刍议·商政》，见《中国近代史资料丛刊·戊戌变法》(一)，第154页。

④ 王韬：《睦邻》，《弢园文录外编》卷一，第29页。

他们当作文明进步的标志而加以称颂。冯桂芬认为:“夫世变代嬗,质趋文,拙趋巧,其势然也”;①又云:“其他凡有益于国计民生者皆是,奇技淫巧不与焉。”②在冯桂芬看来,“奇技淫巧”不仅成为时代进步的必然,而且也是促进国民经济发展的重要因素。陈炽在其所著的《庸书》里,也对“奇技淫巧”给予了高度赞美,并将反对“奇技淫巧”的行为,看成是一种欲使文明倒退的行为。其云:

> 今之学者,辄谓巧不若拙,智不如愚,欲塞师旷之聪明,而蔽离娄之目,则是燧人之火食,不如上世之饮血茹毛也,黄帝之垂裳,不如太古之草衣卉服也,中国上栋下宇,不如土番之穴处岩居也。此老庄之余沛,愤激之谰言。信如是也,天亦何必好为多事,笃生圣人,以开万古文明之化哉?③

他将鄙视“奇技淫巧”的,称之为“老庄之余沛,愤激之谰言”。“奇技淫巧”在陈炽的话语言说里,已经成为一种文明开化的标志。在这种沉著悲愤的对于传统本末观进行激烈批判的时代狂飙面前,“工商兴邦”思想,遂渐渐地成为鸦片战争之后中朝有识之士的共识。并且,同以前“本末兼重”的价值取向相比,这一思想还有着更加深刻的含意。在以前出现过的要求“本末兼重”的呼声之中,只是要求将“工商”与“农”对等地看待,它在价值取向上并没有脱出“以农立国”的传统的文化价值谱系的窠臼,没有威胁到传统的存在,它只不过是从另一个侧面补足了“崇本抑末”思想的偏失,并使它本身也构成了传统的一个组成部分。由于现在主张将“工商”放在首要的地位来考虑,将其当作立国的根本

① 冯桂芬:《制洋器议》,《校邠庐抗议》,第 200 页。
② 冯桂芬:《采西学议》,《校邠庐抗议》,第 210 页。
③ 陈炽:《庸书·考工》,《陈炽集》,第 82 页。

来看待，因此，它与从前“本末兼重”的思想，在价值取向上有着本质的差异，因为，它已经脱离了传统文化价值体系的藩篱，作为传统文化价值的对立面登上了历史的舞台。清末“重工商”思潮的出现，意味着中国传统文化中的“本末之辨”已经走到了历史的尽头，也意味着在中国延续了数千年之久的传统的农耕文明，不得不让位于更加富有生命力的近代的工业文明了，这也是时代为中国所作出的一个历史性的选择。

在中国传统文化的价值谱系之中，“华夷之辨”“义利之辨”“本末之辨”等价值观念，曾经长时间地牢据着国人心理的中枢，但是，鸦片战争之后，这些价值在西方文化的有力冲击之下，均发生了严重的质变，并且走向了自己的对立面。一叶落而知秋之将至，凡此皆在在昭示了中国传统文化所面临的深刻危机。中国文化在其长达数千年的发展演化进程中，从来没有出现过如此严重的危机。在这一场空前严重的民族文化危机面前，中国文化何去何从，成了困扰近代中国文化分子的沉重心理压力。为了使中国从它面临的深重的危机之中走出来，近代中国的文化分子，做了大量的具有创造性的文化重建工作，并且掀起了一浪接一浪的波澜壮阔的社会文化思潮。然而，在当时民族生存危机空前严重的历史背景之下，文化重建工作起伏跌宕，回环往复，在“激进”与“保守”之间震荡不已，且与政治斗争粘着胶固，呈现出复杂与多变的态势。

二、激进与保守的震荡

“呜呼！世变至此极矣，中国三千年来所守之典章法度，至此而几将播荡澌灭，可不惧哉？”①在西方文化的有力冲击之下，近代中国

① 王韬：《答强弱论》，《弢园文录外编》卷七，第200页。

的文化分子，开始陷入内心的巨大恐惧之中。为了挽救民族危机，为了重建一个新的富有活力的社会文化秩序，在十九世纪结束之前，中国出现了两大相互攻难的社会文化思潮，即：欧化主义思潮与传统主义思潮。到了二十世纪初，伴随着西方“民族帝国主义”对中国迫压的加剧，又兴起了一个新的社会文化思潮，即民族主义思潮。这些不同的社会文化思潮，交互激荡，构成了近代中国历史舞台上斑斓多彩的画面。

1. 由渐而巨的欧化主义思潮

欧化主义思潮的涌动者，是近代中国的欧化派。近代中国的欧化派，由于时代及知识背景的差异，其进行社会文化秩序重构的主张不尽相同。然而，对于处在不同时段的欧化派来说，其进行社会文化秩序重构的基本思维模式却是大体一致的，即无论处于哪一个时段的欧化派，都是将社会文化秩序重构的方向界定在向西方学习的坐标之上。在近代中国，随着国人对于西方文化认识的不断加深，欧化派经历了由“器”而“政”而“教”的向西方学习的艰难历程。与之相随，欧化派也由“器”而“政”而“教”，掀起了一浪接一浪的向西方学习的文化浪潮。美国文化人类学家 L.A.怀特，曾经将一个整合的文化系统分成为三个亚系统，即：技术系统、社会系统和思想意识系统。他认为：

> 技术系统是由物质、机械、物理、化学诸手段，连同运用它们的技能共同组成的，借助于该系统，使作为一个动物种系的人与自然环境联结起来，我们在这里发现生产工具、维持生计的手段、筑居材料、攻防手段等。社会系统则是由表现于集体与个人行为规范之中的人际关系而构成的，在这个范畴中，我们发现有

社会、亲缘、经济、伦理、政治、军事、教会……娱乐等系统。思想意识系统则由音节清晰的语言及其它符号形式所表达的思想、信念、知识等构成，神学、传统、文学、哲学、科学、民间格言和常识性知识等，组成了这个范畴。[1]

近代中国的文化分子对于西方文化的认识，基本上也是经历了一个由技术系统→社会系统→思想意识系统的渐次深化的过程，他们将其化约为“器”“政”“教”。由于近代中国主张向西方学习的文化分子，对于西方文化的认识经历了一个由表及里的不断深化过程，所以由他们掀起的欧化主义思潮，也经历了一个由渐而巨、由偏而全的过程。大致说来，洋务派及其思想家们将向西方学习局限在“技术系统”（器）层面，早期维新派则涉及“社会系统”（政）层面，而维新派则突破了前二者，涉及“思想意识系统”（教）层面。

最初的欧化主义思潮，是由洋务派及其思想家们掀起的，他们仅仅看到了西方文化中“技术系统”部分的优长，不承认西方文化中“社会系统”与“思想意识系统”部分的优于中国，试图在“中体”的框架内将西方的“技术系统”（“西用”）移植进中国文化的统系之中，以“中体西用”作为文化整合的理论框架，将欧化的程度定位在“西用”上。如洋务派领袖李鸿章曾经说道：“中国文武制度，事事远出西人之上，独火器万不能及。”[2]王韬认为：“形而上者，中国也，以道胜；形而下者，西人也，以器胜。”[3]主张“器则取诸西国，道则备当自躬”[4]。邵作舟

① （美）L.A.怀特：《文化的科学——人类与文明研究》，第351页。

② 李鸿章：《同治三年四月二十八日折附件》，《筹办夷务始末》（同治朝）卷二十五。

③ 王韬：《弢园尺牍》，第30页。

④ 王韬：《弢园文录外编》卷二十一“杞忧生易言跋”。

也主张“以中国之道，用泰西之器”①。承认中国文化的“技术系统”不如西方，并且主张采取“西用”，这意味着要将这一系统进行西方化。在这一思想的指导之下，洋务派掀起了轰轰烈烈的洋务运动，“注意于船械，兴想于制造，而推本于格致，于是同文馆、制造局、船政所各事，南北踵起”②。洋务运动期间，由洋务派及其思想家们所开出的这一新的中国文化的演化方向，为西学的大量延入提供了方便之利。然而，因其重点被局限在军事领域内，则影响了中国文化重建工作的进一步展开。梁启超曾经指出：

> （洋务）不外二端：一曰军事，如购船、购械、造船、造械、筑炮台、缮船坞等是也；二曰商务，如铁路、招商局、织布局、电报局、开平煤矿、漠河金矿等是也；其间有兴学堂、派学生游学外国之事，大率皆为兵起见。③

洋务派当时之所以要将向西方学习、重建社会文化秩序的运动，仅仅局限在这样一个狭隘的范围之内，一方面固然是囿于当时文化分子识见的偏狭，另一方面，则是他们出于不得已的一种选择。当时一个英国研究中国问题的专栏作家干德利，对此曾经发表过一段肯綮之论，其云：

> 也许因为中国是被强迫开放与外国通商的缘故，所以它最初表示愿意采用的西洋方法自然是在武器方面。它认为它的战败是由于外国武器和舰艇的优越性，所以它自然地愿意在这方面和这些近代的敌人并驾齐驱。因为它对西洋的武器的价值作

---

① 《邵氏危言·纲纪》，《中国近代史资料丛刊·戊戌变法》（一），第182页。
② 梁启超：《西教丛书序》，《饮冰室合集·文集之二》。
③ 梁启超：《李鸿章》，第11页。

这样的估价，所以便建设造船厂和兵工厂。[①]

汤因比则认为：

> 当十九世纪之际，远东的政治家们似乎认为采取显著优越的技术是一合理的冒险与迫切的需要，此足以表示为他们从西方选择一些他们并不感到有何兴趣的事物，因为，这比之被西方人征服及臣服，无论如何是一“较少的罪恶”。[②]

在这种心理的驱使之下，这一时期由洋务派主导进行的文化运动，也染上了强烈的实用主义色彩，并且带有着浓厚的情绪化倾向。盖当时的文化分子害怕失去自己所赖以生存的文化根基，所以，对于传统文化中“社会系统”及“思想意识系统”层面的价值，便拼命地加以护持，理智的宝刀在此失去了它的锋芒。正是由于这样，洋务派及其思想家们，在主张进行“技术系统”欧化的同时，卫道心理则显得甚为迫切。如薛福成认为：

> 夫衣冠、语言、风俗，中外所异也；假造化之灵，利民生之用，中外所同也。……今诚取西人器数之学，以卫吾尧舜禹汤文武周孔之道，俾西人不得蔑视中华，吾知尧舜禹汤文武周孔复生，未始不有事乎此。[③]

王韬则更加语气坚定地认为：“万世不变者，孔子之道也。”[④]对“道”的护持愈烈，说明其内心所遭受的文化挫折感愈强，这种隔裂“体”

---

① 《中国近代史资料丛刊·洋务运动》(八)，第438页。

② 姜义华等编：《港台及海外学者论近代中国文化》，第9页。

③ 薛福成：《筹洋刍议·变法》，见《中国近代史资料丛刊·戊戌变法》(一)，第160页。

④ 王韬：《弢园文录外编》卷二十一《杞忧生易言跋》。

“用”或者“道”“器”的做法，虽然暂时地可以抚慰这部分受到创伤的文化分子的心灵，但它毕竟无济于事，因为西方的“器”根连于它的“道”，其“用”乃其“体”之“用”。文化本为一整合的系统，割取一部进行异体移植的做法，注定是要失败的。洋务运动中，洋务派虽然兴建了许多新式近代企业及近代海陆军，但是，由于制度规设与管理理念仍然是传统的，所以，它导致了橘淮为枳的局面，洋务运动也因此以失败而告结束。随着洋务运动弊病之愈益呈露，促使一部分有识之士对之进行更进一步的思考，在其所作的“否定”的批评之中，实现了对于这一思潮的扬弃与转进。郭嵩焘云：

> 西洋立国有本有末，其本在朝廷政教，其末在商贾，造船、制器，相辅以益其强，又末中之一节也。①

又云：

> 自汉以来，中国教化，日益微灭，而政教风俗，欧洲各国乃独擅其胜，其视中国，亦犹三代盛时之视夷狄也。②

郭嵩焘在此认识到了西方文化中“体”“用”的血脉相连关系，并且大胆地承认了西方的“政教风俗”胜于中国。这种认识的出现，为欧化主义思潮之突破“技术系统”层面，提供了思想基础。不特郭嵩焘，当时还有一些其他洋务派大员像也有着类似的看法，如张树声即曾经这样说道：

> 西人立国，具有本末。虽礼乐教化，远逊中华，然其驯至富强，亦具有体用。育才于学堂，论政于议院，君民一体，上下一

---

① 郭嵩焘：《条议海防事宜》，《郭嵩焘奏稿》，第 345 页。

② 郭嵩焘：《郭嵩焘日记》第三卷“光绪四年二月初二日”，第 439 页。

心，务实而戒虚，谋定而后动，此其体也；轮船、火炮、洋枪、水雷、铁路、电线，此其用也；中国遗其体而求其用，无论竭蹶步趋，常不相及，就令铁舰成行，铁路四达，果足恃欤？①

伴随着对于西方“政体”价值的认识，遂使这一由洋务派率先推进的欧化主义思潮，在进行社会文化秩序的重新整合时，终于突破了“技术系统”层面，而转进至“社会系统”层面。欧化主义思潮之转入“社会系统”层面，既是对前一阶段的否定，又是对前一阶段的承续与升华。一部分从洋务派脱胎而来的文化分子，形成了早期维新派，他们在继洋务派之后成了执思想文化界牛耳的时代骄子。这些人大多游历过西洋，西学知识较之洋务派来说要广博得多，对西方文化的理解较之洋务派来说也要深刻得多。因此，由他们掀起的文化思潮，其欧化程度便也较前大大地向前跨进了一步。其所注目的焦点，则由前一时期之注重“军事”与“商务”而进至西方之“政”上，他们企图在中国建立一个类似于西方资产阶级国家的君宪政体，并将此置为其进行社会文化秩序重构的中心。王韬曾经考察过西方国家的政体，他认为：

泰西立国有三：一曰君主之国，一曰民主之国，一曰君民共主之国。……一人主治于上，而百执事万姓奔走于下，令出而必行，言出而莫违，此君主也；国家有事，下之议院，众以为可行则行，不可则止，统领但总其大成而已，此民主也；朝廷有兵刑礼乐赏罚诸大政，必集众于上下议院，君可而民否，不能行，民可而君否，亦不能行也，必君民意见相同，而后可颁之于远近，此君民共

① 郑观应：《盛世危言自序》，《盛世危言》，第51页。

主也。论者谓:君为主,则必尧舜之君在上,而后可久安长治;民为主,则法制多纷更,心志难专一,究其极,不无流弊;惟君民共治,上下相通,民隐得以上达,君意亦得以下逮,都俞吁咈,犹有中国三代以上之遗意焉。①

他又说道:

《书》有之曰:"民惟邦本,本固邦宁。"苟得君主于上,而民主于下,则上下之交固,君民之分亲矣,内可以无乱,外可以无侮,而国本有若苞桑磐石焉。由此而扩充之,富强之效亦无不基于此矣。泰西之国,以英为巨擘,而英国政治之美,实为泰西诸国所闻风向慕,则以君民上下互相联络之效也。②

他将英国式的君宪政体当作最完美的政体来看待,在"三代遗意"的幌子下,公然鼓吹之而不遗余力。类似的看法在早期维新派中相当普遍,如郑观应云:

应虽不敏,幼猎书史,长业贸迁。愤彼族之要求,惜中朝之失策。于是,学西文,涉重洋,日与彼都人士交接,察其习尚,访其政教,考其风俗利病、得失盛衰之由。乃知其治乱之源,富强之本,不尽在坚船炮利,而在议院,上下同心,教养得法。③

他同王韬一样,也将"议院"当作治国之本、富强之基。他又说道:

然博采旁参,美国议院则民权过重,因其本民主也。法国议院不免叫嚣之风,其人习气使然。斟酌损益,适中经久者,则莫如英、德两国议院之制。……盖有议院揽庶政之纲领,而后君相

---

① 王韬:《重民下》,《弢园文新编》,第25—26页。
② 同上书,第27页。
③ 郑观应:《盛世危言自序》,《盛世危言》,第50页。

臣民之气通，上下堂廉之隔去，举国之心志如一，百端皆有条不紊，为其君者，恭己南面而已。①

他也将英国式的君宪政体当作最完美的政体来看待，并要求在中国“亟行”此制②，认为：“议院者，大用之则大效，小用之则小效。”③如果中国“果能设立议院，联络众情，如身使臂，合四万万之众如一人，虽以并吞四海无难也，何至坐视彼族越九万里而群逞披猖，肆其非分之请，要以无礼之求，事无大小，一有龃龉，动辄称戈，显背公法哉！”④

以上王韬、郑观应二人的看法，基本上也反映了当时早期维新派群体的变政主张，所以，其他人的言论我们在此无需再繁征引。早期维新派所称道的西方君宪政体，相当于洋务派所说的“体”，主张在中国“亟行此制”，则意味着要在中国进行“体”的欧化，洋务派固守的藩篱，在此被突破了。但就早期维新派本身而言，他们当时并没有觉得“亟行”欧西的君宪政体，是同传统中国的政制背道而驰的，所以，在当时，中国传统的政制并没有成为他们攻击的目标，他们毋宁是将其变政主张当作中国传统政制的补充来看待的，他们认为欧西诸国所行的君宪政制符合“三代遗意”，在中国之“亟行”西方的君宪政体，不过是对于传统中国政制的刮垢磨光。然而，早期维新派对于中国社会文化秩序进行重建的努力，至这一层次便停止了，至于支撑传统政制的纲常伦纪，则仍然受到他们的严格保护。但堤防一旦决口，便会势不可挡，在早期维新派的后辈那里，“体”的欧化，不仅作为中国传

① 郑观应：《议院上》，《盛世危言》，第 96 页。
② 同上书，第 98 页。
③ 同上书，第 97 页。
④ 同上书，第 96—97 页。

统政制的对立面出现，而且其矛头所向，也直接指向了传统的专制政制，并且，支撑这一传统专制政制的纲常伦纪，也遭到了他们的激烈批判。欧化主义思潮在此终于地冲向了它的顶点，它化成了一场否定传统、再造新邦的“维新运动”。

如果说早期维新派将欧化的程度仅仅局限在“社会系统”层面的话，那么，在其后辈维新派那里，则越进至“思想意识系统”层面了。在维新派那里，西方文化的价值，开始得到了全盘的肯定，而中国传统文化的诸价值，则成了他们诠释近代中国之所以落后于西方的主要原因。甲午战争的惨败，使得中国的文化分子被进一步地激怒了，传统文化被他们看成为导致中国衰败的罪魁祸首。因此，要拯救中华民族的危机，他们认为只有将西方文化确立为进行中国社会文化秩序重构的参照系，对传统文化作一次全面而彻底的革新。这一阶段的欧化主义思潮，对传统文化作了一次彻底清算。其中攻击传统文化最厉害的要数谭嗣同与樊锥了，此二人皆是湖南的激进的年轻改革思想家。谭嗣同对于二千年来的“政”，给予了彻底的否定，他认为“二千年来之政，秦政也，皆大盗也”①。在否定传统之“政”的同时，谭嗣同还形成了类似于西方资产阶级启蒙时代产生的社会契约思想。他认为：

> 生民之初，本无所谓君臣，则皆民也，民不能相治，亦不暇治，于是共举一民为君。夫曰共举之，则非君择民，而民择君也。夫曰共举之，则其分际又非甚远于民，而不下侪于民也。夫曰共举之，则因有民而后有君；君末也，民本也。……夫曰共举之，则

① 谭嗣同:《仁学》二十九,《谭嗣同全集》(下),第337页。

且必可共废之。君也者，为民办事者也；臣也者，助办民事者也；赋税之取于民，所以为办民事之资也。如此而事犹不办，事不办而易其人，亦天下之通义也。①

这较之早期维新派在“三代遗意”的幌子下模效西方君宪政体的做法，在理论上要更具深度，且也更具有说服力。在否定中国传统的专制政制时，更为重要的是，谭嗣同的锋芒指向了支撑这一传统专制政制的纲常伦纪。他认为：“二千年来，君臣一伦，尤为黑暗否塞，无复人理，沿及今此，方愈剧矣。”②并云：“君臣之祸亟，而父子夫妇之伦，遂各以名势相制为当然矣，此皆三纲之名之为害也。”③更为大胆的是，谭嗣同对于二千多年来传统中国的“学”，也给予了彻底的否定。他认为：“二千年来之学，荀学也，皆乡愿也。”它是“工媚大盗”（即传统的专制政制）的伪学。④与此相反，他对于西方文化则给予了高度的赞美，并对洋务派之将向西方学习仅仅局限在“技术系统”层面，给予了激烈的批评。谭嗣同云：

中国数十年来，何尝有洋务哉？抑岂有一士大夫能讲者？……所谓洋务，第就所见之轮船已耳，电线已耳，火车已耳，枪炮、水雷及织布、炼铁诸机器已耳。……凡此皆洋务之枝叶，非其根本。执枝叶而责根本之成效，何为不绝无哉？况枝叶尚无有能讲者。⑤

他以洋务派的“枝叶之变”为不可取，他自己寻求的则是“根本之变”。

① 谭嗣同：《仁学》三十一，《谭嗣同全集》（下），第339页。
② 谭嗣同：《仁学》三十，《谭嗣同全集》（下），第337页。
③ 谭嗣同：《仁学》三十七，《谭嗣同全集》（下），第348页。
④ 谭嗣同：《仁学》二十九，《谭嗣同全集》（下），第337页。
⑤ 谭嗣同：《报贝元征》，《谭嗣同全集》（上），第202页。

为此，他对由洋务派所揭出的“道器观”，也重新作了界定，认为：

> 特所谓道，非空言而已，必有所丽而后见。……治器者则谓之道，道得则谓之德，器成则谓之行，器用之广则谓之变通，器效之著则谓之事业。……故道，用也；器，体也。体立而用行，器存而道不亡。自学者不审，误以道为体，道始迷离倘恍，若一幻物，虚悬于空漠无朕之际，而果何物也耶？……夫苟辨道之不离乎器，则天下之为器亦大矣，器既变，道安得独不变？①

谭嗣同以“器”为“体”，以“道”为“用”，认为“道”即寓之于“器”之中，显然与洋务派揭橥的“道体器用”或者“道本器末”的“道器观”是相对立的。谭嗣同的这一“器体道用”“器道俱变”的思想，虽然继承的是明末清初思想家王船山的“气学”思想流脉，②但在新的历史条件下，则具有了崭新的内容。因为，根据他的这一“器体道用”“器道俱变”思想，在进行社会文化秩序的重构时，不可避免地，在采行“西用”时，便意味着同时也要采行“西体”，在变“中器”时，便意味着同时也要变“中道”，在此，全盘西化实际上是呼之欲出了。谭嗣同在当时高呼要“冲决网罗”，使其进行社会文化秩序重构的主张充满了浓厚的激进

---

① 谭嗣同:《报贝元征》,《谭嗣同全集》(上),第196—197页。

② 按:王船山承宋儒张载所启之“气论”而集其大成,成为我国传统思想史上最为著名的唯物论大师,关于“道”与“器”的关系,他曾云:“天下惟器而已矣,道者器之道,器者不可谓之道之器也。无其道则无其器,人类能言之,虽然,苟有其器矣,岂患无道哉?……无其器则无其道,人鲜能言之,而固其诚然者也。洪荒无揖让之道,唐虞无吊伐之道,汉唐无今日之道,则今日无他年之道者多矣。未有弓矢而无射道,未有牢醴、璧币、钟磬、管弦而无礼乐之道,则未有子而无父道,未有弟而无兄道,道之可有而且无者多矣。故无其器则无其道,诚然之言也,而人特未之察耳。”(转引自张岱年《中国哲学史大纲》,第79—80页。)此即为谭氏思想之所本。由之,船山思想也成为谭氏驳杂思想体系的重要来源之一。

主义的色彩。然而，在其彻底否定传统的呐喊声中，他却仍然为传统留下了最后一块招牌，即“尊孔”的空名，这大概是受到康有为今文思想的影响所致。尽管如此，谭嗣同所谓的孔子，也已经不是传统的孔子的形象了。当时，谭嗣同所尊奉的孔子，乃是经他之手重新塑造之后的欧化形象的孔子了。如他曾经这样说道：“方孔之初立教也，黜古学，改今制，废君统，倡民主，变不平等为平等，亦汲汲然动矣。”①孔子在他的眼里，已经变成了一位废除君主专制，倡行民主政体的变法大师。谭嗣同的这一矫情之论，我们实也可视之为维新派的一种自我影像的折射。

如果说谭嗣同是在“尊孔”的名义下主张全盘欧化的话，那么，樊锥则连这块孔家店的招牌也揭下了，他主张对于传统要全盘扫荡，义无反顾地进行全盘欧化。他曾经对于生活在“意想世界”里的自大的孔子之徒，给予了辛辣的嘲讽，认为“世之自命孔子之徒，昂昂儒服，以为舍我之外必无天地，舍我之外必无教化，是非能真见其无者，意想其心如此而已。”②在尽情地嘲笑传统儒生们盲目自大、无知意想的时候，樊锥对于中国传统文化采取了一概扫荡的态度，将中国文化新命的再造，寄托在对于西方文化的全盘模效上。下面所列的两段文字，可谓是樊锥激进反传统思想和全盘欧化主张的典型话语表述，其云：

是故，非刳剔腐肉，吸灭败气，扫除一切，伐毛洗髓，则不足活其性，畅其新血，振其以太，清其脑筋矣；是故，非毅然破私天

① 谭嗣同：《仁学》三十，《谭嗣同全集》（下），第337页。
② 樊锥：《发锢》，《樊锥集》。

下之猥见，起四海之豪俊，行平等平权之义，出万死以图一生，则不足斡转星球，反旆日月，更革耳目，耸动万国矣。①

曰：洗旧习，从公道，则一切繁礼细故，猥尊鄙贵，文武名场，恶例劣范，铨选档册，谬条乱章，大政鸿法，普宪均例，四民学校，风情土俗，一革从前，搜索无剩，唯泰西者是效。②

将文化的重建定位在“扫除一切”、“唯泰西者是效”上，其欧化的激进程度，至此盖已无可复加。这种全盘反传统及全盘欧化的文化主张，同其五四时期的后辈们相较，丝毫也不显得逊色。这一激进主义的进行社会文化秩序重构的主张，犹如火山喷发，极大地震动了当时中国的思想界。然而，这一激荡于戊戌时期的激进主义的欧化思潮，盖丁时未至，未能像五四时期那样影响广远，但它对于晚清时期一批又一批的趋新知识分子之脱离传统羁绊、走上向西方学习的道路，则有着扫除廓清之功。并且，它还为近代中国的文化运动，提供了巨大的精神动力与思想资源，其功不可掩。

2. 守成拒新的传统主义思潮

卡尔·曼海姆曾经指出：“传统主义，指的是一种在每一个人那里都多少存在的形式的心理属性。”③并且认为：“我们常常固守旧方式，不愿意接受新文明，这是一种普遍存在的心理倾向。”④人们通常

---

①② 樊锥：《开诚篇三》，《樊锥集》。

③ (德)卡尔·曼海姆：《保守主义》，第57页。按：卡尔·曼海姆(1893—1947)是二十世纪最有影响的社会理论家之一，他在意识形态分析和对二十世纪早期时代精神的把握中，把马克思、韦伯与胡塞尔的理论与实证研究的方法相结合，创立了当代社会学的重要分支——知识社会学。曾任德国海德堡大学教授，本著即是1925年他提交给海德堡大学的教授资格论文。

④ (德)卡尔·曼海姆：《保守主义》，第56页。

又将这种人类普遍所具有的“对旧方式的依恋”的“保守心理倾向”，也即“传统主义”，称之为“自然保守主义”，[①]以区别于作为“一种特殊的历史和现代现象”出现的“保守主义”，也即“现代保守主义”。[②]由于中国自古以来即创造了辉煌灿烂的文明，有着深厚的文化底蕴，这一昔日的辉煌，同人类天生所具有的“保守心理倾向”相结合，为近代中国传统主义的滋生与流衍，提供了极为深厚的土壤。殷海光教

---

① (德)卡尔·曼海姆:《保守主义》，第56页。

② (德)卡尔·曼海姆:《保守主义》，第56页。按:卡尔·曼海姆将人们所习称之“保守主义”，区分为“自然保守主义”与“现代保守主义”两类，并且根据马克斯·韦伯的观点，将前者称之为“传统主义”。与“前者指的是一种普遍的人类属性”相较，后者则“指的是一种特殊的历史和现代现象”。他认为“在‘传统主义’与‘保守主义’的概念之间一定存在根本的不同”(参阅卡尔·曼海姆《保守主义》，第56—57页)。后者，在卡尔·曼海姆看来，则主要指的是“政治保守主义”。严格说来，在近代中国并不存在马克斯·韦伯与卡尔·曼海姆意义上的“保守主义”。从“保守主义”的起源来看，马克斯·韦伯与卡尔·曼海姆的“保守主义”之在欧洲的兴起与发展，乃是对于“近现代极权主义对西方文明的挑战”的回应之产物(参阅刘军宁《保守主义》第16页)，它在法国大革命之后，获得了第一次的大发展，在第二次世界大战之后，则获得了第二次的大发展。“保守主义”所持守的价值，乃是自由主义。“在英国，保守主义一开始就是保守自由传统的主义”(同上书，第16页)，因此，刘军宁先生认为:“保守主义在相当大的程度上是传统主义加上古典的自由主义。保守主义的实质是自由主义，是自由主义与传统主义的结合。”(同上书，第27页)而“保守主义”的矛头所向则主要针对的是“理性主义”(即“建构理性主义”——笔者)和“激进主义”，并不针对“自由主义”(同上书，第29页)。而这种意义上的“保守主义”之在中国的出现，则是二十世纪九十年代以后中国自由市场经济获得长足发展的背景下产生的，而这一上个世纪九十年代之后在中国产生的“保守主义”，在学脉上则承接的是近代中国自严复、梁启超、胡适以来的自由主义传统，可谓是当代中国的自由主义。这些当代中国的保守主义者(或自由主义者)，一方面虔诚地信奉自由市场经济，一方面注重“权威”与“秩序”，期望建立一个“可以容忍的、有序的、自由的社会”(见上书，第11、12、26页)。然而，当学术界在指称近代中国的保守思潮时，往往普遍地冠之以“保守主义”一词，这在学术研究上造成了不小程度的概念上的混乱。基于这种考虑，笔者在本节阐释十九世纪后半期在中国出现的反对欧化的保守思潮时，仍然援引了马克斯·韦伯与卡尔·曼海姆的“传统主义”概念，而对于“保守主义”一词，则尽量地加以避开，以免滋生歧见。

授曾经指出："就社会文化的意义来说，孔制门徒一生下来就是保守主义者。所以保守主义在中国文化里不仅势力雄厚而且根深蒂固。"①伴随着欧化主义思潮之在近代中国的兴起，及其趋于激进化，自然地也会激起"传统主义"的反抗。一部分固守传统文化价值的保守的文化精英，对于当时兴起的欧化主义思潮，奋力地进行抗争，掀起了传统主义思潮。他们反对将社会文化秩序的重建界定在欧化取向上，企图继续在中国传统文化的框架之内，寻求中国文化的出路。随着欧化思潮之由器→政→教的推衍，由这些固守传统文化价值的保守的文化分子掀起的传统主义思潮，便也经历了同样的反动与对抗的过程。然而，通过仔细寻绎传统主义思潮之内在理路，则我们可以发现，这一反对欧化、护持中国传统文化价值的传统主义思潮，却主要是一种情绪性的产物，在其思维程式里，我们很难找到理性运作的痕迹。卡尔·曼海姆认为："传统主义行为，大多只是反应性行为。"②当时中国的传统主义者，同世界上其他地区的传统主义者一样，在欧风东渐的时代大潮面前，也只能完全地处于一种被动反应的地位。尽管他们在反击欧化主义者的思想意旨时，表现得也是言辞激烈，慷慨激昂，但他们却拿不出更好的重建中国社会文化秩序的方案，只不过是表达了一种传统主义者的普遍的"对旧方式的依恋"的"保守心理倾向"罢了。这也说明了中国传统文化在陷入危机之后，具有浓厚"对旧方式的依恋"的"保守心理倾向"的传统主义者，选择"守成拒新"的文化思维模式，是难以胜任进行中国社会文化秩序重

---

① 殷海光：《中国文化的展望》(上海版)，第206页。

② (德)卡尔·曼海姆：《保守主义》，第60页。

建这一历史大任的。由此也可以看出，当时中国的传统主义者在应对西方文化冲击与新的历史挑战面前，其内在的自我调适能力，也是相当有限的。

重道轻器，重义轻利，重皇权轻民权，重纲常名分，严夷夏大防等等，乃是中国传统价值谱系在社会层面展开之后呈现出的主要面相。由此，在中国的传统时代，每当社会发生衰乱与危机时刻，其解救的措施，往往便是诉之于道德的重振。敦风俗、振纲纪，由之也成为中国传统社会面临衰乱与危机时刻最为常见的政治话语。“致君尧舜上，再使风俗淳”，则成为数千年来中国传统士人的崇高理想。这也使得中国的传统主义者，在实质上都成为“应帝王”式的人物。①纵观在近代以前的传统中国社会里，即使是非常杰出的思想家，其计也往往不过如此。如顾炎武曾经说道：“目击世趋，方知治乱之关，必在人心风俗，而所以转移人心，整顿风俗，则教化纪纲为不可缺矣。”②又云：“礼义廉耻，国之四维，四维不张，国乃灭亡。”③沈子敦曾作有《风俗篇》，对此旨阐发尤详。其云：

> 天下之治乱，系乎风俗。天下不能皆小人，风俗美，则小人勉恭于仁义，风俗恶，则君子亦宛转于世尚之中，而无以自异。是故，治天下者，以整厉风俗为先务。④

纵观十九世纪后半期，由一部分保守的文化分子掀起的对抗欧化的传统主义思潮，其手中所执的利器，不过同他们的先辈们一样，仍然

---

① 殷海光：《中国文化的展望》（上海版），第242页。
② 顾炎武：《与人书九》，《顾亭林诗文集》卷四。
③ 顾炎武：《日知录》卷十三“廉耻”。
④ 钱穆：《中国近三百年学术史》（中华版），第556页。

是将当时中国社会之陷入危机，归咎于风俗的败坏与礼义廉耻的失坠。对于社会文化秩序的重构，他们也仍然像他们的先辈们那样，诉之于道德的重整与风俗的敦厚。如曾经出使过西洋的刘锡鸿，在批评洋务运动时即说道："中国空虚不在无船无炮，而在无人无材，此皆政教之过也。政教既失，岂唯外洋之足患哉！夫士习之坏，向第阴备夫义以从利耳，今则显然逐利，并不知有仁义之名；民风之患，向第尚力而未能重德耳，今则长幼无序，且并不知有贵贱之分，此等气象，尚能久安无事乎？"①他将中国之所以衰弱的原因，归咎于士习、民风的败坏。在刘锡鸿看来，只要能够整饬纪纲、敦化风俗，则中国自可以自立自强。其云：

> 自强者，自立也，非谓外洋日以兵为事，自示强悍也。赏罚严明，用人得当，以立天下之纲纪，则人才自奋，吏治自修，民生日遂，财赋自裕，兵力自强，外夷亦自慑服，何事纷纷他求？②

理学重臣兼有帝师身份的大学士倭仁，也持有着与刘锡鸿同样的看法，且说得更为简截明白，其云：

> 立国之道，尚礼义不尚权谋；根本之图，在人心不在技艺。③

由此，倭仁同刘锡鸿一样，也是将礼义廉耻当作治国的第一要义来看待，主张"以仁义救天下"④。倭仁在其所作的"王何必曰利亦有仁义而已矣"的"讲义"中，进一步地推阐孟子的义利观，曾经这样说道：

---

① 刘锡鸿：《读郭廉使论时事书偶笔》，《刘光禄遗稿》卷二，《中国近代史资料丛刊·洋务运动》(一)，第290页。

② 同上书，第300页。

③ 倭仁：《同治六年二月十五日大学士倭仁折》，《中国近代史资料丛刊·洋务运动》(二)，第30页。

④ 倭仁：《倭文端公遗书》卷一"讲义"，第145页。

王道之外无坦途，举皆荆棘；仁义之外无功利，举皆祸殃。三代之世，所以人心正、风俗醇，治隆于上而教行于下者，以仁义故也；后世吏治坏，民心漓，廉耻道丧而寇贼日兴者，以利故也。千古治乱之机，莫不由此。……治国者何去何从，尚其深思而明辨之哉！①

从这一思想意旨出发，倭仁也和传统的儒者一样，重“义利之辨”。他主张“辨义利要如太阿断物，立地分作两畔，丝毫不容相混”②。并且指出：“人心痼蔽，理欲混淆，尚有何事可为？故兴学育材，明义利之辨，是为治第一义也。”③由于倭仁将“明义利之辨”看成是“为治”的“第一义”，他将“利心”、“人之有欲”看成是世间的“耽心物”，是实现“王道”坦途上的最大障碍，因此，他最为关注的便是“明理正心”，他号召人们要打过“声色货利关”，要求人们“三复斯言，猛割一爱”。④他曾经指出：

心有欲则狭，无欲则宽；有欲则忙，无欲则闲；有欲则险，无欲则平；有欲则忧，无欲则乐；有欲则馁，无欲则刚。须将心头打叠干净，如楼阁在空中然后可。⑤

他认为，天下万事，“无事不坏在一个私字”⑥，因此，他也和正统的儒者一样，主张通过“内省”的途径，通过个体的“养心”工夫，去克治人们的“私欲”。个体通过内省，“将心头打叠干净”，从而“天理流行”，

---

① 倭仁：《倭文端公遗书》卷一“讲义”，第145—146页。
② 倭仁：《倭文端公遗书》卷六“日记（壬子以后）”，第573页。
③ 同上书，第531页。
④ 同上书，第455页。
⑤ 倭仁：《倭文端公遗书》卷九“嘉善录·补录”，第761页。
⑥ 倭仁：《倭文端公遗书》卷七“日记之余”，第621页。

“天地万物为一体”，形成一个和谐美好的社会文化秩序。在内省克欲的工夫上，他甚至还云：“求仁得仁，饿死何妨？”[①]由此也可见得倭仁对于个体“养心”工夫要求之严了。由上亦可以看出，倭仁不过是重新复述了充满浓厚内省精神的正统儒学的治世要义。从这些传统的价值观念出发，以倭仁为代表的传统主义者对以崇尚智、利、力为主要特征的西方文化便深恶痛绝，欧化主义者所推动的向西方学习的文化思路，由此便自然地会遭到他们的断然反对。刘锡鸿声称：“夷狄之道未可施诸中国也。”[②]倭仁则认为“变而从夷”，就会导致“正气为之不伸，邪气因而弥炽”的局面。[③]

这一抵制欧化的传统主义思潮，至戊戌时期随着欧化思潮的趋于激进化，其抵抗的程度也愈来愈趋于激烈。如果说，在戊戌以前，以倭仁为代表的传统主义者之反对洋务派推进的欧化事业，其表现主要呈现的是各自保守思想的自我陈述的话，那么，至戊戌时期，以叶德辉为代表的新一代的传统主义者，则互相之间沟通声气，不仅通过著文、书信、弹章等方式表达其固守传统价值的强烈意愿，而且还行动起来，在政治上对主张欧化的维新派成员施以人身攻击与迫害。并且，这些保守的文化分子还将其抵制欧化、护持传统文化价值的言论集结成两本小册子（一曰《翼教丛编》，苏舆编；一曰《觉迷要录》，叶德辉辑），广为散发，在当时的中国士大夫群体中产生了巨大影响。

如上节所述，戊戌时期，维新派之主张向西方学习，带有着浓厚

---

① 倭仁：《倭文端公遗书》卷四“日记（丙午以后）”，第243页。

② 刘锡鸿：《读郭廉使论时事书偶笔》，《刘光禄遗稿》卷二，《中国近代史资料丛刊·洋务运动》（一），第290页。

③ 倭仁：《同治六年二月十五日大学士倭仁折》，《中国近代史资料丛刊·洋务运动》（二），第31页。

的激进反传统的全盘欧化的味道，此旨在谭嗣同、樊锥的思想里表现得尤为明显。而“民权”“平等”等这些西方文化中的基本价值理念，则是当时维新派向国人宣说得最为恳切的思想意旨，并且，以康有为为代表的维新派还将其当下的政治奋斗目标，确立为力图在现实中国建立一个有类于西方诸国的君宪政制，主张“兴民权”“设议院”。然而，维新派所主张的“民权”“平等”等西方文化中的基本价值理念，却与中国传统的若皇权至上、纲常名分等价值观念，发生了严重的冲突。以叶德辉为代表的新一代的传统主义者，在翼教激情的鼓荡之下，对维新派的思想宗旨施以猛烈的反击，且以捍卫传统的纲常名教为己任。对于当时维新派阐述其维新思想且影响甚大的重要著作若康有为的《长兴学记》、梁启超的《读西学书法》《春秋界说》《孟子界说》《幼学通议》以及徐仁铸的《辅轩今语》等，叶德辉皆曾撰文对之进行驳议。而对于维新派所宣说的“民权”“平等”思想，叶德辉则驳之尤切。他曾经说道：

> 中国自尧舜禅让以来，已成家天下之局，亦以地大物博，奸宄丛生，以君主之，犹且治日少而乱日多，以民主之，则政出多门，割据纷起，伤哉斯民，不日在水火之中哉！①

又云：

> 中国自古为君主之国，其权不可下移，虽其间暴主迭兴，中原多故，而圣清之制，则固远轶汉唐，比隆三代也。②

叶德辉在其竭力美化传统君主政体的眷眷之情中，对于维新派提倡

---

① 苏舆：《翼教丛编》卷四《叶吏部〈《辅轩今语》评〉》，第80页。
② 苏舆：《翼教丛编》卷四《叶吏部〈《读西学书法》书后〉》，第129页。

的“兴民权”宗旨自然要进行反对。叶德辉认为“民有权，上无权矣”①，且云：“民无论智愚，人人得伸其权，可以犯上作乱。”②因此，在叶德辉看来，“兴民权，只速乱耳”，只会导致中国的灭亡。③对于维新派的“平等”主张，叶德辉则将其视之为坏乱“圣人之纲常”④，并且恶毒地咒骂道：“居光天之下，而无父无君，与周孔为仇敌，苟非秉禽兽之性，何以狂悖如此？”⑤由此，当维新派大张旗鼓地宣传向西方学习，积极地推进维新运动之时，这些传统主义者便公然地揭起“护圣教”的旗帜。⑥他们一则认为：“孔子之制在三纲五常，而亦尧舜以来相传之治道也，三代虽有损益，百世不可变更。”⑦一则又认为：“孔教之大，与天地参，其教不待传而自传。”⑧并且还公然地宣言道：

> 孔教为天理人心之至公，将来必大行于东西文明之国，而其精意所构，则有以辉光而日新。⑨

叶德辉甚至于斥责“谓西教胜孔教者”为“谬种”⑩，而将维新派所宣说的维新思想称为“异端”⑪。他曾经自豪地说道：

> 合五洲之大势而论，人数至众者莫如中国，良以地居北极温带之内，气候中和，得天独厚，而又开辟在万国之前，是以文明甲于天下也。⑫

---

① 叶德辉：《觉迷要录》“湖南时务学堂课艺批语”叶德辉“案语”。
② 苏舆：《翼教丛编》卷四《叶吏部〈《长兴学记》驳议〉》，第102页。
③ 叶德辉：《觉迷要录》“湖南时务学堂课艺批语”叶德辉“案语”。
④⑦ 苏舆：《翼教丛编》卷四《叶吏部〈《读西学书法》书后〉》，第129页。
⑤ 苏舆：《翼教丛编》卷四《叶吏部〈《长兴学记》驳议〉》，第100—101页。
⑥ 苏舆：《翼教丛编》卷三《叶吏部〈明教〉》，第66页。
⑧ 苏舆：《翼教丛编》卷四《叶吏部〈《读西学书法》书后〉》，第128页。
⑨ 苏舆：《翼教丛编》卷三《叶吏部〈明教〉》，第66页。
⑩ 同上书，第69页。
⑪ 苏舆：《翼教丛编》卷四《叶吏部〈《长兴学记》驳议〉》，第97页。
⑫ 苏舆：《翼教丛编》卷四《叶吏部〈非《幼学通议》〉》，第136页。

所以，以叶德辉为代表的新一代的传统主义者，也仍然像他们的先辈们那样，继续牢牢地持守着“华夷之辨”这一古老的藩篱。他们认为：

孔子《春秋》之旨，曰“内中国而外夷狄”，日学《春秋》，云何不知？如云夷而进于中国则中国之，未闻中国而进于夷则夷之也。①

由上我们可以看出，当时以叶德辉为代表的新一代的传统主义者之抗拒以康有为为代表的欧化主义者的理论利器，仍然不过是传统的“义利之辨”与“华夷之辨”，这与其前辈倭仁、刘锡鸿等的反对欧化的思维程式如出一辙。由之，对于进行社会文化秩序的重构，他们也像倭仁、刘锡鸿等一样，也是诉之于对于“人心”的拯救。对于维新派提出的向西方学习的主张，他们则将之视之为“煽或人心”②或者是“逞一己之私心，侮圣人之制作”，为学术人心之大害。③叶德辉认为：“世局有变更，天理人心之公无变更。”④宾凤阳则说道：“夫世运之盛，端在人心；人心之纯，由于学术。”⑤所以，拯救“人心”的工夫，在他们看来则有赖于“正学”。作为维新运动指导思想的康有为的“新学伪经”与“孔子改制”诸说，他们则直斥之为“伪学”，对此，叶德辉曾经“发指眦裂”，怒斥康有为为“士类之文妖”。⑥

从上面叶德辉诸人的反对欧化言论及其护持传统价值的主张，我们可以看出，当时这些传统主义者主要是出诸对于中国传统文化价值偏爱的一种情绪性反应。而潜藏于他们心底的“翼教”激情，则

---

① 苏舆：《翼教丛编》卷四《叶吏部〈《辅轩今语》评〉》，第 86 页。
② 苏舆：《翼教丛编》卷四《叶吏部〈《读西学书法》书后〉》，第 129 页。
③ 苏舆：《翼教丛编》卷四《叶吏部〈《长兴学记》驳议〉》，第 97 页。
④ 苏舆：《翼教丛编》卷六《叶吏部与刘先端、黄郁文两先生》，第 166 页。
⑤ 苏舆：《翼教丛编》卷六《宾凤阳与叶吏部书》，第 157 页。
⑥ 苏舆：《翼教丛编》卷四《叶吏部〈非《幼学通议》〉》，第 136 页。

成为他们组织与行动起来的凝结剂。除了思想上的交锋之外，这一时期，这些固守传统价值的传统主义者，还在政治上采取行动，对维新派施以政治迫害。他们恶毒地咒骂主张“唯泰西者是效”的年轻改革思想家樊锥是“汉奸之尤”①，并且切齿地说道：“脔割寸磔，处以极刑，似尚未足以蔽其辜。”②而且还大打出手，将樊锥从其家乡邵阳逐出。同情并认可康有为今文学说的一代经今文学大师皮锡瑞，在这些保守的传统主义者的迫害之下，也不得不离开自己的家乡。③下面一段是引自《翼教丛编》的“邵阳士民驱逐乱民樊锥告白”，由此“告白”，我们可以窥出当时保守的文化分子掀起的传统主义思潮之对抗欧化思潮，是多么地激烈，又是多么地苍白无力。该“告白”云：

> 立驱逐乱民字人邵阳士绅军民等：今因丁酉科拔贡樊锥，首倡邪说，背叛圣教，败灭伦常，惑世诬民，直欲邑中人士尽变禽兽而后快，我邑公同会议，于四月十五日齐集学宫大成殿，祷告至圣孔子先师，立将乱民樊锥驱逐出境，永不容其在籍再行倡乱，并刊刻逐条，四处张帖，播告通省。倘该乱民仍敢在外府州县倡布邪说煽惑人心，任是如何处置，邵阳并无异论，特此告白。④

当代著名的自由主义大师海耶克曾经指出：“保守主义者惯于运用政府的力量来阻止变动，或限制变动的速度，以满足较怯懦的心灵之要求。”⑤同样，19世纪末，中国保守的文化分子之对待反对派，也是诉之于政治的迫害与武力的蛮横，维新运动终于在腥风血雨中落下了

---

①② 苏舆：《翼教丛编》卷六《邵阳士民驱逐乱民樊锥告白》，第143页。
③ 苏舆：《翼教丛编》卷五《湘省学约》，第150页。
④ 苏舆：《翼教丛编》卷五，第141页。
⑤ 殷海光：《中国文化的展望》(北京版)，第259页。

帷幕。此后，中国保守的文化分子则利用下层民众的排外心理，在义和团运动中鼓惑团民盲目地仇洋杀教，其仇视西方文化的心理得到了淋漓尽致的宣泄，致使无数义和团民的鲜血染红了传统文化的泥土。但这场最为悲壮的护教运动，最终还是在西洋文明的枪口之下失败了，中国近代史上最大规模的抗拒欧化的传统主义思潮，至此便也终于走完了它自己的历程。

当然，在以后的历史年代里，还会有各种各样的传统主义者粉墨登场，可是，像晚清时期那样的完全“守成拒新”的传统主义思潮，则被历史的浪涛无情地席卷而去了。在“莽莽欧风卷亚雨”的大震荡时代，随着 20 世纪初滚滚革命洪流之临至，欧化主义思潮借着撞击传统专制王权政治风暴的强大阵势，彻底地压倒了传统主义思潮。在大音起矣的中国，欧风美雨，如怒涛排卷，不可扼抑。如同具有摧毁一切威力的政治风暴那样，欧风美雨在 20 世纪初的无比威力，使得中国传统的社会文化秩序面临着毁灭性的冲击。更多的人在面对失序与混乱时，似乎茫茫然无所适从了。时代在呼唤着“新”，但同时也在呼唤着“理性”，于是乎便出现了对于欧化主义思潮的进一步反思，加之 20 世纪初的因缘际会，民族主义思潮便油然而起了。

3. 折中调和的民族主义思潮

1891 年夏、冬间，在康有为和朱一新之间，围绕着中国文化的走向问题，打了一场颇为激烈的笔墨官司。朱一新在复康有为的“第四书”中写道：

> 彼戎翟者，无君臣、无父子、无兄弟、无夫妇，是乃义理之变也。……有义理而后有制度，戎翟之制度，戎翟之义理所由寓也。义理殊斯风俗殊，风俗殊斯制度殊。……百工制器是艺也，非理

也。人心日伪，机巧日出，风气既开，有莫之为而为者，夫何忧其艺之不精？今以艺之未极其精，而欲变吾制度以徇之，且变吾义理以徇之，何异救刖而牵其足，拯溺而入于渊，是亦不可以已乎？……故治国之道，必以正人心、厚风俗为先，法制之明备，抑其次也。况法制本自明备，初无俟借资于异俗，讵可以末流之失，归咎其初祖，而遂以功利之说导之哉？……一二贤知之士，矫枉过正，又以为圣圣相传之《诗》《书》《礼》《乐》果不足以应变也，而姑从事于其新奇可喜者，以为富强之道在是。彼族之所以富强，其在是乎？其不在是乎？抑亦有其本原之道在乎？抑彼之所谓本原者道，其所〔谓〕道而非吾中土所能行，且为天下后世所断断不可行者乎？①

朱一新反对康有为欧化主张的理由，是中国与戎翟义理各殊，戎翟之义理只能行于戎翟，而不可行于中国；西方之获致富强，自有其“道”之大本，然“其所〔谓〕道而非吾中土所能行”。朱一新是一个反对欧化、捍卫传统文化的最坚定分子，他同其他的保守的文化分子一样，也是将“正人心、厚风俗”当作挽救中国文化危机的唯一出路。但是，在此应该指出的是，朱一新以为各个民族由于“义理”各殊，规定了其化走向的不同，不能强合为一，不能因为中国文化的末流之失，遂完全否定中国文化。这同其他保守的文化分子纯从激情出发反对欧化的思想，似乎存在着一定的差异。朱一新的这一文化主张，实际上是强调了文化所具有的“民族性”特色，强调了“民族精神”对于一个民族文化存立的重要意义。这一思想逻辑的合理展开，应该是将民族

① 苏舆：《翼教丛编》卷一《朱侍御答康有为第四书》，第 11 页。又见于《康有为全集》第一集，第 1046—1047 页。

文化的发展奠定在“民族精神”的基础之上，这似乎透出了20世纪初在中国出现的民族主义思潮的些微曦光。惜朱一新未见及此，他仅仅以护持传统的“纲常伦纪”为己任，不能折向对民族文化内在精神的探求，而为中国文化开出一个新的方向。这也深刻地说明了，十九世纪后半期中国保守的文化分子，已经无力承担起挽救中国文化的大任了，其思想的锋芒已消失在传统的沉沉夜幕里。

二十世纪初勃然兴起的民族主义思潮，主要是由“国粹派”掀起的，但他们并不是朱一新思想的传人。民族主义思潮之在二十世纪初中国的兴起，与当时国内、国外政治形势的激荡，以及一部分文化分子对于欧化主义思潮的反思，存在着密切的关系。

首先，世界历史发展到二十世纪初，西方各主要资本主义国家，已经将全世界的殖民地分割完毕，完成了从自由资本主义阶段向垄断资本主义即帝国主义阶段的转变，不仅宗主国与殖民地之间的矛盾，而且西方各主要帝国主义国家之间的矛盾，也逞日益尖锐之势。在西方由启蒙时代确立的“自由主义”的价值，已经日益为“民族主义”的价值所取代，“民族至上”的理念也已经深入人心。而二十世纪初正是中国留学运动风起云涌的时代，一批又一批的大清帝国的留学生，开始走出国门，进入西方世界（主要是进入当时正在推进全面欧化运动的日本）。身处于西方世界，他们对这一世界局势的变动感受颇深，震动极大。有人惊恐道：“亘十九世纪二十世纪之交，有大怪物焉，一呼而全欧靡，而及于美，而及于澳，而及于非，犹以为未足，乃乘风破涛以入于亚。”①他们已经深切地感受到了“乘风破涛以入于

① 余一：《民族主义论》，《辛亥革命前十年间时论选集》第一卷，第485页。

亚”的西方的民族主义“怪物”，将是灭亡中国的最危险敌人。因此，他们认为：“今日者，民族主义发达之时代也，而中国当其冲，故今日而再不以民族主义提倡于吾中国，则吾中国乃真亡矣。”①在西方民族主义“怪物”的迫压之下，中国的民族意识由之也开始苏醒了。由此，当时在中国的“趋新知识群”中，出现了一部分对于西方“民族帝国主义”深为敏感的文化人，他们对于过去由欧化主义者掀起的欧化主义思潮开始进行反思，并对之采取了激烈批评的态度。余一云：

> 三十年来之制造派，十年来之变法派，五年来之自由民主派，皆是矣。夫言各有当，其时，吾诚不敢拾后者以傲前者。所可痛者，则以吾数千年神明之胄，业将迫之于山之巅、水之涯，行将尽其类而后已。环宇虽大，竟无容足之区。病将死矣，曾不知病之所在，死之所由。呜呼！今吾不再试一掬泪，以为吾同胞告，则吾恐终为所噬，而永永沉沦，万劫不复也。②

余一对于由“制造派”（即洋务派）、“变法派”（即维新派）、“自由民主派”（即革命派）所推进的进行中国社会文化秩序重构的欧化主义取向，采取了全盘否定的立场。他认为由欧化主义者（包括洋务派、维新派和革命派）所推进的进行中国社会文化秩序重构的努力，在方向上已经误入了歧途，是不知“病将死矣”的中国“病之所在、死之所由”。他认为，只有揭起“民族主义”的大旗，才能挽救中国文化于不坠。二十世纪初在中国渐渐昭苏的民族意识，折射到对于面临着巨大危机的中国进行社会文化秩序的重构上，则唤醒了中国的一部分文化分子对于“民族精神”的高度重视。

---

①② 余一：《民族主义论》，《辛亥革命前十年间时论选集》第一卷，第485页。

其次，国内局势的变动，则成了二十世纪初民族主义思潮兴起的重要契机。1898年夏天，由保守分子发动的宫廷政变，绞杀了由欧化主义者所推进的维新运动。之后，保守分子又利用普通民众的排外心理，掀起了大规模的仇洋杀教运动，招致了八国联军侵略中国的事件。在义和团民众的英勇抗击之下，西方列强瓜分中国的企图可耻地破产了，但在这一事件之后，满族统治者却在洋人面前彻底地屈服了。“量中华之物力，结与国之欢心”；“宁赠友邦，不予家奴”；成了满族统治者的治国信条。这不仅动摇了其统治中国的政治权威，而且还唤醒了隐藏在汉人心中的种族意识，于是，“排满”成了政治斗争的最为简截的口号。国内、国际政治局势的交互激荡，终于使民族主义理念以磅礴之势席卷了当时中国的思想界。

如果从思想层面去透视20世纪初中国民族主义思潮兴起之原因，则我们可以发现，20世纪初民族主义思潮之在中国的兴起，还与当时西方世界主流思想的变化，以及日本国粹主义思潮的影响，存在着密切的关系。众所周知，西方在启蒙时代确立的“自由主义”的价值，至19世纪后半期已经日益式微，自由主义的经典著作约翰·密尔的《论自由》虽然出版于1859年，但却无救于自由主义的衰落。英国著名的哲学家霍布豪斯（Leonard Trelawny Hobhouse, 1864—1929）在其所著的《自由主义》一书里曾经指出：至十九世纪末叶，自由主义作为一项伟大运动已经大大地衰落了，“那些代表自由主义思想的人都遭到了毁灭性的失败”①。被霍布豪斯形象地比喻为挤夹“自由主义”之“磨石”的“帝国主义”与“社会主义”，开始取代“自由主

---

① （英）霍布豪斯：《自由主义》，第108页。

义”，登上西方思想舞台的主流地位。这一思想主流的变化，也被当时敏锐的中国新式知识分子所觉察。如当时即有人认为“今日之世界，是帝国主义最盛，而自由败灭之时代也”①，并且指出：“二十世纪之自由与公义之腐败，必将过于十九世纪之末。”②刚刚受到过西方启蒙思想洗礼不久的中国思想界，很快地便接受了“民族主义”与“社会主义”的价值，这显示了晚清时期中国思想界急速变化的特点。20 世纪初，中国思想界对于西方“民族主义”思想的受纳，就为民族主义思潮的兴起提供了思想基础。

20 世纪初，中国留学运动的中心是在日本。由于地理和文化方面的原因，加之当时日本是亚洲向西方学习唯一成功的国家，所以，它成了中国趋新知识群心目中成功的典范。时人普遍地认为，通过学习日本，即可将西方的先进文化吸收进来，且有节时省工之效。随着大批趋新知识分子之涌入日本，随着这些趋新知识分子与日本思想界接触之渐趋密切，不可避免地，日本思想运动的变化，也会对他们产生巨大的影响。

日本自明治维新以后，开始了有组织地大规模地进行“脱亚入欧”的欧化运动，其历史上著名的“鹿鸣馆时代”（1883—1887），即是出现于此一时期。“鹿鸣馆时代”之出现，反映了日本朝野上下欧化的决心，及其醉心于欧化的程度之深。在日本政府的推动之下，日本的欧化浪潮渐趋巅峰。“一八八六到八八年间的冬天，对东京来说是一个难以忘怀的季节，老百姓被鼓励穿着洋服，同时在其他各方面也

① 《论帝国主义之发达及二十世纪世界之前途》，《辛亥革命前十年间时论选集》第一卷，第 53 页。

② 同上书，第 57 页。

尽量地采取西式的仪节。”①然而，随着日本欧化浪潮的日益高涨，1888年，三宅雪岭、志贺重昂、杉浦重刚、辰巳小二郎等人组织了“政教社”，并于同年4月创刊《日本人》杂志，主张尊重“国粹”，反对欧化。该组织一直存在到1923年才结束。“政教社”派特别重视对于“民族性”(政教社派使用的“国粹”一词，乃是西文nationality的日译词汇，志贺重昂将其释之为“民族性”)的持护，主张小心地、有选择性地处理外来文物，以免损及民族生存之钥的“国粹”。美国康乃尔大学教授马丁·白乃尔(Martin Bernal)曾经指出，在日本出现的“保存国粹”观念，“立刻吸引了很多的中国知识分子，他们不只是向日本借用名词。当中国第一波西化浪潮(1898—1906)过后，日本人的活动也直接启发了他们的灵感”②。作为中国“保存国粹”运动的核心人物，刘师培认为：“昔西欧肇迹，兆于古学复兴之年；日本振兴，基于国粹保存之论。”③邓实在叙述创立《国粹学报》的缘起时也有着类似的看法，其云：

> 同人痛国之不立，而学之日亡也，于是瞻天与火，类族辨物，创为国粹学报第一编，以告海内曰：昔者欧洲十字军东征，弛贵族之权，削封建之制，载吾东方之文物以归，于时意大利文学复兴，达泰(今译为但丁——笔者)氏以国文著述，而欧洲教育遂进文明。昔者日本维新，归藩复幕，举国风靡，于时欧化主义，浩浩滔天，三宅雄次郎、志贺重昂等，撰杂志，倡国粹保全，而日本主义，卒以成立。呜呼！学界之关系于国界也如是哉！……雄鸡

①② (美)马丁·白乃尔：《刘师培与国粹运动》，《近代中国思想人物论——保守主义》。

③ 刘师培：《拟设国粹学堂启》，《辛亥革命前十年间时论选集》第二卷，第630页。

鸣而天地白，晓钟动而魂梦苏。天下志士，其有哀国学之流亡者乎？庶几披涕以读而为之舞。①

由此亦可见出20世纪初在中国兴起的民族主义思潮与日本“保存国粹”运动的渊源了。日本的“保存国粹”运动，之所以“直接启发了他们的灵感”，乃在于中国的“民族主义”与日本的“保存国粹”运动，有着相同的时代背景，有着相同的反思欧化主义的思想担当之故。

在西方，“民族主义”是继“自由主义”之后出现的一大政治思潮，它将“民族”的利益放在“个人”的利益之上来考虑，确立了“民族”的主体地位，而“个人”则被置于从属的、客体的地位。“自由主义”是十七、十八世纪启蒙运动的产物，而“民族主义”则主要是十九世纪西方诸国进行民族建国运动的理论体现，它们在西方的确立，分别花了将近二百年与一百年左右的时间。如果说从十九世纪八十年代早期维新派提出“扩充民权”的要求，可视为西方的“自由主义”传入中国之始的话，那么至二十世纪初“民族主义”之传入中国止，西方的“自由主义”在中国的传播，仅仅还只有二十余年的时间，所以，在“民族主义”传入中国之后，“自由主义”在中国的成长尚处于初始阶段。况且，当时中国人民正在同专制王权作斗争，“自由主义”所持奉的价值，仍然是他们最为重要的基本理念，这样，“自由主义”在中国的表现，就不会像在西方那样成了过时之物。在这样的历史背景下，西方的“民族主义”在传入中国之后，便发生了深刻的折变。在西方，“民族主义”是作为“自由主义”的对立面出现的，在中国，“民族主义”则成了“自由主义”的有力补充。也即，中国的民族主义者往往同时也

---

① 黄节:《“国粹学报”序》,《辛亥革命前十年间时论选集》第二卷,第45页。

是自由主义者，他们在主张建立民族国家，提倡民族文化、民族精神的同时，仍然奉行“自由主义”的“个人至上”的价值。[①]二十世纪初在中国出现的“民族主义”，主要是一种“文化的民族主义”，这一点，我们必须首先要有一个清醒的认识。

西文 nationality 含有“民族性”、“民族精神”诸意，当日本的政教社派将其译为“国粹”一词加以使用时，曾经对之作过一般的界定，意指：(1)一种无形的精神；(2)一个国家特有的财产；(3)一种无法为其他国家模仿的特性。日本“保存国粹”运动的主要代表人物若三宅雪岭、志贺重昂等，均是当时受过良好西方教育的日本年轻一代的思想家，他们担心随着日本欧化浪潮的推进，将会导致日本固有民族精神“大和魂”的失落，主张日本之向西方学习，应以“民族和国家的特色为媒介”，“用日本国粹的胃脏来咀嚼消化它，使之同化于日本身体之内”[②]。反对像欧化派那样对于西方文化进行生硬照搬，所以，“民族性”或“民族精神”，便成为其进行社会文化秩序重构的重要资源。与日本的政教社派一样，中国的民族主义者，对“民族精神”对于一个民族存立的重要意义也非常重视。中国的民族主义者认为：“民族之所由生，生于心理上道德与感情之结合，因道德与感情之结合，而兴起政治组织之倾向；因政治组织之倾向，而民族建国主义乃星回日薄于

① 按：如《新湖南》的作者杨笃生曾经这样说道：“民族建国主义不得个人权利主义以辅翼之，其分子之亲和犹未密，其质点之集结犹未坚，其形式之组织犹未完，其势力犹未能达于全盛也。”并且说道：“顾吾所必欲伸之理论安在乎？则曰民族建国主义及个人权利主义而已。”(见饶怀民编《杨毓麟集》第 51 页、第 50 页。)他将“民族建国主义”与“个人权利主义”看成是相辅相成的，此即为显著例证。杨笃生的这一看法，实际上也反映了当时中国民族主义者的普遍看法。

② (日)松本三之介：《明治精神的构造》，第 125 页，转引自郑师渠《晚清国粹派——文化思想研究》，第 3 页。

大陆之上。”[1]像“德意志之所以统一，意大利、希腊之所以独立，腓律宾、图兰斯法耳之所以抗击强敌”[2]，皆是这种“道德与感情”结合所致的结果。这里所谓的“心理上道德与感情之结合”，指的即是“民族精神”。而具有不同种族、不同语言、不同习惯、不同宗教的民族，其所具有的“民族精神”则“皆必有特别之性质”。[3]也即在他们看来，具有不同种族、不同语言、不同习惯、不同宗教的民族所具有的“民族精神”各异，而其所各自具有的“特别之性质”的“民族精神”，则正是各民族之所以立国的基础。所以，中国的民族主义者认为：

> 立乎地圜而名一国，则必有其立国之精神焉，虽震撼搀杂，而不可以灭之也。[4]

放眼世界，他们认为，世界各主要大国，也莫不是以“民族精神”作为其立国的根柢的。其云：

> 日人知有大和魂焉，德人知有日尔曼祖国焉，法人知有佛郎克大帝国焉，英人知英旗之所在无往非彼族之占领地焉。彼其泣于斯，歌于斯，舞蹈于斯，崇拜馨香于斯者，其心目中恍若有神使鬼差颠倒于其间者，故能游心大宇，发为猛勇踔厉发挥刚毅之气。呜呼！此何物耶？其即吾所谓民族精神云云者耶！夫非民族固有之良耶？[5]

“民族精神”，他们又往往将之表述为“国魂”，如许之衡云：

> 国魂者，立国之本也，彼英人以活泼进取为国魂，美人以门

①② 《民族主义之教育》，《辛亥革命前十年间时论选集》第一卷，第405页。
③ 饶怀民编：《杨毓麟集》，第50页。
④ 黄节：《“国粹学报”序》，《辛亥革命前十年间时论选集》第二卷，第43页。
⑤ 《民族精神论》，《辛亥革命前十年间时论选集》第一卷，第843—844页。

罗主义为国魂，日人以武士道为国魂，各国自有其国魂。①

或者又将之表述为“国粹”，如许守微云：

国粹者，一国精神之所寄也。其为学，本之历史，因乎政俗，齐乎人心之所同，而实为立国之根本源泉也。②

“国魂”或者“国粹”，则根源于“国学”。如许之衡曾经即说道：“国魂者，源于国学者也，国学苟灭，国魂奚存?”③“夫国学即国魂所存，保全国学，诚为最重之事矣。”④在他们看来，一个民族如果“国学”灭亡了，则意味着其种、其国皆真正灭亡了。其云：

昔者英之墟印度也，俄之裂波兰也，皆先变乱其语言文学，而后其种族乃凌迟衰微焉。迄今过灵水之滨、瓦尔省府之郭，婆罗门之贵种，斯拉窝尼之旧族，无复有文明片影留曜于其间者，则国学之亡也。学亡则国亡，国亡则亡族。⑤

如果“(国)学不亡则国犹可再造”，“(国)学亡而国之亡遂终古矣”。⑥由于“民族精神”是一个民族之所以存立的基础，关乎到一个民族的存亡，所以，当时中国的这些民族主义者便高呼要进行“国魂”的陶铸，主张保存“国粹”，并致力于“古学”的复兴，企图在中国古老的文化传统里，揭示出民族生存的微言大义，并为本民族的发展注入新的活力。他们将这一伟大的历史使命比之为西方的“文艺复兴”，如邓实曾经说道：

---

① 许之衡：《读“国粹学报”感言》，《辛亥革命前十年间时论选集》第二卷，第49页。

② 许守微：《论国粹无阻于欧化》，《辛亥革命前十年间时论选集》第二卷，第52页。

③④ 许之衡：《读“国粹学报”感言》，《辛亥革命前十年间时论选集》第二卷，第49页。

⑤ 黄节：《国粹学报序》，《辛亥革命前十年间时论选集》第二卷，第43页。

⑥ 许守微：《论国粹无阻于欧化》，《辛亥革命前十年间时论选集》第二卷，第54页。

吾人今日对于祖国之责任，惟当研求古学，刷垢磨光，钩玄提要，以发见种种之新事理，而大增吾神州古代文学之声价，是则吾学者之光也。学者乎！梦梦我思之，泰山之麓，河洛之滨，大江以南，五岭以北，如有一二书生，好学信古，抱残守阙，伤小雅之尽废，哀风雨于鸡鸣，以保我祖宗旧有之声名之物，而复我三千年史氏之光荣者乎，则安见欧洲古学复兴于十五世纪，而亚洲古学不复兴于二十世纪也？呜呼，是则所谓古学之复兴者矣！①

民族主义者由于将一民族所具有的“特别之性质”的“民族精神”，看成是民族存立的大本，是一个国家之所以存立的基础，注力于对“民族精神”进行阐扬，所以，在对于中国的社会文化秩序进行重构时，它的一个合理逻辑，便是主张按照本民族所业已开辟的文化方向，进行文化新命的再造，它一方面反对传统主义者之固守传统不变的做法，主张对固有的民族文化进行“刷垢磨光”，另一方面，它又反对欧化主义者所界定的文化走向，他们将醉心于欧化，主张“唯泰西者是效”的人谥之为“奴”。如黄节即曾经这样说道：

海波沸腾，宇内士夫，痛时事之日亟，以为中国之变，古未有其变，中国之学，诚不足以救中国。于是，醉心欧化。举一事，革一弊，至于风俗习惯之各不相侔者，靡不惟东西之学说是根。慨谓吾国固奴隶之国，而学固奴隶之学也。呜呼！不自主其国，而奴隶于人之国，谓之国奴；不自主其学，而奴隶于

① 邓实：《古学复兴论》，《辛亥革命前十年间时论选集》第二卷，第60页。

人之学，谓之学奴。奴于外族之专制固奴，奴于东西之学说，亦何得而非奴也。[①]

在他们看来，由于各个民族的“民族精神”有其“特别之性质”，这就决定了各个民族的文化也有其性质上的不同，因此，欧化主义者抹杀各个民族文化性质的差异，采取跟着西人后面亦步亦趋的做法，便是不可取的。在这一点上，他们同其日本政教社派同仁的看法也是完全合辙的。

同日本的政教社派一样，中国的这些民族主义者也都有着良好的西学方面的学养，在对于西方文化的态度上，他们虽然反对“尊西人若帝天，视西籍如神圣”[②]，一味模效西方的“欧化主义”，但并不反对“欧化”。李世由认为：“世道衰微，欧化灌注，自宜挹彼菁英，补我缺乏。”[③]许守微对于“国粹”与“欧化”的关系，曾经作了这样的说明：“国粹者，精神之学也；欧化者，形质之学也。无形质则精神何以存？无精神则形质何以立？”[④]并且明确地表示：“夫欧化者，固吾人所祷祀以求者也。”[⑤]这与其日本政教社派同仁也是循着同一理路。他们也主张在把定本民族文化精神的基础之上吸纳西方文化，不断地丰富本民族文化，从而促进本民族文化的发展。当时流行于中国的西方的“进化论”学说与“民约论”思想，即为其所接受，并将之当作重建

---

① 黄节：《“国粹学报”序》，《辛亥革命前十年间时论选集》第二卷，第 44—45 页。

② 邓实：《国学保存论》，《政艺通报》1904 年第三号。

③ 李世由：《国粹学报三周年祝词》，《国粹学报》第 38 期。

④ 许守微：《论国粹无阻于欧化》，《辛亥革命前十年间时论选集》第二卷，第 55 页。

⑤ 同上书，第 52 页。

中国社会文化秩序的重要资源。[①]刘师培对于卢梭“民约”思想的赞美[②]，许守微对于西方“形质之学”的肯定[③]，柳亚子发出的“民权主义万岁”的呼声[④]，皆反映了中国民族主义者的心仪所向。他们将“国粹”与“欧化”二者看成是相辅相成的关系，所以，他们认为：“国粹也者，助欧化而愈彰，非敌欧化以自防。”[⑤]进行“民族精神”的阐扬，在他们看来，也不过是为了更好地汲取并融化西方文化的有利因子，更好地走上像西方那样的文明之路。在这种思想意旨的驱使之下，他们对传统旧学作了大量的研究，并且也致力于对西学义理进行阐释，企图“借晳种之学，参互考验，以观其会通”[⑥]。大致说来，当时中国的民族主义者，基本上都是同盟会会员，基本上都是20世纪初中国革命力量的中坚，除了对于同盟会三大纲领中的“民生主义”有异议

---

① 按：关于国粹派同人之认同“进化论”学说，可以许守微之言为证。许守微云：“夫群学之公例，文明之法制，恒视一群进化之度以为差。”他根据斯宾塞的“群学”意旨，将人群之“进化”与否，看成是文明进步与否的标志（见许守微：《论国粹无阻于欧化》，《辛亥革命前十年间时论选集》第二卷，第52页）。由此亦可见，国粹派同人的“进化”思想实直接来自于斯宾塞。并且，国粹派同人之欲保存“国粹”的目的，也不过在于使之“助欧化而愈彰”。他们认为：“西法之入中国，将三十年，而卒收其效，且更敝焉。毋亦其层累曲折之故，有所未莹者乎？语有之，橘逾淮则为枳。今日之欧化，枳之类也。彼之良法善制，一施诸我国而弊愈滋。无他，虽有嘉种，田野弗治弗长也；虽有佳实，场圃弗修弗植也；虽有良法，民德弗进弗行也。”（同上）他们将当时中国之学西方所致的“橘淮为枳”的结果，归罪于中国民德不进化之故。其文化重建的努力，则不过是要还“枳”为“橘”，通过磨砺“民德”，也即通过对于“国学”的“刷垢磨光”，而达致真正的欧（西）化。由此亦可以看出，国粹派同人所欲进行的文化重建工作，其方向最终仍然是界定在欧化的方向上，此旨亦至为明显。

② 刘师培：《中国民约精义》，《刘申叔遗书》（上）。

③ 许守微：《论国粹无阻于欧化》，《辛亥革命前十年间时论选集》第二卷，第55页。

④ 柳亚子：《民权主义！民族主义！》，《辛亥革命前十年间时论选集》第二卷，第815页。

⑤ 许守微：《论国粹无阻于欧化》，《辛亥革命前十年间时论选集》第二卷，第56页。

⑥ 刘师培：《拟设国粹学堂启》，《辛亥革命前十年间时论选集》第二卷，第631页。

之外，他们基本上都是“民族主义”与“民权主义”忠实拥护者。

通过对于欧化主义思潮进行反思，民族主义者在欧化主义者与传统主义者的对阵之势中别出的这一新的进行社会文化秩序重构的思路，带有明显的折中调和的倾向。但是，由于它注意到了“民族精神”对于一个民族存立的重要意义，主张根于本民族固有的独特的内在精神来重建一个新的民族文化秩序，这较之传统主义者与欧化主义者来说，似乎充满了更多的理性色彩，其所具有的对于中国社会文化秩序进行重构的思路，似也更具前瞻的眼力。然而，由于它与其所批判的欧化主义者一样，仍然未能脱离斯宾塞式的单线直进的“进化论”学说的轨道，这就使其所持奉的对于社会文化秩序进行重构的基本思路，仍然是以西方式的路向为目标，而徒然地增加了一层“民族性”的底色，并且，也使其进行社会文化秩序重构的运思理路在传统/现代、中/西、精神/形质的二分之中，陷入自相矛盾的左支右绌的窘境。

三、地齐、政俗与材性

章太炎于 1869 年诞世的时候，中国正处在一个剧烈变动与冲突的历史时期，在他的少年时代，中国开始了向西方学习的第一波浪潮，欧化主义与传统主义的较量也正在激烈地进行着。正如上文所述，当时中国所面临的“危机”与“震荡”，乃是中国历史上前所未有的。这样一个国家危难多舛、社会变动剧烈的时代，不可避免地会对章太炎的成长，其个性的形成，乃至成年以后他对于中国社会文化问题形成的系统看法，产生深远的影响。章太炎成年之后，在其撰著的名著《訄书》里曾经这样说道：“视天之郁苍苍，立学术者无所因，各因地齐、政俗、材性发舒，而名一家。”①他认为一个思想家思想的形成，与其所处的环境、时代及其个性存在着密切的关系。将章太炎的这一看法施之于他自己，笔者认为也是非常贴切的。其所处的时代状况已如上述，下面我们再来看一下章太炎所处的家庭环境，及其所受的早期教育对他产生的影响，并且探讨一下章太炎从少年时代起即渐渐形成的具有鲜明特色的“狂者”个性，这对于我们全面地理解章太炎思想的特质，将会起到极其重要的帮助作用。

1. “特立独行”与“魏晋风骨”

章太炎于1869年1月12日出生在浙江省余杭县仓前镇的一个书香世家，其曾祖、祖、父三代，与传统的士人一样，均走着科举考试的道路，并且，都获得了一定的功名。②在其曾祖父章均（1769—1832，县学增广生，海盐训导）的时代，章家“承累世业绪，废居田畜，赀产至百万”③。章氏家庭成为当地的显族。据记载，章均曾“出万余缗起苕南书院，又置田千亩为章氏义庄，右为家塾，教族人读书，时宗族三百余人，贫者多就家塾习业。”④由此也可见章氏家庭在当地影响之一般了。然而好景不长，至其祖父章鉴（1802—1863，县学附贡生）的时代，章氏家庭即开始走下坡路。至其父亲章濬（1825—1890，县学廪生）时，由于太平天国运动对江浙一带的扫荡，章氏家庭被弄得“家无余财，独田一顷在耳”⑤。章濬“乡闱七荐不售”，“尝客

① 章太炎：《原学》，《訄书》（重订本）。

② 其详请参阅章太炎：《先曾祖训导君先祖国子君先考知县君事略》，《太炎文录续编》卷四。

③④ 汤志钧：《章太炎年谱长编》（上），第2页。

⑤ 同上书，第3页。

清杭州知府谭钟麟所”,“晚岁里居”,①过着一个普通士绅的生活。由于家道的中落以及仕途的坎坷,章濬晚年表面上看去过着恬淡的里居生活,实际上心中颇郁不平之气,由此发为个人的行谊,则以砥砺节行为尚,这在章濬所立的《家训》里得到一定程度的反映,其中写道:

> 妄自卑贱,足恭谄笑,为人类中最佣下者。吾自受业亲教师外,未尝拜谒他人门墙,汝曹当知之。②

并且教诫子孙云:

> 精研经训,博通史书,学有成就,乃称名士。徒工词章,尚不足数,况书画之末乎?然果专心一艺,亦足自立。若脱易为之,以眩俗子,斯即为斗方名士,慎勿堕入。③

章濬在为人上注重励节品行,在其所立的《家训》中崇尚“精研经训,博通史书,学有成就”的“名士”,而鄙视“眩俗”的“斗方名士”,自然会对少年时代的章太炎产生重大影响。章太炎在成人之后选择走上“精研经训,博通史书”的道路,而不是选择走以文学自哗的文人学士的道路,更不像普通士子那样选择走科举考试的道路,恐怕即与此有着相当大的关联。

章濬不仅在行谊上注重励节品行,而且在学问上也有着很高的汉学修养,他曾经担任过汉学重镇杭州诂经精舍的监院。此外,章太炎的长兄章篯(名炳森)、外祖父朱有虔(字左卿),也均有着较高的汉学修养。生活在这样一个汉学气氛甚浓的家庭,加之乃父乃兄及其

①② 汤志钧:《章太炎年谱长编》(上),第3页。

③ 汤志钧:《章太炎年谱长编》(上),第3—4页。

外祖父对他的言传身教，章太炎在少年时代即趋入汉学之途，并且也特别注重砥砺自己的品节。6岁时，章太炎“始就傅”，由父兄躬自督读。9岁时，外祖父自海盐“来课读经”，章太炎“时虽童稚，而授音必审，粗为讲解，课读四年，稍知经训。”①17岁时，读《说文解字》，18岁时，读唐人（孔颖达等）《九经义疏》、顾（炎武）氏《音学五书》、王（引之）氏《经义述闻》及郝（懿行）氏《尔雅义疏》，“自是一意治经，文必法古”。②逾年，又得《学海堂经解》（收录著作凡74家，188种，1 408卷），以两岁细览卒业。其后，章太炎又通读了《南菁书院经解》（收录著作凡110家，209种，共1 430卷）。在他23岁（1890年）进入诂经精舍、师从朴学大师俞樾之前，由其家学渊源，章太炎已经奠定了深厚的汉学功底。

章太炎在其青少年时代，“读书精勤，晨夕无间”③，除了阅读了卷帙浩繁的经学著作外，还“颇涉猎史传”④，“旁理诸子”⑤，读书范围极其广阔。1890年进入诂经精舍，师从朴学大师俞樾之后，学问“转益精审”⑥。诂经精舍期间，章太炎间亦向越中大儒黄以周、谭献、高学治诸人问学。其师俞樾精覈群经，博通诸子；黄以周精于礼学；谭献擅文辞，作文“简质清刚”，存魏晋风骨；这些对于章太炎的治学道路及其文风的形成，也影响甚巨。高学治曾经这样教导章太炎道：

> 惠、戴以降，朴学之士，炳炳有行列矣，然行义无卓绝可称者，方以程、朱，傥也。视两汉经师坚苦忍形、遁世而不闷者，终

① 汤志钧：《章太炎年谱长编》（上），第4页。
②③⑤ 同上书，第9页。
④ 同上书，第7页。
⑥ 同上书，第27页。

莫能逮。夫处陵夷之世，刻志典籍，而操行不衰，常为法式，斯所谓易直弸中君子也，小子志之。①

高学治的这番话深契章太炎之怀，由此，章太炎从其青少年时代起，即自觉地以“坚苦忍形、遁世而不闷”的两汉经师相期许，并“以荀子、太史公、刘子政为权度”。②章太炎在其早年所处家庭环境及其所受教育的影响之下，在学业上走上了汉学的道路，在个人品格上则造就了“特立独行”的品性。同时代的严复，在品评章太炎的品行时曾经这样说道：“寒寒孜孜，自辟天蹊，不可以俗之轻重为取舍。”③此即道出了章太炎的个性底蕴。由此，章太炎从其少年时代起，即“喜独行赴渊之士”④，在治学上则严谨一如汉学诸公。他在 27 岁时，曾经作有一篇《独居记》，在此文中，他称赞了“性廉制，与流俗不合”的钱塘汪翁（名曾唯，曾官湖北咸丰县知县，晚清名士汪康年之叔）之“独”，云：“其为令，斡榷税，虽一锱不自私，帑藏益充，而同官以课不得比，怨之；……罢归，遇乡里有不平，必争之，穷其氐，豪右衔忿，而寡弱者得其职性。”他称像钱塘汪翁（曾唯）那样的以“至性恫天下，博爱尚同，辆录以任之，虽贾怨不悔”的“独”，为“群”之至。对此，章太炎不仅称赞之，而且还欲踵效之。其云：“吾亦独夫而已！耿介好刓行，时有所是非，则人亦媢之。眸子如豆，以自观也；心如丸卵，以自知也。踵翁之独，顾未能逮其群，故曰独而已。”并且，他还以自己之“独”尚未“甄襮”于众而感到悲哀。⑤在将此篇更名为《明独》收入《訄书》时，

① 汤志钧：《章太炎年谱长编》（上），第 12 页。
② 同上书，第 7—8 页。
③ 朱维铮、姜义华编注：《章太炎选集》（注释本），第 112—113 页。
④ 汤志钧：《章太炎年谱长编》（上），第 11 页。
⑤ 同上书，第 21 页。

章太炎在文字上对之作了相当大的改动，并且更为明确地揭出了“大独”之旨。章太炎云：

卓诡其行，虓然与俗争，无是非必胜，如有卷勇，如不可敌者，则谓之鸷夫而已矣；厚其泉贝，膏其田园，守之如天府之宲，非己也，莫肯费半菽也，则谓之啬夫而已矣；深溪博林，幽闲以自乐，菑华矣，不菑人也，觞鸟矣，不觞宾也，过此而靓，和精端容，务以尊其生，则谓之旷夫而已矣。①

“鸷夫”“啬夫”“旷夫”，表面上看去虽然也是“独”，但它是为了一己之私的“独”，“三者皆是独，唯不能群，故靳与之独也”。②这种为了一己之私的“独”，在章太炎看来，是不能称之为真正的“独”的。章太炎主张“大独必群”，“大独，大群之母也”。③章太炎认为，他所处的时代，中华民族面临着深重的民族危机，小雅尽废，四夷交侵，国内则政治腐败，险象环生。“于斯时也，是天地闭，贤人隐之世也。”④中国正面临着土崩瓦解，“大群之将涣”。⑤在这样一个国家存亡的危难之秋，章太炎带着“憯凄忉怛”的浓重“悲世”之情，“目睹其支体骨肉之裂而不忍，去之而不可”，主张“惟强力忍垢以图之”。⑥所以，在举世“以独为大邮”的时代，章太炎慨然以“大独”为天下倡，且作为自己的人生追求。这一方面固然彰显了其所处时代沉重民族危机迫压带来的巨大心理压力，另一方面，也对章太炎“特立独行”个性的形成，起到了重要的模铸作用。章太炎在其青少年时代产生的这种追求“独”的强烈意识，及其对于“大独”精神的追求，对他一身的学问与志业之影响极大，这不但铸就了他与众不同的具有鲜明特色的“特立独行”的“狂

①②③④⑤⑥ 章太炎：《明独》，《訄书》（初刻本、重订本）。

者”品性，而且还铸就了他从不趋附时势，虽万人也吾独往矣的“孤行独见”的学术品格。其后，章太炎在其富有传奇色彩的革命生涯中，“七被追捕，三入牢狱”，而革命之志终不挠屈；主张以华严宗与法相唯识宗的义理改良佛教，建立革命的道德，主张以“无我之我”入世，推崇“菩萨行”(详见下章)；晚年提倡“儒行”；当亦以此作为其思想勾连之重要媒介。

俗话说“文如其人”，章太炎从少年时代即渐渐形成的“特立独行”的“狂者”品性，我们还可以从他的文风及其所持的文论上窥见一斑。章太炎的晚年弟子曹聚仁先生曾经指出：“章太炎的思想和文章，有着魏晋的灵魂。”①曹氏此论，非常准确地概括了其师章太炎的思想特征和文章风格，对于我们了解章太炎的个性特征，也有着提纲挈领的作用。从少年时代起，章太炎虽然选择了走上其父所推崇的“精研经训，博通史书”的道路，并且刻苦用功，专心致志，阅读了卷帙浩繁的经史著作，推崇经史大师荀子、司马迁、刘向等人，然而，他并不以此自限，还广泛地涉历了诸子及集部乃至西学方面的著作。章太炎虽然没有走传统的文人学士或者科举考试的道路，但他少时也弄过“时文”，“揣摩入八比，终不似”，然此也不过是“循俗”而已，“非所好也”。②可是，自少年时代起，章太炎即有着浓厚的文学兴趣，且终生不减。章太炎初治文，以史汉为归趋，且慕昌黎之文风。据其《自述学术次第》云：

余少已好文辞，本治小学，故慕退之造词之则，为文奥衍不

---

① 曹聚仁：《中国学术思想史随笔》，第12页。

② 汤志钧：《章太炎年谱长编》(上)，第7页。

> 驯，非为慕古，亦欲使雅言故训，复用于常文耳，犹凌次仲之填词，志在协和声律，非求燕语之工也。①

又据其《致谭献书》云："少治经术，渐游文苑，既嗜味小学，伉思相如、子云，文多奇字，危侧趋诡，遂近伪体。"②在章太炎于 1896 年离开诂经精舍供职《时务报》馆，任《时务报》撰述期间，谭嗣同在评论时人文章时即曾"以卓如文比贾生，以麟文比相如"。③章太炎之文，同时之人即已有将其与西汉文章大家司马相如进行比附之例了，由此亦可见出少年时代章太炎文学兴趣之一般，且可窥出其心仪轨则之所在，当然亦可看出他所达到的文章造诣之一般了。

章太炎在其少年时代，为文奥衍不驯，力追史汉，又文多奇字，危侧趋诡，后与浙中文章大家谭献交往，方悟已文之近于"伪体"。谭献，字仲修，浙江仁和人，同治举人，曾官安徽全椒等县知县。《清史稿》卷四百八十六《文苑三》载其事云："文导源汉、魏，诗优柔善入，恻然动人。又工词。"为晚清著名文章大家。在晚清时代，康、梁、章诸子未起之前，遥居文坛霸主地位的是桐城派古文。由于有像曾国藩这样的文章宗伯、理学名臣的推崇，桐城古文风靡天下，为士大夫心中之所僻好，口中之所乐道，以至于启蒙大师严复在翻译西学名著对国人进行启蒙时，尚仍择之以为译事之载具。辛亥时期，章太炎在与严复围绕着中国政治改进问题进行论争时，曾讥刺严复"俯仰于桐城之道左"，"相其文质，于声音节奏之间，犹未离于帖括。申夭之态，回复之词，载飞载鸣，情状可见。"④由此可见，章太炎对于桐城古文，实

①② 汤志钧：《章太炎年谱长编》(上)，第 12 页。
③ 同上书，第 42 页。
④ 章太炎：《〈社会通诠〉商兑》，《太炎文录初编·别录》卷二。

持着轻蔑的态度。章太炎从其少年时代起，为文没有趋入桐城派古文之流，与他之僻好史汉有关，更为值得注意的是，与浙中文章大家谭献对于他的影响也存在着一定的关系。当然，章太炎之所以能与谭献相接近，并主动地向其求教，恐怕也并非完全是因为谭氏的乡贤以及浙中文章宗伯、群伦领袖的地位，更为重要的，恐怕在于章太炎自己对于文章的看法与谭献的观点冥然相契极有关系。如章太炎曾云：“谭君为文，宗法容甫、申耆，虽体势有殊，论则大同矣。”①容甫，指的是汪中，是乾嘉时期扬州学派的著名经学大师，也是一位文章大家；②申耆，指的是李兆洛，乃阳湖派重镇。阳湖派乃是当时在文坛上能与桐城派分庭抗礼的重要文学流派。汪中和李兆洛二人创“骈散合一之说”，“取法魏晋，兼宗两汉”，③是对有清一代文坛具有甚大影响的重要人物。谭献之为文，导源于汉魏，是以“宗法容甫、申耆”，当然有其内在的逻辑。由于章太炎力追史汉，所持的文论与谭献相近，自然容易与谭献意气相投。也正是由于这样，当时在同侪中“颇自矜”④的章太炎，时常与谭献相往还，“颇从问业”⑤，受到了谭献的不少指教。由此，章太炎之为文亦渐以魏晋为宗，终其一生，无大改变，且影响了他的学生鲁迅诸人。章太炎在其成为大师之后评骘文苑时，曾经这样说道：

---

①④ 汤志钧：《章太炎年谱长编》(上)，第12页。

② 按：关于汪中的文才，有清一代汉学大师王念孙曾经给予了这样的评价：“容甫淡雅之才，夸越近代，其文合汉魏晋宋作者而铸成一家之言，渊雅醇茂，无意模仿，而神与之合，盖宋以后，无此作手矣。”(转引自曹聚仁《万里行记》之“广陵对”)曹聚仁则称之为“一代之彗星”(同上)。

③ 章太炎：《国学讲演录》，第244页。并请参阅《清史稿》卷四百八十六《文苑三》“李兆洛”项下。

⑤ 汤志钧：《章太炎年谱长编》(上)，第11页。

夫雅而不核，近于诵数，汉人之短也。廉而不节，近于强钳；肆而不制，近于流荡；清而不根，近于草野；唐宋之过也。有其利而无其病者，莫若魏晋。①

并且指出：

魏晋之文，大体皆埤于汉，独持论仿佛晚周。气体虽异，要其守己有度，伐人有序，和理在中，孚尹旁达，可以为百世师矣。②

在章太炎看来，魏晋之文除了具有“守己有度，伐人有序，和理在中，孚尹旁达”等长于说理诸优点之外，“彼其修辞安雅，则异于唐；持论精审，则异于汉；起止自在，无首尾呼应之式，则异于宋以后之制科策论；而气息调利，意度冲远，又无迫笮蹇气之病”。由此，章太炎对于魏晋之文，发出了由衷的赞叹：“斯信美也！”③对于有清一代之文，章太炎则欣赏“上法东汉，下亦旁皇晋、宋之间”的汪中、李兆洛之流，谓其“文质相扶，辞气异于通俗”，“可谓文质彬彬矣”。④而对于有清一代的文章大家像曾国藩、张裕钊、姚鼐、梅曾亮、恽敬、吴敏树、魏源、龚自珍等，则各有嗤点。特别是对于“以舒纵易效，又多淫丽之辞”的龚自珍之文，章太炎则斥之为“将汉种灭亡之妖”。⑤章太炎少时力追史汉，经谭献指教后，渐知取法魏晋，然在《时务报》馆供职时，谭嗣同仍将其同西汉文章大家司马相如相比，这说明了当时章太炎的文风仍是以奥衍不驯、危侧趋诡为宗，尚处在转变的途程之中，直到 34 岁以后，章太炎的文风才基本定型，其为文宗旨也基本大定。章太炎在其所撰的《自述学术次第》中说道：

①② 章太炎：《国故论衡·论式》。

③ 章太炎：《菿汉微言》，第六十八页。

④⑤ 章太炎：《说林下》，《太炎文录初编·文录》卷一。

三十四岁以后，欲以清和流美自化，读三国两晋文辞，以为至美，由是，体裁初变。……魏晋之文，仪容穆若，气自卷舒，未有辞不逮意，窘于步伐之内者也。……秦汉之高文典册，至玄理则不能言。余既宗师法相，亦兼事魏晋之文。……由此数事，中岁所作，既异少年之体，而清远本之吴魏，风骨兼存周汉。①

34岁时，由于发生了震惊中外的“苏报案”，作为此案的主角，章太炎与邹容同时被逮入狱，在上海西牢里度过了三年铁窗生涯。在此期间，章太炎开始精研佛学法相唯识宗的经典，由尊荀开始趋向崇佛。由于这一人生机缘的影响，章太炎的文风随之大变，这也说明了其文风的变化，与其思想的变化也存在着紧密的内在联系。当然，章太炎前后文风的变化，本身也存在着一贯的内在逻辑，并不是前后斩然分为两截。“清远本之吴魏，风骨兼存周汉”，此二语实将章太炎文章的精神气质和盘道出。

日本研究章太炎思想的老一辈学者岛田虔次先生曾经指出：

章太炎文尚魏晋，淡雅有度。而鲁迅早期所作文，亦极得力于魏晋文。从前刘半农曾赠给他一副联语，是“托尼学说，魏晋文章”。一般友朋都认为很恰当，他自己也不加反对。据鲁迅《坟》的《题记》和《集外集序言》里自承：他早年作文“喜欢做怪句子和写古字”，完全是受了章太炎先生的影响。后来虽然改做白话了，但偶作文言，亦仍保有魏晋风格。②

① 转引自姜义华《章太炎评传》，第186页。

② （日）岛田虔次：《章太炎的事业及其与鲁迅的关系》，收入章念驰编《章太炎生平与思想研究文选》。

鲁迅先生的文章以简约严明、格调冷峻为特色，与乃师章太炎的文风如出一辙，虽然一用白话，一用文言，这恐怕也与他二人之为文皆“宗法魏晋”，存在着一定的关系。不仅在为“文”上，即使在为“人”上，他师徒二人也有着非常相似的地方，鲁迅欣赏尼采的“超人”，也有着强烈的“独”的意识，这与乃师章太炎所宣颂的“大独”精神也若合符节。鲁迅在为“文”与为“人”上，均可谓得其师章太炎的真传。唯其如此，在处理师生关系上，鲁迅与其师章太炎也非常相似，即：在思想上，与师不同，则不妨背之；在感情上，对于师则仍执弟子礼甚恭。章太炎与鲁迅师弟二人，无论是在文风上，还是在其内在的精神气质上，相承于一脉，有着浓厚的魏晋风骨与气度，这与其二人之追求“独”，有着“特立独行”的鲜明个性，自然存在着密切的关系。反过来说，魏晋风骨，也进一步强化了他二人的“独”的意识，对于他二人“特立独行”个性的形成，当亦发挥着重要的作用。魏晋时期，玄风大畅，建安诸子，正始名士，竹林诸贤，逍遥乎宇漠之内，放浪乎形骸之外，崇尚自然，追求自由，成为时代的主潮，所以，魏晋名士在精神气质上，大多“志气宏放，傲然自得，任性不羁”。发而为文，则任意卷舒，不守规制。这种精神气度与文章风格，正与章太炎所追求的“独”及其所称颂的“大独”精神，一拍即合。要之，章太炎之为文，崇尚魏晋，兼宗秦汉，乃是由其“独”的意识作为导引，他也可谓是魏晋文章与风度在近代的传人。真可谓千载而下，神韵犹存，魏晋风骨，独在斯人。章太炎之崇尚“魏晋风骨”，铸就“特立独行”的“狂者”品性，由此，发为对于社会文化问题的看法，与魏晋名士们也有着颇为类似之处，即：表面上看去有着强烈的反传统的叛逆意识，其实，在精神气质上则是传统的真正的维护者。①当然，章太炎所处的时代，与千载而上的魏晋名士们所处的时代，已不可同日而语，他们所遭遇到的问题，也根本无可比类，由此，对于同样面临的社会文化秩序出现的混乱与失序所进行的思考，当然也就不可能完全循着同一路径，其思考问题的广度与深度，自然也无可比拟。“特立独行”与“魏晋风骨”，水乳交融于章太炎一身，二者之交相辉映，也使章太炎与众不同的具有鲜明特色的“狂者”品性，愈益得到了彰显。

2. “无征不信”与“实事求是”

“特立独行”与“魏晋风骨”，显示了章太炎性格的一个重要面相；而“实事求是”与“无征不信”，则显示了章太炎性格的另一个重要面相，且亦彰显了章太炎的主要思维特征。

前面曾经说过，章太炎由于家庭环境及其早期所受教育的影响，从少年时代起即趋入汉学之途，章太炎本人也被学术界目之为汉学的殿军，是一个为汉学作辉煌终结的大师。“汉学”也可谓是影响章太炎终生之学问，它不但对于章太炎一生的学问，乃至于对于章太炎一生的志业，均发生了深刻的影响。由此，我们在剖析章太炎思想的基本特色之前，首先来了解一下“汉学”的由来及其基本特色，也是非常有必要的。当然，提起“汉学”，首先令人想起的便是“经今古文”之争了。因此，在谈“汉学”之前，让我们对于“经今古文”之争的大致情况，先来作一下简单的回顾。

“经今古文”之争，始之于西汉末年的哀、平之际，其关键人物是

① 请参阅鲁迅《魏晋风度及文章与药及酒的关系》，载《而已集》，收入《鲁迅全集》第三卷。

刘歆，在此之前本无所谓“经今古文”之争问题。所谓“经”，指的是《诗》《书》《礼》《乐》《易》《春秋》这六部儒家经典。“六经”之说，始见于《庄子·天运篇》，后刘歆的《七略》、班固的《汉书·艺文志》均沿其说，遂成笃论。其中的《乐经》，一说是与“诗”“礼”相配合的曲调，有“经”而无文；一说是《乐经》亡失；故实际流传下来的只有“五经”。①公元前221年，秦始皇在扫平六合、统一中国之后，接受丞相李斯的建议，实行思想的钳制与统一。司马迁在《史记》里有着这样一段记载：

> 丞相李斯曰：“……臣请史官非秦记皆烧之。非博士官所职，天下敢有藏《诗》、《书》、百家语者，悉诣守、尉杂烧之。有敢偶语《诗》《书》者弃市，以古非今者族，吏见知不举者与同罪。令下三十日不烧，黥为城旦。所不去者，医药、卜筮、种树之书。若欲有学法令，以吏为师。”制曰：“可。”②

于是，发生了历史上著名的“焚书”事件。在这一场“焚书”事件中，除了“博士官所职”外，民间藏书悉被焚毁，当然也包括儒家典籍在内。又《资治通鉴》卷七“秦纪二”胡三省《注》云：“项羽烧秦宫室，始并博士所藏者焚之。”这两次焚书之火，使儒家典籍，扫地皆尽。汉兴以后，凭着一些汉初传经大师的记忆，使得被焚灭的儒家典籍，得到了

---

① 按：清代今文学者邵懿辰云：“乐本无经也。……夫声之铿锵鼓舞，不可以言传也。……乐之原在《诗》三百篇中，乐之用在《礼》十七篇之中。……欲知乐之大原，观三百篇而可；欲知乐之大用，观十七篇而可；而初非别有《乐经》也。”(见邵氏所撰之《礼经通论》，并请参阅冯天瑜所著之《中华元典精神》第49—50页。)唐徐坚的《初学记》云：“《乐经》亡，乃以《易》《诗》《书》《礼》《春秋》为五经。”(参阅曹聚仁《中国学术思想史随笔》，第116页。)

② 《史记·秦始皇本纪》(秦始皇三十四年)。

部分的复原。在汉武帝推行“罢黜百家、独尊儒术”，定儒术于一尊之后，儒学则由原来的“私家之学”，变成了“帝王之学”。武帝时置“五经博士”，形成了所谓的“五经八家”之学，即：“言《易》自淄川田生；言《书》自济南伏生；言《诗》，于鲁则申培公，于齐则辕固生，燕则韩太傅；言《礼》则鲁高堂生；言《春秋》，于齐则胡毋生，于赵则董仲舒。”①宣帝时，西汉政府设立“五经十四博士”：“《易》则有施（雠）、孟（喜）、梁丘（贺）三家，而同出田何；《书》则有欧阳（生）、大夏侯（胜）、小夏侯（建）三家，而同出于伏胜；《诗》则有齐、鲁、韩三家，《鲁诗》出申公，《齐诗》出辕固，《韩诗》出韩婴；《春秋》则唯《公羊传》，有严（彭祖）、颜（安乐）两家，同出胡毋生、董仲舒；《礼》则唯《仪礼》，有大戴（德）、小戴（圣）、庆（普）三家，而同出高堂生。”②此“五经十四博士”所传的儒家经典，“其写本皆用秦汉时通行篆书”，所以“谓之今文”。③它是当时西汉政府设立的“官学”，处于经学的正统地位。

在秦始皇推行“焚书”政策的过程中，其实并没有做到将民间的藏书完全烧毁，有些书籍被藏匿在墙壁等处而被保存了下来，这些书后人称之为“秦火之余”。汉初，朝廷广开“献书之路”，这些“秦火之余”又陆陆续续地出现了许多。据《太平御览》卷八十七引《七略》云：“孝武皇帝敕丞相公孙弘，广开献书之路，百年之间，书籍如丘山，故外则有太常、太史、博士之藏，内则有延阁、广内、秘室之府。”除了朝廷之外，一些封国诸王也获得了大量民间献书。《汉书·景十三王传》记载云：

---

① 《汉书·儒林传序》。又，《史记·儒林列传》亦云：“及今上（指汉武帝——笔者）即位，赵绾、王臧之属明儒学，而上亦乡之，于是招方正贤良文学之士。自是之后，言《诗》于鲁则申培公，于齐则辕固生，于燕则韩太傅。言《尚书》自济南伏生。言《礼》自鲁高堂生。言《易》自淄川田生。言《春秋》于齐鲁自胡毋生，于赵自董仲舒。”

②③ 梁启超：《清代学术概论》二十一。

> 河间献王德，以孝景前二年立，修学好古，实事求是。从民得善书，必为好写与之，留其真，加金帛，赐以招之。由是，四方道术之人，不远千里，或有先祖旧书，多奉以奏献王者，故得书多，与汉朝等。……献王所得书，皆古文先秦旧书，《周官》《尚书》《礼》《礼记》《孟子》《老子》之属，皆经传说记，七十子之徒所论。其学举六艺，立《毛氏诗》《左氏春秋》博士。修礼乐，被服儒术，造次必于儒者，山东诸儒，多从之游。

又《汉书·艺文志》记载云：

> 武帝末，鲁共王坏孔子宅，欲以广其宫，而得《古文尚书》及《礼记》《论语》《孝经》凡数十篇，皆古字也。共王往入其宅，闻鼓琴瑟钟磬之音，于是惧，乃止不坏。孔安国者，孔子后也，悉得其书，以考二十九篇，得多十六篇。安国献之。遭巫蛊事，未列于学官。

在这些朝廷与封国诸王所得的“秦火之余”中，有一些是属于儒家的典籍。这些儒家典籍，其写本因为用的是秦以前的六国文字，所以被称为“古文经”。“古文经”当时“未列于学官”（尽管有像河间献王这样的“修学好古”之士，在其封国内立《毛氏诗》《左氏春秋》博士，但它被排斥在朝廷的“官学”之外），经学被今文系统的“五经十四博士”所垄断。属于“古文经”系统的儒家典籍主要有：“《易》则有费氏，谓东莱人费直所传；《书》则有孔氏，谓孔子裔孙安国发其壁藏所献；《诗》则有毛氏，谓河间献王博士毛公所传；《春秋》则有《左氏传》，谓张苍曾以教授；《礼》则有《逸礼》三十九篇，谓鲁共王得自孔子坏宅中，又有《周官》，谓河间献王所得。”[①]在“十四博士”时代，“古文经”一直遭

① 梁启超：《清代学术概论》二十一。

受冷落，没有得到应有的重视。至西汉末的哀、平间，刘歆领校中祕，先是发现了《春秋左氏传》，继又发现了《毛诗》《逸礼》《古文尚书》等，遂奏请哀帝立“古文经”于太学，遭到今文博士们的强烈反对，引发了一场大规模的今古之争，这也是我国历史上的第一次“经今古文”之争。由于今文博士们的强烈反对，刘歆立“古文经”于“学官”的企图失败。在这场论争中，刘歆曾作有著名的《移书让太常博士》一文，斥责今文博士“专已守残，党同妒真”。此文一出，乃使“经今古文”泾渭分明。东汉时“古文经”仍未能立于“学官”（《春秋左氏传》虽曾一度立于“学官”，但由于今文博士的反对，旋即废止），但是，由于班固、服虔、贾逵、马融、许慎、郑玄等大师皆信奉“古文经”，“古文经学”遂大昌，而“今文经学”则渐渐地式微了。此后一直到清朝，“古文经学”遂取代“今文经学”，获得了经学的正统地位，至清乾嘉时，“家家贾马、人人许郑”，“古文经学”发展到了它的最鼎盛时代。而“今文经学”则在乾嘉时期常州学派庄存与、刘逢禄、宋翔凤等人的倡导之下也渐趋于复活。至戊戌时期，在维新巨子康有为的鼓吹下，“今文经学”则获得了一个辉煌的重兴，且对中国社会文化秩序的重构，产生了深远的影响。

“经今古文”之争，从西汉末至清末，经历了近二千年之久。“经今古文”的差异，除了书写方式的差异外，还在于文本内容的差异，以及解经传统的差异。晚清今文学家廖平曾经撰《古学考》和《今古学考》，对于今古文的分歧和争议作了系统的总结，民国时期和现代的学者又对廖平的总结进行了概括，列表如下：

今文学	古文学
1. 崇奉孔子。	1. 崇奉周公。
2. 尊孔子为素王。	2. 尊孔子为先师。
3. 认孔子为哲学家、政治家、教育家。	3. 认孔子为史学家。
4. 以孔子为托古改制。	4. 以为孔子"信而好古,述而不作"。
5. 以六经为孔子作。	5. 以六经为孔子以前的史料。
6. 以《春秋公羊传》为主。	6. 以《周礼》为主。
7. 为经学。	7. 为史学。
8. 经的传授多可考。	8. 经的传授不大可考。
9. 西汉都立于学官。	9. 西汉多行于民间。
10. 盛行于西汉。	10. 盛行于东汉。
11. 斥古文经是刘歆伪作。	11. 斥今文经是秦火之余。
12. 信纬书,以为孔子微言大义,间有所存。	12. 斥纬书为诬妄。

(上表见姜广辉主编《经学今诠初编》,第314—315页,收入《中国哲学》第二十二集。)

由上表可知,"经今古文"几乎在所有方面都是针锋相对的。然其最重要的差异,应是解经方式或者思维模式的差异。"今文经学"可视为一种政治哲学,它基本上是从几个"虚拟的原理"出发,打着阐发孔子"微言大义"的旗帜来进行解经的。而"古文经学"则史学的色彩浓厚,它主张"实事求是",在解经时注重"证据",主张"无证不信"。[①]这两种不同的思维模式的差异,几乎在所有今古文大师那里都是很鲜

① 按:关于经今古文之分,章太炎曾经指出:"古文是历史,今文是议论。"(章太炎:《说新文化与旧文化》,见汤志钧编《章太炎年谱长编》,第617页)此可谓是对于今古文之分的最为精覈之论,于此亦可见出二者之间思维模式的巨大差异。

明的。下面今文经师我们谨以董仲舒、何休、康有为为例,古文经师我们谨以顾炎武、戴震为例,再对之作一番简单的阐释。

在“经今文学”的政治哲学体系里,有所谓的“三统说”“三世说”,这是经今文学派建立其庞大的政治哲学体系的两个最基本“原理”。关于“三统说”,董仲舒在《春秋繁露·三代改制质文》里曾经作过详细阐释,其大体含义是:“每一个朝代都有一个‘统’。‘统’是受之于天的,旧王朝违背天命,便由另一新王朝‘承天应命’来代替。”他将朝代的更替,归之于“黑统”“白统”“赤统”三个“统”的循环。认为“得到哪一个‘统’而为天子的,那时的‘礼乐征服’就得按照哪一个‘统’的定制去办理。以夏、商、周三代而言,夏是‘黑统’(也叫‘人统’),殷是‘白统’(也叫‘地统’),周是‘赤统’(也叫‘天统’)”①。“三统说”阐述了人类社会的历史是变化的,其实质“是一种历史循环论”。②然而,其理论的建立,并不是源自对于人类社会或者王朝更替历史所作的客观研究,而是纯粹基于一种“理论的虚设”,与先秦时期方术之士倡导的“五德终始说”,在思想上存在着密切的关系。“经今文学”的这一思维特征,在其另一基本原理“三世说”里,表现得就更加明显了。《春秋》隐公元年载有“公子益师卒”,对此,《公羊传》解曰:“何以不日,远也。所见异辞,所闻异辞,所传闻异辞。”在《公羊传》的作者看来,孔子作《春秋》,有的是孔子亲身“所见”较近的事,有的是孔子从上辈那里“所闻”年代较远的事,有的则是“所传闻”的年代更加遥远的事。“所见”“所闻”“所传闻”在《公羊传》作者那里,本没有作为划分历史时代的标准,但到了董仲舒那里则发生了变化。董仲舒云:

---

①② 汤志钧:《康有为与戊戌变法》,第37页。

《春秋》分十二世以为三等，有见，有闻，有传闻。有见三世，有闻四世，有传闻五世。故哀、定、昭，君子之所见也；襄、成、宣、文，君子所之所闻也；僖、闵、庄、桓、隐，君子之所传闻也。所见六十一年，所闻八十五年，所传闻九十六年。①

经董仲舒这一富有创造性的阐释，至东汉何休注《公羊传》时，则演变成了“三世说”。何休云：

于所传闻之世，见治起于衰乱之中；……于所闻之世，见治升平；……至所见之世，著治太平。②

何休将人类社会历史划分为“衰乱”“升平”“太平”这“三世”，认为人类社会历史是向前发展的，“衰乱”之后进以“升平”，“升平”之后进以“太平”。“三世说”的实质，“实际是一种历史进化论”。③然而，它同“三统说”一样，都是基于一种“理论的虚设”。这一思维带有明显的主观臆度的特色。这一思维模式在今文学大师康有为那儿，发展到了登峰造极的地步。康有为将传统“公羊学派”的“三统说”“三世说”同西方资产阶级的“进化论”学说相结合，建构了一个著名的“三世进化”的人类社会历史的发展模式。他将世界万国看成是“一道同风”地沿着从“据乱”（君主专制）到“升平”（君主立宪）再到“太平”（民主共和）的三个阶段进化发展的，并且还建构了一个至善至美的“无邦国、无帝王、人人相亲、人人平等、天下为公”的理想的“大同”社会④，即无不透显了这一思维模式在其思想架构中的内在张力。由此，今文经师们在阐释儒家经典

---

① 董仲舒：《春秋繁露》卷一·“楚庄王第一”。

② 《春秋公羊传注疏》隐公元年“公子益师卒”下何休解诂，见《十三经注疏》，第2206页。

③ 汤志钧：《康有为与戊戌变法》，第37页。

④ 康有为：《大同书》，《康有为政论集》，第519页。

时，往往师心自用，不惜以己意曲解经义，不太重视“证据”，这一倾向在康有为那儿也发展到了登峰造极的地步。其徒梁启超曾经指出：

> 有为以好博好异之故，往往不惜抹杀证据，或曲解证据，以犯科学家之大忌，此其所短也。有为之为人也，万事纯任主观，自信力极强，而持之极毅。其对于客观的事实，或竟蔑视，或必欲强之以从我。其在事业上也有然，其在学问上也亦有然。其所以自成家数崛起一时者以此，其所以不能立健实之基础者亦以此。①

由于“万事纯任主观”，导致康有为对于经文的看法注重以心传心的所谓心解，将经文文字本身则看作“如电报之密码，如音乐之音符”②。这一思维倾向，由于张扬了人类主观能力的作用，所以，在进行社会文化秩序的重构时，往往有着推倒一时之气概，对于促进社会思想的解放，能够释放出巨大的能量。然而，由于它过度地张扬了人类主观能力的作用，凭着人类的心灵从其“虚拟的原理”出发，去演绎一套系统的学术思想体系，在思维上有着明显的重“演绎”的特色。这一思维特色，有类于现代新保守主义大师海耶克所云之“建构的理性”（其说详第四章），它是人类“理性”发展的重要成就之一。③

---

①② 梁启超：《清代学术概论》二十三。

③ 按：今文经师在思维模式上有着明显的重“演绎”的特色，是其认识论的本质特点。在今文经师中，将此种思维方式推向极致的是董仲舒和康有为。董仲舒在求知上以“循名以得理”为特色，“运用形式逻辑的演绎法以作为求取知识的手段”，金春峰先生认为这一认识方法“在逻辑上属于从一般到个别的演绎法，赋有理性的因素和特征”（参阅金春峰《汉代思想史》，第175—176页）。在这一思维方式的观照之下，董仲舒建构了一个庞大的“系统宇宙论图式”（关于此，请参阅李泽厚先生的《秦汉思想简议》一文，收入《中国古代思想史论》），并以此来“确定君主的专制权力和社会的统治秩序”。这与康有为由“通三统”“张三世”以及“绌周王鲁、受命改制”诸理念推导而出的重建社会文化秩序的理论图式如出一辙。由此，我们也可以说，董仲舒揭出的“循名以得理”的“理性”认识论，实可视之为我国传统的“建构理性”思维模式在理论上进行系统化阐释的最初表现形态。

与此相反的是，古文经学派则极重“证据”，凡事之立，必博极“证据”而后成。如有清一代古文经学派的开山大师顾炎武之治学，《四库全书总目》的作者即云：“炎武学有本源，博瞻而能通贯，每一事必详其始末，参以证佐，而后笔之于书，故引据浩繁，而牴牾者少。”①在治学上重“证据”，这种方法，梁启超称之为“科学的研究法”。②与此治学方法相联系的，在治学精神上，顾氏则主张“独立自主”，反对“依傍古人”。③这一由顾氏所提倡的治学方法与治学精神，在古文经学派那儿赓续不绝，形成了鲜明的学派特征，它也可谓成了古文经学派的图腾徽帜。乾嘉时期，古文经学大师戴震曾经说道：

> 学者当不以人蔽己，不以己自蔽。不以一时之名，亦不期后世之名。有名之见，其弊二：非掊击前人以自表暴，即依傍昔贤以附骥尾。……私自穿凿者，或非尽掊击以自表暴，积非成是而无从知，先入为主而惑以终身；或非尽依傍以附骥尾，无鄙陋之心，而失与之等。④

戴震反对“私自穿凿”、“先入为主”，主张“不以人蔽己，不以己自蔽”，这种但求是非、不求名高的治学主张，也是一脉衍续了自汉代河间献王所开创的“实事求是”的学风，这也使古文经学派在治学方法与治学精神上，充满了朴实的风格，由此，它又被称为“朴学”。受“经今文学”熏染极深的梁启超，曾经将古文经学派的学术风格归结为以下十个方面：

---

① 永瑢等撰：《四库全书总目》卷一一九，第1029页。
② 梁启超：《清代学术概论》四。
③ 顾炎武：《与人书十七》，《顾亭林诗文集》。
④ 戴震：《答郑用牧书》，《东原文集》。

一、凡立一义，必凭证据，无证据而以臆度者，在所必摈。

二、选择证据，以古为尚。以汉唐证据难宋明，不以宋明证据难汉唐；据汉魏可以难唐，据汉可以难魏晋，据先秦西汉可以难东汉。以经证经，可以难一切传记。

三、孤证不为定说，其无反证者姑存之，得有续证则渐信之，遇有力之反证则弃之。

四、隐匿证据或曲解证据，皆认为不德。

五、最喜罗列事项之同类者，为比较的研究，而求得其公则。

六、凡采用旧说，必明引之，剿说认为大不德。

七、所见不合，则相辩诘，虽弟子驳难本师，亦所不避，受之者，从不以为忤。

八、辩诘以本问题为范围，词旨务笃实温厚，虽不肯枉自己意见，同时仍尊重别人意见，有盛气凌轹，或支离牵涉，或影射讥笑者，认为不德。

九、喜专治一业，为“窄而深”的研究。

十、文体贵朴实简絜，最忌“言有枝叶”。①

通过梁启超所说的这十大特色，我们可以看出，古文经学派在人格上主张平等，在治学精神上主张独立，在治学方法上主张实证的归纳法，在文风上则主张朴实无华，这与今文经学派之注重“心解”，注重“演绎”等，构成了鲜明的对比。古文经学派这种重“证据”、重“归纳”的近乎科学的“实事求是”的学风，在思维上贴近海耶克所说的“批判

① 梁启超：《清代学术概论》十三。

的理性”(说亦详第四章),它也是人类“理性”发展的重要成就之一。但是,这一思维模式,由于受到传统的绝对主义的专制王权的阻隔,只能被限制在狭小的诸如古典文献的辨伪、辑佚、诠释,以及对于传统典制的研究等领域,而不能延展到诸如社会文化秩序的重构等领域。即使在这一领域卓有建树的戴震①,尽管其具有汉学领袖的赫赫声名,但更多的却是遭到人们的曲解。对其“博雅考订”、“训诂名物”,人们誉之为“绝诣”,而对其“天人理气”之学,“则谓空说义理,可以无作”。②戴氏富有创造性的“天人理气”之学,虽然也得到过扬州学派大师凌廷堪、焦循等人的称赏,但却未能得到当时学术与思想界的有力回应,更未能掀起冲击当时社会的波澜,③致使充满批判精神的古文经学派在学风上渐渐趋入烦琐考据之途,比之他们曾经激烈批评过的空谈理义的宋明理学来说,距离现实社会的需要更加遥远。这也充分地说明了具有“批判的理性”精神传统的古文经学者,并未能真正地获得人格与精神的独立。传统的绝对主义的专制王权的巨大高墙,阻断了他们的理性之光。这一状态,一直要等到最后的古文经学大师章太炎的出现,才发生了根本性的改变。

---

① 按:戴氏曾撰有《原善》《绪言》《孟子字义疏证》诸书,认为“理者,存乎欲者也”,“欲不可绝,欲当即为理”。主张“通天下之情,遂天下之欲”。将宋儒之“存天理、灭人欲”主张看成是“以理杀人”。这一新的论题的提出,实含有近代启蒙的意义。请参阅钱穆《中国近三百年学术史》(商务版)第八章“戴东原”以及章太炎《释戴》(《太炎文录初编·文录》卷一)。

② 章学诚:《文史通义》卷三“朱陆”附录“书朱陆篇后”。

③ 作为清代汉学开山大师的顾炎武,也有着类似的遭遇。《四库全书总目》的作者,在赞颂顾炎武“博瞻而能通贯”的同时,对于顾炎武之“喜谈经世之务”,也目之为“迂而难行”,“愎而过锐”。并且认为“潘耒作是书序,乃盛称其经济,而以考据精详为末务,殆非笃论矣”,此亦可见当时学风所趋之一般。(见永瑢等撰之《四库全书总目》卷一一九,第1029页。)

章太炎由于自幼是在浓厚的汉学氛围里长大的，所以，自然容易趋入汉学之途。少年时代，在其父、兄、外祖父的训迪之下，加之自己的勤奋努力，章太炎已经打下了深厚的汉学功底，然而，当时他还不能分辨今古文。直到进入诂经精舍师从朴学大师俞樾之后，“始分别今古文师说”(时 1891 年，章太炎 24 岁)。①章太炎在诂经精舍期间，“精研故训，博考事实”，治经专尚古文，然而，其时他并不排斥今文，对于今文经义有时还加以援引，甚至对于宋儒的经义亦加采用，②这也显示了章太炎所继承的古文经学派的“贵独立”、“实事求是”的治学风格。章太炎在诂经精舍师从朴学大师俞樾期间，中国的社会正处在一场大变动的前奏，甲午丧师，举国震动，康有为以经今文学为武器，正在掀起一场声势浩大的维新变法的宣传运动。富有传统儒者浓厚忧患意识的章太炎，面对着家邦多难的危急情势，乃奋然投袂而起，开始关心时势与政治，并与维新志士夏曾佑等相往还。1895 年，康有为在北京设立强学会后，为了联络东南士夫，又设强学分会于上海，章太炎“以该会宗旨在于富国强兵，乃纳会费十六元，报名入会”③，开始投入剧烈变动的近代中国社会的政治斗争的舞台上。1897 年，章太炎不顾其师俞樾的反对，毅然决然地离开诂经精舍，到上海担任维新派的重要喉舌《时务报》的撰述，开始撰文直接参与推动维新运动的宣传工作。在维新运动期间，章太炎与康有为由于分属于不同的学术流派(一为古文，一为今文)，“论及学派，辄如冰

---

① 《章太炎先生自定年谱》“光绪二十二年”。

② 汤志钧：《章太炎年谱长编》(上)，第 19 页。

③ 冯自由：《中华民国开国前革命史》第十四章“壬寅支那亡国纪念会”。

炭”[①]，对于变法问题的看法也有着巨大的分歧。章太炎对于进行中国社会文化秩序的变更，主张“随俗雅化”，“积渐行之”，对于康有为“尽革旧俗，一意维新”的激进主义的变法主张则持反对态度。[②]章太炎还曾公开发表《变法箴言》一文，对维新派激进主义的变法主张加以箴砭，这不可避免地导致他同以康有为为首的维新派主流之间发生冲突。章太炎在供职《时务报》馆后不久，围绕着“尊孔设教”问题，与康氏门徒之间便发生了激烈冲突，乃至康氏门徒大打出手，逼使章太炎离开了《时务报》馆。[③]尽管这样，章太炎从维新大局出发，对康有为则时加护持。他虽撰有驳斥康有为的“新学伪经”之说，但却秘不发表。[④]维新变法运动失败后，康有为流亡海外，成为时人口诛笔伐的对象，时避难于台湾的章太炎，则仍公开撰文为之进行辩护。[⑤]然而，由于学派的分殊，以及章太炎“特立独行”的个性，使得他不可能像梁启超那样忠实地去追随康有为，最终不得不与康分道扬镳，走上了自己的独创“章学”的道路，而终亦使之成为能与康有为分庭抗礼的一代宗师，与康有为的今文经学“双峰并峙”于近代中国的学术思想界。

章太炎与康有为在进行中国社会文化秩序的重构上产生的分歧，源自于其分属的相互对立的今、古文学派，而其最深层的分歧，则

---

① 章太炎:《致谭献书》,《章太炎政论选集》(上)。

② 请参阅拙文《戊戌时期康有为、章太炎变法思想的异趋》,载《福建师范大学学报(哲社版)》,1998年第3期。

③ 章太炎:《致谭献书》,《章太炎政论选集》(上)及《章太炎先生自定年谱》“光绪二十三年”。

④ 汤志钧:《章太炎年谱长编》,第34页。

⑤ 请参阅章太炎《答学究》《翼教丛编书后》诸文,均见《章太炎政论选集》(上)。

是由其不同学派所具有的思维模式的差异所导致的。章太炎曾云：

> 鄙人少年本治朴学，亦唯专信古文经典，与长素辈为背道驰。……中年以后，古文经典笃信如故。①

又云：

> 余治经专尚古文，非独不主齐、鲁，虽景伯（即贾逵——笔者）、康成（即郑玄——笔者）亦不能阿好也。②

章太炎可谓是传统古文经学在近代的代表性人物。他对于古文经学的贡献，除了表现在研究古文经典的卓越成就上，也表现在他对于古文经学派治学方法与治学精神的继承与发展上。关于前者，章太炎最杰出的成就是表现在对于《左传》的研究上。早在诂经精舍时期，通过辛勤耕耘，即著有《春秋左传读》五卷（共50余万字），“以滞义犹未更正”③，藏于箧中，没有公开发表。后将其中的部分内容进行修订，以《春秋左传读叙录》《刘子政左氏说》各一卷刊行于世④，收入《章氏丛书》，全书在章太炎生前则迄未发表。二十个世纪八十年代，由姜义华先生根据章太炎的生前遗愿，将《春秋左传读》编辑收入《章太炎全集》第二册，由上海人民出版社出版，全书乃得面世。晚年章太炎又著有《春秋左氏疑义答问》一书。“此三时期之四部书”，即代表了章太炎研究《左传》的主要成就，更反映了章太炎“治《左氏》学之意见之前后变迁”。⑤仅此四部书，就足以使章太炎巍然屹立于古文经学之林而名垂千古了。当然，章太炎的成就远远不止这些，对于其

---

① 章太炎:《致柳翼谋书》,《章太炎政论选集》(下)。

②③ 章太炎:《自述学术次第》,手稿,上海图书馆馆藏,转引自汤志钧《近代经学与政治》,第258页。

④ 汤志钧:《章太炎年谱长编》(上),第32页。

⑤ 同上书,第33页。

他诸经的研究，章太炎也贡献甚巨，在此不再缕述。如果从思想史的角度来看，笔者认为章太炎的贡献更为重要的，乃在于他对于传统古文经学派治学方法与治学精神的继承与发展上。在这方面的贡献，使得章太炎成为中国学术史上的一个承前启后的关键性人物，这也是我们解读章太炎思想的一把重要钥匙。

我们在前文回顾经今古文之争的简要历史时曾经指出，经古文学派在治学方法与治学精神上的一个重要特点，即是主张“重证据”“贵独立”，崇尚朴实无华的“实事求是”的学风。这些特点，在章太炎身上表现得也是至为明显的。《春秋左传读》一书，章太炎之所以“不欲遽以问世者，以滞义犹未更正也”。此书撰成之后，章太炎在《与人论国学书》中曾经说道：

> 左氏故言，近欲次录，昔时为此，亦几得五六岁，乃今仍有不惬意者，要当精心汰淅，始可以质诸君子。行箧中亦有《札记》数册，往者少年气盛，立说好异前人，由今观之，多穿凿，失本意，大抵十可得五耳。假我数年，或可以无大过矣。①

这种严谨的治学作风，以及追求真理的“实事求是”的精神，不但一脉衍续了古文经学派的治学传统，而且也彰显了章太炎作为一代学术大师的精神风貌。章太炎还曾撰有《征信论》《信史》《说林》诸文，评骘学界与文苑，抨击“微言以致诬，玄义以成惑”的“散儒”，②表彰朴实的文风与学风。章太炎认为“诸学莫不起于期验”③，只有能够得到证实的知识，才是真知，否则，以一“虚拟的原理”（章太炎谓之“成

① 章太炎：《再与人论国学书》，《太炎文录初编·别录》卷三。

②③ 章太炎：《征信论下》，《太炎文录初编·文录》卷一。

型”）作为学术的起点，复加之以因果演绎以推断事理，则是大愚不灵者之所为。①对于时人所崇尚之“因果”说，章太炎则指出：

> 因果者，两端之论耳。无缘则因不能独生，因难一，其缘众多。故有同因而异果者，有异因而同果者。愚者执其两端，忘其旁起，以断成事，因以起其类例。……是乃殆以终身，弊之至也。②

章太炎的这种反对以“成型”加“因果”演绎推断事理的论调，主要也是针对经今文学者而发的。章太炎将经今文学者之治学，与“方士之为神符”同视。③与今文经师之“绊于成型”④相反，章太炎自己则提出“以狱法治经”的主张。⑤其具体节目章太炎又将之概括为“六条”，即：“审名实，一也；重左证，二也；戒忘牵，三也；守凡例，四也；断情感，五也；汰华辞，六也。”⑥这“六条”实也可以归结为“征信”二字，无“征”则不“信”。由于以“征信”为旨归，所以，对于“江、戴之徒，义有未安，弹射纠发，虽师亦无所避”⑦的治学作风，章太炎便非常称赏。其实，章太炎自己也正是这样做的。对于其师俞樾，章太炎深赞其“为学无常师，左右采获，深疾守家法违实录者”；然对其“说经好改字”，则给予了善意的批评。⑧对于自己的学生立说之与己之不同，章太炎不仅不加苛责，反而加以鼓励，他“并不反对学生独立发展，自成一家”。⑨章太炎晚年曾发有一段教育宏论，云：

---

①② 章太炎：《征信论下》，《太炎文录初编·文录》卷一。
③ 章太炎：《信史上》，《太炎文录初编·文录》卷一。
④ 章太炎：《征信论下》，《太炎文录初编·文录》卷一。
⑤⑥⑦ 章太炎：《说林下》，《太炎文录初编·文录》卷一。
⑧ 章太炎：《俞先生传》，《太炎文录初编·文录》卷二。
⑨ 汤炳正：《忆太炎先生》，《中国文化》第八期。

> 大国手门下，只能出二国手；而二国手门下，却能出大国手。大国手的门生，往往恪遵师意，不敢独立思考，学术怎会发展；二国手的门生，在老师的基础之上，不断前进，故往往青出于蓝，后来居上。所以一代大师顾炎武的门下，高者也不过潘耒之辈；而江永的门下，竟能出现一代大师戴震。①

章太炎的这一“大国手”“二国手”宏论，实也可辉耀千载而不替。唯其如此，在章太炎的门下才出现了像鲁迅、周作人、钱玄同、黄侃、吴承仕等足可以在中国思想文化史上光映千秋的大师，章太炎其他弟子则不计其数，遍布于当时国内各大学的讲坛，成为中国学术文化界的重要力量，其影响至今未替。

如果说章太炎揭出“无征不信”的宗旨，是重在对于传统古文经学派学术精神继承的话，那么，章太炎之对于“实事求是”学术精神的倡导与探求，则不但意味着他对于传统古文经学派学术精神的继承，而且还意味着“章学”新统的正式开出。章太炎由此不仅终结了传统的古文经学，而且，还为中国现代学术的建立，起到了承上启下的桥梁作用。

“实事求是”一语，最早出自于《汉书》。《汉书·景十三王传》记载：“河间献王德……修学好古，实事求是。”河间献王是在其封国内立古文经学博士的重要人物，相传古文经的重要典籍之一《毛诗》，即为其博士毛公所传。“实事求是”一词，一开始就和经古文学派存在着密切的关系。发展到清代古文经学的鼎盛时代，“实事求是”几成为人们治学的口头禅，乾嘉学者莫不乐道之。②然而，当时它主要还

---

① 汤炳正：《忆太炎先生》，《中国文化》第八期。

② 请参阅陈平原：《“求是”与“致用”——章太炎学术思想覈论》，《中国文化》第七期。

是针对宋学之空谈义理而发的，凌廷堪在论及汉、宋之分时云：

自宋以来，儒者多剽袭释氏之言之精者，以说吾圣人之遗经，其所谓学，不求之于经，而但求之于理；不求之于典章制度，而但求之于心。好古之士，虽欲矫其非，然仅取汉人传注之一名一物，而辗转考证之，则又烦细而不能至于道。于是乎有汉儒经学、宋儒经学之分，一主于故训，一主于理义也。①

乾嘉汉学诸公以“主于理义”之宋学为“虚”学，而以己之“主于故训”之学为“实学”，并以此来区分汉、宋。凌廷堪又指出：

昔河间献王，实事求是。夫实事在前，吾所谓是者，人不能强辞而非之，吾所谓非者，人不能强辞而是之也，如六书、九数及典章制度之学是也。虚理在前，吾所谓是者，人即可别择一说以为非，吾所谓非者，人亦可别持一说以为是也，如理义之学是也。②

汉学诸公以“主于故训”相标榜的“实事求是”之学，在梁启超所概括的“十大特征”中已表露无遗，在此不再复述。值得一提的是，经古文学派之崇尚“实事求是”之学，其最终目的还是为了明“理义”，循着一条“由故训而明理义”的治经道路，这在戴震的思想里表现得至为明显。凌廷堪在阐述“戴学”的特征时曾经指出：

先生则谓义理不可舍经而空凭胸臆，必求之于古经。求之古经而遗文垂绝，今古悬隔，然后求之故训。故训明则古经明，古经明则贤人、圣人之理义明，而我心之所同然者乃因之而明。理义非他，存乎典章制度是也。彼歧故训、理义而二之，是故训非以明理义，而故训何为？理义不存乎典章制度，势必流入于异学曲说而不

---

①② 凌廷堪：《戴东原先生事略状》，《校礼堂文集》卷三十五。

> 自知。故其为学，先求之于古六书、九数，继乃求之于典章制度，以古人之义，释古人之书，不以己见参之，不以后世之意度之。既通其辞，始求其心，然后古圣贤之心，不为异学曲说所汩乱。①

戴震批评“歧故训、理义而二之”、“不能至于道”的烦琐考据之风，而自己则循着一条“由故训而明理义”的治经道路，这与宋学乃至经今文学派之虚悬“理义”治经，在治学方法上则正好相反，这当也由其在思维上一主“归纳”、一主“演绎”所致。然而，汉学诸公标榜的“实事求是”之学，在名物训诂、典章制度诸领域能够独领风骚，一旦像戴氏那样，将这一治学方法延展至“理义”领域，则在知识上有将“真”与“善”混为一同之弊。张岱年先生曾经指出，“同真善”乃是中国传统哲学的重要特色之一，云：

> 中国哲人认为真理即是至善，求真乃即求善。真善非二，至真的道理即是至善的准则。即真即善，即善即真。从不离开善而求真，并认为离开善而专求真，结果只能得妄，不能得真。为求知而求知的态度，在中国哲学家甚为少有。中国思想家总认为致知与修养乃不可分；宇宙真际的探求，与人生至善之达到，是一事之两面。穷理即是尽性，崇德亦即致知。②

又云：

> 西洋哲学本旨是爱智，以求真为目的；如谓中国哲学也是爱智，虽不为谬误，却不算十分切当，因中国哲学家未尝以求知为务。中国哲学研究之目的，可以说是“闻道”。孔子说：“朝闻道，

---

① 凌廷堪：《戴东原先生事略状》，《校礼堂文集》卷三十五。

② 张岱年：《中国哲学大纲》，第7页。

> 夕死可矣。”“闻道”亦曰“知道”或“睹道”。道兼赅真善：道是宇宙之基本大法，而亦是人生之至善准则。求道是求真，同时亦是求善，真善是不可分的。①

在儒学传统中，无论是主张“先立其大者”的“尊德性”传统，还是主张“下学而上达”的“道问学”传统，无不同真善为一。以“实事求是”相标榜的乾嘉汉学，“求是”（“求真”）的目的，乃在于“明理义”（“求善”），所以戴震说：“故训非以明理义，而故训何为？”其根本的归趋则在于“通经致用”，所以乾嘉汉学的开山大师顾炎武说：“君子之为学，以明道也，以救世也。”②“求是”与“致用”两者，即使是在最能够代表经古文学派治学风格的清代汉学那里，仍然是融通为一，混而不分的。

章太炎在经学以及治学风格上均秉承了乾嘉汉学的遗传，然而，他所持守的“实事求是”精神，却不完全类同于乾嘉汉学或者经古文学派的运思理路。章太炎对将“求是”与“致用”混同为一持否定的批评态度。认为“求是”与“致用”，分别属于“学说”与“政治”这两个不同的领域。他曾经明确地指出：“学在求是，不以致用；用在亲民，不以干禄。”③他认

① 张岱年：《中国哲学大纲》，第7页。按：类似的看法亦见之于张东荪、熊十力两先生的言论，请参阅《十力语要》卷一“答张东荪”。

② 顾炎武：《与人书二十五》，《亭林文集》卷之四，收入《顾炎武诗文集》。

③ 章太炎：《与钟君论学书》，《文史》第二辑，转引自陈平原《“求是”与“致用”——章太炎学术思想嬗论》，载《中国文化》第七期。按：这段话又见于章太炎的《〈国粹学报〉祝辞》，文中云：“君子道废则身隐，学以求是，不以致用，用以亲民，不以干禄。……抑今之学者（指“新学小生”——笔者），非碎与朴是忧，忧其夸以言志也，忧其丽以之淫也，忧其琦傀以近谶也，忧其缴绕以巫古也。”（见《太炎文录初编·文录》卷二）由此也可见，章太炎当时之分别“求是”与“致用”，主张政、学分途，实也是有感于当时夸丽琦傀的浮华学风而发，并且也可以见出章太炎试图力挽狂澜，有意进行疏导学风转型的强烈意图。所以，在此文的结尾处章太炎云：“磨之厝之，抒之浚之，扶其已微，攻其所傃，余以是祝贤人君子！”他希望通过“贤人君子”的努力，通过政、学分途，通过歧“求是”与“致用”为二，以实现学风的根本改变。

为“为学”应以“求是”为宗旨，不在于“致用”；“为政”则应以“亲民”为宗旨，不在于“干禄”。他将“学”与“政”歧而为二，并且主张政、学分途，学术独立。[①]由于将“学”与“政”歧而为二，所以，章太炎对于古、今学术，也将是否以“求是”为宗旨作为区分的标准。其云：“古之学者，学为君也；今之学者，学为匠也。为君者，南面之术，观世文质而已矣。为匠者，必有规矩绳墨，模形惟肖，审谛如帝，用弥天地，而不求是则绝之。”[②]古之学者，学为君，以“致用”为尚；今之学者，学为匠，以“求是”为尚。由此，古、今学者也攸然分为“通人”与“专家”二类。“学为君”造就的是“通人”，而“学为匠”则造就的是“专家”。章太炎指出：“学者，在辨名实，知情伪，虽致用不足尚，虽无用不足卑。”[③]章太炎承续传统的古文经学派“无征不信”“实事求是”的治学精神与学术品格，歧学术与政治而为二，且将学术纳入“求是”之途，对传统中国之同真、善为一，同“求是”“致用”为一的思维模式，实际上是作了现代的转换。造就“专家”之才，“为求知而求知的态度”，实乃现代学术之重要表征。章太炎站在“传统”与“现代”的交汇点上，上承传统的古文经学，下启五四以后现代学术之流脉，成了我国学术史上继往开来的关键性人物。[④]

歧学、政而为二，也是马克斯·韦伯的问题意识。韦伯生于1864

---

① 请参阅本书第三章第三节。

②③ 章太炎：《与王鹤鸣》，《太炎文录初编·文录》卷二。

④ 按：作为中国现代学术的代表性流派古史辨派，在为学上捐弃传统的“通经致用”的治学路向，实也直接受之于章太炎政学分途、歧“求是”与“致用”为二思想的启发。如古史辨派领袖顾颉刚即曾经说道：“学问固然可以应用，但应用只是学问的自然的结果，而不是着手做学问时的目的。从此以后，我敢于大胆作无用的研究，不为一般人的势利观念所笼罩了。这一觉悟真是我生命中最可纪念的，我将来如能在学问上有所建树，这一个觉悟决是成功的根源。追寻最有力的启发，就在章太炎先生攻击今文家的‘通经致用’了。”见顾颉刚：《古史辨》(一)“自序”。

年,卒于1920年,是与章太炎同时代的人物。比较一下章太炎与韦伯的“理性”特征,将会令我们对于章太炎的思维特征,有一个更为清楚的了解。1919年,韦伯在慕尼黑大学对青年学生作了两次重要的演讲,即:“以学术为业”和“以政治为业”,后来结集成《学术与政治》一书出版。韦伯认为“在课堂里没有政治的位置”①,并且指出:

> 确定事实、确定逻辑和数学关系或文化价值的内在结构是一回事,而对于文化价值问题、对于在文化共同体和政治社团中应当如何行动这些文化价值的个别内容问题做出回答,则是另一回事。……必须明白,这是两个完全异质的问题。②

他也将“求是”与“致用”歧而为二,将“学术”与“政治”分途,且将“求是”与“致用”视之为“两个完全异质的问题”。学术的目的,在于“确定事实、确定逻辑和数学关系或文化价值的内在结构”,而不是对于“在文化共同体和政治社团中应当如何行动这些文化价值的个别内容问题做出回答”。由此,韦伯在学术上主张“无预设前提”,拒绝任何“奇迹”和“神启”。③在学术上由于韦伯以“求是”为原则,所以,他主张在进行科学研究时,应该持守“价值中立”的立场,认为:“一名科学工作者,在他表明自己的价值判断之时,也就是对事实充分理解的终结之时。”④他主张“一个真正的学者必须把自己的主观情感从自己的学术活动中祛除出去,这实际上是一种科学的禁欲主义”,并云:“在我的学术研究中,我一直是坚持这样的禁欲主义。”⑤由于韦伯在

① (德)马克斯·韦伯:《学术与政治》,第36页。

② 同上书,第37页。

③④ 同上书,第38页。

⑤ 王威海:《韦伯:摆脱现代社会两难困境》,第266—267页。

学术上主张持守“价值中立”，所以，在价值问题上，韦伯形成了相对主义与多元主义的价值观。①他曾经指出：

> 对于法国人和德国人的价值，我也不知道如何去“科学地”做出判定。这里也有不同的神在无休止地在相互争斗。这同未从神和魔鬼的法术中解脱出来的古代世界并无差别，只是含义有所不同罢了。希腊人时而向阿芙罗狄蒂献祭，时而又向阿波罗献祭，所有的人又都向其城邦的诸神献祭，今日的情形也如出一辙。②

由此，韦伯对于“进化论”也深致诘难。他通过对列夫·托尔斯泰沉思的“死亡”问题进行思考，指出生活在以“进步”为动力的现代文明之中的“文明人”，“置身于被知识、思想和问题不断丰富的文明之中，只会感到‘活得累’”，不会再像亚伯拉罕或古代的农人那样“有享尽天年之感”。生活于现代文明之中的“文明人”，“对于精神生活无休止生产出的一切，他只能捕捉到最细微的一点，而且都是些临时货色，并非终极产品。所以在他看来，死亡便成了没有意义的现象。既然死亡没有意义，这样的文明生活也就没有了意义，因为正是文明的生活，通过它的无意义的‘进步性’，宣告了死亡的无意义。”③韦伯宣告了“进步性”的“无意义”，预言“现代性”之后的世界将是极其可怖的。他曾以一种近乎绝望的口吻谈道：“未来将会是极地黑暗笼罩之下的冰冷长夜。”④

---

① 请参阅迪尔克·克斯勒《马克斯·韦伯的生平、著述及影响》，第222—238页。

② 马克斯·韦伯：《学术与政治》，第40页。

③ 同上书，第29—30页。

④ 同上书，第194页。

比较一下章太炎与马克斯·韦伯关于政、学分途的思想，我们可以明显地看出，他二人在思维模式上实有着异曲同工之妙。章太炎的思维是以“无征不信”“实事求是”为其重要表征，章太炎在治学上崇尚“归纳”，重“征信”，拒斥“理论的预设”（章太炎谓之“成型”），并且，他也歧学、政而为二，主张“为求知而求知”，信守“价值的中立”（这在章太炎那儿表述为“断情感”），这样就不可避免地也会使章太炎形成像韦伯那样的相对主义与多元主义的文化价值观，而与有着浓厚的“一元主义”色彩的“进化论”者则分道扬镳了。章太炎在治学上倾重于“无征不信”“实事求是”，由此在思维上趋向于“多元主义”与“相对主义”，这也基本上奠定了章太炎对于中国社会文化秩序进行重构的思路。

第二章　多元取向、历史意识与人文关怀

章太炎曾经说道："大波将激，大火将爁，而无忧怖者，其人情乎哉！"[①]同时人一样，一代文化大师章太炎，对于当时中国出现的社会混乱与文化失序现象也颇为敏感。在沉重民族危机的迫压之下，章太炎那一代人的忧患意识显得特别地沉重。如何才能重造民族文化的生命，这是当时困扰着时人，也是困扰着章太炎的最重要问题。然而，在危机四起与回环震荡的大变动时代，章太炎对于民族文化生命的重建并不是诉之于激情的昂越，而是诉之于理智的沉著。由此，他对于我们在上文曾经论述过的传统主义者及欧化主义者所提出的进行社会文化秩序重构的模式，皆不表赞同。通过对于中、西文化进行深入的研究，章太炎提出了自己的别具特色的进行社会文化秩序重构的主张，建构了一个庞大的且系统严密的学说体系。章太炎既然反对传统主义者与欧化主义者所界定的进行社会文化秩序重构的价

① 章太炎：《变法箴言》，《章太炎政论选集》（上）。

值取向，那么，他自己所界定的进行社会文化秩序重构的价值取向是什么呢？这是我们必须首先要弄明白的问题。

由于“苏报案”事件，章太炎曾经被羁上海西牢三年，在此期间，他在其所写的“狱中自记”中这样说道：“上天以国粹付余，自炳麟之初生，迄于今兹，三十有六岁。凤鸟不至，河不出图，惟余亦不任宅其位，繄素王素臣之迹是践，岂直抱残守阙而已，又将官其财物，恢明而光大之。怀未得遂，累于仇国，惟金火相革欤？则犹有继述者。至于支那闳硕壮美之学，而遂斩其统绪，国故民纪，绝于余手，是则余之罪也！”[①]他认为干革命、建立新政权（“金火相革”），其同志大有人在，自己的使命即是要阐扬文化（“国粹”），即是要将“支那闳硕壮美之学”，“恢明而光大之”。这段“自记”，不仅表达了章太炎对于中国文化所具有的浓厚“命运担当”之怀，而且也基本上表达了章太炎对于重建中国社会文化秩序的看法，即是要在继承中国原有文化传统的基础之上，进行中国文化新命的再造，这与以“国粹派”为主流的民族主义者的进行社会文化秩序重构的思想倾向是颇为一致的。章太炎曾被“国粹派”奉为精神领袖，是近代中国最为著名的民族主义大师。时人曾称他为“中国玛志尼”，美国的华裔学者汪荣祖先生则将他与十九世纪德意志民族建国运动的精神领袖赫尔德相提并论。[②]章太炎与其“国粹派”同人一样，也将“民族精神”确立为进行社会文化秩序重建的基础，这使其文化重构的模式也有着牢固的对于“民族性”的持守。然而，由于章太炎并不赞同斯宾塞式的“一元主义”的单线

① 章太炎：《癸卯狱中自记》，《太炎文录初编·文录》卷一。

② 汪荣祖：《康章合论》，第54页。

直进的“进化论”，这又使他与其“国粹派”同人在思想上歧出，而使自己的学术与思想染上了浓厚的“多元主义”的色彩。章太炎之所以要将文化的“多元取向”，置为其进行社会文化秩序重构的基本的价值参数，当然同上文我们曾经论述过的章太炎的“特立独行”的“狂者”个性，及其独特的思维模式存在着密切的关系（这两者是我们论述章太炎思想的最为根本的出发点），此外，它还同章太炎独特的民族思想与历史观存在着密切的关系。章太炎通过对于民族起源的历史，以及对于人类社会历史发展程序的追寻，不仅进一步地凸显了由其独特的思维模式所致的“多元主义”“相对主义”的文化价值观，而且，还使其进行社会文化秩序重构的运思理路，充满了浓厚的“历史意识”，有着“历史主义”的浓厚色彩。下面，我们就章太炎的民族思想与历史观，首先来作一番梳理，以揭示出章太炎学术与思想的基本价值取向，及其学术与思想的深层内核之所在。

一、多元主义的民族思想

1. 民族思想：从意识朦胧走向理性自觉

章太炎作为近代中国最为著名的民族主义大师，他的民族思想对于20世纪初中国的革命运动曾经产生了巨大的影响。当然，章太炎民族思想的形成，与当时中国所处的特殊的历史背景存在着密切的关系。但是，如果我们去追寻章太炎民族思想形成的历史，则最早可以追溯到他的少年时代，这主要又是得益于他所处的家庭环境，及其启蒙老师也即他的外祖父朱有虔先生对于他的影响。章太炎出身于书香门第，章家从章太炎的曾祖父章钧时代起，即为当地的显族。章太炎的曾祖父、祖父、父亲三代，在传统的科举考试道路上，虽然获得过一定的功名，并供职于清廷，然而，由于章氏家庭所在的余杭，濒近浙东，深受长期以来这一地域流行不绝的“反满”思想的影响，“反满”意识也深深地潜入章氏家庭的成员之中。章太炎的父亲章濬，曾经说道：

> 吾家入清已七八世，殁，皆用深衣敛。吾虽得职事官，未尝诣吏部。吾即死，不敢违家教，无加清时章服。①

这一潜藏于章氏家庭成员之中的“反满”意识，对章太炎的影响极大，以至于从少年时代起，章太炎即萌生了“读书欲光复汉绩”的想法。②章太炎在民国建立之后回忆他之有志于光复之业时，曾经说道：

> 〔吾〕从事光复，遭累绁，遇阻击，未尝敢挫，幸而有功，此皆先世遗教之所渐成也。③

这说明了他所处的家庭环境对他早期民族思想的产生，起到了重要的作用。除此之外，他的外祖父朱有虔先生对于他民族思想的产生，也起到了重要的启蒙作用。在章太炎九岁的时候，他的外祖父朱有虔从老家海盐来到余杭章家，并承担起对小外孙的启蒙教育之任，开始教授年幼的章太炎“读经”。朱有虔一共在章家待了四年，在这四年时间里，章太炎即主要是跟随他学习传统的儒家典籍。这位朱老先生在教授章太炎读经时，不但“授音必审”，非常认真，而且，在授经之暇，“亦以明清遗事及王而农、顾宁人著述大旨相晓。”④这种早期教育，对于章太炎一生的学术与志业影响极为巨大，它不但奠定了章太炎一生的治学道路，也植下了章太炎民族思想的始基。在章太炎

---

①②③ 章太炎：《先曾祖训导君先祖国子君先考知县君事略》，《太炎文录续编》卷四。

④ 《章太炎先生自定年谱·光绪二年》。

思想成熟以后，他经常向别人追叙他少年时代的这段际遇。据他自己的追叙，在读经之暇，祖孙二人经常讨论明清遗事，下面这段对白可资参证：

朱："夷夏之防，同于君臣之义。"

章："前人有谈此语否？"

朱："王船山、顾亭林已言之，尤以王氏之言为甚，谓历代亡国，无足轻重，惟南宋之亡，则衣冠文物，亦与俱亡。"

章："明亡于清，反不如亡于李闯。"

朱："今不必作此论，若果李闯得明天下，闯虽不善，其子孙未必皆不善，惟今不必作此论耳。"①

朱老先生的这番教导，使少年时代的章太炎"闻之启发"。这使他不但懂得了"夷夏之防同于君臣之义"的"春秋大义"，而且还知道了在汉人心中隐藏着一股强烈的"反满"意识。章太炎的高足汪东，在章太炎逝世之后，说章太炎"服膺片言，以至没齿"②，这反映了章太炎早期所受的教育对他一生的影响是多么地巨大！

关于"夷夏之防"，王船山曾经作过这样的阐释：

夷狄之于华夏，所生异地，其地异，其气异矣，气异则习异，习异而所知所行蔑不异焉。③

不同的环境，造就了人类各个种类的不同气质，由之，人类各个不同种类的文化心态及其文化行为皆划然有别，不可杂淆。王船山、顾亭

① 朱希祖：《本师章太炎先生口授少年事迹笔记》，《制言》第25期，引用时笔者略微作了编辑。

② 汪东：《余杭章太炎先生墓志铭》，章念驰编：《章太炎生平与学术》，第1页。

③ 王船山：《读通鉴论》卷十四，页二。

林等晚明诸老，在明亡之后带着沉重的亡国之痛，急急乎阐扬“夷夏之防”这一“春秋大义”，目的是为了让人们知道，只要文化不坠，则种可保，复国有望。顾亭林在阐释孔子“素夷狄行乎夷狄”宗旨时，曾经这样说道：

> 处夷狄之邦，而不失吾中国之道，是之谓素夷狄行乎夷狄也。六经所载帝舜滑夏之咨，殷宗有截之颂，《礼记》明堂之位，《春秋》〔囗〕会之书，凡圣人所以为内夏外夷之防也，如此其严也。《文中子》以元经之帝魏，谓“天地有奉、生民有庇，即吾君也”。何其语之偷而悖乎？……夫〔兴〕亡有迭代之时，中华无不复之日，若之何以万古之心胸，而区区于旦暮乎？……孔子有言：“居处恭，执事敬，与人忠，虽之夷狄，不可弃也。”夫是谓之素夷狄行乎夷狄也。若乃相率而臣事之，奉其令，行其俗，甚者导之以为虐于中国，而藉口于素夷狄之文，则子思之罪人也已。①

当然，从文化角度来阐明“夷夏之防”这一“春秋大义”的精微学说，对于少年时代的章太炎来说，也还是一知半解，当时他的民族思想，主要还是出于一种直率的情感流露。这个道理一直要等到章太炎成人之后，他才有了精湛的了解，并且将其发扬光大，超越了他的前辈王船山、顾炎武诸人。稍长，章太炎读了蒋良骥的《东华录》、全祖望的《鲒埼亭集》、王船山的《黄书》以及《明季稗史》（十七种）等著作，那里面所讲的全是“排满”及保卫汉种的话。通过这些著作，章太炎得知

---

①　顾炎武：《素夷狄行乎夷狄》，《日知录》卷之六阙文，其文乃是秦克诚点校之《日知录集释》中的文正义所作《校读后记》所附，见《日知录集释》，第1271—1272页。

戴名世、曾静、查嗣庭等人的案件以及扬州、嘉定及郑成功与台湾之事，“便就胸中发愤，觉得异种乱华，是我们心中第一恨事”①，民族思想愈益发达起来。但在当时，他的民族思想仍然是停留在感情上，还没有什么学理作为支撑。到了甲午以后，“略看东西各国的书籍，才有学理收拾进来”②。通过对于东西各国学术的研究，章太炎的民族思想，由朦胧的感情断片，走向了理性的自觉，并且渐渐地臻于成熟。由此，在甲午之后，章太炎也有意识地走上了进行系统的学理建构的学术之途。

章太炎从青少年时代起，即喜博览群籍，养成了好学深思的读书习惯，他不但对于中国传统的经籍有着极深的研究，而且，还非常注意汲取异域的知识。甲午之后，章太炎根据他所了解的近代西方人类学及社会学等学科方面的知识，获知人类是从距今约五十万年至二十万年前才在地球上出现的③。人类出现之前，地球上经历了生物界迭相演变的过程：“赭石赤铜著乎山，莙藻浮乎江湖，鱼浮乎薮泽，果然玃狙攀援乎大陵之麓，求明昭苏而渐为生人。”④他认为人类是从无机物→低等植物→低等动物→高等动物，经过漫长演化历程渐渐演化而来的。人类产生之初，亟有杂淆，本无什么差异，但在其漫长的历史演化过程中，却渐渐地出现了分化。“燥湿沧热之异而理色变，牝牡接构之异而颅骨变，社会阶级之异而风教变，号令契约之

---

① 请参阅章太炎《狱中答新闻报》及《东京留学生欢迎会演说辞》诸文，《章太炎政论选集》(上)。

② 章太炎：《东京留学生欢迎会演说辞》，《章太炎政论选集》(上)。

③ 章太炎：《序种姓上》，《訄书》(重订本)。

④ 章太炎：《原人》，《訄书》(初刻本)。

异而语言变。”①在早期的人类生活中，散处于各地的人类各种群，由于其所处的自然环境的差异，以及其所行之婚姻习惯、风教语言的不一，产生了分化，渐渐地出现了一个个有着殊异性质的不同的种族。他根据西人巴尔科的分类，认为：“凡地球之上，人种五，其色黄、白、黑、赤、流黄……其小别六十有三。”②人类的这些众多种群，散处在世界各地，由于它们“画地州处，风教语言不能相通”③，于是，便走上了各自的独特的发展道路，从而也使其所具有的差异愈来愈大。

关于人种的起源，在学术界存在着“单中心论”与“多中心论”的分野，章太炎通过自己的研究，倾向于赞同人种起源的“多中心论”，其云：

> 同度同质之地，并时可生同格之物……断无偏菀于少数之区，偏枯于多数之区，而多数之区，其物乃藉少数之区输入者也。……言洮汰者无可更矣，而必谓人种一原，至推之动植海藻初生，亦惟一本，渐以曼衍，遂至蕃植。夫以地球广袤，太古海水，犹多于陆，何余水皆不能生藻，而独此一勺之水能生藻也？……若谓同处大陆，热度相均，如欧、亚、澳、美，皆有直于温带之地，何故甲方有人，乙、丙、丁方无人，而必待甲方之分布也？是知人种一原之说，未可执泥。④

章太炎在人种起源上，虽然不赞成“人种一原之说”，倾向于赞成人种起源的“多中心论”，但是，他并不像十九世纪欧洲的资产阶级学者那样，以这种人种起源的多元学说为其反动的“种族优劣论”张目。他

①②③　章太炎：《序种姓上》，《訄书》（重订本）。
④　章太炎：《章太炎诗文选注》（上），第134—135页。

认为："人之始，皆一尺之鳞也。"[1]在章太炎看来，人类在其种族起源上本无什么优劣之分，只是由于其所处自然环境的差异，及其所处自然环境的相互隔绝，造成了各个种族演化速度的不一，这样才出现了文明的位差。文明位差的出现，是各个种族文明历史演化的结果，并不是受自于其始祖的生物性遗传。并且，文明位差的出现，在欧、美、亚各洲情形相似，并非是欧洲白种的文明要绝对地高于其他各洲，并非欧洲的白种是文明的优等民族，而其他各洲则是劣等的野蛮民族，而是在欧、美、亚各洲同样地存在着文明种族与野蛮种族。章太炎说道：

> 自大瀛海以内外，为滭洲者五。……如欧美者，则越海而皆为中国，其与吾华夏黄白之异，而皆为有德慧术知之氓。……彼其地非无戎狄也，处冰海者，则有哀斯基穆人；烬瑞西、普鲁士而有之者，则尝有北狄；俶扰希腊及于雅典者，则尝有黑拉古利夷族。夫孰谓大地神皋之无戎狄？……戎狄之生，欧美亚一也。[2]

在此，章太炎虽然继续援用了传统的"中国""戎狄"这样的文化概念，来界定文明种族与野蛮种族，但如果我们避开这些表面符号，而直窥其思想的内在精神则可知，章太炎的民族思想，不但不同于十九世纪欧洲资产阶级学者的"种族优劣论"，也不同于中国传统的像王船山、顾炎武等人的"华夏中心论"（这两种看法均是以"我族"为中心来俯视其余各族，浸透着严重的"我族中心主义"的偏见）。章太炎虽然对于文明种族颇致赞美，对于野蛮种族颇致微辞，但在他看来，由于各个种族的差别，并非是出自于其始祖的生物性遗传，而是由其所处自

①② 章太炎：《原人》，《訄书》（重订书）。

然环境等因素的不同，在其历史演化的过程中自然地形成的，所以，人类各种族就其种类的存在来说，便无所谓高下优劣之分，它们应一律都是平等的。并且，与各个种族相附丽的文化，其差异的出现，也是由于其所处自然环境不同等因素的作用，在历史演化中自然地形成的，所以，各个种族尽管有着文明与野蛮之别，但作为文化的存在，它们也应是平等的，并无高下优劣之分。章太炎的这一论断，实际上已经克服了文化上的“我族中心主义”的偏见。章太炎的思想，与中国传统的持“华夏中心主义”的像王船山、顾炎武等人的种族思想相比，已经不可同日而语；它与十九世纪欧洲资产阶级学者所执持的“欧洲文化中心论”所导致的“种族优劣论”相较，也显得要理性得多。通过对于人类及人类种族由来问题的追寻，章太炎不但实现了对于他少年时代朦胧种族意识的超越，也使他的民族思想由萌芽状态走向了成熟，这也标志着他的民族思想由情感的冲动走向了理性的自觉。

2. 民族平等思想与反帝意识的交互激荡

章太炎通过其艰辛的理性探寻，获得了散处生活在世界各地的各个种族作为种类及文化的存在均是平等的结论，由于“民族”不过是“种族”的扩大与延伸，这样，在章太炎的思想逻辑里，就自然地会形成“民族平等”思想。从这一“民族平等”思想出发，章太炎便特别强调“秩民兽”与“辨部族”，竭力反对异族的统治。

与“中国”“戎狄”相对应的文化概念是“民”和“兽”。章太炎称文明的“中国”为“民”，野蛮的“戎狄”为“兽”。“秩民兽”的意思，即是要反对野蛮的“戎狄”对文明的“中国”的统治。就亚洲来说，章太炎认为中国（主要是指汉族）、日本、朝鲜的文明程度较高，属于文明种族。

其次,“印度、卫藏与西域三十六国,皆犹有顺理之性”,“与震旦比,犹艾之于蒿,犹橘之于枳”,虽然文明程度稍逊,但也大致可以划归文明种族。“其他大幕之南北蒙古厄鲁特之窟,袤延数万里,犬种曰狄;……东北绝辽水,至乎挹娄,豸种曰貉;瓯越以东,滇、交趾以南,内及荆楚之深山,蛇种曰蛮、闽;河湟之间,驱牛羊而食,湩酪而饮,旃罽而处者,羊种曰羌。……是数族者,在亚细亚洲则谓之戎狄,其化皆晚,其性皆犷,虽合九共之辩有口者,而不能予之华夏之名也。”①这五个“戎狄”种族,皆居住在中国之内。其中处于南中国的蛮、闽,由于“宅五帝之子姓矣,其民有世系,其风俗同九州”,因此,它同处于北方的狄、貉、羌等种族,有着根本的区别,可视为同族。而处于北中国的狄、貉、羌等种族,章太炎则将其视之为异族。在这三个异族之中,羌种“自回鹘之入”,已经变得“陵迟衰微”了,只有狄、貉二种,“尝盗有冀州,或割其半,而卒有居三鬲六鈛以临禹之域者”②。这些野蛮的异族,虽然曾经统治过“中国”,但章太炎却将其“统治”视之为一种极不合理的事情。他认为:“异族者,虽传铜瑁至于万亿世,而不得抚有其民。”③面对着这种不合理的异族统治,章太炎发出了激烈的种族革命呼声:“兴复旧物,虽耕夫红女将与有责焉!异国之不忍,安忍异种?异教之不偶俱,奚偶俱无教之狼鹿?”④这种思想,落实到现实的政治斗争之中去,章太炎便自然地会得出“排满”(章太炎将满族视之为出自貉种的异族)、推翻清王朝的结论。晚清之世,章太炎曾经以提倡“排满革命”而获得很高声誉,但他之提出“排满”主张,由上看来,实也是由他的民族思想所导致的必然的逻辑结论,并不是像有

①②③④　章太炎:《原人》,《訄书》(初刻本)。

的学者所说的那样，是出自于大汉族主义心灵的自然流露，更不是出自于对满族抱有仇视心理的种族偏见。章太炎之主张“排满”，目的是为了光复旧物，驱逐异族，归复汉族的统治，他并不是像邹容所宣说的那样要“杀尽五百万有奇披毛戴角之满洲种”。所以，章太炎在晚清之世喜用“光复”一词，而不太喜用“革命”一词，其故即在于此。等到清王朝被推翻之后，“排满”大业便告完成，但章太炎民族思想的深远含义，却并没有随之而消失。在其晚年，他仍然以一名民族主义大师的形象退而讲学，出而与政，继续活跃在中国的政治、文化舞台上，其故亦即在此。

对于野蛮的“戎狄”统治文明的“中国”，章太炎采取了坚决拒斥的态度，那么，对于一个文明的“中国”统治另外一个文明的“中国”，章太炎是否就承认了其统治的合理性呢？曰：否，否！根据其“民族平等”思想，章太炎对于一个文明的“中国”统治另外一个文明的“中国”的做法，也同样地采取了坚决拒斥的态度，这即是他“辨部族”思想的主要意旨。或曰：“必绌亚洲之戎狄，而褒进欧美，使欧美之人，入而握吾之玺，则震旦将降心厌志以事之乎？”①发出这种诘问，自然也有其现实的根基，它反映了一部分中国的文化分子在中国文化受挫之后民族自信心的失落。他们认为：“均之异族，宁事欧洲，不事清，以其政法犹调整故。”②对此谬论，章太炎曾经给予过坚决的驳斥，他认为：

是何言也？其贵同，其部族不同。观于《黄书》，知吾民之皆

① 章太炎：《原人》，《訄书》（初刻本）。
② 章太炎：《别录甲》，《訄书》（重订本）。

出于轩辕，余以姜姓之民族上及烈山与任宿之风自苍牙，则谓之皆出于葛天可也。海宇苍生，皆葛天之胄；广轮万里，皆葛天之宅。以葛天之宅，而使他人制之，是则祭寝庙者亡其大宗，而以异族为主后也，安论其戎狄与贵种哉？①

又云：

且所谓攘除异族者，为同种自主也，政法固次之。均之异族，则政法昏明何择？②

章太炎的这两段言论，无异于是在向全世界宣言："中国者，乃中国人之中国也。"在他看来，无论是野蛮的"戎狄"，还是文明的"中国"，皆无统治他族的资格，各个民族不仅是"平等"的，而且也是"自立"的，这是天经地义的事，各个民族均有其合法的生存空间与生存方式，他族无丝毫干预的权力，这即是章太炎"秩民兽、辨部族"思想的最精湛的含义。

余秩乎民兽，辨乎部族……一切以种类为断，是以综核人之形名，则是非昭乎天地。③

章太炎提出的"以种类为断"的新思路，不过是在为人类各个种族之间的相处确立一个"是非"的标准，从而为人类各个民族的生存与相处建立一个合理的、和平的秩序。

章太炎的这一充满"平等"与"自立"精神的民族思想，我们还可以通过他的明确的"反帝"思想，得到更加深刻的认识。章太炎曾经将欧美各主要国家视之为文明的"中国"，对欧美诸国所取得的文明

①③ 章太炎：《原人》，《訄书》（重订本）。

② 章太炎：《别录甲》，《訄书》（重订本）。

成就，给予了充分的肯定，但对于欧美各国恃其文明利器以强凌弱，对世界弱小民族大肆侵略，推行“帝国主义”政策的做法，则给予了激烈的批评。章太炎曾经说道：

> 至于帝国主义，则寝食不忘者，常在劫杀，虽磨牙吮血，赤地千里，而以为义所当然。……综观今世所谓文明之国，其屠杀异洲异色种人，盖有甚于桀、纣，桀、纣惟一人，而今则公吏民以为之，桀纣无美名，而今则借学术以文之。①

欧美各国对全世界推行的“帝国主义”扩张政策，给世界各弱小民族的生存带来了巨大的灾难，如始创自由平等之说的法国，却给予其殖民地越南人民以最不自由平等的待遇，章太炎曾经指出：

> 今法人之于越南，生则有税，死则有税，乞食有税，清厕有税，毁谤者杀，越境者杀，集会者杀，……其酷虐为旷古所未有。②

由此，章太炎将法国这一所谓的文明之国称之为“食人之国”。③面对着这些所谓文明民族对于世界弱小民族的凌暴，章太炎极为愤慨，并由此提出“排强种”的主张，④对世界弱小民族的命运则寄予了无限深厚的同情。

> 呜呼！印度、缅甸灭于英，越南灭于法，辨慧善良之种，扫地尽矣！⑤

这种沉痛哀号与其故国命运的关情紧密地结合在一起，乃使章太炎发一大愿心：

---

①②③⑤ 章太炎：《五无论》，《太炎文录初编·别录》卷三。

④ 章太炎：《复仇是非论》，《太炎文录初编·别录》卷一。

吾曹所执，非封于汉族而已，其他之弱民族，有被征服于他之强民族，而盗窃其政柄，奴虏其人民者，苟有余力，必当一匡而恢复之。①

章太炎之发出这种宏愿，也并非仅仅是停留在口头上，在流亡日本期间，他即利用各种机会广结亚洲各国革命志士。当时流亡在日本的印度国大党成员钵逻罕与保什二人，即在这一期间与章太炎结下了深厚友谊。章太炎曾与钵逻罕、保什二人相约：

他日，吾二族扶将而起，在使百姓得职，无以蹂躏他国相杀毁伤为事，使帝国主义之群盗，厚自惭悔，亦宽假其属地赤黑诸族，一切以等夷相视，是吾二国先觉之责已。②

主张各民族“一切以等夷相视”，这就昭然地揭出了他的民族平等思想。非但如此，章太炎在流亡日本期间，还联络亚洲各国志士在日本成立了一个反帝组织——“亚洲和亲会”，并亲自手定《亚洲和亲会约章》，其内容主要有以下几项：

建亚洲和亲会以反对帝国主义，而自保其邦族，他日攘斥异种，森然自举，东南群辅，势若束芦，集庶姓之宗盟，修阔绝之旧好……一切亚洲民族，有抱独立主义者，愿步玉趾，共结誓盟。

………………

一、亚洲各国，或为外人侵食之鱼肉，或为异族支配之佣奴，其陵夷悲惨已甚，故本会义务，当以互相扶助，使各得独立自由为旨。

---

① 章太炎：《五无论》，《太炎文录初编・别录》卷三。

② 章太炎：《送印度钵逻罕、保什二君序》，《太炎文录初编・别录》卷二。

二、亚洲各国，若一国有革命事，余国同会者应互相协助，不论直接间接，总以功能所及为限。

三、凡会员均须捐弃前嫌，不时通信，互相爱睦，期于感情益厚，相知益深，各尽其心，共襄会务，且各当视为一己义务，以引导能助本会及表同情者使之入会，并以能力所及，建设分会于世界各地。①

透过这份《约章》，我们可以看出，章太炎之所以要组织"亚洲和亲会"，其目的正在于"反对帝国主义"，实现民族的"独立自由"与平等，其反帝思想与其民族独立、民族平等思想，实有着一体相连的关系。在这份《约章》里，章太炎希望与会的亚洲各国志士，互相帮助，通过掀起反帝斗争获得民族的自由与独立，并且还希望使其倡导的"民族独立"与"民族平等"思想普行于全世界。

通过章太炎的"民族独立"与"民族平等"思想，反观当时中国所处的境地，则在他的思想里，便隐然地形成了当时的中国无异于面临着双重"帝国主义"压迫的图景，也即欧美"帝国主义"与满族"帝国主义"双重压迫的图景。关于欧美"帝国主义"的压迫，这已成为尽人皆知的事实，无待多论；将满族对丁中国的统治，也视之为一种"帝国主义"，则颇滋异议。章太炎将满族视为"异族"，曾经导致他与康有为之间发生了一场激烈的论战。康有为认为：

满洲、蒙古，皆吾同种，何从别而异之？其辫发衣服之不同，犹泰伯断发纹身耳。且中国经晋时氐、羌、鲜卑入主中夏，及魏文帝改九十六大姓，其子孙遍布中土，多以千亿。……又大江以

① 汤志钧：《章太炎年谱长篇》（上），第243页。

> 南，五溪蛮及骆越闽广，皆中夏之人，与诸蛮相杂，今无可辨。当时中国民数，仅二三千万计，今四万万人中，各种几半姓同中土，孰能辨其为夷裔夏裔乎？①

康氏并引《史记·匈奴列传》为据，认为满族“上系淳维，出自禹后”，由此，他认为满族与汉族同出一本，不得将之视为“异族”。康有为以中国历史上民族融合的事实为其理论依据，将满族当作同族来看待。但章太炎却认为：“夫满洲种族，是曰东胡，西方谓之通古斯种，固与匈奴殊类。虽以匈奴言之，彼既大去华夏，永滞不毛，言语政教，饮食居处，一切自异于域内，犹得谓之同种耶？”②满族虽然也“尊事孔子，奉行儒术”，但章太炎认为那只不过是满族统治者“不得已而为之”，是出于“便其南面之术、愚民之智”的一种政治权谋。③由此，章太炎认为，不能因为满族接受了汉族的文化，就将其视为同族。除了“文化”之外，章太炎还特别强调了“血统”与民族的密切关系。如他曾经说道：“同一种族者，虽非铢两衡校于血统之间，而必以多数之同一血统为主体。”④在章太炎看来，血统、文化、民族构成了一脉相连的三位一体的关系。以此来衡校满族，章太炎便决然将其打入“异族”的行列。并且，章太炎还运用其精博的历史知识，考证了汉族与满族的由来⑤，为其“满族异族说”建立坚实的历史基础。由于章太炎将满族看成是“异族”，所以，在他看来，满族之入主中国，即意味着中国的“亡国”。他曾经说道：“毁我室者，宁待欧美？”“支那之亡，既二百四

① 康有为：《答南北美洲诸华商论中国只可行立宪不可行革命书》，《康有为政论集》（上）。

②③ 章太炎：《驳康有为论革命书》，《章太炎政论选集》（上）。

④ 章太炎：《中华民国解》，《太炎文录初编·别录》卷一。

⑤ 请参阅章太炎：《中华民国解》与《清建国别记》。

十二年矣！”[①]既然满族是“异族”，那么，它之对于汉族的统治与欧美之对于中国的统治，在章太炎看来本质上便无二致，两者都是一种“帝国主义”，不具备统治的合理性。因此，要“反帝”，除了要反对欧美帝国主义之外，当然也要“排满”。如果“满洲之汗，大去宛平，以适黄龙之府，则固当与日本、暹罗同视，种人顺化，归斯受之而已。”[②]章太炎主张只要满族统治者让出政权，让汉人独立，回到自己的东北老家，则汉人照样可以同它建立起平等的民族关系，就像对待日本与泰国那样。在白人与满人这两大“帝国主义”之间，章太炎认为尤以“排满”为亟要。其云：

> 言种族革命，则满人为巨敌，而欧美少轻，以异族之攘吾政府者，在彼不在此也。若就政治社会计之，则西人之祸吾族，其烈千万倍于满洲。……然以利害相校，则革命军不得不姑示宽容，无使清人、白人协以谋我。[③]

将“排满”放在第一重要的位置来看待，由上看来，主要是出于一种策略上的考虑，这也是他“反帝”思想的一个重要表现。将满族视为“异族”而摈之不遗余力，在理论上同康有为相较，未必要高明多少。这两种不同的民族学说以及对于满族的不同看法，反映了晚清之世中国政治与文化转型过程中所面临的复杂态势。然而，章氏从历史出发而致的这一反帝“排满”思想，在当时的影响却不可估量。时人在评论章太炎时，曾经这样说道：

> 章太炎，中国近代之大文豪，而亦革命家之巨子也，正气不

---

① 章太炎：《中夏亡国二百四十二年纪念会书》，《太炎文录初编·文录》卷二。
② 章太炎：《中华民国解》，《太炎文录初编·别录》卷一。
③ 章太炎：《革命军约法问答》，《章太炎政论选集》(上)。

灭，发为国光，文字成功日，全球革命潮……祖国有今日，文豪之力也。[①]

晚清之际，章太炎所发表的“排满革命”文字，大大地推动了二十世纪初中国革命风潮的鼓荡，并且，由于章太炎在当时是“排满革命论”的最有力的鼓吹者，加之“苏报案”主角的政治影响，使赢得了“中国玛志尼”的称誉。[②]章太炎将满族视之为“异族”，亟欲“起征胡之铙吹，扬大汉之天声”[③]，这种主张是否有当，暂且不论，但这一主张的提出，是章太炎“反帝”思想逻辑发展的一个直接结果，彻底地贯彻了他的民族平等思想，则是不容置疑的。

关于他的“反帝”思想，我们还可以从他有关汉人与苗人关系的论述之中，得到一个清晰而有力的注释。晚清之世，“中国人种西来说”颇为盛行，[④]这一观点认为，夏族（汉族的前身）是从西亚的两河流域或帕米尔高原迁徙来的，宅居在中国国土上的土著民族本为“三

① 《欢迎鼓吹革命之文豪》，《章太炎年谱长编》(上)，第261页。

② 按：1903年“苏报案”发生之后，章太炎与邹容被逮入狱，柳亚子在《复报》第三号上发表《冬日有怀太炎威丹》诗二首，其一云：“祖国沉沦三百载，忍看民族日仳离。悲歌叱咤风云起，此是中国玛志尼。”其二云：“泣麟悲凤佯狂客，搏虎屠龙革命军。大好头颅抛不得，神州残局岂忘君。”〔见《章太炎年谱长编》(上)，第181页。〕此即道出了时人对于章太炎民族主义大师地位的首肯与尊崇之情。

③ 章太炎：《民报一周年纪念会祝辞》，《章太炎政论选集》(上)。

④ 按：“中国人种西来说”，首创于法国汉学家拉克伯里(1844—1894)所著的《支那太古文明西源论》一书，在该书中，拉克伯里认为汉族来自两河流域的巴比伦。其后，日人白河次郎与国府种德在其合著的《支那文明史》一书中，伸张其说，对中国学术界产生了巨大影响。这一观点，从晚清至民国时期，在中国的学术界曾经流行了相当长的一段时间，当时国内有很多著名学者均奉行其说，其代表人物有刘师培、黄节、蒋智由、丁谦、郭沫若等。可参阅刘师培的《中国民族志》(收入《刘申叔遗书》)、蒋智由的《中国人种考》、丁谦的《穆天子传地理今释》《中国人种从来考》(丁氏著作笔者未见，关于丁氏之说，可参阅吕思勉先生的《中国民族史》第二章“汉族”及柳诒徵先生的《中国文化史》第一编第一章“中国人种之起源”)以及郭沫若的《甲骨文字研究》等书。

苗”(苗族的祖先),夏族东来之后,在其首领黄帝的率领之下,与“三苗”(其首领为蚩尤)在阪泉之野经过一场大战,“三苗”战败,被驱逐到今天的长江流域及其以南地区,“左洞庭、右彭蠡”,繁衍不息而形成今天的苗族。章太炎在一段时间内,也曾步趋时尚,主张夏族是从两河流域的巴比伦迁徙来的,他奉加尔特亚为宗国,认为古巴比伦王萨尔宫即是神农,福巴夫即伏羲,尼科黄特即黄帝。①他曾经这样说道:

> 自黄帝入中国,与土著君长蚩尤,战于阪泉,夷其宗。少昊氏衰,九黎乱德,颛顼定之。当尧时,三苗不庭,遏绝其世,窜之三危,其遗种尚在。三苗之国,左洞庭,右彭蠡,不修德义,外内相间,下挠其民,民无所附,夏禹伐之,三苗以亡。自是俚、繇诸族,分保荆、粤至今。②

章太炎的这一观点与他的“反帝”思想发生了深刻矛盾,因为,如果宅居在中国土地上的土著民族本为“三苗”,夏族东来之后将其驱逐,掩其地而有之,那么,根据他的“反帝”学说,则毫无疑问地可以说,夏族是对“三苗”采取了“帝国主义”的政策,从“三苗”的立场来说,则夏族当也在必摈之列,这就为其反对派提供了借口,他们曾经这样诘问章太炎道:

> 东胡之族自宁古塔来,盗我汉族所固有,则汉族欲排之,宁思汉族未至以前此中国者,非苗族所垦辟耶?诸夏之族自帕米尔高原来,盗苗族所固有,而苗族曷尝不思排之。汉人排满为正义,彼苗人之排汉者,亦独非正义欤?③

---

①② 章太炎:《序种姓上》,《訄书》(重订本)。

③ 章太炎:《复仇是非论》,《太炎文录初编·别录》卷一。

这一挑战是有力的。盖章太炎自己也认识到了他的这一主张给自己的学说带来了麻烦，所以，他便对自己的旧说进行修正，否认了苗族为中国土著民族的提法。他修正后的观点认为，汉、苗两族同来自于西方，并且，汉族是先于苗族来到东土。“假令苗族先来此土，而汉族从后侵略之，苗人视汉人诚在当排之数。……若汉族先来此土更千百年，苗人随而东下以盗我田庐，窃我息壤，汉族复从后攘除之，是则汉族之驱苗族为光复也，非侵略也。”①这样，他“反帝”学说中所绽开的裂口便被弥平了。其后，章太炎还对他的观点作了进一步的修正，彻底地否定了拉克伯里的“中国人种西来说”。下面笔者谨抄摘他的一段演说辞，以资参证。其云：

> 法国人有句话，说中国人种原是从巴比伦来，又说中国地方，本来都是苗人，后来被汉人驱逐了。以前我也颇信这句话，近来细细考证，晓得实在不然。封禅七十二君，或者不纯是中国地方的土著人，巴比伦人或者也有几个，因为《穆天子传》里面谈的，颇有几分相近，但说中国人个个是从巴比伦来，到底不然。……到底中国人种的来源，远不过印度、新疆，近就是西藏、青海，未必到巴比伦地方。至于现在的苗人，并不是古来的三苗，现在的黎人，并不是古来的九黎。三苗、九黎也不是一类，三苗在南，所以左洞庭、右彭蠡，九黎在北，所以《尚书》《诗经》都还说有个黎侯，黎侯就在山西。……三苗是缙云氏的子孙（汉朝郑康成说的），也与苗子全不相干。近来的苗人、黎人，汉朝称为西南夷。苗字本来写作髳字，黎字本来写作俚字，所以从汉朝到唐初，只有髳、俚

① 章太炎：《排满平议》，《太炎文录初编·别录》卷一。

的名，从无苗、黎的名，后来人强去附会《尚书》，就成苗、黎。别国人本来不晓得中国的历史，听中国人随便讲讲，就当认真，中国人自己讲错了，由别国去一翻，倒反信为确据，你说不笑死了么？①

在其晚年，章太炎更作有《西南属夷小记》一文，在这篇考证文章里，章太炎对于中国人种的起源，以及夏族形成的历史，提出了一个更为新颖的见解，他认为：

中国人种本起秦岭以南陇西、蜀、滇之边，比于北者本西羌之种，比于南者本髳濮之种，合种而为夏人。②

这一新解的提出，不但可以杜其论敌之口，而且，也使他关于中国人种起源的学说，更加趋于完美。为什么章太炎当时对于中国民族史的研究情有独，在其一生中，从青年到老年，一直对中国人种的起源及夏族形成的历史耿耿于怀，花费大量精力对之进行探索，并且还不断地修订自己的看法？他的观点正确与否，我们暂且撇开不谈，可以确定的是，章太炎之所以要如此不厌其烦地致力于探索中国人种的由来，以及追寻夏族形成的历史，其一个最重要的原因，无非是要向世人表明：汉族本宅斯土，是生活在中国这块土地上的合法主人。因此，汉族之统治这块其生活于斯的土地，当然也就成了天经地义的事。并且，章太炎还想要让世人明白：汉族之生活于这块土地之上，乃是汉种在其自身的演化过程中历史地形成的，并不是对于他族实行“帝国主义”政策，通过攘夺他族土地而致的结果。通过章太炎对

① 章太炎：《论教育的根本要从自国自心发出来》，《章太炎政论选集》(上)。
② 章太炎：《西南属夷小记》，《太炎文录续编》卷六之下。

于汉、苗两族关系的论述，我们也可以确证，他不但有着深固不摇的“反帝”思想，而且还有着根深蒂固的民族平等思想，这一点是无可怀疑的。

3. 致力于民族“血统”与“文化”的绵延

章太炎的“民族独立”与“民族平等”思想，与他之倾向于赞成人种起源的“多中心论”观点，默相契合。散处于世界各地的众多民族，作为空间的存在既然是平等的，那么，任何一个民族便无权去统治另外一个民族，否则，在章太炎看来便是流入于“帝国主义”之途。前曾说过，章太炎对于民族问题的看法，是将民族与血统、文化联结起来统一加以思考的，散处于世界各地的众多民族之间的差异，章太炎认为不但是表现为“血统”的差异，更为重要的则是表现为“文化”的差异。在章太炎看来，“血统”与“文化”是一个民族所以区别于其他民族的重要表征，如果“血统”与“文化”中断了，则意味着一个民族的灭亡。由于民族是一个与血统、文化紧密相联、不可分割的存在，由于民族是平等的，这样，作为文化的存在，各民族也应该是平等的，任何一个民族都无权将自己的文化强加于另外一个民族，否则便是流入于文化的“帝国主义”，各个民族虽有着文、野之别，但作为文化的存在，它们也均是平等的，并无高下轩轾之分。章太炎曾经说道：

> 夫言一种族者，虽非铢两衡校于血统之间，而必以多数之同一血统者为主体。何者？文化相同，自同一血统而起。于此复有殊族之民，受我抚治，乃得转移而翕受之。若两血统立于对峙之地者，虽欲同化莫由。①

① 章太炎：《中华民国解》，《太炎文录初编·别录》卷一。

章太炎的这段话包含着多层而深刻的含义，如果我们不明白他关于种族、民族、国家三者之间关系的看法，则他这段话的意思，恐将难以得到正确理解，因此，在阐释章太炎这段话的含义之前，让我们先来看看章太炎关于种族、民族、国家三者之间关系的论述。

章太炎对于“民族”的界定，是持着“历史民族”的观点。他认为在“民族”形成之前，世界各地散处着众多的“种群”。其云：

> 太古生民，近者二十万岁，亟有杂淆，则民种羯羠不均。古者民知渔猎，其次牧畜，逐水草而无封畛。重以部族战争，更相俘虏，羼处互效，各失其本。①

散处于世界各地的各个种群，最初并无一定的居住区域，并且，由于各个种群之间的经常性战争等因素的作用，出现了种群混杂的局面，所以，要确切地知道某一种族的原始由来，是非常困难的。由此，章太炎认为：

> 故今之种同者，古或异；种异者，古或同。要以有史为限断，则谓之历史民族，非其本始然也。②

章太炎之所以要将“民族”的形成断自于“历史民族”，由上可以看出，主要是因为人类的早期历史，茫昧难稽，难以确实指证之故。在“历史民族”形成之后，不但各个民族有了固定的居住区域，也使各个民族之间相互区分开来，民族的存在形态也开始走向定型化。这一“历史民族”，虽然是由众多的种群混杂而产生的，但在民族存在形态走向定型化之后，由于它们生活在同一区域之内，生活在同一文化之中，渐渐混同难分，所以，章太炎便将他们视之为同一种族。因之，他

---

①② 章太炎：《序种姓上》，《訄书》（重订本）。

所谓的“种族”，便被淹没在“民族”这一概念之中。由此，在章太炎的思想逻辑里，“种族”与“民族”二者，在概念上便有着相互替代的等值价值。

“群之大者，在建国家、辨种族。”①章太炎认为，伴随着“民族”的形成，将是更大规模的政治共同体“国家”的出现。综观国家形成与发展的历史，我们知道，世界各地国家组成的形态是颇不一致的，有的是以单一民族建国，有的则是合多民族建国，在国家的存在形态上，存在着“单一民族国家”与“多民族国家”的区别。章太炎从其民族平等思想出发，在国家的存在形态上倾向于赞同建立“单一民族国家”，在晚清之世，他在政治上所企慕追求的，便是要为未来中国建立一个独立的新的“皇汉民族国家”。他曾经这样说道：“汉人以一民族组织一国家，平等自由，相与为乐，虽曰主义狭隘，然以自私为乐，亦未尝非一义也。”②面对着当时中国国内的众多民族若满、蒙、回、藏等，章太炎则主张“任其去来”，听其自立，可以让它们各自建立一个独立的民族国家，等到它们各自独立以后，中国可与之建立一个“神圣同盟”，如果它们不愿意脱离中国，则必须要接受汉族文化的同化，而后方可与汉族获得同等地位。③人们往往称章太炎的这种主张为“大汉族主义”，表面上看去，在章太炎的思想里确实存在着“大汉族主义”的嫌疑，然而，如果我们能够平心而论，勿为其愤激的表面言辞所遮蔽的话，则我们可以发现，章太炎这一思想意旨的提出，实际上仍然贯穿了他的“民族平等”思想，他仍然是将“民族自立”与“民族平

① 章太炎：《哀焚书》，《訄书》（重订本）。

②③ 章太炎：《中华民国解》，《太炎文录初编·别录》卷一。

等”的宗旨放在首要的地位来考虑，因此，将他的这一思想意旨称之为“大汉族主义”，未必符合他的原意。章太炎曾经考察过西方诸国的民族建国历史，认为：“意大利纠合余烬，而建王国；德意志纠合群辟，而为连邦；此同民族之求合也。爱尔兰之于英伦，匈牙利之于奥大利，亟欲脱离，有荷戟入榛之象，此异民族之求分也。”①由此，他得出结论道：“民族主义之见于国家者，自十九世纪以来，遗风留响，所被远矣，撮其大旨，数国同民族者则求合，一国异民族者则求分。”②根据这一认识，章太炎主张建立一个“单一民族国家”，这样，在他那里，“民族”与“国家”这两个概念，便也获得了可以互换的等值价值。由此，我们可以得出如下结论，即：章太炎所说的种族、民族、国家这三个概念，虽然其各自所含蕴的内涵有异，但它们所囊括的政治共同体的范围却是同一的，并且，这三个概念，在章太炎那儿还可以互换使用。章太炎曾经为他所努力追求的未来新国家定一名称，手定“中华民国”这一国号，并作《中华民国解》，以阐其意。在这篇洋洋大作里，他曾经这样说道：

> 华本国名，非汉族之号。……正言种族，宜就夏称。……下逮刘季，抚有九共，与匈奴、西域相徙倚，声教无暨，复受汉族之称。……是故华云、夏云、汉云，随举一义，互摄三义，建汉名以为族，而邦国之义斯在，建华名以为国，而种族之义亦在，此中华民国之所以谥。③

种族、民族、国家可以互摄、互换，在章太炎的这一对于“中华民国”国

①② 章太炎：《〈社会通诠〉商兑》，《太炎文录初编·别录》卷二。
③ 章太炎：《中华民国解》，《太炎文录初编·别录》卷一。

号的阐释里，已经淋漓尽致地表达出来了。

回过头来，我们再来看看前面章太炎所说的那段文字的含义，就比较清楚了，它至少包含着四层含义：第一，一民族主要是由具有同一血统的人组成的；第二，一民族的文化“自同一血统”而起，也即是说，一民族应只有一种文化存在形态；第三，以同一血统、同一文化为主体而构成的民族共同体，在别的民族的人民进入本民族之后，应以“同化”为目的；第四，两个拥有不同血统、文化的种族，不能共存于一个民族共同体之中。由此也可以看出，章太炎实是将“血统”与“文化”看成民族共同体赖以存在的最根本基础。同样的思想，也反映在章太炎的下面一段文字里，其云：

> 今夫血气之类，唯人能合群，群之大者，在建国家、辨种族，其条例所示，曰言语、风俗、历史，三者丧一，其萌不植。①

由上，关于章太炎的民族思想，我们可以简要图示如下：

既然“血统”与“文化”是一个民族共同体所赖以存在的最根本基础，那么，要维持民族共同体的生存，在章太炎看来，首要的便是要维护民族的“血统”与“文化”的绵延。由此思想逻辑推演开去，章太炎对

① 章太炎：《哀焚书》，《訄书》(重订本)。

于汉民族的血缘始祖及人文始祖的追寻，便显得至为关切。

当时，在中国的思想界还存在着激烈的“纪年”之争，即所谓的“孔子纪年”与“黄帝纪年”之争。主张“孔子纪年”的，主要是康、梁师弟；主张“黄帝纪年”的，则主要是民党中的刘师培、黄节诸人，他们也是晚清国粹派的中坚人物。康有为有感于基督教对于西方社会的影响，主张建孔教为国教，仿照西方的“基督纪年”，在中国实行“孔子纪年”，其思维模式仍然表现出明显的欧化倾向。用“黄帝纪年”，首先为刘师培提出。刘师培在其所著的《攘书·胡史篇》中，首先公开地主张“宜仿西国纪年之例，以黄帝降生为纪年”①。后又作《黄帝纪年说》一文，以阐其意。其云：

> 凡一民族不得不溯其起原，为吾四百兆汉种之鼻祖者谁乎？是为黄帝轩辕氏。是则黄帝者，乃制造文明之第一人，而开四千年之化者也。故欲继黄帝之业，当自用黄帝降生为纪年起。②

又云：

> 由古迄今，凡汉族之主中国者，孰非黄帝之苗裔乎？……故当汉族不绝如缕之秋，欲保汉种之生存，必以尊黄帝为急。黄帝者，汉族之黄帝也，以之纪年，可以发汉民族之感觉。③

刘师培将黄帝看成是汉族的血缘与人文始祖，主张以“黄帝纪年”对抗康有为的“孔子纪年”，也是志在以“黄帝”这一象征性的符号，作为汉民族的凝结剂，昭苏隐藏于汉民族心灵深处的民族意识。黄节在作《黄史》时主张“以黄帝统”④，其意也即在此。章太炎对于康有为

---

① 刘师培：《刘申叔遗书》(上)，第635页。

②③ 刘师培：《刘申叔遗书》(下)，第1662页。

④ 黄节：《黄史·总叙》，《国粹学报》第一期。

建孔教为国教的主张，早在戊戌时期即明确地表示过反对，为此，他还与康氏门徒在《时务报》馆里发生过激烈的冲突，并且，终章太炎一生，此旨皆未有变，所以，对于康氏提出的“孔子纪年”主张，章太炎自然不会赞同。但他也不赞成刘师培的“黄帝纪年说”。在康有为的“孔子纪年说”与刘师培的“黄帝纪年说”之外，章太炎提出“共和纪年说”①，主张以公元前841年西周时期的周召共和元年，作为中国的纪年之始，这显示了章太炎所具有的浓厚的历史主义的思维程式对于他在这一问题上所发生的影响。盖在章太炎看来，因为“黄帝”降生的确切年代茫昧难稽，而周召共和元年则是中国历史有确切纪年的开始，所以，以“共和元年”作为中国历史的纪年之始，不但使中国历史有着明确的纪年依据，而且，它同时也可以起到凝聚民族心理的作用。②尽管这样，章太炎在其主编的同盟会机关报《民报》里，则一直采用刘师培所主张的“黄帝纪年”，所以，其弟子钱玄同认为：“黄帝纪

① 见刘师培《黄帝纪年说》一文钱玄同附记，《刘申叔遗书》(下)，第1663页。按：早在戊戌时期，维新派康有为、梁启超及樊锥等即主张“用孔子纪年”(参阅苏舆《翼教丛编·序》、叶德辉《正界篇·自序》及樊锥《开诚篇三》，分别收入《翼教丛编》与《樊锥集》)，1900年，章太炎在其所写的《客帝匡谬》与《分镇匡谬》二文中，则开始使用“共和纪年”〔见《訄书》(重订本)“前录”以及汤志钧编的《章太炎年谱长编》(上)第111页〕，此当为近代中国有关“纪年”之争的滥觞。

② 按：1906年12月13日，章太炎在给弟子钱玄同的信中即云：“中国纪元之说，仆唯取共和为是。非直慕其美名，以年表于此造端，始有甲子可推也。近人多喜远推黄帝，既有显扬祖德之美，故仆亦不加辩难。其实黄帝至今，年历修短，人人异说，而又绝无证据。”(马勇：《章太炎书信集》，第99页。)此可见章太炎当时持论之一般。1910年，钱玄同在《教育今语杂志》第1期上发表《共和纪年说》一文，基于同样的理由，也主张采用“共和纪年”。钱玄同在该文中这样说道：“我以为不必用人来纪，只要从有史以后的的确确有年可考的那一年纪起，就是顶可信顶有证据顶公平的法子了，所以现在要用这共和来纪年。……中国的纪年，除了用共和之外，是别无他法的。”(见《钱玄同文集》第二卷，第320—322页。)

年者，实建国以前民党正式应用之纪年。”[①]“黄帝纪年”之所以会成为民国成立以前“民党正式应用之纪年”，虽然与同盟会的重要领袖宋教仁的坚持有关，当然亦与章太炎这一《民报》主编的态度存在着密切的关系。如果没有章太炎的支持，“黄帝纪年”要想成为“建国以前民党正式应用之纪年”，也是不可想象的事。在对于汉族血缘与人文始祖的追寻上，章太炎则奉少典（黄帝之父）或者葛天为汉族的始祖，[②]似也未给予黄帝以特别尊崇的地位。然而，在章太炎的笔下，黄帝仍然被奉为汉族入主中国的始祖领袖而受到表彰。[③]主张用“共和纪年”，追寻汉族的血缘与人文始祖，其目的也不过是为了为种族的生存提供强大的凝聚力。章太炎的用心与刘师培、黄节诸人相较，实无二致，在此问题上，他基本上也是与刘师培、黄节诸人循着同一理路。在追寻民族的血缘始祖与人文始祖以为民族建立象征性符号的同时，最重要的当然还是要保证做到维护民族“血统”与“文化”的绵延。

怎样才能保证做到维护民族“血统”的绵延呢？章太炎认为在于修谱牒，作氏族志。他认为只要谱牒不坠，姓氏可辨，则“血统”永远绵延不绝，民族不会灭亡。章太炎主张“氏族作志，非以品定清浊，乃以区分种类”[④]，他将“氏族志”当作甄别种类血统的重要工具。在章太炎之前，中国有着甚为发达的史书修纂传统，但在历代公私修纂的

① 见刘师培《黄帝纪年说》一文之后的钱玄同附记，《刘申叔遗书》（下），第1663页。

② 章太炎：《原人》，《訄书》（初刻本·重订本）

③ 按：由于当时章太炎尚信奉拉克伯里的“中国人种西来说”，认为夏族（汉族的前身）本宅居西土，古巴比伦王萨尔宫即是夏人的首领神农，后由黄帝率其族人东来，始宅居中土，由此，章太炎便将黄帝看成是汉族入主中国的始祖领袖。

④ 章太炎：《尊史》，《訄书》（重订本）。

浩繁史籍中，姓氏谱牒及氏族志却显得非常缺乏。中国第一部记载姓氏的著作是《世本》，但这部著作仅记录了少数的“帝系”，很不完整。“自《世本》以后，晋有贾弼《姓氏簿状》，梁有王僧儒《百家谱》，在唐《元和姓纂》，宋而《姓氏书辨证》，皆整具有期验。”①顾炎武曾经有感于东胡之乱华，发愤欲作《姓氏书》，他所草拟的该书条目为：姓本第一，封国第二，氏别第三，秦汉以来姓氏合并第四，代北姓第五，辽金元姓第六，杂改姓第七，无征第八。然终未能就。章太炎对于以上诸姓氏谱牒，均给予了很高的评价。一向被称为秽史的《魏书》（魏收撰），因其中载有《官氏》，虽然它记载的是北方诸少数民族的姓氏，但也受到了章太炎的高度赞扬。章太炎对于传统史籍中姓氏谱牒的缺失深感遗憾，希望“后来作者，有述斯篇，其以补迁、固之阙遗焉”②。并主张国家应该设立专门的“谱官”，来修纂“氏族志”。关于修姓氏谱牒，当时还存在着一种极端的意见，主张“欲举晋衰以来夷汉之种姓，一切疏通分北之，使无干渎”③。章太炎认为：“界域泰严，则视听变异，而战斗之心生。”所以，对此主张，他不表赞同。④在他看来，只要本民族血统的主流不变，即使有其他少数民族的血统羼杂进来，也无伤大体。因为在他看来，“婚至七世，故胡之血液，百二十八而遗其一”⑤，时间既久，其他羼杂进来的少数民族血液，就会完全被同化在本民族的血液里，不会改变本民族血统的性质，更不会妨碍本民族血统的延续。因此，他主张：“自有书契，以《世本》《尧典》为断，庶方驳

① 章太炎：《序种姓上》，《訄书》（重订本）。
② 章太炎：《尊史》，《訄书》（重订本）。
③④ 章太炎：《辨氏》，《訄书》（初刻本）附《訄书补佚》。
⑤ 章太炎：《序种姓下》，《訄书》（重订本）。

姓，悉为一宗。……自尔有归化者，因其类例，并包兼容。”他还以继承顾炎武的未竟事业为职志，以《世本》为宗，“旁摭六艺故言，而志姓谱”，共考得中国最古老的姓氏五十二姓。①

怎样才能保证做到维护民族“文化”的延续呢？章太炎认为在于保国学、存国性，只要国学不坠、国性不失、则文化不灭，民族不亡。“国学”，他有时又表述为“国粹”“古学”“历史”。他认为“国学”乃“国性”之所寄，维系着民族与国家的存亡。他曾经说道：“夫国无论文野，要能守其国性，则可以不殆。”②又说：“国粹沦亡，国于何有？”③为了保“国学”于一线，章太炎一生不但勤奋著述，向国人阐述传统文化的微言大义，并且还颇注重于授徒讲学，冀延国学之命脉。在流亡日本期间，章太炎即曾利用从事革命工作的余暇，开“国学讲习会”于其东京寓所，鲁迅即是在这个时候去听他的讲学，与他结下了深厚的师生情谊。在其晚年，他则更在苏州开设“章氏国学讲习会”，培养了一大批成绩赫奕的国学大师。章太炎曾经指出：“俄罗斯灭波兰而灭其语言，突厥灭罗马而变其风俗。”④这些侵略民族在征服别的民族的时候，之所以兼及其语言、风俗，目的即是要让这些被征服民族沦入万劫不复的境地。所以，章太炎之致力于保存“国学”，目的也正在于借此绍述民族文化的大统。他之授徒讲学，也是以此为宗旨。他的大弟子黄侃，在论及章太炎讲学宗旨时曾经说道：“其授人国学也，以谓国不幸衰亡，学术不绝，民犹有观感，庶几收硕果之效，有复阳之

---

① 章太炎：《序种姓上》，《訄书》（重订本）。

② 章太炎：《救学弊论》，《太炎文录续编》卷一。

③ 章太炎：《华国月刊发刊词》，《章太炎政论选集》（下）。

④ 章太炎：《哀焚书》，《訄书》（重订本）。

望。”①因此，章太炎认为：

环球诸邦，兴灭无常，其能屹立数千载而永存者，必有特异之学术，足以发扬其种姓。②

又云：

吾闻处竞争之世，徒恃国学，不足以立国矣，而吾未闻国学不兴而国能自立者也。吾闻有国亡而国学不亡者矣，而吾未闻国学先亡而国仍立者也。故今日国学之无人兴起，即将影响国家之存灭，是不亦视前世为尤岌岌乎？③

“国学”关系到民族、国家的存亡，作为一代国学大师的章太炎，在清末民初之世急急乎保国学于不暇，但他并没有将“国学”仅仅停留在“保存”的水平上，而是要“官其财物”，“使支那闳硕壮美之学”，“恢明而光大之”。他之主张保存“国学”，目的是在于从中国古老而深厚的文化传统中，开掘出新的民族文化的生命，这与墨守旧章的复古主义者提倡保存“国学”的用意，显然是迥然有别的。章太炎曾经把他所从事的这一伟大而神圣的事业，与意大利的“文艺复兴”相提并论，其云：

近观罗马陨祀，国人复求上世文学数百年，然后意大利兴。诸夏覆亦三百岁，自顾炎武、王夫之、全祖望、戴望、孙诒让之伦，先后述作，讫于余，然后得返旧物。④

又云：

① 黄侃：《太炎先生事记》，《章太炎年谱长编》（上），第295页。

② 章太炎：《刊行教育今语杂志之缘起》，《章太炎年谱长编》（上），第321页。

③ 章太炎：《国学讲学会序》，《民报》，第7号。

④ 章太炎：《易论》，《检论》。

> 彼意大利之中兴，且以文学复古为之先导，汉学亦然，其于种类固有益无损。①

“返旧物”，是为了存民族文化之大统，并为民族文化新命的再造打下基础，从而使中国能够获致像意大利那样的“文艺（化）”的“复兴”，这应该是章太炎这一思想的最为深切的意旨。

通过上面的论述可知，章太炎是以绍述民族文化的大统自任的，对此，他甚至系民族文化的命运于己之一身，有着非常强烈的历史使命感。然而，他之汲汲乎不暇绍述民族文化之大统，是否仅仅将其局限在儒家的道统之上呢？回答是否定的。章太炎曾经说过：“儒术之衰，将不能保其种族，悲夫！……我齐州之土，自水精制法，七十子后学，羸粮奔走，任师道于四方，浸寻二千年，虽词章帖括，绝流为害，然其彰较磊落者，犹无偭错，蜂镝不行，而民知所向，大哉其入人心也！”②他对传统“儒术”在中国历史上所起的重要作用，给予了高度的肯定，对于孔子本人，他也保有着高度的敬意，称孔子为“保民开化”的宗师。③但是，他认为仅仅墨守儒家的道统，已经不能够挽救中国文化于不坠了，由此，章太炎便没有以继承儒家的道统自命，他的目光所及，乃是投向了整个中国文化的传统，其范围是极其恢廓的。在他建构他的学说思想的体系时，也并不是以继承儒家的道统为职志，而是恢弘八极，上下古今，远鉴宙合，存雄独照，思路极为开阔。

因为章太炎认为民族的“文化”与民族的生命，有着一体相连的血脉关系，所以，他对于斩断民族文化传统的欧化主张，自然地要持

① 章太炎：《革命之道德》，《章太炎政论选集》（上）。

② 章太炎：《论学会有大益于黄人亟宜保护》，《章太炎政论选集》（上）。

③ 章太炎：《驳建立孔教议》，《章太炎政论选集》（下）。

着激烈批评的态度。他认为："歆慕远西，堕其国性，与啖人以罂粟膏，醉人以哥罗方，无以异矣。"①他在拒斥传统主义者固守传统文化不变的文化主张的同时，对于欧化主义者所确立的重构社会文化秩序的欧化取向，也一体地加以拒斥了。章太炎实是在传统主义与欧化主义这两大社会文化思潮之外，另辟蹊径，开辟了一条新的重构社会文化秩序的方向，即主张在继承中国文化传统内在精神的基础之上，进行中国文化新命的再造，这与当时以"国粹派"为中坚的民族主义者重构社会文化秩序的主张，是颇为相似的。究竟说来，章太炎与以"国粹派"为中坚的民族主义者在社会文化秩序重构的方向上，尽管仍然相互歧出，然而，由于两者在思想上存在着这一惊人的相似之处，所以，当时的"国粹派"仍然奉章太炎为其思想的灵魂。章太炎这一新的重构社会文化秩序的思想意旨的提出，也是其民族平等思想所致的必然的逻辑结论，因为，在他看来，民族作为种类的存在是平等的，而文化又是民族共同体所赖以存在的最根本基础，所以，作为文化的存在，各民族当然也应是一律平等的，既然这样，那么，各个民族在进行社会文化秩序的重建时，就应该根据本民族文化传统所业已开出的文化演化方向，进行继长增高，在保留本民族文化特性的基础之上，对本民族的文化传统进行适时的变更。由此看来，章太炎进行社会文化秩序重构的理论取向，实际上是注重了文化的"民族性"这一重要的文化基本属性，并且，他之对于文化，实际上是持着一种"多元"的看法，这与他之倾向于赞同人种起源的"多中心论"的思想，也是完全相吻合的。

---

① 章太炎：《救学弊论》，《太炎文录续编》卷一。

二、历史主义的演化史观

1. 从“变易”史观到“俱分进化”思想的演变

中国传统学术的一个重要特征是“究天人之际”，其思维方式往往是由“天道”而及“人道”，章太炎也深受这一思维模式的影响。他曾说过：“道本无常，与世变易。”①“变易”史观也可谓是他思想的重要内容之一。章太炎“变易”史观的形成，不仅与中国传统天人学说的思维模式存在着密切的关系，而且还与他青少年时代对于西学知识的汲引存在着密切的关系。在其青少年时代，根据他所接触到的西学知识，章太炎得知地球及宇宙天体的形成乃是物理自然变化的结果，并无什么神秘之可言。关于地球的生成，《淮南子·天文训》有云：“清阳者薄靡而为天，重浊者凝滞而为地。清妙之合专易，重浊之凝竭难，故天先成而地后定。”对于《淮南子》这一“天先成而地后定”的宇宙生成观，章太炎不仅表示赞同，而且，他还根据他所掌握的西学知识，对于地球形成的原因，作了较为详尽的解释。其云：

> 盖地本火球，屡次迸裂，乃成今之形体。……地球屡次迸裂，颠倒错乱，地面者下沉，地下者上奋。……其次则为新泥，由雨水冲磐石，消磨而出。……水时降化此诸类，能令诸类之气，由植物之根本上升。……三磐石二新泥既备，世宙乃成。……地球每迸裂一次，即更为一世，每更一世，即有一世之草木。其初世之草木，尽变煤炭于地中；次世之草木，则备大禽大兽之所食；三世之草木，则备众禽众兽之所食；渐及今世，则蔬菜、瓜果、

---

① 章太炎：《齐物论释定本》，第75页。

> 树木、花草，无一不备。是所谓天先成而地后定也。①

由此可知，今天我们人类居住的地球，所以成为这个样子，地球上土、石、矿、植、禽兽的生成，本来并无什么神秘之可言，不过是地球屡次迸裂、自然变化的结果罢了。章太炎还称引侯失勒的《谈天》及赫士的《天文揭要》，对于地球万物生成变化的动力作了详尽阐释。其云：

> 侯失勒《谈天》云：地面诸物，无日之光与热，则不能生动，气非热则永静而不能成风，雷电亦由热气所感动，翕铁力北，晓皆由热气所发也。植物资水土，动物食植物，亦互相食，然无太阳之热则俱不生。草木成煤以资火化，海水化气，凝为雨露，为泉泽江河，皆热力也。因热力，诸原质之变化生焉，以成新物。……据此，是化物多者，诚莫日若，而其化由于热力也。……《天文揭要》云：潮汐因海面受月摄力有大小之不同而生……月能生潮，则由江入海、由海入江之泥沙，日积月累，久则两面压力不均，亦必能涌火山。且咸水淡水之泥沙，彼此时相羼杂，涸后土物必变，是月所化物亦多矣，而其故，则在摄力而不在热力也。②

由于"太阳热力"及"月球摄力"的作用，地球上的万物处于永不停息的运动变化状态。不仅地球上的万物如此，地球本身乃至整个宇宙天体也莫不如此。章太炎云："日月众星，自然浮生虚空之中，其行其止，皆须气焉。……夫大钧播物，各气相摄，月摄于地，地摄于日，日复摄于列宿，其所以鼓之舞之旋之折之者，其用大矣。"③又云："圆球

---

① 章太炎：《天先成而地后定》，《膏兰室札记》四一六。

② 章太炎：《化物多者莫多于日月》，《膏兰室札记》四二九。

③ 章太炎：《视天论》，《章太炎政论选集》(上)。

则无不动也。"[1]由此,章太炎自然会得出运动变化乃是一切自然现象之常态的结论。

在《庄子·至乐》一文中,有所谓的"青宁生程,程生马,马生人,人又反入于机。万物皆出于机,皆入于机"之说,向来索解乏人,章太炎则根据其所掌握的近代自然知识,结合其所擅长的传统的考据学,对之作了如下的阐释,其云:

> 司马云青宁虫名,而未言其为何虫,余谓此即微生物。以海水一滴,用显微镜窥之,有活物二万六千五百是也。《说文》云:程,品也,十发为程,十程为分。是程者,微分所积,有度可量,人目所能见,不藉于镜矣。微生物积而为可度之物,是谓青宁生程。程生马者,《逍遥游》野马,司马云春月泽中游气也,崔云天地间气如野马驰也。此即空气,空气即風,風字从虫,因空气中有虫也。可度之微物,积而为空气,则《逍遥游》所云野马也,尘埃也,生物之以息相吹也。……生人者,人非空气不生也,人之炭气复归于空气,人之骸肉复反归于微生物,故曰人又反入于机。[2]

章太炎认为,我们人类作为自然界的一个存在种类,也不过是自然界在其运动变化过程中长期演化的产物,也并无什么神秘之可言。章太炎在其青年时代(约在 1891—1892 年间,章太炎 23 岁左右)即形成的这种对于宇宙天体以及人类产生的历史的看法,显然是受到了西方进化论学说的影响,但这却是在严译《天演论》远未出版之前(严

① 章太炎:《视天论》,《章太炎政论选集》(上)。
② 章太炎:《青宁生程程生马马生人说》,《膏兰室札记》四一四。

译《天演论》出版于1898年)，这也说明，青年时代的章太炎，不仅有着强烈的汲取异域知识的欲望，而且还有着敏锐的思想触角。既然“变化”乃是“天道”之常，由“天道”而及“人道”，则“人道”之变化当亦为其常态。从人类产生的历史来看，章太炎认为，人类是由地球上生物界迭相演变而渐渐地形成的。然而，“变至于人，遂止不变乎?”①他认为人类不仅是自然界运动变化的产物，人类产生之后，仍然继续处在永不停息的运动变化状态，人类在其漫长的历史演化过程中，不仅其“形体”在变，而且，由其所创造的“文化”，也处在永续不断的变化之中。从人类的“形体”来看，章太炎认为，“冰期之世，非茸毛不足与寒气格战，至于今，则须发为无用，凑理之上，遂无短毳矣”;②从人类创造的“工具”来看，章太炎认为:“轩辕、神农、赫胥之时，以石为兵，断树木为宫室，死而龙藏;黄帝之时，以玉为兵，以伐树木，为宫室凿地，死而龙藏;禹穴之时，以铜为兵，以凿伊阙，决江导河，东注于东海，天下通平，治为宫室;当今之时，作铁兵，为龙渊、泰阿、工布麾之，至于猛兽欧瞻，江水折扬，晋、郑之头毕白。”③这段《越绝书》上的记载，章太炎也深信不疑。人类所使用的“工具”，经历了由石器→玉器→铜器→铁器的演化过程，除了“玉兵”无征之外，章太炎认为，其他的均由考古发掘证实了。

> 天地之道，日中而还，月盈而匡，田鼠之上腾，或为飞鴽，积灰废炭之在原野，或足以生蝇蚋，盛衰文野之限，固无有一成而不可变者。④

---

①②③ 章太炎:《原变》,《訄书》(初刻本)。

④ 章太炎:《论黄种之将来》,《章太炎年谱长编》(上),第89页。

循着这一传统的由“天道”而及“人道”的思维程式，通过对于宇宙天体及人类产生、演化历史的追寻，章太炎便确立了牢固的“变易”史观。也正是由于这一“变易”史观的作用，章太炎一开始涉身于剧烈变动的近代中国社会时，便投入到伟大的轰轰烈烈的维新运动之中去，并利用这一理论利器为维新运动摇旗呐喊，成了一位著名的维新理论的宣传家。

晚清之世，以严译《天演论》为媒介，西方资产阶级的“进化论”学说，曾经风靡于中国的思想界。这一理论认为，“世道必进，后胜于今”，将人类社会历史看成为一个进步发展的过程。当时作为维新派思想领袖的康有为，还将这一理论同传统公羊学派的“三统说”“三世说”相结合，创立了著名的“三世进化论”思想体系。康有为从其“三世进化”思想出发，将人类社会看成是一个井然相序、不能躐等的从据乱→升平（小康）→太平（大同）三个级次层累发展的历史演化过程。后起的革命派，虽然不赞同康有为不能躐等的机械的“三世进化”学说，但他们对于“人类社会的历史是朝着进步发展方向演化的”，与康有为等维新派人士则抱有着同样坚定不移的信念，因此，他们在致力于改造中国社会时，与维新派所取的途径虽然有异，但在价值取向上则并无差别，两者可谓殊途而同归，这是因为两者皆是“进化论”信徒的缘故。这一广为流行于近代中国的“进化论”学说的一个最重要的宗旨，即是认为人类社会的历史是朝着“进步”的方向发展变化的，人类社会历史的演化是由“野蛮”走向“文明”，最终则要进化到一个醇善尽美的理想境界；而散处于世界各地的人类文明之所以会出现差异，则主要是由“时间”的因素造成的，是由于它们处在不同的历史发展阶段所致。这一理论，对于人类社会历史的发展，持着一种单线直进的“一元主义”的观点，并将之当作放之四海而皆准的真理，是世界各个民族发展所必要遵循的共同规律，此也即康有为所说的“人道进化，皆有定位……验之万国，莫不同风”①。由这一理论来观照中国社会，这些进化论者便认为，当时的中国处在君主专制之世，而欧美诸国则已进化至君主立宪（或民主共和）之世，中国之所以落后于欧美，是由于在两者之间存在着“时间”的缺口，这一“时间”的缺口如果被弭平了，则中国也可获致像欧美那样的文明强盛。正是由于这一单线直进的“一元主义”的进化理论的支撑，无论是维新派（后为保皇派、立宪派），还是革命派，都理直气壮地将欧美文明视之为进行中国社会改进的参照系，在重建中国的社会文化新秩序时，则毫不犹豫地确立了欧化的取向，并将致力于推进中国社会文化的“进步”当作自己的最伟大的事业追求。毋庸讳言，章太炎也曾经受到过这一“进化”思想的影响，“进化”一词他也非常喜欢使用，也常常见之于他的笔端。由前文可以看出，章太炎之接受西方“进化论”学说的影响，可以一直追溯到他的青少年时代。章太炎在其青少年时代由“天道”以阐释“人道”的思维程式，也明显地与这一“进化论”学说存在着一定的关系。但章太炎在接受西方的“进化论”学说影响的同时，对于将人类文明看成是“一元”的单线发展的看法则颇致疑问，更不赞同将世界各个民族文明之间产生的差异，简单地归结为是由“时间”的位差所造成的。更为重要的是，他对追求“进步”也持着摒斥的态度。他曾经公然地说道：“望进化者，其迷与求神仙无异。”②由上

① 康有为：《论语注》卷二，第38页。

② 章太炎：《五无论》，《太炎文录初编・别录》卷三。

面所论的章太炎在青少年时代即形成的"变易"史观，我们可以看出，他与进化论者一样均是将人类社会的历史看成是运动变化的，但是，人类社会的历史是怎样地进行运动变化的呢？在这一点上，章太炎与他的保皇派论敌及他的革命派同志分道扬镳了。

章太炎认为，人类社会的历史并非仅仅只是朝着"进步"的方向单线发展变化的，而是存在着明显的"进化"与"退化"并存的事实。他认为人类社会虽然有着从野蛮走向文明的演化事实，但即使是文明的民族，如果"迫之使入于幽谷，夭阏天明，令其官骸不得用其智力者，亦萎废而为豦蜼"①。举例来说，章太炎认为，今天遍布于南洋的"马留"人，本为"天汉之士卒"（按：《新唐书》卷二百二十二下《南蛮下》"环王传"云："又有西屠夷，盖援还留不去者，才十户，隋末孳衍至三百，皆姓马，俗以其寓，故号'马留人'，与林邑分唐南境。"章太炎云："今马留遍植南洋，孳乳固广，而彼土故种，亦沿其称号也。"），但在他们留居南洋以后，已经变得"颜色苍黑"、"思虑不徇通"，出现退化。②又如"自亚洲之域，中国、日本、卫藏、印度有猿，其他不产，澳洲无猿，亦无反噍之兽"。章太炎认为："其无者，化为野人矣，其有者，庸知非放流之族，梼杌、穷奇之余裔，宅岫窟以御离魅者，从而变其形也。"③他将亚洲的"猿"，看成是可能在激烈的种族斗争之中失败，从而遭到流放的种族渐渐地退化而形成的。

> 吾尝谓文明之民，其初生蕃也，一旦皆为台隶，浸被逼遁逃入山，食异而血气改，衣异而形仪殊，则未有不反其故。④

①②③　章太炎：《原变》，《訄书》（初刻本）。

④　章太炎：《菌说》，《章太炎政论选集》（上）。

将“猿”的存在看成是人类退化、“反其故”而形成的，这一看法是非常荒诞的，但透过章太炎这一非常荒诞的看法，我们却可以窥见，在章太炎的思想里实有着“进化”与“退化”并存的理念。从这一理念出发，章太炎在戊戌时期投身到伟大的维新运动之中去时，便不像康有为那样要“尽革旧俗，一意维新”①，对于社会文化秩序的变革采取激进主义的立场，而是主张“是时为帝”。他认为“化有进退，时有险易，其世不同者，其法未可以一也”②。由此，他对于中国社会文化进行变革的思路，与以康有为为首的维新派主流便截然有异，他不以刻意求新为职志，而是主张对于固有的文化存在格局作适时的、合理的变动与更新，“随俗雅化”，“积渐行之”。如果说康有为追求的是文化的“进化”的话，那么，章太炎追求的毋宁可以称之为文化的“合理化”（关于“合理化”问题的理论阐释，详见本节后半部分）。即章太炎主张根据本民族历史演化的自身逻辑，参之以时代的需要，对传统文化进行适时的更新，以建立一个“合理化”的更加富有活力的新的社会文化秩序。由此，他对于康有为式的“尽革旧俗，一意维新”的激进主义的社会文化变革主张，便给予了激烈的批评，谥之为“猝暴”，称之为“妄人”。③

1906年，章太炎发表了著名的《俱分进化论》一文，在这篇洋洋大作里，章太炎运用其精博的佛学知识，进一步地阐释了他关于人类社会的历史是“进化”与“退化”并存的思想，使他的这一主张在理论上

---

① 《中国近代史资料丛刊·戊戌变法》(二)，第194页。

② 章太炎：《藩镇论》，《章太炎政论选集》(上)。

③ 关于章、康二人戊戌时期变法思想的歧异，请参阅拙文《戊戌时期康有为、章太炎变法思想的异趋》，载《福建师范大学学报》(哲学社会科学版)1998年第3期。

更加趋向于体系化与完善化。在这篇论文里，章太炎首先考察了“进化论”学说形成的历史，他认为：

> 近世言进化论者，盖昉于海格尔（今译黑格尔——笔者）氏，虽无进化之明文，而所谓世界之发展，即理性之发展者，进化之说，已蘖芽于其间矣。达尔文、斯宾塞尔（今译斯宾塞——笔者）辈应用其说，一举生物现象为征，一举社会现象为征。如彼所执，终局目的，必达于尽善醇美之区，而进化论始成。①

黑格尔、斯宾塞的这种单线直进的“社会进化论”思想，即是清末民初风靡于中国思想界的“进化论”思想的理论初祖。章太炎通过对于西学知识的广泛汲引，不但知道了这一单线直进的“进化论”学说的理论内涵，而且还弄清了有关这一进化思想的反对者的主张。其云：“当海格尔始倡‘发展论’时，索宾霍尔（今译叔本华——笔者）已与相抗，以世界之成立，由于意欲盲动，而知识为之仆隶。盲动者，不识道途，惟以求乐为目的，追求无已，如捷足者之逐日月，乐不可得，而苦反因以愈多。”在斯宾塞等人认为人类的终极“必达于尽美醇善之区”时，赫胥黎即已持着相反的观点，认为：“世运日迁，生齿日繁，一切有情，皆依食住，所以给其欲求者，既有不足，则相争相杀，必不可已。”并且，赫胥黎还“沾沾焉以贫乏失职为忧，而痛心于彗星之不能拂地，以扫万物而剿绝之。”在黑格尔倡导“发展论”时，叔本华也已持着相反的悲观论调。对于黑格尔、斯宾塞诸人关于人类社会的终极，可以达到一个“尽善醇美之区”的乐观的进化思想，显然，赫胥黎、叔本华

① 章太炎：《俱分进化论》，《太炎文录初编·别录》卷二。凡本节下面引文之未注明出处者，均见该文。

皆给予了断然否定的回答。相反，他们对于人类社会历史的发展，实持着一种浓厚的悲观主义的看法。对于以上两种“进化论”思想，章太炎则更加倾向于赞同叔本华、赫胥黎的“进化”主张，而对黑格尔、斯宾塞等人的“进化”主张则深致诘难，并受叔本华、赫胥黎思想的启发，章太炎创立了自己的“俱分进化”学说。章太炎认为：

> 若云进化终极，必能达于尽美醇善之区，则随举一事，无不可以反唇相稽。……进化之所以为进化者，非由一方直进，而必由双方并进。

可以看出，章太炎的这一人类社会历史是“双方并进”的“俱分进化”思想的提出，在理论形态上显然受之于叔本华、赫胥黎诸人思想的深刻影响，但其戊戌时期形成的与康有为单线直进的“三世进化”学说有别的“进化”与“退化”并存的理念，则是其思想转换的重要基础。人类社会历史的演化，为什么不是“单线直进”而是“俱分进化”的呢？关于此，章太炎不仅从人类社会历史演化的事实，而且还运用其所掌握的华妙的佛学义理，在理论上对之作了深刻的探讨，其探讨的重点，则又主要集中在“道德”“生计”与“智识”三个领域。

从“道德”角度来说，人类社会历史的演化是“善恶并进”。章太炎认为：与其他生物界相较，“他物唯有小善，而人之为善稍大”。然而，“人与百兽，其恶之比，较为小乎？抑为大乎？”章太炎云：

> 虎豹以人为易与而啖食之，人亦以牛羊为易与而啖食之，牛羊之视人，必无异于人之视虎豹，是则人类之残暴，固与虎豹同尔。虎豹虽食人，犹不自残其同类，而人有自残其同类者。太古草昧之世，以争巢窟、竞水草而相杀者，盖不可计，犹以手足之能、土丸之用，相能相射而止。国家未立，社会未形，其杀伤犹不

能甚大也。既而团体成矣，浸为戈矛剑戟矣，浸为火器矣，一战而伏尸百万，喋血千里，则杀伤已甚于太古。纵令地球统一，弭兵不用，其以智谋攻取者，必尤甚于畴昔。何者？杀人以刃，固不如杀人以术，与接为构，日以心斗，则驱其同类，使至于悲愤失望而死者，其数又多于战，其心又憯于战，此固虎豹所无，而人类所独有也。

由此，章太炎认为人类与其他生物界相较，“其善为进，其恶亦为进也”。

从“生计”角度来说，人类社会历史的演化是“苦乐并进”。章太炎认为：“他物所以养欲给求者少，唯人为多，最初生物若阿米巴，若毛柰伦，期于得食而止耳，视觉、听觉、嗅觉，皆未形成，则所以取乐者少。乳哺动物愈进化矣，幼眇之音，姝丽之色，芳泽之气，至于猿狙而能乐之。其所乐者，亦几微也，一昔而得之，而不为甚乐，一昔而失之，而亦不为甚苦，故苦乐之量必小。”而人类则不然，人类不但寻求“五官之乐”，而且还乐其能够“恒久”，具有与他物界不同的“摄受之念”，于是人类不但“以形质现前为乐”，而且还追求“形质以外”之乐，如饱暖妃匹、土地钱帛、高官厚禄等，甚至还以追求“名誉”为乐。章太炎云：

此其为乐，岂他动物所敢望者？然而求此乐者，必非可以一蹴获也，将有所营画，而后获之。下者奔走喘息、面目黧黑而已，以求达其五官之欲，其苦犹未甚也。求土地者、求钱帛者、求高官厚禄者，非直奔走喘息、面目黧黑而已，非含垢忍辱则不可得。……虽求名誉者，宁或异此？……佛说诸天终时，现五衰相，其苦甚于人类。今观富贵利达之士，易箦告终，其苦必甚于贫子；贫子之死，其苦必甚于牛马；牛马之死，其苦必甚于鱼鳖；

> 下至腔肠、囊状、桑葚诸物，而死时受苦之剂量，亦愈减矣。是不亦乐之愈进者，其苦亦愈进乎？

人类社会历史的演化是“双方并进”，事物及其对立面“如影之随形，如罔两之逐影”，相随相进，难以分离。由此，章太炎认为，将人类社会的历史简单地看成是朝着一个方向单线直进，并且是朝着愈来愈完美的方向演化的，便是不可取的。如果专就一方单线直进而论的话，章太炎认为“唯言智识进化可耳”，但这种观点到他撰写《信史》(1910年)一文时，则有了很大的变化。在这篇论文里章太炎虽然承认“惟独后生智巧，贤于前民”①，但他已不承认“智识”是一往而不退的单线直进的了。他认为：“上观皇汉，智能已劣于晚周，比魏晋乃稍复；远西中世，民之齐敏，愈不逮大秦，时越千载，然后反始。”②人类的“智识”总体上来说虽是“进化”的，但章太炎认为“徒局于十世以内，以为后必愈前，亦短于视听者也”③。人类“智识”的“进化”，在他看来也是有反复的。其后，他复撰有《辨性》一文，在这篇文章里，他对“智识”是单方“进化”的观点则作了彻底的否定，认为人类的“智识”也是“智愚并进”的，④完全归复于他的“俱分进化”之旨。关于人类社会历史的演化，之所以不是“单线直进”而是“双方并进”的，章太炎除了上面所作的历史事实层面的探索之外，还以佛学唯识宗的义理为根干，对之进行了进一步的理论上的探索。

人类社会历史的演化，在“道德”上之所以表现的是“善恶并进”，其理由，章太炎认为：一在于“熏习性”，一在于“我慢心”。所谓“熏习

---

①②③　章太炎：《信史下》，《太炎文录初编·文录》卷一。

④　章太炎：《辨性下》，《国故论衡》。

性”，指的是种种善恶熏染阿赖耶识，使“本有种子”杂有各种善恶种子，从而导致“现行”的善恶并存。章太炎云：

生物本性，无善无恶，而其作用，可以为善为恶。是故，阿赖耶识，惟是无覆无记（无记者，即无善恶之谓）；其末那识，惟是有覆无记；至于意识，而始兼有善恶无记。纯无记者，名为本有种子，杂善恶者，名为始起种子。一切生物，无不从于进化之法而行，故必不能限于无记，而必有善恶种子与之杂糅。……自尔以来，以有覆故，种种善恶，渐现渐行，熏习本识，成为种子。是故，阿赖耶识亦有善恶种子伏藏其间，如清流之水杂有鱼草等物。就轮回言，善恶种子，名为羯磨业识……就生理言，善恶种子，则亦祖父遗传之业识已。种子不能有善而无恶，故现行亦不能有善而无恶。

根据佛学唯识宗的义理，由于“熏习性”之作用，使生灭世界的“本有种子”里善、恶并存，从而导致了其“现行”的善恶俱演。由此，章太炎认为：“生物之程度愈进而为善，为恶之力亦因以愈进。”“我慢心”，是由末那识执著阿赖耶识而起，由于这种末那识对于阿赖耶识“以为自我，念念不舍”的执著，章太炎认为它使人类产生了四种心，即：好真、好善、好美、好胜四心。“好善之念，惟是善性；好美之念，是无记性；好真之念，半是善性，半是无记”；然而“好胜之念”，“由于执我而起……则纯是恶性矣。”好胜之念有两种：一种是有目的的好胜，一种是无目的的好胜。章太炎认为：“凡为追求五欲、财产、权位、名誉而起竞争者，此其求胜非以胜为限界，而亦在其事、其物之可成，是为有目的之好胜；若不为追求五欲、财产、权位、名誉而起竞争者，如鸡、如蟋蟀等天性喜斗，乃至人类亦有其性，如好弈棋与角力者，不必为求赙赆，亦不必为求名誉，惟欲得胜而止，是为无目的之好胜。”因为真、善、美、胜四好，兼有善、恶、无记三性，所以，章太炎云：“其所好者，不能有善而无恶，故其所行者，亦不能有善而无恶。生物之程度愈进，而为善为恶之力，亦因以愈进。”

人类社会历史的演化，在“生计”上之所以表现的是“苦乐并进”，其理由，章太炎认为是由于苦乐的多重性，以及人类对于苦乐感受的多重性所造成的。章太炎根据佛学唯识宗的义理认为：“凡苦有三：一曰怨憎会苦，二曰求不得苦，三曰爱别离苦。”“乐”则与此相反。人类对于“苦”的感受有二：“一曰苦受。苦事现前，逼夺身心，不能暂舍，是为苦受；二曰忧受。苦事未来，豫为愁感，苦事已去，追为痛悼，是为忧受。”人类对于“乐”的感受也有二：“一曰乐受。乐事现前，瞑瞒耽溺，若忘余事，是为乐受；二曰喜受。乐事未来，豫为掉动，乐事已去，追为顾恋，是为喜受。”人类总是为了避“苦”而求“乐”，随着人类文明的演化，人类所创造的文明给人类自身的生活带来了极大的方便，这意味着“乐”在增多，但它也给人类带来了极大的烦恼与痛苦，这意味着“苦”也在增多。在章太炎看来，“世界愈进，相伤相杀之事渐少，而阴相排挤之事亦多，彼时怨憎会苦，惟在忧受，不在苦受，惟此一苦，或少减于畴昔”。然而，由于“需求日繁，供给不逮，求不得苦，较前为甚；所求既得，其乐胜前，一旦死亡，舍此他去，爱别离苦，则较前为更甚”，因而，他认为人类社会历史的演化是“苦乐相资，必不得有乐而无苦。”在善恶、苦乐之间，由于善恶并进，泛指全体，而苦乐并进，不但遍于全体，而也局于一人，因此，他认为苦乐“并进之功能”，较之善恶并进为更甚。

人类社会历史的演化，在“智识”上之所以表现的是“智愚并进”，其理由，章太炎则认为是由于“我见”与“我痴”俱生所导致的。章太炎云：“人心者如大海，两白虹婴之，我见、我痴是也。……我见者，与我痴俱生。何谓我痴？根本无明则是。以无明不自识如来藏，执阿罗耶以为我，此谓之见，不识彼，谓之痴，二者一根，苦修广同体而异其相。意识用之，由见即为智，由痴即为愚。智与愚者，非昼夜之校，而苣烛、温火之校。痴与见不相离，故愚与智亦不相离。”①又云：“见与痴固相依，其见愈长，故其痴亦愈长。”②

章太炎主要根据佛学唯识宗义理阐释的这一“俱分进化”思想，更加深刻而系统地揭示了他早期关于人类社会历史的演化是“进化”与“退化”并存的思想，且其运用佛学唯识宗的义理回环往复地进行钩玄索隐，有意地进行理论上的探讨，这也说明了，章太炎此时已经有了理性地建构自己的社会文化史观的自觉。善与恶、苦与乐、智与愚，分别为一一对应的范畴，在章太炎看来，善、乐、智的进化，必然伴随着恶、苦、愚的进化；而恶、苦、愚的进化，则又意味着善、乐、智的退化，所以，人类社会的历史是“双方并进”的。既然如此，那么，“进化”对于人类来说还有什么价值之可言呢？章太炎认为：“进化之实不可非，而进化之用无所取。”他一方面承认了“进化”的“事实”，但另一方面，他又觉得“进化”对于人类来说并无什么价值之可言，因此，他将追求“进化”看作与求神仙一样愚蠢可笑。在此，章太炎实际上是以“事实”与“价值”的双重标准来审视人类社会历史的演化，由此，与其我们称他的这一“进化”思想为“进化论”，还不如称之为“演化论”。英国哲学家罗素与现代自由主义大师殷海光，曾分别就“变化”与“进

①②　章太炎：《辨性下》，《国故论衡》。

步”的观念作过精辟阐述①，他们认为“变化”是一“事实”，而“进步”则属于“伦理”，两者分别属于不同的范畴。由于“变化”是一“事实”，所以，人类社会的历史是运动变化的，乃是一绝对的、不容否认的正确观念；由于“进步”是一“伦理”，它要依赖于我们人类主观的价值评判而定，所以，将人类社会的历史看成是“进步”的则颇成问题。因为，我们人类对于同样一件事情，可能会拥有多个不同的甚或完全相反的价值评判标准，在“价值”上，我们人类难以拥有一个普适的评判标准，因此，“进步”的价值只是相对的。章太炎从其由“天道”而及“人道”的“变易”史观，到其“俱分进化”思想的形成，通过其进行的艰难探索与理性认知，仅仅承认了人类社会历史“变化”的“事实”，但在“价值”上，他则持着相对主义的看法，这较之康有为式的将人类社会历史的终极，看成是“必能达于尽美醇善之区”的乐观的、绝对的、“一元主义”的单线直进的“进化论”来说，在理论认知上要显得深刻得多，它可能会更加本质地揭示了人类社会历史演化的事实。

2. “合理化”追求与对“成型”“仪型”的摒弃

既然追求“进化”（“进步”）对于人类来说，毫无价值之可言，那么，我们应该怎样来对待人类社会历史的演化呢？叔本华、赫胥黎虽见及此，但他们最后却均陷入悲观主义的泥坑之中而不可自拔，赫胥黎甚至产生了要扫除包括人类在内的宇宙万物以求解脱的极端想法。章太炎“俱分进化”思想的产生，虽然受过叔本华、赫胥黎思想的重要启发，但他对于叔本华、赫胥黎二人的悲观论调却并不表赞成。关于人类历史的演化，十八世纪法国启蒙思想家卢梭，也持着与章太

① 殷海光：《中国文化的展望》（北京版），第374页。

炎大致相似的看法，对他二人的思想作一番比较，也将是非常有趣的。卢梭对于人类社会历史的演化，也是持着“进化”与“退化”并存的看法，也不赞成乐观的单线直进的“进化论”。他在考察人类文明发展的历史时，曾经这样说道：

> 在森林里的马、猫、雄牛，甚至驴子，比在我们家里所饲养的大都有更高大的身躯，更强壮的体质，更多的精力、体力和胆量。它们一旦变成了家禽，便失去了这些优点的大半。而且可以说，我们照顾和饲养这些牲畜的一切细心，结果反而使它们趋于退化。人也是这样，在他变成社会的人和奴隶的时候，也就成为衰弱的、胆小的、卑躬屈节的人。他的安乐而萎靡的生活方式，把他的力量和勇气同时销磨殆尽。而且野蛮人和文明人之间的差异，比野兽和家禽之间的差异必然还要大一些。因为自然对人和兽虽然一视同仁，而人给自己比给他所驯养的动物安排的种种享受要多得多，这便是人的退化所以更为显著的原因。①

由此，卢梭对于人类文明的“进步”，便深致疑问，他认为：“随着科学与艺术的光芒在我们的地平线上升起，德行也就消逝了，并且，这一现象在各个时代的各个地方都可以观察到的。”②他将人类的文明比作“格洛巨斯石像”，其云：

> 正如格洛巨斯石像，由于时间、海洋和暴风雨的侵蚀，现在已经变得不象一位天神，而象一只凶残的野兽一样。人类在社会的环境中，由于继续发生的千百种原因，由于获得了无数的知

① (法)卢梭:《论人类不平等的起源和基础》,第80页。
② (法)卢梭:《论科学和艺术》,第11页。

> 识和谬见，由于身体组织上所发生的变化，由于情欲的不断激荡等等，它的灵魂已经变了质，甚至可以说灵魂的样子，早已改变到几乎不可认识的程度。我们现在再也看不到一个始终依照确定不移的本性而行动的人，再也看不到他的创造曾经赋予他的那种崇高而庄严的淳朴，而所看到的只是自以为合理的情欲与处于错乱状态中的智慧的畸形对立。①

卢梭将生活在这样一个变了"质"的文明中的"人"，称之为是一种"变了质的动物"②，并公然地声称："人类是邪恶的。"③他对强壮、矫捷、赤身裸体，按照其自然本性生活在原始森林里的"自然人"极为赞赏，主张回归人类的自然状态。卢梭的这一主张，曾遭致法国另一位启蒙大师伏尔泰的讥笑与嘲讽，但他对于人类文明富有洞察力的研究，却得到了在近代工业文明困厄之下的千百万心灵的共鸣，并且，在欧洲大陆激起了一股波澜壮阔的回归自然的浪漫主义运动。章太炎曾经被时人誉之为"新中国之卢骚"④，他是否受到过卢梭这一思想的影响，我们已无可考见。他与卢梭对于人类历史演化所持的看法，虽然是极为相似的，但他却不像卢梭那样主张回归人类的"自然状态"。

---

① (法)卢梭:《论人类不平等的起源和基础》，第62—63页。

② 同上书，第79页。

③ (法)卢梭:《论科学和艺术》，第20页。

④ 按:武昌起义爆发一个月之后，章太炎从日本"回国返沪"，时革命党人的报刊《民立报》在九月二十六日(公历11月16日)刊载《欢迎鼓吹革命之文豪》"社论"，其中即云:"章太炎，中国近代之大文豪，而亦革命家之巨子也。正气不灭，发为国光，文字成功日，全球革命潮，呜呼盛矣。一国之亡，不亡于爱国男儿，文人学士之心，以发挥大义，存系统于书简，则其国必有光复之一日。故英雄可间世而有，文豪不可间世而无，留残碑于荒野，存正朔于空山，祖国得有今日，文豪之力也。今章太炎已回国返沪矣，惟望我同胞奉之为新中国之卢骚。"〔见汤志钧编《章太炎年谱长编》(上)，第361页。〕

因为，在章太炎看来，人类社会历史的运动变化是一绝对的事实，这是人类所无法抗拒的，人类无法逃避他本身所创造的文化而成为一个遁天之民。所以，他既不像康有为那样，对于人类社会历史的演化持一种浅薄的单线直进的乐观主义的看法，又不像叔本华、赫胥黎诸人那样，陷入悲观主义的泥坑而不能自拔，更不像卢梭那样带有浓厚悲情的复古主义之嫌。在章太炎看来，人类即使回归到“自然人”的状态，仍不能消除苦、恶，除非回归到极原始的生物像阿米巴、毛柰伦之类，或者灭绝一切“有情世间”和“器世间”，才可获得彻底的解脱（关于这一点，我们在下面讨论章太炎的“人文思想”时再详加探讨）。但人类毕竟不能逃脱天演界，空有悲情壮志是无济于事的。章太炎从人类文明价值的相对性出发，对于人类各个历史阶段文明的价值，给予了同等的地位，他既反对“以今非古”，又反对“以古非今”。人类所创造的文明，乃是与某一特定时代的某一特定种群相关联的，从根本上来说，不但各个民族的文明没有高下之分，就是各个时代的文明也没有高下之分，因此，章太炎认为，“以今非古，以古非今”或者“以异域非宗国，以宗国非异域”，都是“颠倒之见”。[①]“世道必变”是无可怀疑的，但是“后胜于今”或者“今不如昔”则大成问题。在章太炎看来，每个时代都有着自己的文化，但各个时代的文化在价值上却是平等的。由此，章太炎对于文化所具有的“时代性”这一重要的内在属性，便给予了高度的重视。不仅如此，章太炎还对处于不同时代的文化，在价值上给予了等值的地位，这也使他克服了“现代中心主义”的

① 章太炎：《齐物论释定本》（释第一章）。

文化偏见。由此,对于人类社会历史的演化,章太炎便主张“随顺进化”①,主张在把握住人类社会历史演化的时代脉搏的基础之上,进行文化的整合,以建立一个更加富有活力的新的社会文化秩序。

既然人类社会的历史是“演化”的,那么,人类社会历史的演化就会像“时间”一样,从一个时代不停地传递到另一个时代,人类社会历史的“演化”将有着它的一贯的连续性,有其内在的自身演化逻辑。由此,我们人类在创造文化时,就不能忽视“传统业力”的作用,人类创造文化的“自由意志”,将要受到“传统业力”的有效制约。

章太炎在其早期,大概是受到康有为思想的影响,也喜言“三统”与“三世”,但是,由于他与康有为为学途径的不同,所以,他对康有为将“三统”与“三世”混为一谈,持摒斥的态度。他曾经这样说道:“《公羊》三统指三代,三世指一代,三统文质迭变,如连环也,三世自乱进平,如发镞也,二者本异,妄人多混为一。”②“三统”与“三世”,是康有为“三世进化论”学说的两个理论基点,在遮拨康有为的“三世近化论”学说的时候,将其学说的两个基点拆散,无疑会动摇康有为“三世进化”学说的整个理论大厦。这也使得章太炎从康有为的思想歧出,走上了自己的独特思想历程。据其所论,“三统”是像“连环”一样层层迭扣地演进的,由此,他认为:“九变复贯,若是曰通三统。”③在强调“变”的同时,章太炎又特别地强调了人类社会历史演化的“一贯”原则。既然人类社会历史的演化有其一贯的连续性,有其自身的内在发展逻辑,那么,“尽革旧俗,一意维新”,一意规摹西方的欧化取

① 章太炎:《俱分进化论》,《太炎文录初编·别录》卷二。
② 章太炎:《尊史》,《訄书》(重订本)。
③ 章太炎:《论学会有大益于黄人亟宜保护》,《章太炎政论选集》(上)。

向，便是不可取的。因为，这一主张人为地斩断了本民族历史演化的内在逻辑，违背了本民族历史演化的“一贯”原则。从这一思想意旨出发，戊戌时期，章太炎在宣传他的维新思想时，便不绝地向国人宣说基于传统进行变法的重要意义，主张将变法大业奠定在本国历史发展的内在逻辑之上。譬如，他曾经这样说过：“昔墨子之作《经》，履端而道曰：‘故，所得而后成也’，‘小故，有之不必然，无之必不然；大故，有之必然，无之必不然’。今之国命，亦杂大小故而已。”①对“故”（即“传统”）的尊重，可谓是他思想的一个重要特色。由于这样，章太炎在进行中国社会文化秩序的重构时，便非常重视“道古”，其云：

> 使文质兴废，若画丹之与墨，若大山之与深壑，虽骤变可矣，变不斗绝，故与之莎随以道古。②

因为“变不斗绝”，所以要“道古”。“道古”，与我们前面所说的章太炎从其民族思想出发，主张“返旧物”“保国学”的思路，也是完全一致的。

章太炎关于人类社会历史的演化有着一贯连续性的看法，还奠定在其坚实的历史研究的基础之上。他通过对于中国历史的研究，认为夏、商、周三代的“文质迭变”是在相互继承的基础之上进行的，三代以后历史的演化也莫不如此。“汉因于秦，唐因于周、隋，宋因于周，因之，日以其法为金锡，而己形范之，或益而宜，或损而宜。损益曰变，因之曰不变……其傃古也，实以便新也。”③中国历朝历代的历史，莫不是在因袭前代历史的基础之上进行演化的，并使自己带上了

---

①　章太炎：《播种》，《訄书》（初刻本）。

②③　章太炎：《尊荀》，《訄书》（初刻本）。

不同于前代历史的新的色彩,"傃古"是为了"便新"。由此,我们可以说章太炎关于人类社会历史的演化,除了前面我们所说的持着"事实"与"价值"的双重标准外,还持着"变"与"因"("不变")的两面刃。正是由于这样,他一方面对于康有为式的"尽革旧俗,一意维新"的充满欧化色彩的激进主义的维新主张要反对,另一方面他对于一意"复古"的保守的变革主张也要持反对的立场。关于章太炎之反对康有为式的激进主义的变法主张,已如上说,关于后者,我们可以从他反对墨翟、李斯的变法主张里得到证明。墨翟与李斯,一"师禹誓",一"法泰皇",分别想完全归复禹夏与泰皇旧制,这种变法主张,章太炎认为它看上去好像非常"新",实际上却是"以殊瑰临民"。"其傃古也,其傃新也。其傃新也,实以害新也。"[①]这种做法,不但达不到"便新"的目的,反而还会收到"害新"的结果。由此,章太炎在建构自己进行社会文化秩序重建的学说时,便主张"随俗雅化"[②],"积渐行之"[③]。

既然人类社会历史的演化有其一贯的连续性,有其自身发展的内在逻辑,那么,我们生活在历史演进过程之中的"人",在人类社会历史的演化面前是否就完全束手无为,只能听天由命呢?章太炎的回答是否定的。人类社会的历史离不开"人"的参与,如果将"人"从其中剥离出来,那么,它便成了一具毫无内容的躯壳,因此,人类社会历史的创造与演化,自始至终都与"人"密切关联。人类之所以能够创造历史,同人类之具有"理性"还存在着密切的关系。虽然人类社

---

① 章太炎:《尊荀》,《訄书》(初刻本)。
② 章太炎:《论亚洲宜自为唇齿》,《章太炎政论选集》(上)。
③ 章太炎:《变法箴言》,《章太炎政论选集》(上)。

会历史本身有其演化的内在逻辑，但人类在其演化过程中并非仅仅是被动地接受历史演化的事实，而是能够运用其所独有的“理性”，积极地参与到历史演化的进程之中去，从而主动地去推动人类社会历史的演化。章太炎也认为，人类之所以能够创造并参与历史的演化进程，即在于人类有着“智”（即“理性”）的“自觉”。章太炎曾经认为万物皆有“智”，天地万物之所以能够运动变化，即是与其拥有“智”分不开的。如他曾经这样说道：“物之生者，有知则无勿动，是以能腾跃，若有蹄翼。”①又云：“且物之含智，非独五虫也，虽植物亦然。木石之为夔、罔两，丰水之梓，歘而为大特，非其祟也。当其萌芽，智细若童稚，未能自行，及为乔木，而智大矣。”②章太炎认为甚至连“空气全铁虽顽，亦有极微之知”③。虽然如此，但万物之“智”尚处于萌芽状态，不像人类那样有着清醒的“智”的“自觉”，它只能在天演界中倏生倏灭，或者任凭天演界的自然淘汰。它们之所以最后均受制于人类，其故也即在此。章太炎云：“夫自花刚石以来，各种递变，而至于人，则各种皆充鼎俎，以人智于各种尔。”④人类由于其“智”（“理性”）高于天地间之万物，所以能够主宰万物。并且，由于人类还能够扩充其“智”（“理性”），所以在其本身历史演化面前，人类便不会像万物那样，完全处于受动的状态，而是能够充当积极的角色，参与并推动其自身历史的演化。章太炎云：

事势之决塞，必有先后，皆出于几。自有地球三十九期以来，石刀、铜刀、铁刀之变，非由政令发征，而民靡然从之，其几迫

---

①② 章太炎：《天论》，《訄书》（初刻本）。
③④ 章太炎：《菌说》，《章太炎政论选集》（上）。

也。圣人者，因其几而导之入，故举无不起，废无不坠。[①]

人类对其历史自身演化的参与，虽然不能从根本上改变其演化的方向及其演化的客观进程，但人类通过对其自身历史客观进程的把握，“因其几而导之入”，可以起到推动历史演化的作用，从而使人类能够在其自身历史演化的进程之中，充当积极、主动的角色。

既然人类之创造历史同其具有“智”（“理性”）的自觉存在着密切的关系，那么，人类的“智”（“理性”）是如何产生的呢？章太炎认为：人类的“智”（“理性”）的产生，其一在于“先天的遗传”，其二在于“后天的学习”。根据礼根敦所著的《人与微生物争战论》一书，章太炎得知上帝造人之说为妄。他认为：“今夫生殖之始，在男曰精虫，在女曰泡蛋，泡蛋者，即胚珠也。夫妇邂逅，一滴之精，有精虫十数入，啮泡蛋而破之，以成妊娠。”[②]又云：“内有精虫，外有官骸，而人性始具。”[③]因为“人之胚珠血轮”有“智”[④]，所以，“夫妇邂逅”、“以成妊娠”之后，“智”便被遗传给了下一代“子姓”。“胎卵之成，成于牝牡之感，而子姓受之，感有交错，以成智虑。”[⑤]人类由其“先天的遗传”而获得“智”，然而，人类“智”的增长则主要靠的是“后天的学习”。章太炎认为：“性犹竹箭也，括而羽之，镞而弦之，则学也，不学，则遗传虽美，能兰然成就乎？”[⑥]他认为“后天的学习”，将会使人类的“智”不断地得到增益。但是，由于人类各种群所处的社会环境不同，因而使得人类各种群的“智”（“理性”）产生了性质上的差异，并且导致了其文化行

---

① 章太炎：《变法箴言》，《章太炎政论选集》（上）。

②③④ 章太炎：《菌说》，《章太炎政论选集》（上）。

⑤ 章太炎：《干蛊》，《訄书》（初刻本）。

⑥ 章太炎：《族制》，《訄书》（初刻本）。

为的差异。“一人之行，固以习化，而千世之性，亦以习殊。”①由此，章太炎认为：人类的“智”（“理性”），一方面受之于其生物性遗传；另一方面，它又要受之于其文化的遗传。章太炎云：“生于其洲而人偶其洲，生于其国而人偶其国，人之性然也。”②人类各各降临在不同的文化里，打他出世时起，随着其“智”的走向“自觉”，无不为其所处的文化所模铸，使他（或她）不但成为一个“生物的人”，而且还成为一个“文化的人”。可以说，人类既创造着文化，同时又被文化所创造，他（或她）本身也是文化的产物。这即是章太炎主张重视“传统”，主张在传统所给定的文化条件下进行社会文化秩序重建的原因之所在。

由上所述，我们可以获知，对于“传统”与“理性”，章太炎并没有感觉到二者之间有什么抵触之处，在章太炎那儿，毋宁可以说二者是相互统一的。在西方的理性主义的思想传统里，长期以来，一直即存在着将“传统”与“理性”对立二分的看法，将“传统”看成是“未经反思的智慧”，而“理性”所代表的则是反思及批判的能力。“这种对立所蕴含的当然是，传统主义者就是反理性的，他是不经过反思就接受前一代传下来的给予他的东西的人。如果一个人诉诸传统的话，我们就不能跟他说理。传统本身是没有理性可言的。”③但在章太炎看来，人类的“理性”（“智”）却离不开“传统”，它要受到“传统”的制约，“理性”（“智”）也是在“传统”之中蕴育、成长起来的。并且，通过上面的论述，我们也可以看出，章太炎也并没有将“传统”看成是“未经反思的智慧”，毋宁是将“传统”看成是一个由“理性”所创造的动态的过

① 章太炎：《菌说》，《章太炎政论选集》（上）。
② 章太炎：《艾如张督逃歌序》，《太炎文录初编·文录》卷二。
③ 石元康：《从中国文化到现代性：典范转移？》，第8—9页。

程,“理性”与“传统”二者在章太炎的思想里,实有着互为因果的上下文的逻辑关系。由此,我们可以获知,章太炎并非将“传统”看成是非理性的,而是将其看成是合理性的,这与西方理性主义者的将“传统”与“理性”对立二分的看法,存在着巨大的区别。将“传统”看成为具有“合理性”,这也是章太炎思想的重要特色之一。

当代美国著名的社群主义思想家麦金泰尔,在“传统”与“理性”的关系上,也持着与章太炎非常类似的看法。麦金泰尔认为,传统本身不但不是违反理性的,它本身正是理性的具体表现,一个有生命力的传统本身正是理性实现的场所。①麦金泰尔所要致力的理论创树,正是在于说明“传统的合理性”(The Rationality of Traditions)。他将一个传统的初步发展分为三个阶段,即:第一阶段是建立起相关的信仰、经典以及权威,而这个传统中的人对于这些经典、信仰及权威深信不疑。这些经典、权威及信仰构成了该传统的核心部分。第二个阶段是,在经过了一段时间后,有些问题及缝隙出现。这些问题对于这个传统而言构成一种潜在的威胁。在这个阶段中,传统中的人在想办法如何解决这些问题及弥补这些缝隙,但是,尚未找出解决的办法。第三个阶段是,在经过努力后,对于这些问题提出了解决的办法,但问题的解决所随着而来的是对这个传统中有些问题、信仰的重新建构及评价。经过这些重新评价及建构的过程之后,这个传统的内容又变得较为丰富,生命力也变得较为旺盛。②在由第二到第三阶段的过程中,那个传统中的人必须透过对话、辩论等工作,才能找出答案来。而这种对话及辩论的进行,仍是在这个传统中进行的。当

①② 石元康:《从中国文化到现代性:典范转移?》,第9页。

然人们也可能从别的传统中得到灵感。进入第三个阶段后，人们所会发现的是，在第二个阶段中的困惑及缝隙究竟是怎么一回事。但是，即使这第三阶段，我们仍旧说是那个传统的延续，因为该传统的核心部分并没有被动摇，它仍旧构成这个传统的权威。①麦金泰尔也将“传统”看成是一个动态的发展过程，而“传统的合理性”，就存在于这一动态的发展过程之中。由此，麦金泰尔自然地便也将“传统”看成为一个“殊性”的东西。通过麦金泰尔的理论，再来反观章太炎的思想，我们就可以明白，章太炎之所以要拒斥康有为式的单线直进的“进化论”，认为存在于不同空间的人类历史的演化有其一贯的连续性，实亦与其对于“理性”与“传统”之间关系的认识存在着密切的联系。由于“传统”具有“合理性”，那么，我们人类在历史演化的进程之中，当然就只能扮演一个有限的角色，而不可能像全能的上帝那样，凭空构筑自己意想的天堂。所以，对于社会文化秩序的重构，也就只有在本民族文化传统的基础之上，进行“传统的合理化”，而不能斩断同传统的联系，去建构一个最新、最理想的社会文化秩序。

上节我们在论述章太炎的民族思想时曾经说过，章太炎认为人类作为种群的存在，一开始，各个种群的差异并不太大，只是在其漫长的历史演化过程中，由于处在相互隔绝的不同的自然环境里，它们各自走上了独特的发展道路。这种差异产生之后，随着其文化之走向定型化而进一步地被固定下来。由于文化的“偶合”作用，与特定文化相联系的人类各种群的“智”（“理性”）出现了分殊，因而，人类在积极参与其历史演化时，各个民族便各自走着不同的道路，它们作为

---

① 石元康：《从中国文化到现代性：典范转移?》，第11页。

空间的存在便有着本质上的差异。既然各个民族的文化，从其文化产生的源头起，便存在着本质的差异，那么，由于历史的演化有着一贯的连续性，有着其自身发展的内在逻辑，则这种差异随着历史的演化，只能会越来越大。所以，文化作为"空间"的存在，便有着鲜明的"民族性"特色。在"时间"上，本民族不同的历史演化阶段，其文化色彩也不尽相同，文化也有其鲜明的"时代性"特色。不同文化的差异，主要是由文化的"空间"差异造成的，同一文化的差异，则主要是由文化的"时间"差异造成的。并且，章太炎在探讨"理性"与"传统"的关系时，又付与"传统"以"合理性"的解释。既然这样，章太炎认为在进行社会文化秩序的重建时，就只能进行文化的"民族化"与文化的"时代化"，而这两者之不断的动态过程，也就是一个不断的"传统的合理化"的过程，是之谓"因任"。①他将忽视文化的"民族性"与"时代性"特色，而预设一套文化模式来重建中国社会文化秩序的做法，称之为"成型"。②他所说的"成型"，有类于西方笛卡尔式的理性主义者之漠视传统，企图凭借思想的作用，去演绎一套社会文化改造方案的做法（其详请参阅本书第四章），其在中国的代表，则是康有为式的企图以"三世进化"学说变革中国社会文化秩序的激进主义的变革主张。章太炎认为进行中国社会文化秩序的重建，"以成型定之"，"是乃殆以终身，婴之至也"。③与"成型"相关联的是章太炎所谓的"仪型"④，也即是无视本民族的文化传统，在进行社会文化秩序的重构时一意规摹他族文化的做法，譬如当时中国欧化主义者的重构社会文化秩序

---

①④ 章太炎：《原学》，《国故论衡》。

②③ 章太炎：《征信论下》，《太炎文录初编 · 文录》卷一。

的主张即是。章太炎云：

> 夫赡于己者，无轻效人。若有文木，不以青赤雕镂，惟散木为施镂。以是知仪型者散，因任者文。然世人大共僄弃，以不类远西为耻，余以不类方更为荣，非耻之分也。①

他认为：

> 四裔诚可效，然不足一切頮画以自轻鄙。何者？饴豉酒酪，其味不同，而皆可于口，今中国之不可委心于远西，犹远西之不可委心于中国也。②

主张“因任”，反对“成型”和“仪型”，也可谓是章太炎由其“俱分进化”史观必然要得出的逻辑结论。

> 凡所谓主义者，非自天降，非自地出，非摭拾学术而成，非冥心独念而成，正以见有其事，则以此主义对治之耳。其事非有，而空设一主义，则等于浮沤；其事已往，而曼行此主义，则同于刍狗。③

这种现实主义的态度，使章太炎在进行新的社会文化秩序的重构时，只注重“现在”的价值，至于未来，则非他之所欲言。章太炎认为“圣人固不能测未来”④，预设一套社会文化改造模式作为未来中国所要达致的目标，或者一意规摹别国文化进行中国社会文化秩序重构的做法，在他看来只会流于不切实际的空想。章太炎认为任何一个民族在进行社会文化秩序的重构时，都只能在观照本民族文化传统的基础之上进行，除此之外，我们人类似别无他路可走。承认“演化”，

①② 章太炎：《原学》，《国故论衡》。

③ 章太炎：《排满平议》，《太炎文录初编·别录》卷一。

④ 章太炎：《信史上》，《太炎文录初编·文录》卷一。

但不追求“进步”，不以追求“尽善醇美”的“进化”为目标，而以追求“传统的合理化”为目标，这便是章太炎演化史观的真情所寄。

在上面所述的章太炎的演化史观里，由于他特别强调了历史演化的“一贯”原则，强调了“传统业力”对于人类创造文化的“自由意志”的制约作用，所以，我们可以从中看出其所具有的浓厚的“历史主义”的理念。关于“历史主义”，在西方的思想传统中存在着两种不同的类型。卡尔·波普尔曾经分别以 Historicism 和 Historism 来加以指称。前者是指声称“已经发现了历史规律，这使他们可以预言历史进程”，后者指“历史相对主义”。[①]前者张汝伦先生又称之为“进化—历史主义”[②]，在西方是以黑格尔为代表，而在中国自康有为以来的思想界主流，则普遍地奉行此种“历史主义”。“前一种历史主义是一种独断的真理主张，它要求绝对，要求必然，要求放之四海而皆准；而后一种历史主义则正好相反，它主张多元，重视或然，强调特殊。可以说，这两种历史主义是针锋相对的。前一种历史主义是启蒙的产物；而后一种历史主义则是对这一思潮的一种质疑和批判。”[③]章太炎由其演化史观所形成的“历史主义”的理念，正与波普尔所说的“历史相对主义”相类，它也正是在对于康有为式的“进化—历史主义”的反思与批判的基础之上形成的。章太炎的这一与时代主潮（“进化—历史主义”）不谐的有着浓厚“多元主义”“相对主义”色彩的“历史主义”（“历史相对主义”）意识，虽然在当时处于中国思想界的边缘位置，并不为时人所理解、所接受，然其在中国思想史上的

---

① 转引自张汝伦《现代中国思想研究》，第 83 页。
② 请参阅张汝伦《从进化论到历史主义》，《现代中国思想研究》第一部分。
③ 张汝伦：《现代中国思想研究》，第 83—84 页。

深远意义，我们却不可低估。章太炎这一带有着浓厚的“多元主义”与“相对主义”色彩的“历史主义”（“历史相对主义”）的演化史观，与其由民族思想所导致的“多元主义”与“相对主义”的价值理念，也是暗相契合的，它们一道构成了章太炎对于中国社会文化秩序进行重构的基本理论基点。

三、《齐物论释》的文化内涵

明代的高僧憨山大师曾言：庄子之为文“真似长风鼓窍，不知所自”。又云：“其文与意，若草裹蛇，但见其动荡游行，莫睹其形迹。无而，立言之间，举意构思，即包括始终，但言不顿彰，且又笔端鼓舞，故观者茫然不知脉络耳。”①庄子之文之美，冠绝诸子，古今殆无其匹；然而，庄子之文之难读，古今同慨，恐亦无出其右者。在《庄子》一书中，最难读的又莫过于《齐物论》了。《齐物论》是《庄子》里的一篇重要的文化哲学论文，系统地阐述了庄子的相对主义的文化价值观。章太炎从其少年时代起即喜欢读《庄子》，在其从事革命工作的鞅掌余暇，不但勤研《庄子》，而且还向诸生讲解《庄子》，并先后撰成《庄子解诂》与《齐物论释》二书，在“庄学”研究上也可谓卓有成就。章太炎对于“庄学”研究的最大贡献，应数其《齐物论释》一书的撰著了。

章太炎在1910年写成《齐物论释》一书，之后，又重加修订，于1914—1915年间写成《齐物论释定本》。据其《序言》可知，章太炎对

① 转引自陈鼓应《老庄新论》，第147页。按：憨山大师（1546—1623），乃安徽全椒人，俗姓蔡，名德清，字澄印，与莲池、紫柏、藕益并称为明代“四大高僧”。除内典外，憨山大师对于儒、道二家之学，亦甚为通晓，尝主儒、释、道三教合一之说，其在庄学研究上之代表性作品有《庄子内篇注》等。

于庄子的这篇文章，推崇备至。之所以如此，当然不仅仅在于其文之美，更为重要的，则是在于其理义之深，且深合于世用。章太炎认为："夫能上悟唯识，广利有情，域中故籍，莫善于《齐物论》。"①对于庄子在这篇文章中所论的玄邈的哲学义理，章太炎则云：

> 《齐物》文旨，华妙难知……夫其所以括囊夷、惠，炊累周、召，等臭味于方外，致酸咸于儒史，旷乎未有闻焉。……《诗》曰："受小球大球，为下国缀游"，咨惟先生，其足以与此哉！②

又云：

> 渊哉若人，用心如砥，干蛊德于上皇之年，杜莠言于千载之下……其规模闳远矣！能仁之书，译于东夏；园吏之籍，不至殊方。云行雨施，则大秦之豪丧其夸，拂林之士忘其奡，衣养万物，何远之有？③

他甚至还认为，庄子这篇文章的价值，直可架西学与佛学而上之。章太炎对于庄子的《齐物论》之所以要如此地推崇，给予如此崇高的评价，还在于它与章太炎自己的思想倾向冥然相契极有关系。庄子在这篇文章里所揭示的相对主义的文化价值观，深契章太炎之怀，令章太炎在思想上产生了强烈的共鸣。正是由于这种冥然相契的神会，正是由于这种强烈的思想共鸣，才驱使章太炎从中国浩繁的经籍中选择此篇，详加诠释，以系统地阐发他自己的文化学说。论者向来以为章太炎该书是"以西来之风，演南华之旨"④，其实，他并不仅仅局

---

① 章太炎：《齐物论释・释篇题》，《章太炎学术论著》，第 271 页。
② 章太炎：《齐物论释》，《章太炎全集》(六)，第 3 页。
③ 同上书，第 7 页。
④ 章太炎：《齐物论释・后序》，《章太炎全集》(六)，第 58 页。

限于此。在该书中，章太炎除了广泛地征引瑜珈、华严、唯识诸经的精义来阐释庄子的“齐物”宗旨外，还广泛地征引东西哲人的论议，举凡孔、颜、孟、荀、老、墨、惠施、公孙龙子等，以及西哲若叔本华、密尔、康德、黑格尔之流，并印度外道六师所论，无不征引，议论极为宏肆。书成之后，章太炎自己也颇为自负，以为该书“一字千金”①，“千六百年来，未有等匹”②。章太炎此书与戴东原的《孟子字义疏证》，所取途辙大致相似，虽然它是以考据、疏释的形式出现的，但其精神气象，则是一气纵贯而下的对于义理的精心构结。并且，在该书中，章太炎还将他所阐发的“齐物”宗旨运用到学术、文化上，疏解疑滞，莫不豁然贯通。他曾经这样说道：

> 凡古今政俗之消息，社会都野之情状，华梵圣哲之义谛，东西学人之所说，拘者执著而鲜通，短者执中而居间，卒之鲁莽灭裂，而调和之效，终未可睹。譬彼侏儒，解逅于两大之间，无术甚矣。余则操齐物以解纷，明天倪以为量，割制大理，莫不孙顺。③

处于中西文化剧烈冲突的近代中国这一重要的历史转型时期，时人对于中国社会文化秩序进行重构的基本思路，所持莫不是“执著”（欧化主义者与传统主义者）与“执中”（民族主义者）两端，在中、西文化这“两大”之间竭蹶穷蹙。章太炎以为此“两端”皆执于一偏，不能成功地解决中国当时所面临的社会文化的转型问题。“执中”者未见“调和之效”，“执著”者终之“鲁莽灭裂”，无怪乎章太炎要讥之为理论上的“侏儒”了。由于对于此两种进行中国社会文化秩序重构思路的

① 章太炎：《自述学说次第》，《太炎先生自定年谱》（香港版）。

② 章太炎：《致龚未生书》，《章太炎政论选集》（下）。

③ 章太炎：《自述思想迁变之迹》，《章太炎选集》（注释本）。

拒斥，章太炎便在此两种思路之外另辟蹊径，以庄子的“齐物”宗旨来疏解文化，冀为其所要进行的对于中国社会文化秩序的重构，提供学理上的支撑。

《齐物论释》一书，也可谓是系统地反映章太炎关于进行中国社会文化秩序重建学说的一篇最重要文献。章太炎的好友乌目山僧（俗名黄宗仰，南京栖霞寺主持，曾聚资合刻章太炎的《驳康有为论革命书》及邹容的《革命军》，是晚清时期的著名的革命和尚。）在评价章太炎的这部大作时，曾经这样说道：

> 近人或言，自《世说》出，人心为一变，自《华严》出，人心又为一变，今太炎之书见世，将为二千年来儒墨九流，破封执之扃，引未来之的，新震旦众生知见，必有一变以至道者。①

对于章太炎的这部著作，乌目山僧给予了具有划时代意义的高度评价，并预言是书出，必能改变“人心”以至于“道”。可惜的是，章太炎的这篇华文妙旨，艰奥晦涩，索解为难，并且，当时世风所趋，与章太炎的思想也邈不相及，遂使他在这部著作中所精心构结的精湛思想，沉寂近一个世纪，没有出现人心为之一变的局面。然而，在当今全球化大潮的冲击之下，却有着愈来愈多的有识之士与章太炎的思想发生共鸣，得出了与百十年前的章太炎非常相似的结论，这似乎仍然印证了乌目山僧的预言。那么，章太炎在这部著作中所揭示出来的所谓“齐物”宗旨，究竟含蕴着哪些深奥的道理呢？其思想的内在理路又是怎样展开的呢？这正是本节所要解决的问题。如果我们去仔细寻绎庄子《齐物论》一文的思想逻辑的话，就会发现，庄子在这篇文章

---

① 章太炎：《齐物论释·后序》，《章太炎全集》（六），第58页。

中揭出的“齐物”之旨，主要在于阐明两个方面的问题，即：它以“价值”问题为核心，涉及对于文化的“空间”与“时间”问题的全面解析。庄子此篇文章首明“丧我”，终明“物化”，章太炎在解庄时，即是以此为序展开其思想的逻辑链条的。下面笔者也即以此为序，展开对于章太炎思想的论述，旨在揭示章太炎这部著作所含蕴的丰富文化底蕴。

1. “丧我”之旨：文化作为“空间”的存在是平等的

庄子在这篇文章中，首先通过南郭子綦与颜成子游二人之间的对话，点出“丧我”之旨，接着以“人籁”“地籁”“天籁”起兴，展开其“齐物”思想的运思理路。所谓“人籁”，庄子譬之于“比竹”（箫管），“箫管的洞是虚空的，象征着没有机心成见的人所发出的语音”，它是一种“从纯净的心地中流出的无心之言”①。所谓“地籁”，庄子云：“夫大块噫气，其名为风，是唯无作，作则万窍怒号……地籁则众窍是矣。”“地籁”即指的是“风吹不同窍孔发出的声音”②。所谓“天籁”，庄子并没有特意地加以说明，只是说：“夫吹万不同，而使其自已也，咸其自取，怒者其谁也？”也即是说，“风吹过不同的窍孔，各个窍孔便随着独特的形状而自鸣”，自作自取，乃是“天籁”的特性。③ 当代“庄学”大家陈鼓应先生云：“有人以为地籁高过于人籁，天籁又高过于地籁，其实三籁并没有价值的区别，它们都是天地间自然的音响，犹如一曲交响乐，天籁与人籁相应，自日月星辰、山河大地以至于人身是一个大和谐。”④ 通过陈鼓应先生所解读的庄子的“三籁”思想，在我们的眼

①③④　陈鼓应：《老庄新论》，第 132 页。
②　同上书，第 131 页。

前顿时就会呈现出一幅天地之间,万物生长,生动自然,各秉其性,各趋其意,各逞其能的大和谐图景。如果说陈鼓应先生的解读充满了诗性智慧的话,那么,章太炎则是以智性的解析绵密而为其主要特色的。章太炎根据佛学的唯识精义,对之作了如下阐释,他认为:

> 风为意想分别,万窍怒号,各不相似,喻世界名言各异,乃至家鸡野鹊,各有殊音,自抒其意。天籁喻藏识中种子,晚世或名原型观念,非独笼罩名言,亦是相之本质,故曰吹万不同。使其自己者,谓依止藏识,乃有意根,自执藏识而我之也。自取者,《摄大乘论》无性释曰:于一识中,有相有见,二分俱转,相见二分,不即不离,所取分名相,能取分名见,于一识中,一分变异,似所取相,一分变异,似能取见。是则自心还取自心,非有外界知其尔者。以见量取相时,不执相在根识以外,后以意识分别,乃谓在外……见量即不执相在外,故知所感定非外界,即是自心现影。①

通过这段诠释文字我们可以看出,章太炎将大千世界看成是"自心现影",大千世界的名、相、分别,乃是"意根"(第七识)执持"藏识"(第八识)而产生的。也即是说,大千世界的种种名、相、分别的产生,乃是源自于"人心"。其云:"人心所起,无过名、相、分别三事。""名映一切,执取转深"②,遂使"意根"执持"藏识"所成之名、相、分别,封执愈固,从而导致"情存彼此、智有是非"的局面。大千世界的种种矛盾纠葛、冲突斗争,也莫不由此而起。既然大千世界的种种名、相、分别,

① 章太炎:《齐物论释》,《章太炎全集》(六),第8页。
② 同上书,第4页。

是“人心”的产物，那么，由于“人心”的各各不同，则由各各不同“人心”所成之大千世界之名、相、分别，也是不一致的。并且，由各各“人心”所成之大千世界之种种名、相、分别的价值，也应该是一偏的，只有适合于各各“人心”的相对的价值，而无普适于一切“人心”的绝对的价值。举例来说，就“时间”而言，章太炎认为：

> 即自位心证自位心，觉有见在，以自位心望前位心，觉有过去，以自位心望后位心，比知未来。是故，心起即有时分，心寂即无时分。若睡眠无梦位，虽更五夜，不异刹那。然则时非实有，宛尔可知。但从众同分心，悉有此相，世遂执著为实。终之甲乙二人，各有时分。如众吹竽，同度一调，和合似一，其实各各自有竽声。所以者何？时由心变，甲乙二心界，皆有别故。由此可知，时为人人之私器，非众人之公器。且又时分总相，有情似同，时分别相，彼我各异。……由斯以推，而冥灵大椿，寿逾千里，庸知小年者不自觉其长，大年者不自觉其短乎？《大毗婆沙论》一百三十六说：“壮士弹指顷，经六十四刹那。”又说：“世尊不说实刹那量，无有有情堪能知故。”诚以时分最速，无过一瞬及一弹指，心生或速于此，然未有与刹那齐量者。一念心生，速疾回转，齐一刹那，自非应真之士，孰与于斯？若即一弹指顷，毫分不忘，此小年之所有，而大年之所无。不忘，故小年亦寿；忘之，故大年亦殇。①

“时”由心造，“时间”之舒促变化亦由心变所致，因此，“时间”之舒促变化，便因各各“人心”之不同而不同。“时间”只是“人人之私器，非

① 章太炎：《齐物论释》，《章太炎全集》（六），第10—11页。

众人之公器”，“小年”与“大年”，皆是相对而言的，无所谓绝对的“小年”与“大年”。既然大千世界之种种名、相、分别，只是各各“人心”的名、相、分别，是“人人之私器，非众人之公器”，那么，由各各“人心”所成之大千世界之种种名、相、分别，其价值应该是平等的，并无高下轩轻之分。这一思想折射到文化上，则各种不同的文化虽然各各有别，但它们在价值上应该都是平等的，无所谓“文”与“野”。章太炎云：

> 蚳醢，古人以为至味；燔鼠，粤人以为上肴；易时易地，对之欲哕。亦不应说，彼是野人，我有文化，以本无文野故。转复验之，同时同地者，口之所适，则酸腐皆甘旨也；爱之所结，虽嫫母亦清扬也。①

因为，文化就其价值来说，也只有适合于各各文化的个别价值，而没有普适一切文化的一般价值，所以，文化的价值不仅是平等的，而且也是相对的。

由上所说，大千世界之种种名、相、分别，其价值是相对的，又是平等的，那么，我们人类为什么会互为轩轾，情存彼此，智有是非呢？章太炎认为，这是由于世人醉心于“小成”“荣华”所致。何谓“小成”“荣华”？庄子云：

> 道恶乎隐而有真伪？言恶乎隐而有是非？道恶乎往而不存？言恶乎存而不可？道隐于小成，言隐于荣华。故有儒墨之是非，以是其所非，而非其所是。②

“小成”与“荣华”，指的是“有真伪”之“道”，“有是非”之“言”，乃是一

---

① 章太炎：《齐物论释》，《章太炎全集》（六），第43页。
② 《庄子·齐物论》。

种局部性的智慧，局部性的成就。庄子思想的一个重要特色是追求所谓的“全道”，如庄子曾经说道：“是非之彰也，道之所以亏也。道之所以亏，爱之所以成。果且有成与亏乎哉？果且无成与亏乎哉？有成与亏，故昭氏之鼓琴也；无成与亏，故昭氏不鼓琴也。师旷之枝策也，惠子之据梧也，三子其知几乎？”①在庄子看来，是非之辩，不过是一曲之见。他认为：“大知闲闲，小知间间；大言炎炎，小言詹詹。”②他反对喋喋不休之辩与条分缕析之智，主张“不言”“无辩”，只有这样才能得到“全道”。昭文善琴，师旷妙解音律，惠施善辩，但在庄子看来，像他们三人那样尽管术有专精，也不过是“小成”之人（在《天下》篇中又谓之“一曲之士”）。庄子认为只有在昭文不鼓琴、师旷不击鼓、惠施不辩时，他们得到的才是“全道”（即“无成与亏”），否则便会偏于一端（即“有成与亏”）。庄子认为带有任何成见（即庄子所谓的“爱”）去面对真理，都是对真理的污损，这才是了知真理妙谛之所在（即庄子所谓的“知几”）。但是，在日常生活中，由于人们醉心于“小成”“荣华”，遂造成是非蜂起的局面。百家争鸣，看似热闹，然百家各执其所执之“是非”，互相攻难，是其所非，而非其所是，在庄子看来不过是汩没灵明，“久而久之，心灵的活动就被锁闭在局部的范围内，而永远不会了解事物最终的实在与全盘的真相”③。关于庄子所谓的“道隐于小成，言隐于荣华”，章太炎则指出：“帝王之法，依以为公义，是道隐于小成；京雒之语，依以为雅言，是言隐于荣华。”④同庄子一样，在章太炎看来，即使是人们所共同承认的“道”（“帝王之法”，相当

①② 《庄子·齐物论》。

③ 陈鼓应：《老庄新论》，第135页。

④ 章太炎：《齐物论释》，《章太炎全集》（六），第17页。

于国家的根本大法)，即使是人们所普遍采用的“语”(“京雒之语”，相当于标准的普通话)，也不过是一种“小成”与“荣华”。“道隐于小成，言隐于荣华”，章太炎认为只会起争，譬如儒、墨二家，一法周，一法夏，然而周、夏二代皆“尝已小成、荣华，而其是非相反”①，所以，醉心于“小成”“荣华”者，持其所执之“小成”“荣华”，相互覆较，依以起争，只会导致“是非蜂午”的局面。儒骂墨无父无君、禽兽之行，墨亦反唇相讥，各各竞生部执，如复重仇，其故也即在此。既然醉心于“小成”“荣华”，易滋争执，所以庄子主张“莫若以明”，“使相对者互明，并以无所碍的空灵明觉之心，遍照存有的实相”。②而章太炎则主张“家鸡野鹊，各有殊音，自抒其意”，其意也即在于在相对者的互明之中，破其所执，仍其旧贯。所以，对于“意根”执持“藏识”所成之名、相、分别，章太炎主张既经约定俗成，则不容随便更改，“指鹿为马，以素为玄，义所不许”。章太炎认为对于既经约定俗成的名、相、分别，如欲“引用殊文，自移旧贯”，横起是非，则也是一种醉心于“小成”“荣华”者。③

上面是就“意根自执藏识而我之”所成之名、相、分别而言的，究竟说来，章太炎认为“意根自执藏识而我之”所成之名、相、分别也是虚妄，并非实有。盖第八藏识中只有“世识”(世谓现在、过去、将来)、“处识”(处谓点、线、面、体，中、边、方位)、“相识”(相谓色声香味触)、“数识”(数谓一二三等)、“作用识”(作用谓有为)、“因果识”(因果谓

① 章太炎:《齐物论释》,《章太炎全集》(六),第 17 页。
② 陈鼓应:《老庄新论》,第 140 页。
③ 章太炎:《齐物论释》,《章太炎全集》(六),第 18 页。

彼由于此，由此有彼)。第七“意根”方有“我识”(指“人我执”“法我执”)。[①]第八藏识虽有种种“种子”，但它如清流之水，无覆无记，要待第七“意根”意想安立，方能成此世界。举凡“有无、是非、自共、合散、成坏等相”，悉是第七“意根”中之“我识”与第八“藏识”中之世、处、相、数、作用、因果等识“支分观待而生”，然法、我二执(“我识”)属于“遍计所执自性”，乃是“根本无明”，所以其所成立之世界为幻、为妄。由此，章太炎认为：“一切有形的色相，无形的法尘，总是幻见幻想，并非实在真有。”[②]又云：“广论则天地本无体，万物皆不生，由法执而计之，则乾坤不毁，由我执而计之，故品物流行，此皆意根遍计之妄也。”[③]庄子的“丧我”之旨，在章太炎看来其意即是为了破法、我二执，明遍计所执之妄。能明此旨，则彼此不生，是非不起。所以，章太炎云：

> 齐物者，一往平等之谈，详其实义，非独等视有情，无所优劣，盖离言说相，离名字相，离心缘相，毕竟平等，乃合齐物之义。[④]

就胜义谛来说，则世界本无有，万物皆不生；就俗义谛来说，则乾坤不毁，品物流行。章太炎之诠释庄子的“丧我”之旨，其意不过即在于破法、我二执，阐明“平等”之义。但章太炎又主张证得涅槃却不住涅槃，所以，他仍然云：“高言平等，还顺俗情。”[⑤]如果以世界本空为念，在章太炎看来仍然是堕入“法执”之中，究竟还是迷妄。何谓“高言平

---

① 章太炎：《齐物论释定本》，《章太炎全集》(六)，第73—74页。
② 章太炎：《东京留学生欢迎会演说辞》，《章太炎政论选集》(上)。
③ 章太炎：《齐物论释》，《章太炎全集》(六)，第19页。
④ 同上书，第4页。
⑤ 同上书，第43页。

等，还顺俗情”？其意有二：

其一，章太炎认为，“天下一指也，万物一马也”，“呼马为马，呼牛为牛”。[①]万物本无自性，世界名、相、分别之产生，虽为“意根”妄执，但此名、相、分别既经产生，便成贯习，既经约定俗成，便不容妄加更改。譬如说，此土呼红色为“赤”，英人呼为“red”，“赤”与“red”呼法虽然不同，但不能以呼“赤”绳呼“red”为非，反之亦然。各仍其贯，斯为有当。因此，章太炎云：“俗诠有定，则亦随顺故言，斯为照之于天，不因己制。……从俗则无争论，私意更改，是非即又蜂起，比于向日，嚚讼滋多。是以有德司契，本之约定俗成也。或欲引用殊文，自移旧贯，未悟文则鸟迹，言乃鷇音，等无是非，何问彼我？不晓习俗可循，而起是非之见，于是无非而谓非，于彼无是而谓是，木偶行尸，可与言哉！”[②]由“意根自执藏识而我之”所成之名、相、分别，虽说由于“人心”之各各不一，所成也各各相异，可是“贯习”既经形成，虽宙合不同，然既无是非，何有彼此？因此，章太炎对于庄子之主张“圣人无常心，以百姓心为心”，便极为赞赏。要之，“系乎他者，曲直与庸众共之；存乎己者，正谬以当情为主”[③]。这才符合“齐物”之旨。如果执守一偏，“以今非古，以古非今”；或者“以异域非宗国，以宗国非异域”；章太炎认为则均是“颠倒之见”。[④]

其二，主张“休乎天钧”，反对“博爱大同”。“天钧”，即“天倪”，意为“自然之分”。“休乎天钧”，与前面所说的庄子的“天籁”之意相同。

---

① 章太炎：《语言缘起说》，《国故论衡》。
② 章太炎：《齐物论释》，《章太炎全集》(六)，第18页。
③ 同上书，第15—16页。
④ 章太炎：《齐物论释定本》，《章太炎全集》(六)，第75页。

庄子云："夫吹万不同，使其自已，咸其自取，怒者其谁？"其意即在于主张任乎自然，使万物各适其性，一切等视。由前面的论述我们知道，"价值"只是"人人之私器，非众人之公器"，只有适于各各之价值，而无普适一切之价值。由此推之及于文化，章太炎认为"是非所印，宙合不同，悉由人心顺违，以成贯习"①。各个民族的文化，任其所成之"贯习"自然发展，虽然各各不同，但在价值上则等无优劣，此谓"不齐而齐"，方合"齐物"之旨。如果以一普适的价值笼罩一切文化，将所有文化纳入一个框架之内，此谓"齐其不齐"，虽然它貌似平等，实非"齐物"之旨。而这却正是主张"博爱大同"者的文化主张。庄子曾设有"正处""正味""正色"之问，其云：

> 民湿寝则腰疾偏死，鳅然乎哉？木处则惴栗恂惧，猨猴然乎哉？三者孰知正处？民食刍豢，麋鹿食荐，蝍且甘带，鸱鸦耆鼠，四者孰知正味？猿猵狙以为雌，麋与鹿交，鳅与鱼游，毛嫱、丽姬，人之所美也，鱼见之深入，鸟见之高飞，麋鹿见之决骤，四者孰知天下之正色哉？②

盖天下本无所谓"正处""正味""正色"，各任其适，则咸得其宜，相易而处，则均感不适。所以，章太炎云："但当其所宜，则知避就取舍而已。必谓尘性自然，物感同尔，则为一观之论，非复齐物之谈；若转以彼之所感，而责我之亦然，此亦曲士之见。"③在他看来，若以一普适的价值，绳一切文化于一个框架之内，或者以自己民族文化的价值，推之于别的民族，便无异于是"享海鸟以太牢，乐斥鴳以钟鼓"，适令

① 章太炎：《齐物论释》，《章太炎全集》（六），第15页。
② 《庄子·齐物论》。
③ 章太炎：《齐物论释》，《章太炎全集》（六），第43页。

颠连取毙而已。[①]所以，章太炎对于庄子的“尧伐三子”之问，便极为赞赏，称其为“辞旨渊博，含藏众宜”。[②]何谓“尧伐三子”之问？庄子云：

> 昔者，尧问于舜曰：“我欲伐宗、脍、胥敖，南西而不释然，其故何也？”舜曰：“夫三子者，犹存乎蓬艾之间，若不释然，何哉？昔者，十日并出，万物皆照，而况德之进于日者乎！”[③]

宗、脍、胥敖，为三个“存乎蓬艾之间”的野蛮部族，郭象解曰：“夫物之所安无陋也，则蓬艾乃三子之妙处”，“今欲夺蓬艾之愿而伐使从己，于至道岂弘哉？故不释然神解耳。若乃物畅其性，各安其所安，无有远近幽深，付之自若，皆得其极，则彼无不当而我无不怡也。”[④]章太炎称子玄斯解，独会庄子之旨。旷观近代，西方向全世界扩张它的文化，志存兼并，然以博爱为名，伐国取邑，所在皆是，对此，章太炎极为愤慨。他认为：“世情不齐，文野异尚，亦各安其贯利，无所慕往。……然志存兼并者，外辞蚕食之名，而方寄言高义，若云使彼野人，获与文化，斯则文野不齐之见，为桀跖之嚆矢，明矣！”[⑤]所以，章太炎以为当世之务在“以齐文野为究极”，[⑥]对于“博爱大同主义”则持断然拒斥的态度，认为“兼爱酷于仁义，仁义憯于法律”。[⑦]西方宣称对全世界承担“白种人的责任”，实际上却是对全世界推行其帝国主义的侵略政

---

① 章太炎：《齐物论释》，《章太炎全集》（六），第 39 页。
②⑥ 同上书，第 40 页。
③ 《庄子 · 齐物论》。
④ 《庄子 · 齐物论》（郭象注）。
⑤ 章太炎：《齐物论释》，《章太炎全集》（六），第 39 页。
⑦ 同上书，第 4 页。

策，“虽磨牙吮血，赤地千里，而以为义所当然”，[①]就是因为存有“文野不齐”之见、抱有“博爱大同主义”所导致的可悲结果。“齐其不齐，下士之鄙执；不齐而齐，上哲之玄谈。”[②]章太炎认为，“博爱大同”主义与庄子的“齐物”之旨比较起来，其差别简直就像焦侥之与龙伯一样，不可比量。

论述至此，我们对于章太炎由庄子的“丧我”之旨所推衍而出的文化主张就比较清楚了，这一文化主张，我们可简要地归结如下：第一，处于不同“空间”的各民族的文化，就其价值来说，一切平等，并无高下轩轾之分；第二，各民族的文化应依其“贯习”自然发展，在文化的发展方向上，既不可以用一个普适一切的文化模式来限定所有文化，也不可以用本民族的文化模式来限定别的民族的文化，其极则是要形成“十日并出，万物皆照”的多元的世界文化存在格局，使“野者自安其陋，都者得意于娴，两不相伤”，[③]从而形成一个平等的、和谐的世界文化秩序。第三，博爱大同主义者打着“博爱”的旗号，“以己之娴，夺人之陋”，乃至“杀人劫贿，行若封豨”，若西方帝国主义之所为，反而“崇饰徽音，辞有枝叶”，在章太炎看来，不过是“小智自私横欲”，乃是人类之大害。[④]

2. “物化”之旨：文化作为“时间”的存在是平等的

什么叫做“物化”呢？庄子在其著名的“庄周梦为蝴蝶”之喻中，曾经对之作了这样的说明：

> 昔者，庄周梦为蝴蝶，栩栩然蝴蝶也。自喻适志欤？不知周

① 章太炎：《五无论》，《太炎文录初编·别录》卷三。
② 章太炎：《齐物论释》，《章太炎全集》（六），第4页、第40页。
③④ 章太炎：《齐物论释·释篇题》，《章太炎学术论著》，第272页。

也。俄然觉，则蘧蘧然周也。不知周之梦为蝴蝶欤，蝴蝶之梦为周欤？周与蝴蝶，则必有分矣。此之谓物化。①

郭象在注释庄子此喻时云："夫觉梦之分，无异于死生之辨也。……夫时不暂停，而今不遂存，故昨日之梦，于今化矣！死生之辨，岂异于此，而劳心于其间哉？……而愚者窃窃然自以为知生之可乐，死之可苦，未闻物化之言也。"②郭象将庄子的"觉梦之辨"等之于"死生之辨"，千百年来解庄者基本上也都是循此途辙。庄子以觉梦论人生，目的在于超脱生死的哀乐，将生命的出现与消失，譬之如四时的运转一般，视之为大化中的一个"过程"。陈鼓应先生指出：

死生是人生中最根本的问题，人生最大的恐惧，莫过于死的迫临。常人预想着死，认为死是此生的尽头，是此生的断绝，而死后的境况是寂静空无，漆黑一片，因而感到怖畏不安。事实上，死的实况是无人得知的，当它降临时，自己已经不存在，因而死亡的体验是不可传述的。尸体是无法意识自己的，而怖畏不安乃是生人对于死的预想所产生的情绪，并不是死的实况(reality)。人们将生和死截然划分，重生而恶死。庄子认为，由于人们过于爱生憎死，所以掩蔽了死生的真面目，其实死生只是变化的一种现象而已。变化流转是一切万物的真相，这样看来，生死并非始终，只是变化的一个过程罢了！庄子超越了常人对于死的看法，他视死生为自然而必然之事，故而面对它，肯定它。③

① 《庄子·齐物论》。

② 郭象：《庄子注》，见郭庆藩《庄子集释》之"齐物论第二"，《诸子集成》第五册，第54页。

③ 陈鼓应：《老庄新论》，第144页。

或者认为庄子的“觉梦之辨”是同佛陀的“轮回义”一样，佛陀以轮回为烦恼，而庄子则是以轮回遣忧。章太炎也认为庄子的“觉梦之辨”是在谈生死问题，认为：“庄子是菩萨一阐提已证法身，无所住著，不欣涅槃，随顺生死。”①所以，对于庄子的“觉梦之辨”，他也以“轮回义”释之。章太炎曾经说道：“庄生多说轮回之义，此章本以梦为同喻，非正说梦。”②指出：“轮回生死，亦是俗谛，然是依他起性，而非遍计所执性。”③“依他起性”，乃是佛学中的俗义谛。就俗义谛来说，佛教唯识宗认为世界皆是依他而起，恒处于迁流转徙之中，故世界万物皆变，无常住不变之物。在此，章太炎以“轮回义”释庄子的“物化”之旨，并将庄子的“物化”之旨同唯识宗的“依他起自性”等视，由此我们可知，章太炎之阐释庄子的“物化”之旨，其真实意图即是在于阐明世界万物的变化之理，这与子玄以下之以“生死义”释“物化”者，似不尽相同。章太炎曾经这样说道：“道本无常，与世变易。”④又说：“道行之而成。”⑤对于不变论则持摒斥的态度。他在评价老子与董仲舒的思想时曾经这样说道：“老子云：‘道可道，非常道’，董仲舒云：‘天不变，道亦不变’，智愚相悬，乃至于此！”⑥其爱憎去就，划然可明。既然世界万物恒处于不断的迁流转徙之中，那么，它是如何变化的呢？揆之章太炎的意旨，大端有二：一曰“缘生”，一曰“两行”，下面即次第加以论述。

① 章太炎：《齐物论释·释第七章》，《章太炎学术论著》，第330页。
② 章太炎：《齐物论释》，《章太炎全集》（六），第55页。
③ 同上书，第56页。
④ 章太炎：《齐物论释定本》，《章太炎全集》（六），第75页。
⑤ 同上书，第76页。
⑥ 章太炎：《齐物论释》，《章太炎全集》（六），第20页。

一、"缘生"。据佛学唯识宗所说,世界万事万物是由第八藏识与第七末那及眼、耳、鼻、舌、身、意六识因缘和合而生,此是就俗义谛来说,若就胜义谛来说,则"缘生"亦空,这已在上文"丧我"之旨中阐明,此不再赘述。庄子曾设"罔两问景"之问,其辞云:

> 罔两问景曰:"曩子行,今子止;曩子坐,今子起;何其无持操欤?"景曰:"吾有待而然者耶?吾所待又有待而然者耶?吾待蛇蚹蜩翼邪?恶识所以然!恶识所以不然!"①

按:庄子此"问",在于阐明万物皆"有待"而生之理,章太炎则以佛法的"缘生"之旨对之作了如下阐释。其云:"夫晷景迁驰,分阴不住,此为自为主宰,别有缘生,故发罔两问景之端,责其缘起。"②佛法曾立十二缘生,认为"前有后有,推荡相转。"③孔子曾经说道:"日出东方而入于西极,万物莫不比方。有目有趾者,待是而后成功,是出则存,是入则亡。万物亦然。有待也而死,有待也而生,吾一受其成形,而不化以待尽。效物而动,日夜无际,而不知其所终。熏然而成形,知命不能规乎其前,丘以是日徂。"④章太炎认为,孔子所说也明言死生有待,虽无十二缘生之名,然孔、庄二哲所言,与佛法所言"缘生"之旨大致相合。章太炎在此所谓的"缘生"之旨,与世人所奉之"因果律"并不相类,并且它也正是为了破"因果律"而设的。详其实义,"因果律"执一因一果之说,认为世界万物的生成变化有着一条必要遵循的"自然规则",因此,推"因"便可以求"果"。然以"缘生"所说,则世界

---

① 《庄子·齐物论》。

② 章太炎:《齐物论释》,《章太炎全集》(六),第47页。

③ 同上书,第48页。

④ 《庄子·田子方》。

万物之生成变化，即不能如此简单便捷。章太炎认为："凡言因果，其间差别众多，《瑜珈》《唯识》并说十因五果，若专藉一因而成一果者，近事固鲜其例。"①他认为有一果多因，也有一因多果，有同因异果，也有异因同果。他将世界万物生成之原因分为"因"与"缘"两个部分，"因"为主要原因，谓之"能生因"，"缘"为次要原因，谓之"方便因"，并以"种瓜得瓜"与"撞钟成声"为例，对之作了说明，章太炎云：

> 瓜望瓜子为生起因，瓜子望瓜为等流果；种事望种为士用依处，种事望种具为作用依处；种者望种具、种事为士用果，种事望瓜为增上果，土田望瓜亦增上果。钟声望钟为生起因，其望撞具，亦有一分生起因（钟声因钟与椎和合得成，本是杂声）；钟望钟声为异熟果，撞具望钟声，亦有一分异熟果（异熟果本不据无情为说，然今借以成义，意趣相合）；撞事望撞者为士用依处，撞事望撞具为作用依处；撞者、撞具望撞事为士用果，撞具望钟声为增上果。②

种瓜所以得瓜，撞钟所以成声，皆为诸种因、缘和合而生，并非如世人所说之"因果律"那样是由一因而成一果。章太炎以"因果律"为误执，并对此深有感慨，谓"箫宾閜尔（今译叔本华——笔者）、弥尔（今译密尔或穆勒——笔者）皆不解因果别相，何论苟谈名理者乎？"③因为世界万物之生成变化，因果纷然，至为复杂，不会像一因一果那样简单，所以，章太炎认为世界上万事万物虽然是"有待"而生，因缘而成，但不可能像世人所说的那样有着一条刻板不变的"自然规则"。

① 章太炎：《齐物论释》，《章太炎全集》（六），第51页。
② 同上书，第51—52页。
③ 同上书，第52页。

章太炎曾经作有名文《四惑论》，在这篇文章里，即公然地列“自然规则”为“四惑”之一而加以拒斥。①他认为世人之崇敬“自然规则”，实与崇敬“上神”“宿命”，“俞穴相通，源流不二。”②对于叔本华之主张以“先在观念”知“物质常在之律”（即“自然规则”）的论调，章太炎也给予了拒斥，认为它与庄子的“缘生”之旨相较，“倜乎不及远矣！”③

> 乌乎！庄生振法言于七篇，列斯文于后世，所说然于然不然于不然义，所待又有待而然者义，圆音胜谛，超越人天。如何褊识之夫，不寻微旨，但以近见破之。世无达者，乃令随珠夜光，永埋尘翳。故伯牙寄弦于钟生，斯人发叹于惠墓。信乎臣之质死，旷二千年而不一悟也。悲夫！④

章太炎以为庄子所设的“罔两问景”之义，二千年来索解无人，遂使庄子的这一精湛思想如“随珠夜光，永埋尘翳”，而他自己则许为庄子的知音，就像钟期之于伯牙，庄子之于惠施那样。从章太炎对于世人的哀叹声中，当然我们也可以领略到章太炎自己的自信与自负。

要而言之，章太炎由庄子思想引发的“缘生”之旨，我们可以简要地归结如下：第一，世界万物皆是“有待”而生，皆是“因缘和合”而成。循此推及文化，则我们可以说文化的生成与变化，应是新故相推，新蜕于故。因此，文化的演化不能脱离它自身的“传统”，在进行文化秩序的重建时，忽视文化自身所具有的“传统”，一意地规摹他族文化的做法，便成为一种妄执。第二，由于世界万物的生成变化，并非是一因一果，有着一条刻板不变的“自然规则”，而是因果纷然，至为复杂，

---

①② 章太炎：《四惑论》，《太炎文录初编·别录》卷三。

③ 章太炎：《齐物论释·释第六章》，《章太炎学术论著》，第325页。

④ 同上书，第326页。

所以，我们不能执“因”而推及必至之“果”。按之文化，则文化之演化，虽属不易之理，但文化演化的未来格局如何，我们却无法知晓，文化的演化不可能有着一条普适的必要遵循的“自然规则”，因此，预设一套文化模式来作为某种文化未来一定要达到的必至目标，便也成为妄执。

二、“两行”。由上章太炎所说的“缘生”之旨，我们获知，世界上万事万物皆是由“因缘和合”而成，它生生不息，处于不断的迁流转徙之中。然而，世界上万事万物在其生生不息的迁流转徙之中，章太炎又认为事物及其对立面乃是恒处于矛盾的统一体中，譬如彼是（此）、是非、有无、生灭、成毁、智愚、善恶、苦乐等矛盾诸范畴，均是相随而行，不可分离的。这一宗旨，章太炎在其“俱分进化”思想中曾经作过精辟论述，在此，章太炎则揭起庄子的“两行”思想，对这一问题作了更加深入的探讨。以彼是（此）、是非、成毁、生灭为例来说，章太炎认为：“彼出于是，是亦因彼，曾无先后，而因果相生，则知彼是观待而起。……以方生喻彼是者，一方生即一方灭，一方可即一方不可，因果同时，则观待之说也。”①又云：“此生彼灭，成毁同时，是则毕竟无生，亦复无灭。故爨真珠者，珠灭而垩生；熔矿铁者，液成而矿毁。……证无生灭，示有生灭，此亦两行也。”②黑格尔曾经将世界万事万物的发展变化分为“有”（肯定）、“无”（否定）、“成”（否定之否定）三个阶段，这遭到了章太炎的激烈批评，章太炎认为他徒“执著空言”③，不晓“两行”之道。世界万事万物的变化发展是事物及其对立面的同时俱

① 章太炎：《齐物论释》，《章太炎全集》（六），第17页。
②③ 同上书，第24页。

演（“两行”），但是，我们人类在审视事物的运动变化时，由于往往醉心于“小成”“荣华”，只注意到事物的一方，恒忽视其对立面的存在，对此，庄子曾以“狙公赋芧”为喻，对之作了辛辣的嘲讽。其云：

> 狙公赋芧，曰：“朝三而暮四”，众狙皆怒；曰：“然则暮四而朝三”，众狙皆悦；名实未亏，而喜怒为用，亦因是也。是以圣人和之以是非，而休乎天钧，是之谓两行。①

“名实未亏，而喜怒为用”，这种现象，其实在我们现实生活中彼彼皆是，这皆是由于世人不晓“两行”之道所致。章太炎在称道庄子“两行”思想之余，深有感慨地说道：

> 人之迷也，固已久矣！圣人内了无言，而外还顺世，顺世，故和之以是非，无言，故休乎天钧。……和以是非者，则假天钧为用，所谓随顺言说；休乎天钧者，则观天钧自相，所谓性离言说；一语一默，无非至教，此之谓两行也。详此一解，金声玉振，高蹈太虚，本非莅政之谈，从事之训，而世人以为任用机权，寻其文义，既自不尔，又复两行之道，圣哲皆然，自非深明玄旨，何由寻其义趣？②

庄子的“两行”之道，历来注庄者多不明了，至章太炎，其旨方得大白于天下。既然世界万事万物的运动变化，不离于“两行”之道，那么，就文化来说，在章太炎看来就无须乎去追求“进化”，所以，对于传统主义者的“不变论”与欧化主义者的“进化论”，他便一体地予以拒斥了。其云：

---

① 《庄子·齐物论》。

② 章太炎：《齐物论释定本》，《章太炎全集》（六），第82—83页。

> 世俗有守旧章、顺进化者，其皆未喻斯旨也（指“两行”之道——笔者）。《外物篇》云：“夫流遁之志，决绝之行，噫！其非至知厚德之任欤！覆坠而不反，火驰而不顾，虽相与为君臣，时也，易世而无以相贱，故曰至人不留行焉。”顺进化者，以今非古，则诬言也。又曰：“夫尊古而卑今，学者之流也，且以狶韦氏之流观今之世，夫孰能不波？唯至人乃能游于世而不僻，顺人而不失已。”守旧章者以古非今，是亦一孔之见矣。①

他对“守旧章者”（传统主义者）及“顺进化者”（欧化主义者）的文化主张，不是斥之为“诬言”，就是斥之为“一孔之见”。在章太炎看来，文化在其演化过程中“虽相与为君臣”（按：新文化是由旧文化蜕出，故旧、新文化之间的关系即像君臣关系一样，如此辗转不已），文化有其“时代性”特色，但处于不同“时间”的文化却是平等的（“易世而无以相贱”），并无高下优劣之分。在章太炎生活的时代，由于西方文化的有力冲击，墨守旧章的“不变论”已经渐渐失去了市场，当时在文化学说上影响最深的是“进化论”，所以，章太炎之提出“两行”思想，主要即是针对“进化论”而发的。他曾经也将“进化”列为“四惑”之一②，并云：“一切物质……有进于此，亦必有退于彼，何进化之足言？”③这是由其“俱分进化”思想及其“两行”学说必然要得出的逻辑结论。结合他的“缘生”思想及其“两行”思想来看，我们可知，章太炎由庄子思想而转出的这一“物化”思想，仍然是属于一种“演化论”史观，这与我们在上节所论述的章太炎所具有的带有浓厚相对主义色彩的“历史

① 章太炎：《齐物论释定本》，《章太炎全集》（六），第75—76页。

②③ 章太炎：《四惑论》，《太炎文录初编·别录》卷三。

主义”(“历史相对主义”)的演化史观,存在着一体相连的内在思想联系。

通过前面的论述,我们现在可以清楚地看出,章太炎通过诠释庄子的《齐物论》所揭示出的“齐物”宗旨,不外乎是要向世人阐释两个方面的真理,即:其“丧我”之旨,主要是揭示了处于不同“空间”的文化皆有其存在的合理性,它们虽各有其“民族性”特色,但却都是平等的,并无高下优劣之分。主张应各任其文化的自在之性自然发展,是谓“休乎天钧”。所以,他反对“博爱大同主义”,反对以一种文化模式来统一所有的文化,亦即反对文化的“一元主义”,而主张文化的“多元”取向。这种文化主张,同他从民族思想出发得出的结论是完全一致的。其“物化”之旨,则揭示了文化是处于永不停息的运动变化之中,这种运动变化不离于“两行”之道。依此思想,章太炎认为处于不同“时间”的文化,虽有着各自的“时代性”特色,但它们也都是平等的,并无高下优劣之分。所以,他一方面反对墨守旧章的“不变论”,另一方面,又反对追求“进步”的“进化论”,而主张根据文化所具有的“自在之性”去自然发展。根据他的“缘生”思想,则这种文化按其“自在之性”去自然发展,不能脱离各个文化所独自具有的文化传统,这与其由充满浓厚历史意识的“俱分进化”史观得出的结论,也是完全一致的。由他的“丧我”之旨与“物化”之旨推衍而出的文化主张,使章太炎在进行社会文化秩序的重建时,不可避免地仍然会在以“民族性”“时代性”以及“传统的合理性”为底色的前提之下,在进行文化的“民族化”与“时代化”的动态过程中,去追求“传统的合理化”。由此,我们也可获知,章太炎之特别揭出庄子的《齐物论》对之详加注释,以阐释自己的文化主张,不过是为了使自己的关于重建中国社会文化秩序的思想，更显得系统化，更显得富于理论的深度罢了；这部著作不过是在理论上进一步系统而深刻地阐述了章太炎一贯的思想，也可谓是集章太炎思想的大成之作。

章太炎的高足庞俊，在《章先生学术述略》一文中，曾经这样评价其师的“齐物”思想，他说：

> 其《齐物论释》一篇，以佛解庄，名理渊源，高蹈太虚，足为二千年来儒墨九流，解其封执。若其说狙公赋芧之文，然后知天钧两行之言，不同于圆滑也；明尧伐三子之问，然后知天演进化之论，实多隐慝也。胜义稠叠，员舆之上，诸老先生未有先言之者。①

庞俊认为其师章太炎所揭示的深刻的“齐物”哲学是“员舆之上，诸老先生未有先言之者”，绝非完全溢美之词；章太炎自己认为其所著作的《齐物论释》，是“千六百年来未有等匹”，也绝非是自我吹嘘。在章太炎的所有著作之中，他本人也似乎对这部著作特别宝爱，曾云：

> 庄生所著三十三篇，自昔未曾科判，辁材之士，见其一隅，党伐之言，依以弹射。今者寻绎微旨，阡陌始通，宝藏无尽，以诒后生也。②

在清兴以来特别是乾嘉以来的子学研究潮流中，章太炎也是一个中流砥柱式的人物，章太炎对于诸子学的研究，当以研究“庄学”成就为最大。作为一代思想与学术大师，其学术成就所涉历的范围至为广阔，其学术与思想对于20世纪的中国曾经产生过非常大的影响，至

---

① 许寿裳：《章炳麟》，第101页。
② 章太炎：《齐物论释·释第六章》，《章太炎学术论著》，第326页。

今我们仍受其赐。章太炎曾云其学术在其他方面均有传人，独在子学方面没有传人，对此他深为慨叹。①为什么样会导致这样一个结果呢？其原因当然只能到近（现）代中国历史的进程之中去寻找答案了。近（现）代中国，由于民族生存危机的迫压，是理想主义与激进主义高歌猛进的时代，像章太炎那样进行冷峻沉静的思考，虽然不能说是绝无仅有，却不能占据当时学术与思想舞台的中心，只能被边缘化。况且，章太炎之反“进化论”，反“欧化”，主张“多元主义”与“相对主义”，与时代思潮又背道而驰，这就无怪乎其在诸子学领域的造诣“指穷于为薪”而不能“火传”了。尽管这样，章太炎在当时欧化思潮弥漫于国内思想界的历史背景下，提出这样一个独特的进行中国社会文化秩序重构的主张，虽然是曲高和寡，言之者谆谆，而听之者藐藐，没有起到它应有的作用和影响，没有像章太炎的好友乌目山僧黄宗仰所期盼的那样，出现“人心为之一变”的局面，但这丝毫也不能否定章太炎“齐物”哲学的学术价值，及其在中国乃至在世界思想史上所具有的重要意义。在笔者看来，章太炎这一进行重构中国社会文化秩序学说的内在理路，不仅更加深刻地揭示了文化的内在本质，而且，其思想也更加富于理性的穿透力，更加富于现代的精神。它也彰显了章太炎从其“民族思想”到“历史观”所持守的“多元主义”与“历史主义”（“历史相对主义”）的思想意旨一气纵贯而下的前后连续性，及其独特运思理路的内在融通性。

---

① 按：1936 年 7 月 20 日，朱希祖《致潘承弼书》云：“先师尝言，经史小学，传者有人，光昌之期，庶几可待；文章各有造诣，无待传薪，惟示之格律，免入歧途可矣；惟诸子哲理，恐将成广陵散矣。此二十年前在故都绝粒时之言也，至今思之，仍不能逾于斯言。”见汤志钧《章太炎年谱长编》（上），第 474 页。

四、悲悯恻怛的人文精神

如同笔者在本章第二节所论述的样，人类社会的历史是由“人”所创造的，离开了“人”，也就谈不上人类社会的历史，更谈不上人类社会历史的演化了。与他物界不同的是，人类并非仅仅生活在其本能的世界里，而是具有着“理性的自觉”。人类在其自身的历史演化过程中，组织社会，创造文化，能够积极主动地参与到历史的演化进程之中去，即与人类之具有“理性的自觉”存在着不可分割的密切关系。人类凭借其“理性”参与到人类历史演化的进程之中去，组织社会，创造文化，目的当然是为了增强人类自身的生存能力，增进人类自身的幸福，使人类过上美好的生活。然而，人类之组织社会，创造文化，并不是目的，人类自身才是目的，这也是自人类有着“理性的自觉”之日起，即被赋予的伟大宿命。康德曾经指出：理性的存在“叫做人，因为他们的本性表明他们就是目的本身——不可被当作手段使用——从而限制了对他们的一切专横待遇（并且是一个受尊重的对象）。所以，他们不仅仅是主观目的，不仅仅是作为对我们有价值的行为的结果而存在：他们是客观目的，其存在本身就是目的，是任何其他目的都不可代替的目的，一切其他目的只能作为手段为他服务；除此之外，在任何地方都不会找到有绝对价值的东西了”①。在所有具有价值者之中，只有人类自身才是一个“作为目的本身而存在”的“绝对价值”者。由此，在其组织社会、创造文化的历史过程中，“人”自然地要始终处于主体的地位，而被其所组织的“社会”，被其所创造

① 转引自（英）史蒂文·卢克斯《个人主义》，第47页。

的“文化”，则自然地要始终处于客体的地位。但“社会”“文化”之于“人”，也并不只是像舟车之于“人”那样，仅仅具有“工具”的价值，“人”借助于其所组织的“社会”，借助于其所创造的“文化”这一有力利器，不仅可以提高人类自身的生存能力，增进人类自身的幸福，而且还可以获得人类自身的解放，实现人类的自由。所以，人类从其组织的“社会”、从其创造的“文化”之中，还可以获得“超越”的价值。由此，在建立一个新的社会文化秩序时，对于人类自身命运的关怀，便成了任何一位文化学者所不可回避的重要问题。章太炎在建构他的思想体系时，也无时无刻不将“人”置于他视角的中心，这使他的思想也充满了浓厚的“人文精神”，有着浓厚的“人文主义”色彩。如果说章太炎在对于中国的社会文化秩序进行重构时，是将“民族性”“时代性”以及“传统的合理性”置为其思想体系的基点的话，那么，“人文精神”则可谓成了他思想体系的灵魂。

1. 跛驴之行：可哀的人类

章太炎曾经说道：“原人所以生，动志俶之，无有能造物者。”①又云：“人本独生，非为他生。”②在他看来，人类的产生本是独立自尊，无所依傍，因此，通天彻地，惟人为贵。但是，人类从降生于斯世起，便坠入种种外界的缠缚之中，使其不得自由，走向了悲凄孤寂的奴役之路。正如卢梭所说：“人是生而自由的，但却无往不在枷锁之中。自以为是其他一切的主人的人，反而比其他一切更是奴隶。”③并且，由于人类自身所具有的内在的人性缺点，带来了人类的更大痛苦与

① 章太炎：《道微》，《检论》。

② 章太炎：《四惑论》，《太炎文录初编·别录》卷三。

③ （法）卢梭：《社会契约论》，第8页。

不幸。因此，要将人类带向自由之路，除了要打破种种外界的缠缚之外，更为重要的，则是在于要矫正人类自身所具有的内在的人性缺点。

人性问题，乃是一个古老而常新的话题。早在商、周之际，随着人们对于“殷革夏命”“周革殷命”的精神反思，人文精神开始跃动。周人不再像商人那样崇信“帝”（或者“上帝”），商人的“帝”这一概念，在周人那里也被转换成“天”。①周人一面仍然像商人那样保持着对于“天”的敬畏，一面则开始怀疑“天”，认为“天不可信”（《尚书·君奭》）。《尚书·康诰》云：“文王克明德慎罚，不敢侮鳏寡，威（畏）威显民，用肇我区夏。”《君奭》云：“我道惟文王德延。”《召诰》云：“天亦哀于四方民，其眷命用懋，王其急敬德。……王敬所作，不可不敬德。……王其德之用祈天永命。”周人开始“事鬼敬神而远之”（《礼记·表记》），而强调“敬德”的重要性。然而，当周人从神的手上取得一定自主权的时候，却又堕入“法则性的天命”的路途，于是“便发生了盲目性的运命之命的观念”。②至孔子时，始将“人性”与“天命”融合为一，孔子云：“为仁由己”，主张通过“下学而上达”的功夫，实证“性”与“天命”的合一。但关于人性问题，孔子并没有展开进一步的探讨，仅仅只是开了个头，所以，其弟子子贡才有“夫子之言性与天道不可得而闻”之叹。尽管如此，孔子所作的可贵的开头，却引发了以后的讨论，使人性问题成为中国思想史上的重大问题。

在孔子之后，传统中国关于人性的学说主要有五家，即：告子主

---

①　请参阅郭沫若《先秦天道观之进展》，载《青铜时代》，收入《郭沫若全集》历史编第一卷。

②　徐复观：《中国人性论史》（先秦篇），第140页。

张无善无不善，孟子主张性善，荀子主张性恶，扬雄主张善恶混，漆雕开、世硕、公孙尼、王充等人则将人性分为上中下三类，主张善恶因人而异，此为韩愈“性三品说”所本。在这些传统的人性学说中，对后世影响最大的当数孟、荀二人了。孟、荀二人的人性学说，正好处在一对反的两极。张岱年先生认为：孟子所言的人性，“不是指生来的本能，而是专指人之所以为人者之特性。……此种人之所以为人之特征，实非已完成的，而仅是萌芽，故孟子称之为‘端’。……所谓性善者，乃谓人生来即有为善之可能。”①由于孟子“不赞成生而完具的行动为性”，所以他反对“以生来已然之形态为性”，“不赞成以利为人性之根本”。②由此，孟子在讲人性时，重在讲“扩充”，即重在扩充人之所以异于禽兽的仁义礼智“四端”之心。人性学术在孟子那儿于是乎亦被转换成“心学”。所以，徐复观先生认为：“孟子所说的性善，实际便是心善。”③并且，徐复观先生还指出：

> 中国文化发展的性格，是从上向下落，从外向内收的性格。由下落以后而再向上升起以言天命，此天命实乃道德所达到之境界，实即道德自身之无限性。由内收以后，而再向外扩充以言天下国家，此天下国家实乃道德实践之对象，实即道德自身之客观性、构造性。从人格神的天命，到法则性的天命；由法则性的天命向人身上凝结而为人之性；由人之性而落实于人之心，由人心之善，以言性善：这是中国古代文化经过长期曲折、发展，所得

① 张岱年：《中国哲学大纲》，第186页。

② 同上书，第187页。

③ 徐复观：《中国人性论史》(先秦篇)，第141页。

出的总结论。①

孟子上承孔子思想之流绪，对于传统的人性学术作了创造性的转换与总结，其“性善”二字的点出，“乃可以在客观上为万人万世立教”②，其“性善”学说由此也具有着里程碑的意义，对于中国文化的走向起到了规设作用。由此，孟子的“性善”学说，也获得了儒学中的正统与主流地位。孟子在批评时人的人性学说时曾云：“天下之言性也，则故而已矣，故者，以利为本。”③宋儒陆象山在解释孟子的这段话时说道：

当孟子时，天下无能知其性者，其言性者，大抵据陈迹言之，实非知性之本，往往以利害推说耳，是反以利为本也。④

“以利为本”用以说人性，由此可见乃是孟子时代的一股强大的思想潮流。孟子创以“心”言“性”，反对时人之“以利为本”，在当时的人性学说上，实带有着浓厚的反传统的激进主义的色彩。由此，在其“法先王”的话语言说中，孟子由“道德”而“天下国家”，将社会政治秩序泛道德化，有着明显的道德理想主义的倾向。较之孟子式的创新，荀子则仍然继承的是传统的“以利为本”的人性学说的流脉。荀子之所谓“性”，乃是指“生而完成的性质或行为”。⑤荀子认为：

凡性者，天之就也，不可学不可事。礼义者，圣人之所生也，人之所学而能，所事而成者也。不可学不可事而在人者，谓之性，可学而能可事而成之在人者，谓之伪，是性伪之分也。今人

①② 徐复观：《中国人性论史》(先秦篇)，第141页。
③ 《孟子·离娄》。
④ 陆九渊、王阳明：《象山语录·阳明传习录》，第40页。
⑤ 张岱年：《中国哲学大纲》，第189页。

之性，目可以见，耳可以听，夫可以见之明不离目，可以听之聪不离耳，目明而耳聪，不可学明矣。①

在荀子的人性学说中存在着性、伪之分，认为“性”是“感而自然，不待事而后生之者也。夫感而不能然，必且待事而后然者，谓之生于伪”②；“若夫目好色，耳好声，口好味，心好利，骨髓肤理好愉佚，是皆生于人之情性者也”③。此皆是“感而自然”的，由此，荀子自然地会得出人性恶的结论。由于人性是恶的，为了维持社会政治秩序的稳定，荀子便主张通过外在的“礼”，通过“下学而上达”的功夫，“化性起伪”来矫正人性。与孟子之主张“扩充”不同的是，对于人性，荀子主张“改造”。在其“法后王”的话语言说中，荀子则更加注重于外在的“礼”对于建立社会文化秩序的重要意义。尽管荀子并不能脱出儒家道德理想主义的窠臼，然而，较之孟子激进反传统的人性学说来说，在荀子的思想里，我们可以发现其现实主义的色彩相对说来要显得较为浓厚一些，所以，又有人将之同西方启蒙时代政治学家霍布斯等视，而其学生韩非由荀子思想而出的功利主义学说，则被人们与西方的马基雅维里等视。④

在人性问题上，章太炎主张“善恶兼具”，并表示赞同荀子的性恶说。在其早期著作《菌说》一文中，章太炎曾经说道：

或曰：性善性恶之说，皆不如言无善无恶者。曰：子将言人性乎？抑自有所谓性乎？夫言人性，则必有善有恶矣，彼无善无恶者，盖佛之所谓性海，而非言人之性也。何也？自其未生言，

---

①②③ 《荀子·性恶》。

④ 请参阅韩东育《江户日本与真正的“儒法之争”》，载《读书》2003年第7期。

> 性海湛然,未有六道,而何人性之云?自既有六道言,亦各有如来藏隐伏其中,而人与鸟兽,初未尝异,又岂得专为人之性也?孟荀所专为人言之也。①

在其《菌说》修改稿中则云:

> 或曰:性善性恶之说,皆不如言无善无恶者。曰:斯固无是非也。陆克(今译洛克——笔者)有言,人之精神,本如白纸;培根有言,一切道德,皆始自利。夫善恶生于自利,而自利非善恶,犹宫商成于莛击,而莛击非宫商。自社会言之,则有善恶矣,自人耳言之,则有宫商矣,此荀子所谓缘也。无善无恶,就内容言;有善有恶,就外交言;本无异义。②

综合这两段话来看,可知章太炎早期的人性学说是同荀子一样,也是以"以利为本"来进行话语言说的。并且,章太炎还综合洛克的"白纸说"与培根的"自利说",并参之以佛学的"性海说"建构其人性学说,这说明章太炎的人性学说,还受到了西方启蒙思想和佛学义理的巨大影响。由于章太炎与荀子有着相同的问题视角,所以,章太炎也自然地会表示倾向于赞同荀子的性恶说。他认为,"以符验言,则性恶为长";③并云:"荀则以善恶皆具,不能纯善,则以恶名之",较"孟举其善而忘其恶"为备。④章太炎在其早年确立的"善恶兼具"的人性学说,基本上也奠定了他整个一生对于人性问题的看法。章太炎在其《俱分进化论》一文里,探讨了人类具有真、善、美、胜四念,即包含着善、恶、无记(无善无恶)三性。等到撰写《辨性》一文时,他则运用佛

①③④ 章太炎:《菌说》,《章太炎政论选集》(上)。

② 朱维铮、姜义华编注:《章太炎选集》(注释本),第86页。

学唯识宗的义理，进一步系统地申述了其人性的“善恶兼具”说。章太炎云：

> 人有八识，其宗曰如来藏，以如来藏无所对，奄忽不自知，视若胡越，则眩有万有，物各有其分职，是之谓阿罗邪。阿罗邪者，藏万有即分，即以起末那，末那者，此言意根。意根常执阿罗邪以为我，二者若束芦相依而立，我爱、我慢由之起。……意根当我爱、我慢，有我爱，故贪无厌，有我慢，故求必胜于人。贪即沮善，求必胜于人，是审恶也。……我见者，知人人皆有我，知之，故推我爱以爱他人，虽非始志哉，亦不待师法教化，孟子曰：今人乍见孺子将入井，皆有怵惕恻隐之心，是审善也。①

由于“意根”执“阿罗邪识”（即“阿赖耶识”）产生我爱、我慢二心，我爱与我慢既可为善，又可为恶，所以，人性是“善恶兼具”。他称这种发自至诚的善恶为“审善”“审恶”。“审”之意为“真”，其反面即是“伪”。“审善”“审恶”出自于人性的自然流露，无所为而为；出于人性有所为而为的善恶，他则称之为“伪善”“伪恶”。其云：

> 伪善有数，利人者，欲以纳交要誉，一也；欲以生天，二也；欲以就圣贤，三也；欲以尽义，四也；此皆有为……夫有为而为善，谓之伪善。若则有为而为恶者，将谓之伪恶矣。今人何故为盗贼奸邪，是饥寒迫之也；何故为淫乱，是无所施泻迫之也；何故为残杀，是以人之堕我声誉权实迫之也；……此其为恶，皆以有为者，是故予之伪恶之名。②

由意根执持阿赖耶识而产生之我爱、我慢二心，导致了人性的四重

---

①② 章太炎：《辨性上》，《国故论衡》。

性，在这四者之中，章太炎以为“伪善恶易去，而审善恶不易去”①。何以言之？因为“伪恶可以伪善去之，伪之与伪，其势足以相灭”②。“伪善”通过“习行”，也可以化为“审善”。其云：

> 伪善者，谓其志与行不相应，行之习，能变其所志，以应于行，又可以为审善。何者？以人性固可以爱利人，不习则不好，习焉而志或好之。若始学者，以求衣食，习则自变其志，以求真谛，以人性固喜知真谛，故得其嗜味者，槁项、食淡、攻苦而不衰。③

“审善”“审恶”之所以不易去，是因为“意根”难以断灭故，正是由于这样，才导致了人类社会的善恶俱演。在“审善”与“审恶”之间，“审恶”则为害于人类极大，它不但不能使人类获致自由，反而还将人类陷入巨大的痛苦之中。“审恶”是由“我爱”与“我慢”交加而起，在“我爱”与“我慢”二者之间，章太炎又以“我慢”尤为难治。“我爱”虽起贪欲，然而“推我爱以爱他人”，尚能化为“审善”，而“我慢”则纯起恶性。由此，章太炎在总的倾向上便持性恶说。其高足朱希祖曾记有章太炎东京讲学期间的一段话，其云：

> 太炎讲人之根性恶，以其具好胜心，二物不能同在一处，即排斥性也，而断定愈文明人愈恶，愈野蛮其恶愈减。④

由于他倾向于人性恶，所以，他认为在传统中国的人性学说中，荀子的性恶说最为优长，云“孟子固大儒，然如性善之说……偭乎不及荀子矣！”⑤并且，他将荀子奉为继孔子之后的最大圣人，称之为“后

---

①②③ 章太炎：《辨性上》，《国故论衡》。

④ 汤志钧：《章太炎年谱长编》（上），第 291 页。

⑤ 章太炎：《隐公篇・摄也（补）》，《春秋左传读》。

圣”，奉之为“先师”。[①]这说明章太炎的人性学说，实际上是继承了传统的由荀子所开创的人性学说的流脉。

性恶之旨既明，由此来俯瞰人类社会，将会看到一幅什么样的图景呢？同荀子一样，章太炎看到的是一幅你争我夺的可悲景象。由“我慢”而起胜心，由胜而起争，争乃人之天性，加之人类各各为了生存，利害得失相较，使其争胜天性，发之愈烈，使斯世为鬼为魅，迄无了时。所以，章太炎视人类为“跛驴之行”，谓之“可哀之人类”。[②]

2. 五无之境：慈悲的情怀

既然人之恶性根源于“意根”之“我慢心”，而“意根”终难断灭，那么，人类就只能沦入你争我夺之中而万劫不返了，其前途与出路究竟何在呢？为此，章太炎抱大悲之心，发一大愿，欲与人类共入高蹈太虚的“五无之境”，从而实现人类的超越与自由。

章太炎所说的“五无”，指的是无政府、无聚落、无人类、无众生、无世界这五重境界。“无政府”之意若何？章太炎认为由于人之性恶，所以人类之间的相争相杀，迄无已时，在政府未成立之前，人类之间虽不免互相残杀，但在政府既成立之后，其相争相杀的程度则愈演愈烈。为什么要这样说呢？这是因为，首先，章太炎认为，政府之成立在于保护强者的利益，窃钩者诛，窃国者为公侯，强者藉政府之力，以强凌弱，欺压贫弱，即使是西方的所谓文明之国，“贫民以为盗受诛，宁止亿兆，其或逻候森严不得恣意，则转死煤坑中耳”。近代的所谓文明之国，虽然礼法完备，但在章太炎看来，各文明之国所具有的

---

① 章太炎：《后圣》，《章太炎政论选集》（上）。

② 章太炎：《五无论》，《太炎文录初编·别录》卷三。凡本节下面引文之未注明出处者，均见该文。

完备的政治及法律体系，也不过成为强者压迫弱者的工具。章太炎云：

> 既知人性之恶，彼政府者亦犹人耳，其性宁独不恶邪？检以礼法，而礼法者又恶人所制也。就云礼法非恶，然不可刻木为吏，则把持礼法者，犹是恶人。以恶人治恶人，譬则使虎理熊，令枭将獍，熊与獍之恶未改，而适为虎与枭傅其爪牙。……庄生云："唇竭则齿寒，鲁酒薄则邯郸围，圣人生而大盗起。"纵令有新政府者出，能尽反近世文明政府所为，而其幅员不能遍于大地，且机关既设，众慝日滋，终足以为大盗之藉。①

这里反映的实是一幅当时西方资本主义国家阶级压迫的图景。其次，章太炎认为"原政府之初设也，本非以法律卫民而成，乃以争地劫人而成"，因此，对外则表现为强国对于弱国的欺凌，推行帝国主义的侵略政策。章太炎曾经指出：

> 综观今世所谓文明之国，其屠戮异洲异色种人，盖有甚于桀、纣。桀、纣惟一人，而今则合吏民以为之；桀、纣无美名，而今则借学术以文之。独一桀、纣，犹不如去之为愈，况合群策群力以为桀、纣矣。夫斗殴杀人者，其心戆；计谋杀人者，其恶深；独力杀人者，其害微；聚众杀人者，其祸剧。今政府固尽如此。……古之言性恶者，莫如荀卿，其见非不卓绝，犹云当以礼法治之，民如草芥，然尚不如近世帝国主义之甚。②

这里反映的实是一幅当时西方各资本主义国家对于世界弱小民族推行帝国主义政策，进行民族压迫的图景。由此我们也可以看出，章太

---

①② 章太炎：《五无论》，《太炎文录初编·别录》卷三。

炎之主张“无政府”，实也是对于当时弱肉强食的社会现实以及混乱的世界政治秩序的一种强烈抗议。在他看来，如果消灭了政府，“虽不免于自相残杀，但不能如有政府之多”。“政府”在章太炎眼里，成了万恶之源。因此，首先必须要消灭“政府”，才能减轻人类的痛苦。在主张消灭“政府”的同时，章太炎还主张应辅之以三事：其一，主张“共产”。他认为“有钱币在，则争夺生而阶级起，于是以共产为生，则贸易可断，则钱币必沉诸大壑矣”。其二，主张“销兵”。他认为“有军器在，则人将藉是以为杀掠之资，于是镕解铳炮，椎毁刀剑，虽未足以绝争心，而争具自此失矣”。其三，主张“毁家”。其云：“牝牡相交，父子相系，是虽人道之常，然有所匿爱则妒生，有所摄受则争起，于是夫妇居室，亲族相依之事，使一切废绝之，使人民交相涉入，则庶几或无间介矣。”

“政府”既废之后，由于“聚落”尚存，仍然不能避免人类之间的相争相杀，人类之间惨烈之战争仍不可以已。章太炎认为：

> 人类本平等，而所依之地本不平等；人类之财产可以相共而容，而地方之面积不能相共而容。夫共产者，以为自喻适志矣，然地有温润寒苦之不同，处寒苦者尽力经营，以化其地为膏腴，孰与攘夺膏腴之便？况气候之燥润惨舒，其难齐有百倍于地质者？①

由于人类各“聚落”所处自然条件的不平等，“聚落”不破，仍然避免不了人类之间的战争。章太炎认为，人类历史上国与国之间攻战不已，往往是处于苦寒之地的国家侵略处于温润之地的国家，这并不是仅

---

①　章太炎：《五无论》，《太炎文录初编·别录》卷三。

仅由于“政府”之恶所造成的，还与自然条件的不平等存在着密切的关系。所以，章太炎认为要减轻人类的痛苦与不幸，在消灭“政府”的同时，必须还要消灭“聚落”而后可。其云：“然纵令政府尽亡，国界尽破，而因仍固有之聚落以相什伍者，犹未化镕，合旅相争，其势仍不能已。……是故欲无政府，必无聚落。”只有消灭了“聚落”，使“农为游农，工为游工，女为游女，苦寒地人与温润地人，每岁爰土易室而居，迭相迁移”，方可以避免“执著而生陵夺”的局面。

“政府”本是由人类造成的，人类既然可以造成政府，当然也可以废除政府。然而，章太炎认为：“而成之之根不断，有其废之，终必有成之者。不然，则原人本无政府国家之累，何以渐相垛积以有今日之穰穰者也。”并且，“人之相争，非止饮食牝牡之事；人之争具，宁独火器钢铁之伦？睚眦小忿，则憎怨随之；白刃未获，则拳力先之”；“纵大地悉无政府聚落，销兵共产之制得以实行，而相杀相伤，犹不能绝其愈于有政府者”。因此，只有消灭“人类”，彻底断绝了创造政府的“根”，才能使人类避免相争相杀的痛苦。

根据生物演化的历史，人类是由毛柰伦、阿米巴等极低等之物渐渐演化而形成的，章太炎又认为：“要使一物尚存，则人类必不能断绝，新生之种，渐为原人，久更浸淫，而今之社会，今之国家，又且复见。”所以，要使人类灭绝，永远不生，必须同时要消灭“众生”（“有情世间”）。

然而，即使人类灭尽，众生咸亡，仍未能达于圆满境界，何以言之？章太炎认为以有“世界”（“器世间”）故。因为“世界”为“众生”所依止，“若如覆谛，世界不亡，仍有产出群生之日”，递生递衍，仍可产生出人类，而聚落、政府又会接踵而至。所以，章太炎认为：“众生悉证法空，而世界为之消弭，斯为最后圆满之期也。”

上面所说的章太炎的“五无”思想，表面上看去，似乎是一种彻底悲观的虚无哲学，但透过这一彻底悲观的虚无哲学，我们却可以从中窥出章太炎思想中所充溢的浓厚的“人文精神”。这一思想，同当时颇为流行的“无政府主义”思潮，看上去颇相契合，但二者无论是在其思想源头还是在其内在精神上，则都是划然有别的，我们不可将二者混为一谈。通过对于二者思想进行比较，我们也将会看到章太炎这一充满浓厚悲观思想的“五无学说”，实际上也是一种“人文主义”的独特体现。毋庸讳言，章太炎的“五无”思想与“无政府主义”学说之产生，有着同样的时代背景与现实根基，两者都是对于近代资本主义工业文明所带来的弊病进行反思的结果。近代资本主义工业文明虽然带来了人类物质文明的高度发展，马克思曾经说过它在不到一百年的时间里创造的财富，比以往所有时代创造财富的总和还要多，但是，近代资本主义工业文明也有着巨大的弊病，它一方面带来了人类的极度的阶级分化，另一方面，它将“人”等同于“物”，将一切都沉浸在利己主义打算的冰水之中，商品与金钱到处泛滥，它像洪水一样摧毁了人类的道德与尊严。作为近代资本主义工业文明产物的近代西方民主制度，在其具体运作过程中也违背了这一制度的内在精神，它成了各国资产阶级借以统治、压迫国内外人民的有力工具。资产阶级政府成了万恶之源，受到各国人民的普遍诅咒。兴起于欧洲的无政府主义思潮，实际上表达了当时生活在西方各资产阶级政府之下千百万哀哀无告的广大被压迫人民的一种愤怒呼声，这种极端的思想，也是一种人文精神的体现。这种学说虽然主张消灭政府，但它对于人类的未来则有着美好的向往与憧憬，充满了小资产阶级的狂热冲动与浪漫激情。它天真地以为只要消灭了政府，就会实现人人平等、天下为公的极乐世界。所以，它虽然反对政府，但却并不反对近代工业文明，因而，无政府主义思想中所含蕴的人文精神，从根本上来说仍然未能脱离西方的人文主义传统。然而，章太炎的“五无”学说，其根本的出发点则在于认为人类不可能获致达到一个尽美醇善的极乐世界，他认为随着人类文明的演化，人类将陷入更大的痛苦与不幸之中，所以，章太炎的“五无”学说与“无政府主义”思想是根本异趣的。正是由于这样，章太炎对于当时流行于中国思想界的无政府主义思潮便颇致讥评，称之为“妄”①，谓之为“无当”②，他只欣赏无政府主义者对于西方各国资产阶级政府进行激烈批评的勇气。③

章太炎的“五无”思想与近代的无政府主义思潮不仅大异其趣，而且其思想来源也是根本不同的。章太炎“五无”学说的思想根源，主要是来自于中国传统的“荀学”，以及从印度传来的佛学，也即，章太炎“五无”学说的思想根源，主要是荀学的“人性恶”及佛学的“众生苦”的哲学义理。章太炎曾经说过：“遭世衰微，不忘经国，寻求政术，历览前史，独于荀卿、韩非所说，谓不可易。”④他之倾向于赞同荀子的“人性恶”的观点，已于前说；而他之认同佛学“众生苦”的哲学，则充斥在他大量的论著之中。如他曾经这样说道：

> 夫名色五阴，是为苦聚，人生三苦：一依内苦，二依外苦，三依天苦。此则金七十论师犹明其义。而近世学者亦云，苦为积

① 章太炎：《齐物论释》，《章太炎全集》（六），第40页。
② 章太炎：《排满平议》，《太炎文录初编·别录》卷一。
③ 章太炎：《无政府主义序》，《章太炎政论选集》（上）。
④ 章太炎：《自述思想迁变之迹》，《章太炎选集》（注释本）。

极，乐为消极，其说近《成唯识论》。《问受品》云：又种种乐，少苦能胜，如人具足受五欲时，蚊蚋所侵，则生苦觉。又如存百子乐，不如丧一子苦。夫尽世间之上妙乐具，无益于我秋毫，而只足以填苦壑，则人生之为苦聚可知。故世亲《百论释》云：福有二相，能与乐，能与苦，如杂毒饭，食时美欲消时苦，福亦如是。复次，有福报是乐因，多受则苦因，譬如近火止寒则乐，转近烧身则苦，是故福二相。二相故无常，是以应舍。然则若苦若乐，终之为苦一也。①

在其"俱分进化"思想里，章太炎认为人类社会的历史是善恶、苦乐、智愚俱演，人类从根本上来说不可能脱离"苦"。究竟说来，"众生苦"则是由"意根"执持"阿赖耶识"产生"我慢心"，由"我慢心"之转生出"人性恶"所致，既然"意根"不可断灭，那么，人类之要解脱苦境，就只能像章太炎所说的那样，进入一个高蹈太虚的"五无之境"了。由此看来，章太炎的"五无"学说，虽然主张要灭绝"人类"，消灭"众生"，消弭"世界"，但是，从其心灵深处来说，这实际上是对于人类的命运抱有着极大的同情与关怀所致的一种情绪性排遣，这种学说，充满了浓厚的悲悯恻怛之情，我们实可以称之为"慈悲的人本主义"，它与西方传统的人文主义思想是截然不同的，章太炎走的实是一条与西方的人文主义者根本不同的人文之路。高蹈太虚，进入"五无之境"，一了百了，固然可以使人类脱离苦境，但这一玄想，未免离现实社会太遥远了，未免太不合事理与人情了，就连章太炎自己也未必深信，它只反映了章太炎对于人类命运的同情与关怀。所以，章太炎虽然"愿与

① 章太炎：《五无论》，《太炎文录初编·别录》卷三。

卓荦独行之士，劝学无生，期于人类众生，世界一切，销镕而止”，但他自己却仍然娶妻生子，并不断绝人道。

> 呜呼！人生之智无涯，而事为空间、时间所限，今日欲飞跃以至五无，未可得也，还以随顺有边为初阶，所谓跛驴之行。①

理想的翅膀飞翔至天空，最终还是要回归人间，“跛驴之行”虽然差强人意，令人觉得人类的无奈与可哀，但是，抱有大悲之心的章太炎，最终还是要面对芸芸众生，还是要为生活在现实之中的芸芸众生说法，所以，他最终还是主张要“随顺有边”，通过矫正人性，建立一个“合理化”的人间世界的秩序。

3. 无我之我：入世的宝筏

如何来矫正人性的缺陷呢？其一，章太炎主张“劝学”。荀子主张“人性恶”，但他认为人类通过“学习”，可以矫正人性的缺点，通过“学习”，人类可以化性起伪，化恶为善。上文曾经说过，在人性问题上，章太炎继承了由荀子所开辟的人性论传统，所以在人性的矫正上，他所取的途径也与荀子相似，也像荀子一样主张“劝学”，通过学习来矫正人性的缺点。如他曾经这样说道：

> 然一人之行，固以习化，而千世之性，亦以习殊。泰古豨韦之民，犷悍贪暴，以水火毒药相亏害，夫人而有此性也。自先觉者教化之，至于文明之世，则相亏相害者，固不能绝，而具此性者稍少。故学可以近变一人之行，而又可以远变千世之质。荀子于首篇《劝学》，即曰青取之于蓝而青于蓝，冰水为之而寒于水，夫固谓一人锲而不舍，则行美于本性矣；千世锲而不舍，则性亦

---

① 章太炎：《五无论》，《太炎文录初编·别录》卷三。

美于桃埠矣。①

既然“学”可以改变人的性行，根据他的人性四重说，章太炎便主张“以伪善美导人”。他认为：“人之相望，在施其伪善，善群之苟安，待去其伪恶”。通过学习，人类可以去其“伪恶”，从而扬其“伪善”，并以“伪善”去其“伪恶”。②“伪恶”虽可由“伪善”去之，然而“审恶”却“非伪善所能变也”，③怎样才能克治“审恶”呢？由此，其二，章太炎在“劝学”的基础之上主张“上礼”。章太炎所主张的“上礼”，与荀子倡导的“礼治”学说不尽相同。荀子一方面主张“劝学”，进行人性的自我矫正，同时，他又主张建立一套外在的礼治秩序，用以作为人类行为的取资标准，以防止人的恶性之膨胀。荀子倡导的礼治学说，侧重于外在礼治秩序对于人性所起的矫正作用，主张通过一套规范化的社会礼仪来规范、约束人们的行为，使社会成员在“礼”的规范之下做到“合模化”，从而做到保证社会成员的利益，维系社会的和谐与稳定。章太炎认为它是一种“矫饰之说”④，它只能治“伪恶”，而不能治“审恶”。那么，章太炎所谓的“上礼”，其意如何呢？章太炎所谓的“上礼”，一言以蔽之，即“自胜”之意，它有类于孔子所说的“克己复礼”、佛陀所说的“忍辱”，用我们今天的通俗语言来说，即是“战胜自己”之意。前曾说过，章太炎认为“审恶”是由“我爱”与“我慢”交加而起，然而“推我爱以爱他人”，“我爱”尚可以化为“审善”，只有“我慢”最为难治。章太炎认为克治“我慢”的唯一办法，只能“以慢灭慢”，其云：

---

①　章太炎：《菌说》，《章太炎政论选集》（上）。
②③④　章太炎：《辨性上》，《国故论衡》。

惟慢为能胜慢，何者？能胜万物，而不能胜我，犹孟贲举九鼎，不自拔其身，力士耻之。彼忧苦者，我也；淫湎者，我也；傲睨者，我也；而我弗能挫衄之，则慢未充，是故，以我慢还灭我慢，谓之上礼。①

其意即是以为，如果扩充其“慢”至极点，则会穷途知返，则知“以慢灭慢”，而获“自胜”之道。如果说荀子主张通过“劝学”及外在的“礼治”秩序来矫正人性，走的是一条“外铄”途径的话，那么，章太炎对于人性的矫正，则一方面继承了荀子的“外铄”途径，另一方面，则又特别注重自我的内在修养，可谓是内外双修。在此，我们可以看出中国正统儒家的内省精神与印度佛教冥证契会精神对于章太炎思想的巨大影响。

“以我胜我”“以慢灭慢”，章太炎认为仍然存有“我慢之见”，要彻底根除“我慢”，则在证“我之本无”，由此“益为上礼，使慢与慢相尽，则审恶可以解”。②因此，其三，章太炎主张“无我”。章太炎认为“我”有二种：

一者，常人所指为我，自婴儿坠地，已有顺违哀乐之情，乃至一期命尽，无一刹那而不执有我见，……此为俱生我执，属于依他起自性。……二者，邪见所指为我，即与常人有异，寻其界说，略有三事：恒常之谓我，坚住之谓我，不可变坏之谓我，质而言之，则我者即自性之别名。此为分别我执，属于遍计所执自性者。③

①② 章太炎：《辨性上》，《国故论衡》。

③ 章太炎：《人无我论》，《太炎文录初编·别录》卷三。

由于这一属于“遍计所执自性”及“依他起自性”所产生的“分别我执”与“俱生我执”的作用，使人类为“我见”所缠缚，从而造成末俗沉沦、民德堕废的恶劣局面。[①]然而，在章太炎看来，此“分别我执”与“俱生我执”皆为妄，是幻有，非真有。关于前者，章太炎从“不觉为先而起我想故”“思觉为先方有造作故”“于五蕴中假施设故”“由于彼相安立为有故”“建立杂染及清净故”“建立流转及止息故”“假立爱者作者解脱者故”“施设有作者故”“施设言说故”“施设见故”等十个方面作了论证，认为由以上诸方面而产生的“计有实我”，皆不应道理，从而证明了由“遍计所执自性”产生的“分别我执”所导致的“我见”为妄，为幻有，非真有。关于后者，章太炎认为：“所谓依他起之我者，虽是幻有，要必依于真相，譬如长虹，虽非实物，亦必依于日光水气而后见形，此日光水气是真，此虹是幻，所谓我者，亦复如是。”[②]“我相”虽为“真”，而“我”则是幻有。因为，在章太炎看来，一切万有，一切见相，皆是依止阿赖耶识而生，阿赖耶识虽为“我相”所依止，然而此含藏一切万有之阿赖耶识，从未自指“我相”为“我”。以“我相”为“我”者，乃是第七意根妄执阿赖耶识而起。关于此，笔者在上节庄子的“丧我”之旨中已经作过阐释，在此不再赘述。因此，章太炎认为“我为幻有，而阿赖耶识为真”[③]。

从“劝学”到“上礼”再到“无我”，章太炎完成了人性的矫正过程，盖到证得“无我”，“我慢”已解，则“恶”不生。然而，章太炎之主张“无我”，是否是像佛法主张的那样要走向涅槃呢？回答是否定的。章太炎虽然主张内证“无我”，但他却不以“无我”为究极，他的目光所注，

---

①②③　章太炎：《人无我论》，《太炎文录初编·别录》卷三。

则是放在“无我之我”上。[1]这与他之主张证得涅槃却不住涅槃的思想也是相通的。章太炎在人性的矫正上，最终揭出“无我之我”的宗旨，其用意是极为深远的，由此，我们也可以进一步地看出他人文思想的独特特色。章太炎“无我之我”宗旨的揭出，第一，在于确立“个体”的主体地位。前面说过章太炎主张通过“劝学”“上礼”“无我”来矫正人性所具有的缺点，虽然受到过荀子“外铄”途径的影响，但他也受到了正统儒家的内省精神及佛法冥证契会精神的巨大影响。所以，章太炎对于人性缺点的矫正，在强调外在的“礼”的功用的同时，还特别地强调了自我内在体证的重要意义，这与荀子主要是通过建立一套外在的礼治秩序来规范、约束人们行为的主张，不尽相同。这也说明了章太炎的人性学说，既承续了荀子的“以利为本”的问题意识，又对之作了创造性的转换，我们实可以称之为一种“新荀学”思想体系。在荀子的思想体系中，由于主张通过建立外在的礼治秩序来规范、约束人们的行为，所以，荀子侧重于“团体”存在的价值，将“个体”淹没在“团体”之中，“个体”的行为要受到“团体”的模铸，要做到合模，这才符合他所提倡的礼治精神。章太炎在强调“劝学”的同时，由于强调了“个体”的自我内在体证在矫正人性缺点的程式中所扮演的重要角色，所以，他在注重“团体”存在价值的同时，更加注重“个体”存在的价值。由此，章太炎在论述“团体”与“个体”的关系时说道：“个体为真，团体为幻，一切皆然。”[2]他认为由“个体”所组成的村落、国家等，一切皆无自性，只有组成村落、国家等的“各人”为实有自

① 章太炎：《人无我论》，《太炎文录初编·别录》卷三。
② 章太炎：《国家论》，《太炎文录初编·别录》卷三。

性。[1]章太炎循着一条“个体”通过“劝学”“上礼”及内证“无我”的途径，克治“我慢”，灭其“恶”性，而后复以“无我之我”来参与社会（“团体”）的建立，这样就确立了“个体”的主体地位，由此我们也可以说，章太炎的人文思想是一种“个体的人本主义”。章太炎建立的这一“新荀学”思想体系，虽然与传统的“荀学”存在着密切的亲缘关系，但它在精神气象上，则更加类似于原始儒孔子的“仁学”思想体系。孔子曰：“克己复礼为仁。”又曰：“为仁由己。”孔子“仁学”思想体系的出发点，也是通过“下学而上达”的途径，并且主张“个体”通过内省，实现“仁”的“自觉”，扩充其所“自觉”的“仁”而及于他人，此之谓“践仁”与“致仁”。所以，孔子主张“毋意、毋必、毋固、毋我”，以此“绝四之旨”及“己所不欲，勿施于人”、“己欲立而立人，己欲达而达人”的“忠恕之道”来律己待人，这与章太炎由“劝学”“上礼”到“无我”再到“无我之我”的人文主义学说，基本上循着的是同一理路。章太炎曾经激烈地批评过孔子与儒家的思想，认为它“不脱富贵利禄的思想”，[2]但为他所批评的实是二千年来在中国历史上已经变了质的儒学，而非原始儒孔子思想的真正内涵。既然章太炎的人文思想与原始儒孔子的“仁学”思想体系深相契会，那么，他在建立他的人文学说时为什么不是直接地接着儒家的学说加以推衍阐发，而是运用了佛学的语言呢？出现这一奇怪的现象，其故何在？盖在章太炎看来，传统的儒家学说，在其二千多年的历史演化过程中，已经深深地变了质，已经不能够承担起挽救末俗沉沦的重任了。如他曾经这样说道：

---

① 章太炎：《国家论》，《太炎文录初编·别录》卷三。

② 章太炎：《东京留学生欢迎会演说辞》，《章太炎政论选集》（上）。

> 民德衰颓，于今为甚，姬孔遗言，无复挽回之力，即理学亦不足以持世。……自非法相之理、华严之行，必不能制恶见而清污俗。若夫《春秋》遗训，颜、戴绪言，于制裁则有力，以言道德，则才足以相辅，使无大乘以为维纲，则《春秋》亦《摩奴法典》，颜、戴亦顺世外道也。拳拳之心，独在此耳。①

章太炎的这段自白，将其心迹已表露无遗。所以，在他看来，只有通过佛法的“无我”，并以“无我之我”来入世，才能克治当时中国出现的末俗沉沦、民德颓衰的流波。语言只不过是一种外在的符号表征，如果撇开这些外在的符号表征，而直窥章太炎思想的内在精神，则我们便可以看出，章太炎的人文思想与传统的原始儒孔子的人文学说，实是一以贯之，他并没有脱出中国传统的人文主义的轨道。第二，在于确立“自利利他”的人生价值观。通过“个体”的内省，证得“无我”，使“慢”“恶”尽灭，并以“无我之我”来参与社会的建立，这样就使章太炎以“个体”为本位的人文思想，不会像西方传统的以“个人”为本位的人文思想那样一以“个体”的利益为依归，而是像孔子所说的那样“己立立人”“己达达人”。西方传统的以“个人”为本位的人文思想，也是建立在人性恶的基础之上，但是，由于西方的人文主义者认为人的恶性不能克治，所以，为了保障“个体”的利益，就只能通过建立人与人之间的契约关系来约束人们的行为，从而为以“契约”为纽带组建起来的“社会”建立一种和谐的秩序，这走的也是一条以外在的礼治秩序来保障“个体”利益的道路。但是，西方传统的这一人文精神，由于它不像荀子那样侧重于“团体”存在的价值，所以，其发展之极，则会

① 章太炎：《人无我论》，《太炎文录初编・别录》卷三。

陷入极端的个人主义，并造成人与人之间关系的冷漠，使一切都沉浸在利己主义打算的冰水之中。章太炎虽然也主张以个人为本位，确立了"个体"的主体地位，但由于他主张以"无我之我"来入世，所以，当以他的这一人文思想去参与社会的建立时，就不会要完全依赖于建立人与人之间的契约关系来保障每个人的利益，而是通过"自利利他"的途径，实现"个体"与"团体"的和谐相处。早年章太炎提倡"大独"精神，中年提倡"菩萨行"，晚年提倡"儒行"，即无一不贯穿了他这一"自利利他"的人生价值观。在章太炎看来"个体"利益与"团体"利益是统一的，并不是矛盾的，如他曾经这样说道：

> 自利性与社会性，形式则殊，究极则一。离社会性，既无自利；离自利性，亦无社会。①

这两者的统一，是实现在"无我之我"的标帜之下的。正是由于这样，便使得章太炎的以个体为本位的人文思想，同西方传统的以个人为本位的人文思想截然区分开来，章太炎的人文主义思想仍然属于东方的人文主义传统，章太炎并没有将自己汇入西方的人文主义传统之中去。第三，在于为"个体"提供超越的解脱之道。西方传统的人文思想，由于主张人之恶性不能克治，所以它并不能够解决"人"的超越问题，"个体"的超越，最后不得不要求助于"上帝"，"个体"只有通过皈依"上帝"，才可以获得超越与解脱，所以，作为西方传统的"个体"的超越之路，只能渡往彼岸世界才能获致实现。印度佛教传统的"个体"超越，是通过"个体"证得"无我"进入涅槃而获实现的，也是将"个体"的超越寄望于彼岸世界。章太炎虽然也主张内证"无我"，但

---

① 《章太炎读佛典杂记》，《国粹学报》第3号。

是，由于他的最终目标是在证得“无我”之后，提倡以“无我之我”来入世，所以，这就使得章太炎的人文思想，既有着佛教的慈悲胸怀，又有着传统儒家学说的入世精神。章太炎虽然主张通过证得“无我”克治人的恶性，从而使人类脱离苦境，但是，由于他的人文思想最终是要提倡以“无我之我”来入世，在“自利利他”，也即在与他人的对境关系之中实现自我生命的安顿，这就使得章太炎的“个体”超越的解脱之道，不是寄托在彼岸世界，而是在当下，也即在此岸世界获致“个体”的超越。在这一点上，他的人文思想与西方传统的人文精神根本不同，而与中国传统的“当下即是”的生命安顿之路，默相契合。

4. 儒学新阐：排荀与尊荀

在清末民初之世，章太炎循着传统“荀学”的“以利为本”的途径来谈人性，并且又主要以荀子的“性恶”说为媒介来规设其人文学说，这也是清兴以来荀学复兴之流波余韵。荀子由于主张“性恶”，长期以来一直受到正统儒者的排斥，唐儒谓之“大醇小疵”，宋儒则谓之“无醇尽疵”。清初在反理学思潮中，傅山、张尔岐、王夫之诸人，对于荀子的思想开始给予一定程度的肯定。张尔岐精于三礼，提出“要以礼来作为实行和检验性命之理的准绳”①，与荀子的“崇礼”思想若合符契，对于以后礼学的复兴影响尤为重大。“乾嘉间汪容甫著《荀卿子通论》《荀卿子年表》，于是荀子书复活，渐成为清代显学。”②戴震著《原善》《孟子字义疏证》诸书，“虽依孟子道性善，而其言时近荀子”③。凌廷堪曾作有《荀卿颂》，表彰荀子。他认为：

① 马积高：《荀学源流》，第293页。

② 梁启超：《中国近三百年学术史》十四，第282页。

③ 钱穆：《中国近三百年学术史》（商务版）第八章“戴东原”。

> 夫舍礼而言道，则空无所附，舍礼而复性，则茫无所从。盖礼者，身心之矩则，即性道之所寄矣耳。……若夫荀卿氏之书也，所述皆礼之逸文，所推皆礼之精意……后人尊孟而抑荀，无乃自放于礼法之外乎？①

在汉学诸公中，除了戴震、凌廷堪之外，焦循、张惠言等人也对荀子的思想进行申述发明。乾嘉之际，随着汉学的兴盛，传统的“荀学”也开始走向复兴。

荀学之在乾嘉之际走向复兴，也反映了传统儒学在中国的“前近代”时期出现了某种内在转化的趋势。②然而，在荀学于乾嘉之际获得一个短暂的复兴之后，至晚清时期，在由康、梁师弟领导的维新运动中，荀学却再一次地遭到责难，思想界也掀起了“排荀”与“尊荀”之争。康有为作为当时思想界的领袖，继承经今文学派阐衍孔子微言大义的传统，进行托古改制，表彰公羊学家“通三统”、“张三世”、“绌周王鲁、受命改制”诸理念，为维新变法提供理论基础，与此同时，则力斥经古文学为伪学，抑荀尊孟。康有为认为，孔子殁后，儒学在其传衍的过程中出现了孟、荀二系，孟子传大同，荀子传小康。其云：

> 荀卿传《礼》，孟子传《诗》《书》及《春秋》。礼者，防检于外，行于当时，故仅有小康、据乱世之制，而大同以时未可，盖难言之。《春秋》本仁，上本天心，下该人事，故兼据乱、升平、太平三世之制。子游受孔子大同之道，传之子思，而孟子受业于子思之门，深得孔子《春秋》之学而神明之，故论人性则主善而本仁，始

① 凌廷堪：《校礼堂文集》卷十。

② 关于此，读者可以参阅高翔的《近代的初曙：18世纪中国观念变迁与社会发展》以及日本学者沟口雄三的《中国前近代思想的演变》二书。

于孝弟，终于推民物；论修学则养气而知言，始于资深逢源，终于塞天地；论治法则本于不忍之心，推心于亲亲仁民爱物，法乎尧、舜之平世。盖有本于内，专重廓充，恃源以往，浩然旁沛潏汗，若决江河，波涛澜汗，传平世大同之仁道，得孔子之本者也。①

又云：

浩乎孔子之道，荡荡则天，六通四辟，其运无乎不在。然以其广博浩渺，举二千五百年之绵□，合四万万人民之繁众，并日本、高丽、安南之同文，立于学官，著为国教，诵之读之，尊之服之，而苍苍无正色，渺渺无终极，欲实为孔子之至道也，莫可得而指也。人好其私说，家修其旧习，以多互证，以久相蔽，以小自珍，始误于荀学之拘陋，中乱于刘歆之伪谬，末割于朱子之偏安，于是素王之大道，暗而不明，郁而不发，令二千年之中国，安于小康，不得蒙大同之泽，耗矣哀哉！②

并且指出：

吾中国二千年来，凡汉、唐、宋、明，不别其治乱兴衰，总总皆小康之世也。凡中国二千年儒先所言，自荀卿、刘歆、朱子之说，所言不别其真伪精粗美恶，总总皆小康之道也。③

在思想倾向上，康有为除了抑荀外，还抑顾(炎武)，认为："国朝读书之博，风俗之坏，亭林为功之首，亦罪之魁也。"④除了尊孟外，康有为还尊董仲舒与陆王心学(其私淑弟子谭嗣同又以梨洲、船山之学接续

---

① 康有为：《孟子微序》，《康有为政论集》(上)，第471页。
② 康有为：《礼运注序》，《康有为政论集》(上)，第192页。
③ 同上书，第193页。
④ 康有为：《长兴学记》，《康有为政论集》(上)，第90页。

陆王学脉)[1],并以得孔子大道之真传自居。这样,在康有为那儿,儒学传统在其传衍的过程中,便明显地分出了两系,即:孔子—孟子—董仲舒(经今文学)—陆九渊、王阳明(心学)—黄宗羲、王船山—康有为,此一系传孔子的"大同"之学;另外一系,从孔子—荀子—刘歆(经古文学)—朱熹(理学)—顾炎武……此一系则传的是孔子的"小康"之学。康有为所建立的新的儒学道统谱系,虽然贬抑了荀学一系,但他尚未彻底地否定荀学,他尚认为孟、荀是"大贤","为孔门龙象",[2]尚给予荀子以相当的尊敬。然而,至其私淑弟子谭嗣同,则开始直斥荀学为伪学。谭嗣同说道:

---

① 按:康有为曾言:"然大贤如孟、荀,为孔门龙象,求得孔子立制之本,如《繁露》之微言奥义,不可得焉。董生道不高于孟、荀,何以得此?然则是皆孔子口说之所传,而非董子之为之也。善乎王仲任之言曰:'文王之文,传于孔子;孔子之文,传于仲舒。'故所发言轶荀超孟,实为儒学群书之所无。若微董生,安从复窥孔子之大道哉!"(《春秋董氏学·自序》)他甚至还将董仲舒置于孟子之上,以其为独得孔子的"口说"心传。康有为又云:"宋时心学大盛,于是独尊孟子。"(康有为:《孟子微序》,《康有为政论集》(上),第472页。)其私淑弟子谭嗣同亦云:"君统盛而唐、虞后无可观之政,孔教亡而三代下无可读之书。乃至区玉检于陈编,拾大齐于瓦砾,以冀万一有当于孔教者,则黄梨洲《明夷待访录》其庶几乎?其次为王船山之遗书,皆于君民之际有隐恫焉。黄出于陆王,陆王将缵庄之仿佛;王出于周张,周张亦缀孟之坠遗,辄有一二闻于孔子之徒,非偶然也。若夫与黄、王齐称,而名实相反,得失背驰者,则为顾炎武。顾出于程朱,则荀学之云礽也,君统而已,岂足道哉!"[转引自钱穆《中国近三百年学术史》(商务版),第746页]在康、谭的一尊一抑之间,我们可以窥见其欲重建新的"道统"的努力,这实也开现代新儒学建立儒学新道统的先河。并且,康有为在构结其思想体系时,若其"新学伪经""孔子改制"诸义,虽然也是以乾嘉考据学的面目出现的,但它却严重地背违了考据学的基本原则,所以钱穆先生称之为"考证学中之陆王",云:"方植之有言:'考证学衰,陆王将兴。'若康、廖之治经,皆先立一见,然后搅扰群书以就我,不啻'六经皆我注脚'矣,此可谓之考证学中之陆王。而考证学遂陷绝境,不得不坠地而尽矣。"[见钱穆《中国近三百年学术史》(商务版),第723页]此亦可以见出康有为不仅在思想倾向上,而且在学风上也是与孟、董、陆王相承于一脉。

② 康有为:《春秋董氏学·自序》。

孔虽当据乱之世，而黜古学、改今制，讬词寄义于升平、太平，未尝不三致意焉。今第观其据乱之雅言，既不足以尽孔教矣。况其学数传而绝，乃并至粗极浅者，亦为荀学搀杂，而变本加厉，胥失其真乎！孔学衍为两大支，一为曾子传子思而至孟子，孟故畅宣民主之理，以竟孔之志；一由子夏传田子方而至庄子，庄故痛诋君主，自尧、舜以上，莫或免焉。不幸此两支皆绝不传，荀乃乘间冒孔之名，以败孔之道。曰："法后王，尊君统。"以倾孔学也。曰："有治人，无治法。"阴防后人之变其法也。又喜言礼乐政刑之属，惟恐箝制束缚之具之不繁也。……故尝以为：二千来年之政，秦政也，皆大盗也；二千年来之学，荀学也，皆乡愿也。惟大盗利用乡愿；惟乡愿工媚大道。二者交相资，而罔不讬之于孔。被讬者之大盗乡愿，而责所讬之孔，又乌能知孔哉？①

与康有为不同的是，谭嗣同将孟、庄二系看成是孔学的嫡传，他们传的是"民主之治"，然皆中绝不传。而二千年来一脉传衍下来的儒学，谭嗣同认为乃是打着孔子旗号的冒名顶替的荀学，传的是"据乱世之法"的"君主之治"。②篡夺了孔学正统的荀学，"授君主以莫大无限之权，使得挟持一孔教以制天下"③。造成了二千年来的中国陷入"黑暗否塞"④的境地。当时，康有为、谭嗣同等人之所以要力排"荀学"，主要是出之于其现实政治斗争的需要，他们志在现实中国建立一个类似于西方诸国的近代宪政政制，张扬民主，力排君权，因此，在他们

① 谭嗣同：《仁学》二十九，《谭嗣同全集》(下)，第335—337页。
②③④ 谭嗣同：《仁学》三十，《谭嗣同全集》(下)，第337页。

看来,排斥了"荀学",便无异于是对中国传统的专制主义君主政体进行釜底抽薪,从而为其崇尚的"民主之治"扫清道路。梁启超指出当时由维新派主流发起的"排荀运动","实有一种元气淋漓景象"①,由此也以可以想见当时中国思想界"排荀"运动激烈程度之一般了。②

时康有为以经今文学与孟学相结合重新阐释的儒学体系,它在思维上有一个重要特征,即强调了人类心智的"无限性"功能,忽视人类社会历史自身的内在逻辑衍续,认为人类可以凭借其心智创造一个醇善尽美的美好社会,对于存在于不同"空间"的社会存在形态所出现的差异,仅仅看成是"时间"上的差异,否定"空间"因素的作用。谭嗣同曾经极度地推崇"心力",说道:"夫心力最大者,无不可为。"③而康有为则根据公羊家"三统说""三世说""绌周王鲁、受命改制"诸理念与西方资产阶级的进化论学说相结合,建构出其著名的"三世进化论"学说。康有为以此为理论基设,认为存在于不同"空间"的人类社会,将会普遍地按照据乱—升平—太平的三世级次一道同风地进行演化。由此,康有为将其当下政治奋斗目标,确定为在中国建立一个类似于西方诸国的宪政政制,其终极目标,则在于建立一个人人平

---

① 梁启超:《清代学术概论》,第 76 页。

② 按:当时主张力排"荀学"的,在康有为、谭嗣同之外,还有康有为的弟子梁启超以及维新志士夏曾佑等人。梁启超曾云:"孔门之学,后衍为孟子、荀卿两派,荀传小康,孟传大同。汉代经师,不问为今文家、古文家,皆出荀卿(汪中说)。二千年间,宗派屡变,一皆盘旋荀学肘下,孟学绝而孔学亦衰。于是专以绌荀申孟为标帜。……曾佑方治龚、刘今文学,每发一义,辄相视莫逆。其后启超亡命日本,曾佑赠以诗,中有句云:'冥冥兰陵(荀卿)门,万鬼头如蚁。质多(魔鬼)举只手,阳乌为之死。袒裼往暴之,一击类执豕。酒酣掷杯起,跌宕笑相视。颇谓宙合间,只此足欢喜。'"夏曾佑乃梁氏挚友,宗奉刘逢禄、龚自珍的今文学,是一个对梁氏影响巨大的人物(参阅梁启超《清代学术概论》,第 76 页)。

③ 谭嗣同:《仁学》四十三,《谭嗣同全集》(下),第 357 页。

等的理想的“大同”社会。康有为之所以要将西方式的近代宪政政制确立为维新派的当下政治奋斗目标，是因为他将当时的中国看成是处于“据乱世”，而当时的西方诸国则已进入了“升平世”，按照其三世进化原则，则当时西方所业已建立的社会存在形态，便昭示了中国未来历史的归趋。因此，康有为在当时便毫不犹豫地主张“尽革旧俗，一意维新”①，在现实中国建立一个完全不同于传统旧制的全新政体，这使其在社会政治秩序的变革上带有着浓厚的激进主义的色彩。康有为挥其“三世进化论”利刃，在社会政治秩序的变革上毫不容情地斩断同传统的联系，充分凸显了其对于人类心智作用“无限性”的极度自信。在社会文化秩序（或者外在礼治秩序）的安排上，突显人类“心智”的主导作用，这与孟子激进反传统的“心学”思想体系，循着的也基本上是同一理路。

当章太炎在沉重民族危机的感召之下投身于维新运动时，由于治经“专尚古文”，政术专尊荀、韩，这与康氏师弟的治学倾向则正如冰炭。如果说康有为在当时是以“经今文学”与“孟学”为根干来重新阐释儒学传统的话，那么，章太炎则可谓是以“经古文学”与“荀学”为根干来重新阐释儒学传统的。由此，章太炎在康氏师弟力排“荀学”的时候，便公然地揭起“尊荀”的旗帜，在其所作的主要著作《訄书》里，即赫然地首列《尊荀》之篇，并云：

> 自仲尼而后，孰为后圣？曰：水精既绝，制作不绍，浸寻二百年，以踵相接者，惟荀卿足以称是。②

---

① 康有为：《上清帝第五书》，《康有为政论集》（上），第207页。

② 章太炎：《后圣》，《章太炎政论选集》（上），第37页。

他将荀子看成是孔子之后的惟一圣人，称之曰“后圣”，主张“同乎荀卿者与孔子同，异乎荀卿者与孔子异”①。在尊荀的同时，章太炎还“专慕刘子骏（即刘歆——笔者）”，自称为其私淑弟子。②对于陆、王，章太炎则明显地表示不喜，认为“守仁之学至浅薄”，“其学既卑，其功又不足邵”。③在顾炎武、王船山、黄宗羲三者之间，章太炎则以“王而农为最清”，以顾炎武为“材高”，而以黄宗羲为最下。认为“宁人居华阴，以关中为天府，其险可守，虽著书，不忘兵革之事。其志不就，则推迹百王之制，以待后圣，其材高矣！……王之与顾，未有以相轩□也。黄太冲以明夷待访为名，陈义虽高，将俟虏之下问。以《黄书》种族之义正之，则嗒焉自丧矣！”④这似乎表明，章太炎隐然继承的是受康有为贬抑的另一儒学传统，即建立了孔子—荀子—刘歆（经古文学）—朱熹（理学）—顾炎武—章太炎的道统谱系，虽然章太炎当时并不像康有为那样有着强烈的道统意识，其思想所注也并非仅仅自限于儒学，但治学倾向的歧出，已使他与康有为两者成为对阵之势，正如水火之难以相容。

康有为由“孟学”与“经今文学”融汇重新阐释的儒学体系，其核心概念是“仁”。他曾经指出：

孔子之道，其本在仁，其理在公，其法在平，其制在文，其体

---

① 章太炎：《后圣》，《章太炎政论选集》（上），第39页。

② 《章太炎先生自定年谱·光绪二十二年》。

③ 章太炎：《遣王氏》，《章太炎政论选集》（上），第324页。关于章太炎对于“王学”的看法，其详请参阅朱维铮的《章太炎与王阳明》一文，收入《求索真文明——晚清学术史论》一书。

④ 章太炎：《衡三老》，《章太炎政论选集》（上），第325页。

在各明名分，其用在与时进化。[1]

又云：

天地者，生之本；父母者，类之本。自生之本言之，则乾坤父母，众生同胞，故孔子以仁体之；自类之本言之，则父母生养，兄弟同气，故孔子以孝弟事之。……孔子立教在仁，而行之先起孝弟。[2]

康有为将“仁”看作是孔学的大道之本，由“仁”层层推出，最后落实到人伦日用上，则形成“明名分”“起孝弟”的外在礼治秩序。这一由“仁”而“礼”的思想逻辑序列，凸显了“众生同胞”的平等思想。由此，康有为在张扬“仁”的第一义的同时，对于外在社会政治秩序（“礼”）的建立，则以天下为公的“民主之治”为归趋，其终极目标则在于建立人人平等的理想的“大同”社会，这是由康有为由“仁”而“礼”的思想架构所导致的必然逻辑结论。康有为这一以由“仁”而“礼”的思想架构重新阐释的儒学体系，遵循的是孟学传统之“由内圣开出外王”的道路。与此相反，章太炎则将“礼”看成是孔学大道之本，此一孔学真意由荀子传之，而“孟氏未习，不能窥其意”[3]。由荀子所传的“礼”学，“其微言通鬼神，彰明于人事，键牵六经，谟及后世”[4]。浓缩荀子礼学思想之精华的《礼论》与《正名》二篇，章太炎在当时也特别地揭出并为之表彰，高度评价了“正名”与“隆礼”的社会功用。其云：

黄帝正名，仲尼以治卫。夏乱于施，西域乱于塞种，正之以后王之成名。纤及米盐，至于纬宙合。自一话一言，皆正其程

---

① 康有为：《春秋笔削大义微言考序》，《康有为政论集》（上），第468页。

② 康有为：《论语注》，第3页。

③④ 章太炎：《后圣》，《章太炎政论选集》（上），第37页。

度，解其玄纽，则析言破辞者无敢枭乱。惟举枢要，故闳于尔雅；惟参伍口际，故足以陷塞氏。①

荀子在其《礼论》中将“礼”看成是“人道之极”，也即规范人们行为的基本标准。荀子云：

故绳墨诚陈矣，则不可欺以曲折；衡诚悬矣，则不可欺以轻重；规矩诚设矣，则不可欺以方圆；君子审于礼，则不可欺以诈伪。故绳者直之至，衡者平之至，规矩者方圆之至，礼者人道之极也。然而不法礼不足礼，谓之无方之民；法礼足礼，谓之有方之士。礼之中焉能思索，谓之能虑；礼之中焉能勿易，谓之能固。能虑能固，加好者焉，斯圣人矣。②

他认为“礼”即是像绳墨、衡平、规矩一样，乃是社会人结成社会时共同取资的行为标准，其用在于明上下、别尊卑、序长幼，通过社会人行为的充分角色化，而获外在人伦秩序的建立。章太炎由于凸显了“礼”的第一义地位，有着明显的“尊荀抑孟”倾向，因此，他对于荀子主张的通过社会人行为的充分角色化安排外在人伦秩序，也甚为首肯，而对康有为由“仁”而“礼”的思想架构开出的“平等”思想，则明确地表示反对。章太炎云：

有生与之技，有形与之材，官其剂量，则焉可平也？第马而殊骏驽，第人而殊庸下与卓跞，亦剂量殊尔。③

章太炎认为，由于人类天生的所各得的“剂量”之不均，不可避免地会出现“庸下”与“卓跞”之分，其不平等乃是客观的现实，如果面对现

① 章太炎：《后圣》，《章太炎政论选集》（上），第37页。
② 《荀子・礼论》。
③ 章太炎：《平等难》，《訄书》（初刻本）。

实，承认人类之间所客观存在的不平等，并以此去建立一个合理化的外在礼治秩序，是符合人类正义的，如果强使人类平等，则只会造成更大的不平等。由此，章太炎主张“以不平平”，而认为“其平也不平”。[①]推及外在社会政治秩序的安排上，章太炎便不以建立天下为公的“民主之治”为旨趣，更不喜所谓的人人平等的“大同”之说，而是主张面对人类之间天生所具有的不平等的现实，“以宪度而为治本”[②]，建立一个合理化的法治社会秩序。由此，章太炎在推尊“荀学”的同时，还高度地赞扬了申不害、商鞅、韩非等法家学者，认为以申、商、韩为代表的法家，虽然“惨刻少恩”，但却“使上下交蒙其利”。[③]与以康有为为代表的维新派主流相较，章太炎对于社会文化秩序（或者外在礼治秩序）的安排，则反对康有为式的斩断同传统联系“尽革旧俗，一意维新”的激进主义的变革主张，而主张“道古”，也即主张在继承传统的基础之上进行“随俗雅化”，“积渐行之”。[④]由此，章太炎对于社会文化秩序的重构，在彰显人类的“心智”作用的同时，对于“传统业力”的作用，也给予了高度的重视。

戊戌时期，在章太炎与以康有为为代表的维新派主流之间发生的“排荀”与“尊荀”之争，在学统上也可以说表现的是“孟学”与“荀学”之争，它又与经学的今、古文之争紧紧地缠绕在一起。以康有为为代表的维新派主流“尊孟抑荀”，在进行社会文化秩序的重构时充分地张扬人类的“心力”的作用，将人类的意志夸张至具有“无限性”

---

① 章太炎：《平等难》，《訄书》（初刻本）。

②③ 章太炎：《商鞅》，《訄书》（初刻本）。

④ 请参阅拙文《戊戌时期康有为、章太炎变法思想的异趋》，载《福建师范大学学报（哲社版）》1998年第3期。

的功能，对于社会文化秩序的重构采取反传统的激进主义的态度，并且以建立理想主义的“大同社会”为归趋，这与孟子激进主义、理想主义的“心学”思想体系如出一辙。由于章太炎像荀子一样是从“以利为本”的角度来谈人性的，对于人性的不完善性给予了充分的关注，所以，他就不会像康有为那样对于人类的理性充满着极度的自信，由此，章太炎对于社会文化秩序的重构也显得更为审慎与温和。章太炎在“尊荀”的知识背景下重新建构的人文学说，在充分彰显“人”的主体地位的同时，又特别地指出了人类自身所具有的不完善性，从而对于“传统业力”的作用也给予了高度的重视，这一运思理路投射到对于社会文化秩序的重构上，也使得章太炎的思想有着“道古”与“便新”的双重特色，这在下一章我们展开的章太炎对于中国社会文化秩序进行重构的具体论述中，将会被清楚地彰显出来。

第三章 “道古”与“便新”：社会文化秩序的重构

“多元主义”、“历史主义”（“历史相对主义”）与“人文主义”，可谓是章太炎思想体系中的三大理论基点，这三者与章太炎独特的个性特征及其独特的思维模式相融通，不仅构成了章太炎思想的深层内核，而且，还对于章太炎在社会文化层面展开其思想逻辑的链条时，起到了规设与观照作用。这使得章太炎在进行中国社会文化秩序的重构时，其思想逻辑链条的展开，呈现出“道古”与“便新”纷呈迭出、交融互汇的局面，也使其思想带有着迥异流辈的“孤行独见”的特色。章太炎思想在社会文化层面的展开，涉及的范围颇为广阔，其要者如语文、经济、政制、法律、礼俗、道德及宗教思想诸领域，无一不被其界定的“多元主义”、“历史主义”（“历史相对主义”）与“人文主义”三大思想内核所裹挟。章太炎之对于中国社会文化秩序进行重构，实是由此三大思想内核为其奠定基础的。本章通过对于章太炎思想在社会文化层面的推阐，将会在更加广阔的层面上进一步获知章太炎思想的博大内涵及其独有特色。

一、汉语文的统一与普及

20世纪初，随着西方“民族帝国主义”对中国造成的巨大迫压，以及西方思想界主流的变化和日本政教社派掀起的保存国粹运动之影响，民族主义思潮在中国蔚然风起。①为了抵御西方“民族帝国主义”的迫压，革命派在政治上掀起民族建国运动时，同时还注目于民族文化（“国粹”）的复兴，在思想文化上掀起了“文学复古”运动。在20世纪初蔚然兴起的民族主义风潮的鼓荡之下，“前此不甚被重视的语言文字地位逐渐上升，被视为‘国粹’的要素之一”②。在晚清时期的国粹派看来，语言文字乃是一个民族区别于其他民族的重要表征，是一个民族之所以存立的必要条件，也是一个国家赖以建立的基础。如晚清国粹派的重要代表人物邓实，曾经这样说道：

> 合一种族而成一大群，合一群而奠居一处，领有其土地山

---

① 关于此，请参阅拙文《二十世纪初中国“民族主义”文本话语建立的历史机缘》，载《福建论坛》（人文社科版）2001年第1期以及本书第一章。

② 罗志田：《国家与学术：清季民初关于“国学”的思想论争》，第143页。按：钱玄同先生曾经说道：“一八九四年（甲午），中国给日本打了一次败仗，于是国中有识之士，知道非改革政治，普及教育，不足以自存于世界。但是提到普及教育，即有一个问题发生，则汉字形体之难识难写是也。要解决这个问题，就非另制拼音新字不可。当时主张制新字者，有宋衡、谭嗣同、梁启超诸人。言论鼓吹，渐成事实，于是有沈学、蔡毅若、卢戆章、邢岛、王照诸人各制音标，以期代用汉字。”（《钱玄同文集》第三卷，第17页）在甲午之后涌动的这股改革汉语文的思想潮流，最初不过是受甲午之役惨败的刺激而起，然而，至20世纪初，随着“民族主义”思潮之在中国的兴起，它则被赋予了更加深远的含义。对汉语文进行改良，时人不仅仅只是将其看成为一种使中国走向富强的实用主义的手段，而且也将其当成了中华民族之立国、保种的基础来看待的。一部分民族主义者，甚至还将其看成为他们所正在从事的“古学复兴”（“文艺复兴”）运动的一个重要组成部分。

> 川,演而为风俗民质,以成一社会。一社会之内,必有其一种语言文字焉,以为其社会之原质,而为其人民精神之所寄,以自立一国。一国既立,则必自尊其国语、国文,以自翘异而为标致。故一国有一国之语言文字,其语文亡者,则其国亡;其语文存者,则其国存。语言文字者,国界种界之鸿沟,而保国保种之金城汤池也。①

作为当时中国最为著名的民族主义大师章太炎,也这样说道:“国于天地,必有与立,非独政教饬治而已,所以卫国性、类种族者,惟语言、历史为亟。”②透过对于世界各国历史的考察,章太炎发现,强国对于弱国的征服,往往是并其语言文字而灭亡之,如俄罗斯之灭波兰便是一个显著的例证。邓实认为从“变乱其国语,扰乱其国文”下手,已经成为当时欧美列强的“灭国新法”。③在他们看来,一个民族如果语言文字灭亡了,便会沦入万劫不复的境地;如果语言文字不亡,即使遭到亡国的命运,还可以借之作为复国的基础,实现民族的复兴。20世纪初,由于西方“民族帝国主义”对于中国迫压的愈来愈烈,当时的中国已经处在西方列强的虎视眈眈之下,面临着亡国灭种的危险,民族危机空前严重。处在这样一个民族危机万分紧迫的关头,章太炎同其国粹派同仁一样,在其从事残酷而艰巨的民族建国运动现实斗

① 邓实:《鸡鸣风雨楼独立书·语言文字独立》,《癸卯政艺丛书·政学文编》卷七,第173—174页。转引自罗志田《国家与学术:清季民初关于“国学”的思想论争》,第145页。

② 章太炎:《重刊古韵标准序》,《太炎文录初编·文录》卷三。

③ 邓实:《鸡鸣风雨楼独立书·语言文字独立》,《癸卯政艺丛书·政学文编》卷七,第173—174页。转引自罗志田《国家与学术:清季民初关于“国学”的思想论争》,第145—146页。

争实践的同时，对于民族语言文字的前途问题，便也非常关注。并且，他还奋然以捍卫汉语言文字的尊严为己任，与当时的欧化主义者作了毫不妥协的斗争。同时，他还花了大量气力对汉语言文字作了深入研究，为汉语文的统一与普及作出了杰出的贡献。

1.“吹万不同”与“人为齐一”分殊

汉语与汉字，是自古以来维系中华民族生存与发展的不可或缺的重要因素之一，它为中华民族建立大一统的国家提供了强固的纽带。然而，由于中国国土非常辽阔，全国各地存在着众多的方言，这不仅造成了全国各地在主体文化之外形成众多亚文化存在形态的历史格局，而且还妨碍了散处在全国各地人民之间的交流。并且，由于汉字属于表意文字系统，识解颇难，不易于进行文字的普及。所以，汉语与汉字发展到近代若不对之进行改良，便不能适应建立近代民族国家之需要了。建立标准化的汉语言文字，已经成为历史赋予时人的一项重要任务。清末民初，一些有识见的文化分子有鉴于此，掀起了建立标准化汉语言文字的运动，即“切音运动”，章太炎即是在这一历史背景下涌现出来的重要人物，并成为这一运动的代表。与此同时，一部分醉心于欧化的文化分子，则提出取消汉语言文字、以万国新语（即世界语）取代汉语言文字的主张，掀起了“万国新语运动”，吴稚晖是这一运动的代表。①

① 按：罗志田先生认为：“当‘科学’、‘新文明’与‘世界’都与近代西方直接相关之时，吴氏虽有意不计‘种界’而专重‘学理’，然无意中每偏向更‘文明’的西方。综观其所论，‘欧化’一词出现极少，然其实欲中国欧化的意思则随处可见。”（见罗志田：《国家与学术：清季民初关于“国学”的思想论争》，第213页。）其实，以吴稚晖为代表的“新世纪同人”之“每偏向更‘文明’的西方”，并不是其“无意中”之所为的结果，而是由其单线直进的“进化论”思维模式所决定的。无论是在当时，还是在以后的欧化主义者，都基本上循着的是这一康有为式的单线直进的“进化论”思维模式，有着共同的运思理路，吴稚晖及其“新世纪同人”，自然地也不能脱其窠臼。

以吴稚晖为代表的万国新语派，主要是以他们所创办的刊物《新世纪》为阵地来发表他们对于汉语言文字前途的看法的，所以，他们又自称为“新世纪同人”。

晚清之际，迫于西方“民族帝国主义”的巨大压力，在思想界有着强烈的建立近代民族国家的要求，而建立一套易于普及的标准化的统一的语言文字系统，便成为历史赋予时人的一项重要使命。但是，在建立一套什么样的易于普及的标准化的统一的语言文字系统问题上，则存在着激烈的争论，这主要是在章太炎和“新世纪”领袖吴稚晖之间展开的。这场争论不仅仅只关涉到语言文字问题，也关涉到他们对于整个中国文化走向的看法。二者之相互勾连，使得这场争论牵动的实是一场文化论争。由此，在章太炎与具有着强烈欧化意识的“新世纪同人”之间，对于重建中国社会文化秩序理念的分歧，便直接地造成了他们在建立一套易于普及的标准化的统一的语言文字系统问题上的冲突。

以吴稚晖为代表的“新世纪同人”，对于汉语言文字采取一种激进主义的一概扫荡的态度，主张废除汉语言文字，以万国新语取代汉语言文字，其理由主要有以下几点：

第一，他们认为汉语言文字是野蛮文字，而万国新语是优良文字。如有位号称为笃信子的说道：

> 学问之事，譬之个人与个人，彼之胜我者，我效法之而已。万国新语淘汰欧洲文字之未尽善者而去之，则为尤较良。弃吾中国之野蛮文字，改习万国新语之尤较良文字，直如脱败絮而服轻裘，固无所用其更计较。……故卑之无甚高论，止有简单之数语，则曰：中国略有野蛮之符号，中国尚未有文字，万国新语便是

> 中国之文字。中国热心人愿求其同类作识字人者，应自己学万国新语，教人学万国新语。①

吴稚晖也有着类似的看法，他认为：

> 万国新语根希腊拉丁之雅故，详审参酌，始每字能删各国之不同，以定其精当之一，故在方来之无穷，固未可谓莫能最良，若对于以往，自足称为文字之较善，所以制作未二十年，而信从者已达三四千万人。……中国文字与万国新语优劣之比较，不必深信之也，即以印刷一端之小事而论……试问中国文字之排印机械如何制造？能简易乎？②

由上可知，以吴稚晖为代表的“新世纪同人”，不仅将“万国新语”看成是优于汉语言文字的语言文字系统，而且，还将“万国新语”看成是当时世界上最为优良的语言文字系统。具有着强烈欧化意识的“新世纪同人”，与其他欧化主义者一样，对于人类社会历史的演化有着坚定的“进化论”信念，所以，不可避免地要以追求文化的“进化”为目标，在语言文字上，选择他们认为最为优秀的语言文字系统，作为中国建立标准化的统一的语言文字系统的摹本，自然地成为其思想的题中应有之义。在文化上，由于他们以追求“进化”为目标，而在其单线直进的“进化”学说里，则将欧美文化视之为遥居于中国文化之上，是当时人类社会所业已取得的最高文化成就。由此，根据其“进化论”理念，则欧美文化的道路，即昭示了世界各国文化的未来发展方向，中国自然也不能例外。如吴稚晖曾经说道：“今日欧美的物质文

① 倪海曙：《清末汉语拼音运动编年史》，第 189 页。

② 吴稚晖：《书驳中国用万国新语说后》，《吴稚晖先生选集》(下)。

明,并非西学,乃是人类进化阶级上应有的新学。”①将“西学”界定为人类历史进化线上的“新学”,具有普遍性的价值。消弭文化的空间差别,将人类的文化放在“时间”的进化之链上来审视,从语言文字角度来说,舍弃汉语言文字,而主张直接代之以万国新语,当然也会成为其思想逻辑发展的必至结论。“新世纪同人”认为,舍弃汉语言文字而直接代之以万国新语,还可以使中国最快地吸收欧美的文化成就,赶超欧美。如吴稚晖曾云:

> 我们当从“追”字上着想,“追”字是如何情态?就所谓快!快!飞快!……从进化线上着论,在数千年后看来,今日欧美的物质文明,殊不值一笑,但是,若我们同时代的人实地比较,实已相差得太远。仿佛从前我们是“踱方步”的前进,他人始而是乘了牛车前进,继而是快马前进,现在是汽车前进。本来快马的时节,离他已隔数程,今日他的汽车飞驰不息,简直十万八千里的跑得毫无影子。……依着Esperanto(即世界语——笔者)是向单轨火车发明家预定将来新建物成功,可用他一飞就赶到的法子。②

吴稚晖的这一看法,实也反映了“新世纪同人”的共同主张。这当然一方面反映了其所执持的“进化论”学说的强烈影响,另一方面,也反映了当时处于沉重的民族危机的迫压之下,国人企求迅速获致富强

---

① 吴稚晖:《补救中国文字之方法若何》,《吴稚晖先生选集》(下)。按:吴稚晖在此所说的“欧美的物质文明”,其实包含着西方文明的全部,盖吴氏习惯于用“科学”的思维方式去理解文化,而混同自然科学与人文社会科学之间的差别,这使其成为近代中国“科学主义”的主要代表。请参阅郭颖颐《中国现代思想中的唯科学主义》一书。

② 倪海曙:《清末汉语拼音运动编年史》,第197页。

的急迫心理与强烈愿望。吴稚晖式的"赶超"思想，其实，在近代中国也并不新鲜，它曾一再地得到重复，这也反映了处于"现代化之中"的中国，在其民族心理的深层存在着深刻的"焦虑性"。也正是由于这一存在于民族心理深层的深刻的"焦虑性"之作用，国人的理性精神往往受到遮蔽，这也不可避免地影响到人们对于中国社会文化秩序进行重构的思维模式，使"激进主义"思潮长期地占据着中国近（现）代思想舞台的中心。

第二，"新世纪同人"认为汉语言文字识解颇难，不利于开启民智；并且，汉语言文字又是传统旧学的载具，它与国人养成的保守习性息息相关，所以要打破国人的保守习性，只有首先废除汉语言文字。如在"新世纪同人"中有位号称"苏格兰"的说道：

> 文字为开智第一利器，守古为支那第一病源，汉文为最大多数支那人最笃信保守之物，故今日救支那之第一要案，在废除汉文。若支那在二十年内能废除汉文，则成为全球大同人民之先进亦易之耳。①

这无异于是将汉语言文字看成为中国之所以保守落后的根源，认为只要废除汉语文，则中国便很快可以变成像西方那样的"先进"之国。另有一位自称为"新语会会员"的则撰文认为：

> 中国人之学万国新语者，二三月可成功，通欧方者，一二礼拜。万国新语文法，不外十六条，此外更无所谓文法。字不外二千五百，用此可以发挥事物之不能发挥于别种文字者。……何

① 倪海曙：《清末汉语拼音运动编年史》，第197页。

> 如直接习此,而其用直普及全球耶?①

他认为万国新语较之汉语言文字要显得简单易学得多,所以,以万国新语取代汉语言文字,显然,在他们看来不但可以提高国人的智力水平,而且还便于国人汲取西学知识,帮助国人从保守的习性中解脱出来,这在他们看来将是中国之走向富强,能够跻入世界“先进”国家之林的重要保证。

第三,“新世纪同人”认为人类语言文字的发展,最终必将是消除语言文字的国界,走向语言文字的大同。如吴稚晖认为:

> 语言文字者,相互之具也,相互有所扞格,而通行之范围愈狭,即文字之职务,愈不完全。今以世界人类,皆可有相互之资格,乃因语言之各异其声,文字之各异其形,遂使减缩相互之利益,是诚人类之缺憾,岂非为人类唯一之天职?②

并且说道:“人类到再过多少时候,果否总得要说一种言语,写一种文字? 这个答案,恐怕只有早晚的时间,决没有否定的问题。”③吴稚晖坚信未来全世界将会“说一种语言”,自然也是其“进化论”思想必然要导致的结论,这与康有为之主张设立“万国语音室”,制定一天下万国共同的语言,实行“语言文字同一”的主张,若合符契。④之所以会如此,这恐怕与两者都是“进化论”的信徒存在着密切的关系。

第四,“新世纪同人”认为语言文字是“人为”造成的,所以,也可以“人为”地对之进行改造。如吴稚晖认为:

---

① 倪海曙:《清末汉语拼音运动编年史》,第188—189页。
② 吴稚晖:《书驳中国用万国新语说后》,《吴稚晖先生选集》(下)。
③ 吴稚晖:《补救中国文字之方法若何》,《吴稚晖先生选集》(下)。
④ 请参阅康有为《大同书》辛部“去乱界治太平”第十三章“学校”。

> 语言文字之为用,无他,供人与人相互者也。既为人与人相互之具,即不当听其刚柔敛侈,随吾土之宜,一任天然之吹万而不同,而不加以人力齐一之改良。科学中之理数,向之不齐一,今以兆分一秒之一,亿分一秒之一,假定一数,强称齐一,为便于学理及民用者,其繁颐万万。……何况语言文字,止为道理之筌蹄,象数之符号乎?①

所以,他们不相信"习惯"对于语言文字的约束作用,不相信语言文字是"习惯"所演化而成的,认为完全可以用"人为"来改造"习惯"。如吴稚晖说道:

> 凡语言文字,有种人过于相信都是"习惯"演化的,过于不相信有可以"人为"的,其实什么叫做"习惯"呢?也不过聚了无数"不成文"的"小人为",受了许多小人为的转变,演成一个"有名目"的习惯罢了。……总之,无论如何大的习惯,必要如何多少"人物的力量"才能变成,这是可以盲断的。……由盲断的一方面着想,恐怕出了灯油,决不会放他暗处坐的,出多少力量,必有多少转变,可以相信得过的。英、法、德、俄文都由"小人为"用习惯造成,则今日的Esperanto即用"大人为"演成习惯,乃毫无二致。②

由于上面诸种理由,"新世纪同人"便对汉语言文字持一种激进的彻底否定的立场,他们将汉语言文字称之为"祖宗之糟粕",将主张继续保持汉语言文字者称之为"好古家",并将他们所从事的事业称之为

① 吴稚晖:《书驳中国用万国新语说后》,《吴稚晖先生选集》(下)。
② 吴稚晖:《补救中国文字之方法若何》,《吴稚晖先生选集》(下)。

“可鄙”的事业。①从“新世纪同人”彻底扫荡汉语言文字的主张,我们可以看出其欧化的意旨是非常明确的,在其激进反传统的思想意旨里,全盘欧化是呼之欲出的,这已无须我们花费笔墨再去加以证明了。究其思想的实质,“新世纪同人”实是要以西方文化来同化中国文化,以西方文化的浪潮来洗荡中国传统文化,直至中国传统文化完全消失,完全同化于西方文化为止。在“新世纪同人”看来,只有造成一个全面西方化的中国,中国才算是跻入了世界“先进”国家之林。揆之“新世纪同人”所持的理由,虽然涉及众多方面,但究其实,其最重要的理由不过只有一点,即他们将包括语言文字在内的文化看成是一个非历史性的存在。吴稚晖混淆“物质文明”与“精神文明”的界限,认为“精神不过从物质凑合而生”,甚至将“人”只看成是各种物质元素聚集的集合体,而剥离其精神性因素。②由此也可以看出,以吴稚晖为首的“新世纪同人”,主张以“科学中之理数”对全世界的语言文字进行“齐一”化,实际上是以自然科学的眼光去看待文化,将自然科学真理的普遍性应用于人文社会,所以,他们便忽视语言文字作为历史性及社会性存在的价值,而将之当作像机械部件一样可以任意拆散、配置的没有生命的机械的东西,因此,他们重视“人为”的创造,而忽视传统这一伟大生命之流的衍续,便是可以理解的了。这一对于民族语言文字所抱有的虚无主义的态度,不仅使他们陷入“西方文化中心论”的陷阱,而且,也使得他们流入“自由意志”的独断,从而走上非理性的道路,这恐怕是“新世纪同人”始料之所未及吧!

---

① 倪海曙:《清末汉语拼音运动编年史》,第198页。

② 吴稚晖:《与友人论物理世界及不可思议书》,转引自郭颖颐《中国现代思想中的唯科学主义》,第33—34页。

“新世纪同人”对于民族语言文字所采取的虚无主义立场，反映了当时中国的一部分文化分子在西方文化的冲击面前民族自信心的失落，从而导致了其文化心灵的失衡与扭曲。1906年，章太炎在“东京留学生欢迎会”上发表演说时，即针对当时这一颇为流行的“虚无”病痛下针砭，认为它是一种“自甘暴弃”的行为，并且提出“以国粹激动种姓”的口号，以冀增加国人的民族自信心。而“语言文字”则是他所说的“国粹”的重要内容之一。[①]章太炎将“以万国新语改汉土文字者”目之为“怪说”[②]，面对着“新世纪同人”的这一“昌披”之“怪说”，他一面挥戈反击，一面则花费大量气力对汉语言文字作了深入而系统的研究，致力于建立一个适合时代需要的标准化的民族语言文字系统。

章太炎之所以要将“新世纪同人”的“以万国新语改汉土文字”目之为“怪说”，并对之进行拒斥，其理由主要有以下几个方面：

首先，章太炎认为语言文字是历史的产物，汉语言文字属于象形字的表意文字系统，欧西诸国语言文字属于合音字的表音文字系统，是由它们所处的自然环境的不同历史地产生的，无关乎文化的优劣。如果将使用象形文字称之为野蛮，将使用合音文字称之为开化，那么，章太炎指出，“南至马来，北抵蒙古，文字亦悉以合音成体”，但我们却不能说马来、蒙古的文化要优于中国。因此，章太炎认为，“象形、合音之别，优劣所在，未可质言”[③]。从万国新语本身来说，由于它主要是糅合欧洲诸国的语言而创造出来的，所以，欧洲诸国使用万

① 章太炎：《东京留学生欢迎会演说辞》，《章太炎政论选集》(上)。
② 章太炎《与孙仲容书》，《太炎文录初编·文录》卷二。
③ 章太炎：《驳中国用万国新语说》，《太炎文录初编·别录》卷二。

国新语有方便之利,如果将其普行世界,“既远人情,亦日相抵牾”①,只会给其他各国人民之间的交流带来麻烦。“大地富媪博厚矣,殊色异居,非白人所独有,明其语言不足以方行世界,独在欧洲有交通之便而已。”②万国新语作为普行欧洲一隅的语言文字,在章太炎看来是可以的,有着交通方便之利,但若将之当作普行全世界的统一语言文字,章太炎则认为非但不可取,也是不可能做到的。

其次,对于“新世纪同人”认为汉字识解为难,不利于开启民智的看法,章太炎则以俄、日为例给予了驳斥。他认为俄国使用的也是合音文字,但俄国人的识字率却少于中国;日本人使用的是混合文字,在其文字里杂有汉字,“日本人既识假名,亦并粗认汉字,汉字象形,日本人识之,不以为奇恒难瞭”③。在章太炎看来,开启民智,提高国人的识字率,并不在于是使用象形文字,还是使用合音文字,而在于“强迫教育之有无”。④就汉语言文字本身来说,章太炎也并不认为它多么难识,他认为:“草木形类而难分,文字形殊而易别,然诸农圃,识草木必数百种,寻常杂字,足以明民共财者,亦不逾数百字耳。”⑤在他看来,普通国民只要能够掌握几百个常用的汉字,就足以应付日常运用了。并且,章太炎还认为,国人识字与否,还系乎其本身的需要与否,譬如说,农民种地似乎无需识字,然而“陶人抟土,梓匠营宫,妇功刺绣,锦宫织缯,工艺精良,视农耕为难习矣。然皆十口相传,不在载籍。当其习此,以为文字非所急图,出而涉世,乃自悔失学。书札、契券、计簿之微,犹待他人为之营治,欺诈不可以猝晓,隐曲不可以自藏,斯亦爽然自咎也。若豫睹知书之急,谁不督促子弟以就学者?”⑥

①②③④⑤⑥ 章太炎:《驳中国用万国新语说》,《太炎文录初编·别录》卷二。

章太炎认为随着国人需要的增加，如果国家再实行“强迫教育”，那么，“何患汉字之难知”呢？

复次，章太炎认为如果废除汉语言文字，以万国新语作为中国统一的语言文字，则不但不会给中国人民带来方便，反而还会带来更大的不方便，中国人民将难以掌握。在他看来，语言文字不仅是一个历史性的存在，而且也是一个社会性的存在，与其文化存在着密切的关系，我们不可能做到将语言文字从其文化之中游离独立出来。社会学家杜尔斯兑曾经指出，中国的“道”字任何一种语言皆难以准确译述。章太炎云：“夫不能译者，非绝无拟议之词也，要之，封域大小，义趣浅深，必不能以密切，猥作彼语以相比况，将何以宣达职志，条鬯性情？”①岂但一个“道”字，像这样的情况在汉语中其实彼彼皆是。举例来说，譬如“持”字之义，章太炎认为汉语的表述即极为丰富，而他国语言则否。其云：

> 持者，通名也。高而举之曰抗，俯而引之曰提，束而曳之曰捽，拥之在前曰抱，曳之在后曰拖，两手合持曰奉，肩手任持曰儋，并力同举曰台，独力引重曰扛。②

一个“持”字，即有着如许众多的别名，其含蕴的意思实在是太丰富了，这是汉语言文字特有的优长地方，如果译成他国语言，即不能准确地加以表述。“及如械器有无，东西殊贯，食有竹箸，赌有围棋，乐器有箫管笙磬之殊形，衣服有袍褂衫襦之异用，若此类者，殆以百数；夫称帽为冠，以桌为案，正名者犹云不可，况或本无其器，而皮附为名乎？”③这些仅仅还在名物器数之间，如推之学术文辞则尤不可。章太炎说道：

> 学之近文者，其美乃在节奏句度之间，不专以文辞为准。若其

①②③　章太炎：《驳中国用万国新语说》，《太炎文录初编·别录》卷二。

> 纽母不同,韵部有异,名词长短,往复皆殊,则在彼为至美者,于此乃反为傉劣。摆伦(今译拜伦——笔者)之诗,西方以为凄怆研丽矣,译为汉文,则率直不足观采。其稍可者,必增损其文身、句身,强以从我,此犹治璞玉者施以雕刻,非其旧式然也。由是,知汉土篇章之美者,译为欧文,转为万国新语,其率直鲜味也亦然。本为谐韵,转之则无韵;本为双声,转之则异声;本以数音成语,转之则音节冗长,失其同律。……若徒以交通为务,旧所承用,一切芟夷,学术文辞之章章者,甚则弃捐,轻乃裁减,斯则其道大觳,非宜民之事也。①

因此,章太炎主张:“苟取交通,若今之通邮异国者,用异国文字可也,宁当自废汉语哉? 岂直汉语尔,印度、欧洲诸语犹合保存。”②

由上章太炎反对“新世纪同人”废除汉语言文字的理由,我们可以看出,章太炎将语言文字看成是一个历史性、社会性的存在,所以,他反对以吴稚晖为代表的“新世纪同人”用“科学之理数”进行“齐一”语言文字的做法,反对将自然科学真理的普遍性应用于人文社会,这是他与“新世纪同人”意见分歧的关键之所在。章太炎认为:

> 科学固不能齐万有。而创造文字,复与科学异撰。万物之受人宰制者,纵为科学所能齐,至于文字者,语言之符,语言者,心思之帜,虽天然言语,亦非宇宙间素有此物,其发端尚在人为,故大体以人事为准。人事有不齐,故语言文字,亦可不齐。③

---

①② 章太炎:《驳中国用万国新语说》,《太炎文录初编·别录》卷二。

③ 章太炎:《规新世纪》,《民报》第24号。按:章太炎反对将自然科学真理的普遍性应用于人文社会,不但发生在他与吴稚晖关于汉语言文字前途问题的争论之上,还反映在他与严复关于进行政治创制的分歧上,其详请参阅本章第三节“两条政制创制路向比较”一目。

而以吴稚晖为代表的“新世纪同人”漠视语言文字的历史性与社会性，忽视“习惯”的作用，采取快刀斩乱麻的简捷做法，主张用“科学之理数”进行“齐一”语言文字，“人为”地实现世界语言文字的“大同”，实际上已经陷入“欧洲文化中心论”的陷阱。揆之章太炎的主张，较之“新世纪同人”来说，似要显得理性得多。章太炎之所以能够对语言文字采取一种较为理性的看法，这与我们前面说过的章太炎思想的基本宗旨也是紧密关联的。前曾说过，章太炎思想的一个重要理论基石，即是主张注重文化的“民族性”特色，主张“不齐而齐”的“齐物”学说，反对“齐其不齐”的“博爱大同”学说，所以，他能够将世界各民族的语言文字等无优劣地一视同仁，并重视文化生命之流的历史衍续，尊重“习惯”，主张“创造”只能在本民族文化传统的基础之上进行，反对脱离本民族文化传统的所谓的“人为”的“创造”。章太炎云：

余闻风律不同，视五土之宜，以分其刚柔侈敛。是故吹万不同，而使其自己，前者唱喁，后者唱于，虽大巧莫齐也。①

正是由于语言文字是一个历史性、社会性的存在，有着鲜明的“民族性”特色，所以，只能“吹万不同，使其自己”，而不能用“科学之理数”进行“人为”的“齐一”，“人为”地以一种语言文字来统一世界，走向世界语言文字的大同。章太炎曾经严厉地指出：

彼欲以万国新语剿绝国文者犹是，况挟其功利之心，歆羡纷华，每怀靡及，恨轩辕厉山为黄人，令己一朝坠溷藩，不得蜕化为大秦皙白文明之俗，其欲以中国为远西藩地者久，则欲绝其文字，杜其语言，令历史不焚烧而自断灭，斯民无感怀邦族

---

①　章太炎：《驳中国用万国新语说》，《太炎文录初编·别录》卷二。

之心亦宜。①

“新世纪同人”之欲以“万国新语”取代汉语言文字的主张，在章太炎看来无异于是一种殖民地（“藩地”）心态的体现。

2. “注音符号”和“切音文字”论争

在以吴稚晖为代表的“新世纪同人”鼓吹废除汉语言文字，主张在中国推行“万国新语”的同时，当时在思想文化领域里，还存在着另外一股颇为强大的思潮，即主张废除汉字，但不废除汉语，以“切音文字”取代原有汉字。如果说主张在中国推行“万国新语”的主要是一些出洋留学生的话，那么，主张以“切音文字”取代汉字的，则可谓是洋土结合，既有身着西装、足登革履的出洋留学生的介入，又有身着长袍、头戴瓜皮小帽的传统老学究的参与。前者主张以万国新语中的二十八个字母来拼切汉语，替代原有的汉字；后者则主张从研究汉语的韵、纽着手，寻找出汉语的标准韵、纽，再以之制成“切音字母”，用来拼切汉语，替代原有的汉字。这两股势力互相配合，在近代中国掀起了影响颇为深远的“切音文字运动”。

“切音文字运动”的倡导者，之所以要主张以“切音文字”取代原有的汉字，是因为在他们看来使用“切音文字”有利于全国语言的统一，而实行全国语言的统一，乃是中国走向强盛的必要条件之一。这一点，似乎已经成为当时人的普遍共识。1902 年，严复的好友、桐城派文章大家吴汝纶，在日本东京与日人伊泽修二进行会谈时，伊泽修二即向吴汝纶进言道：

---

① 章太炎：《规新世纪》，《民报》第 24 号。又见汤志钧编《章太炎年谱长编》（上），第 282 页。

> 欲养成国民爱国心，必须有以统一之。统一维何？语言是也。语言不一，公用之不便，团体之多碍，种种为害，不可悉数。……今日爱国心之最强者，莫若德意志。……德皇维廉起，知欲振国势，非统一联邦，则不足跻于壮盛；欲统一联邦，非先一语言，则不足以鼓其同气。方针一定，语言一致，国势亦日臻强盛。欧罗巴各国中爱国心之薄弱者，莫如奥大利、匈牙利之共同国，全国国种不一，自然语言不齐，莫知改良之方，政治风俗，在在见参互错综之状……扰乱之举，曷有其极？傍观者时切杞忧，谓奥匈之恐不国也。此语言不统一之国，一则由不统一以致统一，其强盛有如德国；一则本不统一而不知改为统一，其紊乱有如奥匈，……是似为贵邦前车之鉴矣。①

出于追求建立强大的“现代民族国家”的考虑，时人对于语言的统一开始给予了高度的关注。1903年，直隶大学堂学生何凤华上书袁世凯，提出实行“多数人之教育”的建议，指出：“中国语言一事，文字一事，已一离而不可复合矣。更兼汉字四万余，无字母以统之，学之甚难，非家计富厚、天资聪颖之人，无从问津，此亿万众妇女与贫苦下等之人所由屏于教育之外，而国步所由愈趋愈下也。”②所以，他主张“以语言代文字，以字母记语言”③。也即主张建立一个像西方那样的“切音文字”系统，作为全国统一的语言文字。何凤华的这种想法，在当时颇有代表性。由此，对于“切音文字”的提倡，在当时掀起了一股颇为强大的思潮。时人不仅将“切音文字”当作统一语言的最为方

---

① 倪海曙：《清末汉语拼音运动编年史》，第91—92页。
② 同上书，第100—101页。
③ 同上书，第101页。

便的工具，将之看成为凝聚国人爱国心的有力利器，同时，还认为推行“切音文字”也有利于国人学习西方的近代科学。如《一目了然初阶》的作者卢戆章即曾经说道：

> 窃谓国之富强，基于格致，格致之兴，基于男妇老幼好学识理，其所以能好学识理者，基于切音文字。……基于字话一律，则读于口，即达于心。又基于字画简易，则易于习认，亦即易于提笔。省费十余载之光阴，将此光阴专攻于算学、格致、化学以及种种之实学，何患国之不富强也哉！①

除此之外，“切音文字”的倡导者，在其所持的基本理论上还有着另外一个重要的依据，即是认为属于表意文字系统的汉语言文字繁难难识，不易掌握，而属于表音文字系统的西方语言文字则无此弊。如卢戆章即曾说道：

> 中国字天下第一难……平常所用者，不过四五千字而已，皆一字一样，逐字须由口教，虽博学老先生，尚难尽记，况农工商贾妇人小子也哉！外国皆用二三十字为切音之字母，省音便有字，故其男妇老幼，皆能读书写信。②

所以，他们认为只有像西方那样实行“言文合一”，推行“切音文字”，才能解决汉字识读难的问题。如梁启超曾经说道：

> 语言与文字离，则通文者少，语言与文字合，则通文者多。中国文字多，有一字而兼数音，则审音也难；有一音而兼数字，则择字也难；有一字而数十笔画，则识字也难。③

---

① 倪海曙：《清末汉语拼音运动编年史》，第 21 页。

② 同上书，第 28 页。

③ 梁启超：《盛世之音序》，见倪海曙《清末汉语拼音运动编年史》，第 48 页。

梁氏又云：

文与言合，则读书识字之智民，可以日多矣。[1]

作为切音文字运动重要成员之一的王照，亦云：

盖各国皆语言文字合而为一，字母简便，虽极钝之童，能言之年，即为通文之年。故凡为学之日，皆专于其文字所载之事理，日求精进。而吾国则占毕十年，问何学，曰学通文字也，其钝者，或读书半生，而不能作书柬。惟其难也，故望而不前者十之八九，稍习即辍者又十之八九。其能通文者，则自视为难能可贵之事，表异于众，而不能强喻诸众，且精力久疲，长于此而绌于彼，尚欲以影响闪烁之词，隐括事理，扬扬得意，不自知其贻误也久矣。[2]

在清末的"切音文字"运动中，"切音文字"的倡导者其最著者有王炳耀（广东东莞人，著有《拼音字谱》）、蔡锡勇（福建龙溪人，著有《传音快字》）、卢戆章（福建同安人，先后著有《一目了然初阶》《中国切音新字》《中国新字》及《中华新字》等书）、沈学（江苏吴县人，著有《盛世元音》）、劳乃宣（浙江桐乡人，著有《等韵一得》《宁音谱》及《吴音谱》等书）以及王照（河北宁河人，著有《官话合声字母》）等，[3]他们不但各有著述，而且还在中国南北各地开设学校，推广"切音文字"，获得时人赞誉。揆之"切音文字"倡导者之创制"切音文字"的途径，不外乎有两种：其一是以西文若拉丁字母等作为"切音字母"，其一则是以汉

① 梁启超：《盛世之音序》，见倪海曙《清末汉语拼音运动编年史》，第 49 页。

② 王照：《官话合声字母自序》，见倪海曙《清末汉语拼音运动编年史》，第 76 页。

③ 请参阅吴稚晖《补救中国文字之方法若何?》一文〔《吴稚晖先生选集》（下），第 36—37 页〕及《辞海》（语言文字分册）"中国语文学家""中国语文著作"相关条目。

字省略之形制成“切音字母”。前者我们可以卢戆章为代表，而后者我们则可以王照为代表。“卢戆章的《切音新字》方案，一共有五十五个字母：有厦门音三十六个，漳州音加两个，泉州音加七个，一共四十五个，还有十个是拼各地音的。五十五个字母中，有些字母既表声母，又表韵母，所以实际的字母形体，只有三十多个。这三十多个字母形体中，采用拉丁字母小写体的有十五个，采用拉丁字母大写体的有三个，创造拉丁字母变体的十七个，用希腊字母的一个。”①卢戆章的“切音文字”方案，地域色彩浓厚。“王照的方案，初稿一共有十五个‘喉音’，四十九个‘字母’。后来改为十二个‘喉音’（就是‘韵母’），五十个‘字母’（就是‘声母’）。”②王照以汉字省略字形制成“切音字母”，并以“京话”作为统一语言的标准，较之卢戆章来说，具有着更加广泛的代表性。“切音文字”的创出，是通过研究找出汉语的标准纽、韵，然后再制成“切音字母”，用以拼切汉语，组成“切音文字”的。对于主张从研究汉语的韵、纽着手，寻找汉语的标准韵、纽，并以之制成“切音字母”的做法，章太炎非常赞同；但对于以“切音字母”拼切汉语形成“切音文字”，并用以取代原有汉字的主张，章太炎则不表赞同。在章太炎看来，“切音字母”只能成为一种“注音符号”，不能成为一种文字。终其一生，他对于“切音文字”始终都没有予以承认。所以，章太炎对于“言文合一”的主张，也持着坚决反对的立场。

章太炎之所以要反对“切音文字”，之所以要反对“言文合一”的主张，这是因为，他认为中国国土辽阔，方言众多，各地方言之间的差

---

① 倪海曙：《清末汉语拼音运动编年史》，第23—24页。

② 同上书，第78—79页。

别也非常大，难以统一；并且，存在于中国各地的方言，皆承之自昔，各有本株，它们之间也并无什么雅俗之分。由此，在章太炎看来，以“切音文字”去代替原有的汉字，如果要是兼顾保存原有的方言，就会出现取舍为难的局面；如果以一种方言作为标准语言，并以它的韵、纽制成“切音字母”来拼切汉语的话，则会导致大量方言的消失，而方言是中国文化的活化石，大量的古语、古训存留在方言里面，方言的大量流失，不仅是中国文化的一大损失，也将给古典文献的考订与阐释带来困难。基于以上诸方面的考虑，章太炎认为用“切音文字”去统一中国的语言文字，并以之作为标准化的统一的语言文字的做法是困难重重的。为了证明存在于全国各地众多方言的统一之困难，章太炎还以自己研究所得的“纽、韵正音”来省察全国各地方言发音的流变，详见下表。

浊音去声变清音界	直隶、山东、河南、山西	入声似去界	直隶、山东、河南、山西
清音去声变浊音界	湖北、湖南、广东、广西、福建	舌上音归舌头界	福建
浊音上声变去声界	除浙江嘉兴、湖州二府，他处皆然。	舌上音归喉音界	广东
去声不别影喻二纽界	除江南、浙江，他省皆然。	舌上音变正齿界	江南、浙江、广东、湖南、广西、云南、贵州
上声似平界	陕西	轻唇音归牙音界	除广东，他省多有
匣纽变喻纽界	浙江	泥纽变娘纽界	除云南、贵州，他省多有
牙音误轻唇音界	广东	疑纽误娘纽界	除广东，他省多有

续表

泥纽变来纽界	直隶、山东、河南、江苏北部、安徽北部	喉音误齿头音界	广东
弹舌音变来纽界	安徽北部	齿头音归喉音界	各省多有
弹舌音误禅纽界	江南、浙江、江西、湖南、云南、贵州、广东	齿头音变正齿音界	各省多有
鱼韵误支韵界	云南、贵州、广东、浙江	江阳二韵无别界	除江西,他省皆然
舌收唇无别界	除广东,他省皆然	术物等韵误入横韵界	直隶、河南、湖北、湖南
韵无别界	除湖南、江西、安徽,他省皆然	麻韵误如曷末平声界	除江苏江宁府、浙江绍兴府,他处皆然
韵无别界	除广东,他省皆然	麻韵误先头幽韵界	除浙江、江西、湖南、广东,他省皆然
韵无别界	除岭北诸省,迤南诸省皆然		

(上表内容见《国故论衡·正言论》)

通过上表我们可以看出,存在于全国各地方言所具有的纽、韵的差异是非常大的,所以,以一种方言的纽、韵作为标准纽、韵来统一全国所有的方言,不但困难重重,实际上也是根本办不到的。并且,以此标准纽、韵制成"切音字母"来拼切汉语,替代原有的汉字,不但不能达到语言统一的目的,反而还会造成全国语言的混乱。由此看来,以"切音文字"替代原有汉字的主张,便不符合汉语言本身的发展规律。在中国原有的语言文字结构中,虽然方言杂多,但是由于有汉字作为纽带，所以，便显得杂而不乱。在中国传统的语言文字格局之下，中国人民之间的交流，实际上是语（言）、文（字）交相起作用的，如果没有“文字”作为纽带，则生活于各方言区人民之间的交流，将难以顺利地进行。至于以万国新语的二十八个字母来拼切汉语，替代原有汉字的做法，其误与上述卢戆章、王照等的“切音文字”主张相同，并且，由于它属于西方语言系统，施之于汉语，在章太炎看来则尤扞格难通。从音素上来说，章太炎认为汉语言文字“计纽及韵，可得五十余字”，如果加上声之四等、韵之四声，“则音母几将二百”，[①]较之万国新语的二十八个字母来说，汉语言的音素要丰富得多。所以，仅仅采用万国新语的二十八个字母去制成切音文字，便不能穷尽汉语言所蕴藏的丰富内涵及其所具有的复杂变化，在实际运用的过程中只会显得捉襟见肘。从汉语言文字产生的历史来看，章太炎认为汉字之所以采用“象形”，而不用“合音”，是因为汉语言的“名言符号，皆以一音成文，故音同义殊者众，若用合音之字，将芒昧不足以为别。况以地域广袤，而令方土异音，合音为文，逾千里则弗能相喻。……自颉、籀、斯、邈以来，文字皆独标部首，据形系联者，其势固不得已也”[②]。据此，章太炎认为：“故非独他方字母不可用于域中，虽自取其韵、纽之文，省减点画，以相拼切，其道犹困而难施。”[③]由于以上种种原因，章太炎对于以万国新语的二十八个字母或者以汉字的标准韵、纽制成“切音文字”，用以代替原有的汉字的做法，便持着坚决反对的立场。他认为，如果真的以“时彦所哗”的“言文合一”主张，也即以“切

---

①②③　章太炎：《驳中国用万国新语说》，《太炎文录初编·别录》卷二。

音文字”来“闾阖蒸黎”的话，只会收到“翩其反矣”的结果。①章太炎云：

世人徒见远西诸国，文语无殊，遂欲取我华风，远同彼土。不悟疆域异形，大小相绝，……刚柔、燥湿、风土互殊，其异一也；又彼土常言，多原罗马，乃复杂以土风，雅郑相贸，借使罗马先民，复生今日，闻彼正音，方欲粲为畔喭，无以非正为正，则正者谲矣，两在非正之位，则一不独正矣。反观诸夏语言，承之在昔，殊方俚语，各有本株，故执旋机以运大象，得环中以应无穷，比合土训，在其中乎！若枉徇偏方，用为权概，既无雅俗之殊，宁得随情取舍？其异二也；又彼土自日尔曼以来，仍世朴塞，画革傍行，无过迻书，声气虽有增华，离质非远，我则口耳竹帛，文质素殊。今若以语代文，便将废绝诵读，若以文代语，又令丧失故言，文、语交困，未见其益，其异三也。②

由于中西历史文化传统之互异，而语言文字是一个与特定民族的历史文化传统密切相关的存在，所以，在章太炎看来，仿效西方以“切音文字”作为全国统一的语言文字，实现语(言)、文的合一，其误则正与上述的“新世纪同人”之主张以“万国新语”取代汉语言文字相同。

3. 汉语文的“标准化”与“时代化”

由于章太炎拒斥以“万国新语”(“世界语”)取代汉语文，以及以“切音文字”取代汉字的主张，所以，在当时他便明确地向世人宣言：

①② 章太炎:《正言论》,《国故论衡》。

“文字不得用拼音，妄效西文，而使人昧于其义也。”①然而，尽管章太炎对于以吴稚晖为代表的“新世纪同人”，以及以卢戆章、王照为代表的“切音文字”倡导者的欧化倾向的语文主张予以了拒斥，但他并不反对他们所倡导的统一全国语言的主张，他也主张“速谋语言统一”。②之所以要如此，是因为章太炎不仅将民族语文的统一看作是其所进行的“文学复古”（“文艺复兴”）运动的一个组成部分，也将其看作是其所正在从事的民族建国运动的一个重要组成部分。章太炎同时人一样，也已经深刻地认识到了建立标准化的统一的语言文字系统对于建立近代民族国家的重要意义。也正是由于这样，他在清末民初之世，汲汲乎倡导保存国粹，并且要使“支那闳硕壮美之学”，“恢明而光大之”。而在他所倡导的“国粹”之中，“语言文字”即是最重要的内容之一。章太炎立志欲使传统的汉语文存在格局“恢明而光大之”，其意即是要通过建立一个统一的标准化的汉语言文字系统，使汉语文挥发出新的生命，并且，使其更好地服务于他们正在从事的建立近代民族国家的需要。

如何统一全国的语言，并建立起一套统一的标准化的汉语言文字系统呢？章太炎主张应在原有的民族语言文字的存在格局之下，通过研究寻找出一种“正音”，并以此“正音”作为全国“统一的语言”；但他认为“正音”只是一种普行于全国的“标准化”语言，确立“正音”并不偏废“方言”，“正音”应与“方言”并存。为了使“正音”规范化并普行于全国，章太炎主张应在研究汉语言纽、韵的基础之上，确立汉语言的标准纽、韵，并以此标准纽、韵制成“切音字母”来标注“正音”，

---

①② 章太炎：《中华民国联合会第一次大会演说辞》，《章太炎政论选集》（下）。

但此“切音字母”只能作为原有汉字的“注音符号”来运用，不可以用之替代原有的汉字，形成一种新的文字（即“切音文字”）。根据他的研究，他认为：

> 北方纽正，南方韵正，汉口等处则当十八省之中枢，故其韵、纽皆正。①

又云：

> 迩者以统一语言有所发舒，古之正音，存于域中者，洋洋乎其惟江汉大鄂之风，其侵谈闭口音，宜取广东音补之，异时经纬水陆之交，凑于汉上，语言旁达。②

他将“汉口音”确立为建立全国统一的标准语言的“正音”，主张以“汉口音”为基础，再以其他各地的方言补其不足，以确立全国统一的标准化语言。对于汉语言纽、韵的研究，章太炎也注力颇勤，他在总结前人研究成果的基础之上，确立汉语言的声纽为三十六，韵部为二十二，并以“古文篆籀径省之形”，制成“切音字母”五十八个，以之来标注、规范“正音”。③章太炎的以“汉口音”作为“正音”的主张，虽然不敌王照的“京话”说，但他所创制的五十八个“切音字母”，民国二年教育部召集读音统一会时，经其弟子胡以鲁、周树人、朱希祖、马裕藻及许寿裳等联名提议，得全会赞同，遂成为全国统一语言的标准“注音符号”（在实际运用中略有增损）。④由章太炎创制的“切音字母”，以后一直延用多年，这是章太炎对于中国语文所

---

① 汤志钧：《章太炎年谱长编》（上），第293页。
② 同上书，第462—463页。
③ 章太炎：《驳中国用万国新语说》，《太炎文录初编·别录》卷二。
④ 许寿裳：《章炳麟》，第95—96页。

作出的独特贡献。①

章太炎对于汉语言"正音"的厘定，及其创制的"切音字母"，为解决汉语言的统一问题作出了巨大贡献，同时也为解决汉字识读难问题提供了方便之利。对此，章太炎也颇为自负，他在给日本朋友山田饮江的信中说道："若乃究极语言，审定国音，整齐文字，仆于今世有一日之长，一饭之先焉。"②为了彻底解决汉字识读难的问题，章太炎一方面主张将古典字书如《说文解字》《玉篇》《广韵》中著录的反语

① 按：关于"切音字母"的创制，最早可以追溯到唐代的释守温。释守温曾经参照梵藏字母，创立三十个字母，此为宋人"三十六字母"之所本。至清时，音学大盛，清初学者刘献廷尝作有《新韵谱》，"自华严字母入，而参之以天竺陀罗尼、泰西腊顶话、小西天梵书，暨天方、蒙古、女真等音，又证之以辽人林益长之说"，创制"切音字母"，梁启超称其"最为精奇"(《清代学术概论》，第 23 页)。惜其书不传，赖全祖望在其《鲒埼亭集内编》卷二十八收有其所作的《刘继庄传》一文，据全氏此文我们尚可得知刘氏创制"切音字母"之厓略。全祖望云："继庄(即献廷字——笔者)之法，先立鼻音二，以鼻音为韵本；有开有合，各转阴阳上去入之五音。阴阳即上下二平共十声，而不历喉腭舌齿唇之七位，故有横转无直送，则等韵重叠之失去矣。次定喉音四，为诸韵之宗；而后知泰西腊顶话，女真国书，梵音尚有未精者；以四者为正喉音，而从此得半音、转音、伏音、送音、变喉音，又以二鼻音分配之，一为东北韵宗，一为西南韵宗。八韵立，而四海之音可齐。于是以喉音互相合，凡得音十七；喉音与鼻音互相合，凡得音十；又以有余不尽者三，合之，凡得音五，共三十二音为韵父；而韵历二十二位为韵母，横转各有五子，而万有不齐之声，摄于此矣。"全祖望评之曰："继庄是书，多得之大荒以外者，囊括浩博，学者骤见，而或未能通也。"继庄"又欲谱四方土音，以穷宇宙元音之变，乃取《新韵谱》为主，而以四方土音填之，逢人便可印证。"如果我们将唐释守温之始创"三十字母"视之为中国创制"切音字母"的滥觞的话，那么，清初刘献廷所从事的这一学术研究工作，我们则可视之为晚清时期学人创制"切音字母"运动之前驱，而章太炎则可谓是其集大成者。所以，梁启超云："盖自唐释守温始谋为中国创立新字母，直自民国七年(应为"二年"——笔者)教育部颁行注音字母，垂阅千年，而斯业乃成。而中间最能覃思而具条理者，则献廷也。使其书而传于后，则此问题或早已解决，而近三十年来学者，或可省许多研究之精力。然犹幸而有全氏传其厓略，以资近代学者之取材，今注音字母，采其成法不少，则固受赐多矣。"(《清代学术概论》，第 24 页)由章太炎创制的"切音字母"后来之会大行于世，由上看来，也可谓是由中国近千年的音学研究传统为其奠定深厚基础的。

② 汤志钧：《章太炎年谱长编》(上)，第 498 页。

字，全部改成以他所创制的“切音字母”来标识，制成“音表”，“音表但记音声，略及本义，小字版本不过一册，书僮竹笘，以此标识其旁，则定音自可得矣”①。另一方面，他又主张通过研究找出汉字的“初文”及“准初文”（最初章太炎将其界定为《说文》的五百四十部首，到其撰写《文始》一书时，则将其界定为五百一十字），以之教授儿童，复教以简单的“小学”知识，对于汉字，则睹其形而能知其音，并且能知其义。章太炎云：

> 当其始入蒙学，即当以此五十八音，谛审教授，而又别其分等、分声之法，才及二旬，音已清澂。然后书五百四十部首，面作小篆，背为今隶，悉以纽、韵作切，识其左右，计三四月而字部居，形义相贯，不衍于素。乃以恒用各字授之，亦悉以纽、韵作切，识其左右，计又得四五月，而童子应识之字备矣。程功先后，无过期年。自是以降，乃以蒙学课本，为之讲说形体音训。根柢既成，后虽废学，习农圃陶韦之事，以之记姓名而书簿领，不患其盲。若犹有不识者，音表具在，足以按切而知，何虑其难瞭耶？②

如此一来，则汉字识读难的问题，便可望获得彻底的解决，借此也可以使得新建立的统一的标准化的汉语文系统，易于普及于广大的普通国民，从而真正地为建立近代民族国家提供强固的纽带与强大的凝聚力。

章太炎曾经指出：“语言不凭虚而起，文字附语言而作。”③又云：“夫中国语之特质为单音，外国语之特质为复音，如中土造拼音字，则

---

①② 章太炎：《驳中国用万国新语说》，《太炎文录初编·别录》卷二。

③ 章太炎：《国学讲演录》，第26页。

此名与彼名同为一音，不易分辨，故拼音之字不适于华夏。”[1]在清末民初之世，章太炎从汉语言文字本身的特质出发，奋起捍卫汉语言文字的尊严，反对“新世纪同人”以万国新语取代汉语言文字，反对以“切音文字”取代汉字的思想，在历史长河的冲刷之下，已经愈来愈显示出其深远的思想意义了。作为这一场论战主角之一的吴稚晖，在论战过了20多年之后也不得不承认：

> 汉文的废不了，非不欲也，是不能也。我们要废除汉文，也是废不了；也为了尽管想要废止，必不能废。[2]

清末民初的那场争论，其是非曲直，毋庸多言，我们今天已经看得非常清楚了。章太炎主张在民族语言文字传统的基础之上进行汉语文的标准化的思路，也进一步地反映在他关于汉语文本身在近代的发展这一重要问题上。

鸦片战争以后，中西文化不断碰撞，中国社会开始了大规模、有组织地向西方学习的过程，传统的社会——文化结构由表及里地发生了显著的变化。与之相随的是新生事物的不断涌现，这不可避免地会对汉语言文字构成冲击，汉语言文字正面临着一个前所未有的重要变化时期。因此，新语言及新名词的出现，也将成为一个不可避免的历史趋势。章太炎认为：“互市以来，新理日出，近人多欲造作新字者。”[3]关于新名词的创立，章太炎同样也持着历史性与社会性的立场，他认为语言文字随着人类社会历史的演化，将愈来愈趋于繁

---

① 章太炎：《国学讲演录》，第16页。

② 吴稚晖：《三十五年来之音符运动》(1931年)，转引自罗志田《国家与学术——清季民初关于“国学”的思想论争》，第217页。

③ 章太炎：《后圣》，《章太炎政论选集》(上)。

富。人类社会从一开始是结绳记事，到后来则以书契代结绳，并渐渐地趋于繁多。语言文字之趋于繁富，章太炎认为并不是人类“好其繁之也”①，而是人类社会历史演化的必然产物。西方诸国的语言文字以英语最为繁富，章太炎云：“今英语最数，无虑六万言，言各成义，不相陵越，东西之有书契，莫繁是者，故足以表西海。”②就语言文字本身的发展来看，章太炎认为语言文字之趋于繁富，也说明了一个民族或国家之趋于繁荣昌盛。其云：

> 国有政者，其伦脊必析，纲纪必秩，官事民志日以孟晋，虽欲文之不孟晋，不可得也；国无政者，其出话不然，其为犹不远，官事民志日以呰窳，虽欲文之不呰窳，不可得也。③

反观当时的汉语言文字，章太炎认为：“今小篆九千文，以为语柢，其数过于欧洲，累而成名，则百万以往。”④然而，在实际运用中，汉语言文字实际上只有二千字左右被普遍地使用，其他大量文字则几乎成了死文字。“以神州之大，庶事之博，而以佐治者廑是，斯亦过省削矣。”⑤章太炎认为：“今自与异域互市，机械日更，志念之新者日蘖，犹暖暖以二千名与夫六万言者相角，其嚏便既相万，及缘付以译，而其道人穷。”⑥因此，他在主张进行汉语言文字标准化、统一化的同时，对汉语言文字在近代的发展也非常关注。章太炎继承了荀子的“法后王”思想传统，认为“后王起，必将有循于旧名，有作于新名”⑦。由此，关于汉语言文字在近代的发展，章太炎同样也注重对于民族文化传统的因袭，主张在继承民族文化传统的基础之上进行。关于“新

①②③④⑤⑥　章太炎：《订文》，《检论》。

⑦　章太炎：《订文》，《訄书》(初刻本)。

名"的创作，他曾经提出下面几个方面的具体主张，即：

第一，"新名"的创作，要做到名实必符。其云：

> 科学兴而界说严，凡夫名词字义，远因于古训，近创于己见者，此必使名实相符，而后立言可免于纰缪。不然，观其概义则通，而加以演绎，则必不可通；观其固有名词则通，而证以事实，则必不可通，此之谓不成文义而已矣。①

举例来说，时人将西方的声、光、化、电及有机、无机诸学，概冠以"格致"之名，章太炎认为时人所谓的"格致"，实即日本人所谓的"物理学"，以"物理学"为"格致"，不但名实不符，还导致了国人产生西方的声、光、化、电及有机、无机诸学"皆中国昔时所固有"的谬见，"此用名之误，而贻缪及于实事者也"②。又如"维新"一词，时人"以维新为变法"，又"以维新为温和主义"，章太炎皆斥其为"妄"。其云：

> 维新之语，始见于《大雅》，再见于《伪古文尚书》。如《大雅》言："周虽旧邦，其命维新。"此谓以千数百年西岐之侯国，忽焉受宠帝眷，统一神州，而为万国之共主，是故谓之新命。若今之政府，则帝制自为也久矣，更安有所谓其命维新者？……（伪《古文尚书》）所说"歼厥渠魁，胁从罔治，旧染污俗，咸与维新"，亦可见未有不先流血而能遽见维新者。③

由此，章太炎认为时人所造之"维新"一词，较之"格致"一词为"尤缪"，不但名实不符，还导致了国人"指鹿为马，认贼作子"，丧失反清革命大义，"一言之失，而荼毒被于天下"，④其影响之坏，则较"格致"为尤甚。

---

①②③④ 章太炎：《论承用维新二字之荒谬》，《章太炎政府选集》(上)。

第二，关于“外来语”的翻译，章太炎则主张应当音译、义译相辅而行，不能义译的听其译音，能够义译的则可为之“特为作名”，但不能强相比附。如关于西方的海军、陆军之帅，时人或强相比附译为中国的“提督”，章太炎认为：“译之以提督，则权甚轻也。”或特为作名，译为“大将军”，章太炎则甚为首肯。①

第三，关于“废弃语”，时人或以为“语既久废，人所不晓，辄令神味减失”②，主张废弃不用。章太炎则认为：“废语多有可用为新语者。”③并云：“西方新语，多取希腊，或本梵文，腐臭之化神奇，道则不易。”④他主张“雅俗称名，新故杂用”⑤。旧有的废弃语，经过时代性的创造，化腐朽为神奇，仍然可以继续为时代服务。因此，章太炎主张：“废弃语之待用，亦与新造无殊，视外来则尤急，当审举而戒滥耳。”⑥认为只要用之得当，仍然不失为一条丰富与发展汉语言文字的途径。

通过上面对于章太炎民族语文思想进行的系统梳理，我们可以明显地看出，章太炎关于汉语文的统一与普及，及其关于汉语言文字本身发展的思考，深深地烙上了他关于重建中国社会文化秩序的基本价值取向的烙印，他在清末民初之世奋起捍卫汉语言文字的尊严，反对欧化主义者对于汉语言文字的虚无主义态度，主张在汉语言文字传统的基础之上对汉语文进行近代的转化，这一思想不仅显示了章太炎深邃的文化眼力，也为我们今天如何继续丰富与发展汉语言文字，提供了有益的借鉴。章太炎将对于汉语言文字的研究与阐扬，

① 章太炎：《订文》，《訄书》（初刻本）。

②③④⑤ 章太炎：《订文》，《訄书》（重订本）。

⑥ 章太炎：《订文》，《检论》。

当作其进行的“古学复兴”运动的一个重要组成部分，他曾经沉痛地指出：

> 以冠带之民，拔弃雅素，举文史学术之章章者，悉委而从他族，皮之不存，毛将焉附？……语言文字亡，而性情节族灭，九服崩离，长为臧获，何远之有？①

在章太炎的思想程式里，“语言文字”无疑地已经成为民族国家的图腾标识，他将“语言文字”视之为“民族性”之所寄，是“民德之所斡维，种姓之所隐据”的民族生存本根之所在。②这一念念不忘的对于“民族性”持守的信念，一方面固然彰显了当时中国所面临的严重民族生存危机对于章太炎心理造成的巨大迫压，但在另一方面，它也进一步地激发了章太炎对于民族文化持护的历史使命感。所以，章太炎在致力于进行汉语言文字近代转化的过程之中，还特别注重对于传统语言文字的研究，他在这方面的收获也甚为丰富，其代表性著作有《文始》《新方言》及《小学答问》诸书，对传统语言文字研究作出了杰出的贡献，这也令章太炎的学术研究呈现出多面的样态。对于中国传统语言文字的研究，章太炎既导之于前，其群弟子复承之于后，薪尽火传，硕果累累，蔚为大观，于是，其业乃轰响于学林，名垂于青史。

二、重农主义的经济学说

鸦片战争之后，中国一些有识见的文化分子，提出了向西方学习、走以工商立国的道路。这一思路，为未来中国的经济发展，指出了一个广阔的前景目标，当然它也是当时中国深重的民族危机的直

---

①② 章太炎：《规新世纪》，《民报》第24号。

接反映。章太炎在举世攘攘追慕欧风美雨的历史年代里,对经济问题也颇为关注,并且提出了自己独特的且具足系统的经济学说。

章太炎的经济学说,也是在研究中国特殊国情的基础之上提出来的,他没有像重商主义者那样以欧化为鹄的,而是针对中国生产不足、人口众多、贫穷愚昧等现状,在进行综合性思考与研究基础之上,提出其系统的经济学说的。并且,章太炎还使其经济学说突破了狭隘的纯粹经济领域,将目光投向了更为宽广的诸如政治、社会、人文等领域。这不仅使他的经济学说充满了浓厚的人文精神,也使他的思想出现了前期与后期的不同。在其前期(1903 年之前),他的目光主要是放在注重“生产的增长”上;在其后期(1903 年之后),他的目光则主要地移向了注重“分配的均等”。

1. 前期:追求生产的增长

要有效地促进生产的增长,必须有赖于农、工、商的全面振兴。中国传统的“崇本贱末”的经济模式,片面地强调“本业”(农业)的发展,将工、商视为“末业”,且对之采取压制的政策,这显然是不利于国民经济与生产的增长的。因此,重新理顺农、工、商之间的关系,将是任何一个致力于为近代中国建立一个新的经济秩序的思想家首先碰到的重要问题。

中国传统的“崇本贱末”的经济思想,实际上是一种政治的、伦理的经济思想,其理论依据是:工商末业,徒事机巧,败坏人心,不利于社会的稳定与风俗的淳朴;而农则与此相反。正如《吕氏春秋·务大》所云:“古先圣王之所以导其民者,先务于农。民农,非徒为地利也,贵其志也。民农则朴,朴则易用,易用则边境安,主位尊。民农则重,重则少私义,少私义则公法立,力专一。”从事于农业,易于养成国人的淳朴心习，这自然可以为建立在人心、风俗之上的传统的专制王权提供牢固的基础。然而，章太炎却认为，这一思想“其议虚憍，近于无端涯之辩”①。由此，这一传统的经济模式便为其所不取。其云：“夫天地有百昌以资人用，待商而通，待工而成，故圣人置舫人之官以通川泽，篸服䮉牝以达原阪，人不极劳，而足以穷泰远，剂其所产，以供服御。”②他认为农、工、商均为生民之所资，三者缺一不可。由此，在处理农、工、商三者之间的关系时，章太炎便主张三者兼重。然而，通过对于中国特有国情以及经济本身发展规律的考察，章太炎在主张农、工、商三者兼重的同时，又特别地强调应“以农为本”，其云：

> 夫通四方之珍异，使五金、百卉、皮革、丹漆，昼夜相转乎前，而上榷税之，民得其养，上得其用，均输之术，于是乎两便。然计本量委转输之，久而出者必穷。是故终南之山，今无檀柘者，会稽之壤，今无竹箭者，取之尽也。然则商非自通也，孳殖于农，而裁制于工，已则转之。③

在章太炎看来，工商待农而兴，无农，则工商不兴，农是成工、通商的基础。由此，章太炎与当时重商主义者的思想意旨便迥然有别。章太炎在主张重工商的同时，还特别强调了应该“重农”，认为“是为知本”。④章太炎又说道：

> 夫既有工艺矣，则一方或有余，而一方或不足，而求之者则固相等，于是，商贾操之以征贵贱。⑤

在工、商二者之间，商之“兴”又有待于工之“成”。综合上面章太炎的

①②③④　章太炎：《明农》，《訄书》（初刻本）。
⑤　章太炎：《读管子书后》，《章太炎政论选集》（上）。

思想来看,章太炎对于农、工、商三者之间关系的重新调整,实际上是以农为本,工次之,商为末。可章太炎界定的这一新的农→工→商的经济级序,仅是一逻辑级序,三者之间并不存在着高低贵贱之分。章太炎对于农、工、商三者之间关系的重新界定,已经突破了中国传统的“崇本贱末”的经济思想,他之主张“重农”,不过是将“农”当作工、商的本源来看待的,因为,在他看来,如果农不兴,则工、商所赖以“成”“通”的资源就会枯竭。

仔细分析一下章太炎的“重农”思想,则我们发现他所说的“农”,并非仅仅指的是狭义的“农耕之业”,而是带有着明显的泛农色彩,如他曾经这样说道:

> 古之所谓农,非播稼而已。蔬中之丰,园圃育之;桢杆之富,虞衡作之;鸟兽之蕃、鱼蛤之孳,薮牧聚之;麻枲之坚、蚕桑之䘜,妇工成之;数者,非三农之职业也,而隶于农。故诸农之所隶籍者,一切致筋力以厚其本,则百货逢涌,不知其所尽,而商旅通矣。①

他将“播稼”之外的园圃、虞衡、薮牧、妇工等业,皆视之为“农”。在他所规划的《均田法》中,又将“坑冶”与“露田”“草莱”等量齐观。②将“坑冶”当作《均田法》的一个重要内容来看待。由此,我们可以看出,章太炎所谓的“农”与我们传统意义上所说的“农”,两者之间存在着相当大的差别。他所说的“农”,实际上指的是人类直接面对自然、通过利用自然力而获取物质资料,或者通过开掘自然本身所蕴藏的资

① 章太炎:《明农》,《訄书》(初刻本)。
② 章太炎:《定版籍》,《章太炎政论选集》(上)。

源(如矿藏等)而获取物质资料的经济行为。换句话说,他所说的“农”,指的是生产工业产品所赖以取资的一切原料的经济行为。因此,在章太炎那儿,“农”实际上位于人类经济行为的第一级,这是人类直接面对自然所进行的生产行为,这一经济行为体现的是“人”与“自然”之间的关系。而“工”则位于人类经济活动的第二级,其经济行为表现的是“人”与“人”之间的关系,也即是人们在生产之中结成的生产关系。因为工业产品制作的过程,虽然表现为人与物质资料之间的关系,但是,由于这一物质资料并非是直接取之于自然,而是由人类的第一级经济行为所提供的,由第一级经济行为提供的物质资料,已经凝结了在第一级经济活动中进行生产的生产者的劳动,这一物质资料已经不是纯粹的“自然之物”,而是凝结了人类劳动与智慧的“人化的物”,因此,第二级经济行为体现的理所当然地应是人与人之间的关系。“商”则位于人类经济活动的第三级,劳动者在转输过程中,其经济行为自然地也表现为“人”与“人”之间的关系。在章太炎的经济学说里,隐然出现的对于人类经济活动的三级划分,且将“农”置于第一级的位置来考虑,显示了他对于物质资料生产的高度重视。

章太炎在农、工、商兼重的同时,特别地提出“以农为本”,目的不过是为了为工、商的发展提供取之不尽、用之不竭的丰富的物质资料。其云:

乌乎!今中国金币之泄于异域者,不可画箸计也。议者病夫商旅之不远出,而欲致行之,顾未尝以器之良楛、物之盈绌为计。彼苦荼与丝者,非园夫红女,将曷成者也?逾淮、汉,甫草之地,芈犾大数十,桑麻不殖,牛羊不下括;车陟乎桃林,甫草之地,举狱大数十，蒲桃不成，牛羊不下括；商虽通矣，其何取以运？①

“重商主义”者主张以工商立国，主张同列强展开“商战”，从而实现中国的走向富强之梦，但在章太炎看来，如果没有“农”所提供的丰富的物质资料，没有“工”所提供的精良的工业产品，同列强进行“商战”将失去它的根基，在此情况下，章太炎反问道：同西方进行“商战”，将藉何以成？所以，“重商主义”者的主张，在章太炎看来便是一种本末倒置的主张。他认为只有以“农”为本，将经济活动的重点放在第一、二两级（第一级尤为重要），这样才能为同西方进行“商战”提供坚实的基础。由此，章太炎的经济思想与“重商主义”者的经济思想便恰好相反，他将重点放在“第一级”，主张“重农”，主张“以农为本”，所以，我们也可以将他的经济思想看成是一种“重农主义”的经济学说。章太炎的这种“重农主义”的经济学说，将生产工业产品所赖以取资的物质资料的生产（即“农业”）放在首要的位置来考虑，同时兼重工、商，其目的是为了给国家的经济发展奠定坚实的基础，从而在同西方的竞争中使中国经济立于不败之地。由此，笔者认为，章太炎的这一“重农主义”的经济学说，较之当时在中国思想界占据主流地位的“重商主义”者的经济思想来说，实也有着更加深邃的理性眼光。

通过解读章太炎的这种“重农主义”的经济学说，不禁令人想起西方启蒙运动时期法国资产阶级“重农学派”的经济主张，两者表面上看去是极为相似的，但仔细分析起来，两者之间仍然存在着巨大的区别。以魁奈、杜尔哥等人为代表的法国“重农学派”，在人类经济行为中追求的是“净产品”的增殖，他们将人类的经济行为分成为“生产

① 章太炎：《明农》，《訄书》（初刻本）。

者”与“不生产者”两类。所谓“净产品”，指的是“财富的净增值”，法国的“重农学派”认为：

每种生产事业必然要有某种开销——某种损失，换言之，在财富的生产过程中，有一定数量的财富被破坏，这个数量应该从所生产出来的新财富的数量中减去，两者之间的差额构成了财富的净增值。①

然而，法国的重农主义者认为，在财富的生产过程中，能够获得“财富的净增殖”（即“净产品”）的，只限于一种生产部门，即农业。其云：

只有在农业中，所生产的财富大于所消耗的财富，除非发生意外事件，劳动者的收获总多于消费，即使把劳动者全年的生活维持费用计算在内而不是仅仅计算收获和耕作季节劳动者的开支。……其他生产部门，无论是商业或运输业，都不是这样，因为在这里，人类的劳动显然什么也没有生产，而只替代或移动已经生产的产品。工业也不是这样，在这里手工业者仅仅把原料拼凑在一起或仅仅是进行加工。②

他们认为“正因为农业生产具有提供‘净产品’这个独特的不可思议的力量，经济才成为可能，人类文明才会实现。”③因为只有“农业”才能提供“净产品”，所以，这些法国的重农主义者便将农业劳动者称之为“生产者”；由于工商等业不能提供“净产品”，所以，他们将从事工商等业的称之为“不生产者”（虽然从内心来说他们是极不情愿这样做的）。由于对“净产品”的追求，法国的“重农学派”对于工商业者往

① （法）夏尔·季德、夏尔·利斯特：《经济学说史》（上），第20—21页。

②③ 同上书，第21页。

往流露出一种鄙夷之情。章太炎虽然也“重农”,但他却并不鄙视工商。由于法国的重农主义者对于人类的经济行为是以追求“净产品”(“财富的净增值”)为归趋,所以,其目光所向便仅仅是限定在生产过程中的“财富”的增长上。然而,由于章太炎在重农的同时,兼重工商,这样,从逻辑上来说,章太炎就不仅仅注重于追求“财富”的增长,他更加注重的,毋宁可以说是追求“价值”的增长与“价值”的实现,也即在“农”提供丰富物质资料的基础之上,通过成工、通商,在市场的互动中,获致“价值”的增值与“价值”的实现,这应是他与法国重农主义者思想的本质区别之处。由此,笔者认为,章太炎的这种“重农主义”的经济学说,较之法国“重农学派”的“重农”思想来说,也可以说更加本质地反映了近代工业文明之下经济行为的目的追求。但由于两者都注重对于传统的继承,将近代工商的发展奠定在农业的基础之上,这说明两者之间又有着惊人的相似之处。唯其如此,也导致了两者命运的极其相似,法国“重农学派”之遭受启蒙思想家的反感,章太炎之一直遭受世人的曲解,其故也即在此。

既然将生产的增长确立为经济行为的主要目标,那么,如何才能实现生产的增长呢?这是一个至为重要的问题。章太炎通过考察西方各国经济生产的经验,主张通过提高生产的技术水平来实现生产的增长。由于生产工具是生产技术水平的重要表征,为了提高生产的技术水平,由此,章太炎便十分重视进行生产工具的改进。他曾经对挟着近代生产工具(近代化机器)雄霸全球的“维多利亚大风”给予了特别的赞美①,并且,对于在中国历史上为生产工具的改进作出过

① 章太炎:《喻侈靡》,《訄书》(初刻本)。

杰出贡献的所谓“畴人”表示敬意，主张修史应为“畴人”列“传”，为“工艺”作“志”。他自己曾发愤要修撰一部百卷“中国通史”，这部著作虽然未能修成，但在其所拟定的“目录”中，则赫然地将“工艺志”及“畴人别录”列为重要内容，①由此也可见出章太炎重视生产工具改进之一般了。

随着人类社会历史的演化，人类所从事的生产活动便会愈益地增多起来，生产力的发展水平也在不断地得到提高。章太炎认为：“作力剧而器用匮”。②在他看来，在人类的生产力发展水平愈益得到提高的前提之下，如果我们人类不能适时地进行生产工具的改进，促进生产的增长，就会产生器用匮乏之虞。他又说道：“夫古器纯朴，后制丽则。”③“械器之端，古拙重而今便巧。”④从人类社会历史演化的角度来看，章太炎认为生产工具也是愈益趋于精巧便用的。通过对于人类改进生产工具历史的考察，章太炎获知人类社会的早期历史经历了石器→铜器→铁器的演化过程⑤，生产工具的改进也是人类社会历史演化的必然趋势。既然如此，那么，我们人类在主动地参与自身历史的演化过程之中，怎样才能有效地促进生产工具的改进，从而推动生产技术的革新呢？关于此，章太炎提出了两个方面的建议，他认为：其一，在于“合群”。其云：

余读《胡非子》，曰：“一人曰：吾弓良，无所用矢；一人曰：吾矢善，无所用弓；羿闻之曰：非弓何以往矢？非矢何以中的？令

① 章太炎：《致梁启超书》，《章太炎政论选集》（上）。
②③ 章太炎：《尊史》，《訄书》（重订本）。
④ 章太炎：《信史下》，《太炎文录初编·文录》卷一。
⑤ 章太炎：《原变》，《訄书》（初刻本）。

合弓矢而教之射。”以此知古之初作弓者，以土丸注发，古之初作矢者，以徒手纵送，两者不合，器终不利。此所谓隐匿良道，不以相教，由民不知群故也。夫民别而听之则愚，合而听之则圣，故羿合之而械用成矣。惠施有言：“城者，或操大筑乎城上，或负畚而赴乎城下，或操表掇以善晞望，三者亡一，城不可就。”①

在章太炎看来，生产技术的改进，与人类在生产活动中所进行的社会化的分工合作，存在着密切的关系。由此他认为，中国经济的发展之所以会落后于西方，一个重要的原因即是“不能合群以张吾学故”。②其二，章太炎主张“竞争”，通过“竞争”来促进生产工具的改进，从而推动生产技术的革新。其云：“人之相竞也，以器。”又云：“竞以器，竞以礼，昔之有用者，皆今之无用者也。”③他认为在我国传统礼制中所使用的礼器，其本初原为生产工具，是在竞争中被淘汰不用而渐渐地转化为礼器的。换句话说，生产工具的改进，乃是在人类之间的激烈竞争之中不断地得到实现的。

提倡进行技术革新，提倡对于生产技术进行改进的主张，终章太炎一生均无变化，在其晚年，他仍然还在反复不断地强调要吸取西方的先进技术以为我用。由此，我们可以认为，章太炎实际上是将生产技术的改进当作促进生产增长的一个最重要的手段，这与在中国传统的“崇本贱末”的经济模式之下，将进行技术革新视之为“奇技淫巧”已不可道里计。除此之外，章太炎还注重“消费效应”“政策调适”以及“人口质量”对于生产增长所起的促进作用。

---

① 章太炎：《尊史》，《訄书》(重订本)。

② 章太炎：《论学会有大益于黄人亟宜保护》，《章太炎政论选集》(上)。

③ 章太炎：《原变》，《訄书》(初刻本)。

在我国传统的以农业为主体的经济结构下，由于生产严重不足，导致了消费的低下，与此相应，便产生了“崇俭黜奢”的传统消费观。关于“奢”，章太炎以其独到的历史主义的眼光，对之重新作了界定，其云：

> 顾势也，浸久而浸文明，则亦不得不浸久而浸侈靡。而所谓侈靡者，其称固未有定也。成周之世，食大牢而奏《韶濩》，自茹毛饮血之世视之，而侈靡已甚矣；今自大秦以西，一酝而金百溢，自成周之世视之，而侈靡又已甚矣。必举成周之俗以訾今人，则亦将举茹毛饮血以訾成周，而递訾之，至于无穷，则有耦𨱆䱷而伍瓶羊者，而茹毛饮血复有訾其侈靡者矣。然而天下无所谓侈靡也，适其时之所尚，而无匮其地力人力之所生，则䞨已。①

在章太炎看来，“奢”不过是一个历史性的概念，随着人类社会生产水平的提高，必然地要带来人们消费水平的提高，这无关乎“奢”与“俭”，只要根据生产力的发展水平进行“适度的消费”（“适其时之所尚，而无匮其地力人力之所生”），便是一种正确的消费观。所以，对于传统的“崇俭黜奢”的消费观，章太炎便持否定的态度。从章太炎之主张进行“适度的消费”来看，对于当时重商主义者倡导的“崇奢黜俭”的消费观，他自然也是不会赞成的，因为，这种消费观超过了时代生产力水平所能提供的消费水平，有匮于“地力人力之所生”。但是，由于当时中国的现状是消费严重低下，所以，章太炎的目光所注仍然还是鼓励消费，认为“兴时化者，莫善于侈靡”。②鼓励消费，是为了矫正中国传统的“黜奢崇俭”的错误消费观，更为重要的则是在于通过

①② 章太炎：《喻侈靡》，《訄书》（初刻本）。

扩大消费促进生产的增长。章太炎云:

> 古者,于山之见荣茂草乔松之为煤者,未尝求;于良工精材虽求之,而未尝致;非夫假修纯白之谓也,其用未侈靡,则呰窳偷生而已足。然而人非草形之虫矣,慧亦益启,侈亦益甚,则定质之弃于地,与诸气诸味之弃于地外者,必将审御机数以求之。是故侈靡者,百工之所自出也。①

在此,章太炎正确地摆正了“生产”与“消费”之间的关系,低消费是与低生产密切相联的,生产的增长,有赖于消费水平的提高,两者相互依住,不可分离。章太炎主张“适度的消费”,主张“适其时之所尚”,认为“兴时化者,莫善于侈靡”,其意正在于希图通过消费效应来促进生产的增长,以改变中国传统经济格局下的生产的严重不足局面。

当时的中国,除了生产落后之外,还是一个人口众多的传统农业大国。在中国传统的以农业为主体的经济结构中,存在着“人口众多”与“粮食短缺”的尖锐矛盾。由于传统经济结构下粮食生产的严重不足,由农业所提供的粮食资源基本上是被国人的简单的生存需求消费掉了,甚至还不能维持国人最起码的生存需求,使国人的消费水平永远处于一种低迷的状态,这不仅使中国传统经济走不出低消费、低生产的循环封闭怪圈,也有力地限制了经济生产的进一步增长。为了解决这一矛盾,为生产的进一步增长打下坚实的基础,章太炎在鼓励消费之外,还主张通过进行政策的调适,即通过充分发挥国家的政策干预作用,带领中国的传统经济走出低生产、低消费的循环封闭怪圈。

---

① 章太炎:《喻侈靡》,《訄书》(初刻本)。

在中国传统的以农业为主体的经济结构中，一方面是粮食生产的严重不足，另一方面，则存在着土地资源的开发不足，以及土地资源利用的非合理化倾向。章太炎说道：

逾淮、汉，甫草之地，荦狱大数十，桑麻不殖，牛羊不下括；车陟于桃林，甫草之地，荦狱大数十，蒲桃不成，牛羊不下括。①

像这种土地资源的浪费现象，随处而有。章太炎又说道：

闽土非甚硗确，民亦不绵力薄材，而食谷必转于近省，甚哉，烟草之为害烈也！田莱一倾，三谷而七烟。……烟叶之苦泽，下毒其壤，数年不能成菜茹，虽欲反而树稼，其道无由。②

像这种"三谷而七烟"的土地资源的非合理化利用倾向，恐亦并非仅仅只限于福建一省。土地资源的开发不足以及土地资源的非合理化利用，无疑地会进一步加剧传统经济格局之下"人口众多"与"粮食短缺"之间的矛盾。章太炎以为："吾以为农官不设，农事不能以大举。"③因此，他主张应由政府设立专门的"农官"来领导并调节农业生产，从而做到土地资源的充分合理化利用，并减少土地资源的大量浪费现象。

昔者北方之砂砾，蓟丘之左，自虞集始营度之，至于今二十世；天山之水泉，若古勿导，导之自林则徐，至于今再世；而其效特局促于是也，非设农官无以为也。④

像对北方的砂砾之地以及天山等地的大规模开发，像对淮、汉、桃林等山原之地的开发等，章太炎认为非由政府设立一个专门的"农官"

---

①③④ 章太炎：《明农》，《訄书》（初刻本）。
② 章太炎：《禁烟草》，《訄书》（初刻本）。

来领导，则事不可以“大举”。关于“烟草”，章太炎则主张由国家颁布禁令，严禁种植。其云：“下令之岁，已栽者不芟，明年无莳，莳以番薯蕷，足以代谷，三年而腊毒尽，则壤可稼矣。……犯禁：三亩者，伏通衢；五亩，捶；十亩，罚白金五两；二十亩，官笞之，没其地入里校室。”①

由政府设立专门的“农官”来领导进行土地资源的开发，以及对于土地资源的非合理化利用进行政策性的干预，这些举措，固然可以在一定程度上缓解“人口众多”与“粮食短缺”之间的矛盾，但是，由于清朝政府当时实行的是自康熙以来一直奉行的“摊丁入亩”的“一条鞭法”，加之官吏在征收赋税时之“公取平余”、“私索耗羡”，使土地的赋税负担非常沉重，再加之土地占有的不均，这样就容易引发社会各种矛盾的激化，造成社会的动荡。章太炎认为：“田不均，虽衰定赋税，民不乐其生，终之发难。”②在他看来，当时存在的严重的土地占有不均问题，如果得不到合理的解决，则社会就有可能会在难以弭平的周期性的动荡之中元气耗竭，这就更加谈不上促进生产的增长了。所以，为了彻底解决这一问题，章太炎主张必须实行均田政策，并辅之以制定合理的赋税政策，使民“乐其生”。通过与孙中山的对话，他拟定了一份“均田”草案，其内容如下：

凡土，民有者无得旷，其非岁月所能就者，程以三年，岁输其税什二，视其物色而衰征之。

凡露田，不亲耕者使鬻之，不雠者鬻诸有司。诸园圃，有薪木而受之祖、父者，虽不亲邕，得有其园圃薪木，无得更买。池沼

① 章太炎：《禁烟草》，《訄书》（初刻本）。
② 章太炎：《定版籍》，《章太炎政论选集》（上）。

如露田法。凡寡妻女子当户者，能耕，耕也；不能耕，即鬻。露田无得佣人。

凡草莱，初辟而为露田园池者，多连阡陌，虽不躬耕，得特专利五十年。期尽而鬻之，程以十年。

凡诸坑冶，非躬能开浚哲采者，其多寡阔狭，得恣有之，不以露田园池为比。①

透过这份"均田"草案，我们可以看出：第一，章太炎注重对已开发土地资源的高度利用（"凡土，民有者无得旷"）；第二，鼓励开发尚未开发的土地资源（"草莱""坑冶"等）；第三，主张实行耕者有其田（"凡露田，不亲耕者使鬻之"）。章太炎这一"均田"主张的提出，一方面当然是为了化解当时已经日益激化的社会矛盾，避免社会在周期性的动荡中元气耗竭；另一方面，则是为了更好地开发土地资源，从而为生产的进一步增长提供有利的条件。在主张"均田"的同时，章太炎还认为：

夫农耕者，因壤而获，巧拙同利。一国之壤，其谷果桑榆有数，虽开草辟土，势不倍增。而商工百技，各自以材能，致利多寡，其业不形。是故，有均田，无均富；有均地著，无均智慧。②

在力主实行"均田"政策时，章太炎又公然地反对"均富""均智慧"，反对抑制工商，这充分地说明了章太炎的"均田"主张，乃是作为发展工商的基础而提出来的，并不是一种小自耕农的绝对平均主义思想的自然流露。推行"均田法"，也可谓是他注重到了政策的调适作用，但

① 章太炎：《定版籍》，《章太炎政论选集》（上）。
② 章太炎：《通法》，《訄书》（重订本）。

这一主张由于主要是基于社会的稳定来考虑的,所以,它本身已经突破了纯粹的经济范畴,带有着浓厚的政治目的性倾向。

如果说政策的调适作用对于促进生产的增长有着直接影响的话,那么,人口质量的提高,对于生产的增长将有着更加深远的意义。

为了提高人口的质量,章太炎一方面主张采取“优生”政策,另一方面则注重开启民智。关于前者,章太炎云:

> 核丝(指细胞核——笔者)之远近,蕃萎系焉;遗传之优劣,蠢智系焉;血液之袀杂,强弱系焉;细胞之繁简,死生系焉。①

他从近代西方的细胞学及遗传学等知识获知,人种良否,与人类的婚姻制度存在着密切的关系。“欧洲父族母族,七世之内,皆禁相婚,以血缘大近故也。”②下一代的健康(“强弱”)聪明(“蠢智”)与否,由于同父母的遗传存在着密切的关系,所以,章太炎主张禁止近亲结婚,并且禁止诸如“童昏”(痴呆)、“嚚喑”(聋哑)、“焦侥”(侏儒)等天生生理上有着严重缺陷的人结婚。③从而培育出“人人皆角犀丰盈”④,也即健康聪明的下一代。章太炎的这一“优生”思想,直接受之于西方近代的细胞学及遗传学的启示,他之主张推行“优生”政策,则反映了他对于提高人口质量的高度重视。关于后者,章太炎云:

> 性犹竹箭也,括而羽之,镞而弦之,则学也,不学,则遗传虽美,能兰然成就乎?⑤

人口质量的提高,除了有待于“先天的遗传”之美外,章太炎认为还同“后天的学习”存在着密切的关系,所以,他在主张推行“优生”政策的同时,又极力地主张开启民智,提高国人的智识文化水平。关于开启

---

①②③④⑤ 章太炎:《族制》,《訄书》(初刻本)。

民智，章太炎的言论颇多，然其所取途径不外乎“立学会”、“建学堂”、“广宣传”等，[①]此不赘述。

培育出体格健壮、聪明智慧的国民，可以为促进生产的增长提供优秀的人力资源，从而有效地根治在中国传统的农耕文明之下中国人民贫穷愚昧的顽症，使中国的经济走出低消费、低生产的循环封闭的怪圈。

追求生产的增长，目的在于实现“财富”与“价值”的增值，其终极目标则在于实现“富国阜民”，使中国走向富强之路。然而，在“国”与“民”的关系上，章太炎则将“民”放在了“主体”的地位，而“国”则被放在了“客体”的地位。在他看来，先须“阜民”，而后才谈得上“富国”；而追求“富国”，却不能以牺牲“阜民”为代价。由此，章太炎对于一切损害国民利益的经济行为，便持着坚决反对的立场，这也使他的经济学说充满了浓厚的“人道”关怀。关于这一点，我们可以从他的“制币”思想中清楚地看得出来。

鸦片战争之前，王鎏为了缓解清朝政府的财政危机，曾经提出过发行纸币的主张。王鎏认为发行纸币“造百万即百万，造千万即千万”。这种货币思想，由于不考虑在发行纸币时准备金的充足与否，而是带有很大的任意性，不仅严重地违背了货币发行的基本规律，而且还有着明显的掠夺国民财富的意图。像王鎏这样的货币主张，与上面所说的章太炎“富国阜民”的思想意旨，显然是相冲突的，所以，它自然会遭到章太炎的激烈批评。章太炎认为纸币虽有着轻便之

---

① 请参阅拙文《戊戌变法时期章太炎变法思想评议》，载《江苏社会科学》1997 年第 1 期。

利，便于流通，但纸币的发行必须要以“帑庤以为本”，也即在发行纸币之前，必须要建立起充足的准备金。其云：“今东西虽异度，其储藏固足以相任，以中国之匮乏，官无见钱，率然以纸币下行，其无根株也，泛泛如海间屈龙乎？”①由于当时中国的库藏（发行纸币的准备金）匮乏，章太炎认为中国发行纸币的条件还未成熟，所以，在当时的历史条件之下，章太炎便坚决地反对发行纸币，而主张“铸金”。章太炎认为铸造金币，一方面可以防止在国际金本位体制下中国利权的隐受损害（章太炎云：“西方之金，一两当银十五两，其与吾易，则当三十两，所得倍称，故泰西隐益，而中国隐损。”——见其所作的《制币》一文），同时，也可以防止出现像王鎏所主张那样的滥发纸币，造成掠夺国民财富的恶劣后果。章太炎主张等到库藏既足，中国发行纸币的条件成熟以后，才可以发行纸币。等到那时，章太炎云：“吾乃陟高丘而宣言曰：纸币行矣！”②章太炎认为只有到那个时候，中国才能建立起一个健全的纸币制度。“神州之商，潼滃蔚荟，相集相错，以成大群，而后与西商格拒。”③这样，纸币的发行，不仅可以成为“富国”的有力手段，也将会成为“厚生之大衢”④，从而使纸币的发行成为促进中国国民经济发展的重要利器。

追求生产的增长，以“富国阜民”作为其终极关怀，又将“阜民”当作“第一义”的地位而揭示出来，这反映了在章太炎的经济思想里充满了浓厚的人文精神。将“人”放在其视角的中心，一切围绕着“人”来展开，也是章太炎思想的基本价值取向之一。正是由于这一“人文”因素的影响，章太炎的经济学说在其后期发生了一个巨大的变

①②③④　章太炎：《制币》，《訄书》（初刻本）。

化，也即，在其后期的经济学说中，他在追求“生产的增长”之同时，又开始注目于“分配的均等”，并将“分配的均等”置为其视角的中心来考虑。

2. 后期：注重分配的均等

1903年，发生了著名的“苏报案事件”。因这一事件，章太炎被判三年监禁，在上海的西牢中度过了艰难而漫长的三年铁窗生涯。1906年获释以后，章太炎来到日本东京，担任同盟会的机关报《民报》主编，主要从事领导革命的宣传工作。这一时期，由于他置身于欧化程度很高的日本，对于近代资本主义工业文明有了更加深刻的了解，这成了促使他经济思想重心发生转移的一个重要的外缘。

透过章太炎的前期经济思想，我们可以看出，当时他虽然主张运用国家的政策干预作用来促进经济生产的发展，但总体上来说，他对经济的发展还是持着一种“自由主义”的态度，这是以当时中国的经济生产严重不足作为背景的。到了后期，由于章太炎置身于西方世界，他看到了欧美高度发展的经济带来了一系列的社会弊病，欧美经济的高度发展造成了社会的进一步分化，贫富悬绝，社会矛盾日益尖锐，社会运动也因之风起云涌，章太炎认为欧美社会之所以会陷入极度的动荡之中，主要是由于分配的极度不公造成的，这一因素有可能成为炸毁既有社会秩序的烈性炸药，因此，要避免欧美那样的弊病，必须要解决好分配问题。从这一主导思想出发，他主张国家对于经济的发展应该进行有效的干预，而放弃了他前期的“自由主义”的经济立场。如果说章太炎的前期经济学说注重于“生产的增长”，对经济的发展持着一种“自由主义”的立场，是以当时中国经济的“生产不足”作为背景的话，那么，在其后期，他之注重“分配的均等”，对经济的发展持着“干涉”的立场，则是以中国经济的“生产既足”作为背景的。当然，当时的中国经济还远远没有达到“生产既足”的地步，其思想的提出，主要还是以欧美诸国经济的发展状况来进行比附的，其目的则是在于防患于未然，避免中国重蹈欧美国家的覆辙。由此，笔者认为，章太炎的后期经济思想，不但不是对其前期经济思想的背离，反而是对其前期经济思想所作的有力补充，因为，他在追求“分配的均等”的时候，并没有忘记追求“生产的增长”，只不过是其思想的侧重点有所不同罢了。由此看来，那种认为章太炎的后期经济思想对于其前期经济思想来说是一种“后退”的观点，笔者认为也是有失偏颇的。

西方的近代资本主义工业文明，挟着近代先进生产技术这一有力利器，创造了巨额的经济财富。但西方资本主义各国财富的巨额积累，并没有成功地解决民生问题，一方面是少数的资本家阶级占有着社会财富的巨大份额，另一方面，则是广大的劳动者阶级仅仅占有着社会财富的较小份额，仍然处于极度的贫困状态。富者愈富，贫者愈贫，这便是近代资本主义工业文明之下出现的奇观。为了防止由于生产的增长带来的财富的为少数人所独占，章太炎主张国家应运用政策的有效手段进行干预，“抑富强，振贫弱”①，从而避免在社会财富获得高度结累的情况之下，出现富者愈富、贫者愈贫的局面。其具体措置主要有“均配土田”“官立工场”“限制相续”等诸大端。②

关于“均配土田”。这也可谓是章太炎对于他前期的“均田”思想

① 章太炎：《代议然否论》，《章太炎政论选集》（上）。

② 章太炎：《五无论》，《太炎文录初编・别录》卷三。

的继承。这一时期，章太炎主张：

> 田不自耕植者不得有，牧不自驱策者不得有，山林场圃不自树艺者不得有，盐田池井不自煮暴者不得有，旷土不建筑穿治者不得有，不使枭雄拥地以自殖也。①

田牧旷土、山林场圃、盐田池井，属于我们前面所说的章太炎经济思想中的“农业”部分，它位于人类经济行为的“第一级”，这是人类直接面对着“自然力”所进行的生产活动。通过章太炎的这一经济主张，我们可以获知，对于人类所从事的“第一级”的经济行为，章太炎力图将它控制在一个“自耕”的范围之内，力图避免无限制的社会化的大规模生产。章太炎的这一经济主张，是否即反映了他代表了自耕农阶层的利益，或者说反映了他具有着一种“没落地主阶级的恐惧情绪”呢？对于这一问题，长期以来，我国学术界曾经有相当一部分学者给予了肯定的回答，对此，笔者甚不以为然。我们知道，当时中国的经济状况，总的来说是生产严重不足，并且面临着庞大的人口压力，揆之章太炎的用意，实是想要充分地利用中国丰富的人口资源，扩大对于自然力的开发，以为工商的发展提供丰富的物质资料。走“自耕”的途径，虽然可能会由于限制社会化的大规模生产的规模，而导致生产增长速度的减慢，也可能会偏离近代大生产的发展方向，但它一方面能够避免西方式资本主义工业文明之下的过度的两极分化的弊病，不至于将中国庞大的人口推入赤贫的深渊，另一方面，通过充分地利用中国庞大的人口资源，扩大对于“自然力”的开发，无疑也会起到促进中国经济生产增长的目的，同时，还可以避免中国传统的

---

① 章太炎：《代议然否论》，《章太炎政论选集》（上）。

农业经济格局下，由于土地占有的严重不均所导致的过度两极分化的弊病。由上看来，章太炎之反对走西方式的大生产道路，并不是出之于其所具有的“没落地主阶级的恐惧情绪”；章太炎之主张将人类经济行为的“第一级”限制在“自耕”的范围之内，也不是因为他代表了自耕农阶层的利益。因为，他并不主张重新回归到中国传统的农耕经济的格局之中去，他不过是想在西方式的近代大生产之外另辟蹊径，找出一条适合于中国自己发展的近代化的生产之路，其思想的根本归趋，仍然是在于发展并扩大中国的近代化生产，促进国民财富的增长。章太炎的这一经济思想，在本质上与中国传统的以“平均主义”为主要特征的经济思想相较，其差距已不可以道里计。

关于“官立工场”。章太炎云：

> 官设工场，辜较其所成之直，四分之以为饩廪，使役佣于商人者，穷则有所归也。①

又云：

> 在官者，身及父子皆不得兼营工商，托名于他人者，重其罪，藉其产。身及父子方营工商者，不得入官，不与其借政治以自利也。②

综合这两段话来看，则可知章太炎之主张“官立工场”，并不排斥工场的私营，他大概是主张将工业分为官营与私营两种。孙中山曾经主张将关乎国计民生的大企业像铁路、矿山、邮政等收归国有，其他的则可由私人经营。对此，章太炎由于没有明确地加以界定，所以，我们对于他关于官营、私营的具体范围尚不得而详，但这无碍于我们对

---

①② 章太炎：《代议然否论》，《章太炎政论选集》(上)。

他的思想进行分析。他之主张“官立工场”，也不过是想利用国家的力量来解决民生问题，通过“官立工场”的途径，吸纳大量流入私营企业的劳动力，使民“穷则有所归也”，并且改变私营企业中劳动者的贫穷状况。因为，随着官营企业中劳动者劳动报酬的提高（章太炎主张将官营企业生产总额的四分之一，作为企业中劳动者的劳动报酬），必然会对私人企业构成冲击，如果私人企业不能相应地提高劳动者的劳动报酬的话，则必然会出现劳动力的纷纷流入官营企业，从而为私营企业的发展带来负面的影响。

关于“限制相续”。章太炎曾经主张：“限袭产之数，不使富者子孙蹑前功以坐大也。”①这种笼统的提法，令人觉得有些模糊不清，对此，他在另外的场合又重新作了清楚的界定。其云：

> 限制财产相续，凡家主没后，所遗财产，以足资教养子弟及其终身衣食为限，余则收归国家。②

然而，对于这一主张，章太炎自己大概也认为不太合理，并且也难以执行，所以，后来他又将其改为：“认遗产相续税，凡家主没后，所遗财产与其子弟者，当依其所遗之数抽税。”③章太炎的这种“限制相续”的经济主张，其用意也至为明显，即力图缩小社会财富分配的不平等，确保国民财富在获得快速增长的同时，成功地解决“民生”问题，从而避免中国重蹈西方式的近代大生产的覆辙。

在“均配土田”“官立工场”“限制相续”三者之外，章太炎还主张

---

① 章太炎：《代议然否论》，《章太炎政论选集》（上）。
② 章太炎：《中华民国联合会第一次大会演说辞》，《章太炎政论选集》（下）。
③ 同上书，第533页脚注①。

“行累进税,对于农、工、商业皆然”①。为了防止中国出现像欧美那样的社会化大生产带来的严重的分配不公局面,章太炎可谓是层层加码,费尽心机。但他之提出这些主张,目的当然并不是想困死私营业主的经济发展,他所致力于扼制的实是大农、大工、大商,是想将私营经济发展的规模控制在中、小程度的范围之内,由此,对于这一时期章太炎发表的大量的“抑商”言论,我们也可以获得一个清晰的理解了。

章太炎之所以要致力于抑制大农、大工、大商,当然,一方面是为了尽量改变社会财富分配的极度不公状态;另一方面,则是在于他看到了大农、大工、大商阶层对于经济和社会所具有的巨大危害性。除了具有着经济方面因素的考虑之外,也带有着浓厚的政治方面因素的考虑。关于大农、大工、大商,章太炎在其著作中往往使用土豪、豪右、职商、驵侩等词加以指称。在欧美诸国,由于金钱至上,资本万能,资本家阶级得以挟其雄厚资本干预政治,控制社会,导致了“阻侩攘臂,讼言国政,齐民乃愈以失所”的局面。②就中国当时的情况来说,由于清朝政府推行奖励工商的实业政策,使“商”由原来传统社会中的“四民之殿”,一跃而成为“四民之首”,在晚清之际,商人的社会地位已经发生了根本性的变化。章太炎认为清政府实行的这一奖励工商政策,造就了一些权威显赫的大商人,他们不仅有着崇高的经济和社会地位,而且还动辄干预政治,甚至与各级政府官员相勾结,祸害地方,为害于社会极大。其云:

① 章太炎:《中华民国联合会第一次大会演说辞》,《章太炎政论选集》(下)。
② 章太炎:《总同盟罢工论序》,《太炎文录初编》,别录卷二。

> 职商者……建设商会，自成团体，或有开矿、筑路、通航、制器，直隶于商部者。自满洲政府贪求无度，尊奖市侩，得其欢心，而商人亦自以为最贵，所至阻挠吏治，掣曳政权。已有欺罔赃私之事，长吏诃问，则直达商部以解之；里巷细民，小与己忤，则嗾使法吏以治之。财力相君，权倾督抚。官吏之贪污妄杀者不问，而得罪商人者必黜；氓庶之作奸犯科者无罚，而有害路矿者必诛。上无代议监督之益，下夺编户齐民之利。或名纺纱织布而铸私钱，或托华族寓居而储铅弹，斯乃所谓大盗不操戈矛者。若夫淫佚蒸报，所在有之，则不足论也已。①

不仅如此，他们还勾结白人，凌轹同类：

> 皙人又往往东走矿冶，阡陌之利，日被钞略，邦交之法，空言无施，政府且为其胥附，民遂束手无奈之何。以意挈量，不过十年，中人以下，不入工场被捶楚，乃转徙为乞丐，而富者愈与皙人相结，以陵同类，验之上海，其仪象可睹也。②

由上可以看出，章太炎之主张抑制大农、大工、大商，主要是出于经济、政治两个方面的考虑，其目的则在于，避免中国出现像欧美那样的大农、大工、大商阶层对于经济与政治的独占局面。

由于章太炎不取走欧美式的大生产道路，主张将私营经济控制在中、小规模的范围之内，所以，这一时期，他对同近代大生产密切相关的近代生产技术也开始深致诘难。我们知道，近代大生产是以近代生产技术的革新为基础的。然而，近代生产技术的革新，虽然导致

① 章太炎：《革命之道德》，《章太炎政论选集》(上)。
② 章太炎：《总同盟罢工论序》，《太炎文录初编·别录》卷二。

了近代大生产的迅猛扩展，导致了财富的迅速增加，但它也带来了一个严重的后果，即：它使得广大的劳动者阶级在近代生产技术的困厄之下，成了近代生产技术的附属品，成了被近代生产技术所控制的奴隶，加以资本的控制与掠夺，使广大的劳动者阶级只能在哀哀无告的痛苦的深渊之中呻吟。章太炎认为随着近代生产技术的迅速发展，虽然社会财富高度结累，然而，获利的却只是那些大农、大工、大商阶层，而对于广大劳动群众来说，则不但无益，反而有害。以“电车”为例来说，章太炎认为：

> 自电车之作，往来迅轶，速于飞矢，仓卒相逢，不及回顾，有受车轹之刑而已。观日本一岁死电车道上者，几二三千人，将车者才罚金，不大诃谴。汉土租界，主自白人，欲科以罚金且不得。夫电车只为商人增利，于民事无益毫毛……如何长国家者，唯欲交欢富人，诡称公益，弛其刑诛？立宪之国，亮无足敕耳矣。汉土法律虽敝，自昔未有尊崇富人者。租界虺蛇之地，法不得行，固也。异时复有于内地行电车者，诸新生且将因缘成事，宥其杀人之罪。余以造用电车者，当比走马众中，与二岁刑，因而杀人者，比走马众中杀人，商主及御夫皆殊死。①

他指出“电车只为商人增利”，可谓是看到了近代资本制度的本质，但他之主张“造用电车者……与二岁刑”以及“因而杀人者……商主及御夫皆殊死”，则未免言之过激。之所以会如此，这是因为在他看来，生产技术的改进，本来应是为增进人类的共同幸福服务的，如果只为人类之中的一小部分（若大农、大工、大商阶层）的幸福服务，甚至在

① 章太炎：《五朝法律索隐》，《太炎文录初编·文录》卷一。

人类之中的一小部分得到幸福的同时，给大多数人带来痛苦，便是走向了歧路。这样，则生产技术的改进，对于人类来说就毫无价值之可言了。章太炎曾经说道：

> 人求进化，必事汽机，欲事汽机，必先穿求石炭，而人之所需本不在此，与其自苦于地窟之中，以求后乐，曷若樵苏耕获，鼓腹而游矣。①

既然近代生产技术的改进，只是为极少数的大农、大工、大商阶层谋福利，对于占人口绝大多数的广大的劳动者阶级有害而无益，那么，我们还有什么理由要去赞美它呢？在此，我们看到的，仍然是章太炎经济学说中所充满的浓厚的人文主义情调。由上也可以看出，章太炎之谴责近代生产技术，主要还是从“价值”的角度来立论的。由此，我们也可以推知，章太炎之谴责近代生产技术，其实并不是认为它不可取，也并不是反对运用近代生产技术来促进中国国民经济生产的增长，他的用意不过是要说明，运用近代的先进生产技术，不应该只为那些极少数的像大农、大工、大商阶层去谋福利，而应该要为占人口绝大多数的广大的劳动者阶级去谋福利。章太炎的这种过激言论，仍然是以其一贯所崇尚的“人文精神”作为底色的，其目的则在于实现对欧美式大生产的超越，在以近代生产技术为基础、追求生产增长的同时，实现全民的共同福利。

关于章太炎后期经济思想中所具有的浓厚的“人文精神”，我们还可以从他的后期货币思想中，进一步地得到一个清晰而明确的结论。

---

① 章太炎：《四惑论》，《太炎文录初编·别录》卷三。

当时在中国市面上流通的货币,可谓名目繁多,花样百出。既有清朝中央政府发行的货币,又有地方政府发行的货币,还有外国政府在中国发行的货币(如当时在东北三省流行的“羌帖”,即为俄国政府在中国所发行);既有硬通货,又有纸币。币制的不统一,给中国国民经济的发展带来了很大的阻碍作用。针对当时中国币制紊乱的现状,章太炎认为,为了促进中国国民经济的发展,应该首先厉行整顿币制,在全国范围内实行统一的币制政策。其云:

富国必先足民,国民经济,应为发展,金融机关,宜求整理,则统一币制,设立国家银行,实为今日不可缓之事也。①

他主张设立“国家银行”,建立统一的金融体制来整顿颇形混乱的币制。关于“制币”,他仍然继承了他前期的货币思想,主张“政府造币,惟得用金、银、铜,不得用纸,所以绝虚伪也;凡造币,不得以倍现有之钱者等于一钱,不使钱轻而物益重,中人以下皆破产也”②。在其后期“制币”思想中,章太炎仍然强调的是“富国必先足民”,并且将“中人以下”阶层的利益放在首要的位置来考虑。当时他之反对发行纸币,主张发行硬通货,当然也并不是认为纸币不好,对此,他在著名的《惩假币》一文中作了详细阐释,其云:

近世圜道匮绌,作纸币以济之,名其为币,其实符券也。以一券一币更相易,民未有损,今再三倍其实币之数,其虚实不可相赓偿,此乃徒以欺罔其民……金、银、铜者,天产自然,万人流血汗穿地藏,然后得之。今以顷刻旋轮动肘之劳,彫镂札书以相假

---

① 章太炎:《中华民国联合会第一次大会演说辞》,《章太炎政论选集》(下)。

② 章太炎:《代议然否论》,《章太炎政论选集》(上)。

摄，出之无穷，名而当形，画而当实，未有诈欺若彼其甚者也。……今多作空券以为实币，则是巫师鬼道之用也。①

他认为当时在中国市面上流通的纸币，其“票面价值”多与货币的“实值”不相符合，不过是纸币发行者逞其欺民网利之用。因此，章太炎将这种没有充足准备金作基础，在市面流通中其“票面价值”不能反映“实值”的纸币，与“符券”等视，认为它并不是真正的货币，是“假币”。这一时期，章太炎还对货币的价值作了认真探讨，他认为货币的价值是由“劳动”所创造的，其云：

夫直，亦不空至矣。诸有直者，皆拟其役作。功大者，城阙道路，细及羽之一箴、芥之一茎，悉以手足腾踔搏取得也。腾踔之、搏取之，之谓功，功有少多，故直有贵贱。而金、银、铜者，亦以手足腾踔搏取得之，功以拟功，直以拟直。故以三品之币易物者，犹以布贸丝也。性又从革，分合惟所制，故能为万物纪。②

在章太炎看来，金、银、铜三者，一方面易于分割，另一方面，由于它本身凝结了劳动的价值，故可以为币。以金、银、铜为币，流通于市面，不过是像以布贸丝一样，实现的是等价交换，故无欺民网利之弊。而纸币则不然，他认为“以纸币准直者，亡于其实，徒以名授也”③。纸币因为本身不含有价值，所以，以纸为币，章太炎便以其是“徒以名授”，也即在他看来，纸币不过是像“符券”一样的东西，仅仅是货币的代用品而已。由此，章太炎称纸币为“征币”。其云：

今造纸币者，其功不与采金、银、铜等，且造一金之币，与造十金之币，其功则相若，故曰，所以征币，非直以代币也。征币

---

①②③　章太炎：《惩假币》，《检论》。

者,固当以轻重相易,以一券一币相流转而已,多增其数,则是以偷功窳器代坚良之金也。彼焉所挟操以为准乎?度自有其长,故准长;权自有其重,故准重;量自有其积,故准积。币以准直,而纸之体与其直不相应,造纸之役与成物之功不相应。今取契尺中断之,犹当五寸,取十金之纸币中断之,且复当五金乎?①

在他看来,如果纸币的“票面价值”与“实币”相符,即以一券代一币,则其在市面流通中,实现的也是等价交换,反之则否。而当时在中国市面上流通的货币,其发行额要远远大于其“实币”额,其“票面价值”要远远大于其“实值”,在这样的情况下,章太炎便坚决反对以纸为币,而是同其早期的货币思想一样,主张“铸金”,主张以金、银、铜为币。在金、银、铜三者之中,揆诸当时西方各国之均实行“金本位”制度,为了保证中国的利权不隐受损害,章太炎又力主铸造金币,建立“金本位制”。其云:

诚欲统一币制,非先铸金币,无以为银币权衡。盖银币成色不高,则民间必失信用;而银币成色不减,则外人买以销毁,必然之势也。今先铸金币以为本位,无论银圆成色足与不足,其兑换金币,并无差异,于是银圆成色可以一律减低,而信用依然如常,毁销不禁自绝。此则金币之铸,诚当今所不可缓者。②

设立国家银行、统一币制、建立金本位制等,这些构成了章太炎后期货币思想的重要内容。但是,章太炎之主张以“铸金”来统一全国货币,并不是要绝对地排斥纸币,他反对的是以纸币为“符券”,反对的

① 章太炎:《惩假币》,《检论》。
② 章太炎:《东省实业计划书》,《章太炎政论选集》(下)。

是以发行纸币进行欺民网利，掠夺国民的财富。如果纸币的发行有着充足的准备金，纸币的“票面价值”能够如实地反映其“实值”的话，那么，这不仅是章太炎所欢迎的，也是他所要致力于实现的。他认为：“夫纸币者，人主清心可以行之。”[①]换句话说，如果是贪叨网利之主，则不可以发行纸币。然而，在章太炎看来：“多欲之主，干没之吏，中夏所不能绝，其志在网利，非在于赍轻易行也。故他人为之而得利，己为之而得害者，何哉？不权本末，不课有无，其贪过于饕餮，而作伪甚于方士，恣己踊于巫师也。”[②]由此也可以看出，章太炎在当时之所以不取“纸币”，主要还是因为在他看来当时中国发行纸币的条件还没有成熟，而这一切又是以反对“欺民网利”为其根本原因的。也即是说，他的后期货币思想，仍然是将广大普通国民的利益置为其视角的中心。货币的发行，在章太炎看来也不过是作为便民、利民的一种手段罢了。因此，我们可以说，章太炎的后期货币思想，仍然是以其一贯的“人文思想”作为底色的。

章太炎在建构他的经济学说时，由于是将“人”确立为其视角的中心来考虑问题的，这就不可避免地会使他在追求“生产增长”的同时，要考虑到“分配”问题。在其前期，由于当时他面临的是中国传统经济格局之下生产的严重不足这一客观经济现状，并且，当时他对于生产充足的欧美社会尚缺乏深刻的了解，所以，“分配”问题他没有给予足够的重视，而只是片面地强调追求生产的增长，因此，在其前期，章太炎对于发展中国的经济问题，基本上是持着一种“自由主义”的立场。到了后期，由于章太炎看到了生产高度发达的欧美社会所业

①②　章太炎：《惩假币》，《检论》。

已存在的严重弊病,对于近代化大生产的负面效果,也有了比较深刻的反省,所以,对于“分配”问题,他开始给予了高度的重视,开始对于经济的发展持着一种“社会主义”的立场,主张“干涉”。章太炎在其后期经济学说中之所以要认同“社会主义”,这是因为他认为:“社会主义,其法近于平等。”①由此,实现“分配的均等”,这便成了章太炎后期经济思想中一个新融入的重要内容。如果我们将章太炎的经济思想比作一辆战车的话,则“生长增长”与“分配均等”,便是这辆战车的两轮,两者相辅而行,缺一不可。由于关于“生产增长”问题,其在其早期经济思想中已经透彻地解决好了,所以,章太炎后期对于经济问题的看法,大多数言论集中在“分配”问题上,实亦为情理之自然。当然,章太炎之主张实现“分配的均等”,并不是要像中国传统的农民革命者那样,实现财富的绝对的均等,进行“等贵贱、均贫富”,他只不过是想尽量缩小分配的不公,所以,他认为应将私营经济的发展规模控制在中、小范围之内,主张“有均田,无均富,有均地著,无均智慧”。这说明,章太炎在当时提出的这一别具特色的“重农主义”的经济学说,既不同于中国传统的以农业为主体的“崇本贱末”的经济发展模式,又不同于“重商主义”传统之下欧美式大生产的经济发展模式,而是走了一条独特的发展道路。但章太炎之另辟蹊径,并非是有意要标新立异,故意同时代思潮背道而驰,他这一独特的经济学说的提出,实是在研究中国特有的历史与现状的基础之上,针对中国的独特国情而提出来的。他与当时国内“重商主义”者所取的途径虽然不同,但两者的终极目标却是一致的,即均是要实现中国由传统的农业

① 章太炎:《俱分进化论》,《太炎文录初编·别录》卷二。

国向近代的工业国的转变。由于章太炎的经济学说是在对于中国历史及现状进行冷静思考与研究的基础之上提出来的，他注重在由传统农业国向近代工业国转化过程中“传统”力量的作用，注意到了中国是一个传统农业大国以及存在着庞大人口压力的实际情况，因此，笔者认为，章太炎的这一“重农主义”的经济学说，较之当时“重商主义”者的经济思想来说，更加切合于中国的国情，也更加富于理性的色彩。并且，章太炎在当时提出的这一独特的“重农主义”的经济学说，由上也可以看出，仍然一贯地持守了他自己的基本价值信念，这也从另一个侧面说明了章太炎思想所具有的内在融通性，及其所具有的思想意旨的连续一贯性。

三、“精英民主”与“权威”的追求

清末民初之世，中国社会文化秩序所面临的转型，表现得最为剧烈的恐怕要数政制的转换了。当时，中国的思想界也表现出中国历史上从未有过的活跃，政治思潮可谓是汹涌澎湃，当然，这也同时伴随着激烈而残酷的现实政治斗争。建立一个什么样的国家管理体制，是萦绕在时人心头的一个重要问题。当时在思想界占据主流地位的且最富有影响力的两大政治派别立宪派与革命派，在政制创制上，均将西方式的民主政制确立为自己的当下政治奋斗目标，企图以西方资产阶级国家的代议制政体为摹本，在中国建立一个类似于西方资产阶级国家的宪政政制。国家管理体制，相当于美国文化人类学家 L.A.怀特所说的一个整合的文化系统中的“社会系统”层面，处于文化的中层结构。章太炎在进行中国社会文化秩序的重构时，当然也不可能绕开此一问题，对此也非常关注。他除了积极投身于残酷的现实政治斗争,“七被追捕,三入牢狱”,而革命之志不稍屈挠之外,还在学理上对于中西各国的学问作了深入的探寻。他也主张在中国建立一个宪政政制,对中国的传统旧制进行其近代的转换。然而,通过对中国历史及现状的研究,通过对西方宪政政制的考察,他对立宪派及革命派企图以西方资产阶级国家的代议制政体为摹本,在中国建立一个类似于西方资产阶级国家的民主政制的做法,则颇不表赞同。他认为:“民主立宪,起于法,昌于美,中国当继起为第三种,宁能一意刻划,施不可行之术于域中耶?”①他以“一意刻划”为“不可行”,而主张在中国建立一个不同于欧美诸国的“第三种”民主政制,这可谓是章太炎在清末民初之世独抗流俗,贡献给中国思想界的独特的“政制”论,这也是他在社会文化秩序的重构上,主张“因任”、反对“仪型”思想在政制层面的一种自然延伸。

1. 以人为本位的国家思想

章太炎之所以要反对以西方资产阶级国家的代议制政体为摹本在中国建立一个类似于西方资产阶级国家宪政政制的做法,是与他思想的基本价值取向息息相关的。在国家政制的创制上,章太炎仍然是将“人”置于其视角的中心,在其学说的灵魂“人文精神”的观照之下,章太炎主张,进行政制的转换应该在继承中国原有政制传统的基础之上对之作切合时代的改良,将他关于重建社会文化秩序时对于“民族性”与“时代性”的关怀,贯彻到进行新政制建构的理论运思之中去。关于章太炎以“人文精神”为灵魂来进行新政制创制的思想倾向,我们可以首先从他有关国家起源的学说里清楚地看出来。

---

① 章太炎:《大共和日报发刊辞》,《章太炎政论选集》(下)。

关于国家的起源，在西方的政治学界存在着两大学说传统，即“契约论”与“武力造成论”这两大针锋相对的政治学说的传统。“契约论”者的国家学说，是以“人本主义”为理论基础的。“契约论”者将“人”分为“自然状态”和“社会状态”两种，该学说的代表启蒙大师洛克认为，“自然状态”“是一种完备无缺的自由状态”①，在自然状态里人人平等，“他们在自然法的范围内，按照他们合适的办法，决定他们的行动，处理他们的财产和人身，而毋需得到任何人的许可或听命于任何人的意志”②。这是以“契约论”者普遍信奉的“人类天生都是自由、平等和独立的”③这一重要思想为前提而得出的结论。在“自然状态”下，虽然人人都是自由、平等和独立的，但在“契约论”者看来，由于“自然状态”下的大部分人，并不能严格遵守“公道”或“正义”的原则，所以他们所享有的“完备无缺”的自由、平等、独立，是很不稳定的，时常有遭受他人侵犯的危险，因此，处于“自然状态”下的“人”，便会“充满着恐惧和经常的危险”。④为了保证“自然状态”下得到的自由、平等、独立不受到侵犯，于是人们便“协议联合组成一个共同体，以谋他们彼此间的舒适、安全和和平的生活，以便安稳地享受他们的财产，并且有更大的保障来防止共同体以外的任何人的侵犯”。⑤“当某些人这样地同意建立一个共同体或政府时，他们因此就立刻结合起来并组成一个国家。”⑥而当人们通过缔结“契约”建立一个共同体的时候，他们便也脱离了“自然状态”，进入了“社会状态”。从洛克这

①②　(英)洛克:《政府论》，第 5 页。
③　同上书，第 59 页。
④　同上书，第 77 页。
⑤⑥　同上书，第 60 页。

一有关国家起源的“契约论”者的经典看法,自然地就会从逻辑上得出这样的结论,即:

> 社会是为了人而组成的,而不是人为了社会,……必须始终把人当作目的而不是当作手段来看待,个人在逻辑上和道义上都要处于优先的地位。①

这一“人本主义”的国家学说,其理论的出发点,实际上是基于一种虚拟的理论基设,是“非历史主义”的。相反,“武力造成论”者的国家学说,则主要是基于一种“历史主义”的运思理路而得出的结论。他们认为“国家是武力造成的团体”②,“国家是人类依政治手段即霸道而造成的一切关系之总和”③。由此,“武力造成论”者将国家的本质看成是“统治”,如近代德国著名的政治学大师奥本海默认为:

> 原始封建国家的形式是统治,即少数勇敢善战之士以其团结之力,君临于一定领土之上,而统治农耕的人民。④

又说道:

> 国家对内对外的一切措施……最根本的还是保障上层阶级的利益,换言之,国家虽为维持统治权力的安全,然其结果又发生了第二任务,即保护大众。⑤

将国家的本质看成是“统治”,似乎更加符合于历史的实际。但是,由于他们将“保护大众”当作“第二义”来看待,这与“契约论”者的“人本主义”的国家观,正好形成一对反的两极。“武力造成论”者将国家放

---

① (美)乔治·霍兰·萨拜因:《政治学术史》(下),第491页。
② (德)奥本海默:《国家论》,第3页。
③ 同上书,第151页。
④ 同上书,第44页。
⑤ 同上书,第3—4页。

在“第一义”的地位来考虑，将组成国家的“人民”放在“第二义”的地位来考虑，这在逻辑上也容易形成“国家主义”的国家观。

章太炎的“国家论”，与“武力造成论”者的看法颇为相近。他曾经说道：“政府之成立，本以争战为其原始。”①又说道：“原政府之初设也，本非以法律卫民而成，乃以争地劫人而成。”②他之所以不同意“契约论”者国家是“以法律卫民而成”的看法，而倾向于“武力造成论”者的观点，是因为他的思想是一贯地建立在历史研究基础之上的原故，在其思维程序里有着浓厚的“历史意识”，这与“武力造成论”者的“历史主义”的运思理路是相一致的。在国家的起源上，章太炎虽然也持“武力造成”说，但他并没有得出“国家主义”的结论，不但如此，他对“国家主义”还深恶痛绝，曾经对之大张挞伐。章太炎认为“近世国家学者”以“国家为主体，人民为客体”的“国家主义”主张，是“谬乱无伦”之说，“真与崇信上帝，同其昏悖”③。在这一点上，章太炎同西方“武力造成论”者的“国家主义”的国家观，又极然地为背道驰，而与“契约论”者的“人本主义”的国家观相一致。在“国家”与“人”的关系上，章太炎同“契约论”者一样，也将“人”置于“主体”的地位，而“国家”则被放在了“客体”的地位。“契约论”在近代中国曾经风行一时，对于近代中国之进行政制转换，提供了丰富的思想资源。毋庸讳言，章太炎也受到过“契约”思想的影响，但他之得出同“契约论”者相一致的“人本主义”的国家观，似乎并非是来自于“契约”思想的影响，而是别有所自。

①② 章太炎：《五无论》，《太炎文录初编·别录》卷三。

③ 章太炎：《国家论》，《太炎文录初编·别录》卷三。

章太炎认为：“国家之自性，是假有者，非实有者。”①何谓“自性”？章太炎云：“凡云自性，惟不可分析绝无变异之物有之，众相组合，即各各有其自性，非于此组合上别有自性。”②以“物质”为例来说，章太炎认为：

> 物质极微，是最细色，不可截断破坏贯穿，不可取舍乘履搏击，非长非短，非方非圆，非正不正，非高非下，无有细分，不可分析，不可睹见，不可听闻，不可嗅尝，不可摩触，故名极微，亦名原子。若以原子为实有，则一切原子所组成者，并属假有，何以故，分子则各还为原子故。③

因此，就“物质”来说，组成“物质”的“极微”（“原子”），为有“自性”，为实有，而由“极微”（“原子”）所组成的“物质”，则为假有，为无“自性”。“极微”是组成“物质”的最小单位，就“国家”与“人”的关系来说，“人”是组成“国家”的最小单位，以此类推，章太炎便认为组成“国家”的“人”，为有“自性”，为实有，而为“人”所组成的“国家”，则为无“自性”，为假有。既然组成“物质”的最小单位才具有“自性”，为实有，那么，对于“人”来说，人的肌体也是由“细胞”集合而成的，由此，则应该说“细胞”为有“自性”，为实有，而由“细胞”所组成的“人”，则为无“自性”，为假有。关于此，章太炎说道：

> 以实言之，人亦伪物云尔，然今者以人对人，彼此皆在假有分位，则不得以假有者斥假有者。使吾身之细胞，悍然以人为假有，则其说必非人所能破。若夫对于国家者，其自体非即国家，乃人之对于国家，人虽伪物，而以是单纯之个性，对于组合之团

①②③　章太炎：《国家论》，《太炎文录初编·别录》卷三。

> 体，则为近真，故人之以国家为假有者，非独论理当然，亦其分位得然也。①

“人”对于组成“人”的“细胞”来说，虽然也可以说是假有，但是，对于由“人”所组成的“国家”来说，则“国家”为假有，而“人”则为实有。所以，章太炎认为：“凡诸个体，亦皆众物集成，非是实有，然对于个体所集成者，则个体且得说为实有，其集成者，说为假有。国家既为人民所组合，故各各人民，暂得说为实有，而国家则无实有之可言。非直国家，凡彼一村一落、一集一会，亦惟各人为实有自性，而村落集会则非实有自性。要之，个体为真，团体为幻，一切皆然。”②

持“国家主义”观点的，常以溪流为喻，以“溪槽”喻“国家”，以溪槽中的“流水”喻“人民”，认为“溪槽”常住不变，而溪槽中的“流水”“则以各各微滴，奔凑而成，自朝逮暮，瀑流下注，明日之水滴，非今日之水滴矣。”③因此，他们认为“溪槽”（国家）常住不变，为实有，为主体；而“流水”（“人民”）则变动不居，为假有，为客体。对此，章太炎也给予了驳斥，他说道：

> 是则亦可言溪槽为主体，槽中水滴为客体。而彼溪槽，所指何事？左右有岸，下有泥沙，中间则有空处，岸与泥沙，虽溪槽所因以成立，而彼自性是土，不得即指彼为溪槽，可指为溪槽者，惟有空处，夫以空处为主体，而实有之水滴反为客体，是则主体即空，空即非有，则主体亦非有。然此空者，体虽虚幻，而犹可以眼识现量得之，若彼国家，则并非五识现量所得，欲于国家中求现量所得者，人民而外，独土田山渎耳，然言国家学者，亦不以土田

①②③ 章太炎：《国家论》，《太炎文录初编·别录》卷三。

山渎为主体,则国家之为主体,初无实际可知已。①

由此,章太炎便也会自然地得出“人民”为实有、为“主体”,而“国家”则为假有、为“客体”的这一逻辑结论。以此类推,凡“国家”之下设立的一切组织机构,对于“人民”来说,也都是没有“自性”的假有,也都处于“客体”的地位,这是不证自明的。章太炎在国家的起源上,虽然倾向于赞成“武力造成”说,但通过这一形而上的哲学论证,他则走向了“人本主义”之路,与“契约论”者殊途而同归,与“国家主义”者则分道扬镳了。

既然“个体为真,团体为幻”,对于“人”来说,“国家”及其之下的一切组织机构均为假有,并非实有,那么,人类之建立“国家”,组织“政府”,不是多此一举吗?“国家”与“政府”之存在,对于人类来说不就等于是赘疣吗?对于这一点,章太炎给予了肯定的回答。他以建国为“悖乱”,将“国家之事业”看成是“最鄙贱者,非最神圣者”②。虽然如此,但他并没有流入无政府主义。“国家”与“政府”的建立,虽然在理论上没有正当的依据,但是,人类还是要建立“国家”、组成“政府”,这是因为人类为了生存不得不然,“是势不得已而为之”的原故。其云:

原夫人之在大界也,介然七尺,而攻围其四帀者多矣!依天以立,而寒燠瘴厉侵之;依人以处,而笞棰刀锯犯之;依身以存,而饥渴疲劳迫之;尽此百年,无一刹那得以自在。于是,则宁以庶事自缚,以求安全。若必吾所好者,安取是扰扰为?然既已自求安全,则必将层累增上,以至建国而止。③

人类为了自身的生存与安全,不得不组织团体以求自卫,在历史的演

---

①②③ 章太炎:《国家论》,《太炎文录初编·别录》卷三。

化中才渐渐地形成了“国家”。既然章太炎认为“国家”之设是人类迫不得已而为之的，那么，在他的思想逻辑里，“人”之于“国家”，当然在逻辑上或者道义上都要处于优先的地位。“国家”与“政府”的建立，从根本上来说还是要为“人”服务的，因此，对于“人”来说，“国家”与“政府”理所当然地便要处于客体的、第二义的地位。由于章太炎同“契约论”者一样将“人”置于主体的、第一义的地位，主张一切要以“人道”为依归，所以，他在创制国家政制时便凸显了这一“人文精神”，将建立一个符合“人道”的政制确立为自己政制创制的奋斗目标。然而，由于章太炎并不像“契约论”者那样以一个虚拟的“自然状态”为其国家学说理论运思的起点，而是同西方政治学说传统里的“武力造成论”者一样，以“历史主义”的眼光去看待国家的产生，所以，又使其国家学说充满了浓厚的“历史主义”的色彩。在国家学说上，表面上看去章太炎似乎是在“契约论”者与“武力造成论”者之间进行调和，其实并非如此。他通过形而上的哲学论证，结合其“历史主义”的理论运思的偏好，别立新宗，既显示了其理论运思技巧的高超，也使其运用其国家学说为中国进行新政制的创制时，在当时的革命派与立宪派巨子之间，另外歧出一条政制创制的新的路向。

2. 西方式宪政模式的拒斥

当时，国人在进行政制创制时，有两大政制系统可供参照，其一是中国传统的“专制政制”，其二是西方传统的“宪政政制”。关于前者，暂且可以撇开不谈，我们先来看看后者。西方传统的“宪政政制”，大体上可以分为两类，一类是以英国为代表的“君宪政制”，另一类是以美法为代表的“共和政制”。这两种政制，当时分别为我国国内的立宪派和革命派确立为进行政制创制的摹本。这两种政制有着一个共同的地方，即它们均是以“代议制”这种“间接民主”的形式来表达现代民主政治的精义的。在清末民初的那个历史年代里，以“代议制”作为摹本来为中国建立一个新的政制，实际上几乎成为主要趋新政治派别的政治共识。然而，对于西方式的“代议制”政体的理解，章太炎的看法则与时人迥异。他认为在中国实行西方式的“代议制”政体，不但不能给中国人民带来幸福，起到“扩充民权”的作用，反而还会给中国人民带来更大的不幸与压制。章太炎在举世攘攘追慕西方式的“代议制”政体的历史年代里，仍然保有着比较清醒的头脑，不轻易地步趋时尚。他将“代议制”看成是一个“非人道”的政制，并且，他还认为将这一政制搬到中国来用，也不符合中国的国情。由此，章太炎关于政制的创制，便首先是从拒斥西方模式的“代议制”政体而展开的。

首先，从历史的角度来看，章太炎认为，“代议制体者，封建之变相，其上置贵族院，非承封建者弗为也”①；又云：“欧洲诸国，宪政初萌芽，去封建直三四百岁……封建之政，遇民如湿薪，渐及专制，地主犹横，于是更立宪政，民固安其故也。”②在他看来，欧洲诸国之所以要实行“代议制”政体，是由于它距离“封建”时代近，是其自身历史内在逻辑演化的自然结果。当时，亚洲的日本也步趋西方之后，实行“代议制”政体，章太炎认为日本之所以能行“代义制”，也是由于它距离“封建”时代近的缘故。其云：“日本(距封建)尤近，观其上下二院所以并立，岂故为钤制哉？藩侯贵族渐替，而为地主握赋役之枢纽

① 章太炎:《代议然否论》,《章太炎政论选集》(上)。

② 章太炎:《与马良书》,《章太炎政论选集》(上)。

者，惟是为重，异于中国所置名号，王侯空无凭藉，故二院不得不同时并立。观其二院并立，而因仍封建可知也。”①在他看来，离“封建”时代近的欧洲诸国及日本之实行“代议制”政体，并不是什么政体上的创造，不过是“因仍旧贯”，也即是其各自历史逻辑发展的必致结果罢了，并无什么新奇之可言。为什么要这样说呢？章太炎认为：

> 夫封建之猥诸侯，其地才一县耳，百里之封，而命官授吏至数百人，且用人多不出乡里，则知民间情伪，无异簟席之间，然则纤悉备知，而民不敢自匿，固其所也。又其世为邑主，素分已定，民视之以为天授之尊，故有顺从而无违逆。上亦善审民情，而斟酌其赋役轻重，则厚敛而民安之。……且夫众建棋置之势，虽相隔绝，则竞争之事常多。借观春秋鲁、郑等国，当今日十数县尔，而国有三军，其兵额几至四万，今一省之兵，或不逮是矣。夫外患多，则不以服役为怨，战争亟，则常以尚武为夙，此封建已然之验。……以赋税则乐输无隐如此，以兵役则效命不违如彼，习惯已成，一转移间而为立宪，则犹舍重而之轻也。土田荒熟无所隐，丁口少多无所匿，赋税厚重无所逋，兵役劳苦无所避，岂上之综核使然，顾民亦率其旧贯耳。②

反观中国，章太炎认为中国只有汉朝距离“封建”时代近，所以，在汉朝的时候，“顷亩户口之数，犹能审悉，而过更、践更之制，民皆乐就而无规匿”③。然而，在汉朝之后，这一情况则发生了深刻的变化。章太炎指出：“至于唐之府兵，虽出征调，民间逃亡者已多，勉而就之，惟牵衣以泣耳。自尔以来，赋税未极重，然逋欠者往往而是。以言民

①②③ 章太炎：《记政闻社员大会破坏状》，《太炎文录初编·别录》卷二。

数,明时黄册,盖多有不实者,及一条鞭法盛行,而编审亦为文具。观今之保甲册,盖以分别主客,防闲奸宄,此皆有利于民,非有所害于民也。然其数犹模糊不实,况于计口征兵,名一注册,则无异絓于罗网,孰有自占得实者乎?”这与“封建”制度下的情形,形成了鲜明的对比。其云:

以言田数,中国曩时盖已明通算术矣,虽无代数,而四元不可谓不精;虽无几何,而句股不可谓不密。以视日本,其疏密相去,盖不啻天渊也。然以之清丈田亩,辜较粟米,虽有其术而不能行。……以言榷筦,中国盐政,秉于官而校之商,然私贩者猥众,商人或有余盐不售,官为检卖,酱家视酱缸之数,以为鬻盐之数,卖酱者便私盐,则酱缸数皆不实告。夫酱缸,特有形之物也,犹不可审悉钩检,况于货值之低昂,奇赢之厚薄,而可详委知之乎?由是观之,去封建时代愈久者,其尚武之风衰,其输税之情惰,纵欲尽情检校,然今之官吏,尚有受贿欺隐者,而况付之警察台吏之流。凡诸征税科民之事,不委之地方自治耶,则官吏深文,多有骚扰害民之弊;委之地方自治耶,则戚里相护,必有徇情隐慝之奸。是故习惯已移,而欲藉法律以逆挽之,必无济于实事者也。①

由于“代议制”是承“封建”而来,在他看来欧洲诸国及日本由于离“封建”时代近,其实行“代议制”为“顺流”;而中国则废除“封建”已经两千多年了,则实行“代议制”为“逆流”。他认为中国如果要实行“代议

① 章太炎:《记政闻社员大会破坏状》,《太炎文录初编·别录》卷二。

制”的话，“惟两汉之世差可，今则时已去矣”①。所以，现在在中国实行“代议制”，便不符合中国历史发展的方向。除了日本及欧洲诸国外，当时的美国也实行的是“代议制”政体，为什么美国能行而中国不能行呢？对此，章太炎则作了这样的说明：“中国本因旧之国，非新辟之国。……盖中国与美绝不同，美为新建之国，其所设施，皆可意造，较中国易，无习惯为之拘束也。……而中国则不然，如悉与习惯相反，必不能行。”②由于中国特有的历史与国情，与美、日、欧洲诸国皆不一样，“代议制”政体与中国历史发展的内在逻辑（“习惯”）不相符合，所以，在他看来，当时在中国建立一个西方式的“代议制”政体，便不合时宜。

其次，从中国现状的角度来看，他认为西方式的“代议制”政体在中国也不可行。一般来说，实行“代议制”政体的国家，均是由民选的议员组成议院（实行君宪政制国家的上院除外）来议决国家的大政的。章太炎认为如果在中国实行“代议制”的话，则选举将难以实行。其故如下：

以“通选”来看，当时中国人口约在四亿二千万左右，如果以日本选举议员的比率为十三万人选一名议员来计算，则当时的中国应当选出议员三千二百人，以如此众多的议员聚于一堂来议政，章太炎认为：“其数与虎贲等，猱屯麇聚，分曹辩论，謦欬之声，已足以乱人语。”③如果以列国议员不超过七百人的比率来计算，则中国得六十万人选一名议员，除去妇女、儿童，进入选场投票的，大约是二十万人

① 章太炎：《记政闻社员大会破坏状》，《太炎文录初编·别录》卷二。
② 章太炎：《中华民国联合会第一次大会演说辞》，《章太炎政论选集》（下）。
③ 章太炎：《代议然否论》，《章太炎政论选集》（上）。

选一名议员,照此情形,那么,选举的结果将会是如何呢?章太炎指出:

> 愚陋恒民之所属目,本不在学术方略,而在权力过人。以三千人选一人,犹不能得良士。数愈疏阔,则众所周知者,愈在土豪。今举一例,假令二十万人中,有二十贤良与一土豪,区万人为一处而选之,其万人中无土豪者勿论,其适有土豪者,设土豪得票与贤良均,或且增倍,贤良虽不能与土豪抗,其余十九区中犹有贤良,土豪不能尽陵其上也。若以二十万人选一,彼万人所知之贤良,非十九万人所知,而万人所知之土豪,则为十九万人所周知,是贤良终不能与土豪抗也。单选不善,于是与之复选,其人知识虽少高,贤良众,则势分而附从寡,土豪一,则势合而陪属多,其不足相胜也明矣。是故选举法行,则上品无寒门,而下品无膏粱,名曰国会,实为奸府,徒为有力者傅其羽翼,使得膢腊齐民,甚无谓也。①

在章太炎看来,如果实行“通选”(无论是“单选”还是“复选”)的话,则被国民选举出来的议员一定多是“土豪”,在当时的情况下,以这些“土豪”组成的“议院”来议决国家大政,则中国政治更张的前途便可想而知了,章太炎认为,这样的“议院”,只会成为“土豪”压抑人民的工具。

再以“限选”来看,采用“限选”方式,一般是以国民的文化水准,或者是以国民纳税额的多寡来定选举权的。章太炎认为当时中国人民的识字率大约是“十人而三”,若以国民的识字率为准来限定选权,

---

① 章太炎:《代议然否论》,《章太炎政论选集》(上)。

“则七人无选举之柄”①，这样的选举，是与“扩充民权”的民主政治的宗旨相违背的。“行之若截削省要者，卒之苟偷一时，势不足以经远。”②若以国民的纳税额为准来限定选权，将会造成什么样的结果呢？对此，章太炎曾经为我们算过一笔细账，其云：

今震旦所有直税，纳诸所在州县者，独地丁漕米与渔芦诸课，岁可得银三千万两。而田赋高下，科则处处不同，山泽亦然，以其地有肥硗，获有多寡，不容以法令一切等画之耳。然则田赋重者，莫如江浙，亩几输银三钱，漕米可一斗许，亦当银二钱有奇，合之则亩输银五钱，池沼场圃山林庐舍之属，视此而杀。上流稍轻减，湖南壤土非墝埆，而亩财输银三分，又无漕米，山泽廛里几无税矣，辰、沅以上，亩财出银七八厘耳。北方诸省，亦大校类是。而新疆与东三省，其陇亩往往未升科，纵升科亦必不能过辰沅。③

由于中国地域经济发展不平衡，若“以纳税定选权”，则可能会导致“选权凑集于江浙，而西北诸省，或空国而无选权”的局面（以纳直税二圆者得选举权计算）；或者导致“得权者才百五十万人”的局面（以纳直税十圆者得选举权计算）。章太炎认为：“夫以四万万人成国，其得选权者只百五十万，是二百六十六人而一，于民权不增涓壤，又安用选举之虚名为？”④以上是以纳“直税”为比率来计算的，如果以“一切课税”为比率来计算的话，章太炎认为虽然可以增加一些选民人数，但会出现更为令人尴尬的局面：

若不以直税为剂，而以一切税课为剂者，民有选权，或稍稍

①②③④ 章太炎：《代议然否论》，《章太炎政论选集》（上）。

> 增于往昔。凡课至重者莫如盐,今设盐官凡十处,其商多聚居城市,一处无过三四千家,合之亦增多三四万人耳。其外则茶也、丝也、木也、药材也、瓷器也、缯帛也、锡也、木棉也、布也、谷食也、酒也、皮也、马也、珠玉也、纸也、烟草也,为货殖家最巨者。而倡优亦不得无课,其课率在十圆以上。夫以商人豫选,若无害矣。反而思今之政党,素皆蹑屩赢粮,以游异国,参半为贫乏士,虽有温饱者,亦往往不治生产,其纳税十圆者盖寡。夫倡优尚与选,而素知法律,略有政见者,反无尺寸选举之柄,则以纳税定选权者,其匡戾亦已甚矣。①

若以“一切课税”为比率来定选权的话,结果将会出现“倡优尚与选,而素知法律、略有政见者,反无尺寸选举之柄”的可笑局面,这不是对“代议制”政体的极大讽刺吗?以上是就正常情况来说的,如果考虑到选举过程中的非正常因素,如金钱运动,贿买选票等,章太炎认为如果在中国实行“代议制”政体,则不但会出现上面所说的可笑局面,而且还会导致社会风俗的败坏。“是故通选亦失,限选亦失,单选亦失,复选亦失。进之则所选必在豪右,退之则选权堕于一偏。”②由此,章太炎便断然地认为“代议制”不可行于中国。

复次,章太炎通过对于西方各国“代议制”政体及其社会所进行的考察,认为“代议制”在其实行的过程中有着巨大的弊病,已经沦为“非人道”的政体了,因此,在他看来,将西方式的“代议制”政体搬到中国来用,则更不可行。

民主政制的实质是“参与”,也即国家公民能够普遍地参与对于

①② 章太炎:《代议然否论》,《章太炎政论选集》(上)。

国家的管理。但是，由于社会规模的庞大，政治运作的复杂，不可能事事都做到由国家公民的直接投票来决定，因此，实行民主政制的国家，往往采取“代议制”这种“间接民主”的方式，来实现国家公民对于国家政治的“参与”，也即国家公民通过将自己的主权委托给由其选举出来的议员来实现其对国家政治的“参与”。实行“代议制”政体的国家，从学理上来说，“公民”是“主权者”，而“议员”则是“主权的代理者”。由于这一政体是将“公民”置于“主权者”的地位，所以，从学理上来说，它是一个非常“人道”的政体。但是，恰如政治学大师奥本海默所说：一切国家的实质是“统治”。这一非常“人道”的政体，在其具体的运作过程中，却走向了它原初意义的反面，成了“人道”的悖论。这一点，章太炎通过对于西方宪政政制及西方社会所进行的考察，看得也是非常清楚的。在西方式的“代议制”政体下，作为国家公民主权代理者的“议员”，按理说应该代表他的选民，应该代表人民的利益，处于代表人民监督政府的地位。但是，当时欧美及日本各国的资产阶级议院，不但不能代表人民监督政府，发出人民的呼声，反而成了政府的爪牙，与政府一道狼狈为奸，压制国内人民，处处侵害人民的利益。章太炎在批评日本议院时曾经说道：“日本议士三百余员，苞苴流溢，比间可盩，率为政府爪牙，以侵黎庶。”①在欧美各国则出现了“驵侩攘臂，讼言国政，齐民乃愈以失所”②的局面。欧美及日本各国的资产阶级议院，已经成了各国资产阶级政府统治国内人民的有力工具，在各国资产阶级议院的统治之下，广大下层人民愈益走向

① 章太炎：《与马良书》，《章太炎政论选集》（上）。
② 章太炎：《总同盟罢工论序》，《章太炎政论选集》（上）。

贫困化,这使得当时日本及欧美各国国内的阶级矛盾异常尖锐,社会运动亦因之风起云涌。如当时盛行于日本及欧美各国的无政府主义思潮,即是在此背景下出现的。对于“无政府主义”,章太炎虽然不表赞成,并且给予过激烈的批评,但是,他对于各国无政府主义者为民请命、攻击各国资产阶级政府的勇气,则是非常赞赏的。他曾为张继翻译的《总同盟罢工论》(德国人罗列所著)一书作序,在这篇序文中,他对西方各国劳动者阶级采用“总同盟罢工”方式来对抗各国资产阶级政府的做法,特别地欣赏。其云:“若循同盟之则,姟兆一志,更相携将,一市之间,闭门七日,则馈饷役使皆不继,虽有利器,且缩不前。”①他认为当时“中国工商未兴,于此若不汲汲者”,但等到中国工商既兴以后,则中国的劳动者阶级也可循“总同盟罢工”之例,像西方的劳动者阶级那样,捍卫自己的利益。②

从当时欧美及日本诸国议员选举的实际情况来看,章太炎认为其“选充议士者,大抵出于豪家”③,那些被国民选举出来的议员,“名为代表人民,其实依附政党,与官吏相朋比,挟持门户之见”;“所计不在民生利病,惟便于私党之为”④。他们并不是代表选民发出正义的呼声,而是贪叨网利,丑声外播,时有所闻。如当时在日本“郡制废止案”里揭露出来的议院受贿事件,涉及受贿的议员竟达三百多人。章太炎认为西方各国的议院不过是“受贿之奸府”,是“国家所以诱惑愚民,而钳制其口者也”⑤。“代议制”政体在西方各国的实行,其流弊已经如此之大,若搬到中国来用则流弊会更多。章太炎认为,当时在

①② 章太炎:《总同盟罢工论序》,《章太炎政论选集》(上)。
③④⑤ 章太炎:《五无论》,《太炎文录初编·别录》卷三。

中国若实行“代议制”政体，将比传统的专制政制为害更烈。其云：

> 以中国行立宪代议之政，其蠹民尤剧于专制。今之专制，直刑罚不中为害，他犹少病，立宪代议，将一切使民沦于幽谷。夫贼民者非专官吏，乡土秀髦，权力绝尤，则害于民滋甚。乃者诸妄豪强，把持公事，政府固惎疾之，虽齐民亦欲傳刃其腹焉。州县下车，能搏击巨室土豪者，井里编氓，皆鼓噪而称民父。豪强之妨民如是，幸其在野，法尚得施，今超而为议士，为虎著冠，其妨民不愈况耶？①

原夫国家之设，政府之设，及国家之下的一切组织机构之设，本是以“人”为中心，是为“人”服务的，现在却走向了这一宗旨的反面，加之，“代议制”政体与中国历史的发展方向不合，以及不符合当时中国的实际国情等，所以，在当时国人争相喧嚷“代议制”政体的潮流中，章太炎便挺身独抗，予以拒斥。他对于西方各国“代议制”政体流弊的揭露是深刻的，他所提出的问题也是富有挑战性的。这种冷静理智的思考，惜乎为当时占主流地位的欧化主义思潮所淹没。尽管这样，章太炎在当时提出的这一颇为尖锐的问题，却是致力于为中国创新政制的人们所无法回避的。

西方各国之实行以“代议制”为表征的宪政政制，是“代议制”与“政党政治”及“地方自治”相为表里，由于章太炎拒斥了“代议制”，所以，他对于和“代议制”政体联系密切的“政党政治”及“地方自治”，也一体地加以拒斥了。

与“代议制”一样，“政党政治”也是时人追求的政治目标之一。

---

① 章太炎:《与马良书》,《章太炎政论选集》(上)。

如孙中山曾经说道：“国家必有政党，一切政治始能发达。……一国之政治，必赖有党争，始有进步。”①他不但对于西方式的“政党政治”给予了高度的赞美，而且还希望中国能够建立两三个强有力的政党，以推动中国进行现代民主政治的建设。②“政党政治”的实质在于“组织政治”，美国当代著名的政治学大师亨廷顿认为：

> 组织是通向政治权力之路，也是政治稳定的基础。……在那么多处于现代化之中的国家里存在权力和权威的真空，可以暂时由魅力领袖人物或军事力量来填补，但只有政治组织才足以永久地填补这一真空。③

以政党来组织政治，从现代民主政治的角度来看，应当说是当时中国进行政治转型、建立稳定的政治权力基础的不可或缺的重要因素之一。但在章太炎看来，当时在中国实行“政党政治”，不但不能够促成中国政治的稳定，反而还会使中国政治陷入更大的混乱之中。其云：

> 中国自东汉以后，党祸相寻……历观史册，凡四代有党，汉、明以之亡国，唐、宋以之不振，朋党之祸天下，亦彰明矣。④

中国历史上的朋党之争，其一个重要的特点，即是党人竞名死利，“死权而亡国事”。⑤然而，历史上的党人“虽无远略，犹不失其正鹄”⑥，抗节死直，尚存“幸直之风”⑦。反观当时中国的所谓“新党”，章太炎认

① 孙中山：《在上海国民党茶话会的演说》，《孙中山全集》(卷三)。
② 孙中山：《中华民国》，《孙中山全集》(卷二)。
③ (美)塞缪尔·亨廷顿：《变化社会中的政治秩序》，第427页。
④ 章太炎：《诛政党》，《章太炎年谱长编》(上)，第358页。
⑤⑥ 章太炎：《箴新党论》，《章太炎政论选集》(上)。
⑦ 章太炎：《诛政党》，《章太炎年谱长编》(上)，第353页。

为“党人之所以自高者，率在危言激论，而亦藉文学以自华”[1]，“其著者或能文章，矜气节，而下者或苟贱不廉与市侩为伍”[2]。在个人操守上，“新党”与古代的党人相比，“絜长则相异，比短则相同”[3]，“其竞名死利则一也”[4]。外观美国的“政党政治”，章太炎认为它也不过是“令贪夫盈于朝列，饕餮贡于大庭”，“朋党比周，为蠹已甚”[5]。由此，章太炎便断然地得出结论道：当时如果在中国实行“政党政治”，是“害有百端，利无毛末”[6]。他将政党看成是“乌合兽聚”，并主张以“大辟”之刑来对付党人。关于“政党政治”，章太炎揭露了当时欧美诸国存在的在其政治运作过程中所表现出来的弊病，颇中肯綮，然而章太炎将之与中国古代的朋党之争相提并论，这说明了他只看到了“政党政治”在其运作过程中所呈现出来的外在化的表面现象，对于“政党政治”所担当的进行“组织政治”的功能，似乎缺乏了解，这导致了章太炎对于“政党政治”的批评缺少现代性的眼光，同时也表明他的现代政治学知识要逊于孙中山等人。章太炎在清末民初之世，曾经以反对“政党政治”称闻于一时，那么，他为什么又要积极地参与到民初的组党活动之中去呢？辛亥武昌之役之后不久，章太炎从日本返国，便立即投身于民国初年政党纷争的政治漩涡之中去。他先是组建“中华民国联合会”，继又组织“统一党”与“共和党”，在民国初年的政治舞台上也颇形活跃。这大概是清社既屋以后，“政党政治”已经化作了现实，作为一个面对现实的政治活动家，他不得不随顺潮流，以期为中国政治的建设，为民国的创造，贡献出自己的才智，非其

---

①②③④　章太炎：《箴新党论》，《章太炎政论选集》(上)。

⑤　章太炎：《代议然否论》，《章太炎政论选集》(上)。

⑥　章太炎：《与副总统论政党》，《章太炎政论选集》(下)。

本心然也。对此,章太炎曾经有过一段痛苦的内心独白,其云:

吾昔在东京,本不取代议政体,及宣布共和,成事不说,于是树立政党,涉历岁余,已明知政党鲜益,然犹主持共和党者,以他党尚在,则此党不容独消也……吾辈固知其不可而为之耳。[①]

由此可以看出,章太炎在民初之积极参与组建政党,恃政党为利器进行政治的角逐,乃是其“知其不可为而为之”的一种无奈之举。章太炎的这段独白,已经将民初他之参与“政党政治”的内心矛盾冲突表露无遗了。

实行“地方自治”的目的,在于削弱中央政府的权力,同时,它也是“处于现代化之中的国家”训练国人政治参与能力的有效途径之一。地方自治思潮,在清末民初之世的中国也颇为活跃。孙中山曾经将“地方自治”当作“国之础石”[②]来赞美。康有为也将“地方自治”当作“立国之本”,当作通向宪政的基础而极力地加以鼓吹,他认为:“今吾中国地方之大,病在于官代民治,而不听民自治也,救之之道,听地方自治而已。”[③]地方自治论者,企图通过“地方自治”来训练国人的政治参与能力,从而为在中国建立完备的宪政政制打下基础。然而,章太炎则认为,实行“地方自治”,不符合当时中国的国情。因为,中国国土辽阔,区域之间的差别非常大,并且,由于交通落后,各个区域之间存在着严重的相互疏隔倾向,如果实行“地方自治”,在他看来只能促使中国走向分裂,这与他所主张的“辑和民族,齐一语言,

① 章太炎:《致伯仲书十四》,《章太炎政论选集》(下)。
② 孙中山:《在沪举办茶话会上的演说》,《孙中山全集》卷三。
③ 明夷(康有为):《公民自治篇》,《辛亥革命前十年间时论选集》卷一,第180页。

调度风俗，究宣情志”[1]的民族主义宗旨，也是格格不入的。民国建立以后，各种政治力量纷纷地登上了中国政治的舞台，很多省份实际上已经处于独立或者半独立的状态，中央政府的权力非常软弱。在这样的政治背景下，如果实行“地方自治”的话，章太炎认为“不独内政、外交无统一之办法，势必分崩离析，一变而为东周、晋、唐之末造，重酿割据之乱”[2]。这对于中国政治的前途来说，也是非常危险的。考虑到当时特殊历史条件等因素的制约，章太炎认为：“予以民国成立，首在规定政权，必中央之权略重，地方之权略轻，始有统一之望。”[3]出于国家统一这一现实因素的考虑，章太炎不仅断然地拒斥了“地方自治”，而且还主张扩大中央政府的权力，这看上去似乎又是与时代潮流背道而驰的。

3. 第三种民主政体的建构

“代议制”“政党政治”与“地方自治”，是西方国家宪政政制所采用的主要的政治运作形式，但是，它们全都遭到了章太炎的拒斥，那么，章太炎要为中国创制一个什么样的新政制呢？他曾经说过：“今夫民主，至公也。”[4]又说道：“民权者，文祖五府之法，上圣之所以成既济也。”[5]在政制创制上，他也主张“廓充民权”[6]，并且在权衡各种政体之后，认为“共和政体于祸害为差轻”[7]。由此，章太炎关于政制的创制，便也以“共和政体”为依归，也即，他所要致力

①⑥ 章太炎：《代议然否论》，《章太炎政论选集》(上)。
② 章太炎：《中华民国联合会启示》，《章太炎选集》(注释本)。
③ 汤志钧：《章太炎年谱长编》(上)，第402页。
④ 章太炎：《变法箴言》，《章太炎政论选集》(上)。
⑤ 章太炎：《商鞅》，《訄书》(初刻本)。
⑦ 章太炎：《五无论》，《太炎文录初编·别录》卷三。

于为未来中国进行创制的新政制,乃是一个不同于欧美诸国的“第三种”民主政体。

下面,我们先来看一看他所创制的不同于欧美诸国的“第三种”民主政体的结构如何?

章太炎在《代议然否论》一文里,曾经提出过行政、司法、教育、立法“四权分立”的主张,民国初年,他又主张将“监察权”独立出来,这样综合起来看,行政、司法、教育、立法、监察的“五权分立”,便构成了章太炎政制创制的第一个方面的重要内容。下面,我们首先来对之作一下简单的分疏。

关于“行政权”。章太炎认为:“举代议士则戾,置大总统则公。”①章太炎在“行政权”的规设上,“总统”是一个最为重要的内容。章太炎所规设的“总统”的权限是:“惟主行政、国防,于外交则为代表,他无得与。”由此可以看出,章太炎所规设的“总统”,实际上既是政府首脑,又是国家元首。在“总统”之下主行政的是“国务官”,“凡事有总统亲裁者,必与国务官共署而行之”。“总统”则由“全国人民胪言推举”产生。在西方的宪政政制下,凡享有选举权的国家公民,均有被选为“总统”的资格,显示了其崇尚的公民平等及“尚贤”的思想意旨。但在章太炎看来,“夫年劳可质验,而怀才不可豫知”,所以,他反对西方式的普遍的总统被选资格,而主张按照中国传统的“停年格”来界定总统的被选资格。“停年格”,创自北魏,主张国家官员按“年劳”登迁。由此,章太炎主张“国务官”及其他百官的登用,应严格

① 章太炎:《代议然否论》,《章太炎政论选集》(上)。凡本节下面引文之未注明出处者,均见该文。

地按照“停年格”进行“迁举”，“总统”则在“国务官”及“方面官”（地方最高行政长官）中间“迁举”产生。章太炎将总统的被选资格，仅仅限制在“国务官”与“方面官”之间，显示了其尚“年劳”的思想倾向。但这并不排除其重视公民平等的价值取向，因为，在章太炎那儿，国家公民每个人也都具有着被选为“总统”的潜在资格。

关于“司法权”。章太炎主张应由“法吏”（“司法官”）掌握。其云：“司法不为元首陪属，其长官与总统敌体，官府之处分，吏民之狱讼皆主之，虽总统有罪，得逮治罢黜”；“总统与百官行政有过及溺职受球诸罪，人人得诉于法吏，法吏征之逮之而治之。”“司法官”则“由明习法律者，自相推择为之，咨于政府，不以政府尸其黜陟”。

关于“教育权”。章太炎认为：“学校者，使人知识精明，道行坚厉，不当隶政府，惟小学校及海陆军学校属之，其他学校皆独立，长官与总统敌体，所以使民智发越，毋枉执事也。”为什么章太炎主张将小学校及海陆军学校之外的其他学校皆独立出来，归与总统“敌体”的学官掌握，而不归政府掌握呢？因为在他看来，小学校及海陆军学校，属于“强迫教育，为在官所有事”，而除此之外的其他学校，则关乎到“学术”方面的事。他认为“学术”在于追求真理（“求是”），而不以“致用”为目的（关于此，请参阅本书第一章的相关内容）。章太炎云：“综观二千岁间，学在有司者，无不蒸臭腐败，而矫健者常在民间。”为了培育“知识精明，道行坚厉”的国民，应该实行“学术”独立，政、学分离。至于设立独立的“学官”来领导学校，其职责则重在“引导”与“扶翼”，不以“管理”为能事。关于“学官”的产生，章太炎没有明确地加以说明，但他曾经这样说道：“盖教育与他之行政关系甚少，且教育宗旨定后，不宜常变，而任教授者，又须专门学识，故不应随内阁为进退。”①组成内阁的“国务官”,是由“总统”按“停年格”的方式“迁举”产生的,既然掌握教育权的“学官”不应随内阁为进退,则其不由政府任命可知。揆之“司法官”的产生,不是由政府加以任命的,而是由“明习法律者,自相推择为之”,则“学官”产生之途径,当亦同然。“司法枉挠,其长得治之,长不治,民得请于学官,集法学者共治之。”在其所规设的“教育权”里,他还赋予“学官”以监督“司法权”的权力。

关于“立法权”。在“立法权”里有着一个至为重要的内容,即立法者资格问题。在西方诸民主国家,“立法者”是由国民选举出来的议员组成的。然而,章太炎却主张:

> 凡制法律,不自政府定之,不自豪右定之,令明习法律者与通达历史、周知民间利病之士,参伍定之。……法律既定,总统无得改,百官有司毋得违越。有不守者,人人得诉于法吏,法吏逮而治之。②

他将立法者的资格,界定为是一些“明习法律”、“通达历史”以及“周知民间利病”的学者专家们。立法是一项高深的专门学问,非普通民众所能与知,结合章太炎反对设立议院的主张来看,则可知他所界定的“立法者”,不是通过民选的渠道而产生的,也不是由政府任命召集的,而是像“司法官”及“学官”那样,是由那些“明习法律”、“通达历史”以及“周知民间利病”的学者专家们,互相推举产生的。

关于“监察权”。章太炎认为,中国传统的政治虽然号称以“法”

---

① 章太炎:《中华民国联合会第一次大会演说辞》,《章太炎政论选集》(下)。
② 章太炎:《代议然否论》,《章太炎政论选集》(上)。

治世，但却秕政丛生，存在着严重的官吏猾法倾向。其云：

> 守法之弊，能令胥吏把持，得因受贿；……释法之弊，胥吏无受球之门，而大臣乃为奸府，其破律败度，得以破格应变为名，其所取又十倍于胥吏。①

如何才能有效地控制国家官员的猾法现象呢？他主张应该仿效明朝的设立“督察院”督察百官的做法，建立一个独立的“监察权”。章太炎认为如果“台宪著效”，就会造成清明的吏治。但“督察院”应独立于国家的行政权之外，不能听“大总统随意更换”。②

在以上“五权”之中，“司法权”与“监察权”有重叠之处，“司法权”颇为广泛，而“监察权”只涉及监察政府百官，实际上只履行了“司法权”的一部分功能，所以，章太炎所说的“五权”，实际上只有行政、立法、司法、教育“四权”。以上章太炎所建构的“五权分立”的政制架构，是就国家主体的权力分布而言的。关于“地方政治”，章太炎则主张废“省”与“府”，并提出了一个“道县制”方案，这构成了章太炎政制规设的另一个方面的重要内容。

在地方政治上，章太炎虽然拒斥了时人普遍称颂的“地方自治”的主张，但他对于地方政治的建设也颇为关注，多有擘画。他对于地方政治的规设，主要有以下两项内容：其一是主张废“省”。在他看来，以“省”作为地方政治的基本单元，过于庞大。他曾经指出：“一省所辖，大者百余县，小亦不损六、七十县。”③“省”土广民众，如果以“省”作为地方政治的基本单元，章太炎认为不但容易产生同中央政

---

① 《太炎先生自述学术次第》，《太炎先生自定年谱》（香港版）。

② 章太炎：《中华民国联合会第一次大会演说辞》，《章太炎政论选集》（下）。

③ 章太炎：《复北洋法政学堂教习今嘉幸井书》，《章太炎政论选集》（下）。

府相抗衡的力量,而且也不利于它本身的治理。在中国历史上,元朝开始设立行省,明、清两朝皆相沿勿替。章太炎认为:“综观三朝行省之制,独明世稍完善,终以土地广隃,不能纤悉,其治不逮前世甚远。”①因此,他认为以“省”作为地方政治的基本单元是不合适的。那么,应该以什么作为地方政治的基本单元呢?清时,从中央到地方行政机构的级次共有四级,即:中央→省→府→县,在秦以后、元以前,中国历代的行政级次则基本上分为三级,汉时为中央→郡→县,宋时为中央→州→县。章太炎认为:“汉时以郡国直隶政府,其数一百有三,宋时以州军直隶政府,其数亦二百有余也。汉之疆域,兼得安南,视今本部为广,宋之疆域,不及燕云,视今本部为狭,以郡国州军直隶政府,纤悉具知,未尝失御。”②他对于秦汉以后以郡、州作为地方政治的基本单元,实行三级行政级次的政制规设非常赞赏。如果实行三级行政级次,那么在废“省”之后,理所当然地“府”便成了地方政治的基本单元了。但章太炎又认为,以“府”作为地方政治的基本单元,又过于狭小。所以,他主张应该按照清朝的“分巡道制”,升“道”作为地方政治的基本单元,这构成了他地方政制规设的第二项内容。“道”本为监察区域的名称,依清制,在中央设“诸科”以监察中央各部官员,在地方则设“诸道”以监察地方百官。“道”的监察区域涉及几个“府”,就其区域面积来说,它较省小,较府大。章太炎主张“剖一省为数道,隶于中央”③,“废省存道,废府存县,县隶于道”④。这样一来,则行政级次便变成了中央→道→县三级。按照他的规设,

①②③ 章太炎:《复北洋法政学堂教习今嘉幸井书》,《章太炎政论选集》(下)。
④ 章太炎:《致袁世凯商榷官制电一》,《章太炎政论选集》(下)。

在废省、府之后，全国可得六七十个“道”，每“道”约隶二三十个县。他认为“（道）所领不过二三十县，则地方之治不纷；其隶于中央政府者，不过六七十道，则中央之政令易行也。”①。将“道”升为地方政治的基本单元，章太炎认为至少有下列五大好处，其云：

> 地皆连附，无犬牙相错之忧，民情易洽，一也；中央之政令，直行边远诸道，其民接于政令愈近，则政事知识愈开，二也；道有肥瘠，瘠道苦经费不足，其士民不得不倡行实业，愿加地税，名为中央集权，乃愈促地方进化，三也；愊悃之民集，而自治丁口易悉，生产易知，四也；中央对于边道，不至坐忘，号令直行，不得不力筹交通之便，五也。②

废省、府，升“道”为地方政治的基本单元，实行“道县制”的地方政制，除了方便于地方的治理之外，章太炎的另外一个重要目的，即在于加强“中央集权”，加强中央对于地方的控制，这同地方自治论者的主张，正好是背道而驰的。

上面，我们对于章太炎所创制的“第三种”宪政政制的结构既明，下面，我们将在此基础之上，再来看一看这一政制的特色及其内在精神。

由上章太炎所创制的新政制架构，我们可以看出，这一新政制架构呈现出的是一幅制度化分权体系的图景。它将“立法权”独立于“行政权”之外，以“司法权”来制约“行政权”，又以“教育权”来制约“司法权”，这与传统的绝对主义王权的专制政制是根本异趣的。这一以权力制约权力、并将之制度化的分权思想，反映了西方资产阶级

①② 章太炎：《复北洋法政学堂教习今嘉幸井书》，《章太炎政论选集》（下）。

的“分权学说”对于章太炎的巨大影响。章太炎借用西方资产阶级的“分权学说”来创制一个新政制，其主要目的在于克服传统专制政制下王权的绝对主义倾向，企图将最高行政权纳入制度化或法制化的轨道上去。这一思路已经不同于传统的政治思想，说明章太炎在进行政制创制时，其思想已经脱出了中国传统政治思想的窠臼，染上了现代政治思想的色彩。在他所创制的“五权分立”的政制架构里，由于拒斥了代议制与政党政治，这就使他所建构的这一新的政制体系，与当时西方资产阶级国家的政制又有着巨大的区别，使它们分属于不同的政治系属。章太炎创设的这一新的政制，由上看来，确实是一个不同于欧美诸国的独特的“第三种”民主政体。

前面曾经说过，章太炎在“人”与“国家”的关系上，确立了“人”的“主体”地位，主张以“人道”为依归进行政制的创制。然而，章太炎所进行的政制创制是否体现了“公民”的“主权”地位呢？换句话说，关于“主权者”，章太炎将其落实在哪儿呢？为了解答这一问题，我们首先来看看章太炎关于“公民权力”的论述。

章太炎对于“公民权力”的界定，胪举起来，主要有以下几点：

第一，凡国家公民均享有选举“总统”的权力，并且具有被选为“总统”的潜在权力。笔者之所以说章太炎所界定的“公民”仅仅“具有被选为总统的潜在权力”，这是因为，“总统”的产生，章太炎是主张按照“停年格”的方式，在“国务官”及“方面官”之间“迁举”，国家公民只有在入官，并且递升为“国务官”或者“方面官”之后，才具有被选为“总统”的资格，所以，笔者认为章太炎所界定的“公民”之具有被选为“总统”的权力，只是潜在的，而非现实的，或者说他所界定的“国家公民”，只享有被选举为“总统”的“可能的”权力。

第二，国家公民享有集会、言论、出版自由的权力，“除劝告外叛、宣说淫秽者，一切无得解散禁止”。在此，章太炎没有提到“结社”，揆之他之反对实行“政党政治”，主张以“大辟之刑”来惩治党人，则“结社”可能是要受到章太炎禁止的。

第三，“凡经费出入，政府岁下其数于民，所以止奸欺也；凡因事加税者，先令地方官各询其民，民可则行之，否则止之，不以少数制多数也；数处可否相错者，各视其处而行止之，不以多数制少数也。”也即，政府需向国民公布自己的财政预算，因事加税者，需求得国民的同意。

第四，国家公民享有请求“学官”招集法学专家，纠正或者惩治“司法官”枉法的权力。

第五，“民平时无得举代议士，有外交宣战诸急务，临时得遣人与政府抗议。率县一人，议既成，政府毋得自擅，所以急祸难也。”也即在国家的非常时期，国家公民享有外交、宣战的最后决定权。

第六，“轻谋反之罪，使民不束缚于上也；重谋叛之罪，使民不携贰于国也，有割地卖国诸罪，无公布私行者，皆殊死。”

在以上“六条”之中，除了第五条是属于非常时期的外，其他五条均是正常时期国家公民所享有的权力，在这五条之中，由于第二条是关于具体权力的论述，不关涉“主权”问题，所以，可供我们分析的只有第一、第三、第四、第六诸条。在这几条中，国家公民享有直接选举“总统”、直接决定政府的财政预算的权力，并且还具有反叛政府以及请求“学官”惩治“司法官”枉法的权力，这给人以一种印象，即章太炎之反对代议制这种“间接民主”的政体，是为了实行“直接民主”，我国国内有相当一部分学者认为章太炎具有“直接民主”的思想，即是以此为根据而得出结论的。其实问题并非如此简单。诚然，我们可以说章太炎赋予国家公民以这些“直接”的权力，是国家法律所赋予的，但国家法律所赋予的权力并不等于“主权”，“主权”是通过对于法律的制定权来体现的，也即通过“立法权”来体现的。在西方的启蒙学者看来，“立法权是国家的最高权力”①。它是由国家公民通过选举和委派立法机关来行使，经公民选举和委派的立法机关所创制的法律，一旦经国家公民同意之后，它便发生约束所有国家公民的作用，便变成神圣的和不可侵犯的。由于立法机关所具有的立法权，是出之于国家公民的委托，所以，“立法权”这一“国家最高的权力”，从法理上来说，便属于全体国家公民，这便是“公民主权”的真正含义。以此来考察章太炎的思想，我们实看不出他有着明确的“公民主权”的意识。他将“立法权”授给一些“明习法律”、“通达历史”及“周知民间利病”的学者专家们，然而，这些享有“立法权”的学者专家们，其立法资格的获得，并不是出自于国家公民的选派或委托，而是像“法官”和“学官”那样，是由那些“明习法律”、“通达历史”及“周知民间利病”之士，相互推举而产生的。这由上列“第四条”可得到反证。这一条规定，司法官违法，国家公民并没有享有直接进行惩治的权力，而仅享有间接的“请求”学官“召集法学者”治之的权力，“请求”即非“委托”，即非“主权”。于“司法权”如此，于“立法权”当亦如此。由此看来，那种认为章太炎具有“直接民主”思想的看法，便是值得商榷的了。章太炎曾经说道：“大国不可设议院也。”②对于大国政治，一般来说，实行“代议

① (英)洛克：《政府论》(下)，第82页。
② 章太炎：《代议然否论》，《章太炎政论选集》(上)。

制”是一种比较理想的选择，如果在大国实行“直接民主”的话，只能是一种不切实际的政治空想。因为，由于社会规模的庞大，政治运作的复杂，如果事事都要由国家公民的直接参与来决定的话，非惟给政治运作带来更多的麻烦，实际上也是难以做到的。关于大国政治，“代议制”章太炎尚且以为不可，如果主张采用这种流于空想的“直接民主”的话，那么，对于章太炎来说还有什么意义之可言呢？有的学者指责章太炎的政制创制带有很大的空想性，即是以其具有“直接民主”思想而发的。主张在大国实行“直接民主”，固然是流于空想，但对于章太炎的这种指责，却并不符合他思想意旨的原意，指鹿为马而已！

既然章太炎创制的这种独特的共和政制，既不是“直接民主”，又不是像代议制那样的“间接民主”，那么，它的实质究竟是什么呢？这是我们需要进一步探讨的问题。笔者认为，他所创制的这种独特的“第三种”民主政体，实际上是一种“精英民主”的政制形态。前面曾经说过，民主政制的实质是“参与”，“直接民主”与代议制这种“间接民主”，由于确立了公民的主权地位，所以，它在法理上来说属于“普遍的参与”。相对于这种“普遍的参与”来说，“精英民主”则是属于一种“有限的参与”。综观章太炎所创制的“五权”，我们可以看出，他将参与国家管理权的国家公民实际上只限定在国家公民中的精英层，只有精英层才是主权者，而广大普通国民则被排除在国家的政治生活之外。章太炎曾经说道：

> 夫使民有权者，必其辩慧之士，可与议令者也……以蠢愚无知之民，起而议政令，则不足以广益，而只以淆乱是非，非禁之将何道哉！①

① 章太炎：《商鞅》，《訄书》（初刻本）。

他之所以要将“参与权”仅仅限定在国家公民中的精英层(“辩慧之士”),而不主张“普遍的参与”,在这段话里已经清清楚楚地表达出来了。“精英民主主义理论认为,一般公民政治参与的作用较小,而强调大量政治参与的危险性。”①章太炎之所以要将对于国家政治的“参与”限定在精英层,主张实行“有限的参与”,其主要目的,就是企图将中国政治的建设纳入秩序化的轨道,在制度化与法制化的轨道上进行政治的运作,避免使中国政治在从“旧”向“新”的转换过程中,陷入无序的混乱状态。章太炎所创设的这一“精英民主政制”,乃是中国传统的“官僚政制”(如关于官吏的黜陟,他主张严格地按照“停年格”来执行,避免总统以“所好”“所恶”来黜陟官员)与西方的“分权学说”相互融汇的产物。

在西方的代议制政体中,作为立法机关的“议院”,是作为常设机构来监督政府、表达民意的。在章太炎创制的这一“五权分立”的政制架构里,行政、司法、教育、监察“四权”是常设机构,而“立法权”则属于非常设机构。孟德斯鸠曾经说道:“如果立法机关长期不集会……决议将由行政机关来做,而行政权将要变成专制的。”②这样看来,章太炎虽然将西方的“分权学说”引进自己的政制创制之中去,但是,由于他拒斥了“代议制”,便不可避免地会导致以“总统”为首的“行政权”的“专制”,使权力的制衡难以实现。主张扩大“行政权”,赋予以“总统”为首的“行政权”以“专制”的权力,章太炎也从不讳言,如他曾经即说过他所创制的政制是一种“奇觚之专制”。③那么,在进行

① (日)蒲岛郁夫:《政治参与》,第23页。
② (法)孟德斯鸠:《论法的精神》(上),第161页。
③ 章太炎:《代议然否论》,《章太炎政论选集》(上)。

制度化、法制化的政制创制中，在权力架构的配置上，章太炎为什么又要致力于扩大“行政权”，赋予以“总统”为首的“行政权”以“专制”的权力呢？笔者认为，这是由章太炎崇尚“权威”所致的结果。

章太炎曾经说道：“政平而无威，则不行。”①在政制创制上，他在追求“平等”的同时，还追求“权威”。他又说道：“经营构画，在强有力之政府。”②为了造就一个“强有力之政府”，章太炎不惜扩大“行政权”的权力，宁愿赋予以“总统”为首的“行政权”以“专制”的权力。

对于“权威”的追求，终章太炎一生，无稍变更。在其早年，他主张以“睿哲仁彊”者执政③，赞赏“古之持大命者，不决于墨食，不诹于外朝，盱衡厉色而定其事”④；中年以“专制”为善政⑤；晚年则主张“独制”⑥等等。作为一个现代民主政治的崇尚者，那么，章太炎为什么又如此地热衷于追求“权威”呢？细究起来，其故有三：

其一，在于明“平等”。章太炎认为，如果在政府与国家公民之间设置一个“代议士”阶层，“政府固多一牵掣者，齐民亦多一抑制者”⑦，这样便丧失了“平夷之美”⑧。“人主独贵者，其政平，不独贵，则阶级起。”⑨建立一个“专制”的政府，确立“总统”的“权威”，即是为了防止“阶级”，也即是为了防止像“代议士”那样的特权阶层的出现，从而使国家公民在“专制”政制之中人人平等。章太炎云：“大抵建国设官，惟卫民之故，期于使民平夷安隐。”而“代议制”

① 章太炎：《平等难》，《訄书》（初刻本）。
② 章太炎：《中华民国联合会改党大会演说辞·附录》，《章太炎政论选集》（上）。
③④ 章太炎：《明群》，《訄书》（初刻本）。
⑤⑧ 章太炎：《代议然否论》，《章太炎政论选集》（上）。
⑥⑨ 章太炎：《秦政记》，《章太炎政论选集》（上）。
⑦ 章太炎：《与马良书》，《章太炎政论选集》（上）。

政体则做不到这一点,只有他创制的这一独特的“专制”政制,才能保证做到这一点。

其二,在于重“秩序”。在致力于中国的旧政制向新政制转换的过程之中,如何才能避免国家政治陷入无序的混乱状态,这是章太炎非常关注的一个重要问题。如果实行“代议制”的话,那么,国家大政在其推行过程中,章太炎认为就会出现“噂沓纷起”的混乱局面,不利于国家大政的有序推行。由此,章太炎主张:“初定法也,一致而已矣,非有正反,则奚噂沓以持其议?”① 只有在一个强有力的“权威”的领导之下,以“一致”之虑来推行国家的政令,才能确保中国政制在其转换过程中做到有序的政治运作。在中央与地方的关系上,章太炎主张废“省”,建立一个“道县制”的地方政治架构,主张削弱地方权力,主张加强中央对地方的控制,其用意也即在于避免造成国家的分裂与政治的混乱,从而将国家政治纳入秩序化的轨道。

其三,在于求“效率”。章太炎曾经比较研究过拿破仑时代英国式的“君宪政制”与法国拿破仑式的“帝制”,他认为法国拿破仑式的“帝制”,较之英国式的“君宪政制”来说,其政治运作的效率显然要高得多。他曾经这样说道:

> 昔者中国乾嘉之际,欧洲列国,严刑厚敛,民不聊生,拿破仑出而更之,播及邻国,皆厥角稽首,若弟子之受命于先师,非甚难也。然而英之更制也,公举议员,则世族阻之;免他国商税,则富贾阻之,船户阻之;放行进口粮食,则业田者阻之;宽待佣作,则

---

① 章太炎:《明群》,《訄书》(初刻本)。

厂主阻之；禁买黑奴，则豪右阻之；哗讼三十年，然后大定。[①]

在"君宪政制"与"专制政制"之间，他更加赞赏的是法国拿破仑式的"帝制"（"专制政制"）。像中国这样一个处于新旧政制转换时期的国家，为了使国家政令能够得到雷厉风行的推行，他认为只能仿效法国拿破仑式的"帝制"（"专制政制"），建立一个拥有高度"权威"的"强有力之政府"，如果建立一个像英国那样的以"代议制"为表征的"宪政政制"，只会导致"发政益濡缓无期会"[②]，从而延误中国政治革新的时机。

既然章太炎崇尚"权威"，以"专制"为善政，那么，我们是否可以这样认为，即：章太炎的这一独特政制创制思想，仍然是继承了中国传统的以绝对主义王权为表征的专制政制的思想呢？他所说的"权威"，是否可以同中国传统的"绝对主义"的专制王权等量齐观呢？回答是否定的。因为，章太炎虽然崇尚"权威"，赋予以"总统"为首的"行政权"以"专制"的权力，但是，由于他所规设的这一"权威"，已经是在制度化分权体系之下的"权威"，这一"权威"在进行政治的运作时，已经不能像中国传统的"绝对主义"的专制王权那样毫无限制，唯我独尊，它要受到诸如"司法权""监察权"等权力的制约。这一"权威"在领导政治运作的过程中，不能够超越国家法律所许可的权力范围，否则它将会受到"司法权"及"监察权"的弹劾与惩治，因此，对于章太炎所规设的这一"权威"，我们可以视之为一种"新权威"，它有类于韦伯所说的"法制的权威"。[③]章太炎所规设的这一"新权威"，由于

---

① 章太炎：《变法箴言》，《章太炎政论选集》（上）。

② 章太炎：《明群》，《訄书》（初刻本）。

③ （德）马克斯·韦伯：《学术与政治》，第57页。

它与制度化的分权体系相结合,由于它是在国家法律所赋予的权力范围之内进行政治的运作,所以,它便不可能流入于传统的“绝对主义”的专制王权。由此,章太炎所创制的这种“专制”政制,便不可能流入于传统的专制政制,而仍然是一种“民主政体”。章太炎自己在说他所创制的这一新的政制的特色时,曾经说道:

> 此政体者,谓之共和,斯谛实之共和矣;谓之专制,亦奇觚之专制矣。①

章太炎认为他所创设的这一新的“权威政治”,虽然表面上看去像是一“专制”政制,但它却符合真正的“民主共和”的精神。这一新的“第三种民主”,在他看来,较之美、法的共和政制更加符合于民主政治的精义。

为了保证做到他所创设的“权威政治”架构下“权力”的不被滥用,除了创制一个以权力制约权力的制度化的分权体系之外,章太炎还认为必须要把“权力”纳入法制化的轨道上进行政治的运作,实行以“法”治国。章太炎将“参与权”限定在国家公民中的精英层,并且热衷于“权威”,这似乎给人以一种印象,即章太炎政制思想的实质仍然是“人治”,而不是像西方诸民主国家那样是以法治世,其实不然,这一点,我们可以从他之对于我国古代思想家中主张“任法而治”的去取,以及他之对于西方所谓法治社会的批评之中,可以清楚地看得出来。

在我国古代的思想家之中,先秦时期的法家及明清之际的黄宗羲,均是主张“任法而治”的。章太炎对于先秦时期的法家主张“君民

---

① 章太炎:《代议然否论》,《章太炎政论选集》(上)。

不相爱,块然循于法律之中”①,完全以法治世的法治思想,非常赞赏。在先秦之后的我国历代思想家之中,对于法家主张完全“任法而治”的思想颇有非议,认为它深刻寡恩,与被崇为一尊的儒家的道德理想主义的基本原则相抵忤。但是,章太炎却认为:“以法家之鸷,终使民生;以法家之刻,终使民膏泽。”②对于后人之非议法家,他感到悲哀。而他自己则公然地以继承传统法家所主张的完全“任法而治”,建立一个纯粹法治的社会为职志,这也使得他赢得了“新法家”的称号。③黄宗羲也主张“任法而治”,但章太炎却对之颇有非议,因为,章太炎认为黄宗羲将弹治国家官吏的权力授之于学校诸生,在黄宗羲的思想里有着严重的“尚贤”倾向。章太炎认为黄宗羲的这一“尚贤”思想,是“阴憖心于英雄”,并且与其“任法”思想也是相矛盾的,其结果将仍然是“听于乱人,而非听于治法”④。“循法者不尚贤,不尚贤者,选举视技能,而迁陟视伐阅年劳。贤不可知,虚论才调度量器宇之属,无为也”⑤。他主张国家官员的登降,必须要严格地按照以“年劳”为准的“停年格”来执行,建立一个法制化的、程序化的官僚登降体制。关于西方所谓的法治社会,章太炎曾经说道:“远西之为政者,分争辩讼,不以非法黜民命,莅官行政,不以非法免吏职,其言听法近之也。”⑥但是,在其大政革选中,仍然避免不了像黄宗羲所主张那样的“尚贤”的弊端。其云:“及其谁差一相,而左右柄国者,惟

① 章太炎:《秦政记》,《章太炎政论选集》(上)。
② 章太炎:《商鞅》,《訄书》(初刻本)。
③ 王汎森:《章太炎的思想(1868—1919)及其对儒学传统的冲击》,第113页。
④⑤⑥ 章太炎:《非黄》,《太炎文录初编·文录》卷一。

相所好恶处之。总统者又踊是，大政革选，下及茸骑驺伍，亡不易位。”①由此，他认为：“宗羲之言，远西之术，号为任法，适以人智乱其步骤。”②章太炎在肯定“任法”的同时，拒斥了“尚贤”。由此，我们可以看出，章太炎的用意实是要像先秦时期的法家那样，完全“任法而治”，以造成一个纯粹法治的社会，以冀将他所创制的“权威”纳入到法制化的轨道上去进行政治的运作。

章太炎虽然反对“尚贤”，但他并不反对任用杰出贤明之士来治国，在他看来只有在“任法”的原则之下，只有在法制化的程序之中任用贤明之士，这样才会造成“治法”，而不会造成“乱人”。章太炎曾经说道：“法者非生物，人皆比周，则法不自用。”③在他看来，“法”不过是死板的条文，最终还是要由“人”来执行的，如果没有“循法”的“人”，即使有再好的“法”，也不会造成法治社会。在“法治”与“人治”的关系上，章太炎主张“法治”之下的“人治”，将二者辩证地统一了起来。

“法治”的获得，最终还是要取决于“人”的因素，因此，造就“循法”的国民，将是获得“法治”的必不可少的重要条件，也唯其如此，才能保证他所创制的“权威政制”，在其运作过程中做到“权力”的真正不被滥用。如何才能造成“循法”的国民呢？章太炎认为“循法”国民的造就，必须以“道德”与“知识”为基础。他曾经说道：“共和政体，以道德为骨干，失道德则共和为亡国之阶。”④又云：“谋议监督，在有智识之国民。”⑤他将“道德”与“知识”，当作完善他所创制的“共和政

---

①②③　章太炎：《非黄》，《太炎文录初编·文录》卷一。

④　章太炎：《致伯仲书》，《章太炎政论选集》（下）。

⑤　章太炎：《中华民国联合会改党大会演说辞》（附录），《章太炎政论选集》（下）。

体”的重要基础来看待。“共和政体”的完善有赖于国民“道德”与“知识”水准的提高，这在西方的自由主义传统里也有着相同的看法，如自由主义大师约翰·密尔说道：

知识的缺乏对好政府的所有要素方面的不利影响是不需要作任何说明的。政府管理是由人们的行为组成的，或行为者须对之负责的人们，或其意见产生影响和制约所有这些人的旁观者们，都只是无知的愚蠢的和具有可悲的偏见的群众，则任何政府管理都将搞不好。反过来，按照人们高出于这个水平的比例，政府的性质也将有所改进——直达到卓越的程度（这是可能达到的，但没有一个地方已经达到），那里的政府官员，其本身就是具有卓越的美德和智慧的人，而围绕着他们的是具有道德的和开明的公众舆论的气氛。①

既然将“道德”与“知识”当作完善“共和政体”的重要基础来看待，那么，致力于提高国民的“道德”水准，致力于开启民智、提高国民的“知识”水准，便成了一个必致的逻辑结论，密尔是这样，章太炎也是如此。关于“道德”，笔者将在下文再作专门论述，在此从略。下面先来谈谈章太炎有关“知识”方面的论述。

戊戌时期，章太炎曾经发过一段感慨之论，其云：

中国自通商以来，更岁五十而赢矣，召彼故老而询之开矿筑路，犹愀然以为伤地脉，其他曲制时举，有造于廿二行省，独不利于数千百人者，不可偻指数也，是其难行也，又非直伤地脉之比也。②

① （英）约翰·密尔：《代议制政府》，第28页。
② 章太炎：《变法箴言》，《章太炎政论选集》（上）。

他认为国民知识不开，处于知识的蒙昧状态，将是国家推行新政的一个重要的阻力因素，因此，开启民智，不但是他所创制的新的“第三种”民主共和政体的需要，也是时代的一个迫切要求。关于开启民智，章太炎所取的手段，不外乎“宣传”与“教育”两个方面。关于“宣传”，他主张以“中西之言”及“宙极之史”来“化”民。①相对于“宣传”来说，“教育”对于开启民智、增进国民的知识，则显得更为重要。对于普通教育，章太炎主张由政府实行强迫教育，普通教育之外的，他则主张设立与总统敌体的“学官”，建立独立的“教育权”。在晚清之世，他曾提出过废除传统的科举制教育体系，认为“科举制则不可以得人才”，②主张以新式学堂来代替传统的科举制，并主张在新式学堂里主要开设四科，“一曰政治，再曰法令，三曰武备，四曰工艺”③。他将“政治”与“法令”当作新式学堂里的必修课程，显示了他对于培养懂政治的新式人才的高度重视。章太炎认为学校可使人“知识精明，道行坚厉”，因此，终其一生他对于教育都非常重视，并且身体力行，利用各种途径授徒讲学，使自己成为了近代著名的大教育家，培养了黄侃、钱玄同、鲁迅、周作人、许寿裳、吴承仕等一代文化大师。启蒙时代的大师孟德斯鸠曾经说道：

> 君主国家(指实行君主立宪的国家——笔者)的教育所努力的是提高人们的心志，而专制国家的教育所要求的是降低人们的心志……在那里，知识招致危险，竞争足以惹祸。④

---

① 章太炎：《变法箴言》，《章太炎政论选集》(上)。
② 章太炎：《官统》，《訄书》(初刻本)。
③ 章太炎：《改学》，《訄书》(初刻本)。
④ (法)孟德斯鸠：《论法的精神》(下)，第33页。

大凡实行专制政制的国家，在教育上往往实行的是愚民政策，这在中西如出一辙，无待多论。然而，章太炎却一生提倡教育，以开启民智为自己的职志，这也从另一个侧面说明了他所创制的“专制”政制，不同于传统的绝对主义王权的专制政制。他之倡导教育，造就知识化的国民，是直接为其所创制的“专制”政制服务的。也即在于通过提高国民的知识水准，通过提高国民对于政府的监督能力，从而确保他所规设的“权威政制”，能够循着“法治”的轨道进行政治的运作。

行文至此，对于本问题的讨论，似乎应该结束了，但下列两个问题仍需要交代一下，即：章太炎创制的这一独特的“共和政体”，能否进行实际操作？其创制精神与现代政治精神是否相符？关于第一个问题，笔者的回答是肯定的，但又觉其有美中不足之处。就其政制创制的思想体系本身来说，章太炎所创制的这一独特政制，已经具足了一个系统，其体系是相当完备的。从其现实的操作层面来说，由于当时中国正处在一个新旧政制的转换时期，新政制的创设，如果不考虑中国的历史传统及现实状况，直接将西方的宪政政制搬到中国来用，因其与中国的国情不太合拍，则很有可能会导致政制的变质，并会带来社会政治秩序的混乱，这已为民初西方宪政政制在中国实践的失败所证实了。章太炎创制的这种“权威政制”，在避免传统的“绝对主义”的王权政治的弊病之同时，又继承了传统政制中官僚政治的优良传统，并引进了西方的“分权学说”，建立起一个制度化的分权体系来制约“权威”，这样做，由于它符合于中国的政治传统，符合于国人的习惯，所以，它便易于为国人所接受，操作起来，便不会带来更多的麻烦。约翰·密尔认为：

当一项制度，具有民族的舆论、爱好和习惯为它铺平的道路时,人民就不仅更易于接受,而且更易于学会,并从一开始就更倾向于去做需要他们做的事情,以维护这种制度和把它付诸实施,俾能产生最好的结果。任何一个立法者在考虑措施时不利用这种可供利用现存的习惯和感情,将是一个重大的错误。①

章太炎之所以要拒斥欧美式的宪政政制,别出心裁地创制一个独特的“第三种”民主共和政制,即是考虑到了“习惯”这一因素与政制创制之间的重要关系。我们知道,“习惯”是一个整合的文化系统中最难变动的因子,在进行政制的创制时,如果不考虑这一重要因素的作用,创制一个与“传统”完全不同的全新政制,就会使国人盲无所从。在一个没有民主传统的国度里,如果冒然地建立一个不同于自己文化传统的西方式的宪政政制,国人只会按照旧有观念进行操作,这就不可避免地会导致新政制的变质。况且,民主政治的精神一旦被滥用,对于“处于现代化之中的国家”之建立民主政制来说,甚至于还会带来灾难性的后果,使其进行建设民主政制的进程更显偃蹇困顿。盖民主宪政决非一朝一夕所能致,孙中山有感于此,所以要作《民权初步》,并提出“训政”主张,设定一个“过渡期”用来训练国人的“参与意识”与“参与能力”。严复有感于此,所以在其致美于民主宪政的同时,主张暂时“悬置”宪政,在现实政治层面也主张建立一个“权威政治”,作为在中国建立完备宪政政制的过渡(关于严复与章太炎宪政思想的比较,详见下文)。如果将孙中山、严复二人进行政制创设的内在运思理路与章太炎的思想相比较,也可以进一步地彰显出章太炎在进行政制创制时被时代现状所裹挟的艰难困顿之状。章太炎所

① (英)约翰·密尔:《代议制政体》,第11页。

创制的这一新的"第三种"民主共和政制，就当时中国的现实政治情况来说，如果能够化为现实的话，则在其实际的操作过程中，可能会更加有利于旧政制向新政制的顺利过渡。但美中不足的是，章太炎称广大普通国民为"蠢愚无知之民"，他将希望过度地寄托在国家公民中的精英层，将希望过度地寄托于一个拿破仑式的政治权威，他仅以"精英民主"自限，而未能实现对于它的超越，将"普遍的参与"确立为自己的终极目标。从这一点来看，孙中山军政、训政、宪政三序递进的政治思想，较之章太炎来说，要有着更加远大的政治眼光。如果章太炎将他所创制的这一"权威政制"当作一种"引带政府"①来处理的话，则可能会显得恰当得多，如果他仅以此自限，就未免显得有些逼窄了。

关于第二个问题，笔者的回答也是肯定的。卢梭曾经说道："社会秩序乃是为其他一切权利提供基础的神圣权利。"②由于对于"秩序"的重视，卢梭也主张精英层的统治。其云：

> 最好的而又最自然的秩序，便是让最聪明的人来治理群众，只要确定他们治理群众真是为了群众的利益，而不是为了自身的利益，决不应该徒劳无益地增加机构，也不应该用上两万人来做只需挑出一百个人便可以做得的事情。③

章太炎之所以创制一个带有"精英民主"色彩的"权威政制"，一个重

---

① "引带政府"："引带"，指的是用来教会幼儿走路的牵引绳带，"引带政府"指握有"权威"的政府，不以强力"统治"为目的，进行的是"指导性的管理"，"逐步训练人民独自走路"，这有类于圣西门的"父亲式专制"，即它是以"权威"为手段，以国民的"普遍的参与"为目的的政府。请参阅（英）约翰·密尔：《代议制政府》，第33—34页。

② （美）乔治·霍兰·萨拜因：《政治学说史》（下），第659页。

③ （法）卢梭：《社会契约论》，第92页。

要的目的即是为了保证政治变动的秩序化。美国当代政治学大师亨廷顿也认为：

> 首先的问题不是自由，而是建立一个合法的公共秩序，人当然可以有秩序而无自由，但不能有自由而无秩序，必须先存在权威，而后才谈得上限制权威。①

对“秩序”与“权威”的追求，也可谓是自启蒙运动以来至现代西方政治学传统中的重要内容之一。章太炎主张建立一个带有“精英民主”色彩的，有类于韦伯所说的“法制的权威”的“新权威”，这与卢梭、亨廷顿两位大师的思想也是可以相通的，因此，笔者认为，章太炎所进行的政制创制，仍然符合于现代政治的创制精神。

4. 两条政制创制路向比较

章太炎之拒斥以“代议制”为表征的西方式的宪政模式，主张在中国建立一个不同于欧美诸国的“第三种”民主政体，除了具有基于现实诸因素的考虑之外，认为西方式的宪政模式不符合中国历史发展的内在逻辑，则是其进行理论运思的重要特点之一，这也是章太炎在为中国进行政制重构时所持守的基本立场。章太炎所持守的这一基本立场，也不过是其所具有的“多元主义”、“历史主义”（“历史相对主义”）与“人文主义”这三大思想内核在其进行政制创制层面的自然延伸而已。章太炎的这一政制创制路向，凸显了对于“民族传统”或者民族自身历史演化逻辑的关怀，这与当时欧化主义者所开辟的一意模效西方宪政政制的另一政制创制路向，形成了鲜明的对比。通过对于这两条不同政制创制路向的比较，我们将会更清楚地了解章

---

① （美）塞缪尔·亨廷顿：《变化社会中的政治秩序》，第7页。

太炎政制创制思想的特色，并可以进一步地看出中国之建立现代民主宪政政制的艰难性与复杂性。关于欧化主义者对于政制创制的思考，笔者谨选择欧化派大师严复为代表，在进行比较研究章太炎与严复的政制思想之前，首先让我们来对严复政制思想的内在理路作一番系统梳理，这是非常有必要的。

关于严复的政制思想，学术界存在着他早年思想激进，晚年渐趋保守、倒退这样的看法。这种“时间”上的二分法，在对于近代思想大师若康有为、章太炎、严复乃至梁启超的研究上，曾经相当地流行，这大概也是与鲁迅在《趋时和复古》一文中所作的论断之影响有关。鲁迅在这篇文章中说道：康有为、严复、章太炎诸人“原是拉车前进的好身手，腿肚大，臂膊也粗，这回还是请他拉，拉还是拉，然而是拉车屁股向后”，“他们就成了活的纯正的先贤”。①这种“时间”上的二分法，过于倾重于时代思潮的变迁，并以此为坐标来黜陟时人的思想，而对于思想者本人思想的内在理路则疏于梳理。他且不论，如果我们对于严复思想的“内在理路”作一番精心梳理的话，就会发现，严复关于政制创制的思路也表现了前后的一贯性，并不存在“时间”上的断裂。当然，在其思想的体系架构中也存在着难以克服的矛盾，这是由其思想本身的内在逻辑及其与外在中国政治现实之间产生的位差所造成的，似无关乎“时间”的变序。

严复在近代中国扮演着盗火者的角色，是以启蒙大师的形象巍然峙立于近代中国的思想文化界的。由严复译介传播的西方的“进

① 鲁迅：《趋时和复古》，《鲁迅全集》(第五卷)，第536页。

化论”学说，曾经“像野火一样，燃烧着许多少年人的心和血”①，对于近代中国思想乃至社会的变革，起到了难以估量的作用。当然，严复自己则成了这一学说在中国的“守望者”。由此，“进化论”学说也成为严复思想的本根。在政制的创制上，严复则从其“进化论”学说出发，结合甄克思的社会发展史观，将人类社会的历史界定为图腾社会、宗法社会、军国社会三个井然相序的发展阶段，认为：“夫天下之群众矣，夷考进化之阶级，莫不始于图腾，继以宗法，而成于国家。”②这与康有为的“三世进化论”学说存在着惊人的一致。根据这一学说，严复认为当时的西方社会已经处于“军国社会”的发展阶段，而东方的中国则尚处在“宗法社会”（兼有“军国社会”的特征）的发展阶段。③在他看来，两者之间出现的差异，主要是由“时间”因素造成的。与“宗法社会”、“军国社会”相联结的政制，则一为“专制”，一为“民主”。④由于严复将当时的中国界定为处于“宗法社会”（兼有“军国社会”的特征）的发展阶段，那么，根据其界定的人类社会历史发展的程序，则未来之中国，必然也会进至像西方那样的“军国社会”的发展阶段。由之，在政制上，中国也必定是由“专制之治”进至像西方那样的“民主之治”，这无疑将成为严复思想展开之逻辑。事实上也正是这样，严复进行政制创制的路向，正是以西方式的民主政体为摹本而展开的。

众所周知，西方式的民主宪政政制，有着两个重要的“原则”，即：

---

① 胡适：《四十自述》，《胡适散文》第四集，第359页。

② 严复：《译〈社会通诠〉自序》，《严复集》第一册（上）。

③ 严复：《〈社会通诠〉按语》八，《严复集》第四册。

④ 严复：《读新译甄克斯〈社会通诠〉》，《严复集》第一册（上）。

一是“公民主权”的原则，一是“权力制衡”的原则。如果我们去细绎严复有关政制创制的言论，就会发现，这两者也构成了严复政制思想的基础。

严复关于“公民主权”思想的确立，首先是通过批驳韩愈的“圣创说”展开其思想的内在理路的。韩愈在其影响深远的《原道》一文中，通过继续阐扬先秦时期儒者所标揭的“圣创说”，给传统的绝对主义的专制王权披上了一件神圣的外衣。他在界定“君主”与“臣民”的权力时说道：

> 君者，出令者也；臣者，行君之令而致之民者也；民者，出粟米麻丝、作器皿、通财货以事其上者也。君不出令，则失其所以为君；臣不行君之令而致之民，则失其所以为臣；民不出粟米麻丝、作器皿、通财货以事其上，则诛。①

这一思想框架，为传统君权的神圣性提供了强有力的理论支撑。但在严复看来，韩愈的“圣创说”存在着严重的逻辑悖论。严复认为君、臣以及兵、刑等国家诸大政，乃是由于人性的不完善性所导致的，无关乎“圣人”的创制。由于人性的不完善性，当人们结成社会时，存在着“强梗欺夺”现象，使人们的生命财产得不到有效的保障。②为了保障人们的生命财产之不受侵害，人们才“择其公且贤者，立而为之君”，这才是“天下立君之本旨”。③严复的这一思想，基本上是复述了西方启蒙学者的“社会契约”思想。由此，他认为：“君也、臣也、兵也、刑也，皆缘卫民之事而后有也。”④既然“君”是由“民”公立而产生的，

---

① 韩愈：《原道》，《韩昌黎文集校注》，第16页。

②③④ 严复：《辟韩》，《严复集》第一册（上）。

是因“卫民”而设立的,那么,从逻辑上来说,“君”的权力便来自于“民”,在此,“民”便获得了“主权者”与“第一义”的地位,而“君”的权力则落入了“第二义”。由此,严复声称:“斯民也,固斯天下之真主也。”①并且,他还将秦以来实行“绝对主义”专制王权之“君”,称之为“大盗窃国者”。②严复的这一打通后壁之论,倒置了传统的“绝对主义”专制王权政治架构之下“君”“民”的权力序列,剥落了韩愈在《原道》一文里给传统的“绝对主义”的专制王权披上的神圣外衣,从而也凸显了其“公民主权”意识。

传统的以“绝对主义”的专制王权为核心的政治架构,君主集圣、王于一体,他的权力是无限的,并且无所不在。作为“行君之令”,执行君王意志的行政百官,则是君主权力的一种自然延伸,君臣一伦体现的是主奴关系。地方各级行政机构,也不过成为以“绝对主义”的专制王权为核心的中央朝廷的派出机构而已。存在于全国各地的各级行政机构,实际上也是朝廷的一个缩影。严复由于确立了“公民主权”意识,在法理上将“君”的权力界定为来源于“民”,这样,在严复那儿,很自然地,“君”的权力便发生了深刻的变化,“君”与行政百官一样,不过成了一个为民办事、执行“公民意志”的最高行政长官而已。所以,严复说道:“国者,斯民之公产也。王侯将相者,通国之公仆隶也。”③在此,君臣一伦已经不再体现为传统的主奴关系,而是平等的,仅有行政级次的高低区分而已,他们均不过是“人民”的“公仆”。在这一新的“君权民授”的政治框架下,传统的君权的无限性自然地发生了动摇。既然君、臣及兵、刑等国家诸大政是因“卫民”不得已而

①②③ 严复:《辟韩》,《严复集》第一册(上)。

设立的，那么，从逻辑上来说，如果国家公民能够完全“自治”的话，则君、臣及国家诸大政的存在，便显得多余了，“君”应该将从“民”那里获得的权力还之于“民”。当然，这只是理想的境界，在现实政治生活中，其实国民是难以做到完全实行“自治”的。由此，严复主张对于国民不能实行“自治”的部分，仍由“君”去代理，对于国民能够实行“自治”的部分，则由“民”自理。由此，严复对于西方各国“小政府”的政治规设，便非常地欣赏。他曾经这样说道：

> 今夫西洋者，一国之大公事，民之相与自为者居其七，由朝廷而为之者居其三，而其中之荦荦大者，则明刑、治兵两大事而已。①

又云：

> 民所以求于上者，保其性命财产……更骛其余，所谓“代大匠斫，未有不伤指者”也。②

并且，他还将君、民分治的政治规设，当作“民生”进化之重要表征来看待。其云：

> 凡国无论其为君主，为民主，其主治行政者，即帝王也。为帝王者，其主治行政，凡可以听民自为者，应一切听其自为自由，而后国民将各尽其天职，各自奋于义务，而民生始有进化之可期。③

对于“泰东诸国”之政府权力无限，政府权力无所不在的“大政府”的政治规设，严复则严厉地指责它是“泰东诸国”之所以贫弱的根源之

---

①② 严复：《辟韩》，《严复集》第一册（上）。

③ 严复：《庄子评语·应帝王第七》，《严复集》第四册。

所在。[1]在严复所重新规设的“小政府”的政治框架里，很显然，以君主为代表的政府的权力被大大地削减了，它不再是无限的，而是有限的。

根据西方宪政政治的理论，不仅以君主为代表的政府的权力是有限的，而且，作为行政权力冰山之一角的君主自身的权力也是有限的，它不仅要循着法治(体现“公共利益”的统治)的轨道进行政治的运作，而且还要受到诸如立法权等其他权力的制约。这一点，在严复的思想体系里也是非常明晰的。严复在比较中西政制时曾经说道：

> 今泰西文明之国，其治柄概分三权，曰刑法、曰议政、曰行政。譬如一法之立，其始则国会议而著之，其行政之权，自国君以至于百执事，皆行政而责其法之必行也。虽然，民有犯法，非议制、行政二者所断论也，审是非、谳情伪，其权操于法官。法官无大小，方治职时，其权非议制、行政者所得过问也。谳成奏当，而后行政者施罚，责其法之必行，此文明通法。[2]

西方诸国之实行“三权分立”的政制，目的是通过权力之间的相互制约，获致权力的平衡。更为重要的则是在于防止行政权的扩大，防止行政权流为专制的权力。作为制约行政权重要一环的是立法权，而立法权则通常是由国民选派的代表(议员)所组成之“议院”来行使的。“议院”作为立法机关，既可以监督行政权，使其不至于流为专制的权力，同时也可以使“公民意志”获致实现，从而彻底贯彻“主权在民”的宪政精神。由此，对于宪政政制来说，“议院”便成了一个不可或缺的重要内容。根据现代民主宪政政治的理论，一般来说，国家公

---

[1][2]　严复：《读新译甄克斯〈社会通诠〉》，《严复集》第一册(上)。

民对于政治的参与，应该是由拥有“主权”的国民自己来直接进行的，但是，如同我们在前面所业已指出过的那样，由于社会规模的庞大以及政治运作之复杂，事实上是难以做到事事都要由国家公民的直接参与来进行决定的，因此，西方各宪政国家往往是采用“代议制”这种“间接民主”的方式，通过国家公民将其所拥有的“主权”委托给他（或她）选举出来的代表（议员）去参与国家政治，而获国家公民对于“政治参与”的实现，尤其是在大国。严复也认为：“国大民众，而行宪法，代议所不能不用者也。”①由此，在严复的政制规设里，“议院”便也成为一个至为重要的内容。严复认为，“议院”不仅有监督政府之权，而且还应有“易置”政府之权，②只有这样才真正体现了“公民主权”的宪政精神，并保持国家政治于长治久安，否则，只会导致像传统中国那样的治乱循环的政治格局。对此，严复曾经作过一个形象的比喻，其云：“此如汽箱，外无汽表，早晚炸耳。炸者何？革命也。此革命而乱者……皆坐无国会议院耳。”③

> 立宪者，立法也……即立吾侪小人所一日可据以与君上为争之法典耳，其无此者，皆无所谓立宪。④

严复主张将国家政治纳入“宪政”的轨道，通过确立“公民主权”与“权力制衡”的原则，确保宪政精神的实现，凡此皆说明严复对于西方宪政政制精神的把握是非常准确的。根据他的“进化论”学说，则这一以“公民主权”及“权力制衡”原则为表征的西方式的宪政政制，也必将成为中国政制改进的归趋。在严复看来，中国之走向西方式的宪

① 严复：《宪法大义》，《严复集》第二册。

②④ 严复：《政治讲义》第五会，《严复集》第五册。

③ 严复：《政治讲义》第八会，《严复集》第五册。

政道路,不仅是历史“运会”之所趋,也是中国通向富强之路的惟一选择。严复曾云:

> 夫士生今日,不睹西洋富强之效者,无目者也。谓不讲富强,而中国可以自安;谓不用西洋之术,而富强自可致……皆非狂易失心之人不为此。[①]

采用“西洋之术”,从政制角度来说,指的即是西方式的宪政政制。严复又说道:“今世立国,以非立宪以与立宪者角……将万万无胜之理。”[②]并云:虽“圣人复起,不易吾言矣!”[③]既然认为在中国之实行西方式的宪政政制,乃是历史“运会”之所趋,又是中国通向富强的唯一途径,那么,在中国当下的政制创制过程中,直接模效西方式的宪政政制,应是严复思想逻辑的必然归宿。然而,严复对于立即在现实中国模效西方,建立一个西方式的宪政政制,则持否定的态度,他认为如果立即在中国“建民主、开议院”,不但不能使中国获致像西方那样的富强,反而还会使“中国之贫与弱有弥甚者”。[④]与其在理念层面之追求宪政相反,在现实层面,严复毋宁是将宪政“悬置”了。严复为什么会做出这样一种选择呢?其故如下:

其一,严复认为,当时的中国尚不具备实行西方式宪政政制的条件。众所周知,西方式的宪政政制,乃是奠定在“自由”的基础之上的,这一点,严复也是看得非常清楚的,他曾经明确地指出过西方式的宪政政制,是“以自由为体,以民主为用”[⑤]。“自由”这一理念,在中国的文化传统中,往往被局限在道德或者超越层面,在政治层面毋

---

①② 严复:《论世变之亟》,《严复集》第一册。

③ 严复:《法意按语》一〇五,《严复集》第四册。

④⑤ 严复:《原强》,《严复集》第一册。

宁可以说是疏缺的，而西方宪政政制体系之下的“自由”，则主要指的是政治层面的“自由”。严复曾经指出：

> 夫自由一言，真中国历古圣贤之所深畏，而从未尝立以为教也。彼西人之言曰：唯天生民，各具赋畀，得自由者乃为全受。故人人各得自由，国国各得自由，第务令毋相侵损而已。侵人自由者，斯为逆天理、贼人道，其杀人、伤人及盗蚀人财物，皆侵人自由之极致也。故侵人自由者，虽国君不能，而其刑禁条章，要皆为此设耳。①

在传统中国礼治化的政治秩序中，在处理“个体”与“群体”之间的关系时，“群体”的价值被置于“第一义”的地位来考虑，而“个体”的价值则落入了“第二义”。只有在认同由伦理之网编结而成的礼治秩序时，“个体”的价值才能得到安顿。最类于西方式“自由”的“拔一毛利天下而不为”的杨朱学派的“为我”思想意旨，在遭到孟子“无父无君”的指责而中落之后，“自由”的价值在中国文化传统里一直未能得到成长，且深受中国文化的排拒。严复曾将杨朱所倡导的“为我”思想，比附为西方政治哲学中的“个人主义”(individualism)②，并云：

> 人皆自修而不治天下，则天下治矣……盖杨朱学术之精义也。何则？夫自修，为己者也，为己学术既行，则人人皆自修自治，无劳他人之代庖。世之有为人学术也，以人类不知自修自治也。使人人皆知自治自修，则人人各得其所，各安其性命之情。孟子诋杨，其义浅矣。③

---

① 严复：《论世变之亟》，《严复集》第一册。

②③ 严复：《庄子评语·在宥第十一》，《严复集》第四册。

五四时期的新青年代表周作人,在阐释“自由”一词的精义时,也曾经这样说道:“各人自扫门前雪,莫管他家瓦上霜,这才是真文明社会的气象。……凡事由个人自己负责去做,自己去解决,不要闲人在旁吆喝叫打。”①比较一下严复与周作人对于“自由”一词的理解,也可见严复将“自由”之义理解为“为己之学”,是深得“自由”精神之三昧的。学术界将“自由主义者”的桂冠送于严复,严复也当之无愧。严复所谓的“自由”(“为己”)之学,由于深受中国传统文化的排拒,致使他在宣说这一思想时也不得不慎重地使用“自繇”一词,在翻译自由主义大师约翰·密尔的名著《论自由》一书时,严复则小心地将其易名为《群己权界论》,这也从一个侧面说明了西方式的“自由”与中国传统文化价值之间的尖锐冲突。盖在中国的文化传统里,杨朱的“为己”之学,与孔子的“仁学”精神背道而驰,且“自由”一词,容易使人们同无政府的状态连结起来考虑,所以,视“自由”为洪水猛兽,必欲摈之而不遗余力,这使得杨朱的“为我”之学,不能发煌滋荣,以至于萎落凋零。在中国的文化传统中,严复认为貌似西方“自由”的,是儒学中的“恕”与“絜矩之道”。《大学》云:“所恶于上,毋以使下;所恶于下,毋以事上……此之谓絜矩之道。”“恕”道则指的是“己所不欲,勿施于人”,它与“絜矩之道”意正相类。严复认为“恕”与“絜矩”之道,虽然貌似“自由”,但两者的内在精神则根本异趣。其云:“中国恕与絜矩,专以待人及物而言,而西人自由则于及物之中,而实寓所以存我者也。”②在他看来,两者的根本区别仍在于“自由”存我、为己,而“恕”

① 周作人:《谈虎集》,转引自林毓生等《五四:多元的反思》,第75页。
② 严复:《论世变之亟》,《严复集》第一册。

与"絜矩"之道,则只是消极地"待人及物",没有西方"自由"观念中所涵蕴的明确的个体的"权利"与"责任"观念,其特点是"无我"。即使是在儒家倡导的"己立立人、己达达人"的积极的"忠"道哲学里,也不过是要求个体将自己生命的价值安顿在对于他人、群体的关怀之中,仍是一种"为人"之学。儒者所要求的实现人生价值的选择的自由,只仅仅局限在道德境域。正是由于政治自由的疏缺,才使得中国未能从其文化传统里开出像西方那样的宪政政制。严复云:"自由既异,于是群异丛然以生。"[①]在政治层面,则导致了"中国尊主,西人隆民"的格局。[②]由于政治自由的疏缺,使得中国国民的主体人格未能独立,所以严复认为,在传统中国尚未出现真正的"国民",[③]君、民之间,"世隆则为父子,世污则为主奴"[④]。而政治自由的缺失,则使在现实中国建立西方式的宪政政制失去了根基。然而,在严复看来,政制的更张应该是整体的,"形质"与"精神"应"相为表里",如果宪政的确立徒具形式,缺少与之相应的内在精神,则只会导致"支节抵牾,因以生害"的结局。[⑤]

其二,严复认为,当时中国国民的素质,尚未达到能够实行宪政政制的程度。这一点,同中国文化传统中政治自由精神的疏缺,又是紧密关联的。众所周知,现代宪政政制的运作,是通过广大普通国民对于政治的"参与"(无论是"直接参与"还是"间接参与")而获实现的。而要实现国民的"政治参与",对于国民本身的素质则具有一定

---

①② 严复:《论世变之亟》,《严复集》第一册。
③ 严复:《述黑格尔唯心论》,《严复集》第一册。
④ 严复:《法意按语》七二,《严复集》第四册。
⑤ 严复:《法意按语》四二,《严复集》第四册。

的要求。否则,当民主宪政在其运作过程中,即使有着较高的“政治参与”的“广度”,但如果没有“政治参与”的“深度”,也往往会导致民主的变质,甚至还会使民主陷入危险之中。上文我们在谈到章太炎的政制创制的思想时,也涉及了这一问题。章太炎之所以摒弃“普遍的参与”,而选择“有限的参与”,建构一个“精英民主”的政制形态,即是充分地注意到了国民素质与现代民主政制之间的密切联系。严复在考察中国国民的素质时曾经指出:“吾民之智、德、力,经四千年之治化,虽至今日,其短日彰,不可为讳。”①他认为一国国民只有智、德、力三者皆备,“而后可以为真国民”。②对于国民素质与宪政政制之间的关系,严复也给予了高度重视。他主张“必三者立而后其政治从之”,“合于其智、德、力者存,违于其智、德、力者废”③。由此,为了为宪政政制的建立作好充分准备,严复对于提高国民的素质,便显得非常地重视。他主张通过教育入手,作长期打算。在智、德、力三者之间,严复又以“开民智”为当务之急。他认为“善治如草木,而民智如土田,民智既开,则下令如流水之源,善政不期举而自举,且一举而莫能废”④。如果民智低下,在严复看来,即使建立起宪政政制,也只会导致“迁地弗良,淮橘成枳”的结果。⑤当然,对于“民德”的提高,严复也非常重视,他曾经指出:“宪法甚高,民品甚卑,则将视其政俗相揆之程度,终于回循故辙而后已,立法虽良,无益也。”⑥他认为如果

---

① 严复:《〈社会通诠〉按语》二二,《严复集》第四册。
② 严复:《女子教育会章程序》,《严复集》第二册。
③ 严复:《原强修订稿》,《严复集》第一册。
④ 严复:《原强》,《严复集》第一册。
⑤ 严复:《天演论》导言八“乌托邦按语”,《严复集》第五册。
⑥ 严复:《庄子评语·天运第十四》,《严复集》第四册。

国民素质与宪政政制的施行不能相应，只会导致宪政精神的扭曲，导致其向故有的"绝对主义"的专制王权的回归。严复认为宪政政制美则美矣，然而当时中国国民之"智、德、力，尚不逮此制也"。①由此，严复在现实层面要暂时"悬置"宪政，当然会成为其思想内在逻辑的题中应有之义。

其三，严复认为，政制的变更应是渐进的，他反对任何人为地进行的激进主义的政制变革。他曾经明确地主张："万化有渐而无顿"②，"凡国家法制之变也，必以渐而无顿"③。在阐释人类社会历史的发展时他曾经提出一个"运会"概念，认为人类社会历史的发展有其自身法则，"运会"所趋，"如岷峨之水，已下三峡，滔滔而流入于荆、扬之江，乃欲逆而换之，使之在山，虽有神禹，亦不能至"④。在"运会"面前，我们人类只能"委心任运"而已，不能人为地改变历史运行的发展方向。然而，严复又认为，在"运会"面前，我们人类又不是完全束手无为的，而是可以通过自己的聪明才智、通过对"运会"的把握，参与并促进历史发展的进程。特别是在"治制更张，文物蜕亶之际"⑤，人类更能够发挥自己的主观能动性，在历史发展的过程中扮演积极的角色。他认为此是"人道最贵之见形也，而世运之日蒸由此"⑥，这也是人类区别于他物界的根本标志之所在。由此，严复"天演"与"人功"并重。⑦可是，人类之参与到历史发展进程之中去，严复

---

① 严复：《法意按语》三九，《严复集》第四册。
② 严复：《政治讲义》第三会，《严复集》第五册。
③ 严复：《续论英国宪政两权未尝分立》，《严复集》第一册。
④ 严复：《庄子评语・胠箧第十》，《严复集》第四册。
⑤⑥ 严复：《法意按语》六五，《严复集》第四册。
⑦ 严复：《政治讲义》第二会，《严复集》第五册。

认为其作用又是有限的，人类只能在深察历史发展的内在逻辑的基础之上，参与到历史发展的过程之中去，不能悬一“至美之物”人为地去安排历史发展的进程。从政治角度来说，“宪政”虽是一“至美之治”，然而，在中国的历史发展进程还没有发展到实施宪政阶段，便采取激进主义的做法，冒然地去实施宪政，严复认为只会“生心害政”①，不但不能使中国走上宪政的轨道，反而还会带来政治秩序的混乱，法国革命便是前车之鉴。

> 善政如草木，置其地而能发生滋大者，必其天、地、人三者与之合也，否则立槁而已。王介甫之变法，如青苗，如保马，如雇役，皆非其法之不良、意之不美也，其浸淫驯至大乱者，坐不知其时之风俗人心，不足以行其政故也。②

一“善政”的建立，必须有适当的“风俗人心”与之相应方可。然而当时中国没有一个西方式的自由主义传统，且当时中国国民的素质不能够与实行宪政相适应，这些客观因素的存在，使严复对于中国政制的更张一出于谨慎的态度，并对中国政制变革的艰难性给予了足够的重视。严复主张在一“善政”付诸实施之前，吾人必须首先要做好充分的准备，为其开辟道路，否则，像王安石变法那样，尽管“法良意美”，也只会导致难以收拾的结局，甚至于导致变法大业的夭折。由此，严复主张在实施宪政之前，应该设立一个“过渡期”③，在“过渡期”，宜“悬置”宪政，吾人所努力要做的在于改变“风俗人心”，为实行宪政打好基础。也即，在“过渡期”，要致力于建立一个类似于西方的

---

① 严复：《政治讲义》第一会，《严复集》第五册。
② 严复：《原强》，《严复集》第一册。
③ 严复：《政治讲义》第八会，《严复集》第五册。

“自由主义”的传统，致力于提高国民的素质，以及训练国人的“政治参与”能力等等。

在“过渡期”，致力于提高国民的知识与道德水准，致力于建立一个像西方那样的“自由主义的文化传统，这两者也是密切关联的”。然而，揆诸严复的意旨，他对于“自由主义”文化传统之在中国的确立，并不打算在中国文化传统的框架内进行，而是要进行西方“自由主义”文化传统对中国的移植。严复认为，在中国的文化传统中，缺少像西方“自由主义”文化传统中所具有的“为己”之学，它导致了国人未能够养成“自立”与“自治”的精神。严复曾经指责国人“不知求诸事实，一切皆资于耳食，但服膺于古人之成训，或同时流俗所传言，而未尝亲为观察调查，使自得也。少日就傅读书，其心习已成牢固，及其长而听言办事，亦以如是心习成之。是以社会之中，常有一哄之谈，牢不可破。虽所言与事实背驰，而一犬吠影，百犬吠声之余，群情汹汹，驯致大乱，国之受害，此为厉阶”①。国人之所以未能养成“自立”与“自治”的精神，严复认为同传统旧学存在着直接的关系，特别是传统的科举取士制度，起到了推波助澜的作用。他曾经严厉地指责传统旧学为“无用”“无实”，其云：

盖学术末流之大患，在于循高论而远事情，尚气矜而忘实祸。……自有制科以来，士之舍干进递荣，则不知焉所事学者，不足道矣。超俗之士，厌制艺则治古文词，恶试律则为古今体，鄙折卷者则争碑版篆隶之上游，薄讲章者则标汉学考据之赤帜。于是，此追秦汉，彼尚八家，归方刘姚，恽魏方龚；唐祖李杜，宋祢

① 严复：《论今日教育应以物理科学为当务之急》，《严复集》第二册。

> 苏黄，七子优孟，六家鼓吹。魏碑晋帖，南北派分，东汉刻石，北齐写经。戴阮秦王，直闯许郑，深衣几幅，明堂两个。钟鼎校铭，珪琮著考，秦权汉日，穰穰满家。诸如此伦，不可殚述。然吾得一言以蔽之曰：无用。……其又高者曰：否否，此皆不足为学。学者，所以修己治人之方，以佐国家化民成俗而已。于是，侈陈礼乐，广说性理。周程张朱，关闽濂洛，学案几部，语录百篇。学蔀通辨，晚年定论，关学刻苦，永嘉经制。深宁东发，继者顾黄，明夷待访，日知著录。褒衣大袖，尧行舜趋，訑訑声颜，距人千里。灶上驱虏，折棰笞羌，经营八表，牢笼天地。夫如是，吾又得一言以蔽之曰：无实。①

在其音律铿锵的充满桐城古文风味的语调里，我们可以窥见严复对于传统旧学所怀有的强烈敌意。由此，对于传统旧学，严复主张“皆宜且束高阁”②，这与五四时期主张对于传统全盘推翻的鲁迅之主张不读中国书、吴稚晖之主张将线装书丢进茅厕的论调，几出一律。在全盘否定传统旧学之后，严复主张以西方的“格致之学”将中国的学风纳入“至实之途”，从而培育国人的“自立”与“自治”精神。严复认为：“格致之学不先，褊僻之情未去，束教拘虚，生心害政，固无往而不误人家国也。”③关于西方的“格致之学”的次第，严复主张从名、数、质、力之学始，继之以天、地、人三学，而终之以群学。其云：

> 非为数学、名学，则其心不足以察不遁之理。非为力学、质学，则不知因果功效之相生也。……非为天、地、人之学，则无以

---

①② 严复：《救亡决论》，《严复集》第一册。

③ 严复：《原强》，《严复集》第一册。

尽事理之悠久博大与蕃变也。……群学治，而后能修齐治平，用以持世保民，以日进于郅治馨香于极盛也。①

严复所谓的名数质力、天地人及群学，有着一个共同的思维特征，即这些学术都是奠定在“科学”的思维模式之上。由此，我们也可获知，严复之拒斥传统旧学，主张将学术纳入“至实之途”，其用意则是在于要给国人注入“科学”的精神，通过对于国人进行“科学”精神的培育，使国人具有独立判断的能力，养成“自立”与“自治”的习惯。关于这一新的“科学”的思维模式，严复以为是从“内籀”始，而以“外籀”终。严复云：

夫格物致知之事……方其始也，必为其察验，继乃有内籀、外籀之功，而其终乃为其印证，此不易之涂术也。“内籀”，东绎谓之“归纳”，乃总散见之事，而纳诸一例之中；……“外籀”，东译谓之“演绎”，外籀者，本诸一例而推散见之事者也。②

“内籀”之学，严复又将之分为“三际”，即：一曰考订，二曰贯通，三曰试验。严复云：“考订或谓之观察，或谓之演验。……考订既详，乃会通之以求其所以然之理，于是大法公例生焉。……试验愈周，理愈靠实矣。”③由“内籀”而得“大法之公例”，“则可据已然已知，推求未然未知者”。此即“外籀”之用。严复认为学至“外籀”，则为“民智最深”之时。④这一从“内籀”始到“外籀”终的“科学”思维模式，严复认为正是中国传统所疏缺的，由此也造成了国人“尽成奴隶之才，徒事稗贩

---

① 严复：《原强》，《严复集》第一册。

② 严复：《论今日教育应以物理科学为当务之急》，《严复集》第二册。

③④ 严复：《西学门径功用》，《严复集》第一册。

耳食”的局面。[1]很显然，严复在当时之标揭“科学”的大旗，目的正在于以此作为转换国人思维模式的利器，培养国人的“尚实心习”[2]，以期最终能够养成国人的独立判断能力与自主人格。

在中国文化传统中居于主流地位的以“仁”为核心的儒学价值体系里，儒者所追求的最高人生价值是成就所谓的“圣贤人格”，传统儒者恒将“修己治人”确立为人生的崇高目标。“修己”，即“个体”通过对于本体“仁”的体认，实现“仁”的自觉；“治人”，即“个体”将其所觉解的“仁”落实到对于他人、群体的关怀之中，此即在工夫层面之“践仁”与“致仁”。与此相关联，在己群、义利关系上，在传统儒学的价值体系里，则重群轻己，重义轻利。由于严复将传统的儒学体系界定为“为人之学”，而己则倡导与此相反的“为己之学”，所以，对于传统的己群观、义利观，在严复那儿便也作了重新界定，并且颠倒了传统的己群观与义利观。严复认为中国之欲富强，“必自民之能自利始”[3]，他对“私利”给予了充分肯定。在己群关系上，严复则认为要求“小己”为“群”去牺牲，事实上导致的往往是“毁无数众之权利安乐，为一姓一家之权利安乐”[4]。因此，严复将传统的践踏“小己”利益的己群观，看作是“违天灭理”之举。[5]与传统的己群观相反，严复主张明群、己之权界，认为“社会有社会之天职，个人有个人之天职”[6]。在群、己之间，严复群、己并重，且将“小己”放在“第一义”的地位来考虑。

①② 严复：《论今日教育应以物理科学为当务之急》，《严复集》第二册。
③ 严复：《原强》，《严复集》第一册。
④ 严复：《天演进化论》，《严复集》第二册。
⑤ 严复：《法意按语》一五八，《严复集》第四册。
⑥ 严复：《〈群学肄言〉译余赘语》，《严复集》第一册。

为了确保“小己”之私利，严复则标揭起“自由”的旗帜，主张“小己”既可自由为善，亦可自由为恶。严复认为“必善恶由我主张，而后为善有其可赏，为恶有其可诛”①。并且，严复还认为：

以小己独知之地，善恶之辨，至为难明。往往人所谓恶，乃实吾善；人所谓善，反为吾恶。此干涉所以必不可行，非任其自由不可也。②

他认为只有“权自我操”，才可以称得上是“自由之民”。③中文语境的“自由”一词，严复指出人们往往将其同放诞恣睢、肆无忌惮等词义相混淆，④为了澄清这种混乱，严复对于“自由”一词的含义，也作了明确的界定。其云：

自繇者，凡所欲为，理无不可，此如有人独居世外，其自繇界域，岂有限制？为善为恶，一切皆自本身起义，谁复禁之？但自入群而后，我自繇者人亦自繇，使无限制约束，便入强权世界而相冲突。故曰：人得自繇，而必以他人之自繇为界，此则《大学》絜矩之道，君子所恃以平天下者矣。⑤

严复所作的这一界定，同古典自由主义所标揭的“自由”一词的含义，义正吻合。在严复所确定的这一新的“自由”价值体系里，由于他肯定“小己”的“私利”，将“小己”放在“第一义”的地位来考虑，并且明群、己之权界，所以，他和西方的古典自由主义者一样，也特别注重“个体”的“权利”与“义务”。严复云：

义务者，与权利相对待而有之词也。故民有可据之权利，而

---

①② 严复：《〈群学肄言〉译凡例》，《严复集》第一册。

③ 严复：《法意按语》六六，《严复集》第四册。

④⑤ 严复：《〈群己权界论〉译凡例》，《严复集》第一册。

后应尽之义务生焉。无权利而责民以义务者，非义务也，直奴分耳。①

在他看来，只有明确“权利”与“义务”，“自由”一词的含义才算圆满，否则，“个体”仍然不能确立独立的主体人格。

今日之法，莫贵乎崇尚自由。自由，则物各得其所自致，而天择之用，存其最宜，太平之盛，可不期而自至。②

同他之将“科学”看作是通向“郅治”的工具一样，严复在当时之崇尚“自由”，主张在中国建立一个西方式的新的“自由主义”的价值体系，其目的也不过是想通过这一新的“自由主义”的价值体系，使国人实现由“修己治人”向“自修自治”的价值转换，从而培育国人的“自主”与“自立”精神，为最终在中国之建立完备宪政政制打好基础。严复在当时揭起的“科学”与“自由”旗帜，实为五四时期提倡德、赛二先生的前趋先路，也可谓是在“过渡期”严复为中国宪政开辟道路的一把双刃之剑。

在“过渡期”，除了以“科学”与“自由”培育国人的“自立”与“自治”精神，以提高国民的素质外，严复还主张通过实行“地方自治”，训练国人的“政治参与”能力。严复认为：

居今而为中国谋自强，议院代表之制，虽不即行，而设地方自治之规，使与中央政府所命之官，和同为治，于以合亿兆之私以为公，安朝廷而奠磐石，则固不容一日缓者也。③

在严复所规设的“地方自治”方案里，其重要内容是“乡约工局”，它有

① 严复：《法意按语》一二六，《严复集》第四册。

② 严复：《老子评语》十八章，《严复集》第四册。

③ 严复：《法意按语》八七，《严复集》第四册。

类于“议院”。严复主张“在一乡一邑之间，设为乡局，使及格之民，推举代表，以与国之守宰，相助为理”①。严复所作的这一政治规设，虽然也带有着浓厚的精英主义色彩，但它毕竟为普通国民之参与政治，提供了一个合法的训练试验场所。

在“过渡期”，致力于培育国人的“科学”与“自由”精神，积极训练国人的“政治参与”能力，这显示了严复的政治眼光富于理性色彩。然而，在这一“过渡期”，由于宪政被“悬置”，出现了宪政的空缺，那么，在这一时期，国家的政治应以什么样的形式进行运作呢？严复也主张以“权威政治”行之。其云：

> 须知民权机关，非经久之过渡时代，民智稍高，或因一时事势会合，未由成立。而当其未立，地广民稠，欲免于豪强之横暴，势欲求治，不得不集最大之权威，以付诸一人之手，使镇抚之。此其为危制，而非长治久安之局，固也。然在当时，则亦不得已而思其次矣。②

在严复看来，在“过渡期”，除了以“权威政治”行之之外，似别无他路可走。出于“不得已”，严复选择一“集最大之权威”的政治强人作为领导中国进行建立宪政政制的过渡，但他并没有将他所规设的这一政治强权等同于传统的“绝对主义”的专制王权，严复主张在实行“权威政治”的同时，参用传统法家的“任法”主张，将“权威”纳入到法治化的轨道上去运作。由此亦可看出，严复在其“不得已”去寻求“政治权威”时，实也有着使之变成一种若韦伯所说的“法制的权威”的强烈

① 严复:《法意按语》八二,《严复集》第四册。
② 严复:《政治讲义》第八会,《严复集》第五册。

意图。①

上面我们所探讨的严复的政制思想，从其内在的运思理路上来说，欧化的色彩是至为明显的。严复从其所持守的“进化论”学说出发，对于人类社会的历史基本上持着“一元主义”的看法，这与章太炎所持守的“多元主义”的历史观，正处于一对反的两极。章太炎从其“多元主义”的历史观出发，对于散处于不同“空间”的人类各社会文化形态存在之合理性，均给予了肯定，因此，从政制创制角度来看，章太炎主张在进行政制创制时，凸显对于本民族历史文化传统的关怀，重视本民族政制传统演化的内在逻辑，自然是其思想逻辑的题中应有之义。章太炎在进行政制创制时，基本上也是通过进行历史的追寻，由史实（或者“事实”）说话，而不是从一“虚拟的原理”出发构结其系统的政制创制学说的，这与其崇尚的“无征不信”“实事求是”的学术风格，也是完全吻合的。严复在当时虽然也大力提倡以“内籀”（“归纳”）始、以“外籀”（“演绎”）终的“科学”思维方法，这与章太炎崇尚的思维模式（也是主张以“归纳”始，在此基础之上再行“演绎”）基本上没有什么差别，所以严复也主张“求实”，反对空疏的学问，然而，章太炎之主张“无征不信”“实事求是”，其落脚点在于“求是”，不在“致用”，他曾明确地主张将二者分开，认为为学的目的即在于“为求知而求知”，有用与否则是另一回事，可以不必计较，这对于中国传统的“同真善”、混同“求是”与“致用”为一的知识观来说，乃是一重要的转进。由此，章太炎乃成为中国传统与现代学术的承前启后的关键性人物，严复在这一点上则与章太炎异趣。严复在激烈批评中国传

① （德）马克斯·韦伯：《学术与政治》，第57页。

统旧学时，定其罪名乃是“无实”“无用”，将“求实”与“致用”二者勾连莫释，其落脚点则在于“致用”，这并没有脱出中国传统思维模式的窠臼。本杰明·史华兹教授将严复的思想特征概括为“寻求富强”①，是深得严复思想之三昧的。章太炎满腔热情地持护传统，能够实现对于传统的转进，严复激烈地反传统，却不能脱离传统的窠臼，此亦是我国近代思想史上的一个有趣现象。章、严二氏，从其所崇尚的思维模式的角度来说，起点虽同，归趋则异。这一深潜于章、严二氏思想深处的思维上的差异，极大地影响了他们重构中国社会文化秩序的运思理路。由于严复在祭起以“内籀”始而以“外籀”终的“科学”的大旗时，仍然是以“致用”为依归，严复看到了西方的富强同其学术，同其价值观念之间存在着紧密的联系，认为中国之所以衰弱也是由其学术，由其传统的价值观念所导致的，在其心灵深处存在着根深蒂固的西优中劣的观念，因此，中国之欲求至像西方那样的富强，在严复看来就只有走西方的路。然而出于其不服输的民族自尊心的需要，严复对于中西文化由于“空间”因素而产生的差异便将之逐出其思想的核心，弃置于其思想的边缘地带，而斯宾塞与甄克思的“一元主义”的单线直进的“进化论”学说，正好可以满足他的需要，这不仅可以慰藉其心灵的尊严，实也为近代中国之变革提供了巨大的动力。严复的这一以“致用”为依归的思维模式，原本应是奠定在“求是”的基础之上的，然而，由于近代中国所面临的危急形势的逼拶，及其追求富强愿望的强烈驱动，却使严复过于倾重于“致用”一端，这使得他并不能持守循着其所标榜的由“内籀”始而以“外籀”终的途径去建立

① 请参阅(美)本杰明·史华兹《寻求富强——严复与西方》一书。

“理”的思路,而毋宁是以对于现实之“势”的有用与否作为取舍的标准。然而,经其艰难探寻所得的拯救中国的“有用”之斯宾塞式的“进化论”之“理”,却并不能如其所预期的那样发挥效用。事实上,在近代中国不遂人意的现实之“势”的裹挟之下,严复的思想在学理上陷入了巨大的矛盾之中。在严复身上表现出来的“理”与“势”的冲突,也使他陷入内在心灵的巨大紧张之中,而不能像章太炎那样在学理上一气纵贯、圆通无碍。

严复思想所具有的内在矛盾,其表现之一,在于其“求是”的“伪是性”。严复在思维上虽然推崇以“归纳”始、以“演绎”终的“科学”的思维模式,然而,当严复在对中国的社会文化秩序进行重构时,却不能将这一思维模式贯穿于其中,而是悬一甄克思式的“三世进化”原理作为其理论创思的起点,并不是通过对于中西社会文化发展的历史事实作客观研究得出结论的,这本身便偏离了其所倡导的“一理之明,一法之立,必验之物物事事而皆然,而后定之为不易”的“科学”的思维模式。①在进行政制创制时,严复尽管反对像王安石变法那样虚悬一“至美之政”作为政制革新的方向,并且还严厉批评过卢梭的“社会契约”思想,如他曾经这样说道:“卢梭之说,其所以误人者,以其动于感情,虚悬意造,而不详诸人群历史之事实。”②又云:“卢梭之说,仁则仁矣,而无如其必无是也,则奈何欲乱人家国以从之乎?”③然而,严复所悬之甄克思式的“三世进化论”,虽然施之于西方诸国社会历史的发展有其“真是性”,但却并不符合东方诸国尤其是中国社会

---

①　严复:《救亡决论》,《严复集》第一册。

②③　严复:《民约评议》,《严复集》第二册。

历史发展的规律，并且，严复宪政思想的起点，也正是建立在卢梭式的“社会契约”思想之上的。章太炎在批评严复时曾云：

> 甄氏之意，在援据历史，得其指归，然所征乃赤黑野人之事，与欧、美、亚西古今之成迹，其自天山以东，中国、日本、蒙古、满洲之法，不及致详，盖未尽经验之能事者。……盖比列往事，或有未尽，则条例必不极成，以条例之不极成，即无以推测来者。夫尽往事以测来者，犹未能得十之五也，而况其未尽也。①

对于这一指责，不知严复将何以为答？严复正落入了他自己所批评的带有浓厚的“建构的理性”特征的卢梭思想的陷阱之中。

严复思想所具有的内在矛盾，其表现之二，在于其“中心思想”与“边缘思想”的自相冲突。根据严复甄克思式的“三世进化”学说，当时处于“宗法兼军国社会”发展阶段的中国，进至西方那样的“军国社会”发展阶段，乃是历史发展的必然，所以在政制层面设立“过渡期”，在“过渡期”暂时“悬置”宪政，便是不必要的。在“过渡期”悬置宪政期间，从事移植西方的“自由主义”文化传统的工作，便也成为一种画蛇添足之举。严复之所以要设立“过渡期”，且主张在“过渡期”暂时“悬置”宪政，是因为他认为中国当时不具备建立宪政的基础，也即认为当时的中国没有一个西方式的“自由主义”的传统为其提供基础。严复曾经指出由于中西“自由”的不同，才产生了中西政制的差异。且他还通过比较研究，得出“中西政教之各异，盖自炎黄尧舜以来，其为道莫有同者”的结论。②这与其甄克思式的“三世进化论”学说，显

① 章太炎：《〈社会通诠〉商兑》，《太炎文录初编・别录》卷二。

② 严复：《〈社会通诠〉按语》一四，《严复集》第四册。

然是自相矛盾的。中西政教差异的产生，严复又认为主要是由于“天时、地利、人为”三者之不同所导致的。[①]如果由严复的这一思想逻辑推衍下去，便极容易得出有类于章太炎那样的“多元主义”的社会文化发展史观。可是，这一带有浓厚的“多元主义”色彩的思维模式，却未能在严复的思想中占据“中心”地位，且被逐入其思想的“边缘”地带。由于严复被其虚拟的甄克思式的“一元主义”的单线直进的“三世进化”思想所缠绕，其“中心思想”与“边缘思想”陷入自相矛盾的状态，从而也使其在政制创制上陷入依违失据的严重尴尬境地。

章太炎曾经指出严复所犯的错误，乃是将自然科学真理的普遍性运用于人类社会领域。章太炎云：

> 社会之学，与言质学者殊科。几何之方面，重力之形式，声光之激射，物质之化分，验于彼土者然，即验于此土者，亦无不然。若夫心能流行，人事万端，则不能据一方以为权概。[②]

这种思维程式上的差异，恐怕正是导致章、严二氏在政制创制上二水分流的最重要原因吧！萧公权先生在论及章太炎时，曾经指出章太炎“满腔热情”与“一片冰心”共存，章太炎在拯救世事时可谓是满腔热情，然其在进行理知运思时，则显得冷峻而沉著，虽一丝一缕，必博穷其奥窔。然而，在“满腔热情”与“一片冰心”之间，章太炎究竟是以“一片冰心”为主，因此，当章太炎在为中国政制进行创制时，其思想意旨即使与现实中国的政治之间产生反差，他也不会陷入绝望状态。严复则不然，严复可谓“热情”有余，而“冰心”不足。他以“致用”为导

---

① 严复：《法意按语》八一，《严复集》第四册。

② 章太炎：《〈社会通诠〉商兑》，《太炎文录初编·别录》卷二。

向的强烈的救世热情，一旦遭遇到残酷的现实政治的冲击，便极容易走向幻灭。民国初年，随着清王朝的覆灭，严复由于己之政制创制的思路完全失去了依托，心境变得如“槁木死灰”一般①，此即充分地说明了这一点。章太炎从“求是”出发，因“势”而求“理”；严复则以“致用”为依归，由“理”以规“势”。由此分殊，在章太炎的思想里，并不存在严复思想中所具有的那样的严重的“理”与“势”的冲突，而毋宁可以说，在章太炎的思想里表现的是“理”“势”一体，圆通无碍的。

尽管如此，严复在思维上标揭以“内籀”始、以“外籀”终的“科学”的思维模式，与章太炎所崇尚的“无征不信”“实事求是”的思维模式，

① 严复：《与熊纯如书》一〇六，《严复集》第三册。按：中华民国成立之后，严复的心境颇为复杂，由革命而催生出来的新生共和国，并不能激起严复的喜悦之情，在他看来，如果作为现代宪政政制基础的像西方那样的自由主义传统尚未确立，是不可能在中国建立起真正的现代共和政制的。严复在民国成立之后不久写的一首小诗里云：“灯影回疏棂，风声过檐隙。美人期不来，乌啼蜃窗白。”（《民国初建，政府未立，严子乃为此诗》，见《瘉壄堂诗集》卷下，收入《严复集》第二册。下同。）早到的共和国，并不是他所苦苦期待的意中“美人”，此即抒发了其时他内心的独特感受。其后，严复又作有诗云：“四条广路夹高楼，孤愤情怀总似秋。文物岂真随玉马，宪章何日布金牛？莫言天醉人原醉，欲哭声收泪不收。辛苦著书为底事，竖儒空白五分头。”（《赠英华》）民国初年假共和的纷纷闹剧，使严复的政治激情渐趋冷却，并发出了自己辛苦著书、宣说宪政的努力为无用的慨叹。在此心境的笼罩之下，严复不仅政治激情渐趋冷却，而且还与日俱增地产生了归隐之心。有诗云：“人间处处沸蜩螗，借问何乡是帝乡？斜日穿帘明野马，暑风蚀米长强羊。诗书已分随洪劫，金玉何年守满堂？唯有陶潜言可用，北窗一枕到羲皇。”（《无题》）又作有诗云：“衰世多幽忧，还家拟扫轨。冠山抗茅茨，万象呈曲几。谁云归岫云，复作出山水。逃空事不成，乃见似人喜。”（《和刘通叔岁莫杂诗》）他要学陶渊明归隐林下的愿望，也终于在1920年实现。是年8月，严复归隐故乡，远远地离开了中国政治舞台的中心。返乡后的心境，严复在给他的学生熊纯如的一封信里这样说道：“还乡后，坐卧一小楼舍，看云听雨之外，有兴时稍稍临池遣日。从前喜读哲学、历史诸书，今皆不能看，亦不喜谈时事。槁木死灰，唯不死而已。长此视息人间，亦何用乎？”（《与熊纯如书》一〇六）可见，即使在归隐故乡之后，也未能使严复的心境变得好起来，反而使他产生了祈求“速死”的心境。严复当时祈求“速死”心境的产生，只能说明，他对于在现实中国建立现代宪政政制的理想，已经彻底地破灭了。

两者却是互相融通的;并且,严复主张在“过渡期”以“权威政治”行之,也可以同章太炎建构的与“精英民主”政治形态相结合的“权威政治”参读。在创制现代的宪政政制时,章太炎与严复二人均有着共同的崇尚“权威政治”的倾向(尽管两者的根本意旨并不相同),这也进一步凸显了近代中国之建立现代宪政政制的艰难性与复杂性。

四、法律创制与礼俗改良

1. 基于“习惯”的法律创制

哪里有社会,哪里就有法律,不论是在西方还是在东方,法律自古以来就是人类文明的基本历史现象之一。法律主要是通过规范化的条文,通过外在的强制性力量来约束人们的行为,从而维系社会秩序的稳定与和谐。清末民初之世,处于转型时期的中国,在面临着政制转型的同时,与之相随的法律也面临着一个重要的转型时期,因此,时人也颇汲汲于新律的创制。在中国当时所进行的新律改定活动中,存在着两大法律系统可供国人参照,即:一为中国传统的法律体系,另一则为西方传统的法律体系。中国自汉时起即已具备了一个庞大的法律体系,其后,历朝历代的统治者在法律条文上虽然时有增删,但其制律精神则一脉相衍,绵延不替,一直延续到清末。由于中国传统的法律体系是传统的“绝对主义”专制王权的产物,已经不能适应时人致力于建立近(现)代民主社会的法律体系的需要了,所以,对之加以变革,便成了时代的必然。但在当时汹涌而来的欧化主义浪潮的掩袭之下,致力于创制新律的人们,对于中国传统的旧律,大多采取一种蔑弃的态度,而将西方传统的法律体系确立为中国新律改定的基本价值参照系,在新律改定活动中显示出了严重的欧化倾向。章太炎虽然不是一个伟大的法学家，但在当时进行新律改定的潮流中，他也颇为注力，并且提出了一套颇具特色的法律思想体系。

章太炎对于新律的创制，同他之所进行的政制的创制，在运思理路上也显示出同一的思维倾向，他也首先是针对当时新律改定活动中呈现出来的欧化倾向的批判而展开的。他曾经这样说道：

> 季世之人，虚张法理，不属意旧律，以欧美有法令，可因攘之也，虏廷设律例馆，亦汲汲欲改刑法，比迹西方。①

他认为将欧美法律悬为中国制定新律的参照系，是“削足适履之见，虎皮蒙马之形”②，犯有“武断之罪”③。为什么不可以将西方文化传统中的法律体系确立为中国进行新律改定的基本价值参照系呢？这是因为，章太炎认为“法律本依习惯而生”④，他将法律与文化紧密地勾连在一起来进行思考，由此，章太炎自然认为新律的改定，必须要在本民族文化传统的观照之下进行。其云：“法律者，因其俗而为之约定俗成。”⑤在他看来，由于法律与“习惯”（文化）存在着密切的关系，所以，进行新律的创制不能脱离本民族的文化传统，只能因俗而行。在制定新律时将其与民族的“习惯”结合起来考虑，主张“依于历史”而进行创制，⑥这一思路与德国的历史法学传统也极为类似。德国历史法学的重要奠基人萨维尼（1779—1861）在其力著《论立法学与法学的当代使命》一书中认为：

---

① 章太炎：《五朝法律索隐》，《太炎文录初编·文录》卷一。

②④⑤ 章太炎：《宣言——九》之“九”，《章太炎政论选集》（下）。

③ 章太炎：《先综核后统一论》，《章太炎政论选集》（下）。

⑥ 汤志钧：《章太炎年谱长编》（上），第 462 页。

> 在人类信史展开的最为远古的时代，可以看出，法律已然秉有自身确定的特性，其为一定民族所特有，如同其语言、行为方式和基本社会组织体制。不仅如此，凡此现象并非各自孤立存在，它们实际乃为一个独特的民族所特有的根本不可分割的禀赋和取向，而向我们展现出一幅独立特行的景貌。将其联结一起的，乃是排除了一切偶然与任意其所由来的意图的这个民族的共同信念，对其由在必然性的共同认识。[①]

以萨维尼为代表的德国历史法学，将法律看成是“民族历史凝成的生活方式的规则形式”，“法律精神”在他们那儿被视之为民族的性格和情感，而立法的任务即在于找出民族的“共同信念”。[②]“历史主义”是章太炎所持守的基本价值信念，在思维程式上，由于章太炎与德国历史法学派循着的是同一理路，这样，章太炎在主张制定新律时，像德国历史法学派那样注重于“习惯”，注重于对于民族传统的承继，也自然地成为其思想逻辑的必致之境。由这一“历史主义”的思维程式去看待西方文化传统的法律，则可知，由于西方文化传统的法律体系并非中国文化传统的产物，且西方文化的基本价值取向与中国文化的基本价值取向相较，在两者之间存在着剧烈的冲突，所以，将之确立为中国进行新律改定的基本价值参照系，自然地要受到章太炎的拒斥。由此，章太炎对于新律的改定，便断然地认为“非可比付他方成典”[③]，认为“他国之法，未尝尽从一概，独欲屈中国之人情习俗以就

① 转引自许章润《民族的自然言说》，《读书》2001年第12期。
② 许章润：《民族的自然言说》，《读书》2001年第12期。
③ 章太炎：《宣言一——九》之“九”，《章太炎政论选集》(下)。

异方,此古所谓削趾适履者矣”[①]。他主张应根据本国的文化传统,应根据本国人民所独有的“习惯”与“理念”,来制定出一部切合时代需要的新律。当时在新律改定活动中呈现出来的欧化思想,它在思维取向上有着一个重要的特色,即是蔑弃本民族的历史与文化传统,主张新律的创制应与“传统”相分离,因为,在他们看来,中国传统的法律体系由于同“绝对主义”的专制王权相胶着,难以分斥,已经成为进行新律改定的障碍了。然而,在章太炎看来,中国传统的法律体系虽然已经不能适应时代的需要了,需要对之进行更张,[②]但在中国传统的法律体系之中,仍然存在着大量的合理成分,也即所谓的“良法美俗”,对此,他主张“应保存者,则存留之,不能事事更张也”[③]。况且,在章太炎对于中国传统的法律体系进行研究时,还发现了在其制律精神中存在着大量的合理内核。从这一指导思想出发,加之其“历史主义”思维程式的观照作用,使得章太炎在清末民初之际的新律创制过程中,便颇属意于旧律,主张在中国传统旧律的基础之上对之进行改进。

“法律的终局(end of low),是在于司理直道。”[④]所谓“直道”,即“正义”或“公平”的原则,世界各国法律莫不以之为立法的根本精神,在西方传统的“自然法”思想体系之中,这一精神倾向表现得最为明显。章太炎曾经说道:“要以著之图法者,庆赏不遗匹夫,诛罚不避肺

---

① 汤志钧:《章太炎年谱长编》(上),第380页。

② 按,章太炎曾经说道:“余于法律非专,而颇尝评其利害,以为当今既废帝制,妖言左道诸律,固宜删刊。其旧律有过为操切,反令不行者,与自相缪戾者,删改亦宜也。”此可见他对于旧律进行更张之基本倾向。见汤志钧《章太炎年谱长编》(上),第462页。

③ 章太炎:《中华民国联合会第一次大会演说辞》,《章太炎政论选集》(下)。

④ 《西方法律思想史资料选编》,第695页。

腑,斯为直耳。”①他也是将“直道”当作其立法的终极关怀,当作其立法的根本精神的。然而,“正义”或“公平”,是一不确定的概念,在不同的历史时期,或者一定历史时期的不同社会集团,对它的理解都是不一样的。那么,章太炎所谓的“正义”或“公平”的原则,有哪些主要内容呢?这是我们首先需要弄明白的问题。

由于章太炎在对新律进行改定时,注重法律与本民族文化传统(习惯)之间的关系,所以,他之立法精神的确立,便是在对于中国传统旧律进行研究的基础之上形成的,这也是章太炎一贯所取的“历史主义”的价值取向所要求的。通过对于中国传统旧律进行研究,章太炎认为:“汉、唐二律皆深刻,不可施行,求宽平无害者,上至魏,下讫梁,五朝之法而已。”②他以“五朝之法”为“宽平无害”。也即:他以为在中国传统的法律体系中,唯有“五朝之法”最符合“公平”与“正义”的原则。因此,章太炎在确立其立法精神时,便以“五朝之法”为型范,淬厉而成之。为什么章太炎将“五朝之法”看成为“宽平无害”呢?这是因为,章太炎通过对于“五朝之法”的精心研究,在里面发现了四大立法精神,即:“一曰重生命,二曰恤无告,三曰平吏民,四曰抑富人。”这四大立法精神,在在都体现了“宽平”的原则,并且凸显了“人”的主体地位,体现出浓厚的人文关怀,这与我们前面探讨过的章太炎思想的主要价值取向,是若合符节的。

章太炎所说的“五朝之法”中的四大立法精神,如果说它是五朝时期立法者们清醒的理性运作的产物,恐怕不符合历史的实际,但透

① 章太炎:《代议然否论》,《章太炎政论选集》(上)。

② 章太炎:《五朝法律索隐》,《太炎文录初编·文录》卷一。凡本节下面引文之末注明出处者,均见此文。

过章太炎对于这四大立法精神的认同，我们至少可以说，它反映了章太炎自己立法思想的基本价值取向。为了证明这四大立法精神的确实存在，章太炎充分发挥其考据学特长，对“五朝之法”作了一番精心梳理。

关于“重生命”。章太炎认为有“二事”可以证明。其一，“父母杀子者，同凡论”；其二，“走马城市杀人者，不得以过失杀人论”。通过对于这两条“五朝之法”中法律条文的精心考索，章太炎发现在“五朝之法”中存在着“重生命”的强烈的立法意向。关于前者，章太炎通过对于《南史·徐羡之传》的研究对之作了阐释。在《南史·徐羡之传》里记载着这样一条法律案例：

> 义熙十四年，军人朱兴妻周，生子道扶，年三岁，先得痫病，周因其病发，掘地生埋之，为道扶姑双女所告。周弃市。羡之议曰：“自然之爱，豺狼犹仁，周之凶忍，宜加显戮，臣以为法律之外，尚弘通理，母之即刑，由子明法，为子之道，焉有自容之地？愚谓可特申之遐裔。”从之。

这一案件如果以“实在法”进行断结的话，则“生埋”亲子的周氏罪应“弃市”，但徐羡之根据“法律之外”的所谓“通理”，也即运用儒家的自然法原则，最后是以“特申之遐裔”了结的，这遭到了章太炎的激烈批评。章太炎认为：

> 羡之不学，特议宥恕，夫子即生埋，长冥不视，而云焉有自容之地，宁当与朽骨论孝慈耶？藉如其议，翁奸子妇者，律亦殊死，复当为其子求自容之地乎？

通过章太炎这段对于徐羡之的批评，我们可以看出他对于《晋律》中规定的“父母杀子，并附死刑”的首肯，体现了他对于《晋律》“重生命”

原则的高度重视。通过章太炎主张以“实在法”来审结案件,而反对以超出“实在法”之外的所谓“通理”来审结案件,我们也可以看出他对于“实在法”的高度重视。关于后者,章太炎通过研究《晋律》以及张裴的《晋律序》对之作了阐释。张裴的《晋律序》有云:“都城人众中走马者,当为贼,贼之似也。”张裴将“走马城市杀人”同“贼杀”相提并论。又,《晋律》云:“众中走马者,二岁刑。”章太炎通过对于这两条法律的研究,认为《晋律》对于“走马城市杀人者”是不以“过失杀人”论处的,而是同处理“贼杀”一样,是处以死刑的。章太炎云:“夫都会殷赈,行人股脚肩背相摩,走马者亦自知易伤人,然犹儛侠自喜,不少陵谨,此明当附贼杀之律,与过失、戏杀殊矣。藉令车骑在中,人行左右,横度者犹时不绝,若无走马杀人之诛,则是以都市坑阱人也。”因此,他对于《晋律》中所作的规定便极为赞赏。通过对于这“二事”的考证,章太炎认为在《晋律》中“重生命”的立法原则无疑是很清晰的。

关于“恤无告”。章太炎认为有“一事”可以证明,即:“诸子姓复仇者,勿论。”魏时陈群定律,云:“贼斗杀人,以劾而亡,许依古义,听子弟得追杀之。会赦及过误相杀,不得相雠。”据此,章太炎认为“魏法”中有对于“谋杀、故杀、贼杀诸科,官未能理者,听其子姓复仇”的规定。章太炎之所以赞同将这一“恤无告”的立法原则,贯彻到“实在法”的制定当中去,其目的乃在于借此补正司法制度本身所具有的弊病。其云:

> 法吏断狱,必依佐证报当,佐证不具,虽众口所欲杀,不得施,如是,狡诈者愈以得志,而死者无有可申之地。且受球枉法,犹可治也,姻族相私,犹可使回避也。若法吏与囚人故交友,或以他事而相朋比,罪在疑似,非有极成佐证者,则藉法令以审释

之，谁能问者？及夫被劾逃亡，其成事尤亟见。

司法制度之存有弊病，确实也有可能会导致“不能尽得罪人”的结果，但应从完善司法制度本身的角度来着手解决这一问题。章太炎对于魏时陈群“官未能理者，听其子姓复仇”的主张取赞成态度，采取这种极端的做法，似非所宜，但这无关宏旨，它无损于我们对于章太炎立法思想的理解与把握。

关于“平吏民”。章太炎认为有“二事”可以证明，其一曰“部民杀长吏者，同凡论”；其二曰“官吏犯杖刑者，论如律”。关于前者，章太炎通过研究《通典·刑制》所载的魏尚书右仆射刘秀之的主张，对之作了阐释。《通典·刑制中》有云：

> 刘秀之为尚书右仆射，请改定制令，疑部人杀长吏科。议者谓值赦宜加徒送。秀之谓律文虽不明部人杀官长之旨，若值赦但止徒送，便与悠悠杀人，曾无一异，人敬官长，比之父母，行害之身，虽遇赦，谓宜付尚方，穷其天命，家口令补兵。从之。

据此，章太炎获知魏、晋旧律皆以“部民杀长吏者”同凡论，只因刘秀之一言不善，遂遗祸至今。他主张新律的改定“亦当取魏、晋旧律，悉同凡论”。关于后者，《隋志》在叙述《梁法》时有“免官加杖督一百，夺劳百日杖督一百”二条记载，章太炎认为：“免官，则已去位矣，夺劳者，犹未去官，亦即如法杖督，明收赎之法，不及官吏也。”在我国的传统社会中，有着所谓的“刑不上大夫，礼不下庶人”的不成文规定，国家官员如果犯了法，可以通过免官、罚俸等途径逃脱法律制裁。章太炎认为：“夫刑不上大夫，封建之政也……自秦皇一统以后，民无贵贱矣，近世齐斩之服，冠昏之制，其梗概亦下庶人，礼可下庶人，独刑不上大夫乎？”所以，他主张新律的改定应如《梁法》，官吏犯法悉以律论处,“不得以罚俸免官相代”。

关于“抑富人”。章太炎认为也有“二事”可以证明,其一曰“商贾皆殊其服”;其二曰“常(当为“商”之误——笔者)人有罪不得赎”。章太炎之所以要将“抑富人”作为立法的根本精神贯彻到“实在法”的制定当中去,一方面固然是要体现法律的“公平”原则,另一方面,则是与他的经济思想的内在价值取向密切相关,这已在前面第二节章太炎“重农主义的经济学说”中,作了比较详细的阐释,此不备述。

章太炎在研究“五朝之法”时,由于发现了其中存在着这样的四大立法精神,所以,他认为“五朝之法”有着“损上益下之美”、“抑强辅微之心”,这与其所持守的基本价值取向默然相契,由此,也就无怪乎章太炎要对“五朝之法”深致赞美了。章太炎认为:“(五朝之法)有可付以西方之制者,有孑杰于汉土者;有可拟以近世之制者,有孑杰于前代者。”既然在“五朝之法”中存在着如此众多的优长的地方,那么,关于新律的创制,章太炎在拒斥时人欧化取向的同时,便主张以中国传统的“五朝之法”为型范,“因而为之节文,参以今制,复略采他方诸律”,以为中国制定出一部更加切合时代需要的新律。

章太炎所云的“五朝之法”中具有的四大立法精神,从根本上来说其实只有一条,即它反映了“公平”的原则。因此,我们可以说,“公平”思想是章太炎法律思想的第一个方面的重要内容。通过这四大立法精神,我们可以看出,章太炎是将广大普通国民的利益放在首要的位置来考虑的,他偏向于保护弱小者的利益。章太炎认为:“盖法律者,左以庇民,右以持国。”在“人民”和“政府”之间,章太炎将“人民”的利益放在“第一义”的地位来考虑,他曾经对北魏鲜卑政权制定的“十恶之制”给予过激烈的批评,赋予“人民”以反叛政府的权力,由此来看，章太炎确立的这种立法精神，也符合他“人文思想”的宗旨，体现了他对于“人道”的深刻关怀。

在中国传统的法律体系中，刑律占有着绝大部分的内容，“五刑之属三千”，繁文苛条，极为细密。“律之密者，不欲妄杀人，一窃分数级，一伤人分数级，大辟之狱，失实则令诛。”①传统的法律体系之所以要制定如此繁密的法律条文，目的在于“矜慎用刑，使民不妄受戮”②。然而，传统中国由于没有一个比较完善的政治制度作为保障，法律在其具体的操作过程中，不但不能做到“使民不妄受戮”，甚至走向了立法者愿望的反面。与这种“密律”思想相对的，是先秦时期的法家之主张疏律、重刑。由于章太炎赞赏先秦时期法家的政治思想，对于传统的荀、韩之学情有独钟，所以，对于与政治思想密切相关的法律思想，章太炎便也甚为欣赏先秦时期法家的主张。在当时的新律改定活动中，章太炎也主张疏律、重刑，这构成了章太炎法律思想的第二个方面的重要内容。

世界历史发展到近代以后，西方各主要国家在法律的制定上，基本上都是致力于制定科学而繁密的法律条文，并且主张“轻刑”，这是人类文明发展到近代社会以后的一个重要特征，它也成为清末民初之世中国大部分文化分子进行新律创制的基本价值取向。章太炎在这样一个历史大势面前，为什么要独抗流俗，同时代潮流唱反调呢？这是因为，通过对于中国传统司法制度的研究，他发现中国传统的法律虽然制定了繁密的条文细则，然而却带来了下列两个方面的严重消极后果，导致了法律的废弛。一是“上密于律，则下遁于情，而州县

①② 章太炎：《儒法》，《訄书》（初刻本）。

疲于簿书之事，曰避吏议，娖娖不暇给。故每蔽一囚，不千金不足以成狱，则宁过而贳之。其极，上下相蒙，以究于废弛。是故德意虽深，奸宄瘉因以暴恣”①。他认为“密律”的结果，不仅导致了法律的废弛，使“奸宄瘉因以暴恣”，而且导致了吏治的腐败，加重了当事人的负担，还导致了一些酷吏像张汤、周兴、来俊臣等辈，为了取媚人主，利用法律条文的苛细，深文周纳，造成“唯酷刑是务”的可怕局面。汉时，董仲舒创《决事比》，“援附格令，有事则有例，比于虘侯《九章》，其文已冗，而其例已繁”②。发展到张汤以后，则更“比而析之，设法如牛毛”③。法律条文之趋于繁密，使得像张汤那样的酷吏，得以窥人主之意，随意“诛杀谏士，艾杀豪杰”④，“有拂天子意者，则己为天子深文治之”⑤。使法律成了“天子专制”的最为方便的工具，从而也进一步地造成了法律的废弛。有鉴于此，章太炎便反对“密律”，主张回归到先秦时期法家的老路。其云：“吾观古为法者，商鞅无科条，管仲无五曹令，其上如流水，其次不从则大刑随之。”⑥在主张“疏律”的同时，章太炎同先秦时期的法家一样，也主张“重刑”。但他之主张“重刑”，与张汤、周兴、来俊臣等辈的“惟酷刑是务”不同，他认为实行“重刑”目的是为了维法，它是维法、佐治的重要手段，而不是以“重刑”为目的。他在评价先秦时期的法家代表人物商鞅时，曾经这样说道：“鞅之作法也，尽九变以笼五官，核其宪度而为治本，民有不率，计画至无俚，则始济之以攫杀援噬，此以刑维其法，而非以刑为法之本也。”⑦实行“重刑”，其目的在于实现“止刑”的理想。章太炎

①②③④⑤ 章太炎：《儒法》，《訄书》(初刻本)。

⑥⑦ 章太炎：《商鞅》，《訄书》(初刻本)。

认为“（商鞅）一日刑七百人以赤渭水，其酷烈或过于张汤，而苛细则未有也”①。又云：“汉文帝时，三族法犹在，刑亦酷矣，然断狱四百，几于兴刑措之治者，其律疏也。”②章太炎之主张“重刑”，除了从以上司法制度的弊病角度进行思考外，还掺进了一些现实因素的考虑。他认为，由于不同历史时期所面临的具体问题不一样，因此，刑法的轻重也就应该有别。“叔季陵迟，非整齐严肃无以起废。”③处在清末民初这样混乱的历史年代里，就应该用“重刑”。这就像治病一样，“病至于髓理，饮以乌喙、大黄，使人瞑眩而病已；刺以长针，灼以槁艾，使人才有汗而病亦已。故病之赖以治者，非药石之轻重为之也，中其害气也。刑亦有中。”④章太炎认为治病只要“中其病”就行了，用药的轻重则是次要的。用刑的轻重也是如此，只要“中其刑”即可。故章太炎云：“苟诛杀而当，虽少憯酷，犹足以庇民，何取于省？”⑤

中国传统的法律体系虽然极为庞大，然而，在其具体的操作过程中却造成了法律废弛的局面。导致这一局面的出现，其最根本的原因还是在于传统的“绝对主义”的专制王权的存在。这一点，章太炎也是充分地注意到了。为了克服传统法律体制的弊病，保证做到法律的不被滥用，章太炎在主张“疏律”“重刑”的同时，还注重完善司法制度，并将西方资产阶级国家司法独立的思想引进自己的法律思想体系之中。他认为：“西方之言治者，三分其立法、行政、司法，而各守以有司。惟刑官独与政府抗衡，苟附于辟，虽人主得行其罚。”⑥由此，建立一个独立的司法权来保证法律的不被滥用，便构成了章太炎法律

①②③　章太炎：《商鞅》，《訄书》（初刻本）。
④⑤　章太炎：《定律》，《訄书》（初刻本）。
⑥　章太炎：《刑官》，《訄书》（初刻本）。

思想的第三个方面的重要内容。关于此，我们在上节对于章太炎有关进行政制创制的分析里，已经作了比较详细的阐释，故在此亦从略。

法律是社会的产物，由于社会是不断变迁的——特别是到了近代以后，社会进一步加快了其变迁的速度——而法律相对于社会的变迁来说，则是属于相对静止的东西，它一旦成文之后，便成了静止不变的，有着相对的稳定性——当然这只是相对而言的，人们也可以根据时代的需要不断地修改法律或者创制新律——因此，死板的法律条文的变动，总是要滞后于活生生的社会的变动。这是因为，立法者只能根据现实社会所给定的条件进行创制，而不可能超越它的时代；只有在社会变迁过程中出现新的问题之后，才有可能根据此新问题对已有的法律进行修订，或者重新进行立法。前面我们曾经谈到在军人朱兴之妻周氏活埋亲子一案里，章太炎赞同按照“实在法”进行断结，而反对徐羡之以超出“实在法”之外的所谓“通理”进行断结，这说明章太炎对于“实在法”的高度重视，这也同他完全“任法而治”的思想是相吻合的。对“实在法”的高度重视，主张完全以“实在法”治世，可谓是章太炎法律思想的第四个方面的重要内容。但在这儿却出现了一个问题，即：由于法律具有相对的稳定性，要滞后于社会的变动，所以任何一部法律，从法理上来说都是不完备的，无论其法律条文多么科学细密，它都具有其相对的局限性，均不可能涉及社会或者社会演化过程中发生的所有问题，这就不可避免地会出现一些超出法律条文之外的案件，对于这些案件，应该如何进行审理呢？并且，由于章太炎主张“疏律”，反对“密律”，则这一问题在章太炎那儿将会显得更加严重。我们知道，关于这类案件的审结，按照司法惯例，通常是采用法律上的所谓“衡平原则”来进行审理的。所谓法律上的“衡平原则”，是指司法者在其有效的授权范围之内，根据其铭刻在心的牢固的法律观念，作合乎法律目的的审结。在我国传统的法律体系中，是以儒家自然法的基本原则来审结此类案件的，这些案件的审理结论，便也作为“例”被保存下来，以作为以后类似案件审理的标准，这些众多的“例”，本身也获得了一种“准法律”的地位，对于完善“实在法”存在的疏缺，对于以后之对“实在法”进行修订，起着重要的作用。揆之章太炎的法律思想，似乎缺少这方面的论述，这似乎是他法律思想体系中存在的一个严重的疏缺之处。

2. 归依“人道”的礼俗改良

礼俗，分言之，指的是礼教与风俗习惯。礼俗与法律不同，法律主要是通过规范化的条文，通过外在的强制性力量来规范、约束人们的行为，从而做到维持社会秩序的稳定与和谐。而礼俗则主要是一种代代相传的历史性、文化性的力量，通过教化途径，通过生活在同一文化圈之内的人们的内在自觉与主动认同，来规范、约束人们的行为，从而做到维持社会秩序的稳定与和谐。礼俗与法律，均是一个整合的文化体系中不可或缺的因子。礼俗虽然不像法律那样对于人们的行为起着一种强制性的规范化作用，但是，由于它起源更加古老，可以说它是伴随着人类文化的产生而同时出现的，并且，它又是文化中较为稳定、最难变动的因子，所以，它较之法律来说，对于人们行为的影响往往有着更加强固的力量。传统中国在强调“法治”的同时，更加强调的是“礼治”，认为“法”仅起到治标的作用，而“礼”才能治本。章太炎由于以“历史主义”的眼光来看待文化，所以，对于礼俗，他一方面反对固守传统礼俗不变的观点，另一方面他又反对彻底否定传统礼俗的观点。他主张在继承传统礼俗的基础之上对之进行改良，以适应时代的需要，这与其进行新律改定的思维程序也如出一辙。

章太炎的礼俗文化观，综合起来看，主要有以下两个方面的内容：

(1)“礼极而迁”。章太炎曾经说道：

> 昔之有用者，皆今之无用者也。民无兽患，则狩苗可以废；社无鬼神，则朱丝攻鼓可以息；自是以推，坐不隐地而跪稽，庙不撰景而刻石，大臣戮者不赐盘水而拜恩，名实既诡，则皆可以替。①

在他看来，“礼”有其时代性的变化，一个时代有着一个时代的“礼”，不可固守不变。章太炎关于礼俗变迁的思想，也是奠定在其坚实的历史研究基础之上的。以婚俗为例来看，章太炎云：“上世同部男女旁午交会，无夫妇名。”②他认为在人类文明的草昧之初，实行的是群婚制，不但婚姻无氏姓之别，而且婚姻关系也极不固定。后来，由于部族之间的战争频繁，“战胜略他族，女始专属，得正其位号”③。最初，那些略自他族的妇女，是归部族中的强者所有，是被当作财产来看待的。“怯懦者亡所略取，而歆专有，故勼合部人，相为盟誓，使凡略于他部之妇，其息女皆从母性，则无嫌于内娶。”④待到宗法制度确立之后，则不但女有专属，且确立了牢固的以氏姓来分别婚姻的习俗。章太炎云：

> 凡宗，别子为祖，继别者为大宗，继高曾祖祢者为小宗。大宗百世不迁，小宗四，亲尽，緦服竭而移矣。婚姻则别以姓，宗法

① 章太炎：《原变》，《訄书》（初刻本）。

②③④ 章太炎：《序种姓上》，《訄书》（重订本）。

则别以氏。置司商以协名姓，而小史掌奠系世、辨昭穆，瞽矇鼓琴瑟以讽诵之。故能昭明百姓，无失旧贯。……礼极而迁，固所以为后王之道也。①

从婚姻的聘礼来说，章太炎认为："古者昏礼，纯帛五两，郑司农为《昏礼谒文》，乃有长命之缕，含利之兽，九子之墨。"②又如祭礼所用的物品，也是因时代而变的。他认为："古者祭礼，齐盛不过黍稷稻粱，朝事之笾而有寒具。卢谌为《祭法》，夏祠有乳饼，秋祠有菹消，冬祠有荆饧、白环饼，春夏秋祠皆有峪血。范汪为《祠制》，仲夏荐杏酪、角黍。"③他认为随着人类社会文明的演化，特别是随着"械器服饰"的变化，"礼亦渐因以异矣"。④所谓"十祀不同风，百里异教"⑤，地域差异与时代变迁，均对礼俗的变易发生着极为重要的影响。在此二者之间，章太炎又认为"时为大而地次之"⑥，时代的变迁对于礼俗的变化，其影响则更为重要。

既然礼俗是随着时代的变迁而不断地变化的，每个时代均应有适合自己时代的礼俗，那么，抱残守缺，固守传统礼俗不变的观点，便是不可取的了。其实，章太炎所处的时代，由于西方文化的有力冲击，自由、平等思想以及女子解放等思潮对于社会的浸润，构成了对于传统礼俗的巨大冲击，传统礼俗甚至被有些人视之为"吃人的礼教"，所以，固守传统礼俗不变的观点，在当时已经渐渐地失去了市场。当时面临的问题已经不是礼俗是否要"变"的问题，而是礼俗应该怎样"变"的问题。特别是到了五四新文化运动时期，一些受过西

---

① 章太炎：《序种姓上》，《訄书》（初刻本）。

②③④⑤⑥ 章太炎：《订礼俗》，《检论》。

方新思潮熏陶的文化分子(其中包括章太炎的高足钱玄同、鲁迅、周作人等),主张彻底地否定传统的礼俗,对于礼俗的变迁持着一种“激进主义”的立场。由于章太炎对于文化的变迁持着一种“历史主义”的态度,所以,对于当时出现的“激进主义”的礼俗观,便不表赞同,他主张对于中国传统的“良法美俗”应该加以保存。①在清末民初之世,章太炎曾经是一位著名的女权倡导者,他对女子的解放是非常关注的。如他曾经作文热情地歌颂了同盟会女杰马夫人(同盟会会员谢一尘之妻)奔走革命、兴办女学的革命事迹,并且指出,如果做到真正的男女平权,必须要解决好女子的教育问题。②章太炎虽然提倡女子教育,并将之当作实现男女平权的重要手段来看待,但是,他对于当时在社会上出现的男女同校的倡议,却持极力反对的态度。民国元年,教育部颁行的“暂行课程”里规定,初等小学男女可以同校,章太炎对此则大起非议。他认为:“今之初等小学,盖有年在成童以上者矣,入学之年龄未定,长稚多不整齐,而遽使男女同校,其不为桑中濮上者几希,此类当加以裁制。”③对于“男女杂沓”,“在公共场所,效外人接吻、跳舞者”,章太炎则更视之为“大坏风纪”,主张“应由警察禁止”。④对于婚姻制度,章太炎则主张宜仍其旧,“惟早婚则应禁”。此外,如传统婚姻制度下的纳妾陋习,章太炎则力主“悬为禁令”,加以革除。⑤章太炎的思想意旨非常明确,他一方面主张礼俗是变迁的,另一方面又反对以一种激进的方式彻底革除固有礼俗的做法,而主张在传统礼俗的基础之上对之进行改良。对于“专趣欧化,一意于形

---

①④⑤ 章太炎:《中华民国联合会第一次大会演说辞》,《章太炎政论选集》(下)。

② 章太炎:《谢君马夫人六十寿序》,《太炎文录续编》卷三之下。

③ 章太炎:《复浙江教育会书》,《章太炎政论选集》(下)。

式之文明"的欧化主义者的做法，章太炎则将其位置放在"伪学"之下。[①]章太炎之所以要反对欧化主义者的"激进主义"的礼俗变革主张，除了与他之反对"一意形式之文明"相关之外，还与他之对于礼俗本身所具有的社会功能的认识，存在着密切的关系。章太炎云："《传》曰：'礼，经国家，定社稷，序民人，利后嗣。'……闾置善人，慎固封守，一切会归于礼。"[②]又曰："文人不知礼法，则昌狂自恣，流害风俗，甚于盗贼。"[③]他将"礼"看成是体国经野、敦厚民德的重要利器，所以，他在当时之新学后进们主张废弃传统礼俗的澎湃激流中，便决然地以"隆礼"为己任。在其晚年，他更将《丧服》立为"四经"之一，认为："辅存礼教，维系民俗，莫要于《丧服》。"[④]并积极地参与当时的一些重大的礼制修订活动。如1926年8月，五省联军总司令孙传芳及江苏省省长陈陶遗，特礼聘章太炎为"修订礼制会"会长，章太炎欣然应聘，并于8月8日到达南京发表演说，阐述其"隆礼"思想。其云：

我国古昔，甚尊视礼制，自君主政体革命后，知识界屏而不谈，在洪宪时代，颇有议及之者，然其主张，尊卑之分太严，我辈实不敢赞同，以过犹不及，流弊易生，势必成为帝制之糟粕也。今日之学校，既置礼教于不讲，而强权者黩武相兢，又远未得睹统一之效，在此种潮流中，修订礼制，固为当务之急。古制在今日，多有窒碍难行者，而一般社会之习惯，则必博访周知，尽量容纳。卑之无甚高论，将来议有端绪，著为典宪，务使一般社会览

---

① 章太炎：《复浙江教育会书》，《章太炎政论选集》（下）。

② 章太炎：《礼隆杀论》，《检论》。

③ 章太炎：《中学国文书目》，《华国月刊》第2卷第2期。

④ 章太炎：《与吴缌斋书》，《制言》第12期。

而易知,知而易行,使国民知我国尚有此礼制,为四通八达之大路,则礼制终有观成之日。总而言之,一欲易于遵行,一欲涤尽帝国主义而已。①

章太炎在其晚年参与军阀孙传芳发起的礼制修订活动,颇遭世人非议,其高足周作人甚至效章太炎早年之作为,由此而作“谢本师”,示与师门决绝,其另一高足鲁迅则认为章太炎是“拉车屁股向后”,已经成了时代的落伍者,已经成了逆历史潮流而动的守旧人物了。诚然,章太炎在新思潮弥漫中国思想界的背景下,积极倡导“隆礼”,确实是与时代思潮背道而驰的,确实成了时代的落伍者了,这即使是深爱章太炎的人们也无法为其隐讳的。但是,如果我们从章太炎思想本身的发展历程来看,从章太炎思想本身的内在逻辑衍续来看,可以发现,他并没有步趋时代思潮,只是忠诚于自己的思想;也没有偏离他进行中国社会文化秩序重构的基本思路。章太炎可谓是一个他自己思想的忠实的持守者。至于他之欣然应军阀孙传芳之聘,则显示了章太炎确有颇不能识人的书生意气的一面。但话又说回来,孙传芳之礼聘太炎先生,恐怕是与章太炎一贯地坚持“隆礼”的主张有关,加之章太炎“国学泰斗、革命元勋”的地位,聘之亦可以壮观。而当时章太炎之奔走呼号“隆礼”,除了能应一些像孙传芳之流的军阀之聘外,恐亦无别的更好的途径可走。我们可以说,章太炎之参与孙传芳发起的礼制修订活动,是他一生行为中的“白圭之玷”,而并非“晚节不终”,这也是鲁迅对其师章太炎的盖棺之论,大醇而小疵,无足论矣!章太炎当时之所以欣然参与孙传芳发起的礼制修订活动,从他自己

---

① 汤志钧:《章太炎年谱长编》(下),第876—877页。

的角度来说，也不过是要借之将他的“隆礼”主张化为现实而已，与孙传芳之流订礼的思想意旨，自然是同床而异梦。通过他的“演说辞”，我们可以看出，章太炎之主张修订礼制，其基本思想主要有三：一是主张“礼”应依时代而立；二是主张要将“礼”同“帝制”区分开来，消除旧礼制中的等级思想（“尊卑之分”）；三是要使之成为反抗“欧化”（“帝国主义”）的利器。这种思想，也不过是将他以前一贯的礼俗思想重新进行了一次复述而已。因此，章太炎在新思潮激荡澎湃的历史年代里，决然地以护持“礼教”自任，反对激进主义者的对于传统礼俗进行彻底毁弃的立场，我们实不能称之为“保守”，更不能目之为“反动”。“礼教”固然可以“吃人”，但“自由”何尝不可以“吃人”？罗兰夫人的名言“自由、自由，多少罪恶假汝之名而行”，不正反映了这一事实吗？盖任何一事，走向极端，皆易滋生流弊，但不足以构成彻底否定的理由。况且，不是矮子观场似地随波逐流，而是能够在众相喧嚷的时代潮流面前保持着冷静与清醒，也才正是作为一名思想者应该具备的基本品质。章太炎反对“一意形式之文明”，主张基于本民族的文化传统进行礼俗的改良，虽然“理性”多于“激情”，然而，它却更加符合于文化演化的内在规律。根据文化人类学的大量研究成果，我们获知，“新的文化状态，正是从老的进化而来的”①。种族内部的文化变迁，也“是一个兼容着新与旧的总体选择过程”。②因此，文化人类学家马雷特指出：“民俗学中的文化残余就不仅是过去的残骸，同时也表示着我们人类共同本质的倾向，而共同的人类本质最能

① （英）R.R.马雷特：《心理学与民俗学》，第 63 页。
② 同上书，第 2 页。

长久地存活。”[①]章太炎在当时不趋附时俗,坚持从传统礼俗中寻觅建立与现代社会相联接的文化链条,其思维程序与当代文化人类学的谨实学风也暗相合辙。由此,笔者认为,章太炎在清末民初之世,主张在传统礼俗的基础之上对传统礼俗作合乎时代需要的改良之主张,较之受新思潮熏陶出来的新学后进们之主张对于传统礼俗一概扫荡的“激进主义”的态度,要有着更加深邃的理性主义的眼光。

(2)“绌神怪、立人道”。传统礼俗在其温润的脉脉温情之中,笼罩着一层浓厚的神秘主义的面纱,其极则导致“礼教吃人”的结果。章太炎通过对于传统礼俗的历史追寻,还其本来面貌,廓开了这层神秘面纱。例如封禅大典,封泰山、禅梁父、升中焚柴,为历代君王所谨守,礼仪也极为隆重。对“封禅”此一中国历史上最为隆重的国家大典,章太炎则通过历史的追寻,由深邃的“历史主义”的眼光,揭示了其本意。据史书记载,在中国文化的草昧之初,历代封禅者七十有二家,章太炎认为:“当是时也,天造草昧,榛薄四塞,雄虺长蝮,尽为颛民害,人主方教民佃渔,以避蚩征之螫,何暇议礼?然则其所以封禅者,必有所职矣。”[②]那么,原有的“封禅”究竟“所职”何事呢?章太炎云:

> 帝王治神州,设险守固,其封泰山者,于《周礼》则沟封之典也。因大麓之阻,累土为高,以限戎马,其制同于蒙古之鄂博。是故封禅为武事,非为文事。[③]

他认为,“封禅”在其原初不过是一个“累土为高”的高大土台,是作为

---

① (英)R.R.马雷特:《心理学与民俗学》,第2页。

②③ 章太炎:《封禅》,《訄书》(初刻本)。

“设险守固”防止异族入侵的军事要塞之用。其后传之东夷，“彼夷俗事上帝，故文之以祭天以肃其志，文之以祀后土以顺其礼，文之以秩群神以賫其气”①。此俗相沿，才由原来的“沟封之典”，变成祭祀“皇天后土”的隆重的国家大典，并且充满了“禨祥神怪”的神秘主义气氛。在我国民间存在着众多的祀拜万物的风俗，以为飞潜动植，莫不有灵，如以“冯蠵”(一种大龟)为“河伯”，以“海若”(右倪之龟)为“海神”而祭祀之等，对此，章太炎则从社会学的角度对之作了阐释。他认为：“上古野人之信鬼，由日中视影始，盖以为行止坐卧，是物皆随之，则形体之外，必有一灵异之身矣。”②后世神怪思想的孳衍，不过是本之于“上古野人”之妄见。章太炎认为：“人死而为枯骼，其血之转邻，或为熠耀，其炭其盐，或流于卉木，其铁在丱，其肌肉或为虫蛾螘豸。”③在他看来，鬼者，归也，人死，“则若波之复”，神怪是根本不存在的。上面所说的不过是几个具体的例子，类此者甚多。章太炎通过对于传统礼俗的追寻，廓开了笼罩在传统礼俗之上的神秘迷雾。既然神怪本为“妄”，那么，要对传统礼俗作切合时代的改良，章太炎便主张“绌神怪，立人道”，使传统礼俗在经过改良之后更趋于合理化，更为切合并有益于时人之用。

孔子在我国传统礼俗演化的历史过程中，对于化充满“神怪”的礼俗为“人道”的礼俗曾经作出过巨大的贡献，章太炎对之甚为赞赏，并且给予了很高的评价。他曾经这样说道：

上古多禨祥，而成以五行，公旦弗能革也。病其怪神，植徽

① 章太炎：《封禅》，《訄书》(初刻本)。
② 章太炎：《干蛊》，《訄书》(初刻本)。
③ 章太炎：《原教下》，《检论》。

志以绌之者,独有仲尼。自仲尼之历世摩钝,然后生民之智,始察于人伦,而不以史巫尸祝为大故。①

由于孔子在我国传统礼俗由“神道”向“人道”的转化过程中,作出过划时代的历史贡献,所以,章太炎称他为“百世之英,人伦之杰”②。此外,像董无心、王充之绌鬼神、重人道,也受到了章太炎的高度赞扬。③既然礼俗的改良要以“人道”为依归,那么,举凡一切非人道的礼俗,自然皆会在章太炎的必摈之列,这是不待言的。那些充满着“机祥神怪”的传统礼俗,当然更不用说了;就是那些本身具有着浓厚“人道”主义色彩的传统礼俗,因在其历史演化过程中渐渐僵化,走向了“人道”的反面,反而成了桎梏“人道”的教条,流为“吃人的礼教”,这也处在章太炎的摒斥之列。他在评论清末的制礼活动时,曾经这样说道:

诸经师老生,好言朝祭等制以为谄谀,内长忮媢,外增淫名:百僚师师,日修其貌,瑞命等位,日序其式;带裳幅舄,奇而不中度,长裾大袑,擨而不安形;楼阁轩辕,峻而不可入;驰道黄垆,秘而不可阋;以为尧之文章,奂乎复出于今也。苟欲以是临照百官,而更增其腹姗。上弥矜饰而无情朴,下愈侮笑而不宠神。故有宿戒而入,弁冕而祀,夕以颠倒,投其五木,宿乎女闾者矣。曾不觉悟,而怢其驵繁。夫醉而妄呼拔剑击柱者,此真田野诸将之风也。须其气衰,固自止,无待朝仪。然惟前世叔孙所以为此者,犹以救变一时。今为朝仪,而贵游叱咤甚于田野,弥益其骄。

① 章太炎:《独圣下》,《訄书》(初刻本)。

② 章太炎:《驳建立孔教议》,《章太炎政论选集》(下)。

③ 章太炎:《原教下》,《訄书》(重订本)。

昔之奥主，今惟尚父也。曾是孺子而诟之寝门，送迎之间，载其狂稚，人理几于灭绝，而礼何有焉？①

章太炎认为，“礼”之用，在于培育“忠信之人”，“其在氓俗，大者务施报，次即尊贤敬耇”，②既厚民德，又不杜塞民之智慧。如果走向了它的反面，达致“人理几于灭绝”的结果，仅仅徒具观瞻，完全流于仪式化（也即章太炎所谓的“一意形式之文明”），那么，它不但无益于“人道”，反而变成了如老子所说的“礼”成了“忠信之薄”而为“乱之首”了。如此之礼，反不如“醉而妄呼拔剑击柱”的“田野诸将之风”，因其虽粗鲁无礼，犷悍难制，然尚存悻直之风。由此，尚朴质，去矫饰，便也成为章太炎在清末民初之世议礼的重要意旨之一。无论是诸“经师老生”之议“朝仪”，还是诸“新学小生”之专“欧化”，在礼制的改定上，凡是徒具观瞻、无其实情的“一意形式之文明”，皆是章太炎所要反对的。

在礼俗问题上，由于章太炎高举起“人道”主义的大旗，绌“神道”，反对“一意形式之文明”，所以，对于礼俗的重新改订，章太炎便主张：

第一，废淫祀淫寺。在中国的传统社会里，各种形式的祠庙、寺、观到处充斥，各种形式的神怪祭祀到处泛滥。一村一郭，一廛一肆，莫不有其踪影存焉。章太炎认为：“今之世，非禨祥神道之世也。”③举凡无益于“立人道”的，他皆将之目之为淫祀、淫寺，主张予以废弃。祠庙与寺、观不同，寺与观分别为佛教及道教的宗教活动场所。章太炎

①② 章太炎：《礼隆杀论》，《检论》。

③ 章太炎：《鬻庙》，《訄书》（初刻本）。

认为：“寺观之作，足以藏奸纳污，其销铄五材，又比于害金也。……余以为是二者，当特著挈令，一切入官斥卖，断而行之，鬼责无所惧，人言无所恤，则几于歼尽矣。”①他将所有的佛寺、道观皆目之为淫寺，并将所有的佛寺、道观的祭祀皆目之为淫祀，务欲“歼尽”而后已。关于“祠庙”，则颇为复杂，在中国传统社会随处可见的分布于全国各地的大量“祠庙”中，除了有着大量的神怪祭祀外，还羼杂着大量的对于古代“忠孝明哲”之人的祭祀，章太炎认为对此应该区分对待。他主张应保留一些有关对于古代“忠孝明哲”之人的祭祀，外此则在废弃之列。但对于应保存的有关“忠孝明哲”之人的祭祀，也应慎择，“苟无当于祭法之律，则虽忠孝明哲，被之淫名而不敢辞”②。由于一切以“人道”为断，所以，即使像“封禅”“郊丘”这样的神圣国家大典，章太炎也目之为“淫祀”，主张“是诸大礼，一切当以巫咸方士妖蛊之说视之”③。而对于像张巡、许远这样的在历史上立过大功的忠臣，则仍听其“血食”④。那些作为淫寺废弃的祠庙、寺、观，章太炎则主张“当林麓也，则以为园囿；当都会也，则以为旅邸”，或者“县取一区，以为学堂之址”⑤。

第二，以“情愫”为主，反对流于仪式化。章太炎之所以主张保留对一些古代“忠孝明哲”之人的祭祀，明知无鬼，必欲祭之，主要是想借此来表达后人对于先哲的感怀与追思，系乎一个“情”字。祭祖之礼亦然。他曾说道：

今人有义故亲戚，遗其画像者，别以十年，而犹流涕瞻视；商

①②④⑤　章太炎：《鬻庙》，《訄书》（初刻本）。

③　章太炎：《原教》，《检论》。

旅之寿其君，张权火于万里之外，缀而成文，旌旃𠆼风，鸣旍吹角，便旋百卉，规之以就容阅，以此为其远君荣观，则岂其君与义故亲戚所能视听哉？悉情于主，而不责客之诚来也。①

拿祭祖之礼来说，在祭祀祖先时，陈设各种祭品，章太炎认为，“荐祭之设，情也”，如果“谓其馨香之气，屑然呹然，足以感魂魄”，则是诬谬之见。②与“淫祀”不同，“淫祀”祭祀的是“天神”“地祇”以及“物魅”之流，与人“形隔类殊，而不可致其情也”。③因此，章太炎认为：“徇通之民，明于人道，必无废庙享，无弛释奠；察于物类，感天而履地，必无建大圜与群神祇之祭。”④既然要保存合乎“人道”的“庙享”“释奠”，在章太炎看来就应以“情”为主，不可仅仅流于仪式化，如果丧失了“情愫”，他认为即使是“师旦为赞，子夏为相”，也不过与倡优、方士一样。⑤他将“外饰崇仪、内失情愫”的，称之为灭绝人理的悖礼行为。

第三，“礼仪”应有益于人们的身心健康。凡礼，必辅之以一定的礼仪，在我国传统社会中存在着的大量礼俗，一般都伴随着繁琐的礼仪。在演礼时，有的甚至还要耗费大量的钱财。礼仪之中，一般免不了要有“乐”和“舞”，关于“乐”和“舞”，章太炎曾经说道：

喜怒生杀之气，作之者声也，故湩然击鼓，士忾怒矣；铨然撞镎于，继以吹箫，而人人知惨悼。儒者之颂舞，熊经猿攫，以廉制其筋骨，使行不愆步，战不愆伐，惟以乐倡之，故人乐习也。无乐则无舞，无舞则苶弱多疾疫，不能处憔悴。⑥

---

①③④ 章太炎：《原教》，《检论》。

② 章太炎：《干蛊》，《訄书》（初刻本）。

⑤ 章太炎：《礼隆杀论》，《检论》。

⑥ 章太炎：《儒墨》，《訄书》（初刻本）。

因为“乐”和“舞”,有益于人们的身心健康,所以,章太炎赞成在礼仪之中伴有“乐”“舞”,但是,传统礼俗中所羼杂的大量的神怪之舞,他则主张应该加以革除。譬如在我国古代的“祷旱”礼仪中,有所谓的“桑林之舞”,舞者“头蒙鸟羽,屏隐其面”,形状怪异可怕,《左传·襄公十年》有“宋以桑林之舞享晋侯,晋侯惧而发疾”的记载,章太炎以其“形象则不恒,类方相氏之熊皮金目者,故骤睹而惧,至于诶诒为疾矣”。这种礼仪,既不宜于民事,又无益于人们的身心健康,所以,章太炎以其为“尤害”而加以摒斥。①

> 舞者莫隆于葛天之牛尾,故入周室,而其用不衰。此虽朴鄙,其翕张俯仰,因阳气以达物,使民不呰窳札瘥,足也。及其华者,或浸淫于巫道,故古乐在今则不用。②

“浸淫于巫道”的神怪之舞(若“桑林之舞”之类),虽然华丽壮大,但因其不利于人们的身心健康,所以章太炎对之摒而不用;葛天氏的“牛尾”之舞,因其能“使民不呰窳札瘥”,所以,尽管它“朴鄙”,章太炎仍对之大加赞赏。

3. 个案举例:丧服礼的厘订

章太炎以“人道”为依归,基于传统礼俗进行改良的礼俗文化观,在当时别具特色。民国之后,章太炎在欧化的滔滔激流中,感慨传统礼俗的沉沦,发愤欲挽此颓波,于礼俗的考订颇为究心,尤重“丧服”。在其晚年他将《丧服》与《孝经》《大学》《儒行》并列为“四经”,而大加提倡。透过章太炎对于“丧服礼”的厘订,我们不但可以进一步地加深对于章太炎这一独具特色的礼俗文化观的理解,也可以进一步地

---

①② 章太炎:《辨乐》,《检论》。

看出章太炎关于改良传统礼俗的思想倾向。

清社既屋，民国肇造，民国政府对于传统礼俗颇有兴革。关于“丧礼”，民国政府开始废除传统的丧服制度，易以在欧西诸国普行的以“黑纱缠袂”成礼，但这一新的礼制，当时只能仅仅局限在少数的趋新群体中流行。除此之外，则仍是以传统的“丧服”成礼，尤其在广大的民间社会，则仍是以“丧服”为尚。在当时的民国政府的统治之下，全国尚没有形成统一的礼制。章太炎认为“丧服”乃“国性”之所寄，所以，他反对以“黑纱缠袂”代替“丧服”。其云：

> 今所以存国性者，固非独丧服一端，然苟有存者，不敢废也，何必震于殊俗，怵于异言，以变吾之故常哉？[①]

他将以“黑纱”代“丧服”，同清时满人“唯有白布长袍以居丧”[②]等视，认为它不符合中国人民的习俗与感情。他主张对于传统的“丧服礼”作一细致的考订，然后厘定出一套规范化的、并且易于践行的统一的“丧服礼”，以便国人参照实行。由此，章太炎在其晚年曾花费了不少精力，对于传统的“丧服礼”进行研究。并且，在一段时间内，章太炎还与其弟子吴承仕函札交驰，重在讨论“丧服礼”问题。[③]章太炎在其早年曾经尊荀、尚礼，晚年会归于礼、订礼，此亦是章太炎一生中思想演化的一个重要且有趣的现象。然而，对于章太炎这一重要的思想演化的有趣现象，学术界至今为止，似尚无注及之者。

在我国的传统社会，对于“丧服”的厘订，主要有“五家”，即：先秦时期的《礼经》《唐开元礼》《明孝慈录》《清通礼》以及宋代所厘订的

---

① 吴承仕：《章炳麟论学集》，第 471 页。

② 同上书，第 472 页。

③ 关于此，可参阅章太炎与其弟子吴承仕的往来信件，收入《章炳麟论学集》。

“礼”。章太炎对于“丧服礼”的厘订,即是在对此“五家”之“礼”进行研究的基础之上展开的。

关于《礼经》,章太炎虽然誉之为“精严”,但他却认为“今之不能尽从”,因为他将《礼经》看成是“封建世卿”时代的产物。章太炎认为在传统的《礼经》之中,有像“尊降厌降”诸条,施之于“封建世卿”之世为精当,施之于秦汉以后则不可。尽管如此,由于《礼经》位于中国礼俗文化的经典与源头地位,开辟了中国礼俗文化的方向,所以,由它所奠定的中华礼制精神(即章太炎所谓的“原则”与“比例”),章太炎认为仍“谛当而不可革”,并将之确立为后世制礼的典范。①

关于宋人所定的“礼”,章太炎认为其所失有“一事”。在宋人所定的“礼”中,有“妇为舅姑有从其夫服三年者”,章太炎认为这一规定不符合礼制的“原则”。《礼经》规定“妇为舅姑齐衰期”,并且对于“女子子适人为其父母”也降为“齐衰期”。其故何在?因为根据《礼经》所定的礼制“原则”,有“妇人不贰斩”之说,如果定“妇为舅姑从其夫服三年”,则正好违背了这一“原则”。章太炎云:“盖为夫斩衰,则其他更不得与之同服,今为舅姑斩衰三年,违于不贰斩之原则矣。”他虽然反对宋人所定之“妇为舅姑服三年之丧”的“丧服”之制,但他认为“妇为舅姑齐衰期”,可以如唐人李涪翁所说:“妇为舅姑除服后,门庭尚素,服青缣衣以俟夫之终丧(缣即今之纺绸,乃缦缯无文者,与绮之有文者异)。”因为在妇除服之后,夫已小祥,所以,这样一来,既不背《礼经》所定的“原则”,又切于“人情”。

---

① 章太炎:《丧服依开元礼议》,《太炎文录续编》卷一。凡本节下面引文之未注明出处者,均见此文。

关于《明孝慈录》，章太炎认为其所失者有“三事”。其一，明制无“齐衰三年”之服。从《礼经》至宋人之“礼”，均规定“齐衰正服五升，义服六升，而为母服则为四升”，这与为父斩衰三升及三升半者相差无几。至明时为母服亦斩衰，遂使“齐衰三年”之服绝，章太炎讥其为“不知服术者”。其二，明制无“殇服”。章太炎认为此不但对于礼制来说为不完整，也不符合人情，他称之为“不仁甚矣”。其三，明制增庶母服至齐衰杖期。《礼经》关于齐衰杖期的规定，凡有四事，即：父在为母，出妻之子为母，父卒继母嫁从为之服以及为妻等。除此四者之外，“虽至尊如祖父母，同气如昆弟，只齐衰不杖期耳”。为庶母服，礼不过缌麻，明时由于明太祖之宠幸孙贵妃，增庶母服至于齐衰杖期，这在章太炎看来，“是令庶母之尊，过于祖父母”，不符合礼制的“比例”。

关于《清通礼》，章太炎认为其所失者也有一事。《清通礼》规定：“为人后者，为其祖父母大功，为其曾祖父母小功，为其高祖父母缌。”《礼经》关于“为人后者”之规定有“为其父母齐衰不杖期”，祖父母以上虽无明文规定，章太炎则以“女子子”为“比例”作了阐释。章太炎认为：“女子子为祖父母，不论在室适人，皆齐衰期……女子子嫁者未嫁者为曾祖父母，皆齐衰三月。”以“比例”推之，“为人后者”当亦同然。因为在章太炎看来，斩不可贰，而齐衰期等则非不可贰。“小功”者，兄弟之服，《清通礼》以“为人后者”为其尊祖父母小功，是以兄弟之服服至尊。又“为人后者”为其高祖父母缌麻，章太炎认为“高祖父乃所后高祖父之昆弟，法当无服”，今以“缌麻”施之，亦是无当。

由上通过对于宋、明、清三家之“礼”的考订，章太炎认为其不合“原则”、违失“比例”者甚多，因此，在进行丧服礼的厘订时，章太炎便不取宋、明、清三家所定的“礼”。揆之《唐开元礼》，章太炎认为则无此失。所以，章太炎一方面主张按照《礼经》所定的“原则”与“比例”，作为制礼的内在精神，另一方面，他则主张以《唐开元礼》为摹本，对之进行损益，以制定出一部切合时代需要的新的礼制。在这一总的思想指导之下，章太炎制定出了一个详细的《丧服草案》。①揆之这份《丧服草案》，我们可将他的制礼宗旨，归结为以下两个方面，即：

其一，“崇恩重宗”。以“斩衰”为例来说，章太炎在其所拟定的《丧服草案》中规定：

> 正服：子为父母，庶子为所生母，女在室为父母（为所生母同），女适人被出而反在室为父母（为所生母同）。
>
> 加服：子为继母，女在室为继母，女适人被出而反在室为继母……
>
> 义服：为人后者为所后父母……②

于“父母”“继母”“所后父母”，皆“斩衰三年”，但因“父母”与“继母”及“所后父母”之“恩”有差等，所以有“正服”“加服”“义服”之别。又如，以“殇服”来说，章太炎复归于《礼经》，列有“三服之殇”，他以十九至十六岁为“长殇”，十五至十二岁为“中殇”，十一至八岁“下殇”，不满八岁的则为“无服之殇”，各以大功九月（长殇）、小功五月（中殇）、缌麻三月（下殇）成服。章太炎认为自明以后，殇服尽废，“是于幼稚为无恩”。③今章太炎回复“三服之殇”，也显示了“崇恩”之旨成为其重新厘订“丧服礼”的重要宗旨之一。在“崇恩”的同时，章太炎一如《礼

①③ 章太炎：《丧服依开元礼议》，《太炎文录续编》卷一。

② 章太炎：《丧服草案》，《太炎文录续编》卷一。凡本节下面引文之未注明出处者，均见此文。

经》以来的礼制传统，尤为关切“重宗”的制礼精神。如章太炎对于“嫡孙为祖父母承重，及为高祖父母承重者”，以及“为人后者为所后父母，及所后祖父母曾高祖父母承重者”，皆施以“斩衰三年”之服。与重“宗”相对应的则是重“出”，如章太炎对于“女在室为父母（为所生母同），女适人被出而反在室为父母（为所生母同）”，皆施以“斩衰三年”之服，但“女适人为其父母”，则降为“齐衰杖期”（首尾十五月）。如章太炎在其拟定的《丧服草案》中曾规定：女为父母，“斩衰三年”，正服；而“为人后者”为“本生父母”，则降为“齐衰三年”，降服；以示区别。

其二，“升数”一仍旧贯，“服式”则改从时制。丧服所用的材料，历代颇有不同，古用麻，后来木棉种植兴盛，则兼用棉。章太炎生活的时代，除了“麻布”之外，尚有“土布”“甬布”“桐乡布”以及由外国与本国近（现）代大机器生产出来的“厂织”之布等。对此数者，章太炎认为可以兼受，主张“苟得其意，服从今制，麻从今率，可也”①。“得其意”的关键在于“刻定升数”。古制二尺二寸为一幅，容十五升，共一千二百缕，如果换算成时行的“布帛尺”，则二尺二寸相当于一尺三寸，以此为准，概以时行各种布色之精粗，约于古制“升数”相类，章太炎以为即可以成服。章太炎云：

棉织最粗者土布，以二百四十簆成一尺二寸五之幅，一尺三寸则四百九十九缕，约当古之六升，则可以为斩衰卒哭之受服也。其次粗者为甬布，以五百六十簆成二尺之服，一尺三寸则七百二十八缕，约当古之九升，则可以为齐衰卒哭之受服也。其稍

① 章太炎：《丧服依开元礼议》附“丧服总说明书”，《太炎文录续编》卷一。

精者为桐乡布,以七百篾成一尺八寸之服,一尺三寸则一千十一缕,约当古之十二升有半,则可以为大功卒哭之受服也。其舶来及厂织者靡细,不减十五升麻布……亦可于三年之丧大祥服之。①

在保持“升数”不变的前提下,“土布”“甬布”“桐乡布”以及近代大机器生产的“厂织之布”,依其精粗,各施以与古制所定之“升数”相类的“丧服”,在章太炎看来仍为谛当。

综览章太炎的《丧服草案》,斩、齐、功、缌,详列甚备,但较之《唐开元礼》则显得简要得多了,这显示了章太炎颇欲使新的礼制易于遵行便用的思想倾向。其“崇恩重宗”的制礼精神,则继承了由《礼经》所奠定的中华礼制传统的内在神韵。章太炎以《礼经》所定的“原则”与“比例”作为推校“丧服”的标准,同时又以时代之所尚对之作了适时的变更,“服式”则在“得其意”的前提下改从时制,这也显示了章太炎是自己思想的忠实捍卫者,颇有与时俱变的性格特征,其人道关怀兼及幼稚,这些应值得吾人称道。结合章太炎反对礼俗流于仪式化,反对“一意形式之文明”,主张重“情愫”的思想倾向来看,则我们可知,章太炎之主张保留与传统一脉相承的礼仪,也是为了保有中国文化的固有特色,同时,也是为了将“情愫”化在仪式化的中华礼制精神之中,非此,则几于人理灭绝,恐非章太炎所乐道,这仍然贯彻了他以“人道”为依归,接着本民族文化传统进行创制的基本价值取向。需要指出的是,由《礼经》所开创并由历代因革损益一脉衍续下来的传统礼制,乃是传统的宗法制度的产物,其“崇恩重宗”的制礼精神,是传统宗法制度架构下高度浓缩的建立礼制秩序的凝结剂。然而,章

① 章太炎:《丧服依开元礼议》附“丧服总说明书”,《太炎文录续编》卷一。

太炎所处的时代，礼崩乐坏，在中国延续了数千年的传统的宗法制度，虽然尚未完全消亡，但已是夕阳残照，正处在土崩瓦解之中。在这样一个历史背景下，章太炎企图继续谋求在传统宗法制度的框架之内重建礼制秩序，就未免有乖历史发展潮流之所趋了。章太炎在传统宗法制度晚霞行将散尽之时，致力于“丧服礼”的厘订，对于传统的“丧服礼”作了一次庄严的总结，其所从事的工作带有浓厚的悲剧性色彩。我们今天在行丧礼时，以黑纱缠袂的西来之风已经广为流行了，尽管如此，在广大的民间社会，以丧服成礼的土风，却仍然相延未替，二者仍可谓是相济为用。章太炎所手定的礼制，虽然我们不必去遵行，但其改良传统礼俗的内在精神，却并没有完全过时。贵终，人之情也，这也是中华民族的优良美德，慎择之，或仍可为时代所用。可悲的是，在我国广大民间社会所奉行的传统丧礼，虽然仍然在继续地流行，但知其本意者盖已绝少，且愈来愈流于仪式化，愈来愈流于章太炎所坚决反对的“一意形式之文明”。对于丧礼，章太炎虽然“仪式”与“情愫”并重，但在“仪式”与“情愫”二者之间，章太炎显然地要更加注重于“情愫”。当然，只有“情愫”没有“仪式”，可能会使丧礼的庄严性被冲淡；可是，仅仅流于仪式化，“情愫”被弃置，则非“人道”之常了。章太炎所竭力反对的“一意形式之文明”，毋庸讳言，仍然继续充斥在当今人们的日常生活之中，这恐怕也是当时章太炎所遭遇到的最为严峻问题之一。是以，章太炎揭出重“情愫”这一思想意旨，不仅有其时代的问题坎陷，它也是我们人类在各个时代都会面临的一个至为重要的庄严问题，而这恐怕也正是章太炎在当时之所以要哀叹、并致力于进行厘订“丧服礼”的动机之所在了。

五、道德与宗教的双重变奏

1. “立己达人”的“自律”的道德观

章太炎所处的清末民初之世,由于西方文化的有力冲击,除了传统的礼俗之外,中国传统的道德价值体系,也面临着一个深刻的危机。我们知道,中国传统的道德价值体系,位于中国传统文化的核心地位,是数千年来维系中国人民生存与发展的有力工具,并且也是中国人民的心灵借以安顿的支柱。固有的道德价值体系的动摇,一个最直接的后果,就是将几千年来一直生活在传统道德价值体系之下的中国人民,推向内心的剧烈冲突之中,出现了价值的危机,这对于敏感的文化人来说,尤其是如此。由此,近代中国在思想文化领域,也开始了一个价值重构的心路历程。思想文化领域由近代而始的这一重构价值体系的艰难心路历程,伴随着现代工业文明在中国的成长,愈显艰难与困顿,这恐怕也是此后长期困扰着国人的一个重要问题。重新建立一个道德价值秩序,乃是自近代以来中国思想文化领域最重要的课题之一,而对这一课题最先有意识地尝试解决的,实始于章太炎。

在章太炎试图为道德价值混乱失序的近代中国重构一个新的道德价值秩序的时候,可供其利用的资源,主要也有两种,即:一种是当时正面临着危机的中国传统的道德价值体系,另一种则是当时显得更富有生机的西方传统的道德价值体系。当时的欧化主义者,主要即是企图利用西方传统的道德价值资源来为中国建立一个新的道德价值秩序的。谭嗣同认为传统的道德价值体系造就了“大盗”与“乡愿”,在三纲五常的羁扼之下,中国人民沦入了“黑暗否塞”

的深渊之中,[①]因此,他宣言要“冲决网罗”[②],对于“传统”必欲破碎毁弃而后已。在五四新文化运动中,“传统”则成了可诅咒的对象,传统的道德价值体系被描绘成“吃人的礼教”,新思潮呼唤的“新道德”,是打着“打倒孔家店”的旗帜进行的。

在中国近代史上,章太炎曾经是一位反孔的急先锋,并且,他对于五四时期的激进反传统思潮还起到过重要的影响。五四时期激进反传统思潮的主要代表人物,或为其徒(钱玄同、鲁迅、周作人等),或为其友(陈独秀),或为其崇拜者(胡适之),都直接或间接地受到过他的影响。但在道德价值体系的重建上,章太炎对于欧化主义者的主张则不表赞同。他认为:“新道德、新文化者,有使人淫纵败常而已矣。”[③]欧化主义者的主张之所以不可取,是因为章太炎认为它“拂民之旧贯”,“民不称便”。[④]在道德价值体系的重建上,章太炎仍然持守着自己的一贯立场,即注重“习惯”因素的作用,仍然主张在继承中国传统道德价值体系的基础之上对之进行改良。章太炎又认为:“道德亦随时会而变也。”[⑤]既然道德是随“时会”而变的,那么,新的道德价值体系的重构,必须要照顾到时代性特色,这种思路,基本上便奠定了章太炎重构新的道德价值体系的方向。

道德与礼俗一样,主要也是通过人们的内在自觉,通过人们对于道德规范的主动认同,来约束人们的行为,从而达到社会的和谐与稳定。道德规范,乃是通过道德主体的“觉解”,通过道德主体主动地去

---

① 谭嗣同:《仁学》三十,《谭嗣同全集》(下),第327页。
② 谭嗣同:《仁学·自序》,《谭嗣同全集》(下),第290页。
③④ 章太炎:《王文成公全书后序》,《太炎文录续编》卷二之上。
⑤ 汤志钧:《章太炎年谱长编》(下),第673页。

进行“践履”而获实现的。道德主体通过对于道德规范的自觉认同，在其人生实践中，将自己的道德生命安顿在与他人的对境关系之中，从而获致自己的道德生命的实现。因此，“规范”“觉解”“践履”，便成了任何一个道德价值体系中不可或缺的重要因素。譬如，在中国传统的以“仁”为中心的道德价值体系之中，“仁”作为一个道德规范，即主要是通过道德主体对于“仁”的觉解，通过道德主体的“体仁”“践仁”“致仁”而获实现的。章太炎重构道德价值秩序的努力，主要也是将这三者确立为其视觉的中心，并首先通过对当时人们的社会道德行为进行考察，展开其理论运思的逻辑链条的。

章太炎通过对于当时人们的社会道德行为进行考察，将时人的道德水准根据职业的不同分成十六等，他认为：“今之道德，大率从于职业而变。”①也即是说，在章太炎看来，由于职业的不同，产生了人们道德行为的差异。这“十六种人”即是：

> 一曰农人、二曰工人、三曰裨贩、四曰坐贾、五曰学究、六曰艺士、七曰通人、八曰行伍、九曰胥徒、十曰幕客、十一曰职商、十二曰京朝官、十三曰方面官、十四曰军官、十五曰差除官、十六曰雇译人。②

通过章太炎对这“十六种人”道德行为的分析，我们可以获知他所欲反对及其所欲崇尚的道德行为究竟是什么，并由此使我们获得一个分析章太炎道德价值学说的基本轴线。这“十六种人”，章太炎又将其分为两类。他认为：“此十六职业者，第其道德，则自艺士以下，率在道德之域；而通人以上，则多不道德者。”③当然，属于在“艺士以下”的“道德之域”的道德行为，是章太炎所以要肯定、崇尚的，反之，

---

①②③ 章太炎：《革命之道德》，《章太炎政论选集》(上)。

属于在“通人以上”的“不道德者”的行为，则自然地是章太炎所以要否定、摒弃的。那么，章太炎所谓的“道德之域”和“不道德者”的行为，其表现主要有哪些呢？通过章太炎所论的“艺士以下”（即农人、工人、裨贩、坐贾、学究、艺士）的行为，我们可以简要地将其归结为下面三个方面，即：重厚、强毅、必信；而章太炎所论的“不道德者”（即通人、行伍、胥徒、幕客、职商、京朝官、方面官、军官、差除官、雇译人）的行为，其主要表现，我们也可以归结为以下三个方面，即：贪诈饰伪、骄横恣妄、谄媚无耻。通过对当时这“十六种人”的社会行为进行分析，取舍之间，章太炎便建立起了他自己的有关道德行为的基本规范，这也成为他重构新的道德价值秩序的逻辑起点。

明清之季的思想家顾炎武曾经说道：“有亡国，有亡天下，亡国与亡天下奚辨？曰易姓改号，谓之亡国；仁义充塞，而至于率兽食人，人将相食，谓之亡天下。”由此，他认为：“天下兴亡，匹夫有责。”①章太炎云：“余深有味其言，匹夫有责之说，今人以为常谈，不悟其所重者，乃在保持道德。”②为了“保持道德”，挽救当时中国出现的道德颓败的流波，章太炎也非常重视建立一个新的道德行为的规范体系。斟酌上面所说的“十六种人”的道德表现，并结合他当时所处的残酷革命斗争的需要，章太炎磨砺而出的新的道德价值体系的基本价值取向，其内容主要由下列四个方面组成，即：

一曰“知耻”。《新五代史》卷五十四《冯道传》曰：“礼义廉耻，国之四维，四维不张，国乃灭亡。”又曰：“礼义，治人之大法；廉耻，立人

① 顾炎武：《日知录》卷十三·“正始”。
② 章太炎：《革命之道德》，《章太炎政论选集》(上)。

之大节。”章太炎认为:“不廉不耻,则祸乱败亡,无所不至。然而四者之中,耻为尤要。故曰行己有耻;曰人不可以无耻,无耻之耻,无耻矣;曰:耻之于人大矣,为机变之巧者,无所用耻焉。所以然者,人之不廉而至于悖礼犯义,其原皆生于无耻。故士大夫之无耻,是谓国耻。”①

二曰“重厚”。章太炎云:“世道下衰,人才不振,王伾之吴语,郑綮之歇后,薛昭纬之浣溪沙,李邦彦之俚语舞曲,莫不登诸岩廊,用为辅弼,至使在下之人,慕其风流,以为通脱,而栋折榱崩,天下将无所庇矣。及乎板荡之后而念老成,播迁之余而思耆俊,庸有及乎?”②又曰:“今之词人,率同此病,淫辞艳曲,传布国门,诱惑后生,伤败风化,宜与非圣之书,同其而焚,庶可以正人心术。”③他认为世风浮华,已危于国。这种浮华之风,对于当时正在从事残酷革命斗争的革命者来说,则显得为害尤烈,直接影响了反清革命大业。由此,章太炎提倡以“重厚”来“正人心术”,他要求他的革命同志,将其作为基本的道德信条,用以磨砺自己的品行,并将其贯彻到反清革命的大业之中去。

三曰“耿介”。章太炎云:“读屈子《离骚》之篇,乃知尧舜所以行出乎人者,以其耿介。同乎流俗,合乎污世,则不可与入尧舜之道矣。非礼勿视,非礼勿听,非礼勿言,非礼勿动,是之谓耿介,反是谓之昌披。夫道若大路然,尧、桀之分,必在乎此。”④

四曰“必信”。孔子曰:“无信不立。”又曰:“人而无信,不知其可。”章太炎认为:“今之习俗,以巧诈为贤能,以贞廉为迂拙,虽歃血

---

①②③④　章太炎:《革命之道德》,《章太炎政论选集》(上)。

莅盟，犹无所益。”因此，在他看来只有确立“必信”的道德宗旨，才能克治此病。所谓“必信”，即是“重然诺也”。他认为在“知耻”“重厚”“耿介”“必信”四者之间，“知耻、重厚、耿介三者，皆束身自好之谓，而信复周于世用，虽萑苻聚劫之徒，所以得人死力者，亦惟有信而已”①。

上面所说的章太炎所界定的“知耻”“重厚”“耿介”“必信”这四条基本道德行为规范，并无什么新颖可异之处，他不过是将传统的道德行为规范重新加以磨砺而提供给国人的，冀以此来规范国人的道德行为，克治当时道德颓流的弊端。这四条道德行为规范，乃是章太炎提供给国人做人的基本标准，也即是传统儒者所谓的“立人极”。“规范”不过是僵死的东西，若要使它化为现实，还需要国人的认真“体认”与“践履”。根据章太炎对于“十六种人”行为的分析，我们可以知道，在“道德”与“权力”的关系上，他认为“权位愈申，则离于道德也愈远”②，这与自由主义大师阿克顿勋爵所说“权力使人腐化，绝对的权力，使人绝对腐化”的看法是颇为一致的。③在“道德”与“知识”的关系上，章太炎也持着同样的看法。揆之章太炎的意旨，他实是以处于社会下层的以“农民”为代表的劳动者的道德行为、并且将其理想化，当作其进行价值取舍的坐标，这使章太炎的思想充满了浓厚的“民粹主义”的色彩。章太炎思想中潜伏着的这股“民粹主义”潜流，也是近代中国思想文化领域不可忽视的重要现象之一。在章太炎看来，因为“知识”不能解决“道德”问题，甚至可以说“知识”的增进，反而还会腐蚀“道德”，所以，章太炎主张“弃智”。他欣赏“儿童之乐”，这与卢

①② 章太炎：《革命之道德》，《章太炎政论选集》（上）。

③ （英）海耶克：《到奴役之路》，第129页。

梭、老子的看法也是颇为一致的。老子主张“绝圣弃智”,“复归于婴儿”;卢梭欣赏人类文化处于童年时代的“自然人”的状态。然而,主张“复归于婴儿”、主张“弃智”,是否即是要灭绝人类的智慧,使人类重新回到若老子所说的使民“无智无虑、鼓腹而游”的自然状态呢?章太炎也并非是作如是观。章太炎认为,走以“知识”解决“道德”问题的途径,是误入了歧途,“知识”可以解决其他方面的问题,但却不能解决“道德”问题。因此,他对当时“科学者流”认为“道德礼俗,皆须合于科学”的主张,便非常反感。他认为“科学者流”的主张,“其流弊,使人玩物而丧志,纵欲以败度”①。在他看来以,“科学”笼罩“道德”,只会使人类走向不道德。那么,应该循什么样的途径解决“道德”问题呢?章太炎认为:“立德自情,不自慧。”②也即是说,他对于“道德”问题,是以“情”或者“爱”为基础来解决的。然而,这种“情”或者“爱”,应该要像“儿童之乐”那样,是出于一种天心的自然流露,是一种“无所为而为”的道德精神,而非出于“有所为而为”的计度刻划。章太炎的主张是如此,老子、卢梭的主张也莫不如此。

> 昔华盛顿拯一溺儿,跃入湍水,盖所谓从井救人者。若华盛顿作是念曰:溺儿生死,轻于鸿毛,吾之生死,重于泰山,空弃万姓倚赖之躯,而为溺儿授命,此可谓至无算者。如是,则必不入湍矣。③

华盛顿拯溺的故事,便是章太炎心目中道德行为的典范。

人类的道德行为是在与他人的对境关系中实现的,因此,存己、

---

① 章太炎:《适宜于今日之理学》,《章太炎年谱长编》(下),第936页。

② 章太炎:《思乡愿下》,《太炎文录初编・文录》卷一。

③ 章太炎:《革命之道德》,《章太炎政论选集》(上)。

立己便是一个道德人必须具备的首要条件。如何才能存己、立己呢？章太炎主张提倡“大独”精神，首先挺立“个体”的“主体”地位，将个体生命的价值安立在与他人的对境关系之中。他认为真正的“独”是“大独”，这种“独”是一种为他人的“独”，也即以“恫天下”之性、以“博爱”的情怀入世，将自己的道德生命安顿在对于他人的关怀之中。其云：“大独必群，不群非独也。”①章太炎所说的这种“大独”精神，与孟子所说的“养浩然之气”的“大丈夫”精神是极其相似的。它一方面显示了章太炎对儒学传统的承继，另一方面则彰显了“个”的意识的觉醒这一时代性的问题意识。

章太炎反对走通过增进“知识”的途径去解决“道德”问题，主张以“情”或者“爱”为基础去解决“道德”问题。那么，他所说的这种道德之“情”或者道德之“爱”，是从什么地方生发出来的呢？章太炎曾经说道：“盖人者，委蜕遗形，倏然裸胸而出，要为生气所流，机械所引，非为世界而生，非为社会而生，非为国家而生，非互为他人而生，故人之对于世界、社会、国家与其对于他人，本无责任。”②又云：“人本独生，非为他生。”③既然“人”是通天彻地，唯我独尊，对于他人本来是毫无责任之可言，那么，我们为什么要以他人的利益为依归，将个体生命的价值安顿在对于他人或者群体的关怀之中而获实现呢？章太炎又说道：

凡有害于人者，谓之恶人；凡有益于人者，谓之善人。人类不为相害而生，故恶非人所当为，则可以遮之使止；人类不为相

---

① 章太炎：《明独》，《訄书》（初刻本）。

②③ 章太炎：《四惑论》，《太炎文录初编·别录》卷三。

助而生,故善亦非人之责任,则不得迫之使行;善与恶之间,必以“无记”为之平线。[①]

既然主张在人与人的相处之中要以“无记”(即无善无恶)为界限,那么,要求人们以他人的利益为依归去实现个体生命的价值,便是不符合逻辑的。不可责人为善,又要提倡“大独”精神,主张将个体生命的价值安顿在对于他人或者群体的关怀之中,这在逻辑上不是自相矛盾的吗?表面上看去,章太炎似乎陷入了其自设的理论困境之中。然而,事实并非如此。因为,在章太炎看来,“人之乐群,其天性然也”[②]。人类由于其天然的群性,不可逃脱群体而独生,所以,对于群体来说,制定出一套大家都能遵守的道德行为规范是势所必然的。但是,对于道德行为规范的践行,对于他人、群体利益的关怀,在章太炎看来却不能责人以必行,将之化为羁扼个体的工具,否则便是“以理杀人”。他将动辄挥舞“公理”的大棒,“以社会压制个人”的做法,看成为比之理学家式的“以理杀人”更加“惨刻少恩”。[③]所以,章太炎在其名文《四惑论》中,便公然地将“公理”当作“四惑”之首而加以拒斥。章太炎认为,“个体”应通过内在的“自觉”,通过“自律”而非“他律”的途径,实现个体的道德生命。由此,他认为,虽然不可以责人为善,但却可以提倡与人为善;虽然不可以命令个体要以他人、群体的利益为依归,但却可以提倡个体要以他人、群体的利益为依归。他所提倡的“大独”精神,首先是“独”,而后才是“群”,这便是其“大独”思想的真谛。至于个体之能关怀他人、关怀群体的这一道德之“情”或

①③ 章太炎:《四惑论》,《太炎文录初编·别录》卷三。

② 章太炎:《论学会有大益于黄人亟宜保护》,《章太炎政论选集》(上)。

者道德之"爱",则是由人人心中天生具有的"隐爱之念"生发出来的。章太炎说道:

> 吾为他人尽力,利泽及彼,而不求圭撮之报酬,此自本吾隐爱之念以成,非有他律为之规定。①

由于在每个人的心中天生地都具有"隐爱之念",这就为我们人类能够关怀他人、关怀群体的道德之"情"或者道德之"爱",建立了牢固的心理基础。这一"隐爱之念"虽然为人心所固有,但在章太炎看来,这种"隐爱之念"如果没有走向"自觉",就不会得到"扩充",就会使个体的道德生命永远处于沉睡状态。我们知道,在人性问题上,章太炎是持"善恶兼具"说,并偏向于赞同荀子的"性恶"说。由于章太炎将人性看成是"善恶兼具",则人类所天生具有的"隐爱"如果得不到有力的"扩充",那么它就很有可能会被人类天生所同时具有的"恶性"所吞噬,这样一来,个体的道德生命不但得不到安顿,反而还会导致群体的涣散,将群体推向你争我夺的黑暗的深渊之中去,这不是章太炎所愿意看到的。因此,如何扩充人人心中所天生具有的"隐爱之念",如何唤醒"个体"的道德生命,使"个体"与生具有的道德之"情"或者道德之"爱"走向"自觉",便成为章太炎道德学说的一个不可回避的重要问题。

如何才能使人类这种与生具有的道德之"情"或者道德之"爱"得到"扩充"呢?章太炎主张一要靠示范提倡,二要靠教育。在章太炎所列举的"十六种人"之中,"通人"位于道德与不道德的关口。由于"通人"处于这样一个特殊的位置,所以,章太炎便将道德示范与提倡

① 章太炎:《四惑论》,《太炎文录初编·别录》卷三。

之责归之于“通人”。[1]关于“通人”，他曾经这样地对之作了界定，其云：

> 通人者，所通多种，若朴学，若理学，若文学，若外学，亦时有兼二者。朴学之士多贪，理学之士多诈，文学之士多淫，至外学则并包而有之。所恃既坚，足以动人，亦各因其时尚以取富贵。古之鸿文大儒，邈焉不可得矣。卑谄污漫之事，躬自履之，然犹饰伪自尊，视学术之不己若者，与资望之在其下者，如遇仆隶，高己者则生忌克，同己者则相标榜，利害之不兼容，则虽同己而亦嫉之。若夫笃信好学，志在生民者，略有三数狂狷之材，天下之至高也。[2]

在他看来，“通人”之中虽然充满了贪、诈、淫的不道德者，但是也杂有“笃信好学、志存生民”的“三数狂狷之材”，贪、诈、淫的不道德者，固然不可以负起道德示范与提倡之责，但“狂狷”却能与其选。由此看来，章太炎之将道德提倡之责归之于“通人”，实际上指的是将道德提倡之责归之于“通人”之中的“狂狷”。

“狂狷”，位于传统儒家道德价值体系之中的“中道”位置，也即它处在“仁人”与“乡愿”之间。“狂狷”虽然没有达到“仁人”的道德境界，但它却已经具备了成为“仁人”的资质。与“狂狷”不一样的是，“乡愿”的行为，虽然合乎道德的要求，因其走着“他律”的道路，所以，在方向上已经误入了歧途，永远不会成为“仁人”，并且还导致残害道德的结果。“狂狷”的行为表现的是：“狂者进取，狷者有所不为。”孔子曾经对之作过很高的评价。孔子曾经说道：“不得中行而与之，必也狂狷乎！”[3]

---

①② 章太炎：《革命之道德》，《章太炎政论选集》(上)。

③ 《论语・子路》。

(按:孔子所谓的“中行”,指的是“极高明而道中庸”的最高道德境界,在孔子看来,达到“中行”的道德境界是极为难得的,所以,他对“中行”之下的“狂狷”便给予了极高的评价,并将其当作成“仁”的重要途径来看待。)与孔子一样,章太炎既思“古之鸿文大儒”而不可得,所以,他也将拯起道德的希望,寄托在“三数狂狷之材”上。当时章太炎所希望的“狂狷”,实亦是他自我影像的一种放射。正如笔者在本书“导论”中所论的那样,章太炎本身即是近代中国历史上的一个著名“狂者”,并且,他还到处提倡“狂”,希望他的革命同志多少要带点“狂气”。美国华裔学者汪荣祖先生在考察章太炎的个性时,也曾经指出章太炎的个性特立独行,即有类于孔子所说的“狂狷”。《天铎报》有《哀某文豪》一文云:

> 文豪某,轩辕黄帝之肖子也,抱冤禽之隐痛,羁旅海外,十余易寒暑,近闻穷饿潦倒,将至断吹,呜呼!天何酷我文豪至于此极也!虽然,彼亦有所自取焉,(以彼文章声誉),苟能少为推移,揣摩时尚,(高官厚禄,何患不予取予携),乃牢抱(高尚主义)与俗相违,几于(穷饿而死),得不令当世之所谓通人名士笑汝拙乎?子舆氏有言:富贵不能淫,贫贱不能移,文豪之所为无负文豪,则亦在此。①

铁庄认为《天铎报》此文所谓的“文豪某”,指的即是章太炎。此种“富贵不能淫,贫贱不能移”的品行,即孟子所说的“大丈夫”精神气概,在章太炎身上表现得确乎非同一般。揆之章太炎的行迹,确与孔子所说的“狂狷”非常相似,汪荣祖先生关于章太炎个性的论断是得其三

---

① 汤志钧:《章太炎年谱长编》(上),第351—352页。

味的。由此,笔者认为,章太炎将道德提倡之责寄托在“三数狂狷之材”身上,实际上蕴含着他自己对于拯起末俗沉沦、道德颓败之流波的一种历史使命感。这与章太炎在生死关头之对于中国文化所具有的强烈的“命运担当”,其精神气质如出一辙,而这也正是中国历史上像章太炎那样的“狂者”所具有的共同品性。

在《思乡原》一文里,章太炎曾经说道:“不得中行,宁置狂狷,思乡原。”①由此看来,似乎“狂狷”也是章太炎所要反对的,其实非然。在这篇文章里,章太炎考察了中国历史上的“狂狷”,他认为:“狂狷者,有进取一概之操,虽阔略杪小哉,然不舍人伦之际,百姓当家之务。父子耘瓜,华冠缊袍,以自肆志,不求其名,故不崇伪;不歆其得,故不耀世。”②这是孔子时代的“狂狷”。“古之狂狷者,自才性感概至,自唐以降之狂狷者,自辞章夸诞至。”③他认为自唐以后的所谓“狂狷”,虽有“狂狷”之名,但却无其实事,那些以“狂狷”自命的,不过是以之作为“权藉”,或者是以之“邀誉”。这种人,章太炎认为其外貌似“狂狷,“性乃至卑”,④欺诈饰伪,比之“乡愿”有过之而无不及。因此他要“宁置狂狷,思乡原”。因为,在他看来“乡愿”“虽有矫情,未如饰狂狷者甚也。”⑤在这篇文章里章太炎所拒斥的“狂狷”,实际上是在历史上已经变了质的“狂狷”,这种人在章太炎的眼里,不但不是“狂狷”,反而是更大的“德之贼”。

唤醒国人的道德生命,使其天生所具有的“隐爱之念”得到有力的“扩充”,在章太炎看来教育也是一个不可或缺的重要手段。章太

---

①②③④⑤ 章太炎:《思乡原上》,《太炎文录初编·文录》卷一。

炎曾经指出："学校者，使人知识精明，道行坚厉。"①在他所创制的"五权分立"的制度化分权体系里，则主张政、学分离，特设一个独立的"教育权"来统率教育，这显示了他对于教育的高度重视。在章太炎看来，教育一方面可以增进国人的"知识"，另一方面，也可以增进国人的"道德"。因此，为了唤醒国人的道德生命，对国民进行道德教育便势不可免。如何对国人施以道德教育呢？他反对理学家式的空洞的道德说教，认为："琴瑟专一，不可以听，日以道德之辩厉人，亦犹调一弦也，方恐倦卧，何力行之望？"②为了避免理学家式的空洞的道德说教，他主张以"史书"来教育国人，其云：

> 六籍之文，皆尔雅翁博，高者可以弦歌，其次亦有宫徵曲折。文皆记载，而述道德者，适历分布其间，诵之使人爱慕。又转变而不厌，其渐渍人情深，故可以就至行。……摭六经之余，则迁固寿晔诸史，犹足以感矣。然后巽以老庄，法以程朱，投间而作，庶几可立。③

在史学上，章太炎曾经深受以章学诚为代表的浙东学派"六经皆史"之说的影响，因此，他所说的"六籍之文"便也可以与"史书"同视。在其晚年，他则更加主张提倡"读经"，并且特别揭出《礼记》中的《儒行》一篇以为国人倡，其云：

> 今欲改良社会，不宜单讲理学，坐而能言，要在起而能行。周孔之道，不外修己治人，其要归于六经。……社会腐败，至今而极，救之之道，首在崇尚气节。……专讲气节之书，于《礼记》

---

① 章太炎：《代议然否论》，《章太炎政论选集》（上）。

②③ 章太炎：《思乡原下》，《太炎文录初编·文录》卷一。

则有《儒行》一篇,《儒行》所述十五儒,皆以气节为尚。……今欲卓然自立,余以为非提倡儒行不可。①

《儒行》中所述的“十五儒”的节行,颇类于章太炎早年所提倡的“大独”精神。他之主张以“史书”来教育国人,其意已至为明显,即不外乎要达到“修己治人”的目的。“修己”,即是要实现个体的道德生命的自觉;“治人”,即是要通过个体对于“道德”的觉解,将个体的道德生命安顿在对于他人、群体的关怀之中。

在中国传统的孔子以“仁”为中心的道德价值体系里,道德人的成就是循着“体仁”“践仁”“致仁”的途径而获实现的。道德人通过“践仁”“致仁”,使自己的道德行为合模于社会所需要的道德规范,从而达致社会的和谐与稳定。群体秩序的维持,要借助于道德人的“践仁”与“致仁”,这说明个体的道德行为带有明显的“工具价值”。但是,由于道德人的“践仁”“致仁”,是以“体仁”为前提的,是通过个体的道德自觉与道德自律,为其提供原初动力的,所以,个体在“践仁”“致仁”的道德践履过程中,其目的就不仅仅是为了达致群体的和谐与稳定,其另外一个重要的目的,还在于实现道德人自己生命的价值,这样,就使个体在“体仁”“践仁”“致仁”的道德程序中,不仅仅使自己的道德行为带有着社会目的性的“工具价值”,而且也同时具有了个人目的性的“超越价值”。个体通过“体仁”“践仁”“致仁”,终于找到了自己道德生命安顿的场所,也即他(或她)找到了他(或她)自己的“道德之乡”。通过前面的论述,我们可以看出,章太炎所重构的这一新的道德价值体系,与原始儒孔子的以“仁”为核心的道德价值

① 章太炎:《国学之统宗》,《制言》,第54期。

体系，就其内在精神来说并无什么差异，他所重构的道德人成就道德生命的途径，也与原始儒孔子的以“仁”为本体的道德践履程序毫无二致。因此，我们可以说，章太炎所重构的道德价值学说的体系，也具有双重的价值，即：“工具价值”与“超越价值”并存。或者认为，章太炎所重构的道德价值学说的体系，仅仅具有“工具价值”，这是有失偏颇的。这一点，在下面笔者将要展开论述的章太炎的宗教思想里，将会看得更为清楚。

2. 自贵其心”的“依自”的宗教观

与章太炎同时的另外一位文化大师康有为，曾经主张建立孔教为国教。康有为看到了基督教对于西方社会发展所起到的重要作用，他之主张建立孔教为国教，即是比附西方的基督教的作用而来，乃是康有为歆慕欧风美雨的产物，表现出康有为对于中国社会文化秩序进行重构时所具有的浓厚的欧化倾向。关于这一问题，章太炎在戊戌时期初涉维新运动、担任维新派的重要喉舌《时务报》的撰述时，即在《时务报》馆里与康氏门徒之间发生过一场激烈的冲突。冯自由在追叙这段历史时，曾经这样说道：

> 岁丙申，夏曾佑、汪康年、梁启超发起《时务报》于上海，耳章名，特礼聘为记者，章梁订交即在此时。章尝叩梁以其师宗旨，梁以变法维新及创立孔教对。章谓变法维新为当务之急，惟尊孔设教有煽动教祸之虞，不能轻于附和。①

由于章太炎不赞成“倡言孔教”，竟至康氏门徒在《时务报》馆里“攘臂大哄”，致使章太炎被迫离开了《时务报》馆。章太炎曾经讥讽康氏门

① 汤志钧：《章太炎年谱长编》(上)，第 36 页。

徒之“倡言孔教”云:“康党诸大贤,以长素为教皇,又目为南海圣人,谓不及十年,当有符命,其人目光炯炯如岩下电。此病狂语,不值一吷。”①反对康有为建立孔教为国教的立场,章太炎一生始终未变。但是,我们知道,在清末民初之世,章太炎也曾经竭力地倡言“建立宗教”,那么,章太炎为什么也要倡言建立宗教呢?他所提倡的宗教究竟又是一个什么样的宗教呢?这是值得我们加以认真探讨的问题。章太炎虽然在清末民初之世也以建立宗教为天下倡,但他与康有为之“尊孔设教”的思想意旨,却有着本质的区别。章太炎之倡言建立宗教,乃是为了为人生生命的“觉解”建立一个“本体论”的依据,并非是为了建立一个类似于西方基督教那样的崇奉一尊的神圣上帝。如果说康有为之主张“尊孔设教”,看到的主要是宗教的社会功能的话,那么,章太炎之主张建立宗教,则主要是看到了宗教对于人生所具有的超越的价值。由此,章太炎所提倡的宗教便是一个“依自不依他”的宗教,而对于西方基督教建立一尊的“上帝”作为崇拜的对像,在章太炎看来则堕入了“依他”的路途,自然要为其所摒弃,奉之为国教则更不可取。为了为人生建立一个“本体论”的依据,章太炎通过其艰难探索,建立了一个庞大的“本体论”体系;为了建立一个“依自不依他”的宗教,章太炎又首先作了大量的判教工作,以遮拨“依他”的宗教。

章太炎曾经指出:“殉法鬼神之容式,芴漠不思之观念,一切皆为宗教。”②对于宗教,他是持着一种泛宗教论的观点。无论是组织宗

① 章太炎:《致谭献书》,《章太炎政论选集》(上)。

② 章太炎:《原教上》,《訄书》(重订本)。

教、民间信仰，还是玄邈的哲学义理，在他看来都可以称之为宗教。由此，章太炎所做的判教工作，涉及的范围便非常广阔，并非只是局限在狭义的组织宗教上。章太炎认为："世之立宗教、谈哲学者，其始不出三端：曰惟神、惟物、惟我而已。"①他将古今中外的宗教（哲学也归入宗教之中），分成"惟神论""惟物论"及"惟我论"三类。由此，他所从事的判教工作，便主要是在对于惟神、惟物、惟我这三者进行批判的基础之上展开的。章太炎进行判教的主要目的，即在于遮拨"依他"的宗教，从而为自己建立"依自"的宗教，确立起一个牢固的本体论依据。

冯友兰先生曾经说道：

> 我们常听见有些人问：人生究竟有没有意义？如其有之，其意义是什么？有些人觉得这是一个很严重的问题，如果这个问题不能得到确切的答案，他们即觉得人生是不值得生底。②

对于人生意义的追寻，为人生的意义寻找到一个明确的答案，这是古往今来的无数哲人往往要花费毕生精力孜孜以求而不能得其解的永恒话题。为人生的意义寻得一个明确的答案，也即是要为人生寻得一个"本体论"的依据，并以此寻得的"本体"来安顿人生，如此，则人生对其生命的意义方才有了"觉解"，反之，则是"无明"。古往今来的许多哲学大师，花费许多精力去建构一个"本体论"体系，其目的也即在此。反过来说，为了"觉解"人生的意义，人们也不得不去追寻那个"本体"，这对于像章太炎那样的文化人来说，则显得尤其不可忽视。

---

① 章太炎：《无神论》，《太炎文录初编·别录》卷三。

② 冯友兰：《觉解》，《新原人》。

章太炎认为:“无宗教意识者,非人也。”①由于人人都具有宗教意识,这就为宗教的建立提供了心理上的依据。章太炎又认为:“言哲学创宗教者,无不创立一物以为本体,其所有之实相虽异,其所举之形式实同。”②在他看来,古往今来的所有宗教、哲学流派,莫不以创立一个“本体”为职志,因此,他认为他要为他创立的宗教建立一个“本体论”体系,应该是“为有智者所认可”的。③那么,章太炎所要为其新设的宗教创立的“本体”究竟是什么呢? 一言以蔽之,曰:章太炎所要为其新设的宗教创立的“本体”,即是佛教唯识宗所云之“圆成实自性”。当然,章太炎将佛教唯识宗所云之“圆成实自性”,确立为其新设的宗教的“本体”,乃是其艰辛探索的结果,并非率尔为之。其云:“此圆成实自性云者,或称真如,或称法界,或称涅槃。”④根据佛教唯识宗的义理所说,世界之成立,在有“三性”,即:一曰“遍计所执自性”,二曰“依他起自性”,三曰“圆成实自性”。章太炎认为:

> 第一自性,惟由意识周遍计度刻画而成。若色若空,若自若他,若内若外,若能若所,若体若用,若一若异,若有若无,若生若灭,若断若常,若来若去,若因若果,离于意识,则不得有此差别,其名虽有,其义绝无,是为遍计所执自性。第二自性,由第八阿赖耶识、第七末那识与眼、耳、鼻、舌、身等五识虚妄分别而成。即此色空,是五识了别所行之境;即此自他,是末那了别所行之境;即此色空、自他、内外、能所、体用、一异、有无、生灭、断常、来去、因果,是阿赖耶识了别所行之境。赖耶惟以自识见分,缘自

---

① 章太炎:《原教上》,《訄书》(重订本)。

②③④ 章太炎:《建立宗教论》,《太炎文录初编·别录》卷三。

> 识中一切种子以为相分,故其心不必现行,而其境可以常在。末那惟以自识见分,缘阿赖耶以为相分。即此相分,便执为我,或执为法,心不现行,境得常在,亦与阿赖耶识无异。五识惟以自识见分,缘色及空以为相分,心缘境起,非现行则不相续,境依心起,非感觉则无所存,而此五识,对色及空,不作色空等想。末那虽执赖耶,以此为我,以此为法,而无现行我法等想。赖耶虽缘色空、自他、内外、能所、体用、一异、有无、生灭、断常、来去、因果以为其境,而此数者,各有自相,未尝更互相属。其缘此自相者,亦惟缘此自相种子,而无现行、色空、自他、内外、能所、体用、一异、有无、生灭、断常、来去、因果等想。此数识者,非如意识之周遍计度,执著名言也,即依此识而起见分相分二者,其境虽无,其相幻有,是为依他起自性。第三自性,由实相、真如法尔(犹云自然)而成,亦由阿赖耶识还灭而成,在遍计所执之名言中,即无自性,离遍计所执之名言外,实有自性,是为圆成实自性。①

在章太炎看来,“遍计所执自性”所成立之世界,是由“意识周遍计度刻划而成”,而此“意识”“周遍计度刻划”之“名言”,本为妄执,并非实有,所以,他认为由“意识”所成立之世界,“其名虽有,其义绝无”。“依他起自性”所成立之世界,是由第八阿赖耶识、第七末那识及眼、耳、鼻、舌、身等识虚妄分别而成,然此赖耶、末那及眼、耳、鼻、舌、身等识“了别所行之境”,虽各执其“相分”为“我”、为“法”,可是,它并不作“现行我法等想”,所以,章太炎认为:“即依此识而起见分、相分二者,其境虽无,其相幻有。”用我们今天的话来说,则“遍计所执自性”

---

① 章太炎:《建立宗教论》,《太炎文录初编·别录》卷三。

所成立之世界是“概念的世界”，“依他起自性”所成立之世界是“流行的世界”。“概念的世界”，因其仅有“概念”这一空壳，并无实在内容，所以，它为幻有；“流行的世界”，因其流转不住，亦无实性可言，所以，其“境”虽然常在，仍为幻有。由此，则此“二性”不得立为“本体”。因为，“本体”的建立，首在“不失真”，若以“失真”、谬妄的“本体”作为生命安顿的场所，只能使人们生活在自己虚构的神话世界里，不但不能得到对于人生意义的“觉解”，反而还会使人生走向歧途，使人生永远地在“无明”之中沉沦。

以此“三性”来衡诸“唯我论”“唯物论”与“唯神论”，情况将是如何呢？

关于“惟我论”。“僧佉（译曰数论）之说，建立神我，以神我为自性三德所缠缚，而生二十三谛，此所谓惟我论也。……似僧佉派而或近或退者，则前有吠息待（今译费希特——笔者）、后有索宾霍尔（今译叔本华——笔者）是也。”[①]章太炎认为：

> 说神我者，以为实有丈夫，不生不灭，其说因于我见而起。乃不知所谓我者，舍阿赖耶识而外，更无他物。此识是真，此我是幻，执此幻者，以为本体，是第一倒见也。[②]

“我见”是由“第七意根”执著“阿赖耶识”而起，前曾说过，章太炎以为第七意根“惟以自识见分，缘阿赖耶识以为相分，即此相分，便执为我，或执为法”，然此第七意根“虽执赖耶，以此为我，以此为法，而无现行我法等想”，故由“第七意根”所成立之世界，其相幻有，境得常

① 章太炎：《无神论》，《太炎文录初编·别录》卷三。
② 章太炎：《建立宗教论》，《太炎文录初编·别录》卷三。

在，属于“依他起自性”。然而，惟我论者念念不舍执持“我见”，分别自、他，并以“我”为“本体”，复又为之构画内容，较计差别，在章太炎看来则堕入“遍计所执自性”之中。章太炎认为由“第七意根”执持“阿赖耶识”所成之“我见”，属于“根本无明”，①其“识”虽“真”，其“我”为“幻”，即是“非有”。于“非有”中强立为“有”，即起“增益执”。“增益执”者，不了“依他起自性”，仍属“遍计所执自性”。

关于“惟物论”。“鞞世师（译曰胜论）之说，建立实性，名为地、水、火、风、空、时、方、我、意，九者皆有极微，我、意虽虚，亦在极微之列，此所谓惟物论也。……似鞞世师派而进者，则殑德（今译孔德，法国实证主义哲学家——笔者）、歌生（一译歌逊，法国二元论哲学家——笔者）诸哲是也。”②章太炎认为：

> 说物质者，欧洲以为实有阿屯，印度以为实有钵罗摩怒，执为极细，而从此细者剖之，则其细至于无穷。名家所谓“一尺之捶，日取其半，万世不竭”者，彼不能辞其过矣。执为无厚（无厚，即非延长，谓其本无形式，非粗非细），离于色、声、香、味、触等感觉所取之外，惟其中心力存。此虽胜于极细之说，然未见有离于五尘之力，亦未见有离力之五尘。力与五尘，互相依住，则不得不谓之缘生。既言缘生，其非本体可知。然则此力、此五尘者，依于何事而能显现？亦曰心之相分依于见分而能显现耳。此心是真，此质是幻，执此幻者以为本体，是第二倒见也。③

在章太炎看来，“阿屯”（欧洲）也好，“钵罗摩怒”（印度）也好，“无厚”

---

① 章太炎：《驳神我宪政说》，《章太炎政论选集》（上）。

② 章太炎：《无神论》，《太炎文录初编·别录》卷三。

③ 章太炎：《建立宗教论》，《太炎文录初编·别录》卷三。

(中国名家)也好,均须由五识“相分”依于“见分”方能显现。前曾说过,五识“相分”依于“见分”所成立之世界,是五识“了别所行之境”,“心缘境起,非现行则不相续,境依心起,非感觉则无所存”,识、境相依,不可分离,境虽常在,亦为幻有,属于“依他起自性”。然而,惟物论者执“极微”(“阿屯”“钵罗摩怒”“无厚”)为“本体”,以幻有之“质”(境)为真有,遮真有之“心”(识)为无有,是于幻有中起“损减执”,则又堕入“遍计所执自性”之中。

关于“惟神论”。“吠檀多之说,建立大梵,此所谓惟神论也。……似吠檀多派而退者,则基督、天方诸教是也。”①章太炎云:

说神教者,自马步诸逑而上,至于山川土谷,稍进则有祠火,与夫尊祀诸天之法;其最高者,乃有一神、泛神诸教。其所崇拜之物不同,其能崇拜之心不异。要以藐尔七尺之形,饥寒疾苦,辐凑交迫,死亡无日,乐欲不恒,则以为我身而外,必有一物以牵逼我者,于是崇拜以祈获福。此其宗教,则烦恼障实驱使之。或有山谷之民,出自窟穴,至于高原大陆之上,仰视星辰,外睹河海,而爽然自哀其形之小,所见所闻,不出咫尺,其未知者,乃有无量恒河沙数。且以万有杂糅,棼不可理,而循行规则,未尝愆于其度,必有一物以钤辖而支配之,于是崇拜以明信仰。此其宗教,则所知障实驱使之。不能退而自观其心,以知三界惟心所现,从而求之于外,于其外者,则又与之以神之名,以为亦有人格。此心是真,此神是幻,执此幻者以为本体,是第三倒见也。②

① 章太炎:《无神论》,《太炎文录初编·别录》卷三。
② 章太炎:《建立宗教论》,《太炎文录初编·别录》卷三。

“烦恼障”，是指以“我执”为首的诸烦恼，谓此烦恼能障涅槃；“所知障”，是指以“法执”为首的诸烦恼，谓此烦恼能障菩提（觉悟）。我、法二执，均属“遍计所执自性”，由此“遍计所执自性”成立之“神”，本为幻有，于幻有中强立为有，亦属“增益执”。“增益执”者，亦不知“依他起自性”也。

“增益执”与“损减执”，章太炎谓之为“二边执”，此二种“边执”，因其不了“依他起自性”，所以，其所成立之“本体”悉为“倒见”。以此“倒见”作为人生安顿（或者建立宗教）的“本体”，则是以他律律己，这恰像我们前面所说的“乡愿”一样，在方向上已经误入了歧途，这在章太炎看来是根本不可能获得对于人生意义的“觉解”的。章太炎曾经讽刺这种“依他”的宗教是一种扶墙摸壁、靠山靠水的气象，[①]在他的眼中，这种“依他”的宗教是最要不得的。

中国传统的原始儒孔子的以“仁”为本体的道德哲学体系，走的也是一条“依自不依他”的道路。孔子曰：“我欲仁，斯仁至矣。”并以其独特的“绝四之旨”与“忠恕之道”来律己待人，将人生的意义安顿在“仁”这一“本体”之中。但章太炎之主张建立一个“依自不依他”的宗教，在拒斥惟我、惟物及惟神诸教之后，也并未取中国传统的儒家学说。非但如此，他对于中国传统的儒家学说还持激烈的批评态度，这使章太炎成为中国近代史上反孔的急先锋。他曾经这样评论儒术道：

> 儒家之病，在以富贵利禄为心。盖孔子当春秋之季，世卿秉政，贤路壅塞，故其作《春秋》也，以非世卿见志，其教养子弟也，

---

① 章太炎：《东京留学生欢迎会演说辞》，《章太炎政论选集》（上）。

惟欲成就吏材,可使从政。而世卿既难猝去,故但欲假借事权,便其行事,是故终身志望,不敢妄希帝王,惟以王佐自拟。……孔子之教,惟在趋时,其行义从事而变,故曰:“言不必信,行不必果”。……所谓中庸,实无异于乡愿。彼以乡愿为贼而讥之。夫一乡皆称愿人,此犹没身里巷,不求仕宦者也;若夫逢衣浅带,矫言伪行,以迷惑天下之主,则一国皆称愿人。所谓中庸者,是国愿也,有甚于乡愿者也。孔子讥乡愿,而不讥国愿,其湛心利禄,又可知也。君子时中,时伸时绌,故道德不必求其是,理想亦不必求其是,惟期便于行事则可矣。用儒家之道德,故艰苦卓厉者绝无,而冒没奔竞者皆是。……用儒家之理想,故宗旨多在可否之间,论议止于函胡之地。彼耶稣教、天方教,崇奉一尊,其害在于堵塞人之思想,而儒术之害,则在淆乱人之思想,此程朱陆王诸家,所以有权而无实也。①

章太炎的这段反孔言论,较之五四时期倡言“打倒孔家店”的小将们的反孔言论,实有过之而无不及,章太炎可谓是中国近代史上打孔家店的一世祖。但透过这段言论,我们可以看出,章太炎之反孔,主要还是集中在中国历史上儒者的行为上。他对“中庸”“时中”的批评,其实也并不符合孔子思想的本意。他所反对的,其实可以说是在中国历史上已经变了质的儒者的行为。章太炎对于传统儒学的责难,其实并没有触及儒学的真正精神。他之所以要如此严厉地责难孔子与儒术,其用心其实也并不是要推翻孔子的学说,他之责难孔子,不过是要借之反对康有为之倡言设立孔教,所以连带而罪及孔子。他

---

① 章太炎:《诸子学略说》,《章太炎政论选集》(上)。

曾经说道:“盖中土素无国教,孔子亦本无教名……孔教之称,始妄人康有为。”①他认为:“今人猥见耶苏、路德之法,渐入域中,乃欲建树孔教,以相抗衡,是犹素无创痍,无故灼以成瘢,乃徒师其鄙劣,而未有以相君也。”②在他看来,建孔教为国教,不但“拂俗难行”,而且还会“杜智慧之门,乱清宁之纪”③。由于章太炎当时之激烈诋孔,是由反康连带而及,带有明显的功利化倾向,所以,对此章太炎晚年深表忏悔,其云:

> 鄙人少年本治朴学,亦惟专信古文经典,与长素辈为道背驰。其后深恶长素孔教之说,遂至激而诋孔。中年以后,古文经典笃信如故,至诋孔则绝口不谈,亦由平情斠论,深知孔子之道,非长素辈所能附会也。而前声已放,驷不及舌,后虽刊落,反为浅人所取。④

章太炎的这段“忏悔录”,实也是他早年之激烈反孔的真实心灵的表露。

透过章太炎的这段反孔言论及其反对康有为设立孔教的理由,我们可以看出,章太炎之倡言建立宗教之所以不取儒家的学说,一方面是因为它“拂俗难行”,另一方面,则是因为儒家学说造就的多是“冒没奔竞”的人,无益于国人道德的增进。他曾说过:“宗教之高下优劣,不容先论,要以上不失真,下有益于生民之道德为其准的。”⑤既然中国传统的儒术在历史上已经严重地变了质,那么,要建立一个

---

① 章太炎:《示国学会诸生》,《章太炎政论选集》(下)。

②③ 章太炎:《驳建立孔教议》,《章太炎政论选集》(下)。

④ 章太炎:《致柳翼谋书》,《章太炎政论选集》(下)。

⑤ 章太炎:《建立宗教论》,《太炎文录初编·别录》卷三。

“有益于生民之道德”的新宗教,为什么还要去拾起传统儒学的沉渣泥?

在中国传统的儒学之外,对于人生意义的觉解,另一个走着“依自不依他”道路的是佛学。佛学的义理经魏晋玄学、禅宗及宋明理学的融汇,已经成功地融合进了中国的文化传统之中,它本身也已经成了中国文化传统的一个不可分割的重要组成部分。章太炎认为:

> 世间道德,率自宗教引生。彼宗教之卑者,其初虽有僧侣祭司,久则延及平民,而僧侣祭司自废绝。则道德普及之世,即宗教消熔之世也。于此有学者出,存其德音,去其神话,而以高尚之理想,经纬之以成学说。若中国之孔、老,希腊之琐格拉底(今译为苏格拉底——笔者)、柏拉图辈,皆以哲学而为宗教之代起者。琐氏、柏氏之学,缘生基督,孔子、老子之学,迁为汉儒,则哲学复为宗教。至于今,斯二教者,亦骎骎普及于国民矣。一自培庚(今译为培根——笔者)、笛加尔(今译为笛卡尔)辈,一自程朱陆王诸儒,又复变易旧章,自成哲学。程朱陆王,固以禅宗为其根本。而晚近独逸(今译为德意志——笔者)诸师,亦于内典有所摭拾,则继起之宗教,必释教无疑也。①

通过对于人类宗教演化历史的考察,章太炎认为“佛教”不仅将成为西方(如德国),也将会成为中国的“继起之宗教”。因此,他主张建立宗教,便主要是以佛学的义理来建立一个新的宗教,企图在清末民初之世,重新复兴在中国历史上已经沉寂了数百年的佛学。他认为:

---

① 章太炎:《建立宗教论》,《太炎文录初编·别录》卷三。

“提倡佛教，为社会道德上起见，固是最要。”①并决然地说道：“欲兴民德，舍佛法其谁归？”②

佛教自汉时传入中国之后，经魏晋南北朝时期数百年的发展，至隋唐时期迎来了鼎盛时期，出现了一些带有鲜明特色的佛学宗派，如净土宗、密宗、天台宗、禅宗、华严宗以及法相唯识宗等。其中，影响最大的要数净土宗与禅宗了。关于净土宗，章太炎云：

> 净土一宗，最是愚夫愚妇所尊信的。他所求的，只是现在的康乐，子孙的福泽。以前崇拜科名的人，又将那最混账的《太上感应篇》《文昌帝君阴骘文》等，与净土合为一气，烧纸拜忏，化笔扶箕，种种可笑可丑的事，内典所没有说的，都一概附会进去。所以，信佛教的，只有那卑鄙恶劣的神情，并没有勇猛无畏的气概。③

与净土宗一样，密宗也专以祈祷为能事，猥自卑屈，④所以，章太炎认为净土与密宗均未能入于“依自”之域，为不可取。天台宗是杂糅“涅槃”（“涅槃”主“我”）、“般若”（“般若”主“真空”）而成，经龚自珍等的提倡，曾经在清末的文人群体中风行一时，但龚自珍等之提倡天台宗，主要还是僻好天台宗经典的辞藻的华丽，所以，章太炎认为“（天台宗）于思想则不能如法相之精深，于行事则不能如禅宗之直截”⑤，便也为他所不取。关于禅宗，章太炎以其“自贵其心，不援鬼神，与中国心理相合”⑥，以其为可取。然而，禅宗的末流“徒事机锋”，特别是与“王学”结合之后，渐渐流为狂禅之风，习之者猖狂自肆，声色利禄，

①③ 章太炎：《东京留学生欢迎会演说辞》，《章太炎政论选集》（上）。

② 章太炎：《答梦庵》，《章太炎政论选集》（上）。

④⑤⑥ 章太炎：《答铁铮》，《太炎文录初编·别录》卷二。

无不点污,所以,章太炎对于禅宗及“王学”之“直指一心”虽甚为首肯,认为习此“可以悍然独往矣”①,但对于其末流的狂禅之风,则摈之而不遗余力。

> 今日通行的佛教,也有许多的杂质,与他本教不同,必须设法改良,才可用得。②

既然净土、密、天台诸宗均不可取,而禅宗(经王学融铸之后)又有着许多弊病,那么,应以什么来改良宗教呢?章太炎认为华严、法相二宗最有益于生民的道德,其云:“这华严宗所说,要在普度众生,头目脑髓,都可施舍与人,在道德上最为有益。这法相宗所说,就是万法惟心,一切有形的色相,无形的法尘,总是幻见幻想,并非实在真有。”③由此,章太炎主张“要用华严、法相二宗改良旧法”。④

综合前面所说则可知,章太炎在当时之倡言建立宗教,实是要以禅宗(或“王学”)的“直指一心”、华严宗的“普度众生”以及法相唯识宗的“圆成实自性”来建立一个新宗教的。因为,建立一个这样的新宗教,在他看来既不“拂俗”,即它符合于中国历史发展的趋向,又不失“真”,还“有益于生民之道德”,同时,它又符合于他所倡导的“依自不依他”的精神。在这数者之中,章太炎又以法相唯识宗的义理为最重要,因为法相唯识宗义理为他所要致力的新宗教的建立,提供了“本体论”的依据,所以,章太炎又将他所要致力于规设的这一新的宗教,称之为“唯识教”。

章太炎根据法相唯识宗义理所建立的“本体”,即是我们前面所

---

① 章太炎:《答铁铮》,《太炎文录初编·别录》卷二。

②③④ 章太炎:《东京留学生欢迎会演说辞》,《章太炎政论选集》(上)。

说的“圆成实自性”。“圆成实自性”，又名“真如”“法界”“涅槃”。章太炎云：“此圆成实者，太冲无象。”①既然是“太冲无象”，则可知此“圆成实自性”乃是不可思议的、不可言说的。章太炎又云此“圆成实自性”’是由“实相”“真如”法尔而成。②“实相”与“真如”其意相同。《成唯识论》云：“真谓真实，显非虚妄。如谓如常，表无变易。谓此真实于一切位常如其性，故曰真如，既是湛然不虚妄义。……此性即是唯识实性。”③由上所说，我们可将章太炎所谓的“圆成实自性”简要地描述如下，即：它是一个太冲无象、真实、泊然不动、不可思议、不可言说的“本体”。章太炎又云，“圆成实自性”，“亦由阿赖耶识还灭而成”。“阿赖耶识”，又名“藏识”，意为含藏诸法种子。根据法相唯识宗所说，“阿赖耶识”含藏世界万有的一切种子，其现行，则成森然布列的万有世界，其还灭，则又复归于泊然不动的万有“本体”。此“阿赖耶识”中含藏的世界万有种子，若以“意识”周遍计之，则我们可得“名言(概念)的世界”，若以末那执赖耶为“我”计之，则我们可得“流行的世界”。此“名言”、此“流行”，因其无“自性”，所以为“幻有”，而“圆成实自性”乃是由阿赖耶识还灭而成，所以，章太炎认为其为“实有自性”，为“真有”。也即在章太炎看来，“圆成实自性”才是一个“真实的存在”。

“圆成实自性”虽然是不可思议、不可言说的，但却是可以体证的。章太炎认为：“真如可以亲证。”④而“神”(“大梵”“上帝”等)、“极微”(“阿屯”“钵罗摩怒”“无厚”等)、“我”(“神我”)等则不可以亲证。

①②　章太炎：《建立宗教论》，《太炎文录初编·别录》卷三。
③　《成唯识论校释》卷第九，第598页。
④　章太炎：《无神论》，《太炎文录初编·别录》卷三。

不可以亲证者则为“妄”，以之安立为“本体”，自然是不恰当的，因此，也只有“圆成实自性”，才可以安立为“本体”。

“本体”既明，那么我们以此寻得的“本体”来观照人生，在章太炎看来则“遍计所执自性”及“依他起自性”自可排遣，则我、法二执可断。由此，则我们对于人生便获得了一种“大无畏”，可以悍然独往矣。换句话说，能够证得此“圆成实自性”，则我们对于人生的意义便有了“觉解”，我们找到了自己生命安顿的场所。

“圆成实自性”虽然是一“真实的存在”，但章太炎认为要体证到这一“真实的存在”是不容易的。章太炎云：“此圆成实者，太冲无象，欲求趋入，不得不赖依他，逮其证得圆成，则依他亦自除遣。故今所归敬者，在圆成实自性，非依他起自性，若其随顺而得入也，则惟以依他为方便。”①由于“圆成实自性”“大冲无象”，难以趋入，所以，他以“依他起自性”作为证成“圆成实自性”的方便法门。并且，章太炎还主张虽然证得“圆成实自性”，但却不住“圆成实自性”；虽断法、我二执，但却不以此自限，仍以利益众生、普度众生为念。从这一指导思想出发，章太炎在二十世纪初中国的滚滚革命洪流之中，便力倡“菩萨行”，主张以“菩萨行”入世。其云：“杀了一人，能救众人，这就是菩萨行。”②在他看来，个体生命的“觉解”，最后还是要落实到对于他人、群体的关怀之中，这样才使生命的存在获得了意义。

同他的道德学说一样，章太炎建立的这种“自贵其心，不依他力”的“依自”的“唯识教”，目的即在于为人生的意义寻得一个明确的答

① 章太炎：《建立宗教论》，《太炎文录初编·别录》卷三。

② 章太炎：《东京留学生欢迎会演说辞》，《章太炎政论选集》(上)。

案，由此，则个体的生命便获得了内在的超越。但是，由于他将个体生命意义的实现，最后是落实在对于他人、群体的关怀之中，强调借着宗教来增进民德，这说明，章太炎的宗教思想在具有“超越价值”的同时，也具有了“工具价值”。也即，个体通过证得“圆成实自性”，实现了生命的内在超越。但与此同时，个体最后是以“菩萨行”来入世，在对他人、群体的关怀之中，又增进了生民的道德。章太炎的这一“工具价值”与“超越价值”并存的宗教思想，与他的道德思想基本上循着的也是同一理路，它们实是一个金币的两面，其功能是完全一致的。章太炎曾经指出：“道德普及之世，即宗教消镕之世。”①道德与宗教，在章太炎看来本来即是二而一、一而二的东西，其所表达的语言虽然有异，但其所具有的内在精神却毫无二致，两者都是以寻求个体生命的意义为始点，以关怀他人、群体的利益为依归，“超越价值”与“工具价值”并存。由此看来，那种将章太炎的宗教思想仅仅看成是一种“工具论”的看法，笔者认为也是有失偏颇的。

前面说过，章太炎在当时曾经激烈地责难过孔子与儒术，对于传统儒学给予了全盘的否定。但通过上面的分析，我们已经明白，章太炎在当时之责难孔子与儒术，主要是由反对康有为之“尊孔设教”主张连带而及，与现实政治斗争的需要存在着密切的关系。章太炎对于孔子和儒家思想的批评，其实与孔子或者儒家思想的宗旨邈不相涉。通过他的宗教思想，我们则进一步地可以看出，章太炎在致力于建立“新唯识教”思想体系时，虽然不取儒家的学说，操着的是佛学的语言，但由其所建构的“新唯识教”思想体系的内在精神，却与中国传

① 章太炎：《建立宗教论》，《太炎文录初编·别录》卷三。

统的原始儒孔子“仁学”思想体系的内在精神实无二致,这说明,反映章太炎宗教思想的“新唯识教”思想体系,一方面是隐然地继承了中国传统的以孔子为代表的儒家学说的要旨,另一方面,又作了符合自己时代的创造(其道德思想也可作如是观)。至于章太炎所建构的以“新唯识教”为表征的宗教思想体系,主要是循着“智性”探索的途径,在经过艰难判教之后,以建立一个“本体论”为其思想的归趋,则反映了处于动荡时代的人们的心灵,迫切地需要一个“本体论”为依据,以重新安顿自己生命的强烈欲求。在章太炎之后,现代新儒学的代表人物若熊十力、冯友兰诸子在其哲学体系的建构上,也是以建立一个“本体论”体系为职志,其用意也即在此。可以说,章太炎对于“真实存在”的探求,预示着中国哲学的一个新的时代的到来。中国近代(现代)哲学对于“本体论”的建构,实是以章太炎开其端,而由熊十力、冯友兰诸子竟其绪,从这一点来看,有人将章太炎视之为现代新儒学的先驱①,笔者认为也是一种肯綮之论。换句话说,在中国由传统向现代的转换过程中,章太炎实又是一个由传统儒学向现代新儒学转换的关键性人物,这一点,学者多未论及,然而却是值得我们高度重视的一个重要论题。

① 请参阅李泽厚《略论现代新儒家》,收入《中国现代思想史论》。

第四章　现实观照下的思想意义之阐释

处在清末民初中西文化剧烈碰撞、中国传统的社会文化秩序正在面临着重要转型的历史年代里，一代国学大师章太炎，将进行中国社会文化秩序的重构当作自己的重大历史使命来看待，在举世滔滔步趋欧化的时代潮流中，章太炎对于中国社会文化秩序进行的重构，一出于冷静、沉峻的思考，在在地显示了其“特立独行”的个性及其“实事求是”治学风格的影响。在其重构的社会文化秩序的具体架构之中，章太炎对于“传统”保有着高度的敬意，在“传统”（“古”）与“现代”（“新”）的关系上，章太炎则以“传统的合理化”为标帜，并以此来建立二者之间的连接的链条。在章太炎重构的社会文化秩序的新的架构里，“道古”与“便新”互相缠绕，相辅而行。在他的思想体系里，“古”与“新”乃是一个不断的一脉相续的动态历史过程，相融无间，二者之间并无龃龉。在章太炎看来，一个民族的社会文化秩序之由“古”（“传统”）向“新”（“现代”）的演变，也是一个正常的常态过程，这是由文化所具有的“民族性”与“时代性”所决定的。而“传统”所具有的“合理性”，也使得现代社会文化秩序的建立，不能斩断同“传统”的联系而建立在“全新”的基础之上。现代社会文化秩序的建立，只能是一个不断的“传统的合理化”的过程。在进行社会文化秩序的重构时，当时在中国思想界占据主流地位的，是欧化派所揭橥的“进化论”学说，这一学说，将追求人类社会文化秩序的“进化”确立为其思想的主旨，这与章太炎之追求“传统的合理化”构成了尖锐的思想对立。揆之这一对立的根源，同二者所持有的不同的思维模式存在着密切的关系，这一点我们已经作过较为详尽的探讨，在此不再赘述。章太炎之治学以“求是”为圭臬，这造就了他强烈的“历史主义”意识，并由此连带而及，令章太炎有着浓厚的“多元主义”与“人文主义”的价值追求。这三大思想不仅构成了章太炎思想体系的合理内核，而且也进一步彰显了章太炎思想的“孤行独见”的色彩。那么，章太炎由其“孤行独见”的学术品格磨砺而出的系统思想意旨，对于我们当今的学人来说究竟还有无思想上的启示或者参照的价值呢？这正是本章所要解决的问题。

一、“一千个目的”之追求

通过上面几章对于章太炎思想所进行的比较系统的阐释，我们可以看出，章太炎思想无论是在“价值”层面，还是在其具体的进行社会文化秩序重构的“架构”层面，都显示出非常浓厚的“多元主义”的色彩，那么，章太炎所揭出的这一“多元主义”的文化价值观，在学理上究竟有无坚实的理论依据，我们应当如何看待它对于我们今天仍然正在从事的文化重建工作的意义呢？要回答这两大问题，我们必须首先要对“文化”的基本属性作一番梳理，否则，我们将无法认知章太炎思想在人类思想史上所占有的位置，当然也就谈不上对章太炎思想在“学理”与“现实”层面给予全面而公正的评价了。

路易·多洛在其所著的《个体文化与大众文化》一书中指出：“人类投影于文化之中，从中认识自己，唯有这面古老的镜子，呈现它自身的面貌。”①大千世界，芸芸众生之中，唯独人类拥有文化。文化为人类所独有，任何个人或种群，也都是文化的个人或种群。可以说，文化之于人类，犹如影之随形，不可分离。也正是由于人类拥有文化，才使得它同其他物界区分开来。所以，莎士比亚盛赞人类是“万物的灵长”。中国的圣人荀子也说：“水火有气而无生，草木有生而无知，禽兽有知而无义，人有气、有生、有知，亦且有义，故最为天下贵也。”②

既然“文化”是由人类所创造的，那么，我们首先来简单地了解一下人类产生的早期历史，及其对于“文化”的早期创造情况，将是有必要的。在人类的起源上，长期以来，学术界一直存在着“单中心论”和“多中心论”的分殊。苏联古人类学家切博克萨罗夫在其所著的《中国人种学》一书中认为，人类最早的祖先是在同一时代、同一地区产生的“大型种群”，他们有着“共同基因储备和复杂内部结构”，在它分出新的种群之后，由于“自发遗传”（或者叫做“遗传漂变”）的作用，以及最初产生的人类各种群处于“相当长期的隔绝状态”，大约在旧石器时代的晚期，人类各种群出现了“最初的地域差别”，其最初的差别

① 转引自张广智、张广勇《史学：文化中的文化——文化视野中的西方史学》，第2页。

② 《荀子·王制》。

表现的“主要是牙齿、肤色、血清以及其他一些特点”[①]。切博克萨罗夫是“单中心论”的主要代表。以阿历克塞耶夫(另一位前联古人类学家)为代表的“多中心论”者则认为,人类最早“出现在两个地区”,一个是西亚及其附近地区,一个是黄河和长江口及其附近地区。阿历克塞耶夫也认为,大约在旧石器时代的中、晚期之交,人类开始了普遍的“智化”过程,其后经过相当长的隔绝时期,才渐渐形成了当今地球上的主要人种。[②]无论是主“单中心论”,还是主“多中心论”,这些古人类学家都认为,最早产生的人类各种群大约是在旧石器时代的中、晚期开始产生分化的,而产生分化的主要原因,则除了人类自身的遗传因素之外,还与人类各种群所处的地理环境及其长期的隔绝作用,存在着密切的关系。由于人类早期各种群处在相互隔绝的不同的环境里,这不仅导致了人类各种群“人种”的分化,也导致了其创造“文化”的“智”的分殊。钱穆先生在探讨人类“文化”的起源时曾经指出,人类创造的三大“文化”存在形态(游牧文化、农耕文化、商业文化)的差异,主要是由于人类所处的三种自然环境(即高寒的草原地带、河流灌溉的平原、滨海以及近海之岛屿)的不同所造成的。[③]黑格尔在论及“文化”与“环境”的关系时,曾经用一段饱含诗意的语言说道:

> 大海给了我们茫茫无定、浩浩无际和渺渺无限的观念,人类在大海的无限里感到自己的无限的时候,他们就被激起了勇气,要去超越那有限的一切。大海邀请人类从事征服,从事掠夺,但

---

① (苏)尼·切博克萨罗夫、伊·切博克萨罗娃:《民族·种族·文化》,第173页。
② 同上书,第174页。
③ 钱穆:《中国文化史导论》,第2页。

是同时也鼓励人类追求利润、从事商业。平凡的土地，平凡的平原流域，把人类束缚在土壤上，把他卷入无穷的依赖性里边。①

盖“文化”之为物，不过是人类对其所面临的“环境”作出的一种反应，不同的“环境”，导致了人类的“反应”的不同，从而导致其所创造的“文化”模式的分殊。在人类历史的早期，自然环境对于人类进行“文化”的创造，起着重要的模铸作用。马克思曾经指出，在人类历史的早期，由于人类自身力量的脆弱，自然界拥有着“无限威力的不可制服的力量与人们对立着，人们同它的关系，完全像动物同它的关系一样，人们就像牲畜一样服从它的权力。”②自然环境对于人类早期文明的模铸作用，随着人类文明之走向定型化，而使人类各个种群所创造的“文化”的分殊愈益增大。因为，人类所创造的“文化”本身，对于人类之创造“文化”形成了一种“业力”，起着重要的制约作用。马克思曾经说道：

历史的每一阶段，都遇到有一定的物质结果，一定数量的生产力总和、人和自然以及人与人之间在历史上形成的关系，都遇到有前一代传给后一代的大量生产力、资金和环境。尽管一方面这些生产力、资金和环境为新的一代所改变，但另一方面，它们也预先规定新的一代的生活条件，使它得到一定的发展和具有特殊的性质。③

“文化”在其演化的过程中，“新一代”不得不受制于“前一代”，也即不得不受制于它自己的“传统”。那种设想脱离自己的文化传统而进行

① （德）黑格尔：《历史哲学》，第96页。

② 《马克思恩格斯全集》第一卷，第35页。

③ 同上书，第43页。

文化的演化，乃是不可想象的事。这正如马克思所说："历史的传统与社会的业力象阿尔卑斯山一样，压在我们的头上，我们不能一齐抛却历史上的材料，而凭空建筑自己合意的天堂。"①当代西方马克思主义者史蒂文·卢克斯也指出："人并非生来就是自由平等的、理性的和独立的，而是生来就置身于异常丰富而复杂的'习惯'与'成见'、风俗与传统的社会关系之中，这种社会关系为他们提供安全感和行为准则，并赋予他们以生命的意义。"②由于创造"文化"的"人"，要受制于他（她）生活于其中的"异常丰富而复杂的'习惯'与'成见'、风俗与传统的社会关系"，这就不可避免地使"文化"受制于它自身的"传统业力"的作用，也不可避免地会使得带有"特殊的性质"的文明在其演化的过程当中，其"特殊的性质"愈来愈得到彰显，从而也使得不同文明之间的共性愈少，差异愈大。

如上所说，由于"生物遗传""自然环境"以及"文化业力"的作用，人类各个种群在创造"文化"时，形成了自己的各自的"特殊的性质"。待到"民族"形成之后，各个"民族"的"文化"便也有着自己的独特的"民族性"特色，其行为方式、价值观念、思维模式等，无不形成了一个不可分割的"整合"的系统。文化人类学家露丝·本尼迪克特在对许多文明进行比较研究之后，指出：

> 一种文化犹如一个人，是一种或多或少一贯的思想和行动的模式，各种文化都形成了各自的特征性目的，它们并不必然地为其它类型的社会所共有。各个民族的人民都遵照这些文

① 转引自苏渊雷《中国思想文化论稿》，第253页。

② （英）史蒂文·卢克斯：《个人主义》，第79页。

> 化的目的，一步步强化了自己的经验，并根据这些内驱力的紧迫程度，各种异质的行为也相应地愈来愈取得了融贯统一的形态。①

由于"文化"所具有的"内驱力"的作用，具有"各自的特征性目的"的各个民族的文化，各自形成了一个"文化"的整合的系统，这也就不可避免地会形成"文化"存在的"多元"格局。由此，我们也可知，章太炎确立的"多元主义"的文化价值观，从学理上来说，不仅与"文化"所具有的基本属性相符，而且也由以本尼迪克特为代表的文化人类学家对于人类文明不同存在形态所作的实地研究证实了。

任何一个民族的"文化"，都形成了一个"整合"的系统，具有"民族性"的特色，这是就"文化"的横向的"空间"分布而言的。盖任何一种"文化"总是一定"空间"的"文化"，但"文化"又是一定"时间"的"文化"，它从一个时代纵向地传递到另一个时代，如转法轮，生生不已。"文化"作为一个伟大的生命之流，后先承继，赓续不绝，绵绵不尽，垂诸久远而蕲向无穷。庄子云："物之生也，若骤若驰，无动而不变，无时而不移。"②"文化"除了具有"民族性"的特色之外，还具有"时代性"的特色。韩非子云"上古竞于道德，中世逐于智谋，当今争于气力。"又云："古今异俗，新故异备。"③时代变了，"文化"的特色便也跟随着发生变化。"文化"是"演化"的，这已经成为一个不争的事实，无需我们再去证明。然而，"文化"是怎样进行"演化"的呢？这就需要

① （美）露丝・本尼迪克特：《文化的整合》，见庄锡昌等编《多元视野中的文化理论》，第125页。

② 《庄子・秋水》。

③ 《韩非子・五蠹》。

我们慎重地进行探讨了。

关于"文化"的演化,自达尔文创出"进化论"学说以后,欧美的很多学者都认为"文化"是朝着"进步"的方向发展变化的。这一看法至少包含着以下两个方面的含义,即:一是认为,文化是循着从低级到高级的方向发展变化的,文化的发展方向是愈来愈趋于完善和完美的;一是认为,文化是"沿着一根直线发展",认为"文明的河流","只有西方这一条,其余所有的文明不是它的支流,便是消失在沙漠里的死河"①。西方文化代表着人类文明的最高成就,西方文化要优于其他文化,其他文化尚处在西方文化已经经历过的较低的历史发展阶段,西方文化的发展方向,便是全世界其他各民族文化未来的共同发展方向。这一文化的"进化论",渐渐地成为欧美国民的一般常识,它有力地助长了西方对全世界推行的文化征服政策。在这一思想的影响之下,在西方产生了所谓的"白种人的责任"的观念。②获得过诺贝尔文学奖的大诗人拉迪亚特·吉卜林,认为白人有责任去"教导"有色人种,要他们采取西方的制度、西方的生活方式,并且学习西方的技术。③他甚至于还将这视之为"白人的负担",认为"要引导千百万的陌生人走上欧洲的道路,是一个负担,而且是一个沉重的负担"④。并且,他还作有《白人的责任》一诗,在这首传闻广远的诗作里,他这样写道:

---

① (英)汤因比:《历史研究》(上),第 46 页。
② 请参阅殷海光《中国文化的展望》(北京版),第 434 页。
③ (美)斯塔夫里阿诺斯:《全球通史:1500 年以后的世界》,第 565 页。
④ 张广智、张广勇:《史学:文化中的文化——文化视野中的西方史学》,第 63 页。

承担起白人的责任，
将你们培育的最好的东西传播开来——
让你们的子孙离家远去，
去满足你们的俘虏的需要。①

与此同时，在英语里还出现了“natives”（“土著”）一词，在其他西方语言里也出现了类似的词汇。当“natives”（“土著”）这一词汇被广泛地使用时，它即被赋予了“野蛮”的含义。汤因比曾经指出：

当我们西方人把别人唤作“土著”的时候，我们就等于在我们的观念里把他们的文化特色暗中抹杀了。我们把他们看成是充斥当地的野兽，我们只是碰上了他们，同碰上了当地的动物和植物一样，并没有把他们当作是同我们一样具有感情的人。只要我们把他们当着“土著”来看待，我们就可以消灭他们，或是（在今天也许更可能是这样）驯化他们，而且还认真地相信（也许并不是完全错的）我们是在改良品种，但是我们却一点也不了解他们。②

由此膨胀而成的文化帝国主义，给全世界其他非西方地区民族文化的发展，带来了巨大的灾难，导致了西方同其他非西方地区各民族之间进行文化交流的紧张，也导致了世界文化秩序的失序。

英哲罗素认为：“‘变化’是一件事，‘进步’则是另一件事。‘变化’是科学的，‘进步’则是伦理的。‘变化’是无可置疑的，而‘进步’

① 见《吉卜林诗集·白人的责任》（1899 年），转引自斯塔夫里阿诺斯《全球通史：1500 年以后的世界》，第 565 页。

② （英）汤因比：《历史研究》（上），第 46 页。

则易引起争论。”①他将“变化”与“进步”分属于不同的范畴，并批评“进化论”者将其混为一谈。殷海光先生在诠释罗素的这段文字时说道：

> 所谓“变化”是“科学”的，意即“变化”是一个事实，而且这个事实是可以在科学里去处理的题材；所谓“进步”是“伦理”的，意即“进步”是一伦理的概念，而这一伦理的概念涵有价值观念在其中。由此可见，“变化”与“进步”是各属不同的范畴。“变化”是由这一事件变成另一事件的一种事态，例如，一个蚕由蛹变成蛾，一个国邦由专制变成民主。“进步”是对于这一变化所作的价值判断，例如，取暖由烤野火而变成用电炉，这算不算得是一种进步，就牵涉到价值问题。也许有人认为这是一个进步，可是，即使在电气化的美国，有许多人还是以烧野火取乐的。“变化”是“进步”的一个必要条件，这也就是说，没有“变化”就根本无“进步”可言，但是，有“变化”是否就构成“进步”，那就很难说。某一“变化”是否为一“进步”，那要视我们人类对他的价值判断而定。……这样看来，“价值”是在事物以外的观念，于是“进步”便是在变化以外的一种价值判断。②

根据以上罗素与殷海光两位先生所说，既然“进步”是一种价值判断，是属于“伦理”的范畴，那么，将其投射到“文化”上，则我们便很难得出“文化”是朝着“进步”的方向发展变化的结论。因为，任何一种文化总是趋于“整合”的，存在于不同“空间”的文化存在形态，均有着自

① 殷海光：《中国文化的展望》(北京版)，第374页。
② 同上书，第374—375页。

己独特的价值标准，这样，价值判断就不可避免地会带有着浓厚的“相对主义”意味，很难在不同的文化价值之间区分出高低优劣来。文化就其“价值”来说，在世界上并不存在普适的价值标准。同样一个行为，在甲民族是合理的，在乙民族看来可能就是悖理的。举例来说，我们的女性观念是以苗条、柔软、不苍白等等为美的，而欧洲人的先驱波利尼西亚人则认为肥胖是美的标志，在那里有地位的女孩无所事事，吃得很好，住在阴暗的小屋里，以培养不为劳动所硬化的肥胖美和不被太阳晒黑的皮肤。①由此，在有关“文化”的演化上，以说明“物理”层面变化的“演化”一词，去替代说明“伦理”层面变化的“进化”一词，应是较为恰当且不易滋生疑义的妥当做法。通过前面的论说，我们可以知道，由于“文化”是趋于“整合”的，具有“民族性”的特色，每一“文化”都将会有着“并不必然地为其它类型的社会所共有的特征性目的”，在“价值”上将会有着各自的特殊性的标准，带有着浓厚的“相对主义”的味道，因此，将人类的“文化”看成是朝着“进步”的方向发展变化的，甚至于将西方文化的价值看成为具有普适的性质，这实际上反映的是现代西方人以自己时代的“价值”为标准，居高临下地去裁断别的时代或其他非西方地区文化的一种理性的傲慢与独断，充满了浓厚的“现代中心主义”与“我族中心主义”的文化偏见。由此看来，认为“文化”是“演化”的，有着其“时代性”的特色，是无可非议的，但是，将“文化”看成是“进化”的，认为“世道必进，后胜于今”，则值得我们重新进行认真思考了。汤因比不仅认为“自我中心”是一种“错觉”，而且，对于把历史看成是像竹子似的一节一节地“沿

① 韩森：《文化的意义》，第 23 页。

着一根直线发展”的看法，他还作过一个形象有趣的比喻，认为“这就好象是一位地理学家写了一部书，书名叫《世界地理》，而其实全是谈地中海流域和欧洲”①。

存在于不同“空间”的文化存在形态之所以会出现“演化”，随着“时间”的传递而不断地迁流转徙，是由于其文化自身的“内驱力”作用的结果，而不同类型文化之间的交流，则为之提供了外在动力。盖文化作为空间的存在，虽有其内在的趋于“整合”的功能，但文化的存在又不是孤立的现象，存在于不同空间的文化存在形态势必会发生交往、融合。人类文化演化的历史证明，不同类型文化之间的交流，有力地促进了人类文明的发展，使人类文明愈益变得丰富多彩。希腊学习埃及，罗马借鉴希腊，阿拉伯参照罗马帝国，中世纪的欧洲又模仿阿拉伯，而文艺复兴时期的欧洲又仿效拜占庭帝国。罗素认为，不同文化之间的交流，“是人类文明发展的里程碑”②。就中国文化发展的历程来看，中国文化也无时无刻不同其他民族的文化发生关系，向达先生曾经指出：

> 不仅各时代环绕中国的其他民族想同中国交往，就是中国自己也不绝地有人抱着玄奘法师“发愤忘食，履险若夷，轻冉万死以涉葱河，重一言而之柰苑”的精神，去深入他国。魏晋以后，印度的佛教东来中土，始则尚有主客之分，终则竟成连鸡之势，佛教思想竟侵入中国的各方面而不能辨别。隋唐以后，中国的文化又渡海东去，传入日本，大化维新，于是日本的一切无不模

① （英）汤因比：《历史研究》（上），第49页。
② （英）罗素：《东西文明比较》，见《罗素文集》，第29页。

> 仿唐风。至于六朝以及辽金元时代，北方民族同化于中国，于是中国民族中又骤然添了不少其他民族的成分在内。元明以后，中国同西洋又相接触，卒之有今日之局。①

各种不同类型文化之间的交流，使不同类型文化之间的文化因子相互渗透，形成我中有你、你中有我的文化存在格局。美国文化人类学家拉尔夫·林顿，通过对于一个美国男子一天中头几个小时活动的记述，表达了不同文化之间交流的深远影响。他写道：

> （这个人）醒了过来，他躺着的这张床的式样起源于中东，但在传入美国之前在北欧已有所改变。他掀开被子，它可能是用印度首先栽培的棉花制成的，也可能是由中国首先发现其用途的丝绸制成的，所有这些材料都是用在近东发明的方法织成的……
>
> 他脱下印度发明的睡衣，用古代高卢人发明的肥皂洗干净，然后刮胡子。这种近乎受虐狂的仪式，似乎是在苏美尔或古埃及产生的。
>
> 在出去吃早饭之前，他透过窗子向外看了看，窗子是用埃及发明的玻璃镶制成的。如果天正在下雨，他要穿上用中美洲印第安人发现的橡胶做成的雨鞋，并带上在东南亚发明的雨伞……
>
> 在去吃早饭的路上他停了下来，买了一张报纸，是用古代吕底亚人发明的硬币付的款。……他的吃饭菜盘子，是用中国发明的制陶术制成的。他的刀是钢的，这是印度南部发明的一种合金。汤匙是罗马的发明。……在吃完水果之后（吃的是美洲

① 向达：《中外交通小史》，第2页。

> 的西瓜)和喝了第一道咖啡(一种阿比西尼亚植物)之后……他可能会吃在印度支那驯养的一种鸟的蛋,或者吃小片小片的东亚驯养的一种动物的肉,这种肉又是用北欧创造的方法腌熏过……
>
> 他一边抽烟(美洲印第安人的一种习俗),一边读着当天的新闻,新闻是用德国发明的方法把古代闪米特人发明的符号印刷在中国发明的材料上的。如果他是一位非常保守的平民的话,那么,当他被外国的动乱报道所吸引的时候,会为自己是一个纯粹的美国人而用印欧语言来感谢一位希伯来的神。①

至人类交通大开的现代社会,不同类型文化之间的接触显得愈益频繁,文化交流无论是从广度上还是从深度上来说,都是无与伦比的。如果我们不去考虑各种文化类型的内在精神,仅从文化的外表来看,则可见各种不同类型的文化有着日益"趋同化"的倾向。特别是在现代,随着欧美现代工业文明在全世界的成功,它日益获得了全球性的地位,成了各个国家争相模效的典范,这似乎昭示了"进化论"者观点的正确性,也即,欧美的现代工业文明,就是未来世界其他各种类型的文化所要达致的文化存在格局。但问题并非如我们所料想的那样简单,文化人类学的大量田野调查提醒我们,尽管不同类型的文化可以通过相互之间的交流,"本土文化"通过对于"异体文化"因子的吸纳来不断地丰富自己,形成我中有你、你中有我的文化存在格局,然而,"本土文化"对于"异体文化"的吸纳,却不能从根本上改变"本土文化"所业已开辟的文化演化方向,不同类型的文化在其相互交流的过程中,其内

---

① (美)C.恩伯、M.恩伯:《文化的变异——现代文化人类学通论》,第536—537页。

在的文化精神仍然表现出极大的差异。文化的演化虽然不是孤立地进行的,但文化在其相互的交流互动过程中,却不可能表现出一种文化对于另一种文化的"替代",而表现的是"本土文化"对于"异体文化"的"涵化"。"本土文化"只有在将"异体文化"的有利因子有效地融合进"本土文化"的系统之中,才会保持"本土文化"系统的和谐与相对稳定,否则便会出现"本土文化"与"异体文化"之间的对抗与紧张。文化具有"涵化"的功能,由之成为文化的第三个重要内在属性。

为什么说不同类型文化之间的交流,表现的是"本土文化"对于"异体文化"的"涵化",而不是表现的是"异体文化"对于"本土文化"的"替代"呢?其故如下:

首先,根据前面所述的文化的两个属性,我们知道,任何一种文化存在形态在其演化过程中都是趋于"整合"的,这使得任何一种文化存在形态在其演化的过程中,都带有着强烈排他的独占性格,从而保持其文化自身所具有的"各自的特征性目的"。由此,在文化交流的过程中,"本土文化"将处于主动的、主导的地位,而"异体文化"则处于受动的、从属的地位。"异体文化"的某些文化因子,只有在与"本土文化"具有相似或者同质的情况之下,它才会被"本土文化"顺利地吸纳,否则,将会被"本土文化"顽固地排拒在大门之外。明末耶稣会士的东来,西方基督教文化在其开始传入中国之初,之所以会受到一部分中朝士大夫的欢迎,在中国获得了有效的传播,是与利玛窦等人采取的中国式释义的方式以及"驱佛补儒"的策略分不开的。①

① 请参阅(法)谢和耐《中国文化与基督教的冲撞》第一章"求助于经典"一节,以及《利玛窦中国札记》的第五卷第二章。

一旦罗马教廷敕令严格地按照其本来教义、仪式进行传播时，便立即遭到中国“本土文化”的激烈抵抗，最后，中国皇帝的一纸禁教令，便宣告了两大文化正常交流的中止。佛教文化之传入中国，最初也有着类似的情形。在汉时，佛教被人们等同于方术，黄老与浮屠并祠；其后般若学兴，则与玄风的盛炽关系密切，名僧乃成为清谈之领袖；在阐释佛教经典时，“格义”的方式则被普遍地采用，“而格义拟配之外书，必多为《老》《庄》虚无之说”①；由此，佛教文化才获得了有效的传播。②大致说来，“异体文化”之进入本土，只有在进行“本土化”的前提下，才能被“本土文化”所认同。但这样一来，作为与“本土文化”异质的“异体文化”在进入本土之后，它已经改变了原先的模样，已经变了质。经“本土文化”整合之后的“异体文化”的文化因子，本身也获得了与“本土文化”的同质性质，转化为“本土文化”的一个组成部分，并将自己汇入到“本土文化”演化的洪流之中去。所以，不同文化存在形态之间的交流，表现的是“本土文化”对于“异体文化”的“涵化”，而不是表现的是“异体文化”对于“本土文化”的“替代”，这应是符合文化演化的内在逻辑的。

其次，如果“异体文化”强行带着本来面目进入本土，文化的交流往往是伴随着血腥的武力征服，这样一来，就造成了“本土文化”的危机，“本土文化”演化的正常进程被打断了。“本土文化”在受挫之后面临着新的选择，但这一新的选择却仍然要以“本土文化”所给定的条件为依据，否则，新的文化秩序不但得不到顺利的重建，“本土文

---

① 汤用彤：《汉魏两晋南北朝佛教史》，第 171 页。

② 请参阅汤用彤《汉魏两晋南北朝佛教史》第四章与第九章。

化”的危机也难以解除。我们知道，文化的创造离不开人类的“智”（“理性”），但人类创造文化的“智”（“理性”），却要受到其所面对的自然环境，以及其所创造的“文化”所具有的传统的“业力”等因素的有力制约，生长于某一特定文化传统之内的“文化人”，无法摆脱其生长于其中的文化传统对他（或她）的影响。“传统在我们无力抗拒它的时候已经在我们身上盖下了烙印，没有一个人是没有传统的……我们的问题，我们的信仰，以及我们的思考方式都不可避免地在某一个传统中进行。”①由此，进行社会文化秩序重建的“文化人”，不可避免地仍然要带着“本土文化”的心灵去对待“异体文化”。带着“本土文化”心灵的文化人去进行社会文化秩序的重建时，也不可避免地会以“本土文化”的价值为依据去选择“异体文化”，这仍然表现的是“本土文化”对于“异体文化”的“涵化”，而不可能表现的是对于“异体文化”的生硬照搬。没有根据的“理性”，是无果的飘零之花。美国文化人类学家L.A.怀特将“自由意志”的情境看作“完全是一种幻觉”。②法国随笔作家蒙田也认为：“（心灵）倘若没有一定的主意占据着它，把它约束范围住，它必定无目标地到处漂流，入于幻想的空泛境城里。”③文化的选择与重建也是如此。“外来文化的因素也并非像瓶中的鲜花那样，生硬地插在本地文化的本体上，而必须是经过了本地文化的整合，融为一体，方能现其功用。”④

文化是“演化”的，又是趋于“整合”的，不同文化之间的交流表现

---

① 石元康：《从中国文化到现代性：典范转移?》，第8页。

② （美）L.A.怀特：《文化的科学——人类与文明研究》，第170页。

③ （法）蒙田：《我不想树立雕像》，第13页。

④ 庞朴：《文化的民族性与时代性》，第89页。

的是“本土文化”对于“异体文化”的“涵化”，这些构成了文化的基本内在属性。文化在其演化的过程中，虽然不断地出现“本土文化”同“异体文化”的交流与融合，但却不能改变“本土文化”所业已开辟的文化演化的方向，其“各自的特征性目的”仍然不断地会得到强化。文化就其“空间”的存在格局而言是“多元”的，因此，企图以“我族”文化为中心去建立单极世界文化秩序的“一元论”的文化思维模式，便是不切实际的空想，在实践中也是不可能会获得成功的。正是由于文化具有“多元”的性格，才使得世界文化充满了生机与活力，并且变得丰富多彩。设想以一种文化模式去建立单极世极文化秩序，只会扼杀文化的生机与活力。文化就其作为“时间”的存在而言，虽然是不断“演化”的，但每个时代都有着自己的独特的“特征性目的”，且文化的演化离不开它自己的“传统”，因此，企图凭借人类“理性”去自由地建立一个理想的社会文化存在形态的看法，也是有失偏颇的。带着“现代中心主义”的偏见，忽视文化的“传统业力”对于人类“理性”的制约作用，将人类的“理性”夸张至具有“无限性”的功能，只会导致我们人类在运用其“理性”进行文化的创造时，走向虚幻的境域，这对于建立一个健康的文化系统来说，特别是对于拥有像中国这样古老文化传统的文化存在类型的实现现代转换来说，是非常不利的。进行文化的创造或者社会文化秩序的重建，健康的心态应该是：我们一方面要对自己的文化传统抱有着高度的谦逊与敬服，另一方面，在注重吸纳“异体文化”因子充实“本土文化”的同时，应该致力于去建立适应自己时代需要的“合理化”的“现代的”文化体系。此一“现代的”文化体系，既是本民族文化传统的衍生，又是“本土文化”对于“异体文化”进行“涵化”的结果。我们没有必要去盲目地追求“进化”，更没有必要去盲目地步趋西方文化的后尘。章太炎是中国近代一位著名的反进化论与反欧化论的勇士，在其对中国的社会文化秩序进行重构时，主张进行文化的“民族化”与“时代化”，他不以追求“进化”为目标，而以追求“合理化”为目标，主张在继承本民族文化传统的基础之上，适当地吸收外来文化的因子，以建立一个适合时代之需的新的社会文化秩序，这一进行社会文化秩序重构的思路，由上看来，是与“文化”所具有的基本内在属性相吻合的，这也显示了章太炎在同时代人当中，具有独到而深邃的文化眼力。

在章太炎建构他的思想体系时，还同时存在着“欧化主义”“传统主义”“民族主义”三大社会文化思潮。根据第一章的介绍我们知道，欧化主义者与传统主义者在思想取向上尽管相反，然其思维模式却极为相似，二者均充满了浓厚的“一元论”的思维特征。欧化主义者将西方文化看成是最为优秀的文化，并将之当作世界各民族文化的一致发展趋向；传统主义者将中国文化看成是最为优秀的文化，并将之确立为世界各民族文化的一致发展趋向；其“一元论”的思维模式是至为明显的。而在章太炎的思想内核里，由于以“多元”为取向，他在强调“文化”的“时间”因素作用的同时，还特别地强调了“文化”的“空间”因素的作用，所以，欧化主义者的“西方文化中心论”与传统主义者的“华夏文化中心论”，均遭到了章太炎的拒斥。章太炎在欧化主义者与传统主义者的对阵之势中，别出一新的重建社会文化秩序的思维模式，与当时另一具有重要影响的社会文化思潮即民族主义思潮，在重建社会文化秩序的取向上是颇为一致的。章太炎当时被“国粹派”奉为精神领袖，说明了二者之间存在着至为密切的亲缘关系。然而，细绎章太炎与其“国粹派”同人的思想，我们便可获知，其实在二者之间仍然存在着相当大的差别。章太炎的“国粹派”同人虽然标揭起“民族精神”这一重要旗帜，并且主张在继承传统文化的基础之上，进行中国社会文化秩序的重构，在其反“欧化主义”的同时并不拒斥向西方学习，可谓抓住了进行社会文化秩序重构的两大重要因素，也即他们抓住了文化的“民族性”与“时代性”这两大文化的重要表征，这较之欧化主义者之漠视文化的“民族性”及传统主义者之漠视文化的“时代性”之激情昂越，其理性运作的成分要显得浓厚得多。可是，以“国粹派”为主流的民族主义思潮，在主张向西方学习的时候，其理论运思的一个重要支点，乃是当时风靡于中国思想界的斯宾塞之流的单线直进的“进化论”，民族主义者仍然企图在“东方精神”与“西方物质”（即许守微所谓的“形质之学”）的框架内，架起整合东西文化的桥梁，在中、西文化之间折衷调和，但它与欧化主义者一样仍然存有“现代中心主义”的理念，它又与传统主义者一样仍然存有“我族中心主义”的理念，而这两者均是章太炎所要摒弃的，因为，这两者在思维模式上均是“一元主义”的，与章太炎所崇尚的“多元主义”的思维模式是相背驰的，并且，以“国粹派”为主流的民族主义思潮割裂“精神”与“形质”，陷入自相矛盾的理论困境，此亦为章太炎所不取。

在进行社会文化秩序的重建时，如果以“一元”的思维模式来审视“文化”，则自然就会得出这样一个结论，即：“一千个民族”只会追求“一个目的”。“一元论”者，以“一个目的”来统摄“一千个民族”的文化目的追求。无论中西，无论古今，这种“一元论”的文化思维模式，曾经一直地占据着思想文化舞台的中心，至今未艾。这一思维模式，可谓一直处在人类文化思维模式的正统或主流地位。在此之外，虽然也有过不同的文化思维模式，但其声音是微弱的，其影响是有限的。到了近代以后，这一占据正统或主流地位的文化思维模式，才遭到了真正有力的挑战，其在中国最有力的挑战者即是章太炎。

通过前面对于章太炎思想合理内核的探求，我们获知，章太炎对于文化的价值持着一种“相对主义”的立场，他对于各民族的文化同等地相视，不承认它们存在着高低优劣之分。对于一民族将自己的文化强加给另一民族的做法，他称之为“帝国主义”，对此，他可谓是深恶痛绝；他不反对“本土文化”对于“异体文化”的吸收、同化；他承认文化是“演化”的，但不承认“进化”；他主张文化的“演化”要在接着“传统”的基础之上进行，反对欧化主义者舍弃文化传统的做法；对于同一个民族不同时代的文化，他也同等地相视，也不承认它们存在着高低优劣之分。因此，章太炎对于文化，一方面是注意到了文化的“民族性”及“时代性”特色，主张进行文化的“民族化”与“时代化”，但同时另一方面，他又反对追求“进化”，而主张在进行文化的“民族化”与“时代化”的基础之上，建立一个“合理化”的新的社会文化秩序。不追求“进化”，而追求“合理化”，可谓是章太炎思想的一个重要特色，在他所建构的社会文化秩序的思想体系里，我们也到处可以发现这一精神的具体运用。由于章太炎反对“进化”，对于同一民族不同时代的文化同等地相视，这就使得他克服了“现代中心主义”的偏见；由于他主张文化的价值是相对的，不承认处于不同“空间”的文化有着高低优劣之分，这就使得他克服了“我族中心主义”的偏见。他将文化看作一个整合的系统，主张“本土文化”的演化及其对于“异体文化”的吸收、同化，仍然在于实现“本土文化”的独自的“特殊性的目点”。这较之当时传统主义者与欧化主义者进行社会文化秩序重建的“一元论”的思维模式来说，充满了更多的理性色彩，其文化透视的理论力度是深刻的；较之其“国粹派”同人的自相矛盾的文化整合模式来说，在理论上也显得更加完备，且其思想也显得更加细密而深邃。

章太炎对于世界各民族的文化同等地相视，主张各民族应该根据自己的独特发展路向进行文化的“民族化”“时代化”与“合理化”，从而确立了“多元”的文化思维模式。这是对正统“一元论”文化思维模式的彻底背离，在理论上也极富挑战性。由这一“多元”的文化思维模式出发，章太炎追求的便不是“一千个民族”只有“一个目的”，在他看来“一千个民族”应该追求“一千个目的”。章太炎这一“多元主义”的文化思维模式，较之当时在中国思想界占据主流地位的“一元主义”的文化思维模式来说，不但更加符合于历史的实际，也更加贴近于现代的精神。

在西方，“一元主义”的“欧洲中心论”观念，曾经在相当长的时间内一直地盛行着。并且，这一观念通过历代史学及哲学大师们的提倡，不断地得到强化。黑格尔曾经把世界历史看成是“世界精神”发展和实现的过程，宣称“日尔曼‘精神’就是新世界的‘精神’”①，这是一种典型的“西欧中心论”。法国哲学家孔德（Auguste Comte，1798—1857）在其所著的《实证哲学教程》一书里，则更加露骨地宣称：

> 我们的历史研究几乎只应该以人类的精华或先锋队（包括白色种族的大部分，即欧洲诸民族）为对象，而为了研究得更精

① （德）黑格尔：《历史哲学》，第352页。

确，特别是近代部分，甚至只应该以西欧各国人民为限。[①]

将白人的文化看成为世界上最高的、最优秀的文化，忽视白人文化圈之外其他文化存在的价值，这种“一元主义”的文化观，是导致白人向全世界扩张其文化，推行“文化帝国主义”政策的思想动力。这一以自我为中心的“一元主义”的文化思维模式，虽然在欧洲文化传统里一直占据了正统或主流地位，但到近代以后，却开始遭受到激烈的批评。被誉为文化史之父的伏尔泰曾经著有《论世界各国的风俗与精神》一书，在这部著作里，“伏尔泰驰骋于世界各国的史实之间，从波斯到阿拉伯世界，从印度到中国，从日本到秘鲁，把整个世界都置于其视野之内。……他把欧洲各国的社会制度、民族精神和风俗习惯同其它国家相比较，指出欧洲并非一直都走在前面”[②]。伏尔泰的这部著作，是应其女友夏特莱侯爵夫人所请而作的，他在给夏特莱侯爵夫人的信里，曾经这样说道：

> 您希望改变对自罗马帝国衰亡以来近代史的厌恶感，并希望具有一个关于繁衍生息于这个地球上的诸民族的广阔的视野，在这样一个包罗万象的领域里，您希望值得了解的内容是：诸主要民族的民族精神或时代精神、礼仪以及风俗习惯。[③]

在进行文化史的研究时，伏尔泰揭出了“民族精神”与“时代精神”这两个重要的文化概念。通过对于世界各民族文化的考察，伏尔泰发现：“凡本质上属于人性的一切在全世界都是一样的，凡依赖于习俗

① 转引自(苏)康恩《哲学唯心主义与资产阶级历史思想的危机——帝国主义时代历史哲学批判纲要》，第311页。

② 张广智、张广勇：《史学：文化中的文化——文化视野中的西方史学》，第43页。

③ 同上书，第42页。

的一切则互不相同,如果它们始终如一,那也纯系偶然。习俗王国比人性王国远为巨大,它伸展到种种风俗和所有习惯,在世界舞台上展现出多样性。而人性则在世界上显示出统一性,它到处只确立少量不变的原因。因此,基础到处相同,而文化产生多种多样的结果。"①发现文化的"多样性",追求揭示文化的"民族精神"与"时代精神",这就打破了正统的"一元主义"的文化思维模式,为"多元主义"的文化思维模式的确立奠定了基础。但是,由于在伏尔泰的思想里仍然存在着"习俗的多样性"与"人性的统一性"这种二分的看法,所以,他尚没有彻底地摆脱"一元主义"的文化思维模式的羁绊。

在西方,真正地打破"一元主义"的文化思维模式,建立起完备的"多元主义"的文化思维模式的划时代思想巨人,是德国的历史哲学家赫尔德(Johann Cottfried von Herder, 1744—1803)。赫尔德在其思想里已经摒弃了伏尔泰"人性的统一性"的观念,而代之以"人性的多样性"。在他看来,正是"人性的多样性",才创造了我们这个色彩斑斓的多彩的文化世界。关于文化,赫尔德一方面认为各个民族的文化都有其独特的价值,有其独特的"民族精神";另一方面,他又认为不同时代的文化也有其独特的价值,有其独特的"时代精神"。其云:

> 无论何时,人性只享受它能享受的幸福,它是一座按不同的情况需要和磨砺而呈现出不同形态的泥塑。……对幸福的内心感受和爱好一旦改变,外部理由和需要就形成并维持另一种感受。谁能比较不同世界不同感受的不同满足呢?……每个民族

① (德)卡西勒:《启蒙哲学》,第212—213页。

都有自己的幸福核心，正象每个球体都有自己的重心一样。[1]

他将“价值”确立为文化的核心，在他看来，每个民族、每个时代的文化由于有其独特的“价值”，所以，从根本上来说，不同民族与不同时代的“心灵”是无法沟通的，也是无法比较的。带着自己民族或自己时代的文化价值，去审视别的民族或别的时代文化的时候，得到的将是“一幅极度歪曲的讽刺画”。[2]他在谈到埃及时，曾经言辞激烈地说道：“从古埃及的背景和人类精神的青年时代中挑出埃及人的个别美德，然后用不同时代的标准加以评价，这是何等地愚蠢？”[3]而这正是文化的“一元主义”者所经常持有的价值标准。在文化的“价值”上，赫尔德也持着一种“相对主义”的看法，他给不同民族、不同时代的文化以同等的地位，这就排斥了“我族中心主义”与“现代中心主义”的文化偏见。这一新的文化思维模式的建立，对于正统的“一元主义”的文化思维模式来说，构成了致命的威胁，他是在理论上扫除正统“一元主义”文化思维模式的清道夫。尽管如此，在赫尔德的思想里，仍然还存留着一条文化“进化”的尾巴。其云：“无偏无私地比较历史中各确知时代，钻进人的本质去衡量什么是真理和理性，那么，肯定地不会再怀疑人类的进步了。”[4]这一“进步”的文化理念，与其不同时代的文化价值是等值的文化思想，是自相矛盾的，这是赫尔德在向“多元主义”文化思维模式转化时，所留下的没有蜕尽的“一元主义”文化思维模式的胎记。

在赫尔德之后，斯宾格勒（1880—1936）与汤因比（1889—1975）

---

① （德）卡西勒：《启蒙哲学》，第 225 页。

②③ 同上书，第 224 页。

④ 张广智、张广勇：《史学：文化中的文化——文化视野中的西方史学》，第 214 页。

是西方两位最为著名的“文化多元主义”的大师。斯宾格勒曾将“欧洲中心论”比作“历史的托勒密体系”①。下面这一段话，可谓形象而系统地阐述了他的文化主张。其云：

> “人类”正和蝴蝶或兰草一样，没有目的，没有观念，没有计划。……我看到的是一群伟大文化组成的戏剧，其中每一种文化都以原始的力量从它的土壤中勃兴起来，都在它的整个生活期中坚实地和那土生土壤联系着。每一种文化都把自己的影象印在它的材料，即它的人类身上。每一种文化各有自己的观念，自己的情欲，自己的生活、愿望和感情、自己的死亡。这里是丰富多彩，闪耀着光辉，充盈着运动的，但理智的眼睛至今尚未发现过它们。在这里，文化、民族、语言、真理、神祇、风光等等，有如橡树与石松，花朵、枝条与枝叶，从盛开又到衰老——但是没有衰老的“人类”。每一种文化都有它的自我表现的新的可能，从发生到成熟，再到衰落，永不复返。……这种种文化是纯化了的生活精髓，它们和田野间的花儿一样无终极目的地生长着。它们和动植物一样属于歌德的活生生的自然，而不属于牛顿的死板板的自然。②

斯宾格勒将文化看成是一个活生生的有机体，认为每种文化都有着自己的独特的价值与表现形式，由此，他认为“真理”只有相对的价值，其云：

> 永恒的真理是没有的，每一种哲学都是它自己的时代，也只

① （德）斯宾格勒：《西方的没落：世界历史的透视》（上），第34页。
② 同上书，第38—39页。

是他自己的时代的表现——如果我们所说的哲学是指有效用的哲学，而不是关于判断形式、感觉范畴等等经院式的烦琐事项——两个不同的时代不会有同样的哲学概念。①

又云：

真理只是在和某一特定人类的关系中才成为真理。我自己的哲学就只能表现和反映西方的(区别于古典的、印度的或其它的)心灵，只能表现和反映现存文化状态下的西方心灵，和在这状态下它对世界的概念、它的实际范围和它的有效领域。②

在他看来，“真理”只是特定时代、特定种群的“真理”。由于他将“真理”看成是相对的，所以，他和赫尔德一样对于文化便也持着“多元”的看法，他对处于不同“空间”及不同“时间”的文化，也给予了同等的地位。这一文化主张，一方面继承了赫尔德的文化学说，另一方面，因为他不再认为文化是“进步”的，这样就克服了赫尔德文化学说中的矛盾之处。更为可贵的是，斯宾格勒在西方物质文明征服世界、处于鼎盛的状态之下宣告了“西方的没落”，这无疑是宣言了“欧洲中心论”这一正统的“一元主义”文化观的破产。并且，斯宾格勒通过对世界各地区文化的探求，建立了他的“文化形态学”体系，这对稍后于他的汤因比的“文化模式”的建立，前驱先路，实有着蚕丛、鱼凫之功。

1900年夏，汤因比收到了纳米叶教授(Lewis Bernstein Namier，1888—1960)捎来的斯宾格勒的《西方的没落》的第一卷，汤因比在回

---

① (德)斯宾格勒：《西方的没落：世界历史的透视》(上)，第68页。

② 同上书，第76页。

忆此事时，曾经说道：

> 当我读着这些充满历史洞见之光的篇章时，我首先怀疑，我的整个探讨，在问题提出之前（更不用说找到答案了）就早已被斯宾格勒处理过了，这一想法在我的脑海里充分明朗起来。我的主要观点之一是：历史研究中最难于理解的领域是所有这些社会，而不是像现代西方的民族国家或古希腊、罗马时期的城邦国家这一类任意分割的片段。我的另一个观点是：所有被称为文明社会的历史，在某种意义上，都是平行和同时代的。这两个观点也是斯宾格勒体系中的主要观点。当我在斯宾格勒的书中寻找我的关于文明起源问题的答案时，我发现我仍有工作要做。①

通过汤因比的这段自白，我们可以看出，汤因比在文化上与斯宾格勒持有着相同的看法，在他撰写《历史研究》时，基本的文化理论问题，实际上已经由斯宾格勒解决好了，他所要做的“工作”，或者说，他之对于人类文明研究所作出的贡献，是在于他揭示了人类文明的起源，以及人类二十一个“具有文明发展过程的社会”。②其鸿篇巨制的十二卷本的《历史研究》，在西方世界发生了广泛的影响，进一步地传播了文化的“多元”学说。

从赫尔德经斯宾格勒到汤因比，再到以本尼迪克特为代表的当代文化人类学家，“多元主义”的文化思维模式，正在走向世界文化舞台的中心，正统的“一元主义”的文化思维模式，则越来越失去它的影响力，可以说，“多元主义”的文化思维模式，在当今世界正在越来越

---

① 张广智、张广勇：《史学：文化中的文化——文化视野中的西方史学》，第374—375页。

② （英）汤因比：《历史研究》（上），第58页。

受到人们的认同，特别是在思想文化界，其表现尤为明显。这一“多元主义”的文化思维模式，为我们这个处于多极化世界的世界各国人民的平等相处，提供了有益的行为准则。台湾著名的文化人类学家李亦园先生指出：“假如人人都能体会这种文化相对的意义，那么民族的偏见可大为减少，种族的冲突就可避免，人类和睦相处的机会就会大增。”①并且，对于文化本身来说，维持一个“多元”的文化结构，也有益于文化的不断更新。诚如李亦园先生所说，“和生物一样，文化也必须讲求内容的多样性和发展的多元性，使文化的内容不断的能更新而保持活力，这样整个人类的种族才有前途”②。由此看来，这一新的“多元主义”的文化思维模式，较之于正统的“一元主义”的文化思维模式来说，实际上要更加富于现代的精神，符合于现代思想的潮流。章太炎与斯宾格勒基本上为同时代人，两人同在 1936 年去世，章太炎比斯宾格勒早出世 11 年。作为其文化哲学的代表之作，斯宾格勒的《西方的没落》写于 1912 至 1914 年，而章太炎最重要的文化哲学著作《齐物论释》写于 1910 年，其“定本”则写于 1914 至 1915 年，两者基本上是在同时完成其学说的理论建构的，他们二人的学说同是 20 世纪初的产物。当时他们二人所处的国内社会环境虽然有别，但他们同处在近代工业文明弊窦丛生的历史背景下，东西二哲凭其睿识与远见能够提出相似的思想体系，这是不足为奇的。汪荣祖先生称章太炎为“中国的赫德”（即赫尔德）③洵，为确当，笔者认为，称章太炎为“中国的斯宾格勒”，则似乎更能彰显章太炎思想的

① 李亦园：《人类的视野》，第 100 页。
② 同上书，第 6 页。
③ 汪荣祖：《康章合论》，第 55 页。

特色。当然,给章太炎的这一“多元主义”的文化学说冠上一个什么样的图腾徽帜,其本身是没有什么意义的。关键的是,由章太炎所揭橥的这一“多元主义”的文化学说,对于中国进行社会文化秩序的重建,却具有异乎寻常的重要价值。可惜的是,章太炎的这一充满睿识并且更加富有现代精神的“多元主义”的思想体系,在动荡的近代中国,没有引起国人的应有重视,它没有像斯宾格勒的学说那样影响广远,后继有人。随着章太炎的逝世,他的学说似乎也跟着悄然地逝去了。当时的中国,是“一元主义”的天下。然而,时隔几十年之后,由章太炎所揭橥的这一“多元主义”的文化思维模式,在当代中国却正在渐趋复活,这也正好表明了章太炎的学说并没有死亡,它正在日益焕发出新的生命。

我们在欣赏大自然的怡心悦目的时候,为什么又要求紫罗兰和玫瑰花发出同样的芳香呢?既然承认“文化”是“多元”的,每个民族皆有其独特的文化演化方向,那么,“一千个民族”就不必去追求“一个目的”,“一千个民族”就应该去追求“一千个目的”。每个民族的“文化”,都应该有其自己的独自的文化目的追求,这是章太炎思想的精髓,也是他留给我们当代学人的弥足珍贵的思想遗产。

二、“批判的理性”之运用

“一元主义”与“多元主义”这两种不同的文化思维模式,与人类所具有的两种不同的“理性”存在着密切的关系。在西方,自培根(Francis Bacon, 1561—1626)、笛卡尔(René Descartes, 1595—1650)以来,一直存在着两大对立的理性传统,即“批判的理性”与“建构的理性”传统。“批判的理性”与“文化多元论”,“建构的理性”与“文化一元论”,具有相互对应的关系。

“建构的理性”，源自法国哲学家笛卡尔。“笛卡尔的哲学以怀疑为方法，怀疑一切，而导出‘我在怀疑’这件事不容怀疑，而得到‘我思故我在’的命题。并以此命题作为第一原理，用数学方法演绎出整个宇宙的形上建构。……于是人类意志被视为创造一切社会制度的来源。”①笛卡尔从其哲学的怀疑论出发，导出只有“思想”是宇宙中惟一存在的东西这一重要结论，并且确立了“思想”的“第一原理”的地位。从这一观点出发，在笛卡尔看来，“世间的东西，只有经由思想所创造的东西才能真正合理”。并由此而导出另一个观点，即：“凡是宇宙间的东西都是由思想所产生的，只有思想本身是创造的源泉，宇宙不是创造的源泉。”宇宙间真正合理的东西是经由“思想”所创造的，非经由“思想”所创造的一切皆是不合理的，所以，笛卡尔主张要用“思想”去创造一切，决定一切。将这一观点运用到文化上，笛卡尔便主张，“一切文化必须经由人类理性来建造”，显示了其对于人类理性的极度自信。根据这一思想，我们人类可以凭着我们的“理性”，去构造一个“理想”的社会文化秩序，这就必然会导出“一元主义”的文化思维模式。“这种极端的理性主义，忽视社会自然形成的演化力量，认为人类所有的求知活动，乃是理性设计以及有意创造文明与社会秩序的过程，所有有益于人类的制度，皆基于人类清醒意识到的目标，由理性的意匠经营而发明创造。”②由于它注力于人类“理性”对于文化的“建造”，所以，它往往忽视文化传统本身所具有的“业力”的

---

① 何信全：《海耶克自由理论研究》，第38—39页。

② 同上书，第41页。

作用,恒悬一"理想的目标"作为人类文化所要努力的方向。笛卡尔的哲学在启蒙时代产生了巨大影响,如启蒙时代最伟大的代表伏尔泰有句名言:"如果你要好的法律,烧掉你目前所有,而使你成为全新者。"①此即充分显示了笛卡尔思想对于启蒙学者之影响了。认为人类的"理性"可以"建造"一个"理想""全新"的社会文化秩序,注重"思想"与"建构",在方法上崇尚"演绎法",是这一"理性"所具有的主要特色。现代自由主义大师海耶克曾经把这一"建构的理性"称之为"天真的理性",并认为这种"理性"对于人类的文明来说是极其危险的。在启蒙时代,由于笛卡尔式的"建构的理性"占据了文化舞台的主流地位,所以,海耶克又将这一时代称之为"不理性的理性时代"。

"批判的理性",源自于英国哲学家培根,经由休谟(David Hume, 1711—1776)、伯克(Edmund Burke, 1729—1797)等人薪尽火传,相沿不绝,其在现代的代表则有新自由主义(或者说新保守主义)大师海耶克诸人。而主张"真理"具有"相对性"的实用主义大师约翰·杜威以及威廉·詹姆士等人,在理性特征上与此表现得也极为相似。

培根的哲学与笛卡尔正好相反,他注重"经验",在方法上推崇"归纳法",在社会变革上则主张"渐进"。他曾经这样说道:

> 全部对自然的解释由感觉开始,由感官的知觉沿着一条径直的、有规则的、谨慎的道路,达到理智的自觉,即达到真正的概念和公理。②

---

① 何信全:《海耶克自由理论研究》,第 41 页。

② (英)培根:《新工具》,第 236 页。

在培根看来，人类对于客观世界真理的获取，是循着"感官的知觉"到"理智的自觉"来完成的。也即，"理智的自觉"是依赖于感官对于客观世界的经验，通过感官对于客观世界所获取的经验材料，经过归纳分析而获实现的。培根在论及他的思维特点时曾云："我的理解方法兼及事物的本质，不象普通逻辑那样，只限于人心的作用和推论。"① 由于注重"经验"及"归纳法"，所以，他就不像笛卡尔式的"建构的理性"那样对于人类的"理性"充满了极度的自信，并且拒斥了笛卡尔式的"建构的理性"企图凭着"人心的作用和推论"（也即"思想"和"演绎法"）来建构一个"理想"的、"全新"的社会文化秩序的主张，而主张注重"传统"，在"传统"的基础之上进行"渐变"。他认为"变革"最好能够以"时间"作为学习的榜样，"时间"虽然不断地在变更，但却以"安详出之"，并且"其来也渐，几乎不为人所觉察"。②

由培根开创的"批判的理性"的传统，到了休谟、伯克那里，"习俗"与"传统"对于社会变革的重要意义，被愈益地凸显出来。休谟认为："习俗是无法回避的……它们之所以有用，在于通过这些习俗可以形成多少带有稳定性的行为规则。"③并云：

> 为了能保持稳定，人们需要知道他们能有什么作为依靠，于是就有必要树立某种规则。……这些规则并不是扎根于自然的永恒真理，只不过是由经验根据其结果判定属于正当的行为标准，并为习惯所固定。④

---

① 余丽嫦：《培根及其哲学》，第 258 页。

② （英）培根：《论变更》，《培根论说文集》，第 76 页。

③ （美）乔治·霍兰·萨拜因：《政治学说史》（下），第 674 页。

④ 同上书，第 682 页。

休谟对于“习俗”与“经验”的重视，是为了为人们的“行为”提供“正当的”依据。伯克在此基础之上，则致力于为民族的文化传统辩护。在伯克看来，“约定俗成是一切权柄中最坚实的”①，主张“以变革来维护传统”。②如关于政制的变革，伯克即曾经指出：

> 制度不是发明或制造出来的，它们是活生生的并且是不断发展的，因此，必须以尊敬的态度对待它们，以审慎的态度提到它们。对于进行计划和设计的政治家来说，想以冒险而空想的计划搞什么新制度，可能会轻易毁掉他一时心血来潮想要再建的东西。老制度之所以能顺利运转，是因为已世代为人们所习惯、所熟悉，并为人们所尊崇，没有哪个新创造的制度能够通行，无论它多么合乎逻辑，除非它积累了类似程度的习惯和感情。……一国政府可以改变和改进，但一次只能是小小的，而且总得遵照该国人民的习惯，符合本国历史的精神。③

由于伯克强调尊重“传统”和“习惯”，所以，对于具有不同“传统”的民族，伯克认为应该按照不同的原则进行治理。譬如，他在谈及对于印度的治理时就曾经说道：“（印度人应当按）他们的原则而不是我们的原则”进行治理。④伯克云：

> 心无节制的人不能得到自由，这是事物的永恒法则所规定的，他们的欲望为他们锻造了镣铐。⑤

在伯克看来，“建构的理性”睥睨“传统”，企图凭着决定一切的“思想”

---

① （美）乔治·霍兰·萨拜因：《政治学说史》（下），第677页。
② 同上书，第682页。
③ 同上书，第687—688页。
④ 同上书，第690页。
⑤ （加）C.B.麦克弗森：《柏克》，第76页。

来建构一个“理想”的、“全新”的社会文化秩序，不但不能获致“自由”的实现，反而是为自己锻造了新的“欲望”的镣铐。伯克这一“理性的有限性”的观点，在现代自由主义大师海耶克的自由学说里，得到了更加深刻而全面的阐述。

“建构的理性”认为“思想”可以决定一切，创造一切，因此，在“理性”与“文明”的关系上，认为“理性先于文明而存在”，“文明”是“理性”创造的结果。海耶克反对“理性”先于“文明”、创造“文明”的观点，他曾经指出：“人类在人类文明之前并未拥有理性，文明与理性二者乃同时俱演……理性与文明在不断互动中发展。”①由此，他认为：“人类心灵的成长，乃是文明成长的一部分……人类心智无法预见它自己的未来发展。”②甚至还可以说，“人类心灵本身乃是其所成长于其中的文明之产物，它由文明继承下来之种种经验(包括语言、风俗习惯、道德信念等等)形塑而成”③。由于他认为“理性”受制于“文明业力”的作用，所以，在他看来，人类的“理性能力”便是“有限的”，而非“完全的”，因而，“理性”在一个复杂的社会文化秩序的形成过程中，只能扮演一个“有限”的角色。所以，他主张“对于已经自动成长的社会制度，可以加以改进，人类文明乃是在不断地尝试错误中累积发展。吾人的适当态度也是了解理性有意识的产物仅占极小部分，而对成就远大于理性设计的整个社会过程保持谦逊与敬服。”④同样，实用主义大师威廉·詹姆士与约翰·杜威对于“谦逊”也抱有着“敬畏”之情与“欣赏”之怀。⑤关于人类

---

① 何信全：《海耶克自由理论研究》，第42页。

②③ 同上书，第43页。

④ 同上书，第45—46页。

⑤ 请参阅(美)格里德《胡适与中国的文艺复兴——中国革命中的自由主义(1917—1937)》，第129页。

的“理性能力”，约翰·杜威曾经这样说道：

> 广义地说，这种通过与新东西的结合而对旧东西的改造正是理性本身。……每一个出现的问题，无论是个人的还是集体的，无论是简单的还是复杂的，都只有用从过去积累的知识宝库中选出材料并深入调查已形成的行为习惯才能解决。……在每个无论是一个人还是一个社会所遇到的问题中，理性的责职就是在习惯、风俗、制度、信仰与新的环境之间起一种积极的联系作用。①

由于约翰·杜威将“理性的责职”看成是“在习惯、风俗、制度、信仰与新的环境之间起一种积极的联系作用”，所以，在他的思维程式里也自然地会得出“真理”具有“相对性”、“理性”具有“有限性”的结论。威廉·詹姆士在关于“真理”学说的论述中也说道：“新的真理永远是个媒人，是转变中的平路器。为了表现出最小的震动，最大的连续性，它把旧的观念与新的事实结为婚姻。……我现在力劝大家特别留意的要点正是旧真理所起的作用。……它们的影响是起绝对支配作用的。忠诚于它们是第一原则。”②认为“新的真理”不过是“把旧的观念与新的事实结为婚姻”的“媒人”，主张“忠诚”于“旧真理”所起的“作用”与“影响”，这自然地也会关注对于“人类精神脆弱性”的认识，从而将“理性”看成是“有限的”，③而不会像笛卡尔式的“建构的理性”那样企图凭借着人类的“理性”去构筑人类意想的天堂，对于人

---

① 转引自(美)格里德《胡适与中国的文艺复兴——中国革命中的自由主义(1917—1937)》，第131页。

② 同上书，第130—131页。

③ 同上书，第129页。

类的“理性”持有着极度的自信与傲慢。

这一自培根以来的西方的“批判的理性”的传统，由于在思维方式上特别推崇“经验”与“归纳法”，在社会、文化上特别注重民族的“习俗”与“传统”，所以，其结果就不可避免地会导致主张社会文化的“多元”发展模式。

这两大理性传统的对立，在中国的文化传统里也明显地存在着。在中国的文化传统里所谓的经今古文之争，即是与两种不同的思维模式，或者说与两种不同的“理性”存在着密切的关系。今文经学派的大师们是以一个虚设的“第一原理”（如“三世说”“三统说”等）为基点，来推衍出一个宇宙及人类社会的理想图式，或者以之去建构一个社会改造的蓝图（这在今文经师董仲舒、康有为的思想里，表现得最为明显）。这有类于笛卡尔式的“注重心灵的作用与推论”。因此，对于经文的阐释，他们并不太注重“证据”，而是注重“心解”，其结果往往导致“六经为我注脚”的局面。他们强调“思想”的作用，富于“建构”的精神，在方法上主要使用的是“演绎法”。古文经学派则有类于培根的注重“经验”与“实证”，这一学派的大师们，主张通过对古典经籍中文字、典制、名物的训释，还“历史”以本来面貌，并通过对古典经籍的历史追寻，为社会变革提供有益的借鉴。由于他们对“六经”采取一种“历史主义”的态度，所以，对于经文的阐释，他们注重“证据”，反对无根之谈的所谓“心解”，这在中国的经学传统里形成了“实事求是”的学风。由于他们注重“证据”（有类于培根所说的“经验”），所以，他们注重“传统业力”的作用，并富有“批判”的精神，在方法上主要使用的是“归纳法”。

章太炎自幼是在汉学的氛围里长大的，受到过严格的汉学训练，后又师从著名朴学大师俞樾。从章太炎的学习经历来看,我们可以获知,他在青少年时代即已经受到了古文经学派类似于西方的"批判的理性"的思维方式的洗礼。在其早期,他将《左氏春秋》确立为自己钻研的重点,这说明章太炎从一开始便将自己汇入到古文经学的传统里去了。所以,他不喜公羊学派,"与言今文者不相合"。[①]章太炎一生的治学,并非像其他的古文经学大师们那样仅以"经学"自限,他的眼界是极为宽广的,除了传统的旧学之外,他对于佛学、西学也有着极深的研究,在传统的旧学之中,除了正统的"经学"外,他还对于非正统的(如诸子学)以及异端的学术也有着极深的钻研。然而,章太炎之研究或者汲引传统的正统"经学"之外的其他学术,却是以古文经学派中所含蕴的这一"批判的理性"为引子而趋入的。这从他之趋入佛学的途径,可以窥见一斑。他曾这样说道:

> 少时治经,谨守朴学,所疏通证明者,在文字器数之间。……继阅佛藏,涉历华严、法华、涅槃诸经,义解渐深,卒未窥其究竟。及囚系上海,三岁不觌,专修慈氏、世亲之书。此一术也,以分析名相始,以排遣名相终,从入之途,与平生朴学相似,易于契机。解此以还,乃达大乘深趣。[②]

他之所以喜欢佛学法相唯识宗的义理,是因为这一佛学宗派对于义理的阐释,与他所熟悉的古文经学派的思维模式相似的缘故。他又说道:"佛法者可以质言,亦可以滑易谈也。然非质言,无以应今之世,此则唯识法相为易入"[③];"近代学术,渐趋实事求是之途。……

---

① 《章太炎先生自定年谱・光绪二十四年戊戌》。

② 章太炎:《菿汉微言(选录)》,《章太炎政论选集》(下),第734页。

③ 章太炎:《支那内学院缘起》,《中国哲学》第六辑,第311页。

逮科学萌芽，而用心益复缜密矣。是故法相之学……于近代则甚适，由学术所趋然也。”[①]在章太炎看来，由于佛学的法相唯识宗是以“分析名相”“排遣名相”为其主要特征，所以，其思维模式与“实事求是”的近代科学精神相吻合。

章太炎由于在青少年时代受到了“批判的理性”的洗礼，所以，他在治学上同他的前辈古文经学大师们一样“重证据”“贵独立”，并且将之发扬光大，使传统的古文经学获得了一个辉煌的终结。章太炎认为作为一个经师起码要具备六个条件，即：审名实、重左证、戒妄牵、守凡例、断情感、汰华辞。“六者不具，而能成经师者，天下无有。”[②]他主张“以狱法治经”[③]，“证不悉具，则不敢成狱”[④]。这种冷静的、理智的、实证的治学精神和方法，乃是对传统的古文经学派“实事求是”的治学精神的继承。胡适之曾经这样说道：

> “对于冷静追求真理的爱好”；“尽力抱评判态度而排除成见去运用人类的理智，尽力深入追求，没有恐惧也没有偏好”；“有严格的知识探索上的勇气”；“给精确而不受成见影响的探索立下标准”。——这些都是科学探索的精神与方法的特征。[⑤]

揆之章太炎“以狱法治经”的主张，与胡适之所说的“科学探索的精神与方法”也是相一致的。如果说传统的古文经学大师们在治学时重“证据”、采用“归纳法”，是其不自觉的经验积累的话，那么，对于章太炎来说，他之重“证据”、采用“归纳法”，则有了清醒的理性的自觉。

---

① 章太炎：《答铁铮》，《太炎文录初编·别录》卷二。

②③ 章太炎：《说林下》，《太炎文录初编·文录》卷一。

④ 章太炎：《信史上》，《太炎文录初编·文录》卷一。

⑤ 胡适：《中国哲学里的科学精神与方法》，见张志琴编《文化危机与展望》(上)，第417页。

章太炎曾对"认识的过程"作过深入的探讨，这为其治学精神与治学方法的确立，提供了坚实的理论基础。

章太炎在探讨"概念"（"名言"）产生的过程时曾经说道："夫物各缘天官所合以为言，则又譬称之，以期至于不合，然后为大共名也。"①他也是将"概念"（"名言"）的产生，看作是在从"感官的知觉"上升到"理智的自觉"的过程中实现的，这与我们前面所介绍过的培根的看法是完全一致的。章太炎在汲取佛学法相唯识宗的义理之后，还根据佛学法相唯识宗的义理对"概念"（"名言"）的产生，作了细致而深入的分析。其云：

官有五根，物有五尘，故知而有异。凡人之知，必有五遍行境，谓之触、作意、受、想、思。②

"五根"，指的是眼、耳、鼻、舌、身"五官"；"五尘"，指的是色、声、香、味、触"五境"。在章太炎看来，认识过程是从"五官"对"五境"的"感官的知觉"开始的。章太炎指出："作意与触，今称动向；受者今称感觉；想者，今称知觉；思者，今称考察。"③由此看来，章太炎实是将认识的过程（或者"概念"确立的过程）分为三级来完成的。第一级即是"触、作意、受"的阶段，"触"与"作意"，指的是"五官"对于"五境"感觉起现之前的心理准备状态。通过"触"与"作意"，"五官"开始接触"五境"，并通过"受"，完成了对事物的感性认识。第二级即是"想"的阶段，也即通过第一级"五官"对"五境"的感觉所获取的对于事物的"感性的认识"，再通过"知觉"，上升到对于事物的"理性的认识"。第三

① 章太炎：《公言中》，《訄书》（初刻本）。
② 章太炎：《明见》，《国故论衡》（下）。
③ 章太炎：《论诸子学》，转引自姜义华《章太炎思想研究》，第330页。

级即是“思”的阶段，也即在获取对于事物的“理性的认识”之后，再作一番“考察”，证明无误，这样才算真正地完成了“认识的过程”。通过这样一个由表及里、由具体到抽象的认识过程，概念(“名言”)才能够真正地建立起来。故章太炎云：“名之成，始于受，中于想，终于思。”①在这三级之中，章太炎又认为“想随于受，名役于想。”②也即在他看来，“概念”(“名言”)的确立，“想”起着决定性的作用，而它又是以“受”为基础的，并且要由“思”去最后验证。由于“理性的认识”是以“感性的认识”为基础而形成的，这样，人类的“理性”尽管在“概念”的形成或者认识的开展过程中起着决定性的作用，但它却不得不受制于它所认知的对象(“五境”)，因此，这就必然会导致“理性的有限性”的结论。“理性”在章太炎这儿就不可能会获得像笛卡尔那样的决定一切、创造一切的权力，它只能在一个给定的条件下作有限的决定、有限的创造。并且，由于认识的出发点是从感官对于认知对象(“五境”)的感知开始的，所以，人类思维的开展便必须要以“认识对象”(在学术上则为“材料”“证据”)为基础。最后，由于认识是以对于所获取的“理性的认识”作进一步的考察验证而告结束的，所以，“验证”这一认识过程的最后一道工序，便也成了章太炎思维模式中一个不可或缺的重要内容。通过这一对于认识过程的细致、缜密的探索，章太炎重“证据”“期验”以及主张采用“归纳法”的思维模式，便获得了一个有力的理论支撑。

传统的古文经学派崇尚“归纳法”，今文经学派崇尚“演绎法”，两者在方法的运用上是针锋相对的。章太炎同其他古文经学大师们一

---

①② 章太炎:《原名》,《国故论衡》(下)。

样，也崇尚“归纳法”，但他并不排斥“演绎法”。譬如，他在主张通过对事物的“感性的认识”上升到“理性的认识”而获得对事物的正确的“概念”（“名言”）之后，认为即可以此“概念”（“名言”）作为基础而推及其他。①但总的来看，他主要还是主张采用“归纳法”，在他看来，“演绎法”的运用必须要以“归纳法”所获取的正确的认识为前提，否则，只会陷入巨大的错误之中。他曾经指出：“康德以来，治玄学者以认识论为最要，非此所得，率而立一世界缘起，是为独断。”②对于“本体论”的建立，他主张以“认识论”为前提。在他看来只有通过认识过程所确证的才可立为“本体”；如果未经“认识的确证”，率而立一“世界缘起”，便是“独断”。康有为以公羊学派的“通三统”“张三世”“绌周王鲁”“受命改制”诸“微言大义”作为“第一原理”来推导出中国社会改造的蓝图，并推衍出一个理想的“大同世界”，这在章太炎看来无疑是“率而立一世界缘起”，陷入了“独断论”的泥坑中去了。

章太炎在思维模式上，由于倾向于培根式的“批判的理性”，所以对于社会文化秩序的变革，他也同培根相似，主张“随俗雅化”“积渐行之”，而反对康有为式的“大变”“全变”主张。③对于社会文化秩序的建构，章太炎虽然充分地弘扬了“人”的主体地位，但是由于他主张“理性的有限性”，认为“人类”对于社会文化秩序的建构必然要受制于“传统业力”的作用，所以，对于文化传统他给予了足够的关注，主

---

① 章太炎：《公言中》，《訄书》（初刻本）。

② 章太炎：《菿汉微言》，转引自唐文权、罗福惠《章太炎思想研究》，第147页。

③ 请参阅拙文《戊戌时期康有为、章太炎变法思想的异趋》，《福建师范大学学报（哲社版）》1998年第3期。

张在传统文化的基础之上进行社会文化秩序的重建。从其“理性的有限性”的观点出发，在社会文化秩序的重建上，章太炎便主张只能在传统文化所给定的条件之下，充分地运用人类的智慧，建立一个“现代”的、“合理化”的社会文化秩序。章太炎追求“合理化”，但不追求最好、最新、最理想的社会文化秩序，由此，他注重的便是“现在”的“兑现价值”，而漠视“未来”的“期望价值”。在章太炎看来，“未来”的社会文化图景究竟会是什么样子，连圣人也说不清楚。最好、最新、最理想的社会文化秩序，非他之所愿；流入于“独断论”的“大同世界”的理想，在章太炎的眼中则有如梦幻。

因为章太炎的思维模式有类于西方式的“批判的理性”，所以，他有着反笛卡尔主义的思想倾向，这是毋庸多言的。然而，章太炎由其“批判的理性”思维模式所致的带有“多元主义”色彩的“历史主义”理念，与黑格尔式的“一元主义”的“进化—历史主义”理念也是背道而驰的，所以，在章太炎的思想里，还存在着明显的反黑格尔主义的思想倾向。

黑格尔哲学之传入中国，最早大概始于20世纪初兴起的留学运动。现在我们所能看到的最早的系统介绍黑格尔哲学的文章，恐怕是要数马君武的《唯心派巨子黑智儿学说》一文了。该文发表于1903年3月12日，原载于《新民丛报》第27号。1906年严复应《寰球中国学生报》总理李登辉之请，也撰写成《述黑格尔唯心论》一文，发表在该刊的第2期上。这两篇介绍黑格尔哲学的文章，可谓是黑格尔哲学在中国早期传播的代表性作品。章太炎没有系统地研究过黑格尔的哲学，也没有撰写过系统阐述黑格尔思想的文章。然而，由于章太炎对于哲学问题抱有着浓厚的兴趣，尤其注意于对于西方哲学新知的汲引①，所以，对于黑格尔哲学他自然地也进行了接触。并且，凭其思想的敏锐性，章太炎在论述其他问题连带而及评论黑格尔的学说时，虽只不过寥寥数语，却往往能切中要害，章太炎也可以称得上是我国早期介绍黑格尔哲学的重要人物之一。

比较研究一下马、严、章三人对于黑格尔思想所作的评价，我们便可以发现，他们对于黑格尔思想的看法存在着巨大的分歧。马君武与严复二人对于黑格尔哲学作了肯定的评价，而章太炎对于黑格尔哲学则作了否定的评价。马君武认为：

> 黑智儿(今译黑格尔——笔者)出，而世人之心目为之一新。黑智儿以为主观(subject)与客观(object)无差别，故心思与事物，亦无差别。究而论之，心之与物一而已，内界外界皆真实，皆非真实，而自相等。此诚笛卡尔、斯宾挪莎(今译斯宾诺莎——笔者)之所不敢言；瑞林格(今译谢林——笔者)虽言之，而其道亦不同也。②

又云：

> 至黑智儿出，而哲学之面目一变。扫除旧说之误，而以规制证明之，以论理法救正瑞林格之失，脱瑞林格之范围，而自标新意，以宇宙之实象证真理。呜呼！黑智儿之大名，雷轰于哲学

---

① 如1906年，章太炎甫出上海西牢，抵达日本掌理《民报》不久，在一次与宋教仁的谈话中，即询及宋氏当时日本哲学著作出版的情况。宋氏在《我之历史》中记载有云："三时，至新宿孙少甫寓，晤章枚叔，枚叔于前月出沪狱，特来掌理《民报》，与余一见面时，甫通姓名，即谈及哲学研究之方法，询余以日本现出之哲学书以何为最？余以素未研究，不知门径对之，盖辜负其意不小矣。"见汤志钧编《章太炎年谱长编》(上)，第211页。

② 马君武：《唯心派巨子黑智儿学说》，《马君武文选》，第74—75页。

界,放大异彩,固自有其真价值在焉,非偶然也。[①]

他将黑格尔哲学的最大贡献看成是黑格尔消弭主观、客观的差别,打通内外,心物一体,且其进行的学说论证,又有规则(“规制”)可循,将其奠定在严密逻辑(“论理”)的基础之上。马君武曾经盛赞黑格尔的逻辑学,其云:

黑智儿之论理学,效力甚巨。而其为说也,甚暧昧而难解。其意味甚恍惚而难知。苟深思之士,潜思其理,未有不惊黑智儿思想之奇,而叹其言之与真理固相合也。[②]

盖在马君武看来,像黑格尔那样运用严密的逻辑推理进行立论,可以为学说的建立提供坚墒的基础。然而,马君武之对于黑格尔的哲学给予高度的评价,其最重要的原因,并不在于黑格尔的“论理学”(逻辑学),乃在于黑格尔的“绝对唯心论”之崇尚“思想”作用的缘故。马君武认为黑格尔主张“物之有象,因人之有思,既思物矣,即是物也”[③],这与笛卡尔“我思故我在”的哲学意旨是默相契合的,所以,马君武也将黑格尔看成为笛卡尔哲学的继承者。既然将“思”(也即“理性”)确立为“物”的创造者,那么,自然地一切也只有在“思想”(“理性”)的法庭上,经由“思想”(“理性”)审视之后才具有价值,才是真理。由此,自然地也就会得出“当极至思想之自由”的结论。马君武云:

黑智儿之绝对唯心论,所以有大功于人世者何?曰:既知绝对唯心论之理,则知此世界者,本自无物,惟有联合。而人之思

---

① 马君武:《唯心派巨子黑智儿学说》,《马君武文选》,第 74 页。

② 同上书,第 78 页。

③ 同上书,第 77 页。

> 想，可自由发达，抉破一切之网罗，而无所于限制。故黑智儿之绝对唯心论，实新世界之大光明也。黑智儿曰：思想者，世界之灵魂，当极至其自由，而破除一切之障碍。确然自信为有绝对之灵性，既自信为有绝对之灵性矣，更有何恐怖，更有何挂碍，浩然沛然，独来独往，是之谓极思想之自由。黑智儿之言如是，其天才之卓绝，实可惊叹哉。①

由上可以看出，马君武之"惊叹"黑格尔哲学，在于黑格尔哲学之"抉破一切之网罗"，挺立"思想之自由"。马君武是达尔文"进化论"学说的信奉者与热情的传播者，对于社会文化问题的看法，马君武也有着浓厚的欧化倾向。马君武之赞赏黑格尔挺立"思想"（"理性"）的崇高地位，实也不自觉地反映出了当时欧化主义者的一贯的理论思维程式，也颇有着以他人之酒杯浇自己心中块垒的意图。马君武在这篇文章里仅仅涉及了黑格尔的"绝对精神"与"逻辑学"，对于黑格尔的"历史主义"与"辩证法"则未涉及，并且，他对于黑格尔哲学的理解是片面的，他对于黑格尔哲学与谢林哲学的比较也是浮浅的。

严复的《述黑格尔唯心论》一文，主要探讨的也是黑格尔的"绝对精神"。严复云：

> 德哲黑格尔之言心也，其分为三：曰主观心、客观心、终之以无对待心。②

"主观心"，严复又将其理解为"人心"。严复认为："主观心（subjective mind）者，就吾一人而得之者也。黑格尔曰：'人之所以为人，唯心。'

---

① 马君武：《唯心派巨子黑智儿学说》，《马君武文选》，第77页。

② 严复：《述黑格尔唯心论》，《严复集》第一册（上），第210页。

心之德曰知觉，曰自由。方其始也，为蛮夷，为童幼，其心德未发皇也，存于其理而已。成物为天演所弥纶，而人心亦如此，故所谓知觉，当其滥觞，不可方物。天演之行既久，其德形焉。心德者，天演之产物，而天演之迹，历史载之。”①在此，严复所谓的“主观心”（“人心”）与卢梭所说的“自然状态”下的人类非常相似。在此状态下，由于人类“主观心”之作用，人类虽是绝对自由的，但各人仅知一己之自由，而不知他人之自由，“盲然受驱于形气，若禽兽然，顺其耆欲，为自营之竞争”②。随着人类历史的演化，“浸假而思理开明，是非之端稍稍发达，乃知有同类为一己之平等。所谓理想，所谓自由，所谓神明（三者实为同物），乃一切人类之所同具，而同得于天赋者（此老氏所谓知常），由是不敢以三者为己所得私。本一己之自由，推陈出新而得天下之自由，而即以天下之自由，为一己之自由之界域、之法度、之羁绁。”于是，人类原有之“主观心”乃通于“客观心”（objective mind），“由是向者禽兽自营之心德，一变而为人类爱群之心德”，“客观心”于是便产生了。严复认为黑格尔的“客观心”，“即吾儒所谓道心”，它是由“人群之所会合而具者也”。③由此也可知，严复所谓的黑格尔的“客观心”，实际上又与卢梭所说的人类的“社会状态”非常类似。在这一状态下，人类以“契约”结成共同体，人人虽然都拥有“自由”，但其所拥有的“自由”却要受到一定的限制，此所谓限制，即是“自由之封域”。④严复认为在人类“客观心”自觉的阶段，“国家法制”已“胚

---

①② 严复:《述黑格尔唯心论》,《严复集》第一册(上),第 210 页。

③ 同上书,第 210—211 页。

④ 同上书,第 211 页。

胎”并且成长。[1]然而，人类精神进至“客观心”之阶段，并非即静止不变了，仍然会按照天演的法则继续进行演化。最后则进至“无对待心”之阶段。严复云：

虽然，化之进也，此主客二心之相迕而不协者，将尽泯而悉除。向者虚悬无所附之公志，所谓天直，所谓公理，必散而分丽于社会之人心，主于中而为言行之发机。向之法典，今为民德。此自黑格尔言，所谓以客观心为主观心而已。[2]

严复又将黑格尔“以客观心为主观心”的“无对待心”，称之为“皇极”[3]。与“客观心”阶段之政治上表现为“法典”之治不同的是，“无对待心”阶段，政治上则表现为“义理之治”。[4]臻至此境，“以个人利益为最重”之偏蔽祛除，人类乃进至“一统大同”之域。“一统大同者，思理之治制也，客观心之现象也，而人治以此为之极则。”[5]从“主观心”（“人心”）到“客观心”（“道心”）再到“无对待心”（“皇极”），人类的“理性”愈来愈趋于完善，人类社会也愈来愈趋于完善，其极则进至一个醇善尽美的理想的“一统大同”社会。

如果说马君武对于黑格尔“绝对精神”的探讨，重在从本体论的角度进行疏解的话（这使其疏解的黑格尔的“绝对精神”更加接近于笛卡尔的思想），那么，严复对于黑格尔“绝对精神”的疏解则是“历史主义”的。严复重点介绍了黑格尔关于“绝对精神”的进化历程，以及与之紧密相关的人类社会的进化历程。无论是马君武之接近笛卡尔式的疏解，还是严复所作的“历史主义”的疏解，均指出了黑格尔哲学

---

① 严复：《述黑格尔唯心论》，《严复集》第一册（上），第211页。
②④ 同上书，第212页。
③⑤ 同上书，第213页。

的一个重要特征，即在于“打破传统的界限，达到普遍性。而理性本身也因此是普遍性的”①。此一思想意旨，则与欧化主义者之“一元主义”的、“建构主义”的理性思维模式不谋而合。贺麟先生在谈及其译述黑格尔学说的原由时，曾经说道：

> 我之所以译述黑格尔，其实，时代的兴趣居多。我们所处的时代与黑格尔所处的时代——都是：政治方面，正当强邻压境，国内四分五裂，人心涣散颓丧的时代；学术方面，正当启蒙运动之后；文艺方面，正当浪漫文艺运动之后——因此很有些相同，黑格尔的学说于解答时代问题，实有足资我们借鉴的地方。而黑格尔之有内容、有生命、有历史感的逻辑——分析矛盾，调解矛盾，征服冲突的逻辑，及其重民族历史文化，重求超越有限的精神生活的思想，实足振聋起顽，唤醒对于民族精神的自觉与鼓舞，对于民族性与民族文化的发展，使吾人既不舍己外求，亦不故步自封，但知依一定之理则，以自求超拔，自求发展，而臻于理想之域。②

从自己所处时代的现实之需要去译述黑格尔的学说，此也反映了近代学人治学的一个重要面相，马君武与严复二人之译述黑格尔的学说，我们也可作如是观。马君武与严复二人通过对黑格尔学说的译述，无疑也同时地表述了他们自己的思想倾向，所以，对于黑格尔的学说，二人给予了肯定的评价，自也在情理之中。

如果将章太炎与黑格尔进行比较的话，我们就不难发现，章太炎

① 石元康：《从中国文化到现代性：典范转移？》，第 13 页。

② 贺麟：《五十年来的中国哲学》，第 118 页。

的思想意旨实际上与黑格尔是针锋相对的。由此，章太炎要否定黑格尔的学说，也自在情理之中。章太炎对于黑格尔思想的批评尽管不成系统，可是，如果我们将章太炎对于黑格尔思想批评的材料进行汇总分析的话，可以发现它至少涉及下列两个方面的内容，而这也正是黑格尔思想的主要部分，由此也可以看出章太炎学识的深湛及其思想的敏锐性。

章太炎对于黑格尔思想的批评，其一是对黑格尔"历史主义"的批评。章太炎云："近世言近化论者，盖昉于海格尔（即黑格尔——笔者）氏。虽无进化之明文，而所谓世界之发展，即理性之发展者，进化之说，已蘖芽其间矣。达尔文、斯宾塞尔辈应用其说，一举生物现象为证，一举社会现象为证。如彼所执，终局目的，必达于尽美醇善之区，而进化论始成。"[①]由前面所述的严复介绍的黑格尔的思想我们可知，黑格尔是将人类发展的历史归结为人类精神发展的历史，认为人类精神的发展是由"主观心"（"人心"）到"客观心"（"道心"），其终局则是进至消弭主、客的"无对待心"（"皇极"）。与之相随，人类社会也由"自然状态"进至"法典之治"，最终则要达至"理义之治"的"一统大同"之世。黑格尔此一"历史主义"的思维程式，乃是一个一元主义的、绝对的、理想主义的封闭思想体系，这与康有为、严复的进化思想体系同属于一个家族的成员。黑格尔的"发展论"为人类社会的历史规设了一个明确的发展程序，按照此一理论，则我们人类社会的历史不仅有规则可循，而且，我们人类也能够清醒地认识到历史演化的目的，以及历史演化的未来结局。我们在前面讨论章太炎的"历史观"

---

① 章太炎：《俱分进化论》，《太炎文录初编·别录》卷二。

时，曾经指出章太炎对于这种单线直进的“进化论”学说是持否定的态度，而主张“俱分进化”的，并且将人类社会的历史界定为是按照某种规则演化的做法，章太炎则谥之为“成型”，也给予了拒斥。章太炎认为黑格尔同笛卡尔一样，其哲学的逻辑起点是“以无体之名为实”，坠入佛法所说的“偏计所执自性”之中。①

章太炎对于黑格尔思想的批评，其二则是对黑格尔“绝对精神”的批评。黑格尔认为人类社会的发展是人类精神（“理性”）进化的结果，所以，在他的思想体系中，人类精神（“理性”）获得了“绝对者”的地位，人类精神（“理性”）成为创造一切的源泉。由此，黑格尔认为“事事皆合理，物物皆美善”。由于黑格尔的“精神”（“理性”）是“绝对者”，所以黑格尔的“理性”是“无限”的，它置身于“历史”（“传统”）之外；而章太炎由于将“理性”（“智”）看成是在“历史”（“传统”）之中蕴育、发展的，所以，在他那儿，“理性”便是“有限”的，它要受到“传统业力”的有效制约。由此，章太炎之认为“传统”具有“合理性”，与黑格尔的思想意旨便也产生分殊。在黑格尔那儿，“传统”之具有“合理性”，乃是因为它是“绝对者”创造的结果；而在章太炎那儿，“传统”之具有“合理性”，则是因为“传统”本身是由“理性”与其进行互动的结果。由此分殊，章太炎便以庄子的“齐物”为旨趣，而黑格尔则以“大同”为归趋。章太炎云：

> 若夫庄生之言曰：“无物不然，无物不可。”与海格尔所谓“事事皆合理，物物皆美善”者，词义相同。然一以为人心不同，难为

---

① 章太炎：《国故论衡·辨性下》。

齐概;而一以为终局目点,藉此为经历之途;则根柢又绝远矣。①

由此,章太炎自然地要对黑格尔一元的、绝对的、静态的"历史主义"持否定的立场,而章太炎所揭橥的"历史主义"则是一个多元的、相对的动态思想系统。章太炎与黑格尔在"历史主义"理念上形成的分殊与对峙,正是我们在本书第二章第二节中所指出过的卡尔·波普尔所说的"Historicism"和"Historism"的分殊与对峙,也即"进化—历史主义"与"历史相对主义"之间的分殊与对峙。

以"进化—历史主义"为表征的"黑格尔主义"诞生之后,在欧洲发生了广泛的影响。但是,它也遭到了有识之士的攻难。如欧洲反黑格尔主义的著名哲学家叔本华即曾经说道:

> 他(指黑格尔——笔者)不仅在哲学上,而且在德国文学的所有形式上都造成了一种破坏性的,或者更严格地说,一种麻醉人的,也可以说是一种瘟疫般的影响。随时对这种影响进行有力的反击,是每个能够进行独立判断的人的责任。因为如果我们沉默,还有谁来说话呢!②

章太炎指出:

> 当海格尔(今译黑格尔——笔者)始倡"发展论"时,索宾霍尔(今译叔本华——笔者)已与相抗,以世界之成立,由于意欲盲动,而知识为之仆隶。盲动者,不识道途,惟以求乐为目的,追求无已,如捷足者之逐日月,乐不可得,而苦反因以愈多。然此智识者,又为意欲之诤臣,止其昌狂妄行,与之息影于荫下也。③

---

① 章太炎:《四惑论》,《太炎文录初编·别录》卷三。

② (英)卡尔·波普尔:《开放社会及其敌人》第二卷,第134页。

③ 章太炎:《俱分进化论》,《太炎文录初编·别录》卷二。

叔本华以“意欲”对抗黑格尔的“绝对精神”，在清末民初之世对于中国的思想界也产生了相当大的影响。但叔本华之对中国思想界的影响，与“黑格尔主义”之对中国思想界的影响比较起来，自然不能同日而语。我们知道，章太炎的“俱分进化”学说的确立，即曾经受到过叔本华思想的重要启示。他从一开始即走向“黑格尔主义”的对立面，对于“黑格尔主义”，具有一种天然的免疫能力，这是相当难能可贵的。然而，自20世纪初黑格尔学说传入中国以后，“黑格尔主义”的幽灵便一直飘荡在中国的大地上，以至于它牢笼了中国的思想界将近三分之二个世纪，甚至时至今日尚徘徊莫去。有人指出：“老黑格尔布下的似乎是一个巫阵，只要你一思考，一进入逻辑演绎，就会不自觉地深陷其中而不能自拔。”[①]章太炎没有像马君武、严复那样陷入黑格尔布下的“巫阵”之中，从一开始即避免了黑格尔思想的“瘟疫般的影响”，这既是章太炎之幸，也显示了章太炎之学识迥出流辈之上，有着深邃的前瞻的眼力。

“黑格尔主义”的最大危害，在于其绝对必然性的“历史主义”（“进化—历史主义”）的“独断论”。在西方，另一名反黑格尔主义的著名思想家卡尔·波普尔曾经指出，“辩证法”与“同一哲学”，是“黑格尔主义”的两大智慧支柱。波普尔认为：

> 黑格尔的变化着的世界是处于一种“显现”或“创造的进化”的状态之中；它的每一个阶段都包含着它由以产生的前一个阶段；每一个阶段又都取代了以前的所有阶段，越来越接近完美。因而发展的规律总是进步的规律。不过，如我们将会看到的，它

---

① 许纪霖：《黑暗中的理性之光》，《寻求意义：现代化变迁与文化批判》，第167页。

不是简单的和直线式的进步，而是一种辩证的进步。①

这种乐观的“历史主义”，是将“绝对理念”置为其发展的“第一因”。②黑格尔从柏拉图的理论中吸取“理念＝实在”这一等式，从康德的理论中吸取“理念＝理性”这一等式，而形成“实在＝理性”这一等式，“这使得黑格尔认为，一切合理的都是实在的，一切实在的必然是合理的，而实在的发展与理性的发展是同一回事”③。这就是黑格尔的“同一哲学”。波普尔认为：

凡是合理的都是实在的。当然，这意味着，一切合理的东西，都必须与实在相符合，因而必然是真实的。真理是以与理性发展相同的方式发展的，一切在其发展的最后阶段诉诸理性的东西，对该阶段而言，也必然是真实的。换句话说，一切在那些拥有新潮的理性的人看来是确切的东西，必然是真实的。自明与真理是同一种东西。如果你是新潮的，你所需要的一切就是去信仰一种理论；因为按照定义，这会使它变得真实。④

黑格尔“实在＝理性”的“同一哲学”与其辩证法的进步发展理论，在波普尔看来不仅是一种“强制的独断论”⑤，而且还与“现代极权主义”有着哲学上的同一性。⑥由此，卡尔·波普尔将黑格尔的“历史主义”视之为“神谕哲学”，认为它是“一种理智上的毒病”。⑦

有人认为20世纪的中国哲学史，乃是一个对于黑格尔主义由迎

---

① （英）卡尔·波普尔：《开放社会及其敌人》第二卷，第76页。
② 同上书，第75页。
③④　同上书，第82页。
⑤ 同上书，第80页。
⑥ 同上书，第133页。
⑦ 同上书，第20页。

到拒的历史。黑格尔的绝对必然性的“历史主义”(“进化—历史主义”)的“独断论”,曾经给当代中国带来了灾难性的后果,促使人们开始对之进行反思,并走向告别黑格尔的道路。①被誉为“当代中国思想史上先知”的张中晓,早在五十年代即开始反思“黑格尔主义”,并率先冲出“黑格尔主义”的“巫阵”。张中晓指出:

> 历史的道路不是预先设定的,不是先验的途径,相反,它是既往的人类行动的结果和将来的人类行动的开始。走到哪里算哪里——实验主义历史观也。②

被誉为当代中国思想史上英雄的顾准,通过对于“黑格尔主义”的反思,也得出了类似的结论。顾准曾经说道:

> 我老老实实得出结论,所谓按人的本性、使命、可能和历史终结目的的绝对真理论,来自基督教;所谓按人的思维的本性、使命、可能和历史终结目的的绝对真理论,来自为基督教制造出来的哲学体系,黑格尔体系。……倡导“知识就是力量”的培根,亦即被恩格斯痛骂的归纳法大师,是近代实验科学的先知,至少,在他的书中,他说他倡导实验科学是为了关怀人,关怀人的幸福,这个效果我们看见了。我想,应该承认,他的效果并不亚于马克思主义在历史上的功绩。③

在反思“黑格尔主义”的思想历程中,走向了对于培根“经验主义”的认同,似乎也成为上个世纪末思想界告别黑格尔的普遍现象,而这不

① 请参阅单世联《告别黑格尔》,见《反抗现代性:从德国到中国》,第412—452页。又收入《知识分子立场:激进与保守之间的动荡》一书。

② 张中晓:《无梦楼随笔》,第6页。

③ 顾准:《顾准文集》,第405页。

也正是对于上个世纪初的章太炎思想的回归吗？历史似乎在开了一个玩笑之后又转回去了。

自从启蒙运动以来，“理性”受到了世人的高度赞扬。但在海耶克之前，人们对于“理性”并没有分辨出“建构的理性”与“批判的理性”二者之间的差别，虽然这两大对立的理性传统，无论在东方还是在西方都客观地存在着。海耶克对于人类所具有的这两大理性传统的甄别，无疑是在人类理性的发展史上建立了一座新的丰碑。海耶克赞赏“批判的理性”，而反对运用“建构的理性”。他曾经指出：“理性犹如一个危险的爆炸物，如果小心管理处置将非常有益，如果不小心管理处置，则可能将整个人类文明炸毁。”①在此海氏所指出的“可能将整个人类文明炸毁”的“理性”，正是笛卡尔所主张的决定一切、创造一切的“建构的理性”，这在黑格尔的思想体系中，则表现为绝对必然性的“历史主义”（“进化—历史主义”）的“独断论”。对于“批判的理性”的认同，可以说已经成为我们当代社会“理性”思潮中的主流。林毓生先生曾经将培育社会成员的“批判的理性精神”，当作重建社会“奇理斯玛”的必要内在条件来看待。②由此，我们可以说，章太炎之拒斥黑格尔式的绝对必然性的“历史主义”（“进化—历史主义”）的独断论，拒斥笛卡尔式的“建构的理性”，而主张运用培根式的“批判的理性”进行社会文化秩序重构的思维模式，实也暗合于现代社会的思想潮流。由此，我们更可以说，章太炎的血肉之躯虽然泯灭了，但章太炎的思想并没有死，他不仅属于他的时代，也属于我们的

① 何信全：《海耶克自由理论研究》，第41页。
② 林毓生：《中国传统的创造性转化》，第86页。

时代，并将属于未来的时代。

三、“人文精神”之新开展

西方自文艺复兴以后，“人”开始从“神本主义”的枷锁之下解放出来，“人文精神”得到了高度的宏扬，人类开始主宰自己的命运，并且运用其“理性”开始了对于世界的大规模征服。自文艺复兴以后在西方确立的“人本主义”思想，崇尚“个人至上”“理性至上”的原则，它有着以下两个方面的重要内容：其一，在人类与自然的关系上，认为人类具有着无比的威力，可以戡天役物，主宰自然；其二，在人与人的关系上，认为人人都是天生自由、平等的，为了防止每个人这种天赋的自由、平等权利不受到侵犯，它主张通过建立人与人之间的“契约”关系，来保障每个人的权利。这一“人本主义”思想在欧洲的确立，极大地改变了欧洲人的生活状态，它使得欧洲人所具有的内在潜能获得了极大程度的释放。人们开始相信，人类运用其“理性”完全可以主宰自己的命运。“知识就是力量”，这句响彻全欧的培根的名言，激励着千百万欧洲人向“知识”进军，向“知识”去索求主宰自己及自然命运的金钥匙。被誉为法国大革命“擎炬人”的孔多塞（1743—1794），认为“理性”给予了人类克服前进道路上障碍的力量，他骄人地向世人宣称：

> 这个时刻将会到来，那时候太阳在大地之上将只照耀着自由的人们，他们除了自己的理性之外不承认有任何其它的主人；那时候暴君和奴隶、教士及其愚蠢而虚伪的工具，除了在历史之中和舞台之上而外就将不复存在；那时候除了惋惜他们的那些受难者和受骗者而外，除了由于恐惧他们的为所欲为而使自己

保持着一种有益的警惕而外，人们就将不再关怀它们；并且在理性的压力之下人们学会了识别和扼止迷信和暴政的最初的萌芽，假如它们胆敢一旦卷土重来的话。①

孔多塞甚至还认为：人类精神发展至"最后时代"，"人们共同生活在一个天堂里，这个天堂是他的理性懂得怎样为自己创造的，而且是他对人道的热爱以最纯洁的欢乐精工细做出来的。"②在他看来，人类理性不仅能够使人类主宰自己的命运，而且还会将人类带入"天堂"般的美好生活。在这一"理性至上"理念的感召之下，在欧洲各国涌起了狂热而持久的求知浪潮。1662 年，英王查理二世曾颁发特许状成立"促进自然知识的伦敦皇家学会"，以搜集可能促进科学知识的各种资料。"所有地区都忙于并热心于这项工作：我们发现每天交给[学会]的许多极好的奇珍物品不仅出自博学的、专门的哲学家之手，而且来源于技工的工场、商人的航海、农民的耕地以及绅士的种种运动、养鱼塘、猎园和花园。"③这一自文艺复兴之后在欧洲大陆涌动的求知狂潮，以及致力于探索自然奥妙的狂热发现欲，有力地促进了人们自然知识的增长，并推动了科学革命的发生。早在 1530 年，法国的宫廷医生琼·费尼尔就写道：

……在长达十二个世纪的神魂颠倒以后，我们这一时代看到艺术(指包括各种工艺在内的技术——笔者)和科学光荣地重新兴起。现在，艺术和科学的辉煌比得上古代，或者说超过了古代。当今时代在任何方面都无需鄙视自己，无需思慕古人的知

① (法)孔多塞：《人类精神进步史表纲要》，第 182 页。
② 同上书，第 205 页。
③ (美)斯塔夫里阿诺斯：《全球通史：1500 年以后的世界》，第 251 页。

> 识。……如今，我们时代正在做古人梦想不到的事。……由于我们航海者的杰出才能，大洋已被越过，一些新的岛屿已被发现，印度遥远的隐密地方已展现出来，我们的祖先所不知道的西方大陆即所谓的美洲，在很大程度上已开始为人们所了解。柏拉图、亚里斯多德和旧哲学家曾取得进步，托勒密曾进而作出大量的贡献，然而，他们中间若有谁今日返回人间，就会发现，地理学改变了过去的认识，我们时代的航海者给了我们一个新的世界。①

由于在各个方面的成就感，使得生活在文艺复兴之后的欧洲人，对人类自己的力量及前途充满了极度的自信。对“知识”的狂热追求，推动了“科学革命”的发生，“科学革命”，终于引发了“工业革命”，使人类(先是在欧洲)同传统的“农耕文明”告别，迈向了一个崭新的“工业文明”阶段。“工业文明”之替代传统的“农耕文明”，使人类的生活方式发生了根本性的改变。斯塔夫里阿诺斯曾经说道：

> 人类的物质文化在过去200年中发生的变化，远甚于前500年。18世纪时，人类的生活方式实质上和古代的埃及人和美索不达米亚人的生活方式相同。人类仍在用同样的牲畜驮运自己的行李，用同样的帆和桨推动船，用同样的纺织品制作衣服，用同样的蜡烛和火炬照明。然而今天，金属和塑料补充了石块和木头，铁路、汽车和飞机取代了牛、马和驴，蒸汽机、内燃机和原子动力代替风和人力来推船，大量合成纤维织物与传统的棉布、毛织品和亚麻织品竞争，电使蜡烛黯然失色，并已成为只要按一

① (美)斯塔夫里阿诺斯：《全球通史：1500年以后的世界》，第250—251页。

下开关，便可做大量功的动力之源。①

在欧洲发生的这一系列重大历史变化，莫不与文艺复兴之后确立的“人本主义”思想有着直接的关系。但是，欧洲人在率先享受“工业文明”的丰厚馈赠的时候，也同时沦入“工业文明”的“统治”之下。“工业文明”到了哪里，哪里便变成为“工业文明”的“统治”的一个部分。文艺复兴之后在西方确立的“人本主义”所致的近代“工业文明”，在其原初意义上来说，不过是人类将其当作主宰自己及自然命运的一种“工具”来追求的，然而，它最终却走向了人们愿望的反面。早在19世纪，穆勒和托克维尔即担心随着“工业文明”的“统治”的不断增强，人类有可能退化成“工业绵羊”的危险。②赫伯特·马尔库塞则认为“人”在市场社会中被“非人化”了，“成了市场上被相继加以使用的一件物品”，而不是“一个积极的行动者，人类力量的负载者”③。戴维·里斯曼在其所著的《孤独的人群》一书中，则认为“现代工业社会驱使人们道德沦丧并产生了病态的服从”④。近代“工业文明”已经变成为奴役、统治人类的“怪物”，使人类陷入近代“工业文明”的“统治”的巨大危机之中，此则为人类始料所未及。近代“工业文明”所显现出来的危机，其表现主要有以下几点：

第一，随着人类无止境地对于自然的开发，“人类”与“自然”之间的“生态平衡”遭到了严重的破坏，已经危及了人类的生存。由于西方的“人本主义”思想认为，人类运用其“理性”可以戡天役物，主宰自然，所以在“工业革命”之后，人类运用其所掌握的科学技术，进行了

---

①　(美)斯塔夫里阿诺斯：《全球通史：1500年以后的世界》，第275—276页。

②　(英)史蒂文·卢克斯：《个人主义》，第52页。

③④　同上书，第53页。

持久的、毁灭性的反对自然的战争。随着无数个工场烟囱的矗立,随着无数台掘土机的推进,人类所到之处,“自然”的原初意义已经被弄得面目全非了,它已经成了“人化的自然”。人类之创造“人化的自然”,其目的也不过是为了使人类获得更大的安全与乐利,然而,由于人性的“不确定性”①,人类在获得安全与乐利的同时,也沦入巨大的危险之中。“最初把滴滴涕当作一种杀虫剂引入亚利桑那和加利福利亚农场时,谁也没有问一问是否会影响太平洋岛屿上的塘鹅蛋壳。”②在亚利桑那和加利福尼亚农场使用滴滴涕这种杀虫剂时,结果却导致了太平洋岛屿上的塘鹅大量灭绝,这是人类所始料未及的。英国科学家W.奥默罗德曾经指出:

> 我们有计划地作出的消灭牛椎体虫病的努力,可能会在非洲某些地区导致牛群扩大,牧食过度,并有可能促使撒哈拉沙漠全线南移。③

生态系统就像一张网一样,它的每一条线、每一个结都是互相牵连的,从而维系着整个系统的平衡。如果人为地剪断其中的一条线或者一个结,就会造成整个生态系统的失序,乃至于造成灾难性的后果。由于生态平衡的破坏带来的巨大负面后果,使得人类不得不越

① 气象学家埃里克·克劳斯曾经说道:“第一,我们永远也不能认识现在;第二,我们不能从我们认识的东西中作出没有一点错误的推论;第三,我们有限想象力可能使我们无法正确提问。”我们人类在运用科学方法去探索问题时,由于前提的不确定性,导致了结果的不确定性。“谁也无法预言一只球撞到院墙回蹦几下的精确位置,这个球的初始运动是永远无法准确认识到的,这种不确定性可能很小,但球的每一跳都扩大了它。……大洋某处一只海鸥拍翅,可能会推陈动一场飓风。”见(英)戴维·埃伦费尔德《人道主义的僭妄》,第52页。

② (英)戴维·埃伦费尔德:《人道主义的僭妄》,第52页。

③ 同上书,第96页。

来越依赖于“技术”工具，为自己提供“安全”的保护伞。可是，根据尤金·施瓦茨所说的“准解决与余留问题”，我们获知人类的这种努力不但不能给人类提供“安全”的保障，反而还会将人类带入更大的危险之中。尤金·施瓦茨在其所著的《过度巧妙》一书中写道：

> 一个问题的准解决会产生一批新的问题，这些问题最终将会排除那种解决。这个辩证过程可以概括为技术—社会发展五步骤：
>
> 1. 由于互相联系和封闭体系的局限性，一种技术—社会解决永远都不完满，因此是一种准解决。
>
> 2. 每个准解决都会产生新的、余留的技术—社会问题，这些问题在于：(A)不完满性，(B)扩大，(C)次要结果。
>
> 3. 新问题的激增速度快于发现解决问题方法的速度。
>
> 4. 每种后继的余留问题都比前面的问题难解决，原因有七：(A)技术动力学，(B)复杂性增加，(C)成本提高，(D)资源减少，(E)增长和膨胀，(F)要求更大的控制，(G)社会体制的惰性。
>
> 5. 在一个技术发达的社会里，未解决的、余留的技术——社会问题会聚到一处，在那里技术解决根本不可能了。①

由于任何一个问题的解决都是一个“准解决”，所以，人类企图依靠“技术”去解决其所面临的问题便成为“根本不可能了”。热内·迪博在其所著的《理性的自觉》一书中写道：

> 为了矫正技术革新不断造成的新损害而去发展反技术，乃是一种绝望的方针。要是这样做下去，我们的行为将越来越像

① (英)戴维·埃伦费尔德：《人道主义的僭妄》，第89—90页。

被追赶的生物，从一种保护装置逃到另一种保护装置，每一种保护装置都比前一种更昂贵、更复杂、更不可靠，我们将主要考虑如何避开危险的环境，从而牺牲使人值得活下去的价值。①

对于“反技术”的依赖，不仅使人类不得不牺牲“使人值得活下去的价值”，而且还使其越来越陷入更大的危险之中。生态环境的破坏，已经危及了人类的生存，有人甚至提出去建立“太空殖民地”，作为人类逃离地球的新的家园。西方人本主义者之勘天役物的自豪，不但未能使人类获得安全、乐利、幸福与自由，反而还给人类带来了更大的危险与奴役，这恐怕也是对于人类的“理性”充满着极度自信的西方人本主义者做梦也没有想到的。

第二，“工业文明”的“统治”与“奴役”，导致了现代社会人际关系的疏离与冷漠，人类的生活变得刻板而又单调，其极则导致了人类产生“意义的危机”。韦政通先生曾经指出：

工业文明不能为世界建立和平的秩序，它在基本性格上无异是战神下降，不是和平的天使。这种性格反射到每一个工业社会成员之身，那就是复杂而又无止境的竞争，促使原先维系人际关系的价值全部瓦解。②

未来学家托夫勒则认为在工业社会成员“复杂而又无止境的竞争”之中，由于生产与消费的分裂，“每个人是依靠市场而非个人的生产技术来获得生活所需，于是人际关系被缩减到冰冷的金钱往来，行为被视为一连串的交易”③。由此在社会上出现了金钱万能、金钱至上的

---

① (英)戴维·埃伦费尔德：《人道主义的僭妄》，第 90 页。

② 韦政通：《伦理思想的突破》，第 77 页。

③ 同上书，第 89 页。

人生哲学。“工业文明”之下的人际关系变成了以金钱为媒介的物物关系，“人”变成了“物化的人”。并且，“人的物化”，又通过“工业文明”的机械化的特征而愈益得到强化。佛洛姆在《人类新希望》一书的开头写道：

> (现代工业文明)是一个彻底机械化的社会，献身于最大量的物质生产与消费，而以计算机(按：它是数量化、标准化、专门化的结晶)作它的指导者；在这样一个社会进程中，人自身已经被变成整个机械的一部分，吃得好，玩得好，然而却是消极的、缺乏生命的，并且殊少感情。①

在这样一个文明里，犹如飘荡在全世界上空的机械的钟声一样，人类的生活可以简单地缩减成为一张“时间表”。下面一段平凡的自叙，可以说很形象地反映了现代“工业文明”之下人们刻板而又单调的生活面貌。一个小孩问他的父亲说：“爸爸，你整天到底在做些什么？”父亲回答说：“我呀，一大早人挤人，车挤车，再加上停车就搞了我一个多钟头，我还与陌生的家伙在电话里啰嗦了许多时间……又和一些我不太认识或不太喜欢的人在会议室里泡了许久，开了许多会，我草草结束了午饭，根本不知道什么味道，也记不得吃了些什么。我整天就是这样赶！赶！赶！我所工作的办公室甚至桌椅家具都是为了工作设计的，我从来也没有注意到天时的变化与过往的人们，我用嘴皮说话，但我不唱歌，也不跳舞，也不真正接触人，最后下班了，再孤零零地一个人花一小时去挤人，去排汽车长龙和停车。”②“工业文

① 韦政通：《伦理思想的突破》，第82页。

② 同上书，第90页。

明”之下的“现代人”，在他自己的“时间表”里，过着一种孤独、单调、刻板的生活，他与实质的人类世界疏远，将自己浸没在机械化的需要之中，整个社会像一架组织庞大的机器，而个人则成了这架庞大机器的螺丝钉。西方人本主义者对于人类理性的极度自信，其目的是为了为人类造就一个平等的、自由的、完满的人生，但“工业文明”之下的“现代人”，在这种富裕而又单调、紧张而又刻板的生活之中，不但丧失了他(她)的自由，使自己变成机械化社会的附庸，而且还将人类的生活推向荒诞的无意义之中去。于是，生活在“工业文明”之下“现代人”的“意义的危机”便出现了，而这恐怕也是“工业文明”的最为本质的危机。诗人艾略特写道：

我们都是空虚的人，
我们都是浮夸自负
实际上无足轻重的人。
相互依赖着，
哎呀！头壳充满了的
尽是无价值的东西。
我们在一起耳语时，
声音都是干涩的，
好象干草上的风，
单调、无意义；
不然，就像——
在我们干涸的酒窖中
踩在破玻璃上的
老鼠的双足；

形状无形式，色度无色彩；

力量麻痹了，恣态缺乏动作。①

艾略特所谓的“空虚的人”，正是机械化文明之下的“现代人”生活的写照。既然现代人的“头壳”充满了“无价值的东西”，生活又是“单调、无意义”，那么，作为现代人的人生便是不值得过的。陀思妥耶夫斯基认为：

人存在的秘密，并非只是生活，抑且也是为了某种重要事体而生活。人，在生活目标方面，如果没有一种坚定的信念，那他不会同意继续生活下去，纵使他的米缸盈满，他也宁愿将自己毁掉而不愿存留世间。②

对人生意义的反思，使得“现代人”对于自己单调而又刻板的西绪佛斯式的劳动感到厌倦。瑞典戏剧作家斯特林堡甚至将我们这个机械化的社会比作疯人院、妓院、停尸场，他认为降临到这个世界是不幸的，并且发出了沉痛而又无奈的哀号：

苦命的孩子，你怎么生到这个迷茫、罪孽、苦难、死亡的世界上来！这个世界永远是变幻莫测，永远罪孽深重、痛苦无穷！③

不愿意降临到机械化的现代文明之中，这似乎说明由文艺复兴经启蒙运动确立的“理性精神”，由自豪开始走向了绝望。西方的“人本主义”一方面带来了“富裕的人生”，一方面又带来了“空虚的人生”，它使人类拥有发达的“大脑与躯体”，但它却掠走了人类的“心灵”，使人

① (美)李维:《现代世界的预言者》，第 3 页。

② 同上书，第 30 页。

③ (瑞)斯特林堡:《鬼魂奏鸣曲》，符家钦译，见《外国现代派作品选》第一册(下)，第 445 页。

类成为没有“心灵”而空有“大脑与躯体”的“理性动物”。这样的人类在斯特林堡的眼里无异于一具活着的死尸。L.弗克兰·鲍姆在《绿野仙踪》里所描绘的“锡樵夫”与“稻草人”的对话，可以说深刻地反映了“工业文明”之下的“现代人”对于重过“心灵”生活的发自灵魂深处的呼唤。

“你怎么不到洞那边转转?”锡樵夫问。

“我也不知道，”稻草人愉快地回答说，“我头脑里塞满了稻草，你瞧，这就是我到奥兹国里要些脑子的原因。”

“噢，明白了，”锡樵夫说，“但脑子毕竟不是世界上最好的东西。”

“你还有更好的吗?”稻草人问。

“没有，我脑袋很空，”锡樵夫回答说，“但我曾经有过脑子和一颗心，经过试验，我宁愿有一颗心。”

“一样，”稻草人说，“我要脑子而不要心，因为傻瓜即使有一颗心，也不知道用它来干什么。”

“我却愿望要心，”锡樵夫回答说，“因为脑子不会使人幸福，而幸福是世界上最好的东西。”①

“稻草人”，即艾略特所谓的“空虚的人”，暗喻生活在机械化的现代工业文明之中的芸芸众生。“锡樵夫”，则暗喻在此芸芸众生之中具有反思精神的人。在“脑子”和“心”之间，“锡樵夫”宁愿要“心”而不愿要“脑子”，这说明了西方自文艺复兴以来所崇尚的“人本主义”传统，已经陷入了深深的困境之中。

---

① (英)戴维·埃伦费尔德:《人道主义的僭妄》，第109页。

这一西方的人文主义传统，随着西学的东渐，也在近代传入中国，并对中国的思想界发生了巨大的影响。西方由文艺复兴经启蒙运动确立的“理性精神”，也于同时传入中国。这一以“理性精神”为主要表征的西方“人本主义”传统在传入中国之后，渐渐地占据了中国思想界的主流，且使中国传统的“人文精神”遭受逼拶挤压之后，渐渐地没入思想的潜流之中。

中国传统的“人文精神”，起源也甚为古老。早在中国文化轴心时代的先秦时期，中国传统的“人文精神”即已形成并积淀至中国文化的深层结构里。《礼记·礼运》云：“人者，其天地之德，阴阳之交，鬼神之会，五行之秀气也。”《周易》的“贲”卦《彖传》云：“观乎人文，以化成天下。”《左传》昭十八年载子产之语曰：“天道远，人道迩。”由于中国在其文化的轴心时代即确立了“人”的主体地位，所以，中国文化在其数千年的历史衍续过程中，尽管保有着上古时期以来一直流传着的原始宗教的文化情怀，但它却不能进入中国文化的主流地位，只是在民间的小传统里占有着一席之地。在长达数千年的中外文化交流的历史进程之中，虽然也有着像佛教、伊斯兰教、基督教等异域宗教的传入，但中国历史上却从来没有出现过像欧洲中世纪历史上那种神权统治人间的宗教异化时期。可以说，在中国文化几千年的历史衍续过程中，“人本主义”一直赓续不绝。尽管如此，中国传统的“人本主义”，却未能开出像西方那样的以“个人”为本位的“人文精神”。先秦时期，由于“封建制度”与“宗法制度”的作用，秦汉以后，由于“绝对王权”与“纲常伦理”的作用，在中国的文化传统里，“个体”只是在其内在的“成圣”途径上获得了主体的地位，在外在的社会层面上，“个体”则不得不受制于“群体”，因而，“群体至上”实是中国式“人本主义”的显著特色。并且，在中国的文化传统里，由于存在着严重的反智（道家）或者轻智（儒家）倾向，使得中国式的“人本主义”仅仅局限在伦理或者与伦理相关的领域，它未能发展成为西方式的以“理性主义”为主要特色的“勘天役物”的征服自然的精神，而是在“天人合一”的境界中实现“人”与“自然”的统一。在中国式的“人本主义”的思想传统里，“人”被看作是“自然”的“心”，而“自然”则被视之为“人”的外在延伸。然而，这一中国的“人本主义”传统，在西方式“人本主义”东渐之后，却开始遭到中国思想界主流的摒弃。相反，西方式“个人至上”“理性本位”的价值观，开始受到时人的尊崇。启蒙思想家严复说道：

> 唯天生民，各具赋畀，得自由者乃为全受，故人人各得自由，国国各得自由，第务令毋相侵损而已。侵人自由者，斯为逆天理、贼人道。其杀人伤人及盗蚀人财物，皆侵人自由之极至也。故侵人自由，虽国君不能。①

他将“个体的自由”看成为神圣的不可侵犯的人类的天赋权利，这与西方由文艺复兴经启蒙时代确立的“个人至上”的原则完全一致。这一思想在杨笃生的《新湖南》里也有着明确的表述。杨笃生云：

> 所谓个人权利者，天赋个人之自由权是也。霍布士、陆克（今译洛克——笔者）诸人导之，而实光大于法国之卢骚。卢骚之说，以为人生而有自由权，此自由权人与我皆平等，故不捐弃己之自由权，亦不侵害人之自由权。②

---

① 严复：《论世变之亟》，《严复集》（一），第3页。

② 张枬、王忍之：《辛亥革命前十年间时论选集》第一卷，第632页；又见饶怀民编《杨毓麟集》，第51—52页。

由于“个体的自由”是神圣的天赋权利，所以，在“个体”与“群体”之间，“个体”便当然地要处于主体的、第一义的地位。梁启超认为：

> 故今日欲言独立，当先言个人之独立……合群云者，合多数之独而成群也。①

在“己”与“他”的关系上，则主张以“平等”为界限。杨笃生云：

> 有自由权，斯有责任，为有我故；有自由权，斯有界限，为有人故。言自由则必言平等，为人已平等而不失其自由，故人生而欲保护其自由权及增进其自由权，故不能无群。群之始，成于所谓民约者。②

“群体”由于是由享有自由、平等权利的“个体”按照“契约”组成的，它自然在道义上要落入“第二义”的地位。

与此同时，时人对于文艺复兴及启蒙时代确立的“理性精神”也深致赞美，具体表现为对“科学”的礼赞。胡适之曾经指出：

> 这三十年来，有一个名词在国内几乎到了无上尊严的地位；无论懂与不懂的人，无论守旧和维新的人，都不敢公然对他表示轻视或戏侮的态度。那个名词就是“科学”。这样几乎举国一致的崇信，究竟有无价值，那是另一问题。我们至少可以说，自从中国讲变法维新以来，没有一个自命为新人物的人敢公然毁谤“科学”的。③

被誉为“中国科学主义的先驱”的严复，则认为人类一切主要的问题都可以通过“科学”获得解决。严复曾经说道：

---

① 梁启超：《十种德性相反相成义》，《辛亥革命前十年间时论选集》第一卷，第9页。

② 张枬、王忍之：《辛亥革命前十年间时论选集》第一卷，第632页。

③ 胡适：《科学与人生观序》，《科学与人生观》，第10页。

> 夫唯此数者(指名数质力诸学——笔者)明，而后有以事群学，群学治，而后能修齐治平，用以持世保民以日进于郅至馨香之极盛也。呜呼！美矣遍矣！自生民以来，未有若斯之懿也。①

陈独秀则云宇宙之间的“法则”有二：“一曰自然法，一曰人为法。自然法者，普遍的，永久的，必然的也，科学属之；人为法者，部分的，一时的，当然的也，宗教道德法律皆属之。”②他主张以“自然法”(“科学”)改正“一切人为法则，使与自然法则有同等之效力”。并将它看作是“吾人最大最终之目的”。③由于将“科学”视之为解决一切问题的法宝，所以，陈独秀坦言自己的“信仰”，即是相信“人类将来真正之信解行证，必以科学为正轨”，而“一切宗教，皆在废弃之列”④。他甚至还主张“以科学代宗教”，以“开拓吾人真实之信仰”⑤。从奉“科学”为神圣，视“科学”为解决一切问题的灵丹妙药，到主张“以科学代宗教”，建立对于“科学”的新信仰，这一思想逻辑的自然发展，就不可避免地使“科学主义”风靡于近代中国的思想界。当时国人对于“科学”之神仪颠倒，我们还可从下面吴稚晖的一段话里得到一个直观的印象。吴氏云：

> 精神不过从物质凑合而生也，用清水一百磅，胶质六十磅，蛋白质四磅三两，纤维质四磅五两，油质十二两，会逢其适，凑合而成一百四十七磅之我，即以我之名义盲从此物理世界之规则，随便混闹一阵，闹到如何地步，即以我之清水油胶等质，各自分离而后止。⑥

① 严复：《与外交报主人书》，《严复集》(三)。

②③④⑤ 陈独秀：《再论孔教问题》，《独秀文存》，第91页。

⑥ 吴稚晖：《与友人论物理世界及不可思议书》，转引自郭颖颐：《中国现代思想中的唯科学主义》，第33—34页。

吴稚晖将“人”仅仅看成是由“物质凑合”而生成的，剥离其精神性的因素，“以为居此人境，止有物质，并无物质以外之精神”①。这种极端“唯物论”观点的提出，其实也并不奇怪，它正是视“科学”为“全知全能”而所致的必然结果，吴稚晖也可谓是他那个时代的杰出代表。由上我们也可以看出，当时风靡于中国思想界的“科学主义”的“人本主义”，其实不过是自文艺复兴经启蒙运动确立的以“理性精神”为底色的西方式“人本主义”在中国的一个翻版。这种以“理性精神”为底色的西方式“人本主义”，恃其“理性的傲慢”，带着对于“自然”进行无情征服的“勘天役物”的豪情，不但未能给人类的生活带来安全与乐利，反而给人类的生活带来了巨大的弊害，由此在西方则产生了像尼采之流的“锡樵夫”式的文化反思者与批判者，并使西方的思想界出现了巨大的转折，产生了“锡樵夫”式的“反思的人本主义”。尼采高呼要“重新估定一切价值”，他认为“人”是“价值的估定者”，“万物”之有“意义”，乃是由“人”所“给予的”，这就是人类的“权力意志”。②然而，在机械化的“工业文明”的羁轭之下，人类不但未能成为“万物”的“创造者”与“估价者”，他的“面孔与四肢”反而被“工业文明”的“颜料”“涂成各种模式”，所谓的“文化之邦”，竟成了“颜料罐的家乡”。③尼采云：

> 今日之人啊，任何好的面具，不会胜于你自己的尊容，谁能认出你们呢？
>
> 你们身上原涂着过去的记号，又盖上了新的记号，这样一切

① 转引自郭颖颐《中国现代思想中的唯科学主义》，第33页。
② （德）尼采：《一千零一个目的》，《查拉斯图拉如是说》（第一部）。
③ （德）尼采：《文化之邦》，《查拉斯图拉如是说》（第二部）。

识密码者不能解释你们。

即令有人会查内脏，但是你们能使谁相信你们还有内脏呢？你们似乎是颜料与胶纸片塑成的。①

尼采崇尚充满着原始激情冲动的“酒神精神”，痛恨“理性的矫饰”，在他的王国里，以“日神”为代表的“理性精神”则遭到了放逐。

尼采这种“锡樵夫”式的“反思的人本主义”，影响甚为广远，以后渐渐成为二十世纪思想的主流，至今未艾。尽管当时的中国仍然处在近代化道路刚刚起步的初始阶段，似乎对于以“理性主义”为底色的“人本主义”的弊害，尚无深刻的切肤之感，然而，一部分敏感的文化人，则也开始了反思。青年时期的鲁迅称十九世纪的欧美文化为一种“偏至”的“伪”文化，他认为支撑这一“伪”文化的主要即是“物质”与“众数”两大思想。所谓“物质”，即是“科学”，它是启蒙运动以来“理性精神”的象征；所谓“众数”，即是指西方在启蒙运动中确立的以自由、平等为基础的“契约民主”思想。此二者乃是近代“工业文明”的主要象征，它也是西方以“理性主义”为底色的“人本主义”的核心价值。鲁迅指出此两大思想在西方的“偏至”发展，产生了极大的弊害，认为：

自由平等之念，社会民主思想，弥漫于人心，流风至今，则凡社会、政治、经济上一切权利，义必悉公诸众人，而风俗习惯、道德宗教、趣味好尚、言语暨其它为作，俱欲上下贤不肖之闲，以大归乎无差别，同是者是，独是者非，以多数临天下而暴独特者。②

① (德)尼采：《文化之邦》，《查拉斯图拉如是说》(第二部)。

② 鲁迅：《文化偏至论》，《鲁迅杂文全集》，第15页。

鲁迅认为这两大思想的"偏至"发展,导致了人类个性的泯灭。西人奉"物质"为圭臬,"视若一切存在之根本,且将以范围精神界所有事,现实生活,胶不可移,惟此是尊,惟此是尚"①。不仅"使性灵之光,愈益就于暗淡"②,而且还"使创造之力,归于枯槁"③。由此,鲁迅主张"掊物质而张灵明,任个人而排众数"④。为了使"人生意义,致之深邃"⑤,鲁迅赞赏尼采式的"超人",认为"惟超人出,世乃太平。"⑥对于尼采的"权力意志",鲁迅则以为其"功有伟于洪水之有方舟焉"。⑦所以鲁迅与尼采一样,主张"恃意力(即"权力意志")以辟新路"⑧,"取今复古,别立新宗"。这一"锡樵夫"式的"反思的人本主义",在此后中国的思想界还会不断地得到演绎。然而,在尼采追求"超人"、鄙视群氓的新人文路途左奔右突之际,仍然未能脱离"个人至上"的启蒙运动式的"人本主义"的内在理路。

章太炎所处的清末民初之世,在思想界占据主流地位的仍然是以"理性主义"为底色的"人本主义"。章太炎当时虽然也接触过尼采的思想,然并不取尼采的思想路线,在反思各种模式的"人本主义"之后,启蒙运动式的也好,尼采式的也好,则皆为其所弃。前文我们曾经指出,"人文精神"实是章太炎思想的灵魂,它不仅构成了章太炎学说的基本价值取向,而且还浸透在其所建构的新的社会文化秩序的体系之中。通过前面对章太炎"人文精神"的分析,我们可以看出,章

---

①　鲁迅:《文化偏至论》,《鲁迅杂文全集》,第15页。
②⑦　同上书,第18页。
③　同上书,第1页。
④　同上书,第14页。
⑤⑧　同上书,第19页。
⑥　同上书,第17页。

太炎是将“个体”确立为“主体”,他的“人文精神”也是一种以“个体”为本位的“人本主义”,这是与中国传统的以“群体”为本位的“人文精神”根本不一样的地方,这说明章太炎的“人文精神”受到了西方传统的“人文精神”的巨大影响。但是,章太炎的以“个体”为本位的“人文精神”,是将生命的意义化在对于他人、群体利益的关怀之中,通过对于他人、群体利益的关怀,“个体”实现了生命的内在超越,也在外在化的社会层面实现了个体与他人、群体的和谐。所以,章太炎的这种以“个体”为本位的“人文精神”,与西方传统的“人文精神”也有着根本的区别,它没有流入“个人至上”的路途上去。章太炎的“人文精神”不同于中国传统的“群体至上”的“人文精神”,它是对于中国传统的“群体至上”的“人文精神”的一种否定,也是一种转进,这就意味着,章太炎已为中国“人文精神”的传统开出了一个新的方向。章太炎这一新的“人文精神”的方向的开出,并不是简单地以西方传统的“人文精神”取而代之,而是在中国传统的“人文精神”的基础之上所作的一种新的拓展。所以,我们可以认为,章太炎所开出的这一“人文精神”的新的方向,实际上也是中国传统的“人文精神”在近代中国的新开展。

那么,章太炎所开出的这一新的“人文精神”,其特色与意义何在呢?

在思维模式上,章太炎继承了传统古文经学派的流绪,重“期验”,主张“无征不信”,循着一条培根式的从“感官的知觉”到“理智的自觉”的途径,获得对于“真理”的认识,这一暗合于现代科学精神的思维模式,充满了浓厚的批判精神。譬如章太炎对于“本体论”之确立,即是在经过艰难的判教工作与求是工作之后,确立了“圆成实自性”的“本体”地位。然而，章太炎认为世界万事万物是循着“两行”之道“俱分进化”的，从“理性”的角度来看，则是“真理”与“谬误”同在，“我见”与“我痴”俱演，因此，人类运用其“理性”所获得的真理，只具有相对的价值，任何真理都是一偏的，并无普适的、绝对的真理。加之人类的“理性”要受制于“理性”所要考察的对象（材料、证据、传统等）的约束，所以，在章太炎那里，人类用来审视一切的“理性”便是有限的，他没有文艺复兴与启蒙时代的人文主义者对于人类的“理性”所充满的那种极度自信与自豪。章太炎将这一“理性”精神投射到对于社会文化秩序的建构上，主张在历史演化的这一不可抗拒的历史之势面前，人类在充分运用其“理性”进行社会文化秩序建构的同时，不能盲目地追求“进化”，而应该去建立一个“合理化”的社会文化秩序。追求“进化”正是西方启蒙时代人文主义者的一个重要特色，它反映在人类与自然的关系上，是主张人类对自然进行无情的开发与征服，与自然进行竞争；反映在人与人的关系上，则主张人与人之间的竞争。人类对于自然的无情征服，导致了生态平衡的破坏；人与人之间的无情竞争，导致了人际关系的紧张与疏离，使人际关系化为以金钱为媒介的物物关系。这两者正是工业文明危机的深刻表现，使得人类在机械化的生活图景中出现了“意义的危机”，并面临着失去自己生活家园的危险。“人道主义的宗教如果排除了我们与自然的联系，它就是苍白无力的，而当它把人类弄成了一个崇拜对象时，它便是傲慢专横的。”①这一来自美国实用主义大师约翰·杜威的警

① （美）约翰·杜威：《普遍的信仰》，转引自（美）格里德《胡适与中国的文艺复兴——中国革命中的自由主义（1917—1937）》，第128页。

示，即昭示了西方这一“人文”学说之中所蕴藏的巨大危险。在章太炎的人文思想体系里，由于他主张建立一个“合理化”的社会文化秩序，他在注重“理性”对于人类的文化所具有的创造作用的时候，又特别地注重了“理性”的调适作用，这反映在人与自然的关系上，主张人类在利用、开发自然时，必须建立起“人类”与“自然”之间的“平等”关系。章太炎主张“循齐物之眇义，任夔蚿之各适”，“吹万不同，使其自己”①。在章太炎看来，“自然”也是一个像“人类”一样的具有生命的机体，人类与自然界的飞潜动植（“有情世间”）乃至矿、石、土、水、空气（“器世间”）等，均不过是一个生命的单元，这些不同的生命单元一道构成了富有生机的多样化的美丽的“大自然”。由于人类不过是这个“大自然”家庭中的一个分子，他与其他分子之间的关系是平等的，所以，人类之与其他生命单元的关系，便是一个平等的伙伴关系。这与文艺复兴、启蒙运动时代的人文主义者将“人类”看成是“自然”的主宰，将“人类”与“自然”的关系看成是主人与奴婢关系，把“人类”弄成为一个崇拜的对象，排除“人类”与“自然”联系的“傲慢专横”的“人道主义”是决然不同的。由于章太炎将“人类”与“自然”之间的关系看成是一个平等的伙伴关系，所以，他便不像西方式的以“理性主义”为底色的“人文主义”学说那样带有着“理性的傲慢”，带有着“勘天役物”的豪情。章太炎主张包括人类及自然万物在内的每一种生命单元均应按照其本性自然地去发展，我们人类应以“自然之道”来对待“自然”。由此，我们可以看出，章太炎的这一“人文精神”中所充满的“理性精神”，与西方传统的“把人类弄成了一个崇拜对象”的“傲慢专

① 章太炎：《无政府主义序》，《章太炎政论选集》（上）。

横”的“理性精神”差异是很大的，在其神情严峻的“理性”外表之下，实隐藏着一颗炽热的“心”，他的“理性精神”，可谓是一个“智”与“情”的互摄、互涵的系统。这反映在人与人的关系上，则显得更为真切。

章太炎的哲学本体论，是建立在认识论基础之上的。通过大量的判教工作与求是工作，他建立了“圆成实自性”的“本体”地位。其哲学本体论的建立，不过是为了获得一个“觉解的人生”，为生命的意义提供一个可靠的安顿场所。通过理性的追寻，章太炎寻得了“圆成实自性”是一个“真实的存在”，然而，他又认为，要证得“圆成实自性”，必须要以“依他起自性”为途径，所以，章太炎主张证得涅槃之后不住涅槃，证得“无我”之后，却以“无我之我”来入世。由此，在与他人的对境关系中，章太炎早年提倡“大独”，中年提倡“菩萨行”，晚年提倡“儒行”，将个体生命的价值安顿在对于他人、群体的关怀之中。这一方面实现了我与他人、个体与群体的和谐，同时，另一方面，又实现了个体生命的内在超越。这与西方以“理性主义”为底色的“人本主义”之崇尚“个人至上”，崇尚“竞争”，将人与人之间的关系融化在金钱与利益交换的纯粹冰冷的打算计较之中，是决然不同的。章太炎的这一将个体生命的价值安顿在对于他人、群体关怀之中的“人文精神”，充满了浓厚的感情味。但它与现代西方尼采之流的“锡樵夫”式的“反思的人本主义”也不一样，现代西方尼采之流的“锡樵夫”式的“反思的人本主义”，是将生命的意义化在原始生命激情的冲动与感情的无忌宣泄上。尼采歌颂“酒神精神”，拒斥“理性”（即所谓的“日神精神”），注重过“心灵”的生活，但尼采式的“感情”，实际上指的是一种无遮拦的个体生命的内在冲动，它并不涉及对于他人、群体的关怀，这与其追求“超人”、鄙视群氓的哲学品格是完全一致的。由于尼采拒斥“理性”，在其追求“超人”、追求“权力意志”的“个人至上”的信仰中，主张一任“个体”生命的感情之流无忌地奔泻，所以他以“意志”作为个体生命的向导。章太炎则反是，他在注重“感情生命”的同时，却并不偏废“理性”。在他的思想意旨里，个体的“感情生命”毋宁可以说是以“理性”为其提供基础的。如果说在尼采那里酒神狄奥尼索斯与日神阿波罗是不共戴天的仇敌的话，那么，在章太炎这里他们则成了共享人生筵席的好兄弟。“智”与“情”，在章太炎的人文思想里，获得了高度的统一。中国传统的“人文精神”，将“个体”淹没在“群体”之中，崇尚“群体至上”，忽视个体生命的价值，虽然显示了伦理本位、家族本位的文化价值取向，但它里面充满了的仍然是脉脉的人间温情。章太炎颠倒了中国传统的“人本主义”的价值序列，将“个体”置于“群体”之上，并在继承传统“人文精神”中“感情”因素的同时，引进了“理性”的因素，使“个体”在对于他人、群体的关怀之中，获得生命意义的“觉解”。并且，“个体”获得对于生命意义的“觉解”，是在“理性”的引导之下完成的，这样，既可补足中国传统“人文精神”中个体生命的价值被忽视、被扼杀的严重缺陷，又可避免尼采式的纯任“感情”之流无遮拦地冲动的鲁莽的“情欲”泻泄，同时还可以避免文艺复兴、启蒙运动式的纯任“理性”、在无情的竞争之中实现个体生命的价值，从而导致人际关系的紧张与疏离的弊病。

章太炎在继承中国传统“人文精神”基础之上，所开出的这一新的“人文精神”的方向，其意义在于：第一，由于它确立了“人类”与“自然”之间的平等的伙伴关系，认为“人类”是“大自然”家庭中的一个分子，主张“人类”应该以“自然之道”来对待“自然”，所以，它对于恃着理性的傲慢，无视“自然”的生存权利，一味地去追求高效率、高速度地开发自然的工业社会的人类来说，有着极其重要的警醒作用。200多年来，随着人类对于自然的无情征服，随着人类对于自然的无穷无尽的无耻的贪婪与索求，我们人类破坏了“大自然”家庭的和谐与宁静。然而，生态平衡遭到严重破坏，已经危及了我们人类自身的生存与安全。现在，我们人类意识到保护自然的重要性，虽然为时已晚，但是若还不能够确立与自然平等相处的健康心态，则人类有朝一日将会失去自己的家园——地球，这已经成为我们当代人都能体验到的一个紧迫的问题了。第二，随着工业文明在全世界的成功与发达，我们“现代的人类”越来越受制于它的“统治”与“奴役”，过着一种单调、乏味、刻板的“机械化”的生活。涌动于全球的迪斯科狂潮与乡村摇滚乐等，正是生活在“现代工业文明”之下的我们“现代的人类”，企图逃离这种刻板的“机械化”生活方式的一种感情的狂泻。然而，它只是一种尼采式的醉歌狂舞的“酒神精神”，它虽然能够暂时地调节抚慰一下现代人的“机械化”的无味生活的神经，但它却不能够从根本上拯救现代人所具有的“意义的危机”。现代人“意义的危机”的产生，乃是由于工业文明所导致的“机械化”生活的压力以及人际关系的疏离所造成的。现代“工业文明”使我们现代人类过着“富裕”而又“空虚”的生活，变成了如诗人艾略特所谓的“空虚的人”。章太炎崇尚的“人文精神”，主张将“个体”的生命安顿在对于“他人”“群体”的关怀之中，但他所说的这种“关怀”，是建立在“个体”对于生命意义的“觉解”以及菩萨式的慈悲情怀的基础之上的，是一种没有计较、没有打算的出于天心自然的“关怀”。以这种“人文精神”来界定人际关系，当然不会带来人际关系的紧张与疏离。因此，由章太炎所开出的这一新的“人文精神”的方向，对于我们正在继续进行“工业化”的现代人类，如何解决好“人类”与“自然”以及“人类”与“人类”本身之间的关系，对于抚慰现代人“孤独”而又“空虚”的心灵来说，无疑是一帖补泻兼备的良药。在“机械化”的“现代工业文明”之弊病愈来愈呈显的现代社会，对于人类自身的前途和命运的思考，并不能让人们有理由变得更加乐观起来，而是使人们觉得人类自身的前途和命运变得更加扑朔迷离与捉摸不定了，它恰似笼罩在浓厚云层之下冰封千里的暮色黄昏，给予人们以凝重的威严和无尽的遐思。春的消息，似乎仍然地继续隐没在目不可及的遥远的野旷之中。其他都不是目的，唯有人类自身才是目的，并且是任何其他目的都不可代替的目的，一切其他目的只能作为手段为他服务，除此之外，在任何地方都不会找到有绝对价值的东西了。只有人类自身，才是“目的”的惟一者；只有人类自身，才是“价值”的绝对者——这不正是自古如斯的无数贤哲大德们焰焰相续、眷眷不舍地所求的崇高之理则吗？然而，每当新的一天来临，生活在“机械化”的“现代工业文明”之下的“现代的人类”，仍旧在自己生活的“时间表”里，一边带着“孤独”而又“空虚”的心灵，一边听着飘荡在全世界上空的“机械”的钟声，又一次地紧张地走向“刻板”而又“单调”的西绪佛斯式劳作的生命之旅时，还有什么比对于人类——万物之精灵——自身的关怀显得更为切实与重要呢？而这不也正是章太炎所遗留给我们当今时代的人们之至为重要的庄严课题吗？

结语　多元现代性与中国文化的走向

汤因比曾经指出："西方文明是人类的一种动力，在我们这一代人们当中，它对于地球上的每一个现存的文明、每一个现存的原始社会来说，岂不是都起着象靡非斯特一样的神话般的作用吗？"①马克思也曾经指出："（西方）资产阶级……它迫使一切民族——如果它们不想灭亡的话——采用资产阶级的生活方式；它迫使它们在自己那里推行所谓文明制度，即变成资产者。一句话，它按照自己的面貌为自己创造出一个世界。"②三百多年来，西方对全世界进行了持续不断的殖民战争，并将西方文明强行地传布到全世界各地，存在于其他非西方地区的文明，在西方文明的有力冲击之下，无不遭到了结构性的破坏。西方文明像洪水一样，冲击着地球上的每一个角落，并且大大地改变了世界的面貌，世界历史似乎正在按照西方资产阶级的意

---

① （英）汤因比：《历史研究》（上），第90—91页。

② 《马克思恩格斯选集》第1卷，第255页。

愿发展。西方文明为什么会具有如此无比的威力？西方文明为什么能够起着像靡非斯特一样的神话般的作用？一言以蔽之，曰：在于西方文明之具有“现代性”。“现代性”大约是距今三百五十多年前在西方产生的，在欧洲，“现代性”“是和世俗化过程密切相关的，它集中地表现为对理性的崇拜、对经济发展、市场体制和法律/行政体制的信仰、对合理化秩序的信念，这些信念可以概括为一种现代化的意识形态”①。西方“现代性”社会的确立，离不开西方文明传统自身演化的逻辑，然而，在西方“现代性”社会确立的过程之中，其他非西方地区的文明曾经也发挥过不可忽视的作用。当日本学者宫崎市定从交通史的角度研究18世纪的工业革命和以法国为中心的政治革命时，便得出了这样的结论：东洋，特别是中国不仅为工业革命提供了市场和原料，而且也为法国革命的人道主义提供了滋养。②宫崎市定认为：

> 如果只有欧洲的历史，欧洲的工业革命不能发生。因为这不单是机械的问题，而是社会整体结构的问题。工业革命发生的背后，需要小资产阶级的兴隆，亦必须有从东洋贸易中得到的资本积累。要机器运转，不能单靠动力，还必须有棉花作为原料，更需贩卖制品的市场，而提供原料和市场的实际是东洋。没有和东洋的交通，工业革命大概不会发生。③

---

① 汪晖：《关于现代性问题的答问》，《知识分子立场：自由主义之争与中国思想界的分化》，第129页。

② 汪晖：《关于现代性问题的答问》，《知识分子立场：自由主义之争与中国思想界的分化》，第135—136页。按：中国文化不仅为法国革命提供了人道主义的滋养，实际上它对于整个欧洲文化的影响均是相当巨大的，关于中国文化对欧洲发生的影响，其详请参阅法国学者安田朴所著的《中国文化西传欧洲史》一书。

③ 转引自汪晖《关于现代性问题的答问》，《知识分子立场：自由主义之争与中国思想界的分化》，第136页。

贡当·弗兰克也指出，欧洲近代资本主义与其说是欧洲社会内部生产关系变动的结果，不如说是在与亚洲的关系中诞生的。他认为：1400年以降欧洲资本主义在世界经济和人口中的兴起，与1800年前后东方的衰落恰好一致。欧洲国家利用他们从美洲殖民地获得的白银，买通了进入正在扩张中的亚洲市场的大门。正是在亚洲进入衰败期的时候，西方国家通过世界经济中的进出口机制，成为新兴的工业经济。[①]西方“现代性”，不仅是地域性历史发展的结果，它同时与其他非西方地区历史的发展还存在着紧密的关系。可见，西方“现代性”的形成，与“世界性”是不可分割的，而西方“现代性”的形成及其向全球的传播，则进一步地促进了“世界性”的发展。在当今世界，“全球化”问题已经成为摆在所有“民族国家”面前的重要问题，对于像中国这样的处于“现代化之中”的国家来说，怎样处理好现代化与全球化之间的关系，“现代性”问题不仅是一个迫切的现实实践问题，也是一个亟待解决的重要理论问题。

由于“现代性”首先是从西方产生出来的，它同西方历史的自身演化逻辑存在着不可分割的关系，所以，对于中国来说，“现代性”首先便位于一个“他者”的地位。通过对于章太炎思想的全面疏解，我们获知，“民族性”与“时代性”是文化所具有的基本内在属性，“时代性”乃是“民族性”这一空间之维在时间链条上的伸展，主要是一种“自我”的不断伸展过程，当然，这一不断伸展着的“自我”，由于并不是一个封闭的体系，在它与别的文化进行交流互动的过程之中，会有“他者”的内容不断地加入进来，所以，它又是一个不断地包容着“它

① 汪晖：《关于现代性问题的答问》，《知识分子立场：自由主义之争与中国思想界的分化》，第136—137页。

者”的动态体系。由此，对于中国来说，则我们如何处理好中国文化的“时代性”与西方“现代性”之间的关系，将成为问题的焦点。一百多年来，中国人民在追求现代化的过程中，产生了为数众多的现代化理论，概括起来，主要有以下几种类型：

第一种类型，我们可以称之为“现代性的现代化理论”（借用汪晖先生语）①。它认为产生于西方的“现代性”具有普遍性意义，主张以西方的“现代性”去消弭中国文化的“时代性”，采取激进反传统的态度，在其思维程序中存在着传统/现代、中/西二分的模式。这是自晚清以来欧化（西化）主义者的普遍思维模式，而当代中国的后现代主义学者，则将其视之为“他者化”，认为它意味着一个民族身份的彻底丧失，“带有殖民主义的深刻烙印”②，章太炎则谥之为“仪型”而加以拒斥。

第二种类型，我们可以称之为一种“完美现代性的现代化理论”（汪晖先生将其称之为“反现代性的现代化理论”）。③因为产生于西方的“现代性”，本身就是一个悖论式的概念，在其中充满着自相冲突的矛盾，特别是西方的“现代性”在其实践过程之中，弊病丛生，陷入重重困境，这促使部分有识之士对之进行反思，企图在中国建立一个能够避免西方资本主义弊病的更加美好的现代化社会，这是以一种“完美的现代

① 按：从二十世纪九十年代迄今为止，在当代中国的思想界发生了所谓的“新左派”与“自由主义”之争，汪晖先生被目之为当代中国“新左派”的主要代表人物之一。本文在叙述自近代中国以来产生的现代化理论时，援引了汪晖先生的一些看法，但这并不表示笔者也赞同当代中国“新左派”的思想，它只反映了笔者在进行“现代性”问题的思考时，与汪晖先生的思想产生了一些交汇之处，这一点是需要在此特别加以声明的。

② 陶东风：《现代性反思的反思》，《知识分子立场：自由主义之争与中国思想界的分化》，第434页。

③ 请参阅汪晖《当代中国的思想状况和现代性问题》，《知识分子立场：自由主义之争与中国思想界的分化》，第90—92页。

性”去消弭中国文化的“时代性”，它不但采取激进反传统的态度，而且还采取激进的反西方资本主义的态度，在其思维程式中也存在着传统/现代、中/西二分的模式。从康有为的大同理想，到形形色色的社会主义思潮，均可划归此列。汪晖先生曾经指出：“在寻求现代化的过程中，这种在特定语境中产生的深刻思想却在另一方面产生出反现代的社会实践和乌托邦主义：对于官僚制国家的恐惧、对于形式化的法律的轻视、对于绝对平等的推崇，等等。在中国的历史语境中，现代化的努力与对‘理性化’过程的拒绝相并行，构成了深刻的历史矛盾。”①这一“反现代性的现代化理论”，章太炎曾经谥之为“成型”，并给予了拒斥。

第三种类型，我们可以称之为“民族性的现代化理论”。这是一个包含着众多流派的现代化理论，从晚清时期的国粹派，到民国时期的东方文化派、文化本位主义者，以及以梁漱溟、冯友兰为代表的现代新儒家学者等，②基本上均可划归此列。此一现代化理论诉求，由

① 汪晖：《当代中国的思想状况和现代性问题》，《知识分子立场：自由主义之争与中国思想界的分化》，第90—91页。

② 按：关于现代新儒家的现代化理论，笔者认为也是需要进一步仔细进行分疏的。在现代新儒家同人之间并不表现为高度的一致性，而是存在着比较大的分歧，并且，在其同人之间表现出来的分歧，或许并不比他们与欧化派之间的分歧小。冯友兰先生曾经说道：“在五四运动时期，我对于东西方文化问题，也感觉兴趣。后来逐渐认识到这不是一个东西的问题，而是一个古今的问题。一般所说的东西之分，其实不过是古今之异。……至于一般人所说的西洋文化，实际上是近代文化，所谓西化，应该说是近代化。”（见《三松堂自序》，第256页。）他将东西方文化的差异归之于“古今之辨”，实际上是在“时间”的链条上审视文化，忽视“空间”因素的作用。梁漱溟先生提出的“三路向”说，在思维模式上也与此相类。而熊十力先生在当时的东西方文化论争中，虽然也承认东西文化有“古今之异”，但他更强调的却是“东西之别”，并且是力图通过宏扬传统文化，挺立民族精神，从而来解决中国的民族危机，即通过“东西之别”的辨析，进而解决东西方之间的“古今之异”的。（请参阅丁为祥《熊十力学术思想评传》，第262页。）熊十力先生在注重文化的“时间”因素作用的同时，对于文化的“空间”因素的作用，也给予了关注，这与梁漱溟、冯友兰二位先生的现代化理论取向相较，显然是异趣的。

于流派众多,很难对其进行统一疏解。然而,通过逐一分疏这些众多流派的现代化理论,则我们可以发现,它们之间存在着惊人一致的地方,即在其追求现代化的话语体系中,均有着强烈的“民族主义”诉求,对于“民族性”的持守,成为他们共同的理论归趋。这些不同的现代化理论流派,虽然在进行中国现代化追求上诉之于“民族性”,然而,它实际上仍然是将西方的“现代性”看成是惟一的“现代性”模式,只不过同前两者相较,这些不同流派的现代化理论,并不认为中国的文化传统是中国建立“现代性”的阻碍因素,而是将之看成为中国实现现代化的有益资源。然其思想归趋,则仍然是认为西方式的资本主义生产方式和市场经济,将是中国现代化不可绕越的阶段。在这些众多流派的现代化理论的目的追求之中,中国文化的“时代性”,最终也将会被西方的“现代性”所消弭,它也是在传统/现代、中/西二分的模式中,展开其理论言说的。

以上三种富有典型意义的现代化理论,实际上主要是在“时间”的链条上审视文化,忽视文化的“空间”因素的作用,在其思维程式里均有着“一元主义”的浓厚色彩。在他们看来,中国文化的“时代性”最终将被具有普遍意义的西方“现代性”或者另一种“完美的现代性”消弭,之后,全球化时代便来临了。西方的“现代性”最终将会走向“全球化”,“全球化”将统一于西方的“现代性”,或者将统一于一种更加“完美的现代性”。于是,天下将走向大同,历史亦将由此走向终结。

根据上面谈到的宫崎市定、弗兰克诸人的观点,我们获知西方“现代性”的产生,同不同文明之间的交通存在着密切的联系。法国年鉴学派的代表人物费尔南·布罗代尔探讨过菲利普二世时代的地中海世界的交通与贸易状况，认为交通将不同的世界连接起来，它带来的影响是双向互动的。[①]这也正如宫崎市定曾经作过的一个比喻所云：由交通连接的两个世界之间，就像用皮带连接在一起的齿轮，一边转动，另一边也会跟着同时转动。这种观点的重要性在于，它打破了“现代性”作为普遍的统一进程的看法，暗示了将有多种“现代性”的可能。杜维明先生在探讨东亚社会与儒家传统的关系时，曾经指出：

> 西方的现代化虽在历史上引发了东亚的现代化，但没有在结构上规定了东亚现代性的内容。因此，东亚现代性是西化和包括儒家在内的东亚传统互动的结果。由此顺推，伊斯兰教之于东南亚，印度教之于南亚，佛教之于亚太，天主教之于拉美，东正教之于俄罗斯、乃至本土宗教之于非洲都可以发挥塑造现代性的作用。现代化的多元倾向乃至非西方的现代文化的创生皆可不言而喻。[②]

由于杜维明先生认为，“民族性”具有“发挥塑造现代性”的作用，所以，自然地便得出“多元现代性”的结论。杜维明先生又云“传统和现代是你侬我侬，而不是决然分割的两极”，“没有任何一个现代性，美国的现代性，英国的现代性，法国的现代性，新加坡的现代性，东亚社会的现代性，和这些地区的传统能够决然分开来观察的”[③]。“现代化论”理论的倡导者吉尔伯特·罗兹曼先生也曾经指出：“本土因素

---

① 关于此，请参阅（法）费尔南·布罗代尔所著的《菲利普二世时代的地海和地中海世界》一书。

② 杜维明：《现代精神与儒家传统》，第 3 页。

③ 杜维明：《东亚价值与多元现代性》，第 94 页。

和外来因素，都会对一个国家现代化的发展道路产生影响。”①根据文化所具有的“涵化”属性，我们也可获知，包含着“民族性”这一空间之维在时间的轴线上不断伸展的本土文化的“时代性”，在吸收别的文化因子的时候，也不可能决然地分割自己同“传统”的联系。因此，将西方“现代性”当作具有普遍性的意义去消弭存在于非西方地区的一特定文化的“时代性”的做法，实际上是难以成功的。或者以一种“完美的现代性”去为人类建立美好的大同社会，则更是流于空想的乌托邦。我们人类社会的历史既不会终结于西方的“现代性”，也不会终结于乌托邦式的千年王国。只要我们人类还没有消亡，人类社会的历史就不会被终结，“现代性”，只能是文化的“时代性”在特定历史时期的另一种书写，它也只能在与民族文化的“传统”以及在与“他者”的互动之中不断地得到重塑，我们人类的历史，也永远只能是一个本土文化的“时代性”的不断伸展过程，“多元现代性”的存在格局将成为全球化背景下的壮丽景观，企图以一种具有普遍意义的“现代性”作为通向大同社会理想的全球化社会的铺垫，则只能是梦呓。由此来审察中国文化，则我们就不难得出这样的结论，即：在时间轴线上不断得到伸展的未来中国文化，仍将是中国文化所具有的“民族性”特性在与“他者”的不断互动之中凝合而成的一种新的文化存在形态。在这一由本民族文化所具有的“民族性”特性及“他者”的不断互动之中产生的新的文化存在形态的形成过程之中，其最重要者则将是“本土现代性”的确立，而中国此一“本土现代性”的确立，将不仅昭示着中国的现代化走上了独立并且具有理性色彩的健康发展道

① (美)吉尔伯特·罗兹曼：《中国的现代化》，第6页。

路,而且,还将会对健康的全球化之生成有所贡献。

章太炎所处的时代,正是中国社会文化秩序面临着严重失序和重要转折的时代,也是中国步入现代化道路的初始阶段。在这样一个中国历史的重要转型时期,时人对于中国社会文化秩序的转型所作的思考,也可谓是充满了活力。但是,由于这一次中国社会文化秩序的转型主要是外力逼迫的结果,它伴随着西方的武力征服和由之而来的严重的民族生存危机,所以,时人在对于中国社会文化秩序的转型进行思考时,往往要受到疑惧、焦虑、不安、狂躁等情绪化的非理智因素的影响。这种情绪化的非理智因素的影响,在当时的传统主义思潮与欧化主义思潮之中表现得是至为明显的。传统主义者拼命地护持中国的文化传统,欧化主义者拼命地破毁中国的文化传统(由部分渐及全体),将中国社会文化秩序的转型界定在"一元"的思维模式之上,即是这一情绪化的非理智因素作用的结果。章太炎由于自幼接受了严格的古文经学派治学方法的训练,培育了浓厚的"批判的理性"精神,所以,他在对于中国社会文化秩序的转型进行思考时,能够不骛新、不惊变,而一出于冷静、理智的心态,这使得他对于中国社会文化秩序转型所作的思考,往往与现实政治斗争需要相脱节,并与时代思潮相背离。章太炎的文化心灵,可谓是当时中国的一个最为孤独的文化心灵,他是一个"孤行独见的哲人"。尼采曾经说过:最孤独的人,也是最有力量的人,唯其如此,才使得章太炎的思想虽然不合时宜,但却有着更为强大的生命力,它不会像流行歌曲或者时装那样,流行一阵子便烟消云散了,而是随着岁月的变迁,越来越焕发出它的生命力,越来越显示出它的魅力,它就像一坛陈年老酒,经久而弥醇。通过前面对于章太炎思想所进行的系统阐释,我们可以看出,章太炎将文化看成为一个伟大的生命之流，在多元视野中以追求“传统的合理化”为其思想的归趋，而章太炎所追求的“传统的合理化”，也正是意指包含着“民族性”这一“空间”之维在“时间”的轴线上不断得到伸展的无限过程，当然，这一与“传统”互动的本土文化的“时代性”之产生，同时也包含了“他者”。章太炎这一进行社会文化秩序重构的大思路，实也为我们提供了建立“多元现代性”的理论先导。

自从18世纪工业革命以来，随着工业文明的成功与发达，世界上几乎所有民族，无论是愿意还是不愿意，无论是主动还是被动，无一例外地都被拴到了“近代化”(或者“现代化”)这辆战车上。“近代化”(或者“现代化”)是从欧洲诞生的，欧洲之外的其他国家，在其“近代化”(或者“现代化”)的进程之中，大多是以欧洲模式为样板，作为后发型近代化(或者“现代化”)国家，它们所进行的近代化(或者“现代化”)运动，往往就是一个欧化的过程。然而，欧洲模式的近代化(或者“现代化”)，由于其自身所具有的内在矛盾，却弊端重重，陷入巨大的困境之中。当代法国社会学家蒂洛·夏伯特在其所著的《现代性与历史》一文中，曾经提出这样一个尖锐的问题，即：西方式的“现代性”究竟在当代是否还有前途？他认为，现代世界所提供的信息对此作出的答案是否定的。其云：

> (西方式的)现代性世界是大约在350年前建立的，这是一种惊人的进步……但在当今的世界中，人们似乎越来越看到，在(西方式的)现代性的道路上写着一条大标语：此路不通。当前，(西方)现代文明所产生的影响，对整个社会来说也好，对个人来说也好，都是大难将临前的那种“惶惑”。①

① 转引自何新《危机与反思》(上)，第247页。

西方许多研究社会问题的社会学家认为“现代性已陷入绝境”，因此，他们呼吁后发型现代化国家注意，不要重蹈西方的覆辙：

> 现在已应当走到路边，重新探索一下，看看是否还有其它别的道路，可以超越“现代化”（指西方模式——笔者）的道路而走向生活的美好方式。①

这些当代西方社会学者的“呼吁”，对于我们这些“处于现代化之中的国家”之从事“现代化”运动来说，对于我们这些“处于现代化之中的国家”之建立自己的“本土现代性”来说，应当有着极其重要的参考价值。在举世滔滔以趋附欧风美雨为时尚的历史年代里，章太炎以其睿识深刻地洞见了“西方现代性”的弊病，拒斥走西方式的“近代化”（或者“现代化”）道路，我们不能不承认他有着先见之明。章太炎追求“传统的合理化”，这意味着他不取西方式的“近代化”（或者“现代化”）模式，而是要走一条与本民族的文化传统相连接的独特的“近代化”（或者“现代化”）道路。章太炎这一“多元现代性”的理论诉求，以及对于“本土现代性”的问题意识的彰显，即使在今天看来仍然有着很高的理论高度，诚如有的学者所说的那样，“章太炎的思想在许多方面达到了至今还无人能超过的深度”②。在中国之近代化（或者“现代化”）刚刚步入初始阶段之时，章太炎即有着如此敏锐的思维触角以及思想透视的力度，则不能不令我们叹服。当今的学术与思想界，正在呈现出某种向章太炎思想回归的潮流，然而，章太炎本人却似乎正在被人们“边缘化”，或者被人们渐渐地忘却了，此一奇怪现象

---

① 转引自何新《危机与反思》（上），第248页。

② 张汝伦：《现代中国思想研究》，第10页。

的出现，恐亦是近一百多年来中国激进反传统潮流所致的最大负面效果之一。中国近一百多年来的激进反传统潮流，不仅造成了“传统”的断裂，也导致了学术思想之“薪尽”而不能“火传”的严重脱序现象之广为存在，以至于后人要重新花费许多精力去继续他们的前辈们的事业，但却不能达到他们的前辈们所业已达到的学术与思想的深度与高度。我们虽然是学术与思想的侏儒，但我们如果不能站在巨人的肩上放眼远望，则我们的识见就只能永远地会被一叶所障蔽。章太炎岂止是一位学术与思想的巨人，他在近代中国学术与思想史上的地位，乃是一座后人难以企及的巅峰，他与康有为双峰并峙于近代中国的学术与思想界。章太炎学术与思想的“异数”性质，他的“一片冰心”，对于我们当今中国之继续从事的现代化事业来说，无疑是一副有效的清凉剂，也是一副有效的解毒剂。章太炎的“孤行独见”，虽然不为时人所理解，也一直遭后人所曲解，但这却正好映衬了章太炎思想所具有的深邃性与前瞻性。由此，笔者认为：章太炎富有前瞻性的关于进行中国社会文化秩序重构的理论探索，应是我们当今任何一位致力于进行中国社会文化秩序重构的人们所不能、也不应该忽视的，无论我们是否赞同他的学说，这都无关宏旨，但是，对于章太炎在进行中国社会文化秩序的重构时能够不惊变、不骛新，而一出于沉着冷静的态度，其思维程式的展开，也是一出于理性的智性运作，并且对于中国文化有着崇高的“命运担当”之怀，对此，我们至少应该抱有高度的敬意。高山仰止！景行行止！对于章太炎所留下的深邃而又丰厚的学术与思想遗产，我们也只有在充满高度敬意的前提之下对之进行继承与阐扬，如此方不负于先贤，如此方有益于来者。下面笔者谨缀以王安石的小诗《登飞来峰》作为本书的结尾，并以此来评价章太炎及其思想：

飞来峰上塔千寻，闻说鸡鸣见日升。

不畏浮云遮望眼，只缘身在最高层。

1997 年 5 月初稿于南京大学之荟萃楼

2004 年 4 月终稿于西安南郊之洗风阁

2018 年元月重订于故都长安之洗风阁

附录一　太炎先生行谊简谱[①]

同治七年戊辰十一月三十日(1869年1月12日),先生生于浙江余杭之仓前镇。初名学乘,后更名炳麟,字枚叔(一字梅叔)。因慕明清之际学术大师顾炎武之为人,又更名绛,别号太炎。曾祖父章均,字安圃(一字安溥,1769—1832),承累世业绪,废居田畜,赀产至百万。入县学为增广生,援例得训导,教于海盐儒学。祖父章鉴,字聿昭(1802—1863),入县学为附学生,援例得国子监生。蓄宋、元、明旧刊本至五千卷,日督子弟讲诵。中岁好医术,自周、秦及唐、宋、明、清诸方书,悉暗诵上口。以家富不受人饷糈,时时为贫者治疗,处方不过五六味,诸难病率旬日起。父章濬,字轮香(一字楞香,1825—1890),廪生,屡试优等,道光己酉拔萃科,将入选时,家素封,以忌者訾言,遽归不应试,乡闱七荐不售,泊如也。尝客杭州知府谭钟麟所,

① 按:本谱乃以太炎先生所撰之《自定年谱》,及汤志钧、姜义华二先生著作,综覈编纂而成,文体则施以简易之文言,以求与太炎先生《自定年谱》之文风保持一致。

又充杭州诂经精舍监院，晚岁里居。生平长于医，为人治病辄效，暇则以诗书自娱。尝立有“家训”云：妄自卑贱，足恭谄笑，为人类中最佣下者，吾自受业亲教师外，未尝拜谒他人门墙，汝曹当知之。又云：精研经训，博通史书，学有成就，乃称名士。徒工词章，尚不足数，况书画之末乎？然果专心一艺，亦足自立，若脱易为之，以眩俗子，斯即为斗方名士，慎勿堕入。兄章篯，光绪戊子浙江乡试举人，嘉兴儒学训导。次兄章箴，光绪壬寅浙江乡试举人。

同治十二年癸酉（1873 年），六岁。始就傅，由父、兄躬自督读。

光绪二年丙子（1876 年），九岁。外祖父海盐朱左卿先生，讳有虔，来课读经。时虽童稚，而授音必审，粗为讲解，课读四年，稍知经训。暇亦以明清遗事及王而农、顾宁人著述大旨相晓，虽未读其书，闻之启发。十一二岁时，偶读蒋氏《东华录》曾静案，外祖谓“夷夏之防同于君臣之义”。因问：前人有谈此语否？外祖曰：王船山、顾亭林已言之，尤以王氏之言为甚，谓历代亡国，无足轻重，惟南宋之亡，则衣冠文物，亦与之俱亡。因曰：明亡于清，反不如亡于李闯。外祖曰：今不必作此论，若果李闯得明天下，闯虽不善，其子孙未必皆不善，惟今不必作此论耳。先生之革命思想遂伏根于此。

光绪六年庚辰（1880 年），十三岁。外祖父归海盐，由父躬自督读，稍课律诗及科举文字。慕为古文辞，见天启、崇祯人制义，稍可之，犹以为易。父诲之曰：尔文思倜傥，学古非难也，以入制义，则非童子所应为。由是稍就绳墨，然终不喜。

光绪九年癸未（1883 年），十六岁。以父命赴县应童子试，以患眩厥不竟，父乃命辍制义。始治经术，颇涉历史传，浏览老庄矣。

光绪十年甲申（1884 年），十七岁。初读四史、《文选》、《说文解字》，自是废制义不为。于深山乔木间，冥志覃思，然后学有途径，一以荀子、太史公、刘子政为权度。

光绪十一年乙酉(1885年)，十八岁。初读唐人《九经义疏》，时闻说经门径于伯兄篯，乃求顾氏《音学五书》、王氏《经义述闻》、郝氏《尔雅义疏》读之，即有悟。自是一意治经，文必法古。眩厥未愈，而读书精勤，晨夕无间。复读学海堂、南菁书院两《经解》，皆遍。

光绪十三年丁亥(1887年)，二十岁。得《明季稗史》十七种，"排满"思想始盛。睹全祖望文，所述南田台湾诸事甚详，益奋然为浙父老雪耻；次又得王夫之《黄书》，志行益定。

光绪十四年戊子(1888年)，二十一岁。细读经训，旁理诸子史传，始有著述之志。

光绪十六年庚寅(1890年)，二十三岁。正月，父殁，遗命以深衣殓。既卒哭，肄业诂经精舍。时德清俞荫甫先生主教，因得从学。并就仁和高宰平先生问经、谭仲仪先生问文辞法度。是岁求《通典》读之，后循诵凡七八过。于同侪中，知人所不知，颇自矜。同学相知者，杨誉龙云成最深。

光绪十七年辛卯(1891年)，二十四岁。始分别古今文师说。

光绪十八年壬辰(1892年)，二十五岁。纳妾王氏。成《膏兰室札记》四册。

光绪十九年癸巳(1893年)，二十六岁。女㸚生。

光绪二十年甲午(1894年)，二十七岁。始与钱唐夏曾佑穗卿交。穗卿时张公羊《齐诗》之说，先生以其为诡诞，已则专慕刘子骏，刻印自言私淑。是年八月，撰《独居记》，叹赏性廉制、与流俗不合之钱唐汪翁之"独"。

光绪二十一年乙未(1895年),二十八岁。先妣朱太夫人殁。是年十月,南海康有为设强学分会于上海,先生以其宗旨在于富国强兵,乃纳会费十六元,报名入会。

光绪二十二年丙申(1896年),二十九岁。遍寻荀卿、贾生、太史公、张子高、刘子政诸家《左氏》古义,成《春秋左传读》五卷。撰《驳箴膏肓评》《砭后证》,难公羊家刘逢禄之说。先是,南海康有为《新学伪经考》出,先生以其恣肆,撰"驳议"数十条,请于瑞安孙仲容先生。孙先生曰:是当哗世三数年,荀卿有言,狂生不胥时而落,安用辩难其以自熏劳也。由是先生虽撰"驳议",乃秘不公开。有为弟子新会梁启超卓如,与穗卿集资就上海作《时务报》,耳章名,招任撰述,先生始去诂经精舍,俞先生颇不怿。

光绪二十三年丁酉(1897年),三十岁。春,先生时在上海,因阅西报,知伦敦使馆有逮捕孙逸仙事,因问梁启超:孙逸仙何如人?梁云:此人蓄志倾覆满洲政府。先生窃幸己道不孤,心甚壮之,然尚不能不迷于对山之妄语。时康党诸大贤倡言孔教,以长素为教皇,又目为南海圣人,谓不及十年,当有符命。先生以其为病狂语,直攻其妄,康氏门徒乃攘臂大哄,共事不永,遂告分离。先生乃之杭州编辑《经世报》,并为《实学报》《译书公会报》撰文。先生在上海时,会平阳宋恕平子来,与语,甚相得。平子以浏阳谭嗣同所著之《仁学》见示,先生怪其杂糅,不甚许也。平子因问:君读佛典否?先生言:穗卿尝劝购览,略涉《法华》《华严》《涅槃》诸经,不能深也。平子言:何不取三论读之?读竟,亦不甚好。时先生所操儒术,以孙卿为宗,持论不出《通典》《通考》《资治通鉴》诸书,归宿则在孙卿、韩非,不喜持空论言捷径者。偶得《大乘起信论》,一见心悟,常讽诵之。

光绪二十四年戊戌(1898年),三十一岁。先生于经学持《春秋左氏》及《周官》义,与言今文者不相合。湖广总督南皮张之洞,亦不喜公羊家,遂因张氏幕僚钱恂之介,先生乃西走武昌,之洞嘱以帮办《正学报》。时之洞方草《劝学篇》,出以示先生。先生见其上篇所说多效忠清室语,因答曰:下篇为翔实矣。之洞大不怿。时南海梁鼎芬在之洞所,主两湖书院。一日聚语,鼎芬颇及左氏、公羊异同,先生因言:内中国,外夷狄,《春秋》三家所同,弑君称君为君无道,三家亦不有异,实录之与虚言,乃大殊耳。他日,又与俦辈言及光复,鼎芬惎焉。未几,谢归。返沪数月,适汪康年与梁启超争管《时务报》,梁被摈,汪乃改《时务报》为《昌言报》,仍聘先生主笔政。自斯报第一册起,先生笔述之《斯宾塞尔文集》次第刊出。其秋,政变起,传言清廷将下钩党令,群情惶惧,日本人有与先生善者,招游台湾,先生遂于十月二十一日(12月4日)抵台北。十二月,先生在台北辑定《訄书》,于"目录"后附识曰:幼慕独行,壮丁患难,吾行却曲,废不中权,逑鞠迫言,庶自完于皇汉。

光绪二十五年己亥(1899年),三十二岁。春,时在台湾,受聘于《台湾日日新报》为特约撰述。所撰文章对日治台政策,每恣意攻击,由是与社长守屋善兵卫大起冲突,乃于五月离台渡日本,游其东西两京。在台期间,撰文驳诘难康氏者,云:全身则废道,持正则见訾,生于乱世,而冤颈折翼,至于菹醢而不悔者,职矣!又重之以乡愿之议,使其义不得伸,悲夫!且与康、梁师弟以书信相往还,称论学虽殊,而行谊、政术自合也。既之日,乃寓横滨梁启超《清议报》馆,香山孙文逸仙时在横滨,先生于卓如坐中见之,未相知也。七月,返至上海,识康氏弟子唐才常,才常方广纠气类,期有大功,士人多知之者。八月初，由沪归杭，时徘徊湖上，间亦至余杭小住，行踪诡秘。冬，复至上海，为《亚东时报》主笔，又至诚正学堂任汉文教习。

光绪二十六年庚子(1900 年)，三十三岁。清自诛窜康、梁，与外人尤相忌，刚毅用事，遂有义和团之变。其夏，宛平不守，清太后、清主西窜长安。先生乃上书粤督李鸿章，欲其明绝伪诏，更建政府。唐才常知时可乘也，与侨人容闳召集士人，于沪上开“中国国会”，宣言独立，然尚以勤王为名，部署徒众，欲起兵夏口。先生谓才常曰：诚欲光复汉绩，不宜首鼠两端，自失名义。先生以勤王、光复，议论不合，遂宣言脱会，割辫与绝。未几，才常于夏口就戮，钩党甚亟，其徒皆窜日本，先生亦被连染。然以素非同谋，不甚恇惧。是岁，孙逸仙亦起兵惠州，旋败退。

光绪二十七年辛丑(1901 年)，三十四岁。才常既败，先生归乡里度岁。又以《訄书》出后，谣诼颇多。正月朔旦，友人庐江吴保初君遂，遣力急赴告曰：踪迹者且至矣，亟行。乃避至僧寺，十日，知无事，复出上海。平子及诸友皆相见慰问，君遂终以明哲保身相勉。先生曰：辫发断矣，复何言！平子笑曰：君以一儒生，欲覆满洲三百年帝业，云何不量力至此，得非明室遗老魂魄冯身耶。会苏州东吴大学求教员，君遂言：是有美洲教士任事，君往就之，或得其力。乃往苏州。时俞先生笃老，居于苏州之曲园，往谒，俞先生督敕甚厉，曰：今入异域，背父母陵墓，不孝；讼言索虏之祸毒敷诸夏，与人书指斥乘舆，不忠。不忠不孝，非人类也，小子鸣鼓而攻之可也。对曰：弟子以治经侍先生，今之经学，渊源在顾宁人，顾公为此，正欲使人推寻国性，识汉虏之别耳，岂以刘殷、崔浩期后生也。遂退，归而作《谢本师》。冬，复返乡里度岁。

光绪二十八年壬寅(1902 年),三十五岁。先生在东吴时,时以种族大义训迪后生,收效甚巨。事闻于苏抚恩铭,乃派员谒该校西人校长,谓有乱党章某借该校煽惑学生作乱,要求予以逮捕。正月朔旦,君遂又遣力走赴告曰:闻君在东吴大学言论恣肆,江苏巡抚恩铭赴学寻问,教士辞已归,惧有变,亟往日本避之。于是东渡。时孙逸仙方在横滨。湖南秦遁力山者,故唐才常党,事败东走,卓如不礼焉,往谒逸仙,与语大悦。先生亦素悉逸仙事,偕力山就之。逸仙导先生入中和堂,奏军乐,延义从百余人会饮,酬酢极欢。自是始定交。力山又言,同舍生有张溥者,直隶沧州人,年甫弱冠,而志行甚坚,仆与偕来就君。及见,先生甚奇之。三月十九日(4 月 26 日),先生与力山发起中夏亡国二百四十二年纪念会于东京,及期,为日警所阻。乃于是日下午,补行纪念仪式于横滨,由孙逸仙主席,先生宣读纪念辞。六月,先生复返国。以所著《訄书》,意多不称,自日本归,里居多暇,复为删革传世。

光绪二十九年癸卯(1903 年),三十六岁。翰林院编修山阴蔡元培鹤庼,初为南洋公学教员,先生因友人蒋智由观云识之。会公学生与任事者交恶,相率退学,鹤庼就租界设爱国学社处之。招先生讲论,多述明清兴废之事,意不在学也。溥泉与巴人邹容威丹自日本归,长沙章士钊行严亦来,三人皆年少英发,先生以弟畜之。威丹著书称《革命军》,嘱先生为序。行严亦就《苏报》昌言革命。学会诸子又时会林下演说,远近和者浸众。适康有为腾书主君主立宪,先生作书驳之。浸寻闻于清廷。清廷责两江总督魏光涛不觉察甚厉,光涛遣后补道俞明震赴上海查办,先生与威丹就逮,羁系租界,时五月上旬也。清廷求各国领事引渡,不许;愿以沪宁路权易之,亦不许。先生驳康书虽无效，而清政府至遣律师代表，与先生对质于公廨，震动全国，革命党声气大盛矣。是年，先生之妾王氏殁。

光绪三十年甲辰(1904年)，三十七岁。羁系逾岁，狱犹未决，清廷复要各国公使杂治。是年四月初七日(5月21日)，上海县知县赴会审公廨，摄先生与威丹听判。知县宣读外务部会同各国公使判文：章炳麟监禁三年，邹容监禁二年，罚作苦工，许以羁系时日作抵，期满后不得住上海租界。时清廷自处原告，故不得不假判决于各国公使，然自是革命党与清廷居然有敌国之势矣。听别，入外人所置狱中，狱吏课以裁缝役作。友人或求纳致书籍，狱吏许之。始，先生尝观《因明入正理论》，在日本购得《瑜珈师地论》，烦扰未卒读，羁时友人来致；及是，并致金陵所刻《成唯识论》。役毕，晨夜研诵，乃悟大乘法义。威丹不能读，年少剽急，卒以致病。是年冬，光复会成立于沪上，群推蔡元培为会长。先生时在狱中，尝致信元培等策动之。

光绪三十一年乙巳(1905年)，三十八岁。在狱研诵《瑜珈师地论》。威丹期将满，春正月，病温，医师以为必死。二月，就会审公廨保释，得诺。出狱前一日，摄赴工部局医院，医师予药一函，归服之，夜半即死。明旦，先生往抚其尸，口张目视，恸不能出声。晡时舁尸出狱，上海刘季平舍地葬焉。威丹既殁，白人稍善视先生，使任执爨之役，因得恣意啖食。先生尝言，己之生，威丹之死为之也。

光绪三十二年丙午(1906年)，三十九岁。是年五月初八日(6月26日)，先生出狱，同志自日本来迓。时孙逸仙与善化黄克强已集东京学子千余人，设中国同盟会，倡作《民报》，与康氏弟子相诘难。主之者，溥泉及桃源宋教仁遁初、番禺胡汉民展堂、汪兆铭精卫、朱大符执信也。先生既抵东京，同志迎于锦辉馆。来观者七千人，或著屋檐上。未几，先生以寿州孙毓筠少侯之请，入同盟会，任《民报》编辑。时革、保论战方酣，先生以胡、汪诘责卓如，辞近诟谇，故持论稍平。湖南徐佛苏来道卓如意，欲为调停，克强不许。其冬，《民报》创置满一岁，赴锦辉馆庆祝，观者万人，是时东京人才最盛。国内学子以得《民报》为幸，师禁之，转益尊重，化及全域，江湖耆帅皆愿为先驱。而湖南陈天华著小册称《猛回头》《警世钟》，潜输内地，重摹至十余次。威丹所作《革命军》者，则直银二十两云。天华后以忧愤蹈海死，不与其成，可惜也。是岁，义军起萍乡，安化李燮和柱中所为也。

光绪三十三年丁未(1907 年)，四十岁。逸仙自南洋还东京，作青天白日旗，张之壁上。克强欲作井字旗，示平均地权意。见逸仙壁上物，争之曰：以日为表，是效法日本，必速毁之。逸仙厉声曰：仆在南洋，托命于是旗者数万人，欲毁之，先摈仆可也。克强怒，发誓脱同盟会籍。未几，复还。时日本人入同盟会者八人，自相克伐。汉人亦渐有同异。孙、黄、胡、汪南行，遁初亦赴奉天。三月，先生与张继、刘师培、苏曼殊、陶冶公等，联络亚洲各国志士，发起亚洲和亲会于东京，以反对帝国主义，而自保其邦族。数月，遁初复来。同志闻逸仙与日本西园寺侯阴事，渐相攻击，异议始起。宝庆谭人凤石屏来，石屏于同志年最长，耆艾骨鲠，有湘军风。是岁山阴徐锡麟伯荪刺杀安徽巡抚恩铭。伯荪性阴鸷，志在光复，而鄙逸仙为人。先生在狱时，尝一过省，未能尽言也。后以道员主安徽巡警学堂，得间遂诛恩铭，为清廷所杀。其党会稽陶成章焕卿，时在日本，与先生善，焕卿亦不喜逸仙。而李柱中以萍乡之败，亡命爪哇，焕卿旋南行，深结柱中，遂与逸仙分势矣。秋，焕卿联络印度、安南、缅甸诸志士，设东亚亡国同盟会于东京，以先生为会长。

光绪三十四年戊申(1908 年),四十一岁。初,孙、黄之南也,以同盟会事属长沙刘揆一林生。林生浅望,众意不属。既与逸仙有异议,孙、黄亦一意规南服,不甚顾东京同志,任事者次第分散。溥泉以言社会主义为日本法官逮捕,脱走欧洲。遁初贫甚,常郁郁,醉即卧地狂歌,又数向民报社佣婢乞贷。先生知其事,曰:此为东人笑也。急取社中余资赒之。然资金已多为克强移用,报社贫乏,数电告逸仙,属以资济,皆不应。其夏,克强袭破云南河口,旋败归,抵东京,遁初不往见。先生谓克强曰:吾在此以言论鼓舞,而君与逸仙自交趾袭击,虽有所获,其实不能使清人大创,徒欲使人知革命党可畏耳。愚谓当储蓄财用,得新式铳三千枝,机关铳两三门,或可下一道数府,然后四方响应,藉群力以扑之。若徒以小故动众,劳师费财,焉能有功。克强未应。先生又言:遁初在稠人中,粗有智略,君何不就与计事。克强遽曰:人云遁初狂,下视仆辈,闻其言曰不杀孙黄大事不可就,是何嫉我之深也。先生曰:谗间之言,何所不至,遁初诚狂,嫉君则未也。克强乃稍与遁初计事。顷之,清廷遣唐绍仪赴美洲,绍仪过日本,因胁日本当事封禁《民报》,使馆亦遣人潜入报社下毒。社员汤增壁饮茗几死。先生欲取绍仪,绍仪已去,因诣留学生总会馆,自玻璃函中得绍仪像,击堕地,蹴碎之。会清主、太后先后死,袁世凯罢,绍仪至美洲,亦无所就而返。是年,先生开国学讲习会于其东京寓所及民报社馆,往学者黄侃、鲁迅、许寿裳、钱玄同、龚宝铨、朱宗莱、朱希祖、钱家治、周作人、汪东等。

宣统元年己酉(1909 年),四十二岁。《民报》既被禁,先生闲处与诸子讲学,克强复南。时东京同盟会颇萧散,而内地共进会转盛。共进会者,起自川、湖间游侠,闻同盟会名,东行观之,以为迂缓,乃阴部署为共进会，同盟会人亦多附焉，其魁则四川张百祥也。旋归，众益盛，后武昌倡义，卒赖其力。焕卿自南洋归，先生方讲学，焕卿亦言：逸仙难与图事，吾辈主张光复，本在江上，事亦在同盟会先，曷分设光复会，先生诺之，同盟会人亦有附者。是年，先生于鞅掌之暇，息肩小学，成《小学答问》，由弟子钱玄同写刻付印。

宣统二年庚戌（1910年），四十三岁。正月（2月），光复会于东京成立本部，南洋英、荷各埠亦设分会，又在东京组织《教育今语杂志》以为通信机关。众以先生为会长，焕卿付之，然主其事者，实焕卿焉。时东京与南洋声闻转疏，孙、黄异议，逸仙亦他去。克强在香港，与丹徒赵声伯先合。伯先始为江苏标统，练达成事，以党人见黜，南行与克强、石屏计事，欲自桂林起兵下湖南。议甚秘，未行也。焕卿数言，克强得伯先，事或可就，逸仙似无成者。先生谓：集党数年，未有规画，恐诒之后人耳。然清自袁世凯废，张之洞死，宗室用事，人民胥怨，固不能久。粤人好利而无兵略，湘中朴气衰矣，亦未必属孙、黄也。君以光复会号召，所谓自靖自献，成败利钝，谁能知之。是年，先生于《訄书》多所修治，又先后成《新方言》《文始》《齐物论释》诸书，《国故论衡》亦在日出版。女叕适嘉兴龚宝铨。

宣统三年辛亥（1911年），四十四岁。三月（4月），克强集同志攻两广督署，不克，死者七十二人，所谓黄花岗之役也。是役使清大吏震怖，然同盟会才俊亦略尽矣。伯先治军严肃，为广州人忌，发愤致死，或疑为被毒，焕卿尤恨之。石屏以广州非用武地，转向江汉，集中部同盟会，共进会人多附者。其夏，四川以争铁道事，起者数十万。秋八月（10月），武昌兵起。先生时方与诸子讲学，晨起，阅日报得之，不遽信。及暮，阅报，所传皆同。一二日知鄂军都督为黎元洪，用事者则谭人凤、孙武。嗣闻湖南、江西相继反正，始辍讲业。以上海未拔，不得遽返。九月，东南粗定，于是附轮归国。十月，抵上海。时黄兴在汉阳，尝以扩大同盟会询于先生，先生以革命军兴、革命党消对，克强未纳。十一日（12 月 1 日），以南京旦夕可下，先生之尧化门观军。未几，孙公逸仙归，任临时大总统，黎元洪副焉。

民国元年壬子（1912 年），四十五岁。孙公以元旦就职，自是始行太阳历，以江宁为南京。初，赵伯先之死，未有疑克强者也，焕卿不能分别，并恶之。至是，日与黄、陈不合，自设光复军总司令部于上海，募兵。先生告之曰：江南军事已罢，招募为无名，丈夫当有远志，不宜与人争权于蜗角间。武昌方亟，君当就蛰仙乞千余人上援，大义所在，蛰仙不能却也。如此，既以避逼，且以有功。恋此不去，必危其身。焕卿不从，果被刺。焕卿既死，孙公延先生至江宁，欲任为枢密顾问，先生不能却，乃曰：上海、江宁，咫尺地耳，若有献替，邮书半日即至，无必常宿值庐也。因返上海。其夕，闻孙公以汉冶萍公司，许日本松方正义合资，与盛宣怀同署名。时南通张謇季直，被任为实业总长，先生问其事，季直言：有之，吾亦不得不辞职矣。先生乃遽上书请速废约，孙公以军饷为辞，往复数四，卒得请而废约。2 月，清主退位，袁世凯被选为临时大总统，复任先生为高等顾问。4 月，入都。先是，先生初归国时，曾于沪上组建中华民国联合会，后改为统一党，既入都，谋与民社合。然清世所遗君宪党人，亦欲藉民社庇荫，民社许之，先生知植党无益，自是泊然矣。7 月，之武昌，谒黎公。闻武昌人甚重张之洞，以为人才军实皆张氏所遗以为倡义资也。返自武昌，与袁公道之。袁公愤然曰：南皮竖儒，今犹为人引重耶。因数张过咎数端，又言初练陆军及遣学生出洋，皆己所建，无与南皮。先生因独念曰：死者尚忌之，况于生人，褊浅若是，盖无足观矣。欲辞顾问去。袁公遣王赓来，拟以仓场总督任之。先生曰：有官守，无职事，非仆所能居也。会以事赴三姓，北抵卜魁，还返，乃任为东三省筹边使。

民国二年癸丑（1913年），四十六岁。先生设筹边署于长春，僚属才十人耳，既鲜事，经费亦少。招善测绘者为绘黑龙江全图，较旧东三省图为精矣。袁公就职岁余，益恣肆。3月，遁初见刺于上海，克强欲举兵，犹豫未决。时人望多属黎公者，黎公以遁初死，惧及己，益懔懔。5月，先生复上武昌，劝黎公毋辞大选，顺众望以安之。卒不得要领，遂入都。袁公下令授先生勋二位，冀以歆动。入府，袁公问曰：克强意何如？对曰：遁初之死，忧惧者不止克强一人。袁公曰：报纸传克强欲举兵，称为遁初复仇，何诬谬如是。先生曰：南方报纸亦传公将称帝，道听途说，南北一也。袁公曰：吾以清运既去，不得已处此坐，常惧不称，亦安敢行帝制。人之诬我，乃至于是。先生曰：以愚意度之，言公将称帝者，非毁公，乃重公耳。夫非能安内攘外者，妄而称帝，适以覆其宗族，前史所载则然矣。法之拿破仑，雄略冠世，克戡大敌，是以国人乐推。今中国积弱，俄、日横于东北，诚能战胜一国，则大号自归，民间焉有异议，特患公无称帝之能耳。诚有其能，岂独吾辈所乐从，孙、黄亦焉能立异也。袁公默然，两目视先生，色悻悻。时辰钟过三分，乃曰：明日来受勋耳。先生遂出。凡留京师七日，复归上海。6月，与吴兴汤国梨于哈同公园举行婚礼，来宾极盛，孙中山、黄克强、陈英士诸君皆先后至。又以南北相持，辞东三省筹边使。7月，二次革命起，旋败。先生念袁氏网罗既布，无所逃死；中国已覆而犹亡命，所不为也。8月，乃赋“时危挺剑入长安”，冒危入京，为袁氏软禁于共和党总部。10月，袁世凯被选为正式大总统，黎元洪副之。

11 月,国民党被解散,黎公入都。国会旋亦被袁氏解散。

民国三年甲寅(1914 年),四十七岁。元月 1 日,先生致书黎元洪,曰:时不我与,岁且更新,烈士暮年,壮心不已,以此为公祝。炳麟羁滞幽都,饱食终日,进不能为民请命,负此国家;退不能阐扬文化,惭于后进。桓魋相迫,惟有冒死而行。三五日当大去。人寿几何,亦或尽此。书与公诀。3 日,欲乘车离京,为军警所阻。7 日,乃以大勋章作扇坠,临总统府之门,大诟袁世凯之包藏祸心,遂被禁锢。袁氏先属陆建章锢先生于一军事废校中,20 日,移先生于龙泉寺幽之。至 6 月,先生以资斧空匮,饬厨役断炊,绝食七八日,以死争之。袁氏惧,乃嘱京师警察总监吴炳湘,妥为设法劝导处置,俾不至先生以绝食陨生。乃迁先生于钱粮胡同。是年,先生感事既多,复取《訄书》增删,更名《检论》,处困而亨,渐知《易》矣。

民国四年乙卯(1915 年),四十八岁。4 月初,长女叕、少女㠭及长婿龚宝铨入都省视,遂居焉。时歙吴承仕䌹斋为司法部佥事,好说内典,来就先生学,每发一义,䌹斋辄录,汇为《菿汉微言》,都百六十七则,传于世。时袁氏帝制萌芽已二岁矣,数遣客来伺先生意,道及国体,先生辄以他语乱之,间亦以辞章讽刺。9 月 8 日,长女叕无故自经,先生猝遭此变,心绪恶劣,又异前时。10 月,自为《终制》,云:今旦暮绝气,而宅兆尚未有定,其为求文成旧茔堧地,足以容一棺者,他焉安处。12 月,袁氏称帝,以明年为洪宪元年。25 日,云南护国军起。是年,先生所手定之《章氏丛书》,由上海右文社出版发行。

民国五年丙辰(1916 年),四十九岁。先生虽被禁,数闻北军败耗。时有欲迎黎公赴广西者,闻于先生,乃密书授人致黎公,劝决策。未几,广西独立,世凯自褫帝号。至 5 月中,陈宧以四川独立,世凯渐不支。先生时欲观南方实状,友人有在海军部者,与日本海军增田大佐、柴田大尉相知,示先生易和服亡走,自铁道达天津。至期,日本驻津领事密携宪兵迎于车栈。既发,未上车,侦者踵至,群拽以走。时世凯已病,警吏气亦衰,但促归邸而已。6月6日,世凯死。7日,黎公继任。16日,以院令撤警。21日,入谒黎公,告以行意。旋南归。先生既归,见国事日岌,8月,南赴肇庆,然见南方无可与谋者,遂出游南洋群岛,岁晚始归。归时肇庆都司令部已解,克强已呕血死。人才日乏,凶暴日作,知大乱之将作也。明年送克强葬,伏地痛哭,至不能起。

民国六年丁巳(1917年),五十岁。3月4日,先生于上海发起成立亚洲古学会,以联络亚洲之情谊、沟通各国之学说为宗旨。既而,对德参战事起,府、院交恶,黎公招张勋入都调停,而复辟之祸成,黎公遂避难日本使馆。国命既断,先生乃与众人集议于孙公邸中,于是决策以军舰护孙公至番禺,冀有所建设矣。是年3月,汤夫人举一男,小字曰导,未三月,先生即随孙公南行。孙公以护法名,属广东省议会迎致国会议员,开非常国会于番禺。9月,番禺立军政府,孙公被选为大元帅,两广巡阅使陆荣廷、云南督军唐继尧被选为元帅。先生任护法军政府秘书长。旋以军政府之命,取道越南之昆明,赍送元帅印证于唐。继尧虽具礼受印证,然其文移号令,终自称滇黔靖国联军总司令,未肯称元帅也。数日,以公函请先生为联军总参议,先生受之。11月,发昆明,渡可渡河,从丛菁中行数日,至毕节。12月,联军攻占重庆,23日,拔沪洲,势益振。先生数促继尧东下,不果,乃由毕节下东川。先生在毕节,闻孙公与荣廷相恶,权日蹙,命令不能出府门,欲亲征福建,电请决计,亦不果。

民国七年戊午(1918年),五十一岁。1月10日,至巴县,礼威丹祠。至4月,日本人来报唐绍仪赴东京,拟拥立徐世昌,求外援也,因征先生意。先生曰:首乱中国者,徐世昌也,余必黜之。协和数电继尧,言改组军政府事,先生闻孙公矜躁失众,知不可留。因念护法端绪,本以勉强行之,前之苦心,遂为灰烬,乃发意欲归乡里。5月,道万县之利川,是时军政府改为七总裁制。自沅陵微行出常德,渡洞庭,至夏口,闻徐世昌得伪选大总统。自袁氏死,黎公继任,海内粗安,其间交搆府院,使成大衅者,亦世昌也。二年以来,乱遍禹域,则世昌为祸始,冯国璋其次也,段祺瑞又其次也。唐绍仪以私交故,独推世昌为文治之主,变乱白黑,举国信之,何哉?10月11日,归抵上海。乃发愤杜门,不时见人。自六年七月以还,先生跋涉所至,一万四千余里,中间山水犷恶者,几三千里。

民国八年己未(1919年),五十二岁。2月,世昌遣帝制犯人朱启钤来与唐绍仪议和。先生集同志为护法后援会,破徐、唐之谋也。5月4日,京师学生群聚击章宗祥,欲尽诛宗祥及陆宗舆、曹汝霖辈,三人皆伪廷心膂,介以通款日本者也。事起,上海学生亦开国民大会,群指和议为附贼。绍仪不得已,逾10日,乃提八条以胁启钤。其前七条,唯国会自由行使职权,废除中日密约,为差可意。最后一条,仍言由和会承认徐世昌为临时大总统,启钤不许,和会遂散。然西南议和之望,犹未绝也。是年,《章氏丛书》浙江图书馆刊印本出版。

民国九年庚申(1920年),五十三岁。自1月患黄疸,至于3月。4月,谭石屏殁于上海,往吊,哭之恸。为作墓铭,承其嘱也。6月,先生热病大作,几死,病中闻湘军克长沙,喜甚,跃起。上焦既清,兼得王勃山为下调胃承气汤,栀子豉汤,热病寻愈。方是时,湘、川皆以恢复故土为号。先生既议湘、川同盟,知军政府必不支,则以自治同盟为说。会溥泉自欧洲返,为言近事,语于溥泉曰:军府亡,则无以拒北贼,独言自治同盟,可尽靖献之义耳。溥泉为易名为联省自治。因拟秋凉偕往长沙。9月,以病愈归杭。去故乡十七年矣,朋辈依然,田畴无改。于是祗谒先茔,与长兄及族党欢饮十余日而返。于是溯长江,入长沙。未几,溥泉亦来。既抵长沙,以联省自治说其士人,川人亦如酣睡方觉,由是西南根本复定。

民国十年辛酉(1921年),五十四岁。是时西南六省,唯广西附北方,其余皆称自治,改督军号总司令,或兼省长。孙公在广东,犹称总裁。及4月,孙公以议员二百人选为非常大总统。先生闻孙公就选,以为非法,然以孙公不得大位必附北,而唐绍仪在粤,犹为徐世昌谋,反对孙公则使徐、唐快意,念武侯贺仲谋称尊之意,故不与争。孙公来电亦自言不得已。

民国十一年壬戌(1922年),五十五岁。孙公将北伐,遣伍朝枢之奉天,与张作霖和,谋南北同起,攻吴佩孚。既成言,自桂林东下,以竞存异议,罢其省长。张作霖入关,与曹吴战,兵大挫。吴佩孚知徐世昌在,则南方讨伐无已时也,谋迎黎公复位。电信来,先生复言:曹、吴不自解兵柄,而请黎公复位,是谓囚尧。6月2日,闻徐世昌已走。10日,得黎公电称入都就职。方徐世昌未走时,溥泉来问计,先生曰:竞存阴鸷,恨孙公罢其职,必报仇。徐世昌在,彼不欲居逐主之名;世昌退,孙公亦黜矣。亟电孙公,劝以去名号,勿负气忿争,以招反动。12日,黎公已复位。17日,竞存部将叶举发难广东,孙公走。黎公数电召先生,先生知不可为,辞之,独以勿下讨伐南方令、勿借外款为戒。告西南则言坚持自治,勿遽受命为曹、吴所弄。8月29日,以大总统令，先生受勋一位。是年4月至6月，先生应省教育会之约，讲授国学于沪上，共十讲，弟子曹聚仁记录整理，以《国学概论》为题出版。

民国十二年癸亥（1923年），五十六岁。2月15日，孙公由沪南下，21日，之广州，就大元帅职。4月12日，先生致电湘、川、滇、黔、粤、杭、闽诸地，以为独彼直系，包藏祸心，始终以武力统一之义，破坏自治。主南北十省，当以自治名义联拒寇仇。14日，草寒电，由孙公及西南各省领袖联名发出。言自今以后，我西南各省，决以推诚相见，共议图存。6月13日，黎公为曹、吴所逼，通电辞职。次日，先生致电孙公等，望各省根据大法，力持正义。7月2日，曹锟贿买议员，筹备大选。11日，先生电催京、津议员南下，言留京制宪，是为贼舞文，调和孙、曹，是引人附逆。10月5日，北京开总统选举会，曹锟以贿当选。6日，先生发表声讨意见，云：曹锟本负罪中华民国之人，较寻常刑事犯，尤宜加等。是年9月，《华国月刊》创刊于沪上，以先生为社长，志在甄明学术，发扬国光。

民国十三年甲子（1924年），五十七岁。3月8日，先生致电湘省议会，嘱坚持自治。时叶德辉勾结吴佩孚，反对湘省自治，先生复书责之，斥其甘作谯周。4月5日，与李根源、于右任等祭扫邹容墓，复议募款修墓建碑，旋又拟定筑墓计划，由李根源、刘季平董其事，次岁工始竣。先生撰墓表，于右任书，印泉醵资刻之。7月28日，联省自治会于沪上开第三次筹备会，先生任主席。以为欲谋民国之统一，为在打破蹂躏省权之势力，而以各省为同流共进之单位；欲谋国宪之成立，首在消灭谬托法统之国会，而以联省会议为根本解决之枢纽；欲得联省自治之实际，首在却还伪宪赋予之自治，而以人民自为特立独行之主张。9月,直奉战起,先生致电段祺瑞,以为民国之乱,起于争竞大总统,今宜预为规定,勘乱既毕,即以委员制从事。10月23日,冯玉祥倒戈反吴,兵围总统府。11月2日,曹锟宣告退职。14日,先生发表改革意见书,复申行政委员合议制。24日,段祺瑞组织执政府,函聘先生为高等顾问,先生拒之。是年冬,为冯自由怂恿,发出护党救国宣言,反对国共合作。是年,先生成《清建国别记》。于医经亦勤求之,成《猝病新论》四卷。

民国十四年乙丑(1925年),五十八岁。1月1日,段祺瑞以善后会议相招,先生曰:今之政府,本无法律根据,则与西南无异,西南、北京两政府乃敌体,而非主属,吾参预西南事已久,今日不能去一政府,就一政府也。乃电复,告以不行之意。2月24日,于上海聚辛亥同志俱乐部,并原光复、共进诸会及滦州派与同盟会同冶于一炉,以为正式组党之初步。3月12日,孙公逝世,先生预治丧事宜,发表谈话云:三民主义为先生所首创,惟民族主义因有凭借,故先生能集其大成以达目的;至民权二字,照国内现状观之,尚能求完全做到;至民生二字,一切实施,则更为幼稚。总之,先生做事,抱定奋斗精神,坚苦卓绝,确为吾党健者。深愿大家竟先生未竟之功,努力救国,则追悼先生始有价值也。五卅惨案起,先生发出《为上海英租界巡捕惨杀学生之通电》,云:某等以为英捕而不治罪,固不足以肃刑章;英捕而果治罪,亦未必足以防后患。惟有责成外交当局,迅速收回租界市政,庶几一劳永逸,民庆再生。7月1日,群治大学学生代表访先生,先生云:五卅惨剧,举国悲愤,民气激昂,实行经济绝交,一致对外,足见吾民精神未死。近汉粤又继续发生惨案,英人实属惨无人道。惟至使吾人悲叹者,国内军阀,勇于内争,怯于公战,故军阀已不可恃,所可恃者，惟吾民众耳。但以现时激昂之民气，一面督促政府，一面实行经济绝交，努力奋斗，坚持到底，终必得最后之胜利。9月18日，先生应赵恒惕之请，赴长沙主考县长，录取三十人。事毕，发表演说云：两湖地位，独得风气之先，辛亥之役，武昌首义。今者湘省又首先制宪，我于斯土，与第二故乡无异。词毕退席，议员鼓掌送之。先生演讲，口操余杭土音，啁啾难辨，有相顾错愕，不知所云，而亦鼓掌以表欢迎之忱者。10月，吴佩孚抵鄂，先生往谒见，建议吴联省自治以阻共产，顺从民意，与鄂当局合作等。吴颔首称是，欲任先生为总参赞，先生未就。10月31日，于上海国民大学发表《我们最后的责任》讲演，讲词云：凡是借外人势力来压迫中华民族的，我们应当反对他，这便是我们最后的责任。

民国十五年丙寅(1926年)，五十九岁。4月7日，于上海组织反赤救国大同盟，以反对赤化、保障国权、实行民治为宗旨，任理事。11日，参预发起国民外交协会，旨在谋对付外侮之方针，任会长。18日，发表对时局通电，云：窃谓根本改造，当俟贼平而后，就各军所据之疆域，维持不动，各修内政，互止侵陵，俟他日各省自治完成，再图建置中央政府，自有磐石之安。6月，任国民大学校长。上海法政大学亦请先生任校长，未就。7月，与太虚法师等组织佛化教育会。8月，应孙传芳之邀往南京参预投壶新仪，并被特聘为修订礼制会会长。13日，发出反对北伐通电，云：粤东自蒋中正得政，尊事赤俄，惟有内摧粤军，外扰湘境，以为赤俄辟土。详其一生行事，倡义有功者，务于摧残致尽。且其天性阴鸷，反颜最速，非若孙中山之可以辞解，岑、陆诸公之可以义结也。权利所在，虽蚁伏叩头，以求解免，必不可得，幸而为彼容纳，则奴隶之下，更生阶级，地权兵柄，悉被把持。夫冯、蒋二酋，同为俄属，冯渐受创，蒋更恣睢，宜以北事付之奉、晋，而直军南下以保江上，开诚布公，解除宿衅，与南省诸军共同讨伐，志在卫国，不为权利，虽有小愤，待事定而后论之，庶几叛人寡助，中华洗辱。

民国十六年丁卯(1927年)，六十岁。赋《生日自述》云：蹉跎今六十，斯世熟为徒？学佛无乾慧，储书不愈愚。握中余玉虎，楼上对香沪。见说兴亡事，拿舟望五湖。是年，先生辞国民大学校长职。2月，先生参加由太虚法师发起之新僧运动，欲以佛教之大施主义以救人救世。6月16日，国民党上海市特别党部临时执行委员会，呈请国民党中央，通缉著名学阀，先生位其首。7月以后，先生赁居同孚路，终日宴坐，兼治宋明儒学，借以惩愤。11月，蔡元培欲先生往南京参预教育，先生拒之，表示宁作民国遗老耳。

民国十七年戊辰(1928年)，六十一岁。1月，长兄篯卒。5月，致书李根源，言今之拔去五色国旗，宣言以党治国者，皆背叛民国之贼也。愿守身如玉，除五色国旗下之中华民国，更无可与。6月3日，黎元洪卒于天津，先生挽之曰：继大明太祖而兴，玉步未改，佞寇岂能干正统；与五色国旗俱尽，鼎湖一去，谯周从此是元勋。自署“中华民国遗民”。11月21日，招商轮船局公司股东代表蒋尊簋等招待新闻界，先生于席上云：孙中山后来的三民主义，乃联外主义、党治主义、民不聊生主义。今日中国之民不堪命，蒋介石、冯玉祥尚非最大罪魁，祸首实属孙中山。国民党上海市三区党务指导委员会，以先生图谋危害政府，议决通缉，并由上海市特别市党务委员会讨论通过，是年，先生撰《自定年谱》，至民国十一年五十五岁止。

民国十八年己巳(1929年)，六十二岁。1月19日，梁启超病逝，先生挽之。夏，赋《长夏纪事》，云：我本山谷士，失路趋堂帘。伐华既十稔，重兹风日炎。但为涤尘虑，焉识速与淹。大化苟我遒，老洫终如缄。乃以缄默度日。

民国十九年庚午(1930 年)，六十三岁。成《春秋疑义答问》。于政治、学术皆示缄默。

民国二十年辛未(1931 年)，六十四岁。“九一八”事变起，先生校论宁、粤两方，谓宁方则秦桧，粤方则石敬瑭也。以为今日之势，唯有一战，战败而失之，与拱手而授之，有人格与无人格既异，则国家根本之兴废亦异也。是年，先生蛰居上海，以鬻书鬻文为事。

民国二十一年壬申(1932 年)，六十五岁。是年 1 月，东北全境沦陷。先生与熊希龄、马相伯等组织中华民国国难救济会，发表通电，责国民党诸公负起国防责任，联络全民总动员，收复失地，以延国命。国民党应即日归政全民，召集国民会议，产生救国政府，俾全民共同奋斗。28 日，暴日进犯上海闸北，十九路军奋起抗击，淞沪抗战起。2 月 17 日，先生作《书十九路军御日本事》，云：自清光绪以来，与日本三遇，未有大捷如今者也。今十九路军赫然与强敌争命，民之爱之，固其所也。2 月 23 日，先生离沪北上，分访段祺瑞、张学良、吴佩孚诸人，言对日本之侵略，惟有一战，中国目前只此一条路可走，不战则无路，惟坐而待亡。战胜无论已，不幸败衄，至少亦可转换世界之视听。3 月，分别在燕大、师大讲学。5 月，在青岛大学讲演，言人能知耻方能立国，遇难而不抵抗即为无耻。秋，赴苏州讲学，以范仲淹之名节厉俗、顾炎武之行己有耻，勉励青年后学。是年，先生在北平将《章氏丛书续编》稿本，交弟子钱玄同等梓行。

民国二十二年癸酉(1933 年)，六十六岁。1 月，国学会成立于苏州，以讨论儒术为主，众推李根源为干事。先生时寓上海，亦列名会籍，并撰宣言以明源起。2月10日，与马相伯发表联合宣言。鉴于国联会议，对于否认满洲国一层，未有决议，特以中国学者之立场，以历史及掌故等言，证明东三省属中国。3月3日，日军侵占承德，先生向全国军民发出《呼吁抗日电》，指责国民政府勇于私斗，怯于公战。言今全国养兵近二百万，国家危急至此，犹不奋力向前，以图恢复，平日整治兵戎，所为何事？应即督促前进，自谋靖献。如犹逍遥河上，坐视沦胥，此真自绝于国人，甘心于奴隶矣！14日，在无锡国学专门学校讲演，云社会腐败，至今而极，救之之道，首须崇尚气节。次日，又于江苏省立无锡师范学校讲历史之重要，云不读史书，则无从爱其国家；有史而不读，则国家之根本先拔矣。4月1日，与马相伯、沈恩孚发表联合宣言，云：今日国联，固已正式承认九一八以来日本之侵略，为违背国联盟约之非法行为矣，亦已明认东三省为中国领土不容分割矣，亦已否认满洲伪国之合法存在矣。吾人在此种正义赞助之下，则唯有切实认清，以自力自助自救之意义，对于当前日本之侵略暴行，不仅作消极之抵抗，同时更应动员全民族积极收复失地，根本消灭伪国，是为国联决议之精神，亦即为世界正义之所在。5月26日，冯玉祥在张家口就任民众抗日同盟军总司令，先生与马相伯特电慰勉。云：执事之心，足以代表全国有血气者之心；执事之言，足以代表全国有血气者之言；执事之行，足以代表全国有血气者之行。某等虽在暮年，一息尚存，必随全国民众为执事后盾。惟秉义直前，毋稍瞻顾。12月，撰写《察哈尔抗日实录序》，言是时微冯君，寇当鼓行而西，虽蚕食至宁夏，使北方诸省皆边于寇可也。

民国二十三年甲戌（1934年），六十七岁。秋，由上海迁居苏州。冬，以与国学会旨趣不合，在苏州发起章氏国学讲习会。

民国二十四年乙亥(1935 年),六十八岁。3 月 29 日,会鼻菌作衄,蒋介石派丁维汾前来慰问,并致万金为疗疾费。先生于蒋本无好感,以都下故人之情,不复强辞。然无功受贶,终觉不安,因移此款为讲习会基金。6 月 6 日,先生有《答张季鸾问政书》,谓:一、中国今后永远保存之国粹,即是史书,以民族主义所托在是。二、为救亡计,应政府与人民各自任之,而皆以提倡民族主义之精神为要。9 月,章氏国学讲习会于苏州锦帆路 50 号章宅正式开办,来学者一百余人,由先生主讲,弟子朱希祖、汪东等任讲师。同月,发行《制言》半月刊,取曾子制言之义,以翼讲学之缺。10 月 8 日,弟子黄侃在南京去世,先生挽之,云:辛勤独学鲜传薪,歼我良人,真为颜渊兴一恸;断送此生唯有酒,焉知非福,还从北叟探重玄。12 月,北平学生举行一二·九、一二·一六抗日救国游行示威,平津卫戍司令宋哲元,以学生团体中颇有不少共党分子,大多数纯洁学生皆受"共党分子"所"欺骗煽动"为由,决予以适当之制止。先生乃致电宋哲元云:学生请愿,事出公诚,纵有加入共党者,但问今之主张何如,何论其平素?执事清名未替,人犹有望,对此务宜坦怀。12 月 24 日,上海学生北上请愿,过苏州,先生派代表慰劳,并嘱县长馈食。发表谈话云:政府当局,应善为处理,不应贸然加以共党头衔,武力制止。

民国二十五年丙子(1936 年),六十九岁。3 月 16 日,先生通告及门弟子,以讲学四十年来之及门弟子组织一学会,每年寒、暑假各举行大会一次,每次大会征集会员治学心得,发行会刊,会章则由会员共订之。6 月,为诸生讲《说文部首》,旋因鼻衄病急,气喘病发,喘甚不食,勉为讲论。汤夫人止之,则谓:饭可不食,书仍要讲。当先生之未病也,曾草遗嘱,其言曰:设有异族入主中夏,世世子孙毋食其官禄。语不及私。4日，致书蒋介石云：今共党之在晋北者，其意不过欲北据河套，与苏俄通声势耳。此辈对于日军，必不肯俯首驯服。若能顺其所欲，驱使出塞，即以绥远一区处之。如此，察省介在日、共之间，渐可成为缓冲之势，较之左支右绌者，其得失必相悬矣。与其使察、绥二省，同为日有，不如以一省付之共党也。14日，先生以鼻衄及胆囊炎病发，逝于苏寓。先生既逝，各报皆以显著位置予以报道。国民党中央执行委员会赙三千元，并由中央秘书处致电丁维汾代唁先生家属。蒋介石、林森、居正、于右任、陈果夫、李烈钧、冯自由、邵元冲、蒋作宾、吴佩孚、李璜、孔祥熙、段祺瑞、杨虎、唐绍仪等，均有唁电。7月9日，国民政府发布国葬令，云：宿儒章炳麟，国学泰斗，学问淹通。早岁以文字提倡民族革命，身遭幽系，义无屈挠。嗣后抗拒帝制，奔走护法，备尝艰险，弥著坚贞。居恒研精经术，抉奥钩玄，究其诣极，有逾往哲。所至以讲学为宗，岿然儒宗，士林推重。后以暴日孔逼，国事蜩螗，迄未能行。9月4日，弟子许寿裳、钱玄同等于北平发起开追悼会，谓先生为革命元勋，国学泰斗。七·七事变起，战火迫近苏州，章氏家属乃将先生灵柩暂厝于宅邸之后园。1955年4月3日，循周恩来总理“隆重处理”之嘱，江、浙两省乃依先生遗愿，迁先生遗体于杭州西湖之南屏山麓，葬于明末抗清志士张苍水墓侧。墓碑上“章太炎之墓”五字，为先生生前所手书。

附录二　主要参考文献

第一部分：章太炎文献及相关研究著作

1.《膏兰室札记》，章太炎著，收入《章太炎全集》(一)，上海人民出版社，1982 年版。

2.《春秋左传读》，章太炎著，收入《章太炎全集》(二)，上海人民出版社，1982 年版。

3.《訄书》(初刻本)、《訄书》(重订本)、《检论》，章太炎著，载《章太炎全集》(三)，上海人民出版社，1984 年版。

4.《太炎文录初编》，章太炎著，收入《章太炎全集》(四)，上海人民出版社，1985 年版。

5.《太炎文录续编》，章太炎著，收入《章太炎全集》(五)，上海人民出版社，1985 年版。

6.《齐物论释》《齐物论释定本》，章太炎著，收入《章太炎全集》(六)，上海人民出版社，1986 年版。

7.《国故论衡》《新方言》《文始》《小学答问》《菿汉微言》，章炳麟著，收入《章氏丛书》(民国八年浙江图书馆刊印本)。

8.《訄书·初刻本·重订本》(中国近代学术名著)，章炳麟著，主编钱钟书，执行主编朱维铮，生活·读书·新知三联书店，1998年版。

9.《章太炎先生自定年谱》，章太炎著，上海书店，1986年版。

10.《太炎先生自定年谱》，章太炎著，龙门书店(香港)，1965年版。

11.《清建国别记》，章炳麟著，民国十三年刊印本。

12.《国学讲演录》，章太炎著，傅杰校订，华东师范大学出版社，1995年版。

13.《国学概论》，章太炎讲演，曹聚仁整理，上海古籍出版社，1997年版。

14.《章太炎政论选集》(上、下)，汤志钧编，中华书局，1977年版。

15.《章太炎年谱长编》(上、下)，汤志钧编，中华书局，1979年版。

16.《章太炎年谱摭遗》，谢樱宁著，中国社会科学出版社，1987年版。

17.《章太炎选集》(注释本)，朱维铮、姜义华编注，上海人民出版社，1981年版。

18.《章炳麟论学集》，章太炎著，吴承仕藏，北京师范大学出版社，1982年版。

19.《章太炎诗文选注》(上)，章太炎著作编注组编注，上海人民出版社，1976年版。

20.《革故鼎新的哲理——章太炎文选》，姜玢编选，上海远东出版社，1996 年版。

21.《章太炎学术论著》，刘凌、孔繁荣编校，浙江人民出版社，1998 年版。

22.《章太炎先生家书》，汤国梨编，上海古籍出版社，1985 年版。

23.《章太炎书信集》，马勇编，河北人民出版社，2003 年版。

24.《章太炎集·杨度集》(近现代著名学者佛学文集)，黄夏年主编，中国社会科学出版社，1995 年版。

25.《章太炎语萃》，姜义华编，华夏出版社，1993 年版。

26.《章太炎生平与学术自述》，倪伟编选，江苏人民出版社，1999 年版。

27.《章太炎生平与学术》，章念驰编，生活·读书·新知三联书店，1988 年版。

28.《章太炎生平与思想研究文选》，章念驰编，浙江人民出版社，1986 年版。

29.《章太炎思想研究》，姜义华著，上海人民出版社，1985 年版。

30.《章太炎评传》，姜义华著，百花洲文艺出版社，1995 年版。

31.《章炳麟评传》，姜义华著，南京大学出版社，2002 年版。

32.《章太炎思想研究》，唐文权、罗福惠著，华中师范大学出版社，1986 年版。

33.《康章合论》，汪荣祖著，联经出版公司(台北)，1988 年版。

34.《章太炎研究》，汪荣祖著，李敖出版社(台北)，1991 年版。

35.《章太炎的思想(1868—1919)及其对儒学传统的冲击》，王汎森著，时报文化出版事业公司(台北)，1985 年版。

36.《章炳麟的哲学思想》,何成轩著,湖北人民出版社,1987年版。

37.《记章太炎先生》,沈延国著,上海永祥印书馆,1946年版。

38.《论章太炎》,李润苍著,四川人民出版社,1985年版。

39.《章炳麟》,许寿裳著,重庆出版社,1987年版。

40.《章太炎》,熊月之著,上海人民出版社,1982年版。

41.《章太炎传》,王有为著,广东人民出版社,1984年版。

42.《章太炎吴虞论集》,唐振常著,四川人民出版社,1981年版。

43.《中国现代学术之建立——以章太炎、胡适之为中心》,陈平原著,北京大学出版社,1998年版。

第二部分:中国古代文献及相关研究著作

1.《全上古三代秦汉三国六朝文》,严可均辑,陈廷嘉等点校,河北教育出版社,1997年版。

2.《周易》《尚书》《周礼》《礼记》《春秋左氏传》,收入《十三经注疏》,〔清〕阮元校刻,江苏广陵古籍刻印社,1995年版。

3.《论语》《孟子》《荀子》《庄子》《韩非子》《商君书》《吕氏春秋》,收入《诸子集成》,河北人民出版社,1992年版。

4.《国语》,上海书店,1987年版。

5.《战国策》,〔西汉〕刘向集录,上海古籍出版社,1978年版。

6.《史记》,〔汉〕司马迁著,中华书局,1959年版。

7.《汉书》,〔汉〕班固著,中华书局,1962年版。

8.《说苑疏证》,〔汉〕刘向著,赵善诒疏证,华东师范大学出版社,1985年版。

9.《春秋公羊传注疏》,〔汉〕何休解诂、〔唐〕徐彦疏,收入《十三经注疏》,〔清〕阮元校刻,江苏广陵古籍刻印社,1995 年版。

10.《盐铁论》,〔汉〕桓宽撰,上海古籍出版社,1990 年版。

11.《成唯识论校释》,〔唐〕玄奘译,韩廷杰校释,中华书局,1998 年版。

12.《通典》,〔唐〕杜佑著,中华书局,1984 年版。

13.《韩昌黎文集校注》,〔唐〕韩愈撰,马其昶校注,马茂元整理,上海古籍出版社,1986 年版。

14.《旧唐书》,〔后晋〕刘昫等撰,中华书局,1975 年版;《新唐书》,〔宋〕欧阳修、宋祁撰,中华书局,1975 年版。

15.《新五代史》,〔宋〕欧阳修撰,〔宋〕徐无党注,中华书局,1974 年版。

16.《李白诗选》,复旦大学古典文学教研组编注,人民文学出版社,1983 年版。

17.《太平御览》,〔宋〕李昉等撰,中华书局,1985 年版。

18.《资治通鉴》,〔宋〕司马光编著,〔元〕胡三省音注,中华书局,1956 年版。

19.《朱子语类》,〔宋〕黎靖德编,王星贤点校,中华书局,1994 年版。

20.《四书章句集注》,〔宋〕朱熹撰,中华书局,1983 年版。

21.《续近思录》,张伯行撰,上海古籍出版社,1994 年版。

22.《象山语录·阳明传习录》,〔宋〕陆九渊、〔明〕王阳明撰,杨国荣导读,上海古籍出版社,2000 年版。

23.《王阳明全集》(上、下),〔明〕王守仁撰,上海古籍出版社,

1992年版。

24.《龙川文集》,〔宋〕陈亮著,〔清〕胡凤丹校辑,同治七年永康胡氏退补斋刊金华文萃本。

25.《习学记言序目》,〔宋〕叶适著,中华书局,1977年版。

26.《利玛窦中国札记》,利玛窦、金尼阁著,何高济、王遵仲、李申译,中华书局,1983年版。

27.《读通鉴论》,〔清〕王船山著,中华书局,1975年版。

28.《四书训义》,〔清〕王夫之著,民国本。

29.《顾亭林诗文集》,〔清〕顾炎武著,中华书局,1983年版。

30.《日知录集释》,〔清〕顾炎武著,〔清〕黄汝成集释,秦克成点校,岳麓书社,1994年版。

31.《明夷待访录》,〔清〕黄宗羲著,中华书局,1983年版。

32.《明儒学案》,〔清〕黄宗羲著,沈芝盈点校,中华书局,1985年版。

33.《鲒埼亭集内编》,收入《全祖望集汇校集注》(上),〔清〕全祖望撰,朱铸禹汇校集注,上海古籍出版社,2000年版。

34.《阅微草堂笔记》,〔清〕纪昀著,夏风扬校点,巴蜀书社,1995年版。

35.《东原文集》,〔清〕戴震著,收入《戴震全书》(六),张岱年主编,安徽省古籍整理出版规划委员会、安徽古籍丛书编审委员会编,黄山书社,1995年版。

36.《孟子字义疏证》,〔清〕戴震著,中华书局,1961年版。

37.《小仓山房文集》,〔清〕袁枚著,收入《袁枚全集》(第二册),江苏古籍出版社,1993年版。

38.《校礼堂文集》,〔清〕凌廷堪著,中华书局,1998年版。

39.《文史通议》,〔清〕章学诚著,叶英校注,中华书局,1994年版。

40.《四库全书总目》,〔清〕永瑢等撰,中华书局,1965年版。

41.《清史稿》,赵尔巽等撰,中华书局,1977年版。

42.《新原人》《新原道》,冯友兰著,收入《贞元六书》,华东师范大学出版社,1996年版。

43.《三松堂自序》,冯友兰著,生活·读书·新知三联书店,1984年版。

44.《十力语要》,熊十力著,中华书局,1996年版。

45.《中国哲学大纲》,张岱年著,中国社会科学出版社,1982年版。

46.《中国古代思想史论》,李泽厚著,人民出版社,1986年版。

47.《老庄新论》,陈鼓应著,上海古籍出版社,1992年版。

48.《中国学术思想史随笔》,曹聚仁著,生活·读书·新知三联书店,1986年版。

49.《古史辨》(一),顾颉刚编著,上海古籍出版社,1982年版。

50.《青铜时代》,郭沫若著,收入《郭沫若全集》历史编第一卷,人民出版社,1982年版。

51.《甲骨文字研究》,郭沫若著,科学出版社,1962年版。

52.《中国人性论史》(先秦篇),徐复观著,上海三联书店,2001年版。

53.《中华元典精神》,冯天瑜著,上海人民出版社,1994年版。

54.《荀学源流》,马积高著,上海古籍出版社,2000年版。

55.《汉代思想史》,金春峰著,中国社会科学出版社,1997年版。

56.《魏晋玄学新论》,徐斌著,上海古籍出版社,2000年版。

57.《中国近三百年学术史》,钱穆著:(1)中华书局,1986年版;(2)商务印书馆,1997年版。

58.《中国文化史导论》,钱穆著,商务印书馆,1994年版。

59.《中国近三百年学术史》,梁启超著,东方出版社,1996年版。

60.《清代学术概论》,梁启超著,东方出版社,1996年版。

61.《汉魏两晋南北朝佛教史》,汤用彤著,北京大学出版社,1997年版。

62.《魏晋南北朝史论丛》(外一种),唐长孺著,河北教育出版社,2000年版。

63.《中国前近代思想的演变》(日)沟口雄三著,索介然、龚颖译,中华书局,1997年版。

64.《近代的初曙——18世纪中国观念变迁与社会发展》,高翔著,社会科学文献出版社,2000年版。

65.《中国思想文化论稿》,苏渊雷著,华东师范大学出版社,1989年版。

66.《中国文化与基督教的冲撞》,(法)谢和耐著,于硕、红涛、东方译,徐重光校,辽宁人民出版社,1989年版。

67.《中国文化史》(上),柳诒徵撰,蔡尚思导读,上海古籍出版社,2001年版。

68.《中国民族史》,吕思勉著,中国大百科全书出版社,1987年版。

69.《中外交通小史》,向达著,商务印书馆,1930年版。

第三部分:中国近代文献及相关研究著作

1.《弢园文录外编》,王韬著,中华书局,1959 年版。

2.《弢园文新编》(中国近代学术名著),王韬著,主编钱钟书,执行主编朱维铮,生活·读书·新知三联书店,1998 年版。

3.《弢园尺牍》,王韬著,光绪六年香港重刻本。

4.《校邠庐抗议》,冯桂芬著,中州古籍出版社,1998 年版。

5.《随使法国记》(三述奇),张德彝著,"小方壶斋舆地丛抄"本。

6.《郑观应集》(上),郑观应著,夏东元编,上海人民出版社,1982 年版。

7.《盛世危言》,郑观应著,中州古籍出版社,1998 年版。

8.《陈炽集》,赵树贵、曾丽雅编,中华书局,1997 年版。

9.《郭嵩焘等使西记六种》(中国近代学术名著),郭嵩焘、刘锡鸿、薛福成、宋育仁著,主编钱钟书,执行主编朱维铮,生活·读书·新知三联书店,1998 年版。

10.《郭嵩焘奏稿》,郭嵩焘著,杨坚校补,岳麓书社,1983 年版。

11.《郭嵩焘日记》(第三卷),郭嵩焘著,湖南人民出版社,1982 年版。

12.《李鸿章全集》(第二册),李鸿章著,海南出版社,1997 年版。

13.《筹办夷务始末》(同治朝),〔清〕文庆等纂,民国十九年故宫博物院影印本。

14.《中外旧约章汇编》(一),王铁崖编,生活·读书·新知三联书店,1982 年版。

15.《康子内外篇》,康有为著,收入《康有为全集》(一),上海古籍出版社，1987 年版。

16.《康有为政论集》(上、下)，汤志钧编，中华书局，1981 年版。

17.《春秋董氏学》，康有为著，楼宇烈整理，中华书局，1990 年版。

18.《论语注》，康有为著，楼宇烈整理，中华书局，1984 年版。

19.《大同书》，康有为著，中州古籍出版社，1998 年版。

20.《严复集》(1—5)，王栻编，中华书局，1986 年版。

21.《谭嗣同全集》(上、下)，蔡尚思、方行编，中华书局，1981 年版。

22.《樊锥集》，方行编，中华书局，1984 年版。

23.《饮冰室合集》，梁启超著，中华书局，1989 年版。

24.《倭文端公遗书》，倭仁著，成文出版社(台北)，1968 年版。

25.《觉迷要录》，叶德辉辑，台联国风出版社(台北)，1970 年版。

26.《翼教丛编》，苏舆编，上海书店出版社，2002 年版。

27.《葵园四种》，王先谦著，岳麓书社，1986 年版。

28.《宋恕集》(上、下)，胡珠生编，中华书局，1993 年版。

29.《孙中山全集》(二)，中华书局，1982 年版。

30.《孙中山全集》(三)，中华书局，1984 年版。

31.《杨毓麟集》，饶怀民编，岳麓书社，2001 年版。

32.《刘申叔遗书》(上、下)，刘师培著，江苏古籍出版社，1997 年版。

33.《吴稚晖先生选集》(下)，吴稚晖著，中国国民党党史史料编纂委员会，1964 年版。

34.《马君武文选》，曾德珪选编，广西师范大学出版社，2000

年版。

35.《鲁迅全集》(第一卷、第三卷、第五卷、第六卷),人民文学出版社,1981 年版。

36.《鲁迅杂文全集》,河南人民出版社,1994 年版。

37.《独秀文存》,陈独秀著,安徽人民出版社,1987 年版。

38.《胡适散文》(第四集),姚鹏、范桥编,中国广播电视出版社,1992 年版。

39.《钱玄同文集》(第二卷、第三卷),中国人民大学出版社,1999 年版。

40.《科学与人生观》,张君劢、丁文江等著,山东人民出版社,1997 年版。

41.《无梦楼随笔》,张中晓著,远东出版社,1996 年版。

42.《顾准文集》,顾准著,贵州人民出版社,1994 年版。

43.《洋务运动》(一、二、八)(中国近代史资料丛刊),中国史学会编,上海人民出版社,1961 年版。

44.《戊戌变法》(一、二、三)(中国近代史资料丛刊),中国史学会编,上海人民出版社,1961 年版。

45.《辛亥革命前十年间时论选集》(第 1 卷、第 2 卷),张枬、王忍之编,生活·读书·新知三联书店,1960、1963 年版。

46.《国粹学报》。

47.《民报》。

48.《教育今语杂志》。

49.《华国月刊》。

50.《制言》。

51.《世载堂杂忆》,刘成禺著,中华书局,1997 年版。

52.《中华民国开国前革命史》,冯自由著,《民国丛书》第二编。

53.《清末汉语拼音运动编年史》,倪海曙著,上海人民出版社,1959 年版。

54.《中国现代思想中的唯科学主义》,郭颖颐著,江苏人民出版社,1995 年版。

55.《近代经学与政治》,汤志钧著,中华书局,2000 年版。

56.《康有为与戊戌变法》,汤志钧著,中华书局,1984 年版。

57.《李鸿章》,梁启超著,民国年间刊刻本。

58.《中兴名臣曾左胡李》,高伯雨著,波文书局(香港),1977 年版。

59.《寻求富强——严复与西方》,(美)本杰明·史华兹著,叶凤美译,江苏人民出版社,1995 年版。

60.《严复与福泽谕吉——中日启蒙思想比较》,王中江著,河南大学出版社,1991 年版。

61.《五四:多元的反思》,林毓生等著,生活·读书·新知三联书店(香港)有限公司,1989 年版。

62.《胡适与中国的文艺复兴——中国革命中的自由主义(1917—1937)》,(美)格里德著,鲁奇译,江苏人民出版社,1995 年版。

63.《现代儒学论》,余英时著,上海人民出版社,1998 年版。

64.《中国文化的展望》,殷海光著:(1)中国和平出版社,1988 年版;(2)上海三联书店,2002 年版。

65.《中国传统的创造性转化》,林毓生著,生活·读书·新知三联书店,1988 年版。

66.《危机与反思》(上、下),何新著,国际文化出版公司,1997年版。

67.《人类的视野》,李亦园著,上海文艺出版社,1996年版。

68.《文化危机与展望》(上),张志琴编,中国青年出版社,1989年版。

69.《港台及海外学者论中国近代文化》,姜义华、吴根梁、马学新编,重庆出版社,1987年版。

70.《文化的民族性与时代性》,庞朴著,中国和平出版社,1988年版。

71.《发微集》,陈振江著,中华书局,2003年版。

72.《从中国文化到现代性:典范转移?》,石元康著,生活·读书·新知三联书店,2000年版。

73.《中国现代思想史论》,李泽厚著,东方出版社,1987年版。

74.《五十年来的中国哲学》,贺麟著,辽宁教育出版社,1989年版。

75.《寻求意义:现代化变迁与文化批判》,许纪霖著,上海三联书店,1997年版。

76.《知识分子立场:自由主义之争与中国思想界的分化》,李世涛主编,时代文艺出版社,2000年版。

77.《现代精神与儒家传统》,杜维明著,生活·读书·新知三联书店,1997年版。

78.《东亚价值与多元现代性》,杜维明著,中国社会科学出版社,2001年版。

79.《中国的现代化》,(美)吉尔伯特·罗兹曼著,国家社会科学基金“比较现代化”课题组译，沈宗美校，江苏人民出版社，1988 年版。

80.《近代中国思想人物论——保守主义》，时报文化出版事业有限公司（台北），1982 年版。

81.《晚清国粹派——文化思想研究》，郑师渠著，北京师范大学出版社，1993 年版。

82.《求索真文明——晚清学术史论》，朱维铮著，上海古籍出版社，1996 年版。

83.《另一种启蒙》，许纪霖著，花城出版社，1999 年版。

84.《最后一个儒家——梁漱溟与现代中国的困境》，（美）艾恺著，郑大华等译，湖南人民出版社，1988 年版。

85.《熊十力学术思想评传》，丁为祥著，北京图书馆出版社，1999 年版。

86.《牟宗三学术思想评传》，颜炳罡著，北京图书馆出版社，1998 年版。

87.《钱穆与中国文化》，余英时著，上海远东出版社，1994 年版。

88.《现代中国思想研究》，张汝伦著，上海人民出版社，2001 年版。

89.《国家与学术——清季民初关于“国学”的思想论争》，罗志田著，生活·读书·新知三联书店，2003 年版。

90.《晚清上海社会的变迁——生活与伦理的近代化》，李长莉著，天津人民出版社，2002 年版。

91.《反抗现代性：从德国到中国》，单世联著，广东教育出版社，1998 年版。

92.《汪晖自选集》，汪晖著，广西师范大学出版社，1997 年版。

93.《中国近代思想史论》,王尔敏著,社会科学文献出版社,2003年版。

94.《保守主义》,刘军宁著,中国社会科学出版社,1998年版。

95.《中国近代经济思想史》(下),赵靖、易梦虹主编,中华书局,1984年版。

96.《中国近代民主思想史》,熊月之著,上海人民出版社,1986年版。

97.《中国近代哲学的革命进程》,冯契著,华东师范大学出版社,1997年版。

98.《中国近代哲学史》,侯外庐主编,人民出版社,1978年版。

99.《冲击与蜕变——西方文化与中国政治》,胡维革著,吉林教育出版社,1989年版。

100.《中国文化西传欧洲史》,(法)安田朴著,耿昇译,商务印书馆,2000年版。

101.《曹聚仁杂文集》,生活·读书·新知三联书店,1994年版。

102.《万里行记》,曹聚仁著,生活·读书·新知三联书店,2000年版。

第四部分:西学文献及相关研究著作

1.《新工具》,(英)培根著,许宝骙译,商务印书馆,1984年版。

2.《培根论说文集》,(英)培根著,水天同译,商务印书馆,1983年版。

3.《我不想树立雕像》,(法)蒙田著,梁宗岱、黄建华译,光明日报出版社,1996年版。

4.《论人类不平等的起源和基础》,(法)卢梭著,李常山译,商务印书馆,1982 年版。

5.《论科学和艺术》,(法)卢梭著,何兆武译,商务印书馆,1963 年版。

6.《社会契约论》,(法)卢梭著,何兆武译,商务印书馆,1982 年版。

7.《政府论》(下),(英)洛克著,叶启芳、瞿菊农译,商务印书馆,1986 年版。

8.《论法的精神》(上、下),(法)孟德斯鸠著,张雁深译,商务印书馆,1982 年版。

9.《人类精神进步史表纲要》,(法)孔多塞著,何兆武、何冰译,生活·读书·新知三联书店,1998 年版。

10.《历史哲学》,(德)黑格尔著,王造时译,上海书店出版社,1999 年版。

11.《马克思恩格斯全集》(第 1 卷),人民出版社,1972 年版。

12.《马克思恩格斯选集》(第 1 卷),人民出版社,1972 年版。

13.《代议制政府》,(英)约翰·密尔著,汪瑄译,商务印书馆,1984 年版。

14.《学术与政治》,(德)马克斯·韦伯著,冯克利译,生活·读书·新知三联书店,1998 年版。

15.《西方的没落:世界历史的透视》(上、下),(德)奥斯瓦尔德·斯宾格勒著,齐世荣等译,商务印书馆,1995 年版。

16.《历史研究》(上、中、下),(英)汤因比著,曹未风等译,上海人民出版社,1997 年版。

17.《查拉斯图拉如是说》,(德)尼采著,尹溟译,文化艺术出版社,1987 年版。

18.《自由主义》,(英)霍布豪斯著,朱曾汶译,商务印书馆,1996 年版。

19.《到奴役之路》,(英)海耶克著,张尚德译,桂冠图书股份有限公司(台北),1987 年版。

20.《开放社会及其敌人》(第一卷、第二卷)(英)卡尔·波普尔著,郑一明等译,中国社会科学出版社,1999 年版。

21.《菲利普二世时代的地中海和地中海世界》,(法)费尔南·布罗代尔著(上卷:唐家龙、曾培耿等译,下卷:吴模信译),商务印书馆,1998 年版。

22.《保守主义》,(德)卡尔·曼海姆著,李朝晖、牟建君译,译林出版社,2002 年版。

23.《变化社会中的政治秩序》,(美)塞缪尔·亨廷顿著,王冠华等译,生活·读书·新知三联书店,1989 年版。

24.《多元视野中的文化理论》,庄锡昌等编,浙江人民出版社,1987 年版。

25.《启蒙哲学》,(德)卡西勒著,顾伟铭等译,山东人民出版社,1988 年版。

26.《东西文明比较》,(英)罗素著,收入《罗素文集》,王正平主编,改革出版社,1996 年版。

27.《个人主义》,(英)史蒂文·卢克斯著,阎克文译,江苏人民出版社,2001 年版。

28.《文化的科学——人类与文明研究》,(美)L.A.怀特著,沈原、黄克克、黄玲伊译，山东人民出版社，1988 年版。

29.《文化的意义》，韩森著，孙振青译，“国立”编译馆（台），1979 年版。

30.《文化的变异——现代文化人类学通论》，（美）C.恩伯、M.恩伯著，杜杉杉译，辽宁人民出版社，1988 年版。

31.《鬼魂奏鸣曲》，（瑞）斯特林堡著，符家钦译，收入《外国现代派作品选》第一册（下），袁可嘉等编选，上海文艺出版社（内部发行），1980 年版。

32.《人道主义的僭妄》，（英）戴维・埃伦费尔德著，李云龙译，国际文化出版公司，1988 年版。

33.《伦理思想的突破》，韦政通著，四川人民出版社，1988 年版。

34.《现代世界的预言者》，（美）李维著，谭振球译，黑龙江教育出版社，1989 年版。

35.《培根及其哲学》，余丽嫦著，人民出版社，1987 年版。

36.《马克斯・韦伯的生平、著述及其影响》，（德）迪尔克・克斯勒著，郭锋译，法律出版社，2000 年版。

37.《韦伯：摆脱现代社会两难困境》，王威海编著，辽海出版社，1999 年版。

38.《柏克》，（加）C.B.麦克弗森著，江源译，中国社会科学出版社，1989 年版。

39.《海耶克自由理论研究》，何信全著，联经出版事业公司（台北），1990 年版。

40.《史学：文化中的文化——文化视野中的西方史学》，张广智、张广勇著，浙江人民出版社，1990 年版。

41.《经济学说史》(上、下),(法)夏尔·季德、夏尔·利斯特著,徐卓英等译,商务印书馆,1986年版。

42.《政治学说史》(上、下),(美)乔治·霍兰·萨拜因著,刘山等译,商务印书馆,1986年版。

43.《西方法律思想史资料选编》,法学教材编辑部《西方法律思想史》编写组编,北京大学出版社,1983年版。

44.《哲学唯心主义与资产阶级历史思想的危机——帝国主义时代历史哲学批判纲要》,(苏)康恩著,乔工、叶文雄等译,生活·读书·新知三联书店,1961年版。

45.《政治参与》,(日)蒲岛郁夫著,解莉莉译,经济日报出版社,1989年版。

46.《民族·种族·文化》,(苏)尼·切博克萨罗夫、伊·切博克萨罗娃著,赵俊智、金天明译,东方出版社,1989年版。

47.《全球通史:1500年以后的世界》,(美)斯塔夫里阿诺斯著,吴象婴、梁赤民译,上海社会科学院出版社,1996年版。

第五部分:其他

1.《中国哲学》第六辑,《中国哲学》编辑部编,生活·读书·新知三联书店,1981年版。

2.《中国哲学》第二十二辑,姜广辉主编,辽宁教育出版社,2000年6月版。

3.《中国文化》第7期,刘梦溪主编,生活·读书·新知三联书店,1993年1月版。

4.《中国文化》,第8期,刘梦溪主编,生活·读书·新知三联书店,1993年10月版。

5.《读书》2001年第12期。

6.《读书》2003年第7期。

7.《辞海》(语言文字分册),上海辞书出版社,1978年版。

初版后记

十六年前，我在投入南开大学历史系陈振江教授门下求学时，开始接触章太炎的思想。当时我之所以会对章太炎的思想发生兴趣，主要是因为觉得章太炎思想的“殊调”，与众不同。当时，大学校园里正在流行着一股尼采热，我也不免趋附时尚，看了几本尼采的书，对于尼采式的反潮流人物，便心向往之，口乐道之。这样，章太炎便渐渐地进入了我的视野。后来，在业师陈振江教授的悉心指导之下，以章太炎思想为题，撰成一篇硕士论文，完成了硕士学业。从此以后，章太炎在我的心中，便像一尊“尊神”，但也像“鬼魅”一样，紧紧地缠绕着我，跟着我漂流于各大学校园，辗转于南北东西。

回想起自己十六年来走过的研究章太炎思想的并不畅顺的道路，自然也是感慨良多！这其间，既有发现之欢欣，又有临歧之迷茫，时则凄风冷雨，时则烂日春花，如鱼饮水，冷暖自知。昔贤云：独学而无友，则孤陋而寡闻。西窗之下，茕影孑立，对梧沉思，无有友俦，孤陋而寡闻之徒者，我则是矣。虽然，我有良师发其蒙，又有至亲沃其心，幸也！如果说我在研究章太炎的思想上，现在是稍有所成的话，那么，首先令我感激的，便是我的几位师尊了。第一位，是我的启蒙老师陈裕生先生，他最早地引我进入古典世界，激发了我对于古典文献的兴趣，为我之研究章太炎思想，打下了最初的基础；第二位，是安徽师范大学历史系的胡淀咸教授，他曾经教我甲金文及名物训诂之学，为我之研究章太炎思想，打下了"小学"的功底；第三位，是我的硕士导师，南开大学历史系的陈振江教授，他正式地指引我进入研究章太炎思想的巍峨殿堂，并为我之研究章太炎思想，辟出了一条蹊径；第四位，是我的博士导师，南京大学历史系的茅家琦教授，他引导我进入研究章太炎思想的阃奥，并使我最终有所成就。现在要出场的第五位，是远在万里之外的唐德刚教授，我是引他以为师的，然而他却未必引我以为生。1994 年深秋季节的某晚，大概也是前世的宿缘，余小子得与唐德刚教授半夕倾谈于南京大学校园，我引以为师的唐德刚教授，谐语杂出，令人有饮过美酒之后的陶陶然之感，然而时至今日，余小子不敏，竟将其谐语完全忘却了，唯有一则庄语仍萦我怀，久置不弃。我引以为师的唐德刚教授云："昔者，有大和尚洞山氏，一夕，其师问之曰：'师之思，汝肯乎？'对曰：'半肯半不肯。''因何半肯半不肯？'对曰：'师是师，我是我，是以半肯半不肯。'过去，胡适之先生常常以洞山和尚的故事来教我，今天，我也以此来教你，愿你三复斯言，不要成为章太炎的奴隶。"唐德刚教授所云之洞山和尚的"半肯半不肯"精神，令我至今受益。从那以后，我开始走上了对于章太炎思想的祛魅过程，章太炎也开始由一位我的思想导师，变成了一位我的朋友。每当我在披阅章太炎深奥难懂的著作，或者沉思章太炎深邃绵邈的哲思时，总是觉得身边或立或坐着一位留着几根泥鳅须的和蔼老者，时则讥嘲，时则微笑，时则侃侃而语，而我则始则折服，继乃抗争，终则又折服，并获得一种大欢欣。庄子云：无听之以耳，听之以气，不以目遇，但以神交。余小子深有味其言，于心有戚戚焉！当然，在我的师尊之中，令我沾溉的岂止他们几位，其他古往今来我引以为师的哲人，其数又不知凡几，恕我不能在此一一地列出他们的名字。在我人生旅途的未来日子里，我所停留的每一个驿站，一定还将会有更多的师尊，指引我前行，对于他们，我无以为报，在此，我只有向他们鞠躬致敬了。

在我的亲人之中，也有两位我要特别地对他们致以感激的。第一位，是我的养父王福海先生。坦率地说，我和养父的关系，在他的生前是爱怨交加，在他逝世以后，则只有爱了。在养父逝世之后，我忽然发现对于他的怨完全地消失了，相反，对于养父的思念与愧疚之情，则与日俱增。与日俱增的对于养父的思念，常常令我沉迷在对于童年时代的回忆之中。养父是一个爱书的人，虽然他自己只上过一天学；养父对于书，有着近乎神明一般的敬畏，虽然他并不相信有任何的神明。1987 年 9 月，当我考上陈振江教授的研究生，离开家乡去南开求学时，尚有一担书因来不及托运，滞留在家乡。对于我滞留在家乡的那些书，养父每年都要择日细心地对之进行翻晒，平时，任何人碰一碰，都要遭到他的呵斥，偶尔有爱书者来访，养父也只让其翻阅翻阅，从不让人拿走，他简直成了那些书的守护神。在养父的呵护之下，我滞留在家乡的那些书，一直完好无恙地保留了好些年。养父去世以后，它们或遭霉烂，或遭鼠啮，或则变成手纸进了茅厕，或则悄然地上了别人的书架，总之，是完了，就像我之失去父亲一样，我也永远地失去它们了。现在儿子也写成了一本书，养父泉下有知，一定兴奋不已，并且会更加细心呵护的。说起养父对于我的影响，那也是难以用言语加以形容的。我爱我家乡荒沟边上的凉月。秋天来了，秋风飒飒地掠过渐渐枯黄的苇丛，夜寂无人时，一轮明月，斜斜地倚着天空，把苍凉洒满大地，我和养父就在这沉沉睡去的荒沟边，卸却一天工作的劳累，对月闲语，偶尔也有几只小虫在身旁跳动，这是我们一天之中最轻松愉快的时节了。这时候，养父便给我讲一些家乡学界前辈的故事：陈少平、张小举人、方苞、戴名世，对了，还有汉学，这也是养父经常提到的词汇，尽管他并不了解其中的奥意。他不知道，这些无意中的随便谈语，对于儿子今后的一生，发生了多么大的影响啊！如今，儿子为了生计，辗转于各地，成了无根的漂萍，但是，在我的心中，家乡荒沟边上的那一轮凉月，却仍然在继续地照临着我，直到永远。我伟大而仁慈的地母啊，愿养父在您的怀里安寝！

另一位令我要感激的，便是我的妻子买向东女士了，在我飘蓬辗转于各地，无定地，有时是无助地漂流在生活的泥涂，她一直地在陪伴着我，慰藉我生活中的岑寂，共我渡过难关。在如今金力之魑猖狂横行、掠取一切的时代，她尚经常地鼓励我坚守在学术的山林，女儿孟衡出世之后，又主要地承担起养育之责，令我得以专心向学。

最后，我还要感谢中国社会科学出版社二编室副主任、策划主管陈彪先生，本书的责任编辑陈振藩先生，中华书局汉学编辑室主任柴剑虹先生及历史哲学编辑室副主任冯宝志先生，陕西师范大学原校长赵世超教授，陕西师范大学副校长萧正洪教授，陕西师范大学历史文化学院院长贾二强教授，院办主任韩旭晖博士，以及陕西师范大学历史文化学院学术委员会的诸位学者专家，由于他们的热忱帮助和辛勤劳动，使得本书得以面世。尤其是业师陈振江教授，对于本书的出版给予了莫大的关怀与帮助,并且还拨冗赐序,令本书增色。

面对着这些我所要感激的师尊、亲人、朋友,我还能说些什么呢?沉默啊,沉默!我只有在沉默中黾勉耕耘,在沉默中继续前行。"记"成续成打油诗七首,附缀于此,以自策励!其词云:

书海迷茫三十年,梯航津渡赖诸贤。一朝翻为雕龙手,应有豪情更着鞭。(其一)

明月孤悬信可怜,荒沟古水照寒烟。此中消息何人识,付于流光作纸钱。(其二)

飘蓬辗转叹逝华,一泓溪水可安家。眷心频顾重重急,为有长流漫无涯。(其三)

章门浩荡长风舞,层阪叠嶂藏豹虎。搜索隐踪洵踯躅,名山还觅良弓弩。(其四)

沽上白下莳英葩,滋兰九畹声名遐。负笈一去闻狮吼,便骑黄鹤辞噪鸦。(其五)

南台沉沉夜色张,四十重来访汉唐。老去不知归何处,剩有鱼书伴痴狂。(其六)

当年相约意如许,蹭蹬风尘焉云苦。燕燕于飞不觉劳。振衣携手陟高处。(其七)

又作有《咏怀》一首,词曰:

寂寞长安道,长吉怀长卿。萋萋茂陵草,结意一何深。

著书惊霜落,无忿亦无嗔。坐对小儿女,还识白鸥心。

2004年6月作者谨识于西安南郊之洗风阁

再版后记

一、本著再版缘起

汤序波海晏先生，乃太炎先生之高足汤炳正教授之嫡孙也，一个偶然机会，在网络上相识。盖吾少时即喜读《楚辞》，且终生喜之，而汤炳正先生乃吾国研究《楚辞》之一大家，其《楚辞今注》一书，实启吾接近楚辞世界之津梁宝筏，是以，对于汤炳正先生，时存感激之心。然吾生性疏懒，虽识海晏先生，其实交流不多。后弟子敏秋与海晏先生交往日密，知海晏先生不仅学问闳通，且侠骨柔肠，于提携后学、惠助同道之事，不遗余力，敏秋得其提携者尤多。盱衡方今吾国之学界，功利之风盛行，一些所谓的学者，往往视利而动，利之所在，趋之若鹜，有若海上逐臭之夫。吾尝有诗云“太学隆污地，扫迹蝇矢存”，“学术江湖里，蝇蛆布满地”者是也。是以，吾虽身处太学之中，其心实与学界相去甚远也，甘于衡门之下，亦以此自相磨濯而已。然吾于海晏先生则心甚钦之，其后，则互赠著作，视为契友矣。一日，于上课之暇，敏秋语余曰，海晏先生已与几家出版社联系，欲再版吾之“章书”，问我是否愿意。对此大义之举，焉有不从？于海晏先生，益钦其“侠士”之风矣！时吾方勠力于《香檀记》一书之写作，遂即放下“香书”，转入“章书”之修订工作。

吾之于“章学”研究，始之于1988年，时吾方在南开大学历史系陈振江教授门下求学，其后，历十六年之久，“章书”始成，出版后，颇获学界之好评。太炎先生之嫡孙，亦“章学”研究之著名学者章念驰先生闻之，且索书于余，并以大著《沪上春秋》相赠，又附信相勖。忆吾之研究“章学”，虽独学无友，苦心孤诣，艰难万重，然稍有成绩，便获肯定与鼓励，实一有幸之人也。于兴奋之余，当即写下《咏太炎兼答章念驰先生四首》，以报章先生之垂顾焉。其辞曰：

章学深深深似海，道通今古惠兆垓。浮华嚣竞岂省得，乌雀枝头徒徘徊。

先生嘱志寄草莱，万古扫空气壮哉。千年故鬼咸走却，锦文织就烂云裁。

借得君家金剪刀，屏营却虑剪一毛。承君推许恩意重，助我豪情上碧霄。

聆君话语扫云霾，一片冰心逐玉阶。触世冷肠还自许，十年更上九层台。

于时，颇见吾之心志焉。2009年，适逢太炎先生诞辰一百四十周年，念驰先生又特邀吾去杭州参加纪念会并作专题讲演，惜先生身体微恙，未能亲临其会。其间，参访太炎先生纪念馆及故居，归来后，作有数联咏太炎先生，以纪其事云。联曰：

朴学盛东南，并世无此大国手；

英魂归故土，又添一段好湖山。

英风薄九州，大好头颅抛不得；

道义贯今古，百年民纪赖撑持。

四夷交相侵，大雅久沦歇，赖斯人恢明黎献，纲维民纪，五色旗开新日月；

倭患浸已炽，群雄方战争，唯先生跋涉尘途，调停危局，一腔血热旧山河。

其后，吾又作有《杂咏太炎先生七首》，其辞曰：

遥遥东国绍遗民，夫子文章轶群伦。大音磅礴震宇内，叹息人间认未真。

清刚简截笔如刀，拍浪惊天大海潮。潇洒风尘无人识，原来世上多僬侥。

高山流水说知音，越世方明旨趣深。蠸雀蚊虻相转去，怅言日月已骎骎。

学蛊猖狂坏时风，品流污下九州同。虞渊沉寂暗无际，何日明鲜朝又东。

徐干文质何彬彬，荀悦温温笔底情。魏晋风流迈万古，两间摩荡风云生。

大陆沉沉春复秋，衣冠最是令人忧。国运茫茫何处寄，莫言壮士惜此头。

思通芴漠接混茫，依依魂魄到炎黄。一世雄文铸侠骨，何人可与论鱼肠。

盖吾之于太炎先生，不仅喜其文章，钦其学问，更慕其风骨，此亦吾长年坚守“章学”营垒之中而不一思别走之精神助力也。

“章书”出版后，迄今已历十四春秋，然尚不失其学术价值者在。现章念驰先生与余杭政府及上海人民出版社相商，欲出版“章学研究论丛”，海晏先生乃致函章先生，大力推荐，欲纳本著于“章学研究论丛”之中，章先生回复云：“玉华先生之著作，尤所欢迎！”于是，乃有是书之再版焉。

二、太炎思想研究的“五个认识误趋”

太炎先生乃吾国近代之大学问家、大思想家，又是一代革命伟人，其学术思想与革命行谊，于吾国近代历史影响甚巨，且迄今未替。是以，太炎先生之学，学界称之曰“章学”。“章学”乃吾国之学由传统向现代转换过程中独有之成就，有若浩瀚之太平洋，广博而深邃。学界勠力于“章学”研究者，虽不乏人，然其真能得“章学”之三昧者，以吾观之，其实寥寥。八十年来，学界研究“章学”之成就，虽然云博，然其中误谬之辞，似是而非之论，舛互错驳，亦可云众矣。余小子虽才识浅陋，敢不一竭其诚，于“章学”研究中存在之问题，钩玄提要，庶有益于后之贤者。虽然，太炎先生之学，含藏万端，包罗众有，非愚钝若余小子者所能窥其一二，在此，亦仅就吾所熟悉之“思想”部分，略抒一己之见而已。

学界关于太炎思想之误读，其最要者，概括说来，约有五端：

其一，认为戊戌时期太炎先生追随康梁，鼓吹变法，其改良主义思想体系，乃南海之翻版焉。其说甚谬！盖太炎之于南海，为学之道不同，一古文，一今文，“论及学术，辄如冰炭”，发而为政，也表现出明显的“二水分流”之特色。南海从其今文经学出发，托古改制，大张“通三统”“张三世”之义，且与西方“进化论”学说相结合，以明“三世进化”之旨。南海此一思想旨趣，乃黑格尔、斯宾塞氏“历史进步主义”之翻版，实启吾国近代以来激进主义、理想主义之先河。是以，发而为政，南海主张“尽革旧俗，一意维新”，毫不容情地斩断同传统之联系，一以西方为依归，将“设议院”“兴民权”“致宪政”确立为维新派的当下政治奋斗目标。南海忽视“空间”因素的作用，只在“时间”的轴线上审视中西文明之差异，将“中西之别”等同于“古今之异”。而太炎则不然。与南海“激进主义”思想体系相较，太炎思想则表现出明显的“温和主义”的特色，是一个名副其实的“改良主义”思想家，而南海则可谓是一个“思想的革命者”。学界以南海倚清廷而变法，遂定论其为“改良主义思想家”，实为肤廓之论。太炎曾云：“少时治经，不忘经国，历览前史，独于荀卿、韩非所说，谓不可易。”荀韩之学，尤其是“荀学”构成了太炎思想之浓厚底色。这与南海等维新派主流“尊孟抑荀”，推崇孟子理想主义心学思想体系的做法，迥异其趣。是以，当维新派主流“元气淋漓”地掀起“排荀”运动时，太炎却奋起而为荀子辩护，且尊荀卿为“后圣”，奉之为“先师”。戊戌时期维新派内部的孟荀之争，实表现的是康章之争。太炎在戊戌时期虽然列名维新派，且为之付出遭受清廷通缉的代价，其实，从其思想意旨来看，太炎并不入维新派之主流，只可视为维新派之支流而存在。太炎思想一开始由于同荀子渊源甚深，是以，其思维程式亦一如荀子，表现出明显的现实主义的倾向。太炎在关注“时间”因素作用的同时，又特别关注“空间”因素的作用，以激进反传统为不可取，在主张“变”的同时，又主张“因任”，即注重对传统的承继。太炎同荀子一样，在“法后王”时，又“尊先王”，指向未来的变法维新，并不表现为对于传统的断裂，而是在继承传统的基础之上，面对现实的问题，在时间的轴线上不断地“因革损益”。对于西学，尤其西方近代政治学说中的“分权学说”，太炎甚为首肯，对于议院、民权、宪政，太炎亦甚为赞赏，但太炎并不主张立即搬到中国来变法，认为这种拔苗助长的做法，无异于“行未三十里而责其行百里”，一定会遭致失败。是以，对于维新派主流激进主义（太炎谥之曰“猝暴之病”）、理想主义（太炎谥之曰“华妙之病”）的变法主张，太炎并不赞同，且对之痛加箴砭。此一时期，太炎亦受到经今文学的影响，但太炎只讲“三统”，并不讲“三世”，且将“三统”与“三世”混为一谈的斥之为“妄人”。可以说，在主张“变”这一根本问题上，太炎是维新派主流的同路人，但在“怎么变”这一问题上，太炎一开始便与康有为为首的维新派主流分道扬镳了。

其二，认为太炎先生的思想早年“激进”，晚年趋于“保守”。是亦颇为皮相之论。此论盖以鲁迅先生为权舆。1934 年，鲁迅先生在《趋时和复古》一文中，有段话涉及评价康有为、严复及乃师太炎先生，原文是说：康、严、章“原是拉车前进的好身手，腿肚大，臂膊也粗，这回还是请他拉，然而是拉车屁股向后，这里只好用古文‘呜呼哀哉，尚飨’了。”在鲁迅看来，康、严、章诸大师先前是“前进的好身手”，晚年则在滚滚而至的激进的时代潮流面前落伍了，沦为“复古的先贤”了。这里已经露出早年激进、晚年保守，从时序上评价诸人且将之对立二分的端倪。1936 年 6 月 14 日，太炎先生逝于苏州，“久生大病，体力衰惫，不能为文”的鲁迅先生，于是年 10 月 9 日勉力写下《关于太炎先生二三事》一文，在鲁迅先生这篇的最后的名文中，他这样地评价其师太炎先生：“太炎先生虽先也以革命家现身，后来却退居于宁静的学者，用自己所手造的和别人所帮造的墙，和时代隔绝了。”晚年的太炎“既离民众，渐入颓唐”。鲁迅先生的这两篇文字，其后对于吾国史界影响甚巨，学界对康、严、章思想之研究，基本上援引的即是鲁迅先生的这一“二分法”的经典论述。后来学界在论及近代这些大师的思想时用“离异—回归”之说以阐释之，亦未脱其窠臼。至于康有为、严复二先生是否若鲁迅先生之所论，这里暂且不谈，而以此来论太炎，则颇不合事实。以吾观之，太炎先生早年并不“激进”，晚年也不“保守”，太炎先生于近代愈益趋于激进化的时代潮流中，特立独行，其思想具有前后的“一贯性”，并不随时势而变化，显示了一位具有独立批判精神与自由思想的学者及思想家的可贵品格。如果一定要说太炎先生思想前后之变化的话，则我们可以说，以后观前，我们看到的是太炎思想的愈益趋于深邃，并且愈益体系化，最后则形成汇通古今、午贯中西，熔百氏之学于一炉的独特的“章学”思想体系。

在追寻太炎先生一生之思想变化这一问题时，首先须对太炎先生一生之历史分期作一阐释，而这又涉及《訄书》不同版本之关系及其思想属性之界定。吾以为，太炎先生的一生，大致可划分为三个时期，即：

早年(1869 年 1 月—1897 年 1 月)。汉学传家，少年时期，读书精勤，刻志典籍，打下深厚的汉学功底。在家庭及其外祖父的影响之下，少年时期的太炎便有了“排满革命”思想。其后入杭州诂经精舍师从曲园先生，学问转益精审，先后著作《膏兰室札记》《春秋左传读》等，初步成就汉学家之志业。然自甲午之后，民族危机深重，南海康有为奔走国事，号呼变法，忧国匡时之士，莫不发愤。龙蛇起陆，天地翻覆，吾国乃入于政治及思想极度震荡的大变动时代。太炎亦为时势所激，忧怖国命，纳银入强学会，走上与乃师俞樾纯粹经师的不同人生之路。1897 年 1 月，太炎应梁启超之邀，入《时务报》馆任撰述，从此步入改造中国的政治大舞台。虽然，太炎之与南海，一开始由于“古今文经说”之异趣，论及学术，辄如冰炭，其后，论及政术，亦辄如冰炭焉。

中年(1897年1月—1916年6月)。此一时也，乃太炎先生一生当中最富有活力且最为辉煌之时期，学术、政治、思想，综相错杂，丛聚于太炎之一身。其思想亦由初步之构结，到最终形成博大精深之体系。窥其思想发展之轨迹，此一时又大致可分为三个时期，即《訄书》时期、《民报》诸论时期、《齐物论释》时期。

1.《訄书》时期(约1897—1903年)

此一时也，太炎先生投身于维新运动，戊戌政变起，遭清廷通缉，被迫流亡台湾、日本。后则往返于大陆、日本之间，过着东躲西藏的生活。其间，将自己的“逑鞠迫言”，辑成《訄书》(初刻本)出版(1900)。在《訄书》初刻本里，太炎首列《尊荀》之篇，而以《独圣》终。是书系统地反映了太炎的“革政”思想，而其幼年时代即已产生的“排满”(“革命”)思想则贯穿于其中。在“革政”上，太炎主张“随俗雅化”，反对“以殊瑰临民”；主张“傣古”，反对维新派主流之“傣新”，认为“其傣古也，禔以便新也”，而维新派主流之一意“傣新”的变政理路，只能收到“害新”的结果。此一“因”于传统而“革政”之思想，有别于维新派主流一意“傣新”的“激进”改革思路，使太炎思想充满了浓厚的“温和”色彩，且对太炎一生影响巨大。在其大张“傣古革政”思想的同时，太炎的“革命”(“排满”)思想则显得有些“隐晦”：其一，太炎在“目录附识”里以“辛丑后”纪年(辛丑，即南明桂王永历十五年，公元1661年，是年，桂王政权为清军所攻灭，太炎以其为中国亡国之始)，不戴清廷的“光绪”年号；其二，在其驱逐异族的话语里以“蒙古”

代"满洲";其三,主张"客帝""分镇",以"借权革命"方式,实现驱逐异族统治、光复汉族政权的目的。其思想表达虽然有些隐晦,然其"革命"意旨则甚为明显。其"借权革命"与其"傃古革政"思想相较,二者虽有隐、显之别,然实相辅而行,双重变奏。在其"尊荀"思想意旨的观照之下,太炎的"革政"思想还充满了浓厚"现实主义"与"历史主义"的特色,而殊少"浪漫主义"与"理想主义"情怀。其极则会归于"史","隆礼义而杀诗书","庋《颂》与《国风》,而举二《雅》。"初步形成了其"新荀学"思想体系。

《訄书》(初刻本)问世后,太炎很快便觉不满意,并着手删革重订。庚子事变起,唐才常组织自立军,准备发动勤王起义,太炎以其宗旨"一面排满,一面勤王","首鼠两端,自失名义",乃宣言"割辫与绝",并作《解辫发》一文,公开与"尊清者"决裂,公开揭起"排满革命"大旗。修订后的《訄书》于1902年出版,首揭《客帝匡谬》与《分镇匡谬》,对其前的"借权之谋"躬自检讨,倡言"满洲弗逐,欲士之爱国,民之敌忾,不可得也"。认为"提挈方夏在新圣"。重定后的《訄书》,与初刻本相较,内容改定甚夥。或者以为《訄书》初刻本与重订本分属不同的思想体系,初刻本"尊清"、"宣传社会改良"、是"康有为改良主义的异端理论",而重订本则变为"反清"、"变为提倡民主革命"、"变为以'光复旧物'相号召的资产阶级革命理论"。斯则未谛!窃以为《訄书》重订本与初刻本,实一以贯之,其思想虽有变化,然其根本宗旨则并未更改,仍然是"革政"与"革命"思想的双重变奏。只不过其"革命"思想由隐之显,由后台步入了前台,由"借权之谋",寄望于"客帝"(满洲皇帝)、"方镇"(汉族督抚),变成了寄望于"新圣"(即那些"解辫发"的用暴力方式推翻满清统治的"革命党")。而其"革政"思想则一仍荀学之理路，仍然表现出浓厚的“温和主义”的特色，一以贯之的仍然是“新荀学”思想体系的明显表征，其说如下：

首先，从成书体例上来看，初刻本首列《尊荀》之篇，紧接着是《儒墨》《儒道》《儒法》《儒侠》《儒兵》诸篇，此一系共六篇文字，有若《荀子》所谓之“学”之部分。自《公言上》迄《杂说》，凡四十二篇，太炎由“天道”而及“人事”，有类于《荀子》所谓之“政”（“礼”）之部分。最后《独圣》上、下二篇，则有类于《荀子》所谓之“圣”（“道”）之部分。从这种学—政—圣之编纂体系可以看出，太炎不仅在思想上“尊荀”，在成书体例上也是刻意模仿《荀子》。《訄书》重订本在篇幅上虽有重大改动，然其成书体例则一仍初刻本，二者一以贯之。《訄书》重订本首列《原学》，探讨影响学说成立的三种因素：地齐、政俗与材性，乃全书之纲领。其后至《学隐》共十三篇，可谓是一部中国的学术思想通史，此一系也，相当于《荀子》的“学”之部分。由《订实知》《通谶》至《消极》共四十二篇文字，则相当于《荀子》的“政”（“礼”）之部分，这里面内容十分丰富，涉及建立近代“民族国家”的各个方面。从《尊史》至《解辫发》共八篇文字，则相当于《荀子》的“圣”（“道”）的部分。依然是层次井然，两个版本在成书体例上相仍相因的关系是至为明显的。

其次，从思想体系上来看，《訄书》重订本在“革命”思想上确有变化，如前所说，太炎已经完全放弃了“借权之谋”，已经完全放弃了“客帝革命”与“督抚革命”的幻想，而公开地倡导“排满革命”，认为“提挈方夏在新圣”，主张由革命党（“新圣”）推翻清王朝统治后来领导中国的“革政”大业。在“排满”问题上，太炎确乎由“温和”走向了“激进”，然关于政治改革方面，太炎却一仍其故。可以说，太炎的“革命”思想仅仅局限在“种族革命”层面，其他若社会、政治、文化诸层面，太炎并不是一位革命者，其思想具有“改良主义”的浓厚特色。在太炎看来未来中国进行“革政”的领导权，应由清政府手里转移到“革命新圣”手里，应由完成“排满”大业的革命党来领导未来中国的改革大业。从前太炎是主张“以革政挽革命”，此时则可谓是“以革命挽革政”。但重订本中的“革政”思想与初刻本相较，却无甚变化，仍然是一个温和的“改良主义”的方案，有着“荀学”的明显特征，这从以下几个方面可以得到印证：

第一，“通三统”与“尊史”。毋庸讳言，太炎先生虽是一位古文学家，却受到经今文学的不少影响，但这不能说太炎思想就是康有为思想的一个翻版，因为，太炎在总体上对今文经学是取否定的态度，这是由二者之间为学之道之不同所导致的。或者又认为太炎先生否定经今文学，说明太炎是一个门户之见很深的学者，这就更加令吾人为之捧腹发笑了。此二种论调，其实皆未得太炎思想之真谛。古人云掘地及泉，然掘之不深，仅得地表所涵蕴之“苦涩之水”，指而谓之曰：“吾及泉矣，吾得泉水矣！”可乎？凡此浮泛之论，焉能谓之得“泉水”也。其实，太炎先生不仅对经今文学，还有宋学，还有儒学传统之外的墨家、道家、法家、侠家、兵家等，还有像佛学、西学等，莫不取开放之态度，显示了汉学家“实事求是”的可贵治学精神，何尝有“门户”丝毫之踪影留存于其间呢？太炎先生对经今文学中的“新夷狄”思想、“通三统”学说取肯定之态度，对谶纬并不完全否定，多是出于理性深思之后之所得，恰恰显示了太炎先生博大之情怀，这岂是辁材小慧之徒、小璧苍玑之辈所能与知的。就“通三统”一端而论，可谓贯穿于《訄书》的初刻本与重订本之中，太炎云：“九变复贯，若是曰通三统。”在此，太炎对于人类历史的演化既强调了“变”，同时又强调了“贯”，这就强调了历史演化的连续性问题，而反对康有为侧重于“三世说”的一味的“骛新”，这是康章重大区别之所在。在初刻本中，太炎认为能得这种“三统之复”之理趣的，只有“圣人”，把握了这一点，才是真正的“知”。在太炎看来，孔子之后，能独得其意的是荀子，而荀子之后，大概就只有章子了。在此，太炎隐然是以得儒家之正统自居的，虽然他不像康有为那样有着浓厚的道统意识。关于孔子，在初刻本中太炎对其“绌神怪”“立人道”之历史功绩，给予了高度的肯定，而荀子继之以“隆礼义而杀诗书”，这就显示了对“史”的高度重视。初刻本最后会归于“史”，重订本“订孔”，太炎以孔子为“良史”而称之，并以六经乃古史之大宗，汉学家之考据能得上世社会污隆之迹，最后则也揭出“尊史”之意旨，也可看出两个版本在思想上的通贯性，这不仅为太炎后来揭出“保存国粹”的宗旨引出了端绪，也奠定了其后太炎“历史主义”（“历史相对主义”）思维模式的始基。

第二，“以不平平”的“平等”学说。戊戌时期，康有为及其私淑弟子谭嗣同大倡“平等”之义。谭嗣同的“仁学”，以“通”为第一义，“通”即“平等”之意。康有为撰有《人类公理》，初步形成自己的“大同”学说，则以自然科学真理的普遍性施之于人类社会。二氏倡导的“平等”，乃无差别的绝对的“平等”，这与二氏接受的佛学义理又大有关系。太炎在《訄书》里有一篇《平等难》，对这种无差别的绝对的平等学说深致诘难，认为：“天地之道，无平不陂”；“有生与之技，有形与之材，官其剂量，则焉可平也？”太炎认为，天地之间根本不存在所谓的绝对的平等，人与人之间的差异，乃是客观的存在，只有承认这种差异性，才能保障人类之间的平等。太炎认为“其平也不平”，也即是说，如果消除人类之间本来存在的差别，追求所谓无差别的绝对的平等，只会带来更大的不平等；故太炎主张“以不平平”，也即只有承认人类之间客观存在的不平等，对殊异性的个体等量视之，这才符合平等的真义。太炎的这种与康谭注重“共性”而别出的注重“殊性”的平等学说，实也成为其后“以齐文野为究极”、“不齐而齐”的“多元主义”的齐物哲学的滥觞。与南海之注重“共性”不同，太炎更注重“殊性”，这不仅形成了太炎自己学说的鲜明特色，成为“章学”的一大显著特征，也使太炎在近代思想家中成为一个最为孤立的思想家，与时代思潮迥异其趣。而这一思想特征，又与太炎对“民族性”的重视，其后大倡“国粹”密不可分，成为太炎倡导“民族主义”“多元主义”学说的重要理论基石之一。

第三，“㔶僋之智”。太炎在注重“殊性”、倡导差异性平等的同时，又认为真理是有条件的，这与南海将真理当作超越一切条件之上，是一普遍性存在的思路也大相径庭。这一有趣的发现，首先发之于汪荣祖先生，汪荣祖先生对康章思想差异之界定分别以“一元主义”“多元主义”论之，可谓得其三昧。可惜的是，吾国研究“章学”的学者多不认同汪先生的这一重大发现，故而被汪先生讥之为大陆学界对于“章学”研究毫无进步之可言，实也平情之论也。太炎在其《訄书》中有《公言》一文，初刻本分为上、中、下三篇，重订本则只保留了其中篇，上下二篇删去。初刻本与重订本在篇目上虽有较大变动，然其重要思想则被保留了下来，这即是太炎在此文中重点所要谈的“㔶僋之智”是也。何谓“㔶僋之智”？即“等差之智”是也。譬如说，重学理论是建立在地球绕日运转的基础之上，“夫舍日，而重学不可以为公言”。如果失去了这一前提，则重学理论便也要随之改变了。换句话说，科学家们建立的重学理论只适应于地球，如果到了其他星球，因为条件变化了，就不成其为真理了。或者说，如果地球绕日运转变成了围绕其他恒星运转，则科学家们发现的重学理论便也不成立了，便也不成其为真理了。就地球来说，也是这样的，真理也是与特定的条件相关联的。太炎云："求朝夕于大地，而千岁不定，横赤道之带是也；藉假吾手所左右以期之，而上下于半球者异言矣；是以一方之人以为公也。黄赤、碧涅、修广，以目异；徵角、清商、叫啸、喁于，以耳异；酢㸓、甘𪉑、苦涩、隽永百旨，以口异；芳苾、腐臭、腥蝼、羶朽，以鼻异；温寒、熙湿、平棘、坚疏、枯泽，以肌骨异；是以人类为公者也。生而乐，死而哀；同类则爱，异类则憎；是以生物之类为公者也。公有大小，而人不营度，公其小者，其去自私，不间以白髦。是故智人谓之㬥傂之智。"关于"㬥傂之智"的论述，也成为太炎其后建立相对主义真理观、建立"多元主义"思想体系的源头之一。

第四，"性恶"论与"大独"之旨。1899 年太炎在其所著的《菌说》一文中，对人性问题作了探讨。太炎之论人性，同荀子一样，是从功利主义角度，也即从人的社会属性角度来谈的。太炎主张人性是"善恶兼具"，认为"荀则以善恶皆具，不能纯善，则以恶名之"，较"孟举其善而忘其恶"为长。太炎云："以符验言，则性恶为长。"很明显，太炎从人的社会属性角度谈人性，走的是荀子的功利主义之路，其结论也同于荀子。在《訄书》里，太炎没有专门谈人性的文章，但这一"善恶兼具"的"人性恶"意旨，太炎其后在《国故论衡・辨性》篇里作了更为详尽的论述，可见太炎关于此问题前后的一贯性见解。在太炎看来，由于人性是善恶兼具，人类凭其理性要创造一个醇善至美的理想社会是不可能的，太炎其后主张"俱分进化"，应与其有类于荀子的人性论学说存在着密切的关联。

在《訄书》的两个版本里，太炎均列有《明独》之篇，倡导“独”的精神，这标志着近代“个”的意识的觉醒，具有着非常重要的思想史意义。然而，太炎在其倡导的“大独”精神里，在挺立个体的主体性地位的同时，又将个体生命的价值落实到对于他人、群体的关怀之中，这反映了太炎一方面受到近代西方个性独立、个性解放思想之影响，另一方面，我们又可看出，太炎的这一“大独”意旨，实际上又一脉衍续了传统儒家的“仁学”精神。除此之外，太炎还提倡奔命于天下、“赴汤蹈火，死不旋踵”的墨家精神，以及“除国之大害，捍国之大患”，“引重鼎不程其力，鸷虫攫搏不程勇者”的“儒侠”精神，这皆为太炎其后建立“新人文主义”学说作了很好的铺垫。

由上可以看出，《訄书》的两个版本，虽然改动甚大，但其核心思想却无甚变化。与初刻本相较，重订本不过是删掉了太炎当时并不成熟的一些“鞫迫言”，在体系上更加紧凑、整饬罢了，何尝来两个不同思想体系之说呢？这就好比一个人，开始时，仓促之下做了一件衣服，然却这里长了，那里短了，这里窄了，那里宽了，有的地方逼仄了，有的地方冗赘了，不太合式，后经精心修改，变得更加合体了。初刻本即是那不太合式的衣服，而重订本经过剪裁，就是那变得更为合体的衣服了，然穿衣服的人还是那个人，并无变化。由此也可以说，《訄书》初刻本实奠定了太炎先生一生思想之始基，其后太炎一些重要思想之完成，其思考问题的思维模式，莫不从《訄书》初刻本中找到其踪影。并且，太炎在其后形成的具有自己鲜明特色的“多元主义”（“民族主义”）、“历史主义”（“历史相对主义”）与“人文主义”（“新人文主义”）的思想意旨，实际上在《訄书》时代已经初步露出端倪了。

2.《民报》诸论时期(约 1903—1910 年)

1903 年,因“苏报案”事件,太炎被逮入狱,在上海工部局的提篮桥监狱里度过了三年铁窗生涯。太炎先生一生“七被追捕,三入牢狱”,这一次应是最为凶险的一次。在西人的牢狱里,太炎先生虽然吃尽了苦头,但太炎先生并没有与当时国内的残酷政治斗争完全脱节,在狱中,他间接地参与了革命组织“光复会”的筹建工作。其实,在近代中国的革命史上,“苏报案”应是一次至为重要的事件,在这之前,孙中山领导的兴中会虽然已经公开地掀起反清武装起义,然其“革命”思想对国内的影响,尤其对于士大夫(或新式知识分子)阶层的影响则甚微。而“苏报案”则不同,在案件的审理过程中,太炎先生将其变成揭露满洲残暴的战场,章、邹二人一时也成为舆论关注的焦点,其“两颗头颅争一刀”的革命勇决精神,则被广泛报道,促使更多的人同情革命,并倾向于革命。可以说,对于晚清革命风潮的鼓荡,“苏报案”实起了推波助澜的关键性作用。

在一般的太炎传记或者史论著述里,关于这一段历史,皆语焉不详,史料不足故也。这一段历史似乎成了太炎先生的特殊“人生空白期”,其实不然,这三年的西牢生活,实际上对太炎先生一生来说,也是至关重要的人生阶段,决不是我们随便可以忽视的。在诂经精舍时期,太炎先生潜心于经学研究,打下了深厚的国学功底,而这一时期,太炎则潜心于佛学研究,打下了深厚的佛学功底,这应是太炎先生一生之中读书治学的第二个辉煌时期,只不过地点有些特别罢了。盖贤者之于读书,无时无地而不可,此其所以异于吾辈常人,而成为非凡杰出之士原因之所在。这之前,太炎先生受其好友夏曾佑、宋恕诸人之影响,虽然也接触过佛学,但却“不能深也”。为了“解三年之忧”，太炎先生在铁窗中潜心研读了《因明入正理论》《瑜珈师地论》《成唯实论》等佛家唯识学的著作，这对太炎先生后来的思想发生了重大影响。

在这期间，太炎先生还写过一篇《癸卯狱中自记》的文章。在这篇文章里，太炎先生以中国文化的担当者自任，要将“支那闳硕壮美之学”，“恢明而光大之”。这说明，这三年的狱中生活，太炎先生又对自己此前的思想作了深刻的反思，对自己此后的奋斗已经有了明确的方向。是以，太炎先生甫一出狱，在东京留学生召开的欢迎会上便开始大谈“国粹”与“佛学”了，这实是这三年当中太炎先生苦心研读与思索的结果。

或谓太炎先生出狱后，到日本东京主编革命派的机关报《民报》，在《民报》上发表了大量与佛学相关的论文，这说明太炎先生已经变成一个佛学学者了，太炎先生的思想也由儒家变成了佛家的思想了，是亦颇为皮相之论。如果我们撇开表面的语言，而直窥其思想究里的话，则我们可以发现太炎先生此一时期仍然是一脉衍续了其前一时期的思想意旨，其思想仍然属于以“荀学”为底色的“新儒学”思想体系。

太炎先生此一时期之所以不取儒学的旧路，而取佛学之路径，其故有三：其一，在太炎看来，儒学在其几千年的历史发展中，已经严重地变了质，造就的大多是“冒没奔竞”的人，已经不能振起末俗沉沦、民德衰颓的危局了。并且，由于诋康，太炎“遂激而诋孔”，这就迫使太炎不得不要另辟蹊径。其二，佛学正好冥契于太炎之思想，一来太炎所选择之佛学，是“以分析名相始，以排遣名相终”的唯识学，此一学也，与太炎平生所治的“汉学”途辙相合，且又合于西方的科学思维模式,可以很好地应对西方“科学”的挑战。其三,太炎思想的一个重要特色即是“始则转俗成真,终乃回真向俗”,对“真实存在”的探求,也即对哲学本体论及认识论的探求,乃是近代哲学不可绕越的一个历史性课题,太炎对此也十分重视。而这一历史性课题,传统儒学是难堪大任的,太炎由此也不得不求助于佛学。佛教唯识学精湛的义理,为太炎提供了广阔的哲学视野与原料。另外,太炎之提倡佛学,并不是简单地复兴旧有的佛学,而是要对之进行改良,造成一个切合时代之需的新佛学。当时,太炎在道德上特别揭出“菩萨行”而大力加以倡导,这实际上又与其前一时期倡导的“大独”精神一以贯之。太炎在这一时期虽然运用的是佛学的话语体系,然其思想的内在精神却与孔子的“仁学”思想体系一脉相承,其详请参阅笔者的《章太炎的道德宗教思想》一文[《孔孟月刊》(台北),1998 年第 37 卷第 2 期、第 3 期连载],此不再述。由此,我们将太炎思想视之为“近代新儒学”思想体系,将太炎视之为“近代新儒学大师”,也是一种斟情之论,尽管他是以反儒的面目出现的。

这一时期,太炎先生发表了一系列有影响的论文,因其主要发表于《民报》,是以,以“《民报》诸论时期”称之。其代表者有:《俱分进化论》《无神论》《革命之道德》《建立宗教论》《人无我论》《社会通诠商兑》《中华民国解》《五无论》《国家论》《驳中国用万国新语说》《四惑论》《代议然否论》等。当然还有其他大量的文章,此不备述。通过这些文章,太炎系统地阐释了其三个方面的思想意旨,即其“多元主义”(“民族主义”)、“历史主义”(“历史相对主义”)、“人文主义”(“新人文主义”)的思想旨趣,下面分别加以论之。

在晚清的思想文化运动史上,国粹派的出现,有着异乎寻常的意义。国粹派之出现固然与日本的“保存国粹”思潮之影响有关，更为重要的则是对国内欧化思潮反思之产物。作为一国特有之精神的“国粹”，在日本的保存国粹运动中，更为重要的是强调了“文化”（即“保教”）之于一个民族（国家）的重要意义，而在中国则不仅强调了“文化”（即“保教”）的重要性，还强调了“血统”（即“保种”）的重要性，这是由两国国势强弱的不同使然。太炎被奉为“国粹派的灵魂”，“国粹”在太炎的思想里实也具有异乎寻常的意义。太炎且将他们当时所掀起的“保存国粹”（又称之曰“文学复古”“古学复兴”）运动，与意大利的“文艺复兴”相提并论。太炎从上海西牢甫一出来，即开始大谈“国粹”，在他的话语表述里，“国粹”有时即等同于“历史”，它包括语言文字、典章制度、人物事迹，后又加入风俗习惯等，“国粹”构成了这一时期太炎民族主义学说的重要底色。在民族国家层面，太炎则主张“单一民族建国”，建立独立的“皇汉民族国家”。他认为每个民族都有其合法的生存空间，任何一个民族都没有统治别的民族的合法性，因此，太炎主张民族“独立”与“平等”，并且确立了牢固的“反帝”意识。太炎当时在日本组织的国际性组织“亚洲和亲会”，在其手订的“亚洲和亲会约章”里，开宗明义即以“反对帝国主义”为宗旨。根据这一思想，太炎对外要反对西方帝国主义（当然也包括日本），在国内则要“排满”。在他眼里，满族是“异族”，满族对中国的统治，意味着中国的亡国。满族同西方帝国主义（包括日本）一样，均没有统治中国的合法性。太炎的“排满”思想，实是他“反帝”思想的自然延伸，或将之视之为“狭隘的种族主义”、“大汉族主义”，则未得太炎思想之真意也。既然倡导民族的独立与平等，反对帝国主义对弱小民族的霸权统治，那么，太炎的民族主义学说必然趋向于“多元主义”，其在政治上有然，其在文化上也是如此。这与之前太炎对“殊异性”的强调，实也一以贯之。是以，这一时期，太炎在与严复关于社会演化问题的争论中，在与吴稚晖等关于语言文字的争论中，明确地反对二氏的“一元主义”的思维模式，而突显其“多元主义”的对于“民族性”的关怀。即便是当时新学之徒万口一致要建立西方式宪政政制的潮流中，太炎也砥柱中流，主张应根据中国的历史与现实，建立一个不同于欧美诸国而符合中国独特国情的“第三种共和”。

如果从“空间”的角度来说，太炎强调了“民族性”；那么，从“时间”的角度来说，太炎则确立了其“历史主义”的“演化论”史观。在前一时期太炎强调历史发展的“一贯性”原则，这仍为此一时期的太炎所承继。太炎在其名文《俱分进化论》里，提出矛盾及其对立面双方是同时俱演的著名论断，一时颇为惊世骇俗。这一著名论断不同于当时流行的线性进化的“进化论”学说，这一线性“进化论”学说将人类的历史看成是朝着“进步”的方向发展变化的，用严复的话就是“世道必进，后胜于今”，其极则是要臻至“醇善尽美”的理想的“大同”之世，是一种“历史进步主义”的社会发展史观。而太炎的“俱分进化”思想则恰恰是对这一“历史进步主义”进行批判、反思的基础之上形成的，与“历史进步主义”有着本质的不同。张汝伦先生将其界定为有若卡尔·波普尔所说的“历史相对主义”，是真能知太炎先生者。太炎认为：“饴豉酒酪，其味不同，而皆可于口。”对于各民族形成的不同的社会文化存在形态，太炎也给予了平等的地位。在此，太炎不仅拒斥了“我族中心主义”，也拒斥了“现代中心主义”，是以，太炎反对“大同”学说，认为“求进化与求神仙无异”，而“大同”学说则有若“梦呓”。戊戌时期，太炎与其维新派同道在“变”这一根本问题上合流，但在“怎么变”这一更为重要的问题上则分道扬镳；同样，这一时期，太炎与其革命派同志在变革中国的志向上也是一致的，但在“怎么变”的问题上，与其革命派同志也是分道扬镳的。太炎先生确实是当时迥异于时人、最具有独立精神与批判意识的“孤行独见的哲人”。

同其前一时期之主张挺立“个体”的主体性地位相类，这一时期太炎更明确地宣言“个体为真，团体为幻”，在“人”与“国家”的关系上，太炎则确立了“人”的“第一义”地位，对于国家主义者之将“国家”确立为“第一义”的地位，太炎则批评其为“真与崇信上帝，同其昏悖”。太炎的这一人本主义思想，虽然确立了“个体”的主体性地位，但他并没有走西方人文主义者之“个人主义”之路，对于人与人之间的关系，并不像西方的人本主义者那样安立在“原子化”的利己主义的冰水之中，而是强调“个体”对于“群体”的责任，将“个体”生命的价值安立在与群体或他人的对境关系之中来实现，一脉衍续了此前其所主张的“大独”精神。不仅如此，在“人”与“自然”的关系上，太炎也确立了“人”与“自然”的平等地位。太炎在强调人类“理性”作用的同时，又重“情”，建立了一个“情智互摄”的“新人文主义”思想体系，在精神气象上，仍然有类于孔子的“仁学”思想体系。太炎的“新人文主义”学说，实是传统的孔子“仁学”思想与西方的“人本主义”相融相汇的产物。并且，太炎的这一“新人文主义”学说，也符合明末清初以来在反理学思潮中渐渐出现的“重情主义”的思想潮流。

3.《齐物论释》时期(约 1910—1916 年)

太炎先生在其《自定年谱》宣统二年庚戌(1910 年)项下有云：“余学虽有师友讲习，然得于忧患者多，自三十九岁亡命日本，提奖光复，未尝废学。……又为《国故论衡》《齐物论释》，《訄书》亦多所修治矣。”这一年,太炎撰成了其一生之中最为重要的著作《齐物论释》一书,《訄书》也在这一年重新进行修订。《齐物论释》撰成后,太炎又于1914—1915年间重新修订,最后形成《齐物论释定本》,而《訄书》则也于1914年重新修订后更名《检论》,收入《章氏丛书》刊行于世。

从太炎思想的发展史来看,《訄书》初刻本与重订本实奠定了太炎一生思想之始基,其后《民报》上的“诸论”则进一步深化发展了其思想,而《齐物论释》的撰著,则是对此前太炎思想的进一步理论上的深化与升华,可谓是集太炎思想大成之著作。《齐物论释》虽是以疏释的形式出现的,然却有类于戴东原的《孟子字义疏证》,实是一部精心结撰的思想体系严密的文化哲学论著。《齐物论释定本》之撰结,实也意味着太炎博大精深之思想体系的最后完成。此书撰成后,太炎也特别的自负,以为“一字千金”,“千六百年来未有等匹”。太炎的好友,晚清时期著名的革命和尚乌目山僧(本名黄宗仰,曾任南京栖霞寺主持)在其为该书所作的《后序》中写道:“近人或言,自《世说》出,人心为一变,自《华严》出,人心又为一变,今太炎之书见世,将为二千年来儒墨九流破封执之扃,引未来之的,新震旦众生知见,必有一变以至道者。”同样给予了很高的评价。可见这部著作对于太炎之重要意义,自然也成为我们今天研究太炎思想最为重要的一部文献。

这一时期,太炎在撰著《齐物论释》时,又重新修治《訄书》,且其《国故论衡》也于是年出版,笔者在此为什么要舍却二者而独标是书呢?盖《国故论衡》虽然成书于是年,然收入其中的文章却于此前早已发表,其中的“子学”部分对于研究太炎思想固然重要,特别是其中的《明见》《辨性》诸篇对于了解太炎的认识论、人性论学说至关重要,然与《民报》诸论相比,只可辅翼,毕竟《俱分进化论》《建立宗教论》

《人无我论》《中华民国解》《五无论》《国家论》《四惑论》《代议然否论》等论文，更能代表这一时期太炎之思想。如果是从研究太炎学术的角度来看，则《国故论衡》的价值则非《民报》诸论可比了。至于《检论》，在此则需要费点笔墨加以讨论。

论者或谓太炎的《检论》是一部消极颓唐之作，这是笔者所不能苟同的。"检"乃检括、总结之意，"检论"乃太炎先生对自己一生思想的总结之论。与《訄书》相较，《检论》虽然在篇章内容及编纂体系上有重大改动，然其基本思想仍然一以贯之地被保存了下来。笔者认为《检论》较之《訄书》主要有以下几个方面的变动：其一，诚如朱维铮先生之所云，从著作的编纂体系上来说，《检论》较之《訄书》要"更具有逻辑性"，即其在著作的编纂体系上显得更加严密了。并且，太炎最后之定稿《检论》，是在民国肇造之后，"排满革命"大业已经完成，因此，太炎在是书中更想凸显的是政治文化方面的内容，显示了太炎对政治文化建设的持续性关注的立场。其二，纠正了《訄书》中的一些错误之论，譬如此前为太炎所称道的"中国人种西来说"，在《检论》中已经删除。其三，对于民国初年混乱政局的思考。其最后一卷对于民初政局的思考，凸显了法家的治国之道，这既是太炎"一以贯之"的思想，也显示了太炎对民初的混乱政局，亟欲振衰起敝，重建秩序的强烈愿望。姜义华先生认为，《检论》"并非遁世消极颓唐之作"，当为有识者所认可。因为《检论》的重订，不过是太炎此前思想的一个系统总结与新的时代"问题"之凸显，较之《齐物论释》之在理论上的更加深入与思想上的进一步升华来说，自然，在笔者看来，《齐物论释》一书更能代表这一时期的太炎。

论者向来认为太炎的《齐物论释》，是"以西来之风，演南华之旨”,其实并不十分确切。诚如太炎所说,这部著作其实包罗甚广,举凡东西哲人之所说,华梵圣哲之义谛,古今政俗之消息,社会都野之情状,莫不俯聚于胸中,驱遣于笔端。在传统浩繁的典籍中,太炎之所以要选择此篇勤加注释,当然与其思想与庄子此篇所论冥然相契极有关系。在这部著作里,太炎大阐庄子的“齐物”学说,其实不过是以他人之酒杯浇自己胸中之块垒,借此来系统阐发其关于社会文化秩序重建的主张罢了。

所谓“齐物”,即“平等”之意。太炎先生曾在《訄书》中反对康有为式的绝对的平等,而主张“差异性”平等,《齐物论释》亦可谓是将太炎的这一思想进一步深化与系统化了。庄子在其《齐物论》里,循着从“丧我”到“物化”展开其思想,太炎先生此书也是依此而展开其思想的。在其对庄子“丧我”之旨的阐释时,太炎阐释了文化作为“空间”的存在是平等的这一文化要义,因此,他特别强调了两个方面的意旨,即主张“休乎天钧”,而反对“博爱大同”。所谓“天钧”,即“自然”之意,太炎主张文化应按照其自然之分,依其自性,因其“贯习”,自然地去发展。存在于不同空间的文化,虽然千差万别,然皆有其存在的合理性,在价值上等无优劣,是以,太炎对于“以今非古,以古非今”,或者“以异域非宗国,以宗国非异域”,均认为是“颠倒之见”。对于博爱大同主义者企图以一普适的价值笼罩一切文化,将所有文化纳入一个框架之内,太炎认为这种“齐其不齐”的“一元主义”的做法,虽然貌似平等,却非“齐物”之旨。近代以来,西方挟其坚船利炮向全世界进行殖民扩张,对全世界进行文化的征服,却是打着“博爱大同”的旗号进行的,甚至将其渲染成“白种人的责任”,却给全世界带来了巨大的灾难,太炎对此极为愤慨。他认为造成这种灾难的原因就是存有“文野不齐”之见，抱有“博爱大同主义”所导致的可悲结果。太炎认为“兼爱酷于仁义，仁义憯于法律”。是以，太炎以“齐文野”为究极，最终则要形成“十日并出，万物皆照”的“多元”的世界文化存在格局，使“野者自安其陋，都者得意于娴，两不相伤”，从而建立一个平等的和谐的世界文化秩序。

在其“物化”之旨里，太炎则向世人阐明了文化作为“时间”的存在也是平等的这一文化要义。对此，太炎从“缘生”与“两行”两个方面作了阐释。

所谓“缘生”，太炎从庄子“有待而生”的思想对之作了阐释。他认为世间的万事万物皆是“有待”而生，“新”蜕于“故”，但它不同于时人所乐道的“因果律”。在晚清的思想发展史上，与“历史进步主义”相伴随的，是时人还大张“自然规则”之义，认为世界万事万物的发展，是因果相循，有着一条必要遵从的“自然规则”，人类社会历史的发展也是如此。太炎的“缘生”说，来自于佛学，却正是为了破“自然规则”而设的。太炎认为持因果律者，执一因一果之说，以为执因即可推其必致之果，其说大谬。太炎以为世界万事万物的生成变化，有一果多因，也有一因多果；有同因异果，也有异因同果，是因果纷然，至为复杂，绝不会像因果律者所说的那样简单。他将世界万事万物生成变化的原因分成“因”与“缘”两个部分，世间的万事万物，莫不是“有待”而生，因缘和合而成。如此论及文化，太炎便认为文化在其演化过程中必是新蜕于故，不能脱离它自身的“传统”。因此，在进行文化秩序的重建时，那种睥睨“传统”，一意规摹他族文化的做法，便为太炎所不取。并且，由于世间万事万物的生成变化，并非是一因一果，有着一条刻板不变的“自然规则”，而是因果纷然，至为复杂，所以，我们不能执“因”而推及必至之“果”。按之文化，则文化的演化，虽属不易之理，但文化演化的未来格局如何，我们却无法知晓，文化的演化不可能有着一条普适的必要遵循的“自然规则”，因此，预设一套文化模式来作为某种文化未来一定要达到的必至目标，便也成为一种“妄执”。

庄子的“两行”思想，历来注庄者多不明了，太炎认为庄子所谓的“两行”，正是其所阐释的“俱分进化”之意。因为世间万事万物皆是“因缘和合”而成，它生生不息，处于永无止境的不断的迁流转徙之中，然而，世间万事万物的变化，太炎认为绝不会像黑格尔所说的是循着“有”（肯定）、“无”（否定）、“成”（否定之否定）三阶而变的，而是事物及其对立面的双方恒处于矛盾的同一体中，矛盾的对立面的双方是同时俱演。太炎批评黑格尔徒“执着空言”，不晓“两行”之道，并不能真正地揭示出世间事物发展的所谓“自然规则”。由此，太炎在二十世纪初黑格尔主义受到国人推崇之时，却成为一个坚定的反黑格尔主义的战士，这当是太炎思想与黑格尔理想主义思想体系相歧所致。既然世间事物的变化是矛盾对立面的双方同时俱演，那么，从文化的角度来说，文化在其永不停息的演化过程中，就无所谓“进步”之可言，处于不同“时间”的文化，在价值上也是等无优劣，因此，求“进化”在太炎看来便也成为一种“妄执”。由此，太炎既反对“守旧章者”（“以古非今”）的“不变论”，又反对“顺进化者”（“以今非古”）的“进化论”。由其“缘生”“两行”之旨，我们可以清楚地看出，太炎实际上仍然是一脉衍续了其反对“历史进步主义”的“历史相对主义”的“一以贯之”的思想意旨。

太炎曾云庄子的“齐物”学说，世人多不明了其义，如隋珠夜光，永埋尘翳。同样，在近代激进主义高涨的思想潮流中，太炎的《齐物论释》也被世人所忽略，并没有像乌目山僧所说的那样，是书出，必使人心“一变以至道”的局面，此乃时代之悲哀，并非太炎之不幸。

晚年(1916 年 6 月—1936 年 6 月)。“二次革命”失败后，当孙、黄再次流亡日本之际，太炎先生却“时危挺剑入长安”，以“不入虎穴，焉得虎子”精神，勇赴北京，遂遭袁世凯幽系。直到袁氏“洪宪帝制”失败、身死之后，太炎才重获自由，并于是年的 6 月 25 日，在代理大总统黎元洪派卫官的护卫之下，离京南下。从此，太炎先生也步入了其一生的晚年时期。

在太炎先生晚年的最后二十年里，时代思潮可谓是愈益趋于激进化，国政也愈益混乱，棼不可理，内忧外患，纷趁迭至，吾国陷入空前剧烈的变动时代，较之甲午之后，实有过之而无不及。

揆之太炎先生之晚年，其最要者当有以下几个方面，仍然值得一叙：

第一，奔走国事。太炎先生离京南下后，迅速投入到孙中山先生领导的护法运动中，担任南方护法军政府的秘书长。然而，太炎很快便发现“南北军阀如一丘之貉”，是以，在跋涉一万四千余里的漫漫长路之后，太炎归于上海，而孙中山先生的护法大业在南方地方军阀的破坏之下，也很快以失败而告终。其后，太炎先生针对中国政治乱象之根源，提出了“大改革议”。太炎提出了“弭乱在去三蠹说”，将“约法”“国会”“总统”视为祸害民国的“三蠹”，认为“约法偏于集权，国会倾于势力，总统等于帝王，引起战争，无如此三蠹者，三蠹不除，中国不可一日安也”。主张虚置中央政府，实行“联省自治”。太炎的“联省自治”主张，虽然引起一些地方实力派军阀的响应，但自然不会为各派军阀势力所真正奉行，“联省自治”最后成为各派军阀“联督割据”的遮羞布，也只能以失败而告结束。

国民革命爆发后，太炎先生起而反对，组织“反赤救国大同盟”，反俄、反共、反蒋，反对“赤化”，认为孙中山后来的三民主义是联外主义、党治主义、民不聊生主义，且因此而受到国民党上海党部的两次通缉。太炎先生反对“党治主义”，反对“联外主义”，这也与其一贯的思想主张相关，如前所说，太炎主张民族的独立与平等，反对一个民族对于另外一个民族的霸权统治，同样也反对一个民族对于另外一个民族的服从与依赖。其反俄也如此，其反共、反蒋，反对孙中山的“新三民主义”也是如此。这之后，太炎不认同蒋介石南京政府“青天白日旗”的中华民国，而继续认同经其手创的“五色旗”的中华民国，并以“中华民国遗民”自命。在蒋介石南京国民政府的压制之下，太炎在上海又过了几年东躲西藏的生活，一时间似乎从历史的视野中消失了。然而，九·一八事变之后，太炎先生又奋然而起，奔走游说各方，发表通电，主张全民抗战，甚至建议蒋介石政府划一省之地予中共，令其抗击日寇。先前之反俄、反共、反蒋，颇受论者之非议，然从其思想逻辑来说，与其反日，坚决主张抗击日寇侵略的思想，其实是出于一辙，也即，从根本上来说是与其民族主义学说中的民族独立与民族平等思想息息相关的，也可以说，太炎的民族主义学说实际上贯穿于太炎的一生，太炎先生可谓是一位当之无愧的民族主义大师。不仅如此，太炎先生在其遗嘱中，留给子孙的也是“设有异族入主中夏，世世子孙毋食其官禄”的遗言，即是郑重地告诫子孙，要像自己的祖先那样，保持民族气节，坚守民族大义。

第二，反对新文化运动，护持传统文化。自清末以来，趋新之徒倡导新道德、新文化，太炎认为新道德、新文化，“拂民之旧贯”，“民不称便”，以其必不可行。太炎在当时所反对的所谓的“新道德”“新文化”，实际上指的那些欧化主义者企图在中国建立完全不同于传统旧学的西方式的新的道德价值体系。太炎虽然不是一个泥古不变的守旧之徒，但是，他反对一意模效他族的做法，特别是对于激进反传统的欧化主义的文化变革主张，也是坚决反对的，这同其注重文化发展的“一贯连续性”的思想相关。与此同时，太炎又积极参与当时由一些军阀发起的“礼制修订”活动，并且倡导“读经”，遂每为论者所不满。鲁迅先生以其师晚年“渐入颓唐”，似乎也于史有征了。

太炎在参与由军阀孙传芳发起的礼制修订活运时，曾明确地表示过其目的在于反对帝国主义(“欧化”)，反对“一意形式之文明”，并且，要变革旧礼制中的等级思想(“尊卑之分”)，主张礼依时代而立。其所倡导的“读经”，主要指的是《大学》《孝经》《丧服》《儒行》“四经”，这除了与太炎反对激进主义的“欧化”思潮有关外，还与太炎倡导的“大独”精神以及“重情”主义的人道关怀相关，实际上仍然是一脉衍续了太炎的一贯思想。太炎晚年之参与礼制修订，还曾明确地表示过要与“帝制”相区隔，这自然与那些借旧道德、旧文化来维护自己统治的军阀们是异路而趋的。

第三，国学研究与国学教育。如果说前两者尚容易予吾人以困扰的话，那么，太炎在其晚年特别重视国学研究与国学教育，则颇能令吾人看清太炎之本来面目了。太炎一生特别重视“国学”，以“国粹”(“一国特有之精神”)寄寓于“国学”之中，认为“国粹”乃一国立国之根本，是以，从早年到晚年不但倾注毕生精力研究“国学”，也利用一切有利条件讲说国学，从事国学教育，培养国学人才。太炎的这一卓识远见，在于为民族的存立建立深厚的根柢，不至于在外族的侵略之下沦入万劫不复的深渊之中，并为民族的复兴打下坚固的基础。太炎对国学研究与国学教育的重视，不仅使他成为一个了不起的国学大师，也使他成为一个了不起的大教育家，其所培养的弟子，遍布于当时国内各大学的讲坛，且其影响至今未替。太炎作为一个教育家，古今实罕有能与其相匹的，而这一点却是至今为“章学”研究者所忽视的领域，不能不说是一大遗憾。国学教育方面的成就，应是太炎晚年最值得称道的为国家所做出的杰出贡献。

通过上面所说，我们可以看出，太炎先生一生最为重要的时期应是其“中年时期”。这一时期，太炎思想由初步构结到最后形成，建立了以“多元主义”（“民族主义”）、“历史主义”（“历史相对主义”）、“人文主义”（“新人文主义”）为“三大思想内核”的博大精深的“章学”思想体系。在其晚年，太炎在思想上其实贡献不多，更多的是在其践履工夫上，并且也是一以贯之地坚守了自己的思想，而不为激进的时代潮流所漂没。自然的，太炎先生早年“激进”，晚年趋于“保守”，这一自鲁迅先生以来将太炎先生思想在时序上断裂二分的观点就很难成立了。

其三，认为太炎先生是一个政治上的激进主义者，文化上的保守主义者。斯论亦不确。关于“政治”与“文化”，实是太炎思想最为重要之组成部分。太炎曾云“少时治经，不忘经国”，从一开始，太炎即对“政治”抱有浓烈的兴趣，这也可谓是儒家之传统。太炎后来虽然主张政学分途，主张“学以求是，不以致用”，但在政、学二途，太炎都可谓兴趣十足，并做出重大贡献。苏报案发，幽系西牢期间，太炎在其所写的《癸卯狱中自记》中云：“上天以国粹付余，自炳麟之初生，迄于今兹，三十有六岁。凤鸟不至，河不出图，惟余亦不任宅其位，繄素王素臣之迹是践。岂直抱残守阙而已，又将官其财物，恢明而光大之。怀未得遂，累于仇国。惟金火相革欤，则犹有继述者；至于支那闳硕壮美之学，而遂斩其统绪，国故民纪，绝于余手，是则余之罪也。”可以看出，在“政治”（“金火相革”）与“文化”（“国粹”）二者之间，太炎又特别注重于“文化”（“国粹”）。民初被袁世凯幽系期间，太炎在给汤夫人的信中则云：“不死于清廷购捕之日，而死于民国告成之后，又何言哉！吾死之后，中夏文化亦亡矣！”可以见得，太炎实是将中国文化之命运系于己之一身，在太炎身上，我们可以看出儒家传统中强烈的“承天命”的文化担当情怀与“狂者”品性。

晚清之世，正处于新旧递嬗的剧烈变动时代，太炎从一开始即自觉地投入中国政治的改进与文化重建工作之中去。但在关于“新”与“旧”的关系上，太炎并不像时人那样将“新”“旧”对立起来考虑问题，或者泥古守旧，或者一意骛新，对此二者，太炎曾作过深刻的批评。其云：“世俗有守旧章，顺进化者。……顺进化者，以今非古，则诬言也。……守旧章者，以古非今，是亦一孔之见矣。”对于“守旧章者”之“以古非今”及“顺进化者”之“以今非古”，太炎都给予了否定。这两种将“新”（“今”）“旧”（“古”）对立二分的思想，太炎不是批评其为“一孔之见”，就是批评其为“诬言”。在太炎的思想里，“变”是一个至为重要的内容，所以他要反对“守旧章者”之泥古不变论；但在“怎么变”的问题上，太炎又反对“顺进化者”之“以今非古”、一意骛新的做法。他认为“变不斗绝”，即在强调“变”的同时，又强调“因任”，并不将“新”与“旧”看成是对立二分的，是以，在太炎的思想里充满着“道古”与“便新”的双重特色。可以这样说，在近代中国急剧变革的历史年代里，太炎虽然主张“变”，但他并不主张“全变”、追求“全新”，而是主张“渐变”，追求“旧中之新”，在求变、求新的同时，又对“传统”（“古”“旧章”）抱有敬意。其在文化上有然，其在政治上也是如此。

从政治上来说，太炎在戊戌时期主张“傃古革政”，反对维新派主流一意“傃新”的激进主义的做法，对当时维新派主流所表现出的“猝暴之病”（“激进主义”）与“华妙之病”（“理想主义”），曾痛加箴砭。对于维新派主流之兴民权、设议院、致宪政主张，太炎虽然甚为首肯，但他并不主张立即在当下的中国以此来进行变法，认为这种“行未三十里而责其行百里”的激进主义的做法，不但不能得到“新”，反而还会收到“害新”的结果，其极则会导致维新大业的夭折。太炎在当时虽然反对维新派主流激进主义的政治改良主张，但他并不是一个顽固守旧者，太炎对西学也是大加赞赏，如维新派主流所追求的民权、议院、宪政，他十分的赞同，并且对于西方政治学说中的“分权”学说，尤其是其政治学说中的“司法独立”思想特别地欣赏，但他认为要想兴民权、设议院、致宪政，需经过一个漫长的历史发展阶段，中国当时并不具备这样的条件，当务之急应该是建立一个有若法国拿破仑帝制那样的强有力的政治权威来领导推进中国的改革事业。太炎在政治改革过程中，虽然对西学中的民主宪政诸价值十分的赞赏，并将其当作中国政治改进的终极追求目标，但在当下的政治改革中，太炎更为注重的是政治改革的“权威”，关注政治改革的“秩序”与“效率”，这使太炎的政治改革主张充满了浓厚的温和主义的特色，而与当时维新派主流追求“全变”、“大变”的激进主义的做法是决然相歧的。

辛亥时期，太炎虽然摒弃了其“客帝”、“分镇”思想，而公开地主张“排满革命”，这一点确乎由“温和”走向了“激进”，但这只限于“种族革命”之一隅。在政制的更张上，这一时期，太炎的主要贡献是构建了一个独特的“五权分立”的政制架构，并建立了一个“道县制”的政治方案。在这一方案里，我们仍然可以看出，太炎其实是一脉衍续了其戊戌时期“傃古革政”的思想。在其“五权分立”的政制架构里，太炎有意地削弱立法权，而扩大行政权，赋予以总统为首的行政权以“专制”的权力，从而建立一个不同于美、法，而更加符合中国国情的独特的“第三种共和”。太炎构建的这种独特的“第三种共和”，乃是西方的“分权”学说与传统中国政治相互融汇的产物，充满了浓厚的“精英民主”与“权威”政治的色彩，关于此请参阅笔者的《“精英民主”与“权威”的追求——章太炎政制观析论》一文［《孔孟月刊》(台北)1998年第36卷第6期、第7期］。太炎的这一在政治上重“权威”“秩序”“效率”的思想，与其“历史主义”的思维模式密切相关，很有可能还与其中医世家，自幼受到中医教育的影响相关。盖太炎在从事政治问题的思考时，每与中医医病相联系，在政治改革上他认为“是时为帝”，在医病上，他认为好的医者应该要对症下药，并且药材也无所谓贵贱，只要能“中其害气”就是好药。医病与医国，其理一也。在近代的混乱政局中，太炎在政治改革上主张用重典，推崇法家之学，并为法家正名，当亦与此有关。纵观太炎的一生，除了在“排满”上，太炎思想确有从“温和”走向“激进”的变化外，在政制的更张上，太炎始终是一个温和的改良主义者，并不像论者所说的那样是一个“政治上的激进主义者”，恰恰相反，太炎在政治上实是反对激进主义的做法，而是主张“稳健”。注重“秩序”与“效率”，追求“权威”，这些成了太炎政治思想的明显特色。

从文化上来说，太炎也是如此，并非如论者所说的那样是一个

"文化上的保守主义者"。太炎主张"保存国粹",重视"国学",每为论者所曲解。太炎将"国粹"当作一国存立之基础来看待,但并不仅仅停留在"保存"上,抱残守阙,泥古而不知变通,太炎曾明确地表示过要将"支那闳硕壮美之学","恢明而光大之"。对于西学,太炎也并不深闭固拒,从其青少年时代起,就特别重视汲取异域的知识,就西学一端来说,在太炎的著作里,从古希腊的泰勒斯、赫拉克里特、苏格拉底、柏拉图、亚里士多德,到近代的康德、黑格尔、叔本华、尼采之流,太炎无不加以批评,这使太炎之学充满了恢宏博大之气象,充满了浓厚的批判意识与独立自由的精神。并且,对于西学中的科学、民权、平等、独立、自由诸价值,太炎也是甚为首肯,这也他成为了近代的启蒙思想家,尤其是近代"个"的意识的觉醒,太炎实起到了前驱先路的作用,其功并不在梁启超、严复诸人之下。此外,太炎对于传统旧学的批评,尤其对于传统儒学之批评,其激烈之程度,与五四一代学人相比,实有过之而无不及,这也使他成为近代打孔家店的"一世祖",对五四激进反传统思潮也影响深远。可以说,五四时期的激进反传统思潮与文化保守思潮,都与太炎关系密切,然此皆未得太炎思想之真谛,偏于一端发展而已。

无论是从"政治"还是从"文化"角度来看,太炎都是一个温和的改良主义者,他既反对泥古不变,又反对激进骛新,并且,"政治"与"文化"二端,在他的思想里又往往交相错综,我们很难将其决然区分开来,太炎思想之各个层面,实也有着一贯的内在融通性。

其四,认为太炎先生是一个非理性的思想家。斯乃最为不可解者。此盖出之于太炎先生之好"批评",且其批评往往是"刚铍四注,当之者靡"。太炎先生倡导"大独"精神,挺立"个"的价值,在近代思想史上，可谓是一个最具批判意识与独立精神的思想家。太炎先生于古今中外思想家的思想，多所援引，然并非是简单的稗贩，而是先之于“批评”，即便是太炎所敬重的孔墨荀庄、释迦慈氏、苏格拉底、亚里士多德、培根、叔本华之流，亦不可避免。在中国思想家中，太炎又特别欣赏最具批判精神，善于“鑑芒摧陷”、“有所发擿，不避孔氏”的汉代的王充，认为汉得一人，足以振耻。太炎曾发过一段大国手、二国手之宏论，认为大国手门下只能出二国手，二国手门下却能出大国手，其原因即在于“大国手的门生，往往恪遵师意，不敢独立思考，学术怎会发展？二国手的门生，在老师的基础之上，不断前进，故往往青出于蓝，后来居上”。是以，太炎之教学，往往鼓励弟子要敢于“立异”，不必亦步亦趋地“恪遵师意”。对于古往今来的学者，太炎又特别表彰那些“在野”的学者，倡导“草茅”的精神。太炎曾云“学在官府者，莫不蒸臭腐败，其矫健者常起于民间。”唯有那些在野的“民间”学者，因其具有独立之精神、批判的意识，才能推动学术的发展。并且，在其规设的“五权分立”的政制架构里，太炎先生还特别设立了一个独立的“教育权”，由独立在政府之外与总统敌体的“学官”统领，不仅要培养“知识精明、道行坚厉”的人才，还要承担起监督政府之重任。因为太炎先生之好批评，遂为有的学者曲解太炎先生是一个“否定的思想家”，特别是太炎先生在中国现代化事业刚刚起步的历史年代里，便对“现代性”进行深刻的反思与批评，这尤其令一些学者认为太炎先生是一个“反现代性的”思想家。然此二者，实是对太炎先生思想最大之曲解。尝记 2010 年 12 月下旬，其时尚供职于香港城市大学的林少阳教授发起召开了“章太炎与东亚学术”的国际学术讨论会，笔者也受邀与会，会中张隆溪教授接到其好友杜赞奇教授的电话，杜氏盛赞太炎先生是一位“世界性的思想家”，其理由正是基于太炎对“现代性”的批评是那个时代思想家中最为深刻的，这与笔者的看法正不谋而合。批评意识与独立精神，不但为太炎所倡导，亦为其所躬身践履，而这不正是一个思想家最为可贵的品格吗？套用一下太炎的表达方式：“以太炎先生为反现代性之思想家者，则诬言也；以太先生为否定的思想家者，是亦一孔之见矣。”在笔者看来，太炎先生不但不是一个非理性的思想家，反而是近代中国最富有理性色彩的思想家，其故如下：

首先，从审美上来说，太炎先生特别倡导“黑铁精神”（此为笔者所拟）。前曾说过，在戊戌时期，太炎对维新派主流所推动的带有“理想主义”（太炎先生批评其为“华妙之病”）、“激进主义”（太炎先生批评其为“猝暴之病”）色彩的改革，曾痛加箴砭，认为这种拔苗助长、一意规摹他国已成之法的做法（太炎谥之曰“仪型”），或者悬一理想之境（太炎谥之曰“成型”）进行变法，只会导致维新大业的失败。太炎主张应根据中国历史发展的独特特点，根据现实所存在的问题，要向大禹治水那样，脚踏实地地进行变法；且变法者要有“冒白刃、湛九族”，不怕牺牲的英勇气概；还要有“面目黧黑，窍气不通”的埋头苦干、拼命硬干的坚韧不拔的精神，才可以使维新大业获致成功。因为太炎之审美，在颜色上欣赏“黧黑”，在精神上欣赏“坚韧”，无以名之，是以笔者名之曰“黑铁精神”。太炎的这种审美旨趣，对其弟子鲁迅的文学创作产生了深远影响。而大禹治水，高高下下，九川既导，九州既定之后，在治国理政上又“相地而衰征”，这正是中华文化传统中所具有的理性精神的表现。

其次，太炎因其家学渊源，自幼接受的是汉学教育，而汉学家倡导的“无征不信，实事求是”的学术精神，不仅影响了太炎的治学，对其思维模式的模铸也起到了重要作用。汉学家“无征不信，实事求是”的治学方法，曾被梁启超、胡适之赞之为接近“科学的研究法”，充满着浓厚的理性精神。太炎曾主张“以狱法治经”，即是要像法官断案那样去研究学问，为此，他还专门归纳出六个信条，要学者必须去遵守，即：“审名实，一也；重佐证，二也；戒忘牵，三也；守凡例，四也；断情感，五也；汰华辞，六也。”从这“六条”之中，我们实也看不出太炎有丝毫的“非理性”因素，其重实证实据、价值中立的主张，与马克斯·韦伯相比，也不见得逊色多少。即便是后来太炎推崇佛学，那也是“以分析名相始，以排遣名相终”，“从入之途，与平生朴学相似”的法相唯识学。

不但如此，太炎还对人类认识的过程进行了研究，探究“真实的存在”。太炎云：“夫物各缘天官所合以为言，则又譬称之，以期至于不合，然后为大共名也。”这明显地受到荀子“缘天官”学说的影响，他将人类对于世界的认识看作是在从“感官的知觉”上升到“理智的自觉”过程中实现的。其后，太炎又根据佛学唯识学义理，对之作了进一步的探讨。太炎认为：“凡人之知，必有五遍行境，谓之触、作意、受、想、思。”在太炎看来，人类认识过程是从“五官”对“五境”的“感官的知觉”开始的。在此，太炎实是将人类认识的过程分为三级来完成的。第一级即是“触、作意、受”的阶段，“触”与“作意”，指的是“五官”对于“五境”感觉起现之前的心理准备状态。通过“触”与“作意”，“五官”开始接触“五境”，并通过“受”，完成了对事物的感性认识。第二级即是“想”的阶段，也即通过第一级“五官”对“五境”的感觉所获取的对于事物的“感性的认识”，再通过“知觉”，上升到对于事物的“理性的认识”。第三级即是“思”的阶段，也即在获取对于事物的“理性的认识”之后，再作一番“考察”，证明无误，这样才算真正地完成了“认识的过程”。

在中国的经学传统中，古文经学派崇尚“归纳法”，今文经学派崇尚“演绎法”，两者在方法的运用上是决然相反的。太炎先生同其他古文经学大师们一样，也崇尚“归纳法”，但他并不排斥“演绎法”。譬如，他在主张通过对事物的“感性的认识”上升到“理性的认识”而获得对事物的正确认识之后，即可以此作为基础而推及其他。但总的来看，太炎主要还是主张采用“归纳法”，在他看来，“演绎法”的运用必须要以“归纳法”所获取的正确认识为前提，否则，只会陷入巨大的错误之中。太炎曾经指出：“康德以来，治玄学者以认识论为最要，非此所得，率而立一世界缘起，是为独断。”对于“本体论”（“真实的存在”）的建立，太炎主张应以“认识论”为前提，在他看来只有通过认识过程所确证的才可立为“本体”，如果未经“认识的确证”，率而立一“世界缘起”，便是“独断”。太炎自己则根据法相唯识学的义理，确立了“圆成实自性”的本体论地位，并对唯物、唯我、唯神诸教一一地进行了“判教”工作。从太炎思想的建立过程来看，我们实也看不出有什么非理性运作的痕迹。

正是由于太炎是一个非常理性的思想家，所以他对古今中外思想家的去取也是偏于爱好理性的思想家的一面，而对于非理性的思想家则给予了拒斥。譬如说在中国的思想家中，太炎在孔子之后欣赏的是荀子、刘歆、贾（逵）马（融）许（慎）郑（玄）、程（颐）朱（熹）、顾（炎武）戴（震）等，而对于另外一系孟子、董（仲舒）、何（休）、陆（九渊）王（阳明）、黄宗羲等（此一系恰好为康有为所信奉）则明显评价不高。

西方的思想家中，太炎则欣赏培根、休谟、叔本华等，而对于笛卡尔、黑格尔则给予了否定。以笛卡尔、黑格尔为代表的思想家，在西方建立了一个理想主义的“建构的理性”之传统，而培根、休谟、叔本华等则形成了一个与之针锋相对的“批判的理性”之传统。关于这两大不同的理性传统，哈耶克曾作过深入的研究，他认为，“理性”犹如一个危险的爆炸物，如果我们人类不小心翼翼地进行管理，则有可能将整个人类的文明炸毁，指的就是这种带有理想主义色彩的“建构的理性”，而这正是启蒙时代的理性特征，所以，哈氏又将启蒙时代称之为“不理性的理性时代”。由上也可以看出，太炎的理性特征，实是比较接近于哈耶克所谓的“批判的理性”，而这正是对于“建构的理性”进行反思基础之上形成的人类文明的重大成果。

其五，认为太炎先生的“俱分进化”思想乃一“进步主义”的历史观。斯论亦甚谬。“进化论”学说传入中国后，特别是在严复、康有为诸子的鼓吹之下，很快便占据了中国思想舞台的中心，并持久地发挥着影响。在近代中国我们很少能看到对“进化论”进行批评反思的思想家，太炎似乎是唯一的例外。太炎在《俱分进化论》一文中，提出了“俱分进化”之说，后又在《齐物论释》里进一步申说其意，以“两行”之道名之。太炎的“俱分进化”思想，实是在对“进化论”学说反思的基础之上而提出的，与“进化论”学说有着本质的区别。

“进化论”学说的要义，在于认为人类社会的历史是朝着“进步”的方向发展变化的，不论东西，处于不同“空间”的所有民族的历史都是循着同一条进化线发展变化的，有着一条必要遵循的历史发展的“自然规则”，用康有为的话是“天下万国，一道同风”，用严复的话就是“世道必进，后胜于今”，人类社会历史发展的终局必将进至一个醇善尽美的理想的“大同”之世。世界各国的历史之所以会出现差异，主要是由“时间”的因素造成的，即是它们处于不同的历史发展阶段所致。在这里，我们可以明显地看出“一元主义”的思维特征；在价值上，则是将人类社会的历史置于趋于越来越完美的方向发展的，对于人类社会的未来，充满了极度的乐观与自信，有着“理想主义”的明显特征；并且，人类社会历史的发展有着一个明确的“目的”，我们人类凭其“理性”完全可以认识到人类历史发展的“未来”。在这里，我们又可以看出“进化论”者往往又是“历史目的论”者，且对于人类的“理性”持有着极度的自信，将人类的“理性”夸大至具有“无限性”的功能。而这些，正是“历史进步主义”的显著特征，是以，“进化论”学说之在近代中国，正是最具代表性的“历史进步主义”的理论体系。

然而，太炎的“俱分进化”学说，则恰恰与之相反。太炎的“俱分进化”学说认为，人类社会历史的演化并不表现为“单线直进”，而是“双方并进”，即事物对立面的双方如影之随形，同时俱演。从道德上来说是“善恶并进”，从生计上来说是“苦乐并进”，从知识上来说是“智愚并进”。太炎云：“进化之实不可非，而进化之用无所取。”在太炎看来，“进化”虽是一事实，但从价值上来说却没有任何意义，所以，太炎认为“求进化如求神仙”一样，是非常愚蠢可笑的。至于说人类社会的历史是朝着越来越完美的方向演化的，其终局则会进至醇善尽美的理想的“大同”之世，在太炎看来则有若“梦呓”。之所以会如此，太炎认为其一在于人性的缺陷，其二在于人类“理性”的“有限性”所致。太炎对人性问题的探讨曾花过不少工夫，因太炎受荀子影响甚大，在人性上认为是“善恶兼俱”，基本上倾向于认同荀子的“性恶论”，太炎后又根据佛学唯识学的义理，认为人类具有真善美胜四好，具有善、恶、无记（即无善无恶）三性。人类由于“恶性”之存在，所以不可能造就一个醇善尽美的社会。另外，在太炎看来，人类对于世界的认识，要受到其所认识对象的制约，因此，在参与历史的演化过程中，要受到“传统业力”的巨大制约，其认识能力是十分有限的，而不可能像全能的上帝那样，凭空构筑自己“意想的天堂”。由于认识能力的“有限性”，人类凭其“理性”非但不能将自己带入理想的“大同”之世，甚至我们并不知道“明天”会发生什么。太炎认为，“圣人固不能测未来”，因此，在太炎的思想里，更多的是关注当下的现实（今天），侧重于了解历史（昨天），而对于未来（明天）则不甚关注。人类社会的历史更不存在所谓的天下万国必要遵循的“自然规则”，太炎在其《四惑论》名文里，曾公开地将“自然规则”当作“四惑”之一而加以拒斥，对“历史目的论”进行否定。太炎认为人类社会的历史不过就是一个自然而然的发展过程，没有“目的”，更无“终局”，永远是“善恶俱演”，太炎曾将这一不完满的社会存在形态，形象地比喻为“跛驴之行”。正是由于这样，太炎在思考进行社会政治问题的改进时，并不追求“完美”，更不追求所谓的理想的“大同”之世，而是在了解历史、研究现实的基础之上，追求“传统的合理化”，即是在了解“历史”（传统）的基础之上，面对现实的问题，在“时间”的轴线上永远不断地进行改革，而不可能有一个一劳永逸的完美的改革方案，所以，太炎是一个永远的改革家。并且，在改革上，太炎拒斥理想主义、激进主义的做法，而像培根所主张的那样，“变革”最好能够以“时间”作为学习的榜样，“时间”虽然不断地在变更，但却以“安详出之”，并且“其来也渐，几乎不为人所觉察”，这使得太炎的改革思想充满了浓厚的“温和主义”的特色。

黑格尔主义可谓是“历史进步主义”最具代表性的理论，当20世纪初黑格尔学说开始传入中国的时候，受到国人极大的推崇，给予了很高的评价。然而，太炎一开始却对黑格尔的思想体系进行了彻底的否定。叔本华曾批评黑格尔的哲学是一种“神谕哲学”，传播着“瘟疫般的影响”，对人类的精神是有害的，并终生与之进行斗争。太炎虽然没有像叔本华那样对黑格尔的哲学进行过系统的批评，但对于黑格尔哲学的两大核心问题，即“历史主义”与“绝对精神”都有所涉及，并对之作了否定的评价。许纪霖先生曾形象地比喻黑格尔的哲学是一个“巫阵”，一旦进入其中，便很难挣脱，但太炎一开始即能摆脱黑格尔布下的巨大“巫阵”，摆脱黑格尔“历史进步主义”的影响，不能不令吾人钦佩太炎的睿识。

既然太炎的“俱分进化”学说并非像学者所论的那样是一种“进步主义”的历史哲学，那么，太炎的历史哲学究竟属何呢？太炎承认“变化”，主张“改革”，但并不追求所谓的“进步”。关于“变化”与“进步”，罗素与殷海光两位先生曾对之作过研究，认为“变化”是“物理”的，而“进步”则属于“伦理”的范畴，“变化”是“绝对”的，而“进步”则易生疑义，因为“进步”是一种“价值判断”，而“价值判断”则具有“相对性”。殷海光先生将这种承认“变化”而不追求“进步”的历史观称之为“演化论”史观，而与追求“进步”的“进化论”历史哲学划然区分开来。由此，我们可以看出，太炎反对“进化论”的“俱分进化”学说，实是若殷海光先生所说属于“演化论”史观。张汝伦先生则将太炎的这种追求“殊性”，强调“或然”，注重“多元”的历史观，称之为“历史相对主义”（源之于卡尔·波普尔），而与那种声称已经发现了历史规律，要求“绝对”，要求“必然”，要求放之四海而皆准的“一元主义”的

“历史进步主义”决然地对立并且区分开来。

三、“章学”研究需要学术奉献精神

“章学”研究，自太炎先生去世之后即已开始，迄今已有八十余年的历史。通过几代学者的努力，虽然路途并不坦平，有时甚至受到政治因素的巨大干扰而被扭曲，并且存在着许多重大学术问题尚有待进一步的澄清，然无论是资料的出版还是学术的探讨都取得了不少的成绩，打下了初步的基础。然而，由于诸多外在因素以及“章学”本身因素的困扰，八十年来“章学”研究的成绩，又是令吾人极其不满意的。日本东京大学的林少阳教授曾对笔者言：“章学研究，其实刚刚起步。”这一看法，笔者大致也是赞同的。少阳教授的这种判断，既道出了过去“章学”研究中存在的严重问题，又透出了当下的“章学”研究实有着诸多的机遇，学者之研究“章学”存在着广阔的空间。

然而，当今吾国学界之学风与学术管理体制，却给真正的学术研究带来了巨大的困扰，表面上的学术繁荣，掩盖不了真正学术研究的衰退与堕落。这对于艰奥难懂的“章学”研究来说，无异于是雪上加霜。太炎先生在《訄书》里曾收有《学蛊》一文，以“阴羽之鸣”“翰音登天”“噫气落山”分别喻为三种不同的学术境界。“阴羽”指的是“鹤”，“阴羽之鸣，其子和之”，这是学术发展的最好时代了，师生相得，凝情一志，心无旁骛地研究学术，充满着真正的学术精神，太炎以顾（炎武）戴（震）为代表。“翰音”，指的是“鸡”，太炎以程（颐）朱（熹）为代表。“翰音登于天”，这一时代，学术虽不十分精湛，然学者的学术精神尚存。最为可怕的是“噫气落山”的时代了，这正是“学蛊”当道的时代。庄子云“大块噫气，其名为风”，“风”是“空虚”的象征，然而

“风”的力量却是可怕的，小之可将山材吹折，大之可将人才凋零。太炎以“不通六艺，正义不习，謏以说经”、善于“发策决科”的欧（阳修）苏（轼）为代表。盖在这一时代，空虚之风，遍布学林，学者之研究学术，并不以追求学术本身为职志，而是以学术为权概，竞名死利，学界充满着钻营奔竞之风，这终将毁掉一代之学术，太炎曾深以为惧。笔者窃认为，太炎此文又不啻为今日吾国之学界而发也。吾尝作有《咏学五首》，其辞云：

断长续短信可哀，自古君王多蔽才。妾妇有泪诉不得，何如抱朴没蒿莱。（其一）

纡青拖紫意气昂，处处蛮触作战场。九州沉沉黑气塞，累累白骨横大荒。（其二）

璱人孤愤至今传，天若有情天也怜。百花零落成泥土，寻芳只在墓墟间。（其三）

西风夕照古冢荒，营营青蝇不住忙。千年意气全萧索，总把斑剥作文章。（其四）

春卿阅士信有方，弃置黄金解龙骧。君看今日儒林传，蛙声一片下残阳。（其五）

同样也深以为忧也。盖当今吾国之学界，诚如有的学者之所言，江湖习气弥漫，学风中夹着“痞风”，大家为了利益而结成不同的学术团伙，而真正的学术精神则荡然矣。吾尝言平生有“三怕”，即怕开会、怕应酬、怕学术牛人。盖一个真正的学者，学有自得，近之则蔼若春云；而那些以学术为权概的所谓“牛人”学者，看上去著作等身，其实学无所得，近之则往往牛气冲天，甚至凛若严霜，然此不过表面现象，大多不过纸老虎而已。“噫气落山”的“风”的时代的来临，从根本上来说摧折了真正的学术人才，使真正读书治学的人愈来愈少，而使“伪学”盛行，甚至令一些人铤而走险，走上学术造假与剽窃的可悲之路。吾尝作有一首《菩萨蛮》的词，其结句云：“陶醉万千家，盈盈罂粟花。”罂粟乃制造毒品之原料，然罂粟花表面上看去却极其美丽，且种植罂粟之地，地力遭破坏，即使欲复种其他之良种，也变得十分的困难了。放眼望去，吾国学界乃成一美丽的“罂粟花学问”之盛景，岂不可惧乎？

而当道之学术管理体制，则又令本已元气大伤的吾国学界雪上加霜。现在若有学者乐谈学风问题，则几成为迂腐之代名词。大大小小的学术单位对于学术人才的所谓“管理”，无不以“功利”为导向，不问其有无“真学问”，而只要有东西发表便是合格，甚至优秀。职位晋升，利益分配，无不与之挂钩。甚至每年拿出大量金钱，奖励那些堆积如山的学术垃圾。此等所谓的“管理”，名为重视学术，推动学术研究，无如其结果每与其愿望相反也，实已沦为真正学术之敌人而不自觉。这种功利主义的管理体制，不仅催生了各种各样的所谓“人才”“学者”“名师”，还催生了各种各样的所谓“项目”“工程”“学术”，成了一块硕大的“肥肉”，大家拼着性命去争夺。每当“肥肉”现前，大家便使尽浑身解数，像苍蝇一样，成群结队地一哄而上，于是乎“学术江湖里，蝇蛆布满地”，导致大量不学而有术的庸劣之才占据学术要津、控制学术资源的可怕局面；不仅严重败坏了学风，也使学者之人格操守为之动摇瓦解。吾尝有联调侃其事云：

项目核心加权威，便成牛气大学者；

金钱名誉与地位，只见满堂卑琐人。

又有联云：

大师远去矣，金獗权横，世上已无读书种；

学者纷来哉，眉摧腰折，眼前半是逐利夫。

如此恶浊之学风与学术管理体制，是不适合真正读书治学的学者生存的，其极必然是：黄钟毁弃，瓦釜雷鸣；小人得志，君子向隅。斯世也，乃天地闭、贤人隐之世也。对于一个真正读书治学的学者来说，置身于如此恶浊的学术环境之中，真有"珍珠落入猪圈"之感慨！于此学术晦闇、学风腐臭之末法之世，我"章学"研究学者，若无学术奉献之精神，守此一点学术之灵明，一心向学，孜孜矻矻，食苦而攻淡，则恐不能为功也。

吾所有望于未来"章学"研究之学者，尚有四端，谨此披肝沥胆，一掬其诚焉！

其一曰"韧劲"。太炎先生曾主张"革政"要像大禹治水那样，面目黧黑，窍气不通，脚踏实地地埋头苦干，拼命硬干，吾等治"章学"者，也应如是。盖"章学"研究，有二大难关要过，这是做其他研究所不能比拟的。第一，在于太炎的文章，古奥艰涩，索解为难，研究"章学"，须有"小学"的功底。第二，在于太炎的学说，驰骋百家，古今中外，无所不窥，涉及范围极其广阔；此二者，学者绝非旬日之间所能窥其门径，必有长年累月之积学工夫，方可有得。由此，如果学者不能蓄志坚韧，终将难有所获，诚如吾友少阳教授之所言，最后只会乘兴而去，败兴而返，对"章学"研究毫无裨益。而坚守这一点，于当今"功利学术"当令之时代，尤觉其重要。盖自古以来的经验告诉吾等，学者若想在学术上有所成就，无十年磨剑之耐心与毅力，焉能有得？此不独"章学"研究然也。此知之匪艰，而行之维艰也，贵在学者之能够真正践履，而非徒放空言而已。戴东原先生尝言，做十件事做不到地，还不如做一件事做到地。乾嘉学者之所以能在学术上做出伟大成就，在吾国学术史上放一大异彩，形成吾国学术史上的一个难以企及的高峰，正在于乾嘉学者之具有“皓首穷经”，毕生只做“一件事”的“韧劲”，在学术史上留下许多佳话。而当今吾国之学界则佳话绝少，各种可笑可鄙之事层出不穷，此真乃吾国学术史上之千古奇观也，一代之学耻也。古人云：“礼义廉耻，国之四维；四维不张，国乃灭亡。”亭林有言：“博学于文，行己有耻。”耻之义大矣哉！夫士大夫之无耻，是为国耻！率人以为兽，人将相食，可不惧乎？林毓生先生曾倡导学者治学要有“比慢精神”，即是要求学者要“知耻”，要十年磨剑，真积力久，真有“自得”，贡献一己之学术精粹，而非轻易地去制造那些粗制滥造的学术垃圾。徐复先生积三十年之力而成《訄书详注》一书，庞俊、郭诚永二先生萃二代学者之力而成《国故论衡疏证》一书，此正吾等治“章学”者之楷范也。

其二曰“博学”。“章学”之特点，在于博大而深邃，驰骋古今，贯午中西，此外，对于印度、日本之学也所窥甚深。可以说，太炎先生实是近代学者当中一个最为博学的学者，是以，吾等治“章学”，如果读书不广，积学不厚，则将无从下手。古人云夏虫不可言冰，蟪蛄不知春秋，喻人之短识而不可以进于道也。

其三曰“沉潜”。“沉潜”一语，最为乾嘉学者所乐道者。吾尝有言：“吾等治学，在于追求黑暗，学者沉潜至幽微之处，方可得学术之三昧也。”吾尝又有诗云：“鹤鸣夜半万家动，月出海底千山明。”其意亦是如此。盖夜半鹤鸣，令万家震动，异于蛙鸣之聒聒者；月出海底，照遍千山，异于温烛之照于一室也。冶百氏之学于一炉的“章学”，不仅博大深邃，而且别具特色，绝非浅尝辄可了解。学者以太炎之主张

“排满”，便是一个“狭隘的种族主义者”、“大汉族主义者”；以太炎之著有《五无论》，讲“无政府”、讲“五无”，便是一个“无政府主义者”，甚至是一个“虚无主义者”；以太炎之反对在吾国实行“代议制”，便是主张“直接民权”；以太炎之主张“国粹”，便是“文化上的保守主义者”；以太炎之主张“革命”，便是“政治上的激进主义者”；以太炎之讲佛学，便是一个佛家学者；以太炎之善批评，便是一个“否定的思想家”；以太炎之批评“现代性”，便是一个“反现代性”的思想家……凡此种种，皆未得太炎思想之真谛，而此皆不能沉潜幽微、浅尝辄止之过也，其极必然导致对太炎思想的严重误读，不能掘地及泉，只能得地表所涵蕴之苦涩之水而已。

其四曰“低调”。当今吾国之学界，最不乏高调之学者，此正学风浮薄之表现。高调之学者换了一茬又一茬，然吾国之学术究竟长进了多少？晚清民国之世的学界，我们看到的是“学术大师”的联翩而来，而当今吾国之学界，我等看到的实是一个又一个“学术小丑”的东西跳踉。研究学术，本在于学者一己之兴趣，乃学者所选择之人生生活方式，就像挑水打柴、饥食渴饮，本极寻常之事。研究“章学”尤须要“低调”，盖我等之学问，与太炎先生相较，其距若何？如何高调得起来？当然，“低调”也是一种调，不是没有调，就是要求学者要远离那些空疏浮华，远离那些喧嚣热闹，远离那些势利时髦，做一个独立自由的人，做一个好学深思的人，做一个冷峻理性、头脑清醒的人，不以人蔽己，不以己自蔽，从而成为一个学有“自得”的真正的学者，如此，方于学有益，于己有益。对于“章学”研究者来说，“低调”也许会更有力量，如此积学有年，于“章学”研究当不无小补焉。

以上数端，不过笔者之一孔之见而已，然此亦只能为知者道也。

最后，笔者谨缀以《渔家傲·咏余杭大师》小词一首，结束这篇“后记”：

起陆龙蛇惊四海。千年一遇真人在。挟雨风雷凌九派。鲸浪骇。文章开出新世界。天地为炉薪泰岱。庄生妙与灵山会。都野两行岂相悖。千万代。能将此义相轻怠。

二零一八年二月作者写竟于故都长安之洗风阁

致 谢

本著除了改正其中的一些误植之处及少数表述错误外，基本上保留了“初版”的原貌。

在修订过程中，周敏秋、欧阳清二博士帮我校正了文中的一些错字，周敏秋博士还对文中引用的史料进行了核查，谨此致谢！

“再版后记”写成后，汤序波先生及周敏秋、于海兵、欧阳清诸博士提出了宝贵的修改意见，谨此致谢！

本著得以再版，特别要感谢章念驰、汤序波二先生的鼎力相助，在此一并致以谢意！

二零一八年三月十六日作者于故都长安

图书在版编目(CIP)数据

多元视野与传统的合理化:章太炎思想的阐释/王玉华著.—上海:上海人民出版社,2018.11
(章学研究论丛)
ISBN 978-7-208-15544-2

Ⅰ.①多… Ⅱ.①王… Ⅲ.①章太炎(1869-1936)-思想评论 Ⅳ.①B259.25

中国版本图书馆 CIP 数据核字(2018)第 276233 号

责任编辑 倪文君
封面设计 范昊如 夏 雪

章学研究论丛
多元视野与传统的合理化
——章太炎思想的阐释
王玉华 著

出　　版 上海人民出版社
(200001 上海福建中路 193 号)
发　　行 上海人民出版社发行中心
印　　刷 江阴金马印刷有限公司
开　　本 890×1240 1/32
印　　张 20.5
插　　页 4
字　　数 449,000
版　　次 2018 年 12 月第 1 版
印　　次 2018 年 12 月第 1 次印刷
ISBN 978-7-208-15544-2/B·1372
定　　价 98.00 元